제4판

경찰학 총론

조철옥
박외병
주성빈
윤병훈

도서출판 대영문화사

제4판 머리말

경찰학은 현실의 치안문제 해결을 위한 학문이라는 점에서 처방성과 실천성이 요구되는 학문이다. 치안문제 해결은 법학적·행정학적·윤리학적·심리학적·사회학적·범죄학적 지식과 기법을 필요로 하고, 외국의 경찰제도와 한국 경찰사는 물론이고 경찰기능과 관련된 실무지식까지 필요로 한다. 특히 경찰이 법집행기관이라는 점에서 경찰직무 관련 법령에 대한 해박한 지식까지 요구된다. 한마디로 다양한 학문적 이론과 많은 법령에 대한 지식을 비롯한 실무지식이 요구된다는 측면에서 본다면 실천성과 처방성이 더 강한 학문이다.

본서는 2007년 『경찰학개론』으로 출간된 이래 많은 호응을 해주신 독자들에게 감사를 드린다. 2012년에 제3판을 발행한 이후 10여 년이 흐르면서 경찰학의 학문적·실천적 지향이 여러 측면에서 많은 변화를 보여주고 있다는 현실을 실감하게 되었다. 따라서 책의 내용에 대한 많은 보강이 필요하다는 사실을 확인할 수 있었다. 특히 그동안에 경찰 관련 법령이 많이 개정되었고 또한 새로 제정된 법령도 상당하여 경찰학 개론의 개정이 불가피한 상황이 되었다.

이번 경찰학개론의 개정 작업은 우선 『경찰학총론』과 『경찰학각론』으로 분리하여 출판하기로 하였다. 우선 여러 가지 상황의 변화로 인해 『경찰학개론』의 페이지가 많이 늘어나 한권으로 다루기에는 출판 여건상 어려움이 있었고, 또한 부산 동서대학교 경찰행정학과 박외병 교수, 동의대학교 경찰행정학과 주성빈 교수, 그리고 경동대학교 경찰행정학과 윤병훈 교수 등 세분 교수님들이 개정작업을 함께 하기로 하면서 총론과 각론으로 나누는 것이 좋겠다는 의견을 모은 결과이기도 하다.

『경찰학총론』은 총 3편, 12장으로 구성되어 있다. 제1편 경찰학의 이론적 고찰, 제2편 경찰행정과 법 집행, 제3편 경찰행정 관리론으로 짜여 있다.

제1편에서는 경찰개념의 출현과 역사적 변천 과정, 외국의 경찰제도와 우리나라의 경찰제도에 대한 이해, 경찰윤리와 관련된 다양한 이론과 제도를 구체적으로 논의하였다. 특히 난해한 경찰윤리 부문을 어떻게 하면 쉽게 내용을 전달할 수 있을 것인가에 초점을 두었다.

제2편 경찰행정과 법 집행 편에서는 경찰의 법 집행과 관련된 이론과 다양한 실정법의 적용에 대하여 구체적으로 설명하려고 하였다. 특히 최근에 개정되거나 제정된 법령에 대한 이해를 높이고 법 적용에 어려움이 없도록 쉽게 설명하였다.

제3편 경찰행정 관리론에서는 전통적 행정관리이론에서부터 정부개혁과 혁신을 위한 다양한 이론을 쉽고 자세하게 설명함으로써 독자들이 이론을 이해하는데 어려움이 없도록 하는데 최선의 노력을 기울였다. 경찰예산관리와 장비관리 및 물품관리를 보완하여 내용적 충실을 기하였고, 특히 초판에서 다루었다가 개정판에서 제외됐던 경찰 문서보안관리를 되살려 내용을 체계화하고 보완하여 경찰실무와 수험준비에 도움이 되도록 관심을 기울였다.

이 책을 쓰면서 크게 느끼는 점은 다양한 경찰직무 관련 법령이 조문 그대로 복사되어 많은 분량을 차지하였다는 점이다. 물론 법집행작용을 하는 경찰의 입장에서 본다면 당연한 귀결인지도 모르겠으나 경찰편의주의가 경찰법정주의로 변모하고 있다는 느낌을 지울 수가 없다. 이러한 경향은 경찰의 채용시험을 비롯한 다양한 시험의 출제경향과 깊은 상관관계가 있다고 보여진다. 이는 역사와 사회의 진행과정 속에서 필연적으로 나타나는 현상인지도 모른다. 아무쪼록 이 책이 경찰을 희망하는 지망생들과 경찰 실무자들에게 경찰학을 공부하는 데 도움이 되기를 기대한다.

책을 쓰는 것이 보기 좋다는 신선희 권사, 손자 조윤성, 그리고 이 책을 쓰는 데 많은 도움을 준 아들 부부와 딸 부부에게도 감사하다는 말을 전하고 싶다.

끝으로 어려운 여건 속에서도 흔쾌히 출판을 맡아주신 대영문화사의 임직원 여러분들께도 진심으로 감사의 말씀을 드린다.

2024년 2월

저자 씀

제3판 머리말

경찰학은 현실의 치안문제 해결을 위한 학문이라는 점에서 처방성과 실천성이 요구되는 학문이다. 치안문제 해결은 법학적 · 행정학적 · 윤리학적 · 심리학적 · 사회학적 · 범죄학적 지식과 기법을 필요로 하고, 외국의 경찰제도와 한국 경찰사는 물론이고 경찰기능과 관련된 실무지식까지 필요로 한다. 한마디로 다양한 학문적 이론과 실무지식이 요구되는 종합학문이면서도 엄격하게 말한다면 실천성과 처방성이 더 강한 학문이다.

본서는 경찰학이 현실의 치안문제를 해결하고 조직발전을 위한 종합학문적인 지식체계라는 관점에서 집필되었다. 경찰행정과 활동에 필요한 이론적 지식체계를 정립하고 경찰실무에 필요한 지식과 기법을 총망라하여 체계화를 시도하였다.

경찰실무 부문은 경찰조직의 전 기능에 걸쳐서 실무를 위한 지식의 체계화에 초점을 맞추었으며, 범죄예방과 지역사회경찰론은 아주 최근에 등장한 이론을 도입하여 이론과 실무의 만남을 시도하였다. 특히 범죄예방이론은 범죄억제이론, 범죄생물학, 범죄심리학, 범죄사회학, 신 범죄학, 상황적 범죄예방이론을 쉽게 전달할 수 있도록 노력하였다. 또한 경찰정보, 경찰외사, 경찰보안 등은 실무에 특히 필요한 내용들을 중심으로 체계화했으며, 특히 보안경찰은 사회의 변화와 더불어 논란의 여지가 있는 영역이지만, 현재의 보안기능 업무수행과 관련있는 내용을 체계화하려고 하였다.

이번에 제3판을 발행하면서 최근에 개정된 각종 법규를 보완하였고, 오 · 탈자의 교정 · 보완과 아울러 경찰실무 부분을 중심으로 내용 중의 일부분을 보강하였다. 개정증보판의 수준은 아니지만 좀 더 내용의 충실화와 정확성을 살리는 데 중점을 두었다. 이 책이 경찰을 지망하는 많은 잠재적인 경찰관과 실무경찰관들에게 조금이나마 도움이 되었으면 한다. 끝으로 어려운 여건 속에서도 흔쾌히 출판을 맡아주신 대영문화사의 임춘환 사장님께도 진심으로 감사의 말씀을 드린다.

2012년 8월

저자 씀

제2판 머리말

경찰학은 사회과학의 분과학문이다. 대부분 사회과학이 그렇듯이 경찰학의 패러다임이 없다는 점이 최대의 약점이다. 그러나 사회과학의 분과학문 중에서 토마스 쿤이 말하는 수준의 학문적 패러다임이 있는 학문은 거의 없다고 해도 지나친 말은 아니다. 또한 모든 사회과학분야의 학문이 과학성과 기술성의 논쟁 속에서 발전하고 있다는 점에서 경찰학의 학문적 정체성을 찾을 수 있을 것 같아 무척 다행스러운 일이 아닌가 여겨진다. 의학이나 법학이 그 과학성보다는 현실의 처방성과 실천성으로 인해 학문적 독자성을 확보하고 있듯이 경찰학도 그 처방성이나 실천성의 맥락에서 평가받을 수 있을 것으로 생각된다.

오늘날 대부분의 사회과학의 분과학문은 현실의 문제 해결, 즉 처방성이나 실천성에 초점을 맞추기 때문에 종합학문적인 성격을 띠고 있다. 20세기 초·중반에 논리적 실증주의와 행태주의의 영향으로 과학성과 정체성이 학문적 연구의 대세를 이루고 있었으나 사회문제의 복잡다기성과 학문의 현실기여 필요성 등으로 종합학문적 연구가 널리 이루어지고 있다.

경찰학은 현실의 치안문제 해결을 위한 학문이라는 점에서 처방성과 실천성이 요구되는 학문이다. 치안문제 해결은 법학적·행정학적·윤리학적·심리학적·사회학적·범죄학적 지식과 기법을 필요로 하고, 외국의 경찰제도와 한국 경찰사는 물론이고 경찰기능과 관련된 실무지식까지 필요로 한다. 한마디로 다양한 학문적 이론과 실무지식이 요구되는 종합학문이면서도 엄격하게 말한다면 실천성과 처방성이 더 강한 학문이다.

본서는 경찰학이 현실의 치안문제를 해결하고 조직발전을 위한 종합학문적인 지식체계라는 관점에서 집필되었다. 경찰행정과 활동에 필요한 이론적 지식체계를 정립하고 경찰실무에 필요한 지식과 기법을 총망라하여 체계화를 시도하였다. 특히 경찰의 법 집행 활동과 관련된 논의는 실무적인 활동의 연관성이 깊은 내용에 대해서 집중적으로 다루었으며, 경찰행정관리 부분은 1950년대 이전의 이론에서 탈피하여 1990년대 이후의 사회현상을 설명하고 행정개혁과 관련된 신 이론을 도입하여 경찰행정을 설명하려고 하였다. 리더십이론에서 변혁적 리더십과 정보화시대의 리더십이론, 정책결정이론에서 쓰레기통 모형, 공공서비스 생산과 공급의 새 방향을 제시하는 공공선택이론, 신 공공관리론, 뉴 거버넌스이론, 포스트모더니즘 행정이론 등은 21세기의 치안문제 해결과 행정개혁의 방향을 제시하는 이론이라는 측면에서 의미있는 지식체계이다. 경찰학이 종합학문이면서도 관료제 이론이나 귤릭과 어윅의 POSDCoRB 수준에 머물 이유가 없다.

경찰실무 부문은 경찰조직의 전 기능에 걸쳐서 실무를 위한 지식의 체계화에 초점을 맞추었으며, 범죄예방과 지역사회경찰론은 아주 최근에 등장한 이론을 도입하여 이론과 실무의 만남을 시도하였다. 특히 범죄예방이론은 범죄억제이론, 범죄생물학, 범죄심리학, 범죄사회학, 신 범죄학, 상황적 범죄예방이론을 쉽게 전달할 수 있도록 노력하였다. 또한 경찰정보, 경찰외사, 경찰보안 등은 실무에 특히 필요한 내용들을 중심으로 체계화했으며, 특히 보안경찰은 사회의 변화와 더불어 논란의 여지가 있는 영역이지만, 현재의 보안기능 업무수행과 관련있는 내용을 체계화하려고 하였다.

이번에 제2판을 발행하면서 최근에 개정된 각종 법규를 보완하였고 오·탈자의 교정·보완과 아울러 경찰실무 부분을 중심으로 내용 중의 일부분을 보강하였다. 개정증보판의 수준은 아니지만 좀 더 내용의 충실화와 정확성을 살리는 데 중점을 두었다. 이 책이 경찰을 지망하는 많은 잠재적인 경찰관과 실무경찰관들에게 조금이나마 도움이 되었으면 한다. 끝으로 어려운 여건 속에서도 흔쾌히 출판을 맡아주신 대영문화사의 임춘환 사장님께도 진심으로 감사의 말씀을 드린다.

2008년 6월

저자 씀

초판 머리말

경찰학은 사회과학의 분과학문이다. 대부분의 사회과학이 그렇듯이 경찰학의 패러다임이 없다는 점이 최대의 약점이다. 그러나 사회과학의 분과학문 중에서 토마스 쿤이 말하는 수준의 학문적 패러다임이 있는 분야는 거의 없다고 해도 지나친 말은 아니다. 또한 모든 사회고학분야의 학문이 과학성과 기술성의 논쟁 속에서 발전하고 있다는 점에서 경찰학의 학문적 정체성을 찾을 수 있을 것 같아 무척 다행스러운 일이 아닌가 여겨진다. 의학이나 법학이 그 과학성보다는 현실적 처방성과 실천성으로 인해 학문적 독자성을 확보하고 있듯이 경찰학도 그 처방선이나 실천성의 채택에서 평가받을 수 있을 것으로 생각된다.

오늘날 대부분의 사회과학의 분과학문은 현실의 문제해결, 즉 처방성이나 실천성에 초점을 맞추기 때문에 종합학문적인 성격을 띠고 있다. 20세기 초·중반에 논리적 실증주의와 행태주의의 영향으로 과학성과 정체성이 학문적 연구의 대세를 이루고 있었으나 사회문제의 복잡다기성과 학문의 현실기여 필요성 등으로 종합학문적 연구가 널리 이루어지고 있다.

경찰학은 현실의 치안문제라 해결을 위한 학문이라는 점에서 처방성과 실천성이 요구되는 학문이다. 치안문제 해결은 법학적·행정학적·윤리학적·심리학적·사회학적·범죄학적 지식과 기법을 필요로 하고, 외국의 경찰제도와 한국 경찰사는 물론이고 경찰기능과 관련된 실무지식까지 필요로 한다. 한마디로 다양한 학문적 이론과 실무지식이 요구되는 종합학문이면서도 엄격하게 말한다면 실천성과 처방성이 더 강한 학문이다.

본서는 경찰학이 현실적 치안문제를 해결하고 조직발전을 위한 종합학문적인 지식체계라는 관점에서 집필되었다. 경찰행정과 활동에 필요한 이론적 지식체계를 정립하고 경찰실무에 필요한 지식과 기법을 총망라하여 체계화를 시도하였다. 특히 경찰의 법 집행 활동과 관련된 논의는 실무적인 활동의 연관성이 깊은 내용에 대해서 중점적으로 다루었으며, 경찰행정관리 부분은 1950년대 이전의 이론에서 탈피하여 1990년대 이후의 사회현상을 설명하고 행정개혁과 관련된 신이론을 도입하여 경찰행정을 설명하려고 하였다. 정책결정 이론에서 쓰레기통 모형, 공공선택이론, 신 공공관리론, 뉴 거버넌스이론, 포스트모더니즘 행정이론 등은 21세기의 치안문제 해결과 행정개혁의 방향을 제시하는 이론이라는 측면에서 의미있는 지식체계이다. 경찰학이 종합학문이면서도 관료제 이론이나 귤릭과 어윅의 POSDCoRB수준에 머물 이유가 없다.

책을 쓰면서 항상 느끼는 점은 필요한 내용이 많지만 지면이 한정되어 있다는 점이고, 학생들이나 실무자들이 쉽게 이해할 수 있도록 써야 한다는 점이다. 좀 더 부연 설명을 해야 이해가 쉬워진다는 점에서 지면의 한계는 이해의 도움과 관계가 있는 것 같다. 이 책이 경찰을 지망하는 많은 잠재적인 경찰관과 실무경찰관들에게 조금이나마 도움이 되었으면 한다.

끝으로 어려운 여건 속에서도 흔쾌히 출판을 맡아주신 대영문화사의 임춘환 사장님께도 진심으로 감사의 말씀을 드린다.

2006년 12월
저자 씀

차 례

제2편 경찰행정과 법 집행

제3편 경찰행정 관리론

제 1 편

경찰학의 이론적 고찰

제 1 편

제 1 장 경찰개념의 형성과 변천

제 1 절 경찰개념에 대한 역사적 개관

1. 대륙법계의 경찰개념

1) 고대 및 중세의 경찰개념

(1) 고대의 경찰개념

① 경찰이라는 용어는 라틴어의 폴리티아(politia), 그리스어의 πολιτεια (politeia)에서 유래한다. 원래 라틴어의 폴리티아는 국가를 의미하였으나 현대 라틴어에서는 국리민복의 관리, 복지행정이라는 뜻으로 의미가 변하였다.

② 한편, 그리스어의 폴리테이아는 국가 또는 시민권이라는 뜻을 가지고 있어서 일반적으로 도시국가에 대한 모든 국가작용, 특히 국가의 헌법 등을 의미하는 것이었다.[1]

③ 고대 로마에서도 폴리티아(politia)라는 말은 공화국의 헌법과 그것을 수행하는 일반적인 행정활동을 의미하였다.[2]

(2) 14세기 말 프랑스의 경찰개념

경찰개념은 중세인 14세기 말에 이르러 프랑스의 폴리시아(policia)에서 형성된 라 폴리스(La police)라는 단어를 사용하여 '국가목적 또는 국가작용'이라는 뜻으로 사용되었다가 나중에는 공동체의 질서 있는 상태(국가의 평온한 질서 있는 상태)를 의미하였다.

(3) 15세기의 경찰개념

① 프랑스의 경찰개념이 독일에 계수(이어받음)되어 독일의 경찰개념은 양호한 질서를 포함한 국가행정 전반을 포괄하는 의미로 사용되었다.

② 15세기 말 프랑스에서 독일로 도입된 경찰권 이론은 국민의 공공복리를 위해 강제력을 동원할 수 있는 통치자의 권한으로 인정되어 절대적 국가권력의 기초를 제공하였다.

1) 김동희, 행정법Ⅱ, 박영사, 2005, p.173.
2) 홍정선, 경찰행정법, 박영사, 2007, p.6.

(4) 16세기 초 독일의 경찰개념

① '국가목적 또는 국가작용'을 의미하는 프랑스의 경찰개념은 독일에 계승되었고, 이러한 개념은 독일에서 법제화되었다. 이 시기가 바로 16세기 초였으며, 1530년 독일의 유서 깊은 작은 도시 아우크스부르크(Augsburg)제국회의에서 「제국경찰법」이 제정되면서 처음으로 폴리제이(polizey)라는 말이 출현했으며, 오늘날 경찰을 의미하는 폴리자이(polizei)의 어원이 되었다.

② 당시 '폴리제이라는 경찰개념은 공동체의 양호한 질서상태, 또는 공동체의 양호한 질서상태의 창설 · 유지를 위한 활동을 하는 것'으로 정의되었다.[3] 이 당시의 경찰개념은 교회의 사제가 갖는 교회행정의 권한을 제외한 일체의 국가행정을 의미하였다.

2) 경찰국가 시대(17세기)

(1) 사회의 분화와 국가작용의 분화

① 경찰과 행정의 분화

17세기와 18세기에 걸쳐 사회적 환경이 점점 복잡해짐에 따라 국가작용의 분화가 요청되기 시작했다. 따라서 국가작용 그 자체를 의미하던 경찰개념에서 국가목적적 행정인 외교, 사법, 군사, 재정작용 등이 분리가 되어 경찰이란 사회목적적 행정, 즉 적극적 복지증진과 소극적 질서유지에 직접 관계되는 내무행정 전반을 의미하게 되었다.

② 베스트팔렌조약과 사법권의 분리

특히 신구교회의 최대의 종교전쟁인 30년 전쟁의 결과 1648년 베스트팔렌(Westfalen) 조약이 성립됨에 따라 사법이 국가의 특별작용으로 분리되게 되었다.[4]

(2) 무제한적인 경찰권력

① 국왕의 무제한적 권력행사

경찰국가에서는 국왕의 통치권이 내무행정 전반에 미치는 등 무제한적인 권력을 행사하였다. 경찰권은 절대군주의 최고의 권력이었다. 군주의 경찰권 행사는 국민의 행복을 위하여 국민의 모든 권리관계에 간섭하게 되는 등 법적으로 무제한적이었다.[5]

② 소극적인 질서유지 및 적극적인 복지증진 작용

경찰국가시대에는 경찰은 단순한 소극적인 치안질서 유지를 위한 작용뿐만 아니라 적극적인 복리증진을 위해서도 경찰권의 발동이 가능하였다.

③ 재판통제 받지 않는 무제한적인 경찰권력

경찰은 국왕의 절대적인 권력에 복종하지만, 국민에 대해서는 포괄적인 권한에 근거하여 재판

---

3) 앞의 책, p.6.
4) http://www. nobelman.com/old/hi, 김동희, 행정법Ⅱ, 박영사, 2005, p.173.
5) 김성수, 개별행정법, 법문사, 2005, p.453.

통제도 받지 않고 일방적으로 국민을 지배하였으며, 법적 근거 없이 자유재량에 의해 무제한적인 권력을 행사할 수 있었다.

3) 18세기 자유주의적 법치국가 시대의 경찰개념

(1) 자연법사상과 계몽주의의 등장

18세기의 자연법사상과 계몽주의는 유럽 각국이 자유주의적 법치국가사상을 수용하는 역사적 전환점을 제공했다. 이러한 자연법사상과 더불어 계몽주의의 출현으로 권력분립주의의 법치주의가 대두되었다.

(2) 경찰개념에서 복지증진작용 제외

17세기 중엽 국가의 간섭을 최소화하는 야경국가사상, 프랑스 혁명의 발발, 몽테스키외의 삼권분립 사상은 경찰의 개념에서 적극적인 복지경찰의 분야가 제외되고, 경찰개념은 소극적 위험방지 분야에 한정되게 되었다.[6]

2. 소극적 질서유지와 관련 법률 및 판결

1) 독일

(1) 프로이센의 일반란트법

경찰에 관한 최초의 실정법으로 알려져 있는 1794년의 프로이센 「일반란트법(Pr. ALR)」은 "공공의 평온·안녕 및 질서를 유지하고 공공단체 또는 그 구성원에 대한 절박한 위험을 방지하기 위해 필요한 조치를 취하는 것"이 경찰의 직무라고 규정했다.[7]

(2) 크로이쯔베르크 판결

1882년 프로이센 상급행정법원은 베를린 크로이쯔베르크(Kreuzberg) 판결에서[8] 경찰의 임무는 소극적인 위험방지에 있다는 점을 분명히 하였다. 즉 경찰권을 발동할 수 있는 분야를 소극적 위험방지 분야로 한정하였고, 이는 경찰작용의 목적 축소(소극목적에 국한)와 관계가 깊은 판결이다.

(3) 1931년 프로이센 경찰행정법

경찰관청이란 일반 또는 개인에 대한 공공의 안녕과 질서를 위협하는 위험을 방지하기 위하여 현행법의 범위 내에서 의무에 합당한 재량에 따라 필요한 조치를 취하지 않으면 안 된다고 규정하였다.

6) 유훈, 정책수단에 관한 고찰, 행정논총 30(2), 서울대행정대학원, 1991, p.53.
7) 김동희, 행정법Ⅱ, 박영사, 2005, p.173.
8) 김성수, 개별행정법, 법문사, 2005, pp.454-455.

2) 프랑스

(1) 프랑스의 죄와 형벌법전(경죄처벌법전)

① 경찰의 공공질서유지

1795년 프랑스의 「죄와 형벌법전」은 이 법 제16조에서 "경찰은 공공질서를 유지하고 개인의 자유와 재산 및 안전을 유지하기 위하여 설치된다"라고 명시하고 있다.

② 행정경찰과 사법경찰의 분리

「죄와 형벌법전」 제19조는 행정경찰은 "공공질서유지와 범죄예방"을, 사법경찰은 "범죄의 수사", 즉 "행정경찰이 제지하지 못한 범죄를 찾아내고 그 증거를 수집하여 범죄자의 처벌을 맡은 재판소에 이들을 인계하는 것"이라고 규정하고 있다.[9] 이 법은 최초로 행정경찰과 사법경찰을 구분하는 행정·사법경찰 이원론을 법제화하였다.

③ 영향

프랑스의 죄와 형벌법전은 일본의 「행정경찰규칙」 및 한국의 「행정경찰장정」 그리고 「경찰관직무집행법」 제정에 영향을 미쳤다.

(2) 지방자치법전(1884)

자치단체 경찰은 공공의 질서·안전 및 위생을 확보함을 목적으로 한다고 규정하였다. 즉 위생사무 등 협의의 행정경찰적 사무를 포함하여 경찰의 직무를 소극목적에 한정하였다.

3. 영미법계와 대륙법계의 경찰개념

1) 대륙법계(전통적 경찰개념)

(1) 경찰과 시민과의 관계

통치권적 경찰권을 강조하는 대륙법계는 경찰과 시민과의 관계를 대립관계, 즉 수직관계로 보았다. 따라서 경찰권을 일방적으로 행사하는 경찰이 주체이고 시민은 경찰권 행사의 객체로 인식되었다.

(2) 경찰의 임무·목적

대륙법계는 경찰권의 발동을 사회공공의 안녕과 질서유지를 목적으로 일반통치권에 의해 국민에게 명령하고 강제하는 권력작용으로 파악하였다.

(3) 경찰권의 기초와 수단

대륙법계는 일반통치권에 의해 경찰권을 행사하고, 경찰권의 행사는 국민에게 명령하고 강제하는 권력작용으로 인식되었다. 즉 일반통치권이 경찰권의 기초이며, 경찰의 수단은 권력적 수단

---

9) 김택수, 프랑스 사법경찰제도의 기원 및 계수과정에 관한 연구, 경찰과 사회, 경찰대학, 2007, 제2집, pp.539-540.

이 중시되었다.

(4) 경찰개념

대륙법계는 경찰이란 무엇인가에 중점을 두고, 경찰권의 발동범위와 성질을 기준으로 경찰개념이 형성되었으며, 행정법학자들이 중심이었다.

(5) 행정경찰과 사법경찰의 구분

대륙법계는 행정경찰과 사법경찰을 구분하고 있으며, 행정경찰만 경찰의 고유한 임무로 본다. 따라서 수사를 경찰의 고유관할로 인정하지 않는다. 경찰국가시대부터 경찰개념에서 제외되었다.

(6) 개념 변천과정

대륙법계는 고대와 중세, 그리고 20세기 초반까지 적극적인 경찰개념을 고수했으나 제2차 세계대전 후 대륙법계 국가의 경찰 대부분은 공공의 안녕 질서에 대한 위험방지라는 소극목적으로 전환하는 변화를 보였다. 따라서 경찰권 발동의 축소화가 이루어졌다.

(7) 현대적 입장

경찰이란 소극적인 질서유지와 위험방지를 목적으로 각종 서비스 제공활동을 하는 조직이다.

2) 영미법계(현대적 경찰개념)

(1) 경찰과 시민과의 관계

영미경찰의 경찰권은 주권자인 국민으로부터 자치적 권한을 위임받은 권한이기 때문에 경찰과 국민은 수평적인 협력관계, 즉 대등관계로 인식된다. 따라서 시민과 경찰은 상호협력관계로 파악된다.

(2) 경찰의 임무 목적

영미법계 경찰은 경찰의 목적과 임무를 국민의 생명·신체·재산보호에 두고 있다.

(3) 경찰권의 기초와 수단

영미법계의 경찰은 주민으로부터 위임받은 자치권에 경찰권의 기초를 두고 있으며 비권력적 수단을 중시한다. 시민을 위하여 법을 집행하고 서비스 기능을 수행하는 비권력적 수단을 중시한다.

(4) 경찰개념

영미경찰은 경찰이 무엇을 하여야 하는가 또는 경찰활동이란 무엇인가를 중요시한다. 경찰이 권력기관이라는 개념보다는 주민에 대한 치안서비스 제공활동을 경찰개념의 핵심으로 한다. 따라서 경찰개념은 경찰의 기능·역할을 기준으로 형성되며, 행정학자들이 중심이다.

(5) 행정경찰과 사법경찰의 구분

영미법계는 행정·사법경찰 구분 없이 모두 경찰의 고유한 임무로 본다. 우리나라는 영미법계의 영향을 받아 행정·사법경찰 모두 경찰의 임무로 규정하고 있다.

(6) 개념의 변천과정(현대적 입장)

2차 대전 후 영미법계 역시 법 질서유지 차원의 권력작용을 경찰의 역할로 받아들이는 변화가 있었다. 현대적 경찰개념은 공공의 안녕·질서유지를 위한 권력작용과 개인의 생명·신체 및 재산보호를 위한 비권력적 서비스작용을 경찰의 역할로 받아들이는 변화를 보이고 있다.

제 2 절 형식적 의미의 경찰과 실질적 의미의 경찰

1. 형식적 의미의 경찰

1) 개념

(1) 보통경찰기관의 활동

① 형식적 의미의 경찰이란 보통경찰집행기관, 즉 제도적 경찰이 수행하는 모든 활동을 말한다.[10] 그 활동은 권력적·비권력적 성질과 개별법적·재량적 성질을 불문한다.[11]

② 법적으로 임용된 순경으로부터 치안총감에 이르는 보통경찰집행기관이 수행하는 모든 활동이 형식적 의미의 경찰이다. 따라서 보통경찰이 수행하는 사법경찰, 정보·보안경찰, 서비스 활동 등이 모두 형식적 의미의 경찰활동에 해당된다.

③ 형식적 의미의 경찰개념은 경찰조직(소속) 중심의 개념이다.

④ 형식적 의미의 경찰활동은 실질적 의미의 경찰활동보다 그 범위가 넓다.

(2) 특징

① 형식적 의미의 경찰의 범위는 각국의 경찰제도가 다르듯이 국가별로 큰 차이를 보인다.[12] 경찰제도는 각국의 전통이나 현실적 환경에 의하여 결정되므로 시대와 국가에 따라 개념차이가 발생한다. 또한 국가별로 「경찰조직법」과 「경찰작용법」에 보통경찰집행기관의 직무나 권한으로 규정된 내용이 모두 다르기 때문이다.

② 형식적 의미의 경찰은 대체로 실질적 의미의 경찰작용과 일치하지만, 그렇다고 반드시 일치하지는 않는다.[13] 보통경찰이 「경찰관 직무집행법」에 의한 불심검문이나 「집회시위에 대한 관리법」에 의한 불법집회시위의 진압, 또는 「도로교통법」에 의한 교통단속을 하는 경우와 같이 국민에게 명령하고 강제하는 권력작용을 할 경우에는 실질적 경찰작용과 일치한다.

③ 그러나 경찰이 ⅰ) 범죄수사와 범인검거와 같은 사법경찰작용, ⅱ) 치안정보수집활동이나

10) 앞의 책, p.10.
11) 김동희, 행정법Ⅱ, 박영사, 2005, p.175.
12) 김남진, 행정법Ⅱ, 법문사, 2005, p.254.
13) 김동희, 앞의 책.

다양한 서비스 제공 활동과 같은 비권력적 작용을 하는 경우에는 실질적 경찰작용에는 해당하지 않는다.

④ 형식적 의미의 경찰은 제도적(실무상 정립) 의미의 경찰이다.

2. 실질적 의미의 경찰

1) 개념

① 실질적 의미의 경찰이란 경찰활동 내용상의 성질, 경찰작용을 기준으로 분류한 것이다.

② 경찰이란 '사회공공의 안녕 · 질서유지와 같은 소극적 목적을 위하여 일반통치권에 근거하여 국민에게 명령 · 강제하는 권력작용'을 말한다.14)

③ 실질적 의미의 경찰은 실정법상의 경찰기관의 기능이 아니라 기관의 종류에 관계없이 경찰작용을 기준으로 규정되고 학문적으로 이론상 정립된 개념이다.15) 독일 행정법학에서 유래하는 개념이다.

④ 실질적 의미의 경찰은 형식적 의미의 경찰뿐만 아니라 다른 행정기관도 해당된다.

⑤ 협의의 행정경찰, 즉 건축 · 영업 · 위생 · 산림경찰 등이 해당된다.

2) 실질적 의미의 경찰의 특징

① 실질적 의미의 경찰은 「행정법」을 근거로 ⅰ) 소극목적의 경찰작용, ⅱ) 사회목적적인 작용, ⅲ) 권력적인 작용이라는 특징을 가진다.16)

② 소극목적적 활동은 적극적인 복리작용이 제외된다는 것을 의미하고, 사회목적적 활동은 군사행정과 국가재정같은 국가목적적 활동은 제외된다는 것을 의미한다.

③ 법 집행을 하는 권력작용은 일반국민에게 봉사하고 서비스를 제공하는 비권력적인 봉사활동은 제외된다는 것을 의미한다. 또한 「행정법」에 의한 권력작용의 대상이 아닌 개인의 재산권의 행사, 민사상 계약행위, 친권의 행사 등 민사상의 법률관계 역시 제외된다.

④ 실질적 경찰활동은 공공의 안녕 · 질서 유지를 목적으로 「행정법」을 집행하는 행정작용이므로 「형사법」을 근거로 범죄에 대하여 제재를 과하는 것을 목적으로 하는 사법작용 역시 실질적 의미의 경찰작용에 해당되지 않는다.

3. 두 개념 간의 관계

1) 양자 일치의 경우

① 보통경찰기관이 사회공공의 안녕과 질서유지(위험방지)라는 실질적 의미의 경찰작용을 하는

14) 홍정선, 앞의 책, p.4.
15) 김동희, 앞의 책.
16) 홍정선, 앞의 책, p.4.

경우에는 양자가 일치한다.

② 풍속경찰은 보통경찰의 임무이므로 형식적 의미의 경찰이면서 사회공공의 안녕과 질서유지를 목적으로 하는 권력적 작용이므로 실질적 의미의 경찰에 속한다.

③ 「경찰관 직무집행법」 제3조에 의한 불심검문은 범인을 검거하고 범죄를 예방하는 데 가장 중요한 경찰상 즉시강제의 권력작용이라는 측면에서 실질적 의미의 경찰에 해당하고, 실정법에서 경찰행정기관에 그 권한을 맡긴 것이라는 면에서 형식적 의미의 경찰이기도 하다.

2) 별개의 개념

① 형식적 의미의 경찰과 실질적 의미의 경찰은 서로 포함관계가 아니라 별개의 개념이다.

② 일반행정기관이 실질적 의미의 경찰작용을 하는 경우는 있으나 형식적 의미의 경찰작용을 하는 경우는 없다.

③ 행정경찰은 형식적 의미의 경찰이 아니라 실질적 의미의 경찰이다.

3) 특정조직의 내부질서 유지를 위한 경찰작용

특별권력 관계에서 특정조직의 내부질서를 유지하기 위해 행해지는 하명이나 강제는 형식적 의미의 경찰작용과 실질적 의미의 경찰작용 어디에도 속하지 않는다. 즉, 의회경찰과 법정경찰과 같이 특별권력관계에 기초하여 의회와 법정의 내부질서 유지를 목적으로 하는 특별권력관계의 경찰작용은 일반경찰권에 우선한다.

4. 우리나라에서의 경찰개념의 형성

1) 대륙법계 경찰개념의 도입

① 일본의 영향으로 대륙법계의 경찰개념이 도입되었다.

② 프랑스의 「죄와 형벌법전」의 영향으로 행정경찰과 사법경찰을 개념상과 이론상으로 구분하였으나 해방 후 미국의 영향으로 보통경찰기관이 행정경찰 및 사법경찰 업무를 모두 담당한다.

2) 영미법계의 경찰개념 도입(미군정기)

① 국민의 생명 · 신체 및 재산보호라는 영미법계의 경찰임무 개념이 도입되었으며, 영미법계의 영향으로 행정경찰과 사법경찰을 조직법상으로 구분하지 않게 되었다.

② 현재 우리나라는 대륙법계의 사회질서유지 중심의 경찰개념과 영미법계의 국민의 생명 · 신체 및 재산보호라는 민주적 경찰개념이 혼합되어 있다.

3) 「경찰관 직무집행법」의 제정 배경

1953년에 제정된 우리나라 「경찰관 직무집행법」의 모태는 1894년 갑오개혁 당시 제정된 「행정경찰장정」이다. 행정경찰장정은 1875년에 제정된 일본의 「행정경찰규칙」을 모방한 것이다. 또한 이 모든 법의 모태는 1795년 제정된 프랑스의 「죄와 형벌법전」(일명 경죄처벌법전)이다. 따라서 우리의 「경찰관 직무집행법」의 원전은 프랑스의 「죄와 형벌법전」이다.

제 3 절 경찰의 분류

1. 분류기준에 따른 종류

1) 3권분립사상(경찰목적)기준

(1) 행정경찰과 사법경찰

행정경찰과 사법경찰의 분리는 프랑스의 권력분립사상에서 유래하며, 프랑스 「죄와 형벌법전」에서 최초로 규정되었다. 「죄와 형벌법전」 제18조에 의하면, 행정경찰은 공공의 질서유지 및 범죄예방을 목적(사전예방)으로 하고, 사법경찰은 범죄의 수사 및 범인의 체포(사후진압)를 목적으로 한다.

(2) 경찰개념적 구분

행정경찰은 실질적 의미의 경찰에 해당하고, 사법경찰은 형식적 의미의 경찰에 해당한다.

2) 경찰권 발동 시점을 기준

(1) 예방경찰

예방경찰이란 위해의 발생을 사전에 방지하기 위하여 이루어지는 권력적 경찰작용을 말한다. 권력적 작용은 불심검문, 위험방지 조치, 위험방지를 위한 출입, 총포 · 화약류의 취급제한, 정신착란자 · 주취자 · 자살기도자 등에 대한 보호조치 등과 같은 경찰활동이 해당된다.

(2) 진압경찰

진압경찰이란 위험이 현실화되어 장해가 발생한 경우에 공공의 안녕 · 질서의 회복을 위한 경찰작용을 말한다. 이미 발생한 위해나 장해를 제거하고 진압하는 행정경찰 작용과 범죄발생의 경우에 범죄제지 및 진압, 범죄수사와 범인체포를 하는 사법경찰작용도 포함하는 개념이다.

3) 업무의 독자성 기준

(1) 보안경찰

보안경찰은 보통경찰기관이 기능별로 소관업무를 독립하여 행하는 경찰작용을 말한다. 보통경찰기관은 생활안전 · 교통 · 경비 · 경무 · 정보 · 외사 · 보안 등 기능별로 다른 행정영역과 무관하게 독립적인 경찰작용을 한다.

(2) 협의의 행정경찰

협의의 행정경찰은 19세기 독일에서 비경찰화의 결과로서 형성된 개념이다. 협의의 행정경찰은 다른 행정영역과 관련하여, 즉 다른 행정작용에 부수하여 그 행정작용의 분야에서 생길 수 있는 공공의 안녕 · 질서에 대한 위해를 예방하고 현실적으로 발생한 위해를 제거하기 위해 행해지는 경찰작용을 말한다. 이른바 영업경찰, 위생경찰, 건축경찰 등이 해당된다. 또한 산업경찰, 산림경찰, 철도경찰, 경제경찰 등도 협의의 행정경찰에 해당하며, 이는 형식적 의미에서는 경찰이 아니다.

4) 권한과 책임의 소재 기준

(1) 국가경찰

국가경찰은 국가가 설치하고 관리하며 그 권한과 책임이 국가에 귀속되는 경찰제도를 말한다. 즉, 국가경찰은 경찰조직권, 경찰인사권, 경찰경비부담권을 국가가 가지는 경찰제도이다.

(2) 자치경찰

자치경찰은 지방자치단체가 설치 · 관리하고 그 권한과 책임이 자치단체에 귀속되는 경찰제도를 말한다. 자치체경찰제도는 치안을 지방의 고유사무로 인정하고, 경찰권을 행사하는 조직의 설치 · 운영의 권한과 책임을 자치단체가 가지고 있는 제도이다. 따라서 이러한 분류는 권한과 책임의 소재에 의한 분류라고 한다.

5) 위해정도 적용법규 담당기관 기준

(1) 평시경찰

평시경찰은 평온한 상태시 일반경찰법규에 의해 보통경찰기관이 행하는 경찰작용을 말한다.

(2) 비상경찰(계엄경찰)

비상경찰이란 비상사태시 계엄선포 후 군대가 병력으로 공공의 안녕과 질서를 유지하기 위하여 계엄법에 의해 일반치안을 담당하는 경찰을 말한다.

6) 경찰활동의 질과 내용 기준

(1) 질서경찰

질서경찰이란 보통경찰기관의 직무 중에서 강제력을 수단으로 공공의 안녕과 질서를 유지하기 위해 법 집행을 하는 경찰을 말한다. 범죄수사 및 진압, 즉시강제, 교통규칙 위반자에 대한 처분 등이 해당한다.

(2) 봉사경찰

경찰의 집행수단이 강제력이 아닌 계몽과 지도 및 서비스를 수단으로 하는 경찰작용을 말한다.

방범순찰, 청소년선도, 교통정보제공, 지리안내 등이 그 예이다.

7) 사회적 가치나 보호법익에 따른 분류(프랑스에서 유래)

(1) 고등경찰

국가의 존립과 유지를 보장하기 위해 국가적 기관 및 제도에 대한 위해를 방지하는 경찰활동을 말한다. 예를 들자면, 정보과, 외사과, 대공정보수집, 반국가적 범죄수사 등이 해당한다.

(2) 보통경찰

보통경찰이란 일반사회의 안녕과 질서유지를 목적으로 하는 경찰을 말한다.

2. 국가경찰과 자치경찰의 비교

1) 국가경찰

(1) 의의

국가경찰이란 국가가 경찰조직과 유지의 권한과 책임을 가지는 경찰을 말한다. 국가경찰은 경찰활동의 효율성은 높지만, 민주성은 떨어진다는 것이 특징이다.

(2) 장점

① 중앙정부의 지휘·명령에 따라 전국경찰이 움직이므로 타 경찰기관과의 업무상 협조·조정이 용이하다. ② 국가에서 경찰조직을 유지·관리하므로 전국적으로 균등한 경찰서비스를 제공할 수 있다. ③ 경찰청의 지휘·명령에 따라 전국의 경찰조직이 운영되므로 경찰조직의 통일적 운영과 경찰활동의 능률성·기동성을 발휘할 수 있다. ④ 중앙정부에서 전국경찰을 관리하므로써 전국적인 통계자료의 정확성을 기할 수 있다. ⑤ 전국경찰의 협조체계가 유지됨으로써 공조·광역수사, 대규모 집회시 전국경찰의 경력지원처럼 강력하고 광범위한 법 집행력 행사가 가능하고 비상시 유력하다.

(3) 단점

① 관료화되어 지역주민을 위한 봉사자 의식이 희박하다. ② 중앙정부의 지휘·명령에 따라 통일적으로 움직이므로 각 지방의 특수성·창의성이 저해될 수 있다. ③ 정부의 특정정책 수행에 이용되어 경찰본연의 임무를 벗어날 우려가 있다. ④ 중앙집권적인 국가경찰은 중앙정부의 지시와 감독에 따라 움직이기 때문에 경찰에 대한 지역주민의 통제가 어렵다.

2) 자치경찰

(1) 의의

자치경찰이란 지방자치단체가 경찰조직과 설치·유지의 권한과 책임을 가지는 경찰을 말한다. 자치경찰은 업무의 효율성은 낮지만, 민주성이 높다는 것이 특징이다.

(2) 장점

① 인권보장과 민주성이 보장되어 주민들의 지지를 받기 쉽다. ② 각 지방의 특성에 적합한 경찰행정이 행해질 수 있다. ③ 지방별로 독립된 조직으로서 경찰조직 운영에 대한 개혁이 용이하다. ④ 지방자치단체에 의해 설치 · 유지 · 운영됨으로써 주민의 의사가 치안행정에 반영되기 쉬워 민주성이 강화된다.

(3) 단점

① 조직이 지방자치단체별로 설치 · 운영되기 때문에 타 경찰기관과의 업무협조가 곤란하다. ② 지역단위로 운영되기 때문에 전국적 · 광역적 범죄에 대처하기 어렵다. ③ 역시 지역적인 한계로 인하여 통일성 · 집행력 · 기동력이 미약하다. ④ 지방자치단체 별로 대부분 독립적으로 관리 · 운영되기 때문에 통계자료의 정확성을 기하기 어렵다.

제 2 장 외국의 경찰제도

제 1 절 영국의 경찰제도

1. 고대경찰

1) 12세기 이전의 앵글로 색슨시대: 콘스타블과 리브

① 12세기 이전의 앵글로 색슨시대에는 경찰조직이 없었으며, 지역치안은 지역마다 10가구씩 묶어 자치적으로 치안을 유지하는 10인 조합 또는 10호반(Tithing)제도에 의해 이루어졌다.

② 이 제도는 국왕의 평화를 달성하기 위한 10인 상호보증제도(Frank-Pledge System)에서 유래한 것으로서, 12세 이상의 남자들은 원칙적으로 10인 조합의 구성원이 되어 서로 윤번제로 순찰 임무를 수행하였으며, 그 중 1명을 주민들이 10인 조합장(chief tithingman)으로 선출하여 치안책임을 지게 했다.1)

③ 에드가 법전(Law of Edgar)에는 이 조합장을 평화유지관리라고 호칭하고 있다. 10인 조합의 구성원들은 순찰을 하면서 도적을 발견하면 "도적(저놈) 잡아라(hue and cry)"고 고함을 질러 추적하고 이 고함소리를 들은 주민들은 합세하여 범인을 체포해야 할 의무를 지고 있었다.2)

④ 10인 조합은 이웃 10인 조합과 협조할 의무를 지고 있었고, 인구가 증가함에 따라 서로 결합하여 100인 조합(Hundreds)을 형성하여 지역치안을 유지했다.

⑤ 주민들은 자경대장, 즉 콘스타블(Constable)을 선출하여 범법자를 추적하고 체포하는 책임 및 마을 전체의 말과 무기를 관리하는 역할을 맡게 하였는데, 이는 영국 최초의 경찰관이다.

⑥ 이 당시의 콘스타블은 명예직으로, 각 교구마다 1명씩 임명되었는데 오늘날 경찰관의 기원이 되었다.3)

⑦ 100인 조합은 다시 결합되어 '샤이어(Shire)'가 형성되었으며, 이는 오늘날 카운티(County)이며 한국의 도에 해당하는 행정단위이다.

⑧ 국왕은 각 샤이어의 치안을 위하여 경찰관이면서 재판관인 '셔 리브(Shire reeve)', 즉 국왕의

---

1) 김형만 등, 앞의 책, p.251.

2) A.C. German, Frank D. Day, & Robert R. Gallet, Introduction to Law Environment, (Illinois: Charles C. Thomas Publisher, 1966), p.49. 에드가 법전(Laws of Edgar)에서는 10인조의 장을 평화관리자(peace official)라고 불렀다.

3) 치안본부, 미국경찰, 외국경찰제도 연구총서3, 치안본부, 1989, pp.21-22.

대관을 임명하여 국왕을 대표하여 세금징수, 치안유지, 재판권 행사 등 국왕이 가지고 있던 각종 권한을 부여했다. 이후 대관은 보안관(Sheriff)이 되었다.

2) 헨리법전과 대헌장: 국가형벌주의

① 중세 영국경찰은 보안관의 경찰권 남용으로 인해 윌리엄의 아들인 헨리 1세는 1116년, 최초의 형법인 「헨리법전」을 제정하여 국왕에게 살인, 강도, 강간 등 37종의 범죄에 대한 재판권을 부여함으로써 범죄를 개인이나 집단이 처벌하는 사인주의(私人主義)가 아닌 국가가 처벌해야 한다는 국가형벌주의로 전환했다.

② 범죄를 중죄와 경죄로 구분하고, 헨리 2세는 12세기 후반에 배심원제도를 도입하였다.

③ 13세기 초에는 '존왕'의 폭정에 대항하여 영주들이 군대를 일으켜 저항하게 되었으며, 이에 '존왕'은 왕의 권한을 제한하고 시민의 기본권리를 보장하는 '대헌장'에 서명하게 되었다.

④ 대헌장은 1. 지방자치, 2. 법치주의, 3. 적정절차의 법리, 4. 배심원 재판제도, 5. 부당한 인신구속 금지, 6. 간접민주주의 천명 등을 핵심으로 하는 영국 최초의 헌법이다.

3) 에드워드 1세의 경찰개혁: 윈체스터법의 제정

(1) 윈체스터법령(Statute of Winchester)

① 「윈체스터법령」은 에드워드 1세 때 만들어져서 「수도경찰청법」이 만들어질 때까지 500여 년 동안 거의 유일하게 존재한 경찰활동을 규율한 경찰법령이다.

② 이 법은 약화된 10인조 제도를 교구순경(parish constable)으로 대치, 교구마다 1명이 1년 동안 무급순경 역할을 하였다.

③ 또한 야경제도를 도입하였고 런던에서는 유급순라꾼을 고용함으로써 주간순찰과 야간순찰을 분담하게 하여 '24시간 치안' 개념이 도입되었다.[4] 또한 경찰권을 부여받은 치안판사의 지휘·감독을 받아 콘스타블(constable: 경찰관)이 경찰권을 담당하도록 했다.[5]

④ 콘스타블의 주된 임무는 범법자를 체포하여 법정에 데려오는 것이며, 도시지역의 콘스타블은 야경원을 지휘하며 치안을 유지하였고, 치안조력의무(hue and cry)를 통해 일반시민에게 범인 추격과 체포를 강제할 수 있었다. 어떤 시민이라도 범법자를 체포할 수 있게 됨으로써 경찰조직보다는 시민 중심적이었다.

⑤ 콘스타블제도는 생업 이외의 근로부담으로 인해 일반인의 기피대상이 되었고 점차 자원봉사에서 유급종사로 변모되며 약 600년간 치안제도로 기능하였으나 18세기 산업혁명으로 새로운 치안제도로의 개혁이 요구되었다.

---

4) 김형만 등, 앞의 책, p.252.

5) Samuel Walker, The Police in America (New York: McGraw Hill Book co, 1983), p.3.

(2) 수도 런던에 관한 법률

수도 런던에서는 런던시를 24개 구로 나누어 각 구에 1인의 치안판사와 그 밑에 6인의 경비원을 두어 범죄인을 체포하고 치안판사가 이를 재판했다. 경비원 외에 순찰원을 두어 런던 시 전역에 걸친 방범순찰을 담당하게 하고 각 구의 경비원을 보조하게 했다.

2. 중세경찰: 교구경찰

① 14~17세기 교회지역의 사회단위인 교구가 행정력을 갖춘 지방행정단위로 변천하면서 경찰제도도 명예직으로 유지되었던 교구경찰 중심으로 이루어졌다.

② 이는 봉건주의의 쇠퇴와 교회권력 강화의 결과로써 교구에서 선임한 교구경찰이 치안을 담당하게 되었다. 16세기 중반까지 교구 경찰관(Parish Constable)은 각 교구가 임명하는 직위 중 가장 우월한 지위에 있었다.

③ 교구경찰은 16세기에 기세를 떨친 중상주의의 여파로 많은 부를 소유한 상인 계층이 힘들고 보수를 지급받지 못하는 경찰직에 윤번으로 봉사하기보다는 오히려 일정 보수를 지불하고 대리인으로 하여금 경찰직을 수행토록 하는 대역제 현상이 나타났다.[6]

④ 결과적으로 실업자들이 낮은 보수를 받고 준영구적으로 경찰직을 수행하게 되면서 17세기 말에 교구경찰은 몰락하게 되었다.

3. 영국의 근대적 경찰제도

1) 헨리 필딩의 경찰력 강화

① 헨리 필딩(Henry Fielding)은 1749년과 1750년 사이에 런던 최초의 직업경찰이라고 할 수 있는 바우가 경찰(Bow Street Runner)의 창설을 주도하였다.

② 바우가 경찰은 도심지역에서 근무하는 도보순찰대, 15마일 떨어진 변두리 지역까지 근무하는 기마순찰대, 범죄현장에 즉각 달려가 수사하는 바우가 형사대로 구성되었다.[7] 바우가 형사대는 런던에 최초로 창설된 수사경찰이었다.[8] 바우가 경찰은 나중에 수도경찰청의 기본이 되었다.

2) 수도경찰법 제정과 신경찰제도

(1) 헨리 필딩의 공헌

① 사실 영국에서 경찰이란 용어가 오늘날과 같은 의미로 사용되기 시작한 시기는 18세기였다. 1749년 헨리 필딩에 의해 런던 최초의 직업경찰관이라고 할 수 있는 바우가 경찰(비공식적으로는

---

6) John Wade, A Treatise on the police and Crimes of the metropolis, 1829, p.64. Philip John Stead, The rolice of Britain,(Macmillan, 1983), pp.32-36.

7) 정진환, 비교경찰제도-개정신판-, 책사랑, 2003, pp.37-38.

8) 김형만 등, 앞의 책, p.253.

Thief-taker)이 창설되면서 공식적인 경찰조직의 기틀이 마련되었다.

② 헨리 필딩과 패트릭 콜쿠흔(Patrick Colquhon)은 경찰의 임무가 범죄예방에 있고, 경찰조직의 공식화와 전문화, 유급경찰의 창설과 범죄수사 부서의 설치, 절도체포대, 기마순찰대, 도보순찰대 등을 설치함으로써 이러한 제도가 후의 수도경찰청의 기본이 되었다.

(2) 로버트 필 경에 의한 수도경찰법 제정

① 산업혁명으로 치안유지가 어려워짐에 따라 벤담(Jeremy Bentham)의 영향을 받은 내무부 장관 로버트 필 경(Sir Robert Peel)의 제의에 따라 1829년에 「수도경찰법」이 제정되었고, 뒤이어 수도경찰청이 설치됨으로써 경찰조직의 통합과 일원화를 이루게 되어 비로소 영국은 근대적 경찰조직을 갖게 되었다. 이것이 바로 영국의 신 경찰제도의 창설이다.[9]

② 로버트 필 경은 영국경찰의 기초를 확립한 사람으로 여러 경찰조직을 통합하고 계급, 제도, 정복착용 등의 통일을 추진하여 영국경찰의 기초를 확립했다.

③ 그는 지휘지침을 통해 경찰의 1차 목적은 범죄의 진압이 아니라 범죄의 예방에 있다고 강조했다. 그의 애칭인 보비(Bobby)는 후에 수도경찰의 애칭으로 되었다.

3) 로버트 필의 경찰개혁

(1) 런던 경시청의 탄생

1829년에 '근대경찰의 아버지'로 불리는 당시 내무장관 로버트 필 경이 '앵글로 색슨 전통인 공동체 치안원칙으로 돌아가자'라는 표어 아래 지역공동체의 비용으로 운영되는 경찰조직 창설을 제의하여 의회의 승인을 얻었다. 결국 내무장관이 직접 지휘하는 경찰조직을 런던에 설치하는 「런던경시청법」을 제정함으로써 영국 최초의 근대경찰조직인 런던 경시청이 탄생하게 된다.

(2) 신경찰의 12원칙과 경시청의 9대 업무지침

① 당시에 로버트 필은 '신경찰의 12원칙'을 제시하였으며, 당시 경찰개혁 요지는 '법질서 유지에 대한 지역의 책임 확립'이며, 이를 위해서는 '경찰관을 선발하여 급료를 지불하고 체계적 조직을 이루어 개개인의 행동과 조직의 수준을 향상 · 유지'해야 한다는 것이었다.

② 로버트 필의 신경찰 12원칙은 다음과 같다.

1. 경찰은 안정되고 능률적이며 군대식으로 조직화되어야 한다.
2. 경찰은 정부의 통제하에 있어야 한다.
3. 경찰의 능률성은 범죄의 부재에 의해 가장 잘 나타날 것이다.
4. 범죄발생 사항은 반드시 전파되어야 한다.
5. 경찰력의 배치는 시간적 · 지리적 특성에 따라야 한다.
6. 자기감정을 조절할 줄 아는 것이 가장 중요한 경찰관의 자질이다.
7. 단정한 외모가 시민의 존중을 받는다.

---

9) T.A. Critchley, A History of police in England Wales, (Montclair New Jersey, 1972), pp.31-35.

8. 적임자를 선발하여 적절한 훈련을 시키는 것이 능률성의 근간이다.
9. 공공의 안전을 위해 모든 경찰관에게는 식별될 수 있는 번호가 부여되어야 한다.
10. 경찰서는 시내 중심지에 위치하여야 하며 주민이 쉽게 찾아올 수 있어야 한다.
11. 경찰관은 반드시 시보기간을 거친 후에 채용되어야 한다.
12. 경찰관은 항상 기록을 남겨 차후 경찰력 배치를 위한 기준으로 삼아야 한다.

③ 당시에 마련한 런던 경시청의 9대 업무지침은 다음과 같다.

1. 경찰은 군대의 폭압이나 엄한 법적 처방이 이루어지지 않도록 미연에 범죄와 무질서 방지를 위해 노력해야 한다(예방차단 위주의 경찰행정).
2. 경찰임무를 수행하기 위한 필요한 힘은 시민의 지지와 승인 및 존중에 전적으로 의존한다는 사실을 결코 잊어서는 안 된다.
3. 경찰에 대한 시민의 지지와 승인 및 존중을 확보한다는 것은 법을 지키는 경찰의 업무에 대한 시민의 적극적인 협력확보를 의미한다는 것을 인식해야 한다.
4. 시민의 협력을 확보하는 만큼 경찰 목적 달성을 위한 강제와 물리력 사용의 필요성이 감소한다는 점을 명심해야 한다.
5. 시민의 지지와 승인은 결코 여론에 영합해 얻어지는 것이 아니라 지속적으로 공정하고 결코 치우침 없는 법 집행을 통해 확보된다.
6. 경찰 물리력은 반드시 자발적 협력을 구하는 설득과 조언과 경고가 통하지 않을 때만 사용해야 하며, 그때도 필요최소한 정도에 그쳐야 한다.
7. 경찰이 곧 시민이고 시민이 곧 경찰이라는 인식을 바탕으로 경찰과 시민 간 협력관계를 유지해야 한다. 경찰은 공동체의 복지와 존재의 이익을 위해 봉사하는 임무를 수행하고자 보수를 받는 공동체의 일원일 뿐이다.
8. 언제나 경찰은 법을 집행하는 역할이라는 점을 잊어서는 안 되며, 유무죄를 판단해 단죄하는 사법부의 권한을 행사하는 것처럼 보여서는 안 된다.
9. 경찰의 효율성은 언제나 범죄와 무질서의 감소나 부재로 판단되는 것이지 범죄나 무질서를 진압하는 가시적인 모습으로 인정받는 것은 아니라는 점을 명심해야 한다.[10]

4) 지방: 자치경찰제의 실시와 신경찰

① 1835년에는 「도시자치법」(Municipal Corporations Act)을 제정하여 인구 2만 명 이상의 도시와 자치구에 경찰조직을 창설할 수 있도록 허용하였다.

② 농촌지역에서는 1839년의 「지방경찰법」(County Police Act)으로 시・자치구 이외의 지방에도 경찰조직을 창설하도록 하였으며, 자치정부가 없는 지방에서는 치안판사로 하여금 경찰조직을 구성하고 경찰장 및 경찰관을 임명하여 운영하도록 규정하였다.

③ 1856년에는 「지방 및 자치구 경찰법」이 제정되어 자치경찰에 대한 내무부장관의 감독권과 통제권이 강화되었으며, 경찰기관의 통일성을 확보하였다.

10) 김형만 등, 앞의 책, pp.254-255.

④ 영국 전역에 자치경찰제가 설치되어 눈에 띄는 정복을 입고 거리를 순찰하는 '신경찰'의 활약이 두드러졌다. 1차 세계 대전 발발 즈음에는 이들 푸른 제복의 '신경찰'들이 범죄율의 급격한 감소와 사회안정을 가져온 일등공신으로 인정받게 되었다.[11]

4. 20세기 이후의 현대경찰제도

1) 트랜차드의 경찰개혁

1931년 경찰총수인 트랜차드(Hugh Trenchard)가 경찰청의 조직과 운영에 관한 과감한 개혁을 단행하였다. 개혁의 주요내용은 ① 훈방제도의 강화, ② 일선경찰의 통합 및 관할구역 변경, ③ 법률부의 신설, ④ 순찰제도의 개선과 경찰시설의 확충, ⑤ 교육기관의 설치, ⑥ 10년의 단기 순경제 채택 등이었다.[12]

2) 왕립위원회의 조사

1950년대에 접어들어 경찰의 부정부패와 비민주적인 경찰행태로 인해 1960년 내무장관의 제청에 의해 의회에서 경찰의 제반문제를 조사하기 위한 '왕립위원회'를 구성하여 ① 국립경찰 창설 필요성 여부, ② 경찰청장 · 경찰위원회 · 내무장관의 역할 및 위상과 상호관계, ③ 경찰의 대민관계 · 민원처리제도 및 경찰관 보수의 적정성에 대한 조사와 점검을 실시하였다. '왕립위원회'의 조사결과 의회에 제출한 건의안은 다음과 같다.[13]

① 다수의견으로 '경찰의 국립화'에 반대하며, 그 대신 수도경찰청과 런던시를 제외한 모든 경찰본부가 관리기구인 경찰위원회로 통합되고, 내무부장관에게 경찰본부 합병권을 부여했다.

② 내무부장관, 지방경찰위원회 · 지방경찰청장 간 업무와 책임 및 권한을 분담하는 3원관리체제(또는 3각 관리체제)의 확립을 건의했다.

③ 경찰의 책임성 제고 및 효과적 민원처리제도 구비책 마련 등 제도개선을 건의했다.

3) 경찰법의 제정과 3원체제에 의한 경찰조직관리

(1) 경찰법 제정

왕립조사단의 건의안을 기초로 영국 현대경찰의 근간을 이루는 '1964년 경찰법'이 제정됨으로써 수도경찰청과 런던시를 제외한 모든 경찰본부가 관리기구인 경찰위원회로 통일되고 내무부장관에게 비능률적인 소규모의 지방경찰청을 통합할 수 있는 권한을 부여하였다.[14]

---

11) 김형만 등, 앞의 책, pp.255-256.
12) Ibid.
13) 김형만 등, 앞의 책, pp.257-258.
14) John Sullivan, op. cit., pp.13-17.

(2) 수도경찰청 3원관리체제

① 1998년 5월부터 런던자치정부 수립을 위한 법안이 런던시민 투표로 통과하여 2000년부터 시장 직선·런던 대의회 구성 및 경찰위원회를 창설하게 됨으로써 수도경찰청도 3원관리체제가 되었다.[15]

② 이러한 경찰체제는 현재까지 지속되고 있다. 따라서 수도경찰청을 비롯한 자치체 경찰조직은 1/3의 치안판사와 2/3의 지방의회의원으로 구성되는 경찰위원회에 의해 관리되고 있다.

③ 경찰청장은 독자적이고 고유한 경찰에 대한 지휘와 운영권을 보유하고 있으며, 차장 이외의 모든 경찰관에 대한 인사권을 행사한다.

4) 영국경찰의 신중앙집권화

(1) 신중앙집권화

1980년대에 들어와서 영국은 치안상황이 악화되어 경찰력 강화와 범죄방지의 필요성이 높아짐으로써 경찰조직의 3원체제는 내무부장관의 영향력이 강화되고, 광역범죄에 효율적으로 대처하기 위해 중앙경찰기구로서 국립범죄정보국(NCIS), 국립범죄수사국(NCS)을 설치·운영하고 있다. 이는 영국경찰의 신중앙집권화 경향이다.[16]

(2) 4원체제

심각하게 중앙집권화된 기존 3원체제에 대한 비판으로 2011년 지방경찰제도로의 회귀현상이 나타났으며, 2012년 1. 지역치안위원장, 2. 지역치안평의회, 3. 지방경찰청장, 4. 내무부장관으로 구성되는 4원체제로 변경하였다.

5) 경찰 및 형사증거법 제정

(1) 흑인폭동과 스카만 보고서

1980년대에는 버밍함, 브리스톨 등지에서 경찰의 인종차별적인 검문검색과 폭력행사로 인한 흑인들의 폭동이 계속 발생하는 등 문제점이 대두되자 대법관 스카만(Scarman)을 단장으로 하는 왕립조사단이 구성되어 경찰의 재량권에 대한 통제방안 등에 대한 조사를 실시했다. 1981년에 제출된 조사보고서인 '스카만 보고서'는 경찰의 직무수행 절차와 대민관계, 대 언론관계 및 경찰대상 민원처리 절차에 대한 혁신적인 권고안을 담고 있다.

(2) 경찰 및 형사증거법 제정

① 스카만 보고서의 권고안으로 인해 영국경찰의 운영에 일대 혁신을 가져오게 된 「1984년 경찰 및 형사증거에 관한 법」이 제정되었다.

② 경찰의 권한과 의무에 관한 규정을 강화하기 위해 제정된 이 법은 한국의 「경찰관 직무집행

15) 신현기, 비교경찰제도의 이해, 웅보출판사, 2006, p.132.
16) 표창원, 영국경찰의 위상과 조직체계의 성립과정에 대한 연구, 치안연구소, 치안정책연구 제12호, 1999.7.

법」과 「범죄수사 규칙」을 통합한 법의 성격을 지닌 것으로써 경찰활동에 관련된 각종 특별법과 조례를 총정리한 것이다.

③ 1985년에는 「범죄사건의 기소에 관한 법」이 제정되어 그동안 경찰이 담당해 온 범죄사건의 기소와 공소유지 업무를 전담하는 '국립기소청'이 창설되었다.[17)]

5. 영국경찰의 조직

1) 특징

영국은 자치경찰제이면서도 동시에 중앙통제 장치를 강화함으로써 미국의 복잡하고 난립된 경찰조직 체계와는 달리 어느 정도 통일되고 일원적인 조직체계를 구성하고 있는 절충적인 입장을 취하고 있다.

2) 중앙경찰조직

(1) 내무부 장관

내무부 장관은 자치체 경찰을 전국적으로 지휘・감독・조정・통제하는 권한을 행사한다.[18)] 내무부 장관의 이러한 권한은 경찰업무의 통일성과 능률성을 확보하기 위한 것이다.

(2) 내무부장관의 권한

내무부 장관의 실질적인 권한을 살펴보면, ① 경찰에 관한 규칙제정권, ② 각 경찰청에 대한 50% 이하의 예산지원, ③ 지방경찰위원 5명 사실상 선임, ④ 지방경찰청장 및 차장 임명 승인 및 해임요구, ⑤ 특정경찰청장의 타 경찰청 원조 지휘, ⑥ 치안목표 설정, 목표달성도 평가, 보조금 지원에 반영, ⑦ 경찰청장에게 특정사안에 대한 진상보고서 제출 요구, ⑧ 경찰청장의 연례보고, ⑨ 전국 경찰의 효율성의 향상을 위해 각종 연구, 정책개발, 감사・조정 및 통제 등의 권한을 행사한다.[19)]

(3) 국립범죄청

① 설립배경

ⓐ 자치경찰제의 특징이 강했던 영국 경찰은 조직적인 범죄나 테러사건 등에 효율적으로 대응하기 위해 1992년 범죄정보국, 1997년 국립범죄수사국을 설치하였다.

ⓑ 이후 국립범죄 정보국과 국립범죄수사국이 합쳐져 2006년 국립조직범죄수사청(SOCA)이 설립되었다.

ⓒ 국립조직범죄수사청은 아동착취 및 온라인 아동범죄 대응센터를 흡수하여 2013년 국립범죄

---

17) 김형만 등, 앞의 책, pp.258-259.

18) 김형만 등, 앞의 책, p.261.

19) 신현기, 앞의 책, p.130.

청으로 발전되었다.

② 특징

ⓐ 내무부 산하의 수사기관으로 내무부 지원을 받지만 활동은 내무부로부터 독립되어 있다.

ⓑ 지역경찰과의 협력을 위해 내무부장관이 지방경찰 중 국립범죄청장을 임명한다.

③ 임무

ⓐ 강력범죄에 대한 정보수집 및 수사권, 체포권은 직접 행사할 수 있다.

ⓑ 마약 밀매, 약물 범죄, 아동 범죄, 조직범죄, 인신매매, 불법 밀입국, 여권과 화폐위조범죄, 대테러범죄 등을 담당한다.

ⓒ 미국의 FBI와는 달리 범죄정보를 수집·분석하고 지방경찰의 활동을 지원하는 범죄정보기관의 성격을 가지고 있다.

3) 지방경찰

(1) 수도경찰청

① 로버트 필에 의해 창설(1829)

ⓐ 수도경찰청(Metropolitan Police Service)은 1829년 로버트 필에 의해 창설된 초기부터 런던시 경찰청의 관할구역을 제외한 대 런던(Greater London)과 인접 주 일부지역을 관장한다. 그러나 수도경찰청 소속의 경찰관은 왕궁으로부터 10마일 이내 지역까지 경찰권을 행사할 수 있으므로 필요할 때에는 런던시 경찰청 관내에서도 경찰권을 발동할 수 있다.

ⓑ 1998년 5월에 런던 자치정부 수립을 위한 법안이 런던 시민 투표로 통과됨에 따라 2000년부터 시장의 직선과 대 런던의회의 구성, 그리고 경찰위원회를 창설함으로써 수도경찰은 국가경찰에서 자치경찰제도로 전환되었다.[20] 결과적으로 수도경찰청은 내무부장관·경찰위원회·경찰청장의 3원(3각)체제를 갖추게 되었다.[21]

ⓒ 수도경찰청장은 고위 경찰간부나 민간인 중에서 내무부장관의 요청으로 국왕이 임명한다. 수도경찰청장은 내무부장관의 관리 외에는 대외적으로 독립한 지위에서 권한을 행사한다.

② 임무

ⓐ 수도경찰청은 전국의 다른 경찰조직에 정보제공 등 지원기능도 수행하고, 형사·경비 등 국가적 성질의 사무는 관할구역 외에서도 경찰활동을 수행하는 등 전국 경찰의 중추기관으로서의 역할도 수행한다.

ⓑ 특히 왕실경호와 대 테러 등 국가적 사무와 외국과의 공조수사 등 국제적 사무는 내무부장관과 수도경찰청장이 직접 논의하여 결정하며, 국가적 사무와 국제적 사무에는 3원체제가 적용되

20) 정진환, 경찰행정론, 대영문화사. 2006, pp.130-131.
21) 신현기, 앞의 책, p.133.

지 아니한다.

③ 수도경찰청의 특별업무국

ⓐ 국가안보에 관련되는 범죄수사 및 정보수집, ⓑ 영국왕실 · 각료 · 외국귀빈 등의 보호, ⓒ 외국공관의 경계 및 출입외국인의 내사 등의 임무를 수행한다. ⓓ 지방경찰에 정보 제공, 국제형사경찰기구와의 연락 등을 담당하고 있다.

④ 국가상황실(NRC: National Reporting Center)

NRC는 대규모 시위와 소요사태에 대처하기 위해 수도경찰청에 설치한 기구로서 대규모 시위 및 소요사태시에 각 지방경찰청 기동대의 이동과 배치를 지휘하고 감독한다. 국가상황실장은 영국경찰장 협의회(ACPO) 회장이 겸임하고 있다.

(2) 런던시 경찰청

① 수도경찰청과 독립한 자치체 경찰

ⓐ 런던시는 대 런던의 중심부에 위치한 금융 등의 중심지로서 수도경찰청과 독립한 자치체 경찰을 운영하고 있다. 면적은 겨우 2.6km^{2}이며 영국 경제의 중심지로서 주간인구는 60만 명에 이르지만 야간인구는 5만 3천 명에 지나지 않는 유동인구가 많은 특수지역이다.

ⓑ 런던시 경찰청장은 시의회에서 임명하고 내무장관의 제청으로 국왕의 승인을 받으며 수도경찰청장과 동일한 직급이다.

ⓒ 관리권은 시의회의원과 순회판사로 구성되는 런던시의회에 있다. 시의회는 입법기관인 동시에 집행기관으로서 시의회 산하의 경찰위원회를 통해 경찰을 관리한다. 경찰예산의 의결, 규칙 및 조례제정권 등을 관장하고 경찰사무에 대한 질의 및 답변을 요구할 수 있지만, 경찰의 지휘 · 운영에는 관여할 수 없고 실제 업무처리는 경찰청장이 행사하고 있다.22)

ⓓ 런던시의회의 질의에 경찰청장은 서면 또는 출석으로 답변하고 시의회는 경찰청장의 출석을 요구할 수 없다.

② 관할

런던시 경찰청은 수도경찰청 관내에서는 경찰권을 발동할 수 없다. 그러나 시민이 런던시내를 이동하므로 런던의 중심부와 그 주변을 분리하여 별도로 관할하는 것은 많은 불합리한 문제를 유발하므로 이를 해소하기 위해 수도경찰청과 런던경시청은 형사의 파견, 순찰차의 특별배치, 경찰전화의 공동사용, 비상시의 상호응원 등의 보완책을 강구하고 있다.23)

(3) 지방경찰청

① 영국의 지방자치경찰은 3원체제하에서 내무부장관이 지방자치경찰의 예산 중 60% 이상까지 지원하면서 예산통제는 물론 경찰목표까지도 요구하기 때문에 자치경찰적 성격을 상실했다는

22) 정진환, 앞의 책, p.48.
23) 앞의 책, pp.48-49.

비판이 제기됐다. 따라서 2009년 5월부터 영국의 새 정부는 이러한 자치경찰적 기능상실을 회복하고자 경찰개혁을 단행하였다.

② 이러한 경찰개혁은 2012년 지방경찰청 관리를 3원체제에서 4원체제로 전환하는 대개혁을 말한다. 4원체제는 내무부장관, 지역치안위원장, 지역치안평의회, 지방경찰청장으로 구성되었다.

(4) 지방경찰의 4원체제

① 지역치안위원장

ⓐ 지역주민의 선거에 의해 선출되고 해당지역 치안문제에 대해 권한과 책임을 가진다. 지역경찰의 민주적 통제기관의 위치에 있다.

ⓑ 종전 경찰위원회의 임무를 대체하여 지방경찰청장 및 차장의 임면권을 행사한다.

ⓒ 지방경찰의 예산 및 재정에 대한 총괄권을 행사한다.

ⓓ 지역치안계획을 수립한다.

② 지역치안평의회

ⓐ 지역치안위원장의 견제기구로서 각 지자체에서 파견된 1인의 선출직 대표와 2명의 독립위원을 포함하여 최대 20명으로 구성한다.

ⓑ 지역경찰의 예산지출에 대한 감사권을 행사한다.

ⓒ 지방경찰청장 임명과 관련하여 청문회를 개최하고 지역치안위원장에 대한 정보 및 출석요권을 가진다.

ⓓ 지역치안위원장의 직권남용 조사의뢰 및 주민소환 투표를 실시한다.

③ 지방경찰청장

ⓐ 관할 경찰에 대한 독립적인 지휘 및 통제권을 행사한다.

ⓑ 차장 이외의 모든 경찰에 대한 인사권을 가진다.

ⓒ 일상적인 예산운용권을 가진다.

④ 내무부장관

ⓐ 내무부의 지원예산(50%)에 대한 감사권을 행사한다.

ⓑ 국가적인 조직범죄 대응에 관련하여 지역경찰에 대한 임무부여 및 조정권을 행사한다.

ⓒ 전략적 경찰활동 요구권한을 가진다.

ⓓ 지방경찰 중에서 1명을 국립범죄청장으로 임명하는 권한을 가진다.

제 2 절 미국의 경찰제도

1. 미국경찰의 발전

1) 독립 이전의 미국경찰

미국은 영국경찰제도의 영향으로 보안관(sheriff), 치안관(constable), 야경인(watchman)제도를 도입하였다. 미국인의 작은 정부지향사상(Locke와 Tocqueville)의 영향을 받은 제퍼슨사상의 영향으로 경찰제도는 고도로 분권화된 체제를 유지하게 되었다.

(1) 북부지역

치안관과 야경인이 치안을 담당하였다. 치안관은 처음 선거직으로 선출되었으나 이후 일부 임명직으로 전환되었고, 법 집행과 질서유지 업무를 담당하였다. 야경인은 화재·범죄·소란 등을 예방하기 위하여 도시순찰을 하였다. 초기에는 야간순찰만 담당하다가 도시가 확대되면서 주간 야경대도 조직하였다. 이는 후에 도시경찰로 발전하였으며, 경찰력 부족에 대한 대처방안으로 민간경비가 발달하였다.

(2) 남부지역

남부에서는 보안관 제도가 발달하여 남부 농촌지역의 경찰기능을 담당하였다. 보안관은 식민지 주지사가 임명하는 지방정부 최고책임자로 형법을 집행하며, 세금을 징수하고 도로 및 교량 건설 등의 사무를 담당하였다.

(3) 미국 도시경찰의 시초

1631년 보스턴에 야경제도가 발족되어 6인의 야경원과 1인의 책임자로 구성되어 치안을 담당하였는데 1636년에는 콘스타블이 임명되었으며, 이것이 미국도시경찰의 시초이다.[24] 이후 뉴욕과 필라델피아로 도시경찰의 발전이 이루어졌다.

(4) 민간경비업

민간경비는 서부개척이후 더욱 조직화·활성화되었는데, 19세기 중엽 금괴수송과 동서간 철도의 경비를 목적으로 경비를 전담하는 최초의 민간경비회사인 핑커톤(Pinkerton)경비회사가 탄생하여 오늘날 민간경비의 시초가 되었다.

(5) 미국의 독립과 경찰

① 1776년 7월 4일 독립 후 미국경찰은 식민지 시대의 보안관, 콘스타블, 타운마샬을 유지하였으나 1790년대까지 뉴욕에서는 시장, 상급 치안관, 치안관, 마샬, 야경원으로 구성되는 새로운 경찰계급제도가 성립되었다. 연방정부도 연방보안관을 각 주에 1명씩 임명하였고, 각 주에 1명씩 연방 지방검사를 두어 연방법 위반에 대한 소추를 담당하게 했다.

---

24) Samuel Walker, op. cit., pp.1-20.

② 그러나 당시의 경찰은 인력과 장비부족으로 야경(夜警)만이 유일한 범죄예방 기능으로 인식되었다. 보안관은 세금징수, 선거감독의 책임 등으로 정치와 깊은 관계를 맺고 있었는데, 보안관의 추천에는 부유층의 압력이 크게 작용하는 등 극심한 부패 양상을 보였다.

2. 근대 미국경찰의 개혁(1840~1920)

1) 보스턴 시의 경찰개혁

① 초기 미국 경찰기관은 대부분 기존의 야경제도를 확장한 것에 지나지 않았다. 도시화・산업화인구의 증가로 종래의 치안관, 보안관 야경원만으로는 범죄에 대처할 수 없게 되어 미국의 대도시에 경찰개혁이 시작되었다.

② 보스턴 경찰을 필두로 뉴욕, 필라델피아 경찰로 경찰개혁이 이어지기 시작했다. 1833년 필라델피아에서 처음으로 주간 유급경찰(晝間 有給警察)이 출현했는데 야경원 제도를 주간순찰제도로 확대한 것이다.[25)]

③ 야경과 구분되는 근대적 경찰의 기원은 1838년 보스턴 시의 경찰개혁으로 본다.

④ 보스턴 시 당국은 오늘날 도시경찰의 원형이라고 일컬어지는 시 경찰서장(city marshal) 밑에 9인의 경찰관을 임명하여 이들에게 콘스타블과 같은 체포영장 집행・질서유지・소요진압 권한이 주어졌고, 1846년에는 30명으로 보강됨으로써 보스턴 시 경찰국이 탄생했다. 또한 전임 형사제도를 채택함으로써 미국 역사상 최초로 형사의 개념을 정립한 계기가 되었다.[26)] 이때 최초의 제복경찰이 등장하였다.

2) 영국경찰과의 차이점

① 미국경찰은 영국보다 통제방식에서 더 민주적이었다.

② 런던경찰이 정치적 영향으로부터 자유로운 상태에서 엄격한 근무 자세와 공정한 법 집행을 중시한 반면, 미국은 유권자들이 모든 정부기관에 대하여 직접적인 통제권을 행사함으로써 미국의 경찰은 지역사회와 유착되어 엄격하고 공정한 충원과정을 거치지 못하였다.

3) 근대 미국경찰의 문제점

① 미국의 현대 경찰모형은 범죄예방과 가시적인 순찰 그리고 준 군사적인 조직구조 등 대부분 영국의 모형을 모방한 것이다.

② 그러나 경찰에 대한 정치적 통제구조는 아주 달랐다. 영국 경찰은 정치적인 통제를 받지 않았지만, 미국경찰은 지역 정치세력의 직접적인 영향을 받았다.

③ 19세기 미국경찰은 지나친 분권화와 모든 측면에서 정치적 영향을 받게 되어 그 결과는 비

25) Raymond B. Forsdick, American Police Systems, Patterson Smith, 1969, PP.58-68.

26) Samuel Walker, op. cit., p.6.

효율, 부패, 그리고 전문화의 결여였다.

④ 당시 미국경찰은 오늘날과 같은 인사 기준이 없었다. 따라서 교육받지 못한 사람, 건강이 나쁜 사람, 전과자들도 경찰로 채용되었다.27)

⑤ 엽관주의 등으로 정치와 경찰의 강한 유착관계가 형성되어 경찰에 대한 정치적 영향력이 컸으며, 지나친 분권화로 인한 비능률이 문제점으로 대두되었다. 경찰직의 정치적 임용은 19세기에 미국에 만연한 경찰부패와 관련이 있다. 부패는 지방정부의 주요한 기능 중의 하나였으며, 경찰부패는 그러한 문제 중의 단지 하나의 부분에 지나지 않았다.

⑥ 경찰관은 음주, 도박, 성매매 등에 대해 법 집행을 하지 않는 대가로 돈을 받았다. 돈은 모든 계급의 경찰관들에게 분배되었다. 경찰부패는 뇌물을 주고 승진하는 것과 같이 경찰인사 부분에까지 확대되었다.28)

4) 미국경찰의 전문화를 위한 노력

① 미국경찰은 지나친 분권화를 극복하고 경찰에 대한 정치적 영향력을 차단하여 경찰 전문화를 위해 주 경찰과 고속도로순찰대를 설립했다.

② 주 경찰의 설립순서는 텍사스 레인저(1835), 메사추세츠(1865) 펜실베이니아(1905) 순서로 이루어졌다.

③ 또한 미국경찰의 과도한 분권화로 인한 비능률을 극복하고 경찰조직 운영에 있어 상호협력을 증진, 경찰조직의 전국적 통일성 결여를 보완하기 위해 전국의 경찰책임자들이 모여 국제경찰장협회(IACP)를 창설하였다.

④ 또한 연방경찰에 대한 필요성으로 1908년 미연방 법무성에 수사국이 설치되었으나, 경찰활동의 효율성 확보에 크게 기여하지는 못하였다.

⑤ 연방경찰은 설립하기는 하였지만 효율성이 낮아 20세기 초까지 치안유지는 주나 자치제에서 담당하였고, 연방경찰은 제대로 성립되지 못하였다.

3. 현대 미국경찰의 개혁과 발전

1) 연방범죄수사국(FBI)창설

미국은 주간통상의 증가, 화폐 위조, 도량형 표준화, 우편 사무의 증가 등에 의한 필요성 때문에 1908년 루스벨트 대통령의 지시로 1908년 7월 연방정부에 최초로 전담범죄수사기관으로 법무부수사국(BOI)이 설치되었고, 1935년에 연방범죄수사국(FBI)으로 변경되었다.

---

27) Jay Stuart Berman, Police Administration and Progressive Reform: Theodore Roosevelt as Police Commissioner of New York (New York: Greenwood Press, 1987), p.71.

28) Marker Haller, Historic Roots of Police Behavior: Chicago, 1890-1925, Law and Society Review, 10 (Winter 1976): pp.303-324.

① 당시 미국의 일반치안 업무는 주의 임무로서 지방정부가 담당하였으며, 연방경찰은 화폐, 우편, 도량형, 주간통상 등 연방정부의 업무에 대한 경찰활동을 담당하였다.

② 20세기 초까지는 주나 자치체에서 치안유지를 담당하였고 연방경찰은 제대로 성립되지 않고 있었다. 18세기 초 미국의 경찰개혁에 있어서 주 경찰의 빠른 정비에 비해 연방경찰의 성립은 아주 완만하였다.

③ 이후 경찰의 조직과 임무에 관한 여러 경찰위원회의 조사연구에 따른 개선노력과 법집행원조청(LEAA)을 통한 정부의 적극적인 지원을 통하여, 미국은 지방경찰을 기본으로 연방과 주의 경찰제도가 조화를 이룬 경찰체제를 구축하였다.

2) 20세기 초 경찰의 개혁방향

① 정치와 경찰의 분리를 목표로 경찰의 전문화가 강조되었다.

② 경찰조직의 운영과 수사에 있어 과학기술의 도입을 중요시하기 시작했다.

③ 경찰의 업무수행에 있어서 적법절차의 원리가 강조되었다. 따라서 상대적으로 범죄대응의 효율성보다 인권보호를 중요시 하기 시작했다.

3) 경찰의 적법절차요구 판결

1960년대 민권운동의 전개와 함께 경찰위기가 대두되어 20세기 초 연방대법원은 경찰업무집행에도 적법절차를 요구하게 되었다.

① 1957년 맬로리(Mallory) 판결: 체포 후 즉시 법관에게 인치하지 않고 구금 중에 받은 자백의 능력을 부정해야 한다.

② 1961년 맵(Mapp) 판결: 불법수색과 불법압수로 수집한 증거는 피고인에게 불리하게 사용될 수 없다.

③ 1964년 에스코베도(Escobedo) 판결: 변호인과의 접견교통권을 침해하여 획득한 자백의 증거능력을 부정하였다.

④ 1966년 미란다(Miranda) 판결: 미란다원칙, 즉 변호사선임권과 진술거부권 및 피의자의 진술은 재판과정에서 불리하게 사용될 수 있다는 사실을 고지해야 한다.[29)]

4) 위커샘 위원회의 개혁

(1) 위커샘 위원회(Wickersham committee)의 보고서

① 로버트 필 경이 현대경찰의 아버지라면, 오거스트 볼머(August Vollmer)는 미국경찰 전문화의 아버지이다. 볼머는 1905년부터 1932년까지 캘리포니아 버클리 경찰국장을 역임하면서 오늘날의 경찰에도 계속 영향을 미치는 경찰개혁 의제를 제시했다.

29) Walker, op. cit., p.40.

② 그는 경찰관의 고등교육을 옹호한 사람으로 유명하고 버클리 대학의 졸업생을 경찰관으로 채용하였으며 1916년에 캘리포니아 대학에 처음으로 대학 수준의 경찰학을 개설하였다. 그러한 점에서 그는 현대 범죄학 교육의 아버지이다.30)

③ 경찰전문화에 대한 연구는 1929년 후버 대통령이 미국의 형사법제도를 연구하기 위해 설치한 "준법 및 법 집행에 대한 실태조사위원회"인 "위커샘 위원회"에 의해 이루어졌다.31)

④ 1931년에 이 위원회는 오거스트 볼머(August Vollmer)가 주축이 되어 미국의 형사사법제도에 관한 연구를 통하여 14개의 보고서를 발표하였다.

위커샘 보고서에서 볼머는 ① 직업경찰제도의 확립의 촉구, ② 정치적 간섭배제, ③ 경찰채용기준의 강화, ④ 근무조건의 개선, ⑤ 교육의 강화를 통한 기술혁신 등을 경찰개혁 대안으로 제시했다.

(2) 개혁의제(reform agenda)

위커샘 위원회의 개혁의제는 ① 경찰활동은 전문직업이다.

② 경찰에 대한 정치적 영향이나 압력은 제거되어야 한다.

③ 경찰기관의 최고 관리자들은 자격있는 사람들이 임용되어야 한다.

④ 경찰관을 선발하기 위한 인사기준을 마련해야 한다.

⑤ 전문직업주의는 경찰조직에 현대적 관리원리를 적용하는 것을 의미한다. 즉, 명령통일 원리, 통솔범위 원리, 그리고 인력의 효율적인 사용 원리 같은 관리 원리가 적용되어야 한다.

⑥ 전문화는 경찰부서의 기능을 순찰과 수사에 추가하여 교통 기능, 청소년 기능 등으로 경찰조직의 기능적 분화를 포함한다.32)

(3) 청소년 기능도입과 여성경찰관 채용

① 이처럼 미국경찰은 청소년 기능의 도입으로 그때까지 남성만으로 운영되던 경찰에 처음으로 여성경찰을 채용하는 역사적 혁신을 가져왔다.

② 포틀랜드 경찰은 1905년에 여성경찰관인 로라 볼드윈(Lola Baldwin)을 채용했으며, 여성경찰 운동의 리더인 웰스(Alice Stebbins Wells)의 활약으로 1919년까지 60개 이상의 경찰기관이 여성을 경찰관으로 채용했다.33)

③ 여성경찰 옹호자들은 여성이 아동문제 처리에 적합하고, 정규 경찰임무를 처리를 해서는 안 된다고 주장했다.34)

---

30) Walker, op. cit., p.33.

31) Samuel Walker & Charles M. Katz, Police in America, Fourth Edition, New York: McGraw-Hill co, Inc. 2002, p.38.

32) Ibid, pp.34-35.

33) Ibid.

34) Walker, op. cit., pp.34-35.

5) 윌슨의 경찰개혁

(1) 순찰경찰관의 인사관리 확립

① 윌슨의 경찰관리에 대한 주요공헌은 효율적인 경찰 인사관리, 특히 순찰경찰관의 인사관리 확립이었다. 1941년에 윌슨은 범죄신고와 서비스 요청 전화에 따른 업무량 공식을 기초로 순찰경찰관을 배치하는 공식을 개발했다.

② 이 공식은 오늘날의 경찰관리에도 적용되고 있으며, 효율성에 대한 윌슨의 강조는 미국경찰로 하여금 도보순찰로부터 자동차순찰로 기본적인 전환을 초래했다.[35]

(2) 경찰개혁의 내용

윌슨(O.W. Wilson)의 경찰개혁은 바로 현대 통신기술의 도입을 강조한 개혁이다. 그는 ① 경찰의 조직구조의 혁신으로서 전문직업 경찰제도의 확립, ② 순찰운용의 혁신으로서 자동차를 이용한 순찰 및 1인 순찰 실시를 내용으로 하는 순찰운용, ③ 무선통신의 효율성을 통한 경찰업무의 혁신과 전문직화, ④ 주기적인 담당구역의 변경 및 시민의 신고에 대한 즉응체제 구축 등을 개혁방안으로 제시했다.[36]

6) 미국경찰의 새로운 변화

(1) 소수민족과 여성경찰관 증가

① 1960년대와 1990년대 사이에 유색인종과 소수민족의 경찰관의 비율이 느리지만 안정적으로 증가하기 시작했다. 1990년대에는 아프리카 출신 미국인 경찰관이 디트로이트, 워싱턴, 애틀랜타의 대다수를 차지하고 있다.

② 1964년 인권법(Civil Right Act)에 의해 성별에 대한 차별금지로 여성에 대한 진입장벽이 없어짐으로써 여성경찰관 채용이 증가했다. 엘리샤 쉬프리처(Elicia Shpritzer)는 여성경찰관에 대한 장벽을 무너뜨리는 역사를 열었다.

③ 1990년대 중반까지 대부분의 대도시 경찰국의 여성경찰관 비율은 약 13%였다. 여성경찰관들은 처음으로 일상적인 순찰임무를 수행하게 되었고, 경찰기관들은 여성경찰관 고용에 대한 장벽을 철폐했다.

④ 여성경찰관의 순찰은 워싱턴 DC와 뉴욕시 경찰국에서 다른 남성경찰관 만큼 효과적이라는 평가를 받았다.[37]

(2) 경찰재량에 대한 통제와 봉사경찰

① 경찰은 치명적인 물리력의 사용, 가정폭력 처리, 고속도로 추적 등에 관하여 표준운영절차를 마련함으로써 경찰의 재량행사를 통제하기 위한 조치를 취했다.

35) Ibid, pp.38-39.
36) O.W. Willson, Public Administration, 4th ed., (New York: McGraw Hill Book co. 1977, pp.1-7.
37) Walker, op. cit., p.44.

② 치명적인 물리력 사용에 대한 통제는 가장 중요한 경찰개혁 중 하나이다. 또한 가정폭력에 대한 공공의 관심증가는 역시 경찰정책에 혁명을 초래했다. 경찰은 가정폭력의 신고의 경우 가해자에 대한 의무적인 체포를 규정하는 경찰정책을 채택했다.[38]

③ 형사법학과 학생들에 대한 재정지원 프로그램으로 대졸경찰관이 증가하였고, 신임 경찰교육시간 확대 및 교육프로그램을 개선하여 가정폭력과 인종문제를 중점적으로 다루었다.

④ 1970년대 미국경찰은 범죄예방에 중점을 두는 지역사회 경찰활동에 초점을 두고 있으며, 또한 1980~1990년대 미국경찰은 단순한 범죄해결뿐 아니라 사회질서를 유지하면서도 주민에게 봉사하는 경찰활동을 지향하게 되었다.

4. 미국경찰의 조직

1) 특징

① 미국은 헌법상 주 정부가 경찰권을 보유하고 있으며, 고유한 권한으로 경찰권을 행사한다. 주 경찰은 제한적인 경찰권을 행사하는 연방경찰에 비해 경찰권의 행사 범위가 넓고 실질적인 경찰권을 행사한다.

② 지방자치 경찰이 미국 각 지역의 치안을 담당하고 있다. 주 경찰과 지방 경찰, 그리고 연방경찰은 인사권, 수사권, 예산권, 경찰권 행사 등에 걸쳐 상호 독자적으로 운영된다.[39] 따라서 연방경찰 역시 법집행기관이다.

③ 시 · 군 자치경찰이 주 경찰의 지휘를 받지 않으며, 연방경찰기관과 지방경찰기관 역시 상호 독립적이다. 철저한 분권구조로서 대등협력관계 속에 경찰권을 행사한다.

④ 우리나라의 경찰청과 같이 전국경찰을 일원적으로 지휘하는 제도나 기구는 없다. 그러나 각 기관 간의 협력 · 응원관계가 발달하여서 상호 상하관계가 아닌 대등한 협력관계를 유지하고 있다.

⑤ 시민의 자유가 사회의 안전이나 범죄통제보다 우위에 있으며, 지역경찰의 관할권 제한과 넓은 지역으로 인한 활동의 한계로 인해 민간경비가 발달하였다.

2) 연방경찰

(1) 특색

① 연방경찰은 헌법상 경찰권을 보유하고 있지 않으나 각 부처별 특별경찰기관을 운용하여 헌법이 부여한 과세권, 주간통상규제권 등의 행사로 사실상 경찰권을 행사하고 있으며, 최근에 연방경찰의 기능이 확대 · 강화되는 추세를 보이고 있다.[40]

---

38) Ibid, p.45.
39) 김형만 등, 앞의 책, pp.308-309.
40) Samuel Walker, op. cit., pp.29-37.

② 미국의 연방경찰은 연방의 여러 부처에 소속된 연방법집행기관을 말한다. 그러나 연방법집행기관은 경찰이라는 명칭을 사용하지 않는다.[41]

③ 연방법의 성격 및 체계로 인하여 연방경찰의 권한은 국가적 범죄 및 주간(州間)의 범죄단속에 한정된다.

(2) 법무부

① **연방범죄수사국**(FBI)

ⓐ 일반치안 차원에서 수사권을 가진 연방경찰기관으로서 연방수사국은 모든 연방범죄와 대테러업무, 공안관련 정보수집 및 타 기관에서 관할하지 않는 모든 범죄를 수사하고 있다.

ⓑ FBI국장은 대통령이 임명하지만 직무에 대하여는 법무부장관의 지휘 · 감독을 받는다. FBI는 다른 경찰기관이나 지방의 수사기관을 지휘하고 감독하는 중앙경찰기관이 아니다.

ⓒ 현재 주요 임무는 연방범죄에 대한 수사, 조직폭력, 대테러업무, 어린이 유괴, 강력사건, 경제범죄, 그리고 공안관련 정보수집, 각급경찰에 대한 지원업무 등을 포함하고 있다.[42]

② **연방보안관실**

ⓐ 연방보안관은 법무부 소속으로서 미국의 연방경찰 중 영국보통법의 전통을 이어 받은 제도로서 1789년 창설된 미국 최초의 연방법집행기관이다.

ⓑ 연방보안관은 여러 주를 관할로 하며, 체포영장의 집행, 은행강도 · 유괴 · 마약 · 테러 등의 국가적 범죄에 대한 범인의 체포 및 호송, 주요 증인의 신변안전 업무를 담당한다.

③ **마약단속국 및 알코올 담배 총기수사국**(ATF)

마약단속국은 불법마약 제조와 판매의 단속을 하는 법무부 소속의 법집행기관이다. ATF는 재무부 소속이었으나 2003년 법무부 소속으로 개편되어 알콜 · 음료의 밀조, 탈세적발, 불법담배단속, 총기 제조 · 수입 · 판매에 대한 연방법 위반단속, 폭발물의 규제단속 업무를 수행한다.

(3) 국토안보부(DHS)

2001년 9 · 11테러사태 이후 미국의 대테러기능을 통합 · 운영하기 위해 창설되었다. 직속 기관으로 시크릿 서비스(SS: 대통령 등 요인경호), 해안경비대, 위기관리국, 이민 · 세관국, 특별업무국 등이 있다.

① **특별업무국**(비밀경호국)

비밀경호국은 독립전쟁 당시 영국이 퍼뜨린 위조통화를 단속하기 위해 1865년에 창설되고, 현재 대통령 경호업무 및 요인의 경호, 백악관 및 외국대사관의 경비, 국고 · 은행 · 화폐범죄의 수사 및 재무법령의 집행역할을 담당하고 있다.

---

41) 김형만 등, 앞의 책, p.309.
42) 김형만 등, 앞의 책, p.310.

② **이민 및 세관국**

ⓐ 이민 및 세관국은 이전에 있던 이민국과 세관국을 2003년에 통합한 기구이다. 이 기구는 2001년 9월 11일에 발생한 9 · 11테러를 계기로 불법입국자에 대한 단속을 강화하기 위해 국토안보부 산하기관으로 설치되었다.

ⓑ 미국 연방정부 내에서 가장 큰 수사기관으로 FBI보다 수사영역이 넓다. 산하의 국토안보수사국은 연방수사국 중 유일하게 국경수색권한을 가지고 있으며, 영장없이 수색할 수 있는 권한을 가지고 있다.

3) 주 경찰

(1) 특징

① 미국에서 경찰권은 원칙적으로 주정부의 권한이다(수정헌법 제10조). 주 경찰은 실질적인 경찰권을 행사함으로써 연방경찰의 제한적인 활동에 비해 경찰권의 행사범위가 훨씬 광범위하다.

② 최초의 주립경찰은 멕시코 국경경비를 전담하기 위해 1835년에 설치된 텍사스 주 경찰청이다.

③ 주 경찰은 수사 · 범죄예방 · 순찰 · 교통 등 경찰의 기본적인 기능을 전반적으로 수행한다. 제복경찰기관으로 된 주 경찰조직은 각 주에 하나씩 있는 것이 원칙이지만, 유사한 조직이 둘 이상 있는 경우에는 그 활동을 조정하는 별개의 상급기관을 두고 있다.

(2) 조직형태의 다양성

① **주 경찰국과 고속도로 순찰대**

ⓐ 주의 일반경찰기관은 州 경찰국 또는 고속도로 순찰대로 대별된다. 주 경찰국은 일반적 경찰권을 가지고 주 전역을 관할하며, 치안유지 · 범죄수사 · 교통경찰 등 폭 넓은 기본적 경찰기능을 행사한다.

ⓑ 고속도로 순찰대는 일반적인 경찰기능을 수행하는 것이 아니라 주요 고속도로에서 순찰활동을 주로 한다. 가장 업무영역이 좁은 형태의 조직으로서 캘리포니아에서 최초로 설치되어 미국의 남 · 서부에 많이 분포되어 있다.[43]

ⓒ 미국 최초의 주 경찰은 멕시코 국경경비를 전담하기 위해 1835년에 창설된 텍사스 주 경찰청(Texas Ranger)이다.

② **주 경찰청과 군인경찰**

ⓐ 최근에는 정복경찰과 각종 법 집행기능을 통합한 주 경찰청을 설치하는 곳이 증가하고 있다. 미국 정부는 주 경찰의 규모 활동범위 등을 제한하고 있어, 실질적 치안유지는 위임받은 지방경찰이 행사하고 있다.

---

43) 앞의 책, p.312.

ⓑ 아울러 특정 분야에만 권한이 주어진 각종 조사기관 내지 법 집행기관이 존재하는데 주의 특수성·역사적 배경에 따라 그 임무·조직 기능은 다양하다. 그 대표적인 것이 州 군인경찰이다.

4) 도시경찰

(1) 특징

① 도시경찰(City police)은 지방자치 도시인 시와 법인격을 인정받은 타운, 빌리지 또는 버로우(Borough) 등에 설치된 경찰을 말한다.

② 도시경찰은 바로 미국의 지방자치 경찰을 말하고, 미국경찰조직의 중심이다.44) 3만 명 규모의 뉴욕시에서 10명 이하 규모까지 다양하고, 각각 대등한 독립기관이다.

③ 도시경찰은 기구 및 조직·관리형태의 복잡·다양성이 존재하며 위탁치안제가 존재하여 자치도시의 숫자와 지방경찰기관의 숫자가 일치하지 않는다.

④ 지방경찰은 본질적으로 지방자치의 이념에 근거한 것으로 주 경찰과의 관계는 상호독립적이고, 주 경찰이 지방경찰에 대한 기능적 보완을 하고 있다.

⑤ 도시경찰의 임무는 범죄예방과 수사, 치안질유지 등 광범하다.45) 수사와 순찰 등 전형적인 경찰기능을 수행한다. 헌법은 도시경찰에 대해 광범위한 법 집행·자치행정의 권한을 부여하고 있다.46)

⑥ 도시경찰은 자치체경찰이므로 상부기관의 통제를 받지 아니한다. 시골지역의 자치경찰이 처리하는 사건은 대도시의 자치경찰과는 달리 비범죄적 사건과 경범죄 등이다.

⑦ 도시경찰 중 가장 규모가 큰 것은 뉴욕시 경찰이다. 도시경찰은 한국의 순찰지구대나 파출소와 같은 일선조직 없이 본부 중심의 인력 운용을 하고 있다는 것이 특징이다. 본부에는 소수의 인력을 배치하고 대다수 인력을 외근경찰활동에 투입하고 있다.

(2) 관리형태

오늘날 도시경찰은 주의 중앙통제를 받고 있는 시를 제외하고는 ① 경찰관서장을 주민들이 직접 선출하는 방식, ② 합의제의 경찰위원회로 하는 방식, ③ 경찰위원의 경찰관리제도, ④ 독임제 경찰관리자 제도 등 경찰조직의 관리 방식은 다양하다.47)

최근에는 경찰조직의 능률성 확보차원에서 종래의 합의제 경찰위원회 제도에서 점차 독임제의 경찰관리자 제도로 변화하고 있다.

---

44) U.S. Department of Justice, Justice Expenditure and Employment in the United States (Washington, D.C.: U.S. Government Printing Office, 2007), p.4.

45) Samuel Walker & Chrles M. Katz, op. cit., p.66.

46) Samuel Walker, op. cit., p.35.

47) Bruce Smith, op. cit., p.49.

5) 군(郡) 경찰(county police)과 군 보안관(county sheriff)

① 미국의 주 정부는 여러 행정구역으로 나누어지는데 그것이 군(County)이다. 일반적으로 군 안에 여러 개의 시가 존재한다. 따라서 한국의 행정구역에 비교한다면 군이 아니라 도에 더 가깝다.

② 미국의 극소수의 군 지역에 군 경찰기관이 있다. 군 경찰은 주로 보안관 형태로 존재하며 모든 지역경찰의 약 1%에 지나지 않는다. 보안관은 범죄수사, 소환장 발부 같은 법원 업무처리와 법정의 경비, 군 지역의 교도소 관리 업무를 수행한다.[48)]

③ 군 보안관은 미국의 주 헌법에 의해 법적 지위와 역할이 인정된 헌법적 기관으로서 37개 주에 존재하는 특이한 법 집행기관이다. 보안관은 로즈 아일랜드와 하와이의 2개 주를 제외하고는 선거에 의해 선출되므로 어느 정도 정부로부터 독립된 지위를 향유하고 지역주민의 요구에 민감하다.

④ 미국의 군 보안관은 법집행기관으로서의 역할 및 판사역할, 교정사무까지 담당하며, 점차 업무범위는 축소되고 있다. 미국의 군 보안관 부서(sheriff department)의 약 28%는 정원이 10명 이하이다. 임기는 통상 2~4년이며 전문성이 떨어지는 한계가 있다.

⑤ 농어촌지역의 치안은 주로 군 보안관이 담당한다. 군 보안관의 관할구역이 시경찰의 관할구역과 중복되는 경우도 자주 발생한다.

6) 기타 지방 경찰기관

미국의 기타 지방경찰은 특별구의 경찰, 대학경찰, 공원경찰 등의 특별경찰을 의미한다. 특별구 경찰은 로스앤젤레스의 학교지역 경찰, 워싱턴과 뉴욕의 지하철 관리경찰, 대학 내의 학교 경찰, 공원지역을 관리하는 공원경찰 등이 있다.

제 3 절 독일의 경찰제도

1. 특징

① 독일은 연방제 국가로서 경찰조직 역시 연방경찰과 주 경찰로 대별되지만, 상호 독자적인 지위를 유지하며 양자 사이에 상명하복의 관계는 존재하지 않는다. 다만, 예외적으로 연방경찰관에 속하는 업무에 관하여 주 경찰에 대한 통제를 인정하고 있다.

② 연방경찰은 국경경비와 특수한 업무만을 담당하고 있어 사실상 지역 치안은 주 경찰이 담당하고 있다. 독일의 경찰은 행정조직상 연방경찰은 연방정부 내무부에, 주 경찰은 주 정부 내무부의 소속으로 되어 있으며, 계급과 제복, 교육·훈련은 1976년에 개정된 법에 의해 모든 주에 공통으로 되어 있다.

48) Samuel walker & Charles, op. cit., pp.67-68.

2. 독일경찰의 발전과정

1) 근대경찰

① 14세기 이후 봉건영주에게 영주권 행사를 보장하기 위해 포괄적 기능을 행하는 경찰권을 부여하였는데 농촌은 기마경찰, 도시는 자치경찰의 형태로 경찰이 운영되었다.

② 프로이센에서는 경찰이 수행하는 업무는 처음부터 국가사무로 인식이 되었고, 그 업무는 국가의 관리 또는 정부의 위임을 받아 특정한 자치체 경찰의 경찰관이 담당하였다.

이러한 전통으로 1808년 자치행정을 채택한 이후에도 경찰업무는 국가사무라는 인식 아래 1848년 베를린에서 처음으로 국가경찰인 정복경찰이 생겼고, 다른 도시에 확산되었다.[49]

③ 제1차 세계대전 중의 치안을 확보하기 위하여 1919년 독일은 경찰조직을 중앙집권적인 제도로 바꾸었지만, 1920년 연합국의 해체 요구에 의해 중앙집권적인 경찰은 해체되고 이전과 같은 분권적인 지방경찰로 재편성되었다. 이 조치에 의해 제1차 세계대전 이후 10여 년간 독일의 경찰제도는 전국적인 통일된 경찰제도 없이 주 별로 상이한 경찰제도를 유지하고 있었다.

2) 나치시대

① 히틀러의 집권으로 시작된 나치 독일은 각 주에 속해 있던 경찰권을 박탈하고 경찰권을 중앙에 집중하여 국가경찰화 하였다(1936).

② 보안경찰 · 질서경찰 및 돌격대를 합쳐 국가치안본부를 설치 · 운용하였다(1937).

② 경찰권은 중앙정부로 귀속되고 이른바 게슈타포라는 비밀경찰을 내무부장관 직속 하에 설치하여 전국의 정치경찰사무를 담당하게 하였다.

3) 본 기본법과 독일경찰의 개혁

① 2차 대전의 패배로 나치독일은 붕괴되고 연합국은 독일경찰에 대한 일대개혁을 시도하였는데 그 핵심은 이른바 4D정책이라고 불리는 탈나치화 · 탈군사화 · 비정치화 · 민주화 및 지방분권화를 추진하였다. 더불어 비경찰화, 즉 행정경찰을 일반행정기관에 이관시키는 것 등이었다.

② 2차 대전 이후 연합국이 추진한 독일 경찰개혁의 3대 목표는 i) 지방분권화, ii) 자치경찰화, iii) 행정경찰과 집행경찰의 분리에 있었다.

③ 1949년에 제정된 독일 기본법(Bohn 헌법)에서 일반 경찰행정권은 주 정부의 권한으로 귀속시켰다. 따라서 1933년 이전과 같이 경찰권은 주 정부(Land)가 갖게 되었다.

④ 독일의 대부분의 주는 미국의 경우와는 달리 자치경찰제를 채택하지는 않고 대부분의 주 정부에서는 자체입법으로 주 단위의 국가경찰제도를 채택하고 있다.

⑤ 독일경찰은 전국적으로 통일된 계급과 제복을 착용하고 있다.

---

49) 김성수, 비교경찰론, pp.214-215.

3. 현대 독일의 경찰조직 구조

1) 연방과 주 경찰의 관계

① 독일경찰은 주정부가 헌법상 경찰권을 보유하고 대부분의 주는 경찰권을 직접 행사하고 있다. 연방정부는 전국적인 특수상황을 대비하여 헌법이 규정한 범위 내에서 연방경찰을 보유하고 있다. 헌법에 의하면 경찰조직은 각 주의 입법사항에 속한다. 독일은 연방제 국가로서 주는 미국의 주와 같이 자치권이 아주 강하며, 각 주는 그대로 하나의 국가이며, 주 내무부 장관 산하에 주 경찰이 있다.

② 연방경찰과 주 경찰은 지휘·복종 관계가 아닌 상호 독자적인 지위를 유지하며, 상명하복의 관계는 존재하지 않는다. 다만, 예외적으로 연방경찰의 관할에 속하는 업무에 관하여 주 경찰에 대한 통제를 인정하고 있다.[50]

③ 연방의 최상급 경찰관청인 연방내무부장관은 원칙적으로 주 경찰에 대하여 재정지원이나 지휘·감독권을 가지지 않는다.

④ 연방정부 내무부 소속인 연방경찰은 전국적 사항이나 국가적 긴급사태에 대처하기 위해 설치되어 국경경비와 특수임무만을 수행하고, 주정부 내무부 소속인 주 경찰이 사실상의 지역치안을 전담하고 있다.

2) 연방경찰

① 독일연방은 기본법에 근거하여 연방정부 내무부 소속으로 연방경찰관청을 두고 있다. 연방경찰은 특정업무에 대해서만 경찰권한을 가지고 있기 때문에, 특별경찰관청이라 지칭되기도 한다.

② 그러나 연방경찰은 국가적 긴급사태 또는 국제적 범죄, 여러 주에 걸친 범죄수사의 권한을 가지고 있다. 그리고 연방경찰관청은 경찰관청간의 공조를 위한 조정과 정보기관으로서의 역할 그리고 집행경찰기능을 보유하고 있다.

(1) 연방헌법보호청(BVS)

① 1950년 독일의 기본법을 근거로 설치된 연방헌법보호청은 반헌정질서범죄, 국가방첩업무와 반국가단체 및 문제인물에 대한 감시업무를 담당한다. 극좌·극우의 합법·비합법단체, 스파이 등 기본법 위반의 혐의가 있는 모든 행위에 대한 감시업무와 정보수집·분석업무를 담당하는 단순 정보수집·처리기관이다.

② 넓은 의미에서 경찰기관의 하나이지만, 법률상 경찰강제권을 가지지 않으며 집행업무를 수행할 수 있는 권한이 없다. 따라서 구속, 압수·수색 등의 집행권과 수사권이 없는 단순 정보수집·처리기관이다. 수사단계에서는 수사권을 가진 연방수사청이나 주 경찰에 사건을 이관해야 한다.

③ 외국 첩보기관의 침투에 대한 방첩업무를 담당하며, 정보수집을 위하여 의회의 감독 아래

---

50) 위의 책, p.217.

우편개봉이나 전화감청을 할 수 있다.

④ 지방조직으로는 각 주에 주헌법보호청(LVS)을 두어 연방 또는 주 헌법의 파괴행위에 대한 정보의 수집 · 분석 및 평가업무를 처리하게 하고 있으나 연방헌법보호청의 하부기관이 아니라 주정부 산하 조직으로 업무를 처리하며 이 과정에서 연방헌법보호청과 대등한 협조관계를 유지하고 있다.

(2) 연방범죄수사청(BKA)

① 1951년 연방범죄수사국설치법의 제정에 따라 각 주에서 발생하는 전국적인 범죄에 대처하기 위해 연방내무부 산하에 설치되었다.

② 연방정부 내무부 소속으로 국제범죄, 조직범죄, 마약, 화폐 위조, 국제 공조수사에 대한 수사권과 범죄정보수집 및 분석, 주 경찰에 대한 지원, 요인경호를 수행하고 있다.

③ 국제형사기구의 독일국가사무국(독일 내 인터폴 업무 담당)의 역할을 수행하고 있다.

(3) 연방경찰청(국경수비대: BGS)

① 1951년 연방국경경비대가 창설되었고, 9 · 11테러사건을 계기로 2005년 6월 30일 연방경찰청으로 명칭을 변경하였다.

② 연방경찰청은 독일연방지역의 국경경비와 해상경비, 재해경비, 공항 · 철도경비, 주요 헌법기관(연방의회, 국회, 대통령, 연방정부, 헌법재판소) 및 외국대사관 등에 대한 보호경비업무를 수행한다. 또한 밀입국 방지 및 여권통제업무를 수행하며, 전국에 9개의 연방경찰본부와 산하 지구대가 편성되어 있다.

③ 연방경찰 소속의 서부국경수비청 산하에 대테러 특수부대인 GSG-9을 두고 있다.

3) 주 경찰

(1) 특징

① 독일 기본법에 따르면 경찰의 신설 및 조직은 기본적으로 주의 관할 사항으로 규정되어 있어 일반 경찰행정권은 각 주 정부에 속한다. 경찰권은 주정부의 권한이고 최상급 경찰관청인 주 내무부장관의 지휘 · 감독에 복종해야 한다.

② 부레멘 주 등 일부 주에서는 국가경찰에 읍 · 면의 자치경찰제를 가미하고 있으나 대다수의 주에서는 주 정부의 지휘를 받는 국가경찰제를 채택하여 각 주는 대개 고유한 경찰법을 제정하여 독자적인 경찰권을 행사하고 있다.

③ 독일의 대부분의 주에서는 경찰권의 비대화를 막기 위해 경찰청장을 경찰관이 아닌 민간인으로 임명하고 있다.

④ 독일의 주 단위 경찰조직은 주 내무부를 정점으로 파출소에 이르는 피라미드 구조로 되어 있다.

(2) 주 경찰의 조직

① 행정경찰

보안경찰(치안경찰)이라고도 하며 정복을 착용하고 전형적인 일반 치안질서유지 임무를 수행한다. 행정경찰과 사법경찰을 혼합하여 조직하지만, 일부 주에서는 처음부터 양자를 분리한 이원조직을 갖고 있다.

② 수사경찰

ⓐ 사법경찰이라고도 하며 사복으로 근무하면서 범죄의 수사 및 예방업무를 담당하며, 이들은 사건을 직접 인지하기도 하고 행정경찰을 통하여 인지된 사건을 처리하기도 한다.

ⓑ 각 주에서는 연방범죄수사국법에 따라 주의 수사업무를 관할하고 연방수사국과의 업무협조를 위한 주 범죄수사국을 운영하고 있다.

③ 기동경찰

기동경찰은 폭동이나 시위 등 전국적인 긴급치안 상황 시 진압경찰의 역할을 수행한다. 1950년 연방과 주의 행정협정으로 설립되었다.

④ 수상경찰

ⓐ 수상경찰은 각 주의 내무부장관에 직속되어 수로 및 내수면·포구, 부두, 하천, 항만 등에서 운항의 안전 및 단속 등 각종 경찰통제업무와 환경오염 범죄단속을 수행한다.

ⓑ 일반경찰서와는 처음부터 분리되어 각 주의 내무부장관 직속이다. 일부 주에서 운용하고 있으며, 우리의 해양경찰대와 비슷하지만 관할범위가 훨씬 광범위하다.

제 4 절 프랑스의 경찰제도

1. 프랑스 경찰의 역사

1) 프랑스 대혁명 이전의 경찰제도(11~17c)

(1) 프레보(prevot)

프랑스에서 공식적인 경찰의 출현은 1032년 앙리 1세가 파리 내의 치안을 위하여 창설한 국왕친위순찰대 격인 프레보(즉결재판소의 재판관)가 재판과 경찰을 담당했던 것에서 기원을 찾을 수 있다.[51]

(2) 자치체 경찰의 기원

11세기부터 영주로부터 자치권을 획득한 꼬뮌(commune)의 시장이 질서유지를 위해 행정경찰

---

51) Phillip John Stead, The Police of France Macmillan Publishing co. New York: 1983, pp.10-17.

권을 행사하기 시작한 것이 오늘날 지방자치경찰의 시초이다. 또한 센느강 독점권을 가진 상인단체의 장이 국왕으로부터 일정한 경찰권을 인정받아 상인순찰대를 만들어, 왕의 명령을 수행하는 국왕순찰대와 같이 경찰활동을 수행했다.

(3) 국립 군경찰의 기원

오늘날 프랑스에서는 농촌에서 일반경찰관 대신 군(軍)경찰이 경찰업무를 담당하는 전통은 그 기원을 12세기의 기마순찰대에서 찾을 수 있다. 프랑스는 100년 전쟁과 종교전쟁을 거치면서 지방의 치안이 문란해지자 1373년 샤를르 5세가 성내를 제외한 군 주둔지 내의 치안에 대하여는 군이 경찰업무를 담당토록 한 것이 군 경찰제도의 시초가 되었다.

(4) 경찰국의 창설

17세기 도시지역의 치안 부재와 전염병에 의한 비위생 등의 문제가 대두되자 루이 14세는 1667년 프레보(파리 순찰대장)로부터 경찰업무를 분화하여 경찰국을 창설하고 파리경찰국장을 임명하였다. 이어서 지방에 있는 대도시에도 경찰국장을 임명하였다.

2) 프랑스 대혁명기(1789)

(1) 경찰국의 폐지: 국립민간방위대의 치안 담당

① 1789년 프랑스는 대혁명을 거치면서 시위대의 무질서를 바로잡기 위하여 민간방범대라고 부르는 약 1,800명의 자원병이 시내 질서유지를 담당하였는데, 이것이 혁명후의 국립민간방위대의 근간이 되었다. 이에 따라 혁명정부는 경찰국을 폐지하고 경찰업무를 지방자치단체장에게 속하게 하여 지방경찰체제를 수립하였고, 경찰권은 시장에게 이관되었다.

② 결과적으로 파리 시는 국립민간방위대가, 지방은 軍경찰이 치안을 담당하였다.

(2) 나폴레옹 집권기: 파리 경찰청 창설 및 군경찰의 조직강화

① 나폴레옹 1세가 정권을 잡으면서 1799년 행정뿐만 아니라 경찰조직도 중앙에서 통제하는 국가경찰로 변화되어 중앙집권화되었으며, 지방에는 군인경찰이 확대배치되었다.

② 결과적으로 파리에는 직접 중앙권력에 종속하는 경찰기관으로서 파리 경찰청이 창설되었고 軍경찰도 이 기간에 강화되어 지방군경찰사령부를 설치・운영하였다.

3) 근대 프랑스 경찰

(1) 19세기: 중앙집권화의 강화와 군경찰의 변화

① 19세기 프랑스 경찰은 중앙집권화가 강화되어 1881년에는 경찰을 감독하기 위하여 내무부안에 새로 경찰청이 창설되었고 그 업무도 점차 확대되었다.

② 한편, 이 시기의 군(軍)경찰은 정치경찰화하여 많은 비난을 받았지만, 군경찰기동대를 설치하여 중앙으로부터 예산지원을 받는 등의 개혁이 이루어졌다.

③ 1829년 파리에는 최초의 제복경찰관이 나타났으며, 이들은 푸른 제복과 깃털 달린 모자를 착용하고 칼로 무장하였다. 제복경찰은 밤낮으로 파리 시가지를 순찰하였으므로 이들을 순찰이라 불렀다.52)

④ 1893년 지문제도 도입, 1856년 정치경찰반과 1894년 정보국 설치 등 경찰의 업무범위가 확대되었고, 이른바 드레퓌스사건(드레퓌스 대위의 반역죄 종신형 선고 후 무죄) 이후에는 보안업무나 국경업무도 경찰이 담당하게 되었다.

(2) 20세기: 국립경찰청과 파리경시청의 통합

① 프랑스는 20세기에 들어오면서 경찰의 자치경찰적인 성격을 제거하기 위해 1934년 4월 28일 법률로 기존의 내무부 경찰청을 국립경찰청으로 변경하여 중앙집권화를 강화함으로써 파리지역을 제외한 나머지 지역에서의 경찰업무를 관장하였다.

② 제2차 세계대전 중인 1941년 바쉬정권은 명령으로 프랑스 내 인구 1만 명 이상의 자치정부에 유지되던 자치경찰조직을 국가의 대표기관인 임명도지사의 지휘・감독을 받게 함으로써 모두 국가경찰로 통합되었다. 그러나 1996년에 인구 2만 명 이상으로 변경하여 자치경찰의 설치기준을 완화하였다.

③ 한편, 1968년 7월 9일에는 법률로 내무부의 국립경찰청과 파리 경찰청을 통합하여 국립경찰청 산하에 파리 경찰청이 설치되어 중앙집권화는 더욱 강화되었다. 이러한 가운데 1982년 지방자치제도가 도입되면서 1999년에 기초자치정부 산하에 자치경찰조직을 도입하기 위한 자치경찰법을 제정하였다.53)

(3) 군경찰의 개혁

군경찰은 19세기 말 정치경찰화로 많은 비난을 받게 되어 20세기에 들어서서 국방부 소속으로 배치되었다.

2. 프랑스 경찰의 조직

1) 프랑스 경찰의 구조

프랑스 경찰은 국가경찰(국립경찰 및 군경찰)과 자치체경찰의 이원적 구조를 가지고 있으나 전반적으로 국가경찰 중심으로 운영되고 있다. 따라서 내무부장관은 국방부장관, 시・도지사와 함께 치안업무에 대한 지휘・감독권을 행사한다.54)

(1) 특징

① 내무부장관의 지휘 하에 있는 국립경찰청장이 전국을 통일적으로 지휘・감독한다. 국립경

52) 앞의 책, p.263.
53) 이종배 외, 유럽의 자치경찰제도, 행정자치부자치경찰실무추진단, 2006, p.57.
54) 김성수, 앞의 책, p.282.

찰과 군경찰·자치체경찰의 직무분담이 명확하여 업무의 충돌이 없다.

② 인구 2만 명 이상의 코뮌은 국립경찰이 배치되어 도지사의 관장 하에 범죄예방, 교통질서유지 등 일반적 경찰업무를 담당한다.

③ 인구 2만 명 미만의 코뮌은 군경찰 또는 자치체경찰이 담당하며 코뮌의 장 또는 도지사가 관장한다.

④ 파리시에는 국가경찰과 군인경찰이 상호 중첩 배치되어 있는데 이는 역사적인 전통과 아울러 상호견제를 통하여 정확하고 구체적인 정보수집체계를 유지하기 위한 목적도 있다.[55]

⑤ 국립경찰은 정복경찰(행정경찰), 사복경찰(사법경찰)의 어느 하나에 속하며, 모두 내무부 소속의 국가공무원이고, 정복경찰은 외근(치안질서유지), 교통, 경비 등 업무를 담당하고 사복경찰은 수사나 형사업무를 담당한다.

(2) 행정경찰과 사법경찰의 엄격한 분리: 이원적 구조

행정경찰은 내무부 관할이고 사법경찰은 법무부 관할이다. 행정·사법경찰 간의 인사교류는 이루어지지 않고 있다. 양자의 구분은 주로 실무상 필요에 의한 것으로서 손해배상소송의 관할 결정과 사법경찰권의 행사를 구실로 실제로 행정경찰의 조치를 하였을 때 그 위법성을 판단할 때 필요하다.

3. 국가경찰 조직

프랑스의 내무부장관은 산하에 국립경찰청을 두고 국가경찰 업무에 대해 지휘·감독하는 위치에 있으며, 또한 국가에서 임명한 도지사도 관할 지역에 배치된 국가경찰을 지휘·감독한다.

1) 국립경찰청

① 인구 2만 명 이상의 도시지역에서 도지사의 관장 아래에 있는 국립경찰은 범죄예방·수사·교통·치안질서유지 등 일반적인 경찰업무를 담당하고 있다.

② 국무회의에서 선출되는 민간인 신분의 국립경찰청장은 내무부장관의 지휘를 받으며, 국립경찰의 중앙조직을 관할하고 파리 경찰청을 포함하여 전국의 국가경찰조직을 통일적으로 지휘하고 감독하는 권한을 행사한다.

③ 국립경찰은 정복경찰(행정경찰) 및 사복경찰(사법경찰)의 어느 하나에 속하며, 모두 내무부 소속의 국가공무원이다.[56] 정복경찰은 외근·교통·경비 등 업무를 담당하고 사복경찰은 수사나 형사업무를 담당한다. 경찰청의 국장은 대부분 경찰관 신분이 아닌 내무부의 고위관료이다.

④ 국가경찰 기동단은 공화국 안전대라고도 하며, 국립경찰청장 소속으로 한국의 전투경찰대와 유사한 임무를 수행하는 경비부대로서 시위나 폭동의 진압업무를 수행한다.

55) 김성수, 비교경찰론, pp.281-282.
56) 위의 책, p.285.

2) 파리 경찰청

(1) 특징

① 1800년 수도의 특수성으로 중앙권력의 직접 통제의 필요성 때문에 수도경찰로서 내무부 장관의 직속기관으로 창설되었으나 1968년 1월 1일 전국경찰통합을 위한 국립경찰의 창설로 인하여 자치체 경찰로부터 지금은 국가경찰로 일원화되어 국립경찰청의 소속이다.

② 파리지방 경찰청의 관할은 파리 시와 주위의 센느도 등 인접 3개 도의 치안을 담당하고 있다. 파리 경찰청은 중앙정부 소속이지만 파리광역자치단체의 치안업무도 담당하기 때문에 파리시청을 비롯한 수도권 지자체로부터 예산 지원을 받는다.

③ 파리 경찰청장은 다른 도와는 달리 국립경찰청장의 지휘를 받지 않고, 내무부장관의 지휘를 받는다. 따라서 파리 경찰청은 국립경찰청에 속하지만, 완전히 독자적으로 활동하고 인사·예산도 독자적으로 운용하고 관리한다.

④ 파리지역은 수도의 특수성으로 인해 국립경찰과 군 경찰을 중첩배치하고 있으며, 이는 상호견제를 통해 정확하고 상세한 정보수집 체계를 유지하기 위한 것이다.

⑤ 국가행정업무와 자치행정업무 및 경찰업무를 동시에 수행하는 특수한제도로 일반경찰업무외에 교통·운송·민방위업무를 수행한다.

(2) 파리 경찰청장

① 파리 경찰청장은 내무부장관의 추천으로 대통령이 임명한다. 파리와 센느도 등 인접 도의 치안을 담당하고 있다.

② 도지사는 일반행정만을 지휘하고 경찰권을 행사하지 않으며, 지사와 동격인 파리 경찰청장이 경찰행정 분야의 권한을 행사한다.

③ 파리 경찰청장은 행정도지사로서의 권한도 일부 행사하므로 경찰사무 이외에도 행정경찰적 업무를 함께 처리한다.

④ 결국 파리 시는 시장직이 없고, 도지사가 행정권을, 경찰청장이 경찰권을 가지고 있는 특이한 구조를 갖고 있다.

3) 군인경찰(국가헌병대)

(1) 개요

① 국가경찰로서 국가헌병대, 원어로 장다르므리 나시오날(Gendarmerie nationale)이라고 하는 군인경찰은 파리 시 및 경찰서 등의 국가일반 경찰기관이 없는 인구 2만 명 미만의 코뮌과 농촌지역 및 주요 간선도로 등에서 지방경찰의 인원을 보충하는 역할을 수행하며, 전 국토의 95%에 해당하는 지역의 경찰업무를 담당한다.[57] 인구 2만 명 이상의 코뮌이라도 국가중요시설에 대한

57) 위의 책, pp.305-306.

경비업무는 국가헌병대가 담당한다. 또한 국립경찰이 배치되지 않은 읍면에서 도지사의 지휘를 받으며 지방경찰의 인원부족을 보충하는 역할을 한다.

② 군인경찰은 군 자체의 업무를 수행하면서(전쟁이나 내란 시에는 군대로 출동) 행정경찰과 사법경찰(군인경찰은 모두 사법경찰관리의 권한이 있음)의 기능을 수행한다.

(2) 지휘

① 전통적으로 민간인이 국방부장관 소속의 군인경찰사령부 지휘관을 맡고 있다. 군인 경찰은 국방부 소속으로서 국방부 장관이 인사권과 직무감독권을 가지며, 평상시 행정경찰의 업무를 수행할 경우에는 내무부장관의 지휘를 받고, 사법경찰로 활동할 경우에는 법무부장관의 지휘 · 감독을 받는다. 전시나 계엄 등 비상시에는 국방부장관이 지휘한다.

② 이들 군인경찰은 그 일부가 파리시내에서 친위대의 기능을 수행하는데 경찰청장의 지휘를 받는다.

(3) 프랑스의 군인경찰 제도

① 군경찰기동대(기동군인경찰)

ⓐ 우리나라의 전투경찰대처럼 각종 시위 등을 진압하기 위한 군인들로 이루어진 시위 진압 전문부대이다. 특정한 관할구역이 없고 무력진압을 담당하며 군의 예비부대로서의 성격이다.

ⓑ 폭동진압, 각종 집회 및 시위의 경비 등을 주된 임무로 하고 있다.[58]

ⓒ 군경찰 기동대의 출동에는 내무부장관의 서면요청이 있어야 하며, 경찰업무에 동원되면 경찰청장 · 각 도지사 · 파리 경찰청장의 지휘를 받는다.

② GIGN(군경찰특공대)

GIGN은 군경찰 소속의 대 테러 특수부대로서 테러, 비행기납치, 인질사건 기타 고도의 기능을 수반하는 경찰력의 개입이 필요한 경우에 출동하는 특수부대이다.[59]

③ 보조경찰제도

군인경찰 소속의 보조경찰제도는 현역대상자에게 일반경찰업무를 지원 · 보조하도록 하는 우리의 의무경찰제도와 유사하며, 주로 시위진압 · 경찰구조 활동 · 교통 등 공공질서 유지활동에 종사하고 있다.

④ 도 군인경찰

ⓐ 인구 2만 명 미만의 읍 · 면에서 행정 · 사법의 일반 경찰활동을 수행한다.

ⓑ 기동타격대는 중요범죄나 대규모사고를 대비한 도 군인경찰 소속의 특별부대이다.

---

58) 조강원, 앞의 책, pp.52-55.

59) 앞의 책, pp.64-65.

⑤ 공화국경비대

제1군사령부 직할부대로서 대통령 등 요인경호와 수도의 대통령궁인 엘리제 궁과 국회의사당, 총리관저 등 주요 시설들 및 국립은행에서 화폐 수송시의 경비와 검문검색 등을 담당하는 경비 전문 헌병조직이다. 또한 주요 공공경비대 시설의 경비, 의전행사를 주된 임무로 하고 있다. 나폴레옹 보나파르트 시절의 근위대였던 프랑스 제국 근위대를 계승한 부대라고도 하며, 따라서 공화국 친위대라고 번역되기도 한다.

4. 프랑스의 자치경찰

1) 개요

① 1941년에 인구 1만 명 미만이거나 도시의 교외에 인구가 많지 않은 지역에 자치경찰을 설치했다.

② 1996년에는 인구 2만 명 미만의 지역에서 제한적인 경찰업무, 즉 공공질서, 소란, 집회, 장례 등 필요에 따라 행정경찰 분야의 자치경찰 설립을 허용했다.

③ 1999년 자치경찰법 제정으로 자치경찰의 지위와 권한을 명확히 하면서 자치경찰을 창설하는 도시가 급증하기 시작했다.

④ 프랑스 자치경찰의 설치는 원칙적으로 기초자치단체장의 선택적 권한이다. 모든 자치단체가 의무적으로 자치경찰을 설치하는 것도 아니며, 해당 자치단체의 필요성과 재정능력에 따라 선택적으로 설치할 수 있다.[60] 규모가 작은 자치단체는 여러 개를 합하여 관할하는 광역자치경찰을 설치할 수도 있다.

2) 자치체 경찰의 운영

(1) 업무의 성격

① 국가경찰은 전문경찰조직 구조아래에서 방범, 수사, 교통, 질서유지 등 일반적 경찰업무를 담당하고, 자치경찰은 기초자치장 아래에서 공공의 안녕질서 유지, 소란, 집회, 장례, 경범과 교통단속, 음주감지조사권 등 제한적이고 비교적 단순한 업무만을 수행하고 있다.

② 교통사고처리는 자치경찰의 업무가 아니다. 국립경찰과 자치경찰은 담당업무가 명확히 구분되어 양자 간에 충돌이 없다.

(2) 자치체 경찰의 지휘 · 감독

자치경찰은 읍 · 면장의 책임하에 두지만, 일정한 인구 이상의 읍 · 면에서는 도지사가 지휘 · 감독권을 가지고 있으며, 읍 · 면장은 도지사의 감독하에 자치경찰을 지휘 · 감독한다.

---

60) 조강원, 앞의 책, pp.50-55.

(3) 사법경찰보조자

① 삼림감시관을 제외한 자치경찰은 범죄수사를 할 수 없다.

② 자치경찰은 사법경찰보조자로서 제한된 범위에서 사법경찰권을 행사한다.

③ 자치경찰은 범죄수사, 현행범을 체포할 경우의 신문이나 조사권이 없다.

④ 자치경찰관은 중죄, 경죄, 경범죄의 발생을 인지한 경우 즉시 국가경찰에게 보고하고 동시에 피의자의 인적사항을 조사하여 관련 보고서를 시장과 관할 지역 내 국가경찰 소속 사법경찰관을 경유하여 검사에게 즉시 보고해야 한다.

제 5 절 일본의 경찰제도

1. 근대적 경찰제도

1) 사법성 시대

① 1871년 동경부에 나졸 3,000명이 창설됨으로써 근대적 경찰제도가 처음 등장하였고, 지방은 지방경찰에 관한 「현치조례」가 제정되어 전국통일의 경찰조직으로 정비되어 갔다.

② 1872년에 「사법직무정제」가 제정되어 사법경찰과 행정경찰이 구별되고, 경찰이라는 용어가 처음으로 등장했다.

③ 1872년 경찰의 조직과 임무에 관규정인 「경보료직제장정」이 제정되어 행정경찰로서의 경찰업무를 규정하고 있고, 사법경찰업무는 「사법직무정제」에 의해 검사가 수행하는 것이 되었다. 「경보료직제장정」은 일종의 자치경찰제적인 민설민급의 번인제도를 규정함으로써 관설관급의 경시·경부, 관설민급의 순사와 함께 3가지 형태의 경찰이 공존하고 있었다.

2) 내무성 시대

① 사법성의 대 경시였던 가와지 도시요시는 1872~1873년에 유럽제국 특히 프랑스 경찰제도를 시찰한 후 일본 경찰의 구조적 변화를 시도함으로써 1873년에 내무성이 설치되었다.

② 이로써 1872년 10월 사법성에 설치된 국가경찰조직인 경보료(警保寮)는 1874년 1월에 내무성으로 이관되고, 경보료직제로 사회안전과 치안질서에 대한 장애를 사전에 방지하는 행정경찰업무를 경보료의 중심업무로 규정하였다.

3) 근대경찰과 동경경시청

① 1874년 1월 내무성의 관할 하에 동경경시청이 창설되었으며, 종래의 나졸은 순사가 되고 또한 자치제적인 번인(番人)제도도 가와지 도시요시의 건의에 따라 폐지됨으로써 자치경찰제적인 요소가 완전히 사라졌다.

② 1875년 행정경찰규칙을 제정하여 전국경찰의 중앙집권화를 추구하였다.

③ 동경경시청은 내무성 대신의 지휘를 받는 외에 국사사무(정치경찰과 고등경찰사무)만은 직접 총리대신의 지휘를 받도록 하는 이원적 관리 체제에 의해 일본경찰의 정치화의 발단이 되었다.[61]

④ 1888년 10월에 「경찰관리 배치 및 근무개칙」이 제정되어 1군 1구 경찰서 주의의 채택으로 전국적인 경찰망이 완성되었다. 또한 보통경찰기관 외에 1881년 헌병조례로 설치된 헌병도 군사경찰 외에 행정경찰과 사법경찰을 겸하도록 함으로써 경찰기관으로서 작용하였다.

4) 지방경찰의 중앙집권화

① 1875년 경찰활동의 근거법규인 「행정경찰규칙」을 제정한 후 내무성은 전국 지방의 실태를 조사하여 11월 종전의 현치조례를 폐지하고 「부현직제병사무장정」을 제정하여 부현내의 제4과가 경찰사무를 담당하도록 하였다.

② 1878년 7월 이 규정은 폐지되고 「부현관직제」를 통하여 경부가 지사나 현령의 관할 하에 관내의 경찰사무를 관장하게 되고, 지방경찰의 경우에도 정치경찰이나 고등경찰사무와 같은 국가사무만큼은 내무대신의 지휘와 명령을 받도록 함으로써 지방경찰의 중앙집권화가 이루어졌다.

5) 미군정하의 경찰

(1) 경찰제도의 개혁

① 미국은 일본의 군국주의 및 그 침략정신을 나타내는 제도를 일소하기 위해 비밀경찰조직의 철폐와 경찰제도의 개혁을 단행하였다.

② 이러한 방침은 1945년 10월 4일 이른바 인권지령에 의해 실현되어 종래의 각종 치안입법이 폐지되고 내무대신 이하 경찰수뇌부와 전국의 사상경찰이 파면되었음은 물론 특별고등경찰 등 정치경찰이 철폐되고 헌병대도 폐지되었다.

③ 아울러 내무부와 천황의 독립명령권 등 전제적 요소를 가지고 있던 명치헌법도 폐지되고 국회를 유일한 입법기관으로 하여 기본적 인권의 불가침성과 지방자치를 보장하는 신헌법이 제정되었다.

④ 영미의 영향으로 범죄수사가 경찰법에 경찰의 책무로 정식 규정되고 수사권에 대해서도 검사의 독점권을 철폐하고 경찰에게도 수사권을 부여하는 등 변혁을 가져왔다.

⑤ 또한 그 동안 경찰이 관리해 오던 각종의 경찰사무 중 위생사무와 같은 협의의 행정경찰사무는 다른 행정기관에 이관하는 등 비경찰화 작업이 전개되었다.

61) 서기영, 일본경찰사 소고, 동국대 법정논총, 1981.10 참조.

2. 현대의 일본경찰제도

1) 구경찰법 시대(1947)

(1) 민주적 경찰관리 기구

일본의 경찰제도는 1947년 12월 경찰제도의 근본적인 개혁을 위한 경찰법을 제정하여 독립적인 국가 및 지방 공안위원회제도를 도입하였다.

(2) 이원적 구조

시와 인구 5,000이상의 정 · 촌(町村)에 자치체 경찰을 두었으며, 그 이외의 지역에는 국가지방경찰을 두는 등 이원적 구조를 가진 경찰제도를 창설했다. 이 시기를 구경찰법 시대라고 한다.

(3) 민주경찰 제도

구경찰법은 전제적인 군국주의에서 민주국가로 전환하는 민주경찰제도의 확립에 있었다.

(4) 경찰활동 범위의 한정

경찰법은 종래의 경찰제도를 근본적으로 개혁한 경찰조직에 관한 기본법으로서 경찰은 국민의 생명 · 신체 및 재산을 보호하고 범죄의 수사와 피의자의 체포 및 공안의 유지를 그 임무로 규정하여 경찰활동의 범위를 한정하였다.

(5) 국가비상사태 대비

국가비상시에는 국가공안위원회의 권고를 조건으로 내각총리대신에게 국가비상사태의 포고와 전 경찰을 통제하는 권한을 인정하고 국가지방경찰본부장 등에게도 필요한 지휘명령권을 인정하였다.

(6) 단점

① 구경찰법은 기초자치단위의 영미식 자치경찰제도를 시행하였으나 현실적인 기반을 고려하지 못하고 실시단위가 과도하게 세분화 되어 일본의 실정에 맞지 않아 치안유지의 능률이 희생될 정도였다.

② 국민의 부담면에서 비경제적이었다. 국가지방경찰 및 시정촌 자치경찰의 이원화는 시설 및 인원의 중복을 초래하여 국가재정과 지방재정 면에서 아주 비경제적인 제도였다.

③ 시정촌의 완전 자치경찰제 시행은 국가 내지 정부의 책임이 불명확하다는 문제가 제기되었다.

2) 신경찰법 시대(현행경찰)

(1) 의의

1954년 5월에 구경찰법이 전면 개정되어 소위 신경찰법에 의한 도도부현 단위의 도도부현 경찰제와 공안위원회에 의한 경찰관리라고 하는 현행제도의 골격이 마련되었다.

① 민주화의 요청으로 민주경찰의 이념에 기초하여 경찰업무의 범위를 종전과 같이 경찰본래의 임무에 한정하고 도도부현 경찰에 원칙적으로 자치적 성격을 부여하였다.

② 능률화의 요청에 따라 경찰운영의 단위를 시정촌에서 도도부현으로 격상하고 경찰조직을 모두 도도부현 경찰로 일원화하였다.

③ 정치적 중립성을 확보하기 위하여 중앙과 지방에 공안위원회제도를 유지하였다.

④ 치안행정책임의 명확화를 위하여 중앙의 경찰기관에게 국가가 책임을 분담할 특정사항을 관장하도록 하고 국가공안위원회의 위원장을 국무대신으로 하였다.

⑤ 국가와 지방자치 양자의 요청은 도도부현 경찰의 성격에 원칙적으로 자치적 성격을 부여하였고, 동시에 국가의 요청에 근거하여 필요한 한도의 국가적 성격을 부여하였다.

3. 일본경찰의 조직

1) 특징

① 현재 일본의 경찰구조는 국가경찰과 자치체경찰인 도도부현 경찰의 2원체제로 구성되어 있으며, 경찰관리기관으로 국가와 지방자치단체에 공안위원회를 설치 · 운영하고 있다.

② 국가경찰인 관구경찰국은 동경경시청과 북해도 경찰본부 관할구역을 제외하고 전국에 6개가 설치되어 있다.

③ 국가경찰과 도도부현 경찰간의 관할극복을 위한 제도적 장치를 두고 있다.

ⓐ 긴급사태포고권: 대규모재해나 긴급사태 발생시 국가공안위원회의 권고를 전제로 내각총리대신에게 국가비상사태의 포고와 전 경찰을 통제하는 권한을 인정하고, 경찰청장관에게도 필요한 지휘 · 명령권을 인정하고 있다.

ⓑ 광역수사를 위한 국가경찰의 개입을 인정한다.

2) 국가경찰

(1) 국가공안위원회

① 조직

ⓐ 국가공안위원회는 내각총리대신의 소할 하에 설치된 합의제기관으로서 관리기관이며 비상설기관이다. 소할이란 총리대신은 형식적인 감독권만을 가지며 실질적인 지휘 · 감독권이 없다는 것을 의미한다.

ⓑ 국가공안위원회는 관리기관으로, 경찰청은 집행기관으로서 각각 동일한 사무를 공동으로 관장한다. 그 관리대상은 경찰의 제도나 정책, 각종 중요사안에 대한 업무로서 그 실행은 경찰청장을 통하여 이루어진다.[62] 국가공안위원회는 국가의 행정기관이 아니라 경찰법에 의해 설치된

62) 김성수, 앞의 책, p.419.

일종의 행정위원회이자 국가의 최고 경찰기관이다.[63)]

ⓒ 국가공안위원회는 자치성 장관(국무위원)이 위원장이 되고 내각총리대신이 의회의 동의를 얻어 임명하는 5명의 위원으로 구성되며 임기는 5년이다. 매년 1명씩 교체하여 위원회의 중립성과 운영의 계속성을 유지하도록 하고 있다.

ⓓ 위원장은 회의를 주재하고 업무를 총괄할 뿐이고, 위원으로서의 의결권은 없으나 가부동수인 경우에 결정권(표결권)을 가지고 있다.

ⓔ 경찰의 정치적 중립을 보장하기 위해 위원 중 3인 이상이 동일한 정당에 속하는 것을 금지하며 이 경우 총리대신이 해당위원을 파면하도록 하고 있다.

ⓕ 경찰 또는 검찰의 직에 있었던 자는 퇴임 후 5년이 지나야 위원의 자격을 허용한다.

② 권한

ⓐ 국가공안위원회는 내각총리대신의 승인을 얻어 경찰청장을 임면하고, 도도부현 위원회의 동의와 내각총리대신의 승인을 얻어 동경도 경시총감을 임면한다. 또한 국가공안위원회는 도부현공안위원회의 동의를 얻어 도부현 경찰본부장 및 방면본부장, 기타 경시정 이상의 경찰관을 임면한다.

ⓑ 공안위원회는 공안위원회 규칙제정권, 사법경찰직원의 지정에 관한 권한, 경찰청 업무수행에 대한 감찰권한, 사법경찰직원의 징계와 파면권, 경찰 비리에 대한 감찰지시권 등에 관한 권한을 보유하고 있다.

③ 운영

ⓐ 회의는 위원장의 소집으로 개최되며 위원장 및 3인 이상의 위원 출석으로 개최와 의결이 가능하다.

ⓑ 의결은 출석위원 과반수로 결정하고, 위원장은 표결권이 없으나 가부동수인 경우에는 결정권을 행사한다.

(2) 경찰청

① 경찰청은 내각총리대신의 소할인 국가공안위원회에 소속되고, 그 관리하에 경찰사무를 관장한다. 그러나 경찰청은 총리대신의 형식적인 감독을 받고 있는 것에 불과하다.

② 경찰청장은 국가공안위원회의 추천과 내각총리대신의 승인으로 임명되지만, 독립된 권한을 가진 기관이며, 보조기관이 아니라 행정관청이다.

③ 경찰청장은 예외적으로 소관 사무의 범위 내에서 자치체경찰인 도도부현 경찰을 지휘・감독할 수 있는 권한을 가지고 있다.

(3) 관구경찰국

① 경찰청의 지방조직으로서 경찰청 소관 사무의 일부를 분장한다. 전국적으로 6개의 관구경

63) 한귀현, 일본경찰법, 한국법제연구원, 2003, p.13.

찰국이 설치되어 있으며 동경도와 북해도는 관구경찰국에 포함되지 않는다.

② 관구경찰국은 i) 지역적인 대규모 소요사태, 특히 동시다발적인 사태의 발생에 대한 지휘와 조정, ii) 대규모재해 발생시 지자체 간의 연락・조정, iii) 광역범죄에 대한 도도부현 경찰간의 유기적 경찰활동을 할 수 있도록 지원하는 역할을 수행한다. 즉, 도도부현 경찰 간의 전국적인 조정을 담당하고 있다.

③ 관구경찰국장은 소관사무의 범위 내에서는 도도부현 경찰을 지휘・감독할 수 있다.64)

3) 도도부현 경찰: 자치경찰

(1) 기본구조

① 일본의 자치제 경찰은 도도부현(都道府縣)과 시정촌의 2단계 구조를 가지고 있다.

② 도도부현 경찰에는 동경도 경시청과 도부현 경찰본부가 있으며, 도도부현 경찰 관리기관으로 지사의 소할아래 도도부현 공안위원회를 설치・운영하고 있다.

③ 도부현 경찰의 본부로서 도부현 소재지에 경찰본부를 두고 경찰본부는 공안위원회의 관리하에 집행기관으로서 경찰업무를 관리한다. 도부현 경찰본부장은 국가공안위원회가 도부현 공안위원회의 동의를 얻어 임면한다.

④ 도도부현 경찰은 당해 구역 내에서 경찰행정을 수행하며, 국고에서 지출하는 지방재정법상 국고보조금을 제외한 필요경비는 당해 도도부현이 부담하는 자치체경찰이다.

⑤ 도도부현 경찰은 동경도(都) 경시청, 도부현 경찰본부, 방면본부 및 시 경찰부로 구성되어 있다. 북해도에는 5개 이내의 방면본부를 두고 각 방면에 방면공안위원회가 설치되어 있으며, 그 밑에 경찰서가 있다.65)

⑥ 도도부현 지사는 경찰에 대한 지휘・감독권이 없지만, 경찰에 대한 조례안과 예산안의 의회 제출권, 예산의 지출명령권, 경찰서 설치권, 공안위원회 임면권의 행사를 통해 간접적으로 경찰에 대한 영향력을 행사한다.

⑦ 도도부현 경찰은 자치경찰의 성격과 국가경찰의 성격이 혼재하며, 신분은 지방공무원이지만, 경시정 이상은 국가공무원이다.

(2) 도도부현 공안위원회

① 도도부현 공안위원회는 지사의 소할아래 자치체 경찰기관을 관리하기 위하여 설치・운영된다. 지사는 의회의 동의를 얻어 공안위원을 임명하는 권한을 가지지만, 위원회에 대한 지휘・감독권한은 없다.

② 도도부현 공안위원회는 경시총감과 도부현 경찰본부장을 통하여 지방경찰을 관리한다. 도도부현 공안위원회는 도(都)・도(道)・부 및 지정시를 포괄하는 현에 있어서는 5인, 지정현 이외

64) 김성수, 앞의 책, p.428.
65) 한귀현, 앞의 책, pp.28-29.

의 현에 있어서는 3인의 위원으로 조직한다.

③ 도도부현 공안위원회는 지방경무관 임면에 관한 동의권, 도도부현 경찰에 대한 징계 및 파면 권고권, 사법경찰직원의 징계와 파면, 경찰청 또는 다른 도도부현 경찰에 대한 원조요구권 등을 가진다.

④ 위원은 정당 기타 정치단체의 임원이 되거나 적극적으로 정치운동을 할 수 없고, 지방공공단체 의회의원, 또는 상근직원을 겸할 수 없다. 경찰 · 검찰의 직에 있었던 자는 퇴임 후 5년이 지나야 위원의 자격을 가지게 된다.

⑤ 도도부현 공안위원회는 경찰에 대한 임면권이 없다.

(3) 동경도 경시청

① 경시청은 해당 공안위원회의 관리 하에 집행기관으로서 도경찰의 사무를 관리하고 위원회를 보조하여 위원회의 서무업무를 처리하는 동경도 경찰의 본부이다.

② 경시총감인 경시청장은 국가공안위원회가 동경도 공안위원회의 동의와 내각 총리대신의 승인을 얻어 임명한다.

③ 경시청장은 동경도지사의 소할 하에 있는 동경도공안위원회의 관리에 따르고 경시청 사무를 총괄하여 경찰관을 지휘 · 감독한다.

④ 경시청에는 하부조직으로 경찰서, 파출소, 주재소가 있다.

4) 국가경찰과 도도부현 경찰의 관계

① 일본의 경찰업무는 도도부현 경찰이 처리하는 것이 원칙이며, 국가 긴급사태의 경우에만 국가경찰이 직접 경찰권을 행사한다.

② 국가경찰 소속의 경찰관은 국가공무원이고, 도도부현 경찰관은 지방공무원이지만, 경시정 이상은 국가 공무원이다. 도도부현 경찰의 경비(경시 이하 경찰관의 봉급)는 원칙적으로 도도부현이 부담하지만, 예외적으로 경시정(총경) 이상의 지방경찰관의 봉급 기타의 급여 및 경찰교육시설, 경찰통신시설의 유지관리비 등은 국가에서 부담하며, 도도부현 경찰은 국가경찰과 자치체경찰의 이중적인 성격을 가지고 있다.

제 6 절 중국의 경찰제도

1. 경찰제도 일반

1) 문화대혁명과 공안조직의 붕괴

중국의 공안기관은 모택동의 문화대혁명기에 군의 통제를 받으면서 기존의 공안조직이 폐지되는 변화를 맞게 된다. 모택동의 공안기관은 프롤레타리아 독재의 중요한 도구의 하나라고 강조하고 6개 항목의 치안규정(공안6법)을 공포하였다.

이러한 상황에서 어린 학생들로 구성된 홍위병들이 모택동의 반대파를 숙청하고 사회의 모든 규범을 파괴하는 광란을 10년 동안 계속했던 이 시기에, 공안기관인 경찰은 사회주의 체제유지라는 정치적 논리에 묶여 치안질서유지와 민생안녕이라는 경찰 본래의 기능을 제대로 수행하지 못하였다.

2) 현대 중국의 경찰제도

(1) 조직일반

① 1976년 모택동이 사망하면서 모택동의 문화대혁명과 그에 따른 경찰제도의 변혁은 실질적으로 종지부를 찍었다.

② 현대 중국의 경찰은 국무원 공안부를 정점으로 하여 지방경찰기관으로 인민경찰이 있으며, 무장경찰력으로서 인민 무장경찰대와 일반 국민의 민간조직인 주민자치 방위조직이 치안유지를 맡고 있다.

③ 중국의 경우 경찰기관을 포함하는 모든 기구에는 중국 공산당의 위원회 조직이 있고 실질적으로 중국 공산당이 전체업무를 총괄하고 있다.

(2) 특징

① 중국의 공안기관 체제는 중앙집권과 지방분권이 상호 결합된 특징, 즉 국가경찰과 자치경찰의 결합형태이다.

② 중국경찰이 중앙집권과 지방분권을 동시에 시행하고 있는 이유는 중국의 영토가 광활하고 인구가 많으며, 각 지역의 발전이 불균형적인 56개 다민족 국가라는 특수성 때문이다.

③ 중국경찰은 범죄수사와 범죄예방의 업무뿐만 아니라 호적정리, 소방, 출입국관리, 외국인거주관리, 국경지대 경비 등의 업무도 수행하고 있어 행정경찰과 사법경찰을 분리하지 않는 일원주의이며 이른바 광의의 경찰에 해당한다.[66]

④ 검찰의 수사범죄와 공안기관의 수사범죄가 명확하게 구분되어 있다.

2. 현대 중국의 경찰기관

1) 국무원 공안부

① 중국공안기관의 최고지휘관으로서의 공안부장은 국무원의 구성원이며, 5년마다 국무원 총리가 제청하여 공산당 전국인민대표대회에서 선임한다. 전국인민대표회의 폐회기간 중에는 국무원 총리가 제청하여 전국인민대표회의 소속의 상무위원회에서 선임한다. 파면권은 전국인민대표

66) 김성수, 앞의 책, pp.476-477.

회의에 속한다.

② 우리나라의 경찰청에 해당하며 전국의 치안활동을 지도·감독한다. 조직상 성격은 국무원의 보조기관이다.

③ 국가의 최고 공안기관으로서 국무원에 소속되어 전국 공안업무의 지도와 조직을 책임지고 있으며, 국무원과 전국인민대표대회 및 그 상무위원회의 지도·감독을 받는다.

공안부는 우리나라의 경찰청처럼 다양한 하위기능으로 구성되어 있다. 그 중에서 중요임무를 수행하는 기구를 살펴보면 다음과 같다.

(1) 판공청

공안부 수뇌의 정책연구, 공작수행을 돕고 또한 기밀 및 문서관리, 공안부 내부의 일상행정 사무를 처리한다. 또한 방침, 법규 제정 등의 치안기획 임무를 수행한다.

(2) 경비국

경제문화보위국이라고도 하며 ① 노동자, 농민의 파업 및 폭동의 감시와 방지, ② 공업, 상업, 금융활동의 조사, 세관, 밀무역의 단속 업무를 수행한다.

(3) 정치국

정치보위국이라고도 하며 ① 특무, 공격, 잠입, 침투공작 방지활동의 지휘, ② 정치조사에서의 고급간부의 안전감시와 보위, ③ 반공분자의 체포 및 감시 업무를 수행한다.

(4) 형사정사국(刑事偵思局)

전국의 범죄정세 파악, 수사활동의 지도 및 중요사건의 수사, 인터폴과 관련된 국제협력 업무를 수행한다. 우리나라의 수사국과 유사하지만, 인터폴 국제공조업무를 담당한다는 점에서 외사기능 업무를 포함하고 있다.

(5) 치안관리국(치안국)

치안관리국은 ① 호적관리, ② 외국인 거주자 관리, ③ 도시의 무단유입자의 처리, ④ 교통관리 및 대중에 대한 경찰홍보와 교육, ⑤ 검찰이나 법원과의 형사사건 처리 협력, ⑥ 주민등록증의 인쇄, 제작, 발행 및 관리 등의 업무를 수행한다. 우리나라 경찰에서는 찾아볼 수 없는 특이한 기구로서 지방자치단체의 호적업무 등도 경찰에서 수행한다는 것을 알 수 있다.

(6) 장비국과 국경수비국(변방관리국)

장비국은 전국 공안기관의 보급 및 장비관계를 담당하고, 국경수비국은 국경수비, 출입국자의 감시 및 외국으로의 도망을 방지하고, 소수민족의 활동 및 인접국의 월경을 감시한다.

기타 경호국, 요인경호국, 소방국 및 출입국관리국, 철도공안국, 전사통신국, 교통국, 교통관리국, 민간항공국, 산림국, 국제협력국 등이 설치되어 광범위한 기능을 수행한다.

2) 지방공안기관

(1) 개관

지방공안기관은 1급 행정기관인 성 · 자치구 · 직할시에 지방경찰청에 해당하는 성 · 구 공안청 또는 시공안국이 있다. 2급행정기관인 자치주나 현에는 공안국, 직할시의 시, 규모가 큰 시의 구나 현에 공안분국(경찰서), 3급행정기관인 향 · 진에는 공안파출소가 있다. 기능적으로는 수사, 보위, 치안, 형사, 교통, 소방, 외사, 방범, 예심, 감옥 등 전문부서를 두고 있다.

(2) 공안청 또는 공안국의 임무

공안청 등 지방공안기관은 국무원 공안부의 지도 · 감독 하에 있으며, 그 임무는 ① 법률에 의거 반혁명분자의 단속, 기타 범죄분자의 파괴활동 예방과 제어, ② 공공질서와 사회치안의 유지, ③ 공공의 재산보호, ④ 주민의 재산 · 인권 및 기타 권리보호, ⑤ 치안관리, ⑥ 호적관리, ⑦ 소방관리, ⑧ 총기 · 폭발물 · 화학제품 · 무선기기 · 인쇄업의 관리, ⑨ 국경관리, ⑩ 출입국 · 대외 화교관리 등이다.

(3) 공안파출소

① 공안파출소는 대도시 또는 중소도시의 각 동사무소와 현 소속의 진과 중요한 향에 설치된다.

② 1988년에는 일부 대학교 등에도 설치되었다. 공안파출소는 지방공안기관인 공안국 또는 공안분국의 하부공안기관으로서 관할 구역의 공안관리 업무를 수행한다.

③ 공안파출소는 공안국이나 공안분국 및 지방행정기관인 진 · 향의 지시를 받지만, 주된 지휘기관은 공안국이나 공안분국이다.

④ 임무는 지역치안유지와 반혁명분자의 단속에서부터 주민의 복지증진 업무와 호적 및 주민등록 관리업무도 담당한다. 통상 소장 1명, 부소장 1~2명, 파출소원 약간 명으로 조직되어 있는데 80명 정도 또는 그 이상의 공안파출소도 존재한다.[67)]

3) 인민무장경찰대

① 행정기관과 인민해방군의 중간적 성격의 치안기관이다.

② 1982년 중국공산당중앙위원회의 결정에 따라 인민해방군 내의 일부 부대와 공안부문의 일부 병역제 경찰부대가 합하여 성립된 것이다.[68)] 따라서 인민무장경찰대는 우리나라의 전투경찰대와 유사하다.

③ 국가안전 보위임무를 담당하는 무장부대로 인민해방군 중앙경호국이라고도 하며, 국경수비, 중요시설의 경비, 요인경호 등 주로 질서유지나 요인경호 임무를 수행하고, 국가 중요시설

67) 앞의 책, p.337.

68) 김형만 등, 앞의 책, p.207.

경비업무를 담당한다.

④ 군에 준하는 엄격한 훈련을 받고, 중대한 치안사태에 대비, 조직편제와 관리 훈련 등은 중앙군사위원회가 담당한다. 공안업무 등 업무수행에는 공안부의 지휘를 받는다.

4) 국가안전부

① 1983년에 설치된 국가안전부는 행정계통의 정보기관으로 공안조직 내부의 정치국의 전문화, 국가의 안전확보와 대간첩업무를 강화하기 위해 KGB와 CIA를 모델로 하여 창설되었다.

② 우리나라의 국가정보원에 해당하는 정보기관이다. 사회주의 통치기관의 하나로 국가의 중요한 구성부분의 하나이고, 전국의 치안활동을 지도하며, 정보업무를 담당한다.

③ 국가와 당의 안전관련 업무, 대간첩업무, 반체제인사에 대한 감시, 외국인과 유학생들에 대한 감시활동을 담당하고 있다.

④ 각 성·자치구에는 국가안전부, 직할시에는 국가안전국이 설치되어 있다.[69]

5) 주민자치 방위조직

경찰조직은 아니지만 경찰의 최하위조직인 공안파출소와 함께 주민의 자치방위를 위하여 구성된 거민위원회 및 치안보위위원회는 지방 치안유지에 큰 역할을 하고 있다.[70]

(1) 거민위원회(거민소조)·촌민위원회(통반조직)

주민의 거주지역을 토대로 도시에는 거민위원회가, 농촌에는 촌민위원회가 구성되어 있으며 이는 최하위 주민 자치조직으로 우리의 통·반에 해당한다. 거민소조(居民小組)라고도 한다.

거민위원회는 ① 주민의 공공복지, ② 지방정부 또는 말단 행정기관에 주민의 의견과 요구의 전달, ③ 정부의 요청에 따른 주민동원과 법률준수, ④ 대중적 성질의 치안방위 활동의 지도, ⑤ 주민의 분쟁조정 등을 담당한다.

촌민위원회는 ① 지역의 공공사업 및 공익사업의 집행, ② 민간분쟁의 조정, ③ 지방정부에 촌민의 의견전달 등의 임무를 수행한다.

(2) 치안보위원회(치안보위소조)

① 거민위원회 중에서 대중적인 치안방위조직으로 공장, 기업, 학교, 마을 등을 단위로, 농촌에서는 행정조직을 단위로 설치되는 이른바 기층조직이다.

② 경찰과 주민을 연결하는 대중적인 방범조직으로 우리의 민간방범조직(자율방범순찰대)보다 전문적이고 역할이 크다.

(3) 인민조정위원회

전통적인 주민자치적인 분쟁해결제도를 발전시켜 도시에서는 파출소의 관할구 또는 마을을 단

69) 앞의 책, pp.340-341.
70) 앞의 책, pp.342-344.

위로 , 농촌에서는 마을을 단위로 설치된 인민조정위원회는 민간의 민사분쟁과 경미한 형사사건에 대한 조정·화해하는 역할을 수행한다.

3. 기타 사법기관

1) 특별경찰

중국에는 일반적인 경찰조직 이외에 공안부 소속의 4가지 특별경찰이 있다. 이들은 철도경찰, 수상경찰, 민간항공경찰, 산림경찰 등이다. 철도경찰은 철도나 역에서 질서유지 및 범죄수사를 담당하고, 민간항공경찰은 공항에서의 질서유지 및 민간항공운송에 대한 안전을 담당한다. 수상경찰은 수로를 통한 운송의 안전확보, 산림경찰은 산불예방, 도벌이나 불법채벌 등 기타 산림법 위반행위를 예방하는 업무를 수행한다.

2) 중국공산당 중앙정법위원회(국가치안위원회)

중앙정법위원회는 1981년 전국 5대 도시 치안좌담회를 통하여 그 존재가 밝혀진 중국 내 치안담당 최고기관이다. 1980년에 설치되었고, 그 임무는 사회주의 민주화와 법제의 건전화, 사회주의의 강화, 사회주의 현대화의 촉진으로 공안부문, 국가안전부문, 사법부문, 민생부문, 인민법원, 인민검찰원 등 사법 관계기관을 통일적으로 지도하고 조정하여 총괄하는 중국 내 치안담당의 최고기관이다.

위원장은 중앙정치국 상무위원 겸 중앙서기처 서기가 맡고, 위원에는 공안부장, 국가안전부장, 법무부장, 최고 인민법원 원장, 최고 인민검찰원 검찰장 등이 참여하고 있다.

3) 국무원 사법부

국무원 사법부는 법원과 검찰 조직과 별도로 사법부문의 총괄기능을 하는 특별기관이다. 국무원 사법부 밑에는 노동교화를 담당하는 노동개조공작관리국, 노동교육을 담당하는 노동교양공작관리국 등이 있다.

국무원 사법부는 사법행정계통의 최고단계로 우리의 법무부에 해당한다. 그 임무는 법률안의 기초, 형벌 및 행정구치(구속하여 유치함)의 집행, 법정간부의 양성, 변호사의 감독, 여러 외국과의 사법협력, 중앙정법위원회가 지도하는 신문인 중국법제보의 발행 등이다.[71]

4. 중국의 사법제도

1) 개요

① 사법경찰이 원칙적 수사주재자이고 검사는 예외적 수사주재자 및 공소제기자이다.

---

71) 김성수, 비교경찰론, 경찰대학, 2000, pp.490-491.

공안기관은 대부분의 형사사건에 대한 수사책임을 갖고 있고 검찰관은 주로 기소를 제기할 책임을 갖고 있는 동시에 법률로 규정한 소수사건에 대한 수사권을 행사하며, 형사소송에 관하여 법률감독의 책임을 갖고 있다.

② 검사와 경찰의 관계는 상호협력 관계에 있으며, 검찰은 법률적 감독권을 행사한다.

「형사소송법」 제83조에 공안기관이나 인민검찰원은 범죄사실 또는 범죄혐의자를 발견할 경우 그들의 관할 범위 내에서 입건 · 수사하여야 한다. 공안기관은 검찰의 간섭이나 개입 없이 수사를 할 수 있고, 검찰은 뇌물 등 독직사건에 대한 배타적인 수사권을 갖고 있으며, 구치소 감독, 불입건 감독권, 구속비준권, 기소심사권, 보충수사지시권 등을 통하여 공안기관에 대한 감독권을 행사할 수 있다.

2) 검찰과 공안부와의 관계

① 인민법원, 인민검찰원, 공인기관은 상호협력 및 상호제약의 관계에 있다. 검찰과 경찰의 관계는 상하관계나 대립관계의 차원이 아니라 범죄사실을 밝히기 위한 동반 협력자로서의 협조관계에 있으며, 수사종결 후 기소 심사단계에서 상호권한을 객관적이고 합리적으로 행사하는지 견제하는 법적인 장치도 마련되어 있다.

② 사법경찰이 원칙적 수사 주재자이고, 검사는 예외적 수사 주재자(공소주재자)이다.

경찰은 법이 규정한 사건에 대하여 배타적 수사권을 보유하고 있으며, 수사개시에서 종결까지 모든 수사권을 독립해서 행사한다.

③ 중국의 공안기관은 공무원부패 범죄와 대형경제범죄를 제외한 전 분야의 범죄를 단속할 권한(수사권)이 있다.

㉠ 인민경찰관은 공무원 범죄와 공무원의 직무관련 범죄를 단속한다.

㉡ 국가안전기관은 대형경제범죄 같은 국가안전을 위해하는 사건을 처리한다.

3) 사법경찰

① 중국경찰은 한국보다 비교적 강한 수사권을 행사한다. 실제로 공안은 거의 무제한적인 입건권을 가지고 있으며, 또한 사건을 철회할 수도 있다. 이러한 "추궁하지 않는 처분"에 대하여 유효한 검찰의 교정수단은 없다. 입건 또는 계속 조사지시를 받아들이지 않거나 소극적인 경우 그 처리에 대한 법률규정이 없다. ② 중국경찰은 독자적 수사권을 가진 수사주재자이다. 「형사소송법」 제3조는 경찰(공안기관)의 수사권을 인정하여 수사에 있어서는 어떤 기관의 간섭과 지휘 · 통제를 받지 않는다고 규정하고 있으며. 수사종결 시 기소 · 불기소 의견까지 결정하여 검찰에 송치한다.[72] ③ 특별한 법률이 없는 경우의 원칙적 수사기관이다. ④ 중국경찰은 수사, 구치, 예비심사를 할 수 있다. 「형사소송법」 제90조는 범죄사실을 입증할 증거가 있는 사건에 대해 수집증거의

72) 유경향, 중국경찰 수사권 행사의 개선방안, 동국대 석사논문, 행정대학원 공안행정학과 경찰행정전공, 2009, pp.11-18.

사실확인 등 예심해야 한다고 규정하고 있다. 즉 검찰로 기소심사 이송 전에 사건에 대한 예심을 할 권한을 경찰에게 부여하고 있다. ⑤ 수사요원은 흉악하다고 인정할 때에는 피의자・피고인의 신체검사를 할 수 있어 재판관의 영장 없이 수색・압수할 수 있다. ⑥ 경찰은 체포해야 할 피의자・피고인이 도주 중인 경우에는 직접 지명수배영장을 발부할 수 있다.

4) 검사

① 검사는 공소제기권을 가지고 있다.

② 공무원의 직무상 횡령 및 뇌물범죄, 직권을 이용한 불법구금, 고문으로 인한 진술강요 기타 법률이 정하는 범죄사건의 수사를 주재한다.

③ 경찰의 범인체포 후 구속에 있어서 검찰의 승인 및 위법사항의 시정을 요구할 수 있다. 「형사소송법」 제3조는 형사사건의 수사, 체포, 구속집행, 예심은 경찰이 담당한다고 규정하고 있다. 검찰은 강제조치 집행결정만 내리고 이를 경찰에 통지하며, 실제집행은 경찰이 담당한다. 경찰은 강제조치 집행 후 집행상황을 검찰에 통지함으로써 강제조치의 집행은 종료된다. 그러나 검찰권한은 수사에 있어서는 미약하지만, 체포, 구속 등 강제조치에 대해서는 강력한 권한을 행사한다. 강제수사에 있어서 법관발부 영장이 아니라 검찰의 허가장 제도를 취하고 있다는 점에서 강력한 권한을 보유하고 있다는 것을 알 수 있다.

④ 범죄에 대한 기소 및 기소면제의 결정을 한다. 그러나 검찰은 기소독점주의와 기소편의주의에 대한 제한을 받고 있다. 기소독점주의 대한 제한으로 피해자나 그 법정대리인이 법원에 범인의 형사처벌을 직접 소추할 수 있도록 하는 자소(自訴)제도를 두고 있다. 또한 기소편의주의에 대한 제한으로 경찰이 기소의견으로 수사종결 시 검찰은 불기소처분을 위해서는 경찰에 그 사유를 통보해야 하고, 경찰은 이에 불복하여 재심사를 요청할 수 있다.

⑤ 「형사소송법」 제87조에 경찰수사에 대한 검찰의 견제권을 규정하고 있다. 즉 검찰은 경찰이 입건하지 않거나 피해자가 경찰의 불입건에 대해 검찰에 제소한 경우 검찰은 경찰에 대해 불입건 사유를 요구해야 한다. 불입건 사유가 부당한 경우 검찰은 경찰에 통지해야 하며, 경찰은 이 통지를 받은 후 입건・수사해야 한다.

제3장

한국경찰의 역사

제 1 절 시대별 경찰제도

1. 부족국가 시대

1) 고조선

고조선의 경찰제도는 중국의 한서지리지에서 전하고 있는 「팔조금법」을 통해 유추해 볼 수 있을 것으로 보이며, 현재 3조목이 전해지고 있다. 즉, ① 살인한 자는 바로 죽이고, ② 상해죄는 곡물로 배상하며, ③ 절도의 경우에는 남자는 노(奴)로, 여자는 비(婢)로 되나 스스로 죄를 속하려는 자는 50만 전을 내야 한다.[1]

따라서 고조선은 적어도 살인죄, 상해죄, 절도죄 등의 죄목을 정한 형벌법령이 있었다는 것을 알 수 있으며, 개인적 법익, 즉 개인의 생명・신체・재산의 보호에 관심을 가졌다는 것을 알 수 있다.[2] 그러나 당시에 오늘날 경찰의 기능과 재판 및 형 집행 기능은 따로 분화되어 있지 아니하고 지배세력이 모든 권한을 행사하였다.

2) 한의 군현

고조선을 멸망시킨 한나라는 군현경정리(郡縣卿亭理)의 행정체제를 갖추고, ① 군에 문관직인 태수와 무관직인 도위를 두었으며, ② 만호 이상의 현에는 현령을, 만호 미만의 현에는 현장을 두고 그 밑에 있는 승(丞)과 두식(斗食)은 문치를 담당하고, 위(尉)와 좌사(佐史)는 도적을 담당하는 일을 수행하게 하였다. ③ 현 밑의 경은 교화를 담당하는 삼노와 도적을 방비하는 유요를 두었고, ④ 정(亭)에는 정장을 두어 도적을 잡게 했다. ⑤ 리에는 이괴(里魁)를 두어 풍속을 담당케 했다.

이 가운데 위와 유요 및 정장은 각각 현・경・정의 도적을 검거하는 일을 관장하고 있었으므로 다섯 가지 무기, 즉 활・창・방패・검・갑옷의 5병이 주어져 오늘날의 경찰기능을 담당하게 하였다.[3]

---

1) 이기백, 한국사시민강좌, 일조각, 1988, p.13.
2) 역사편찬위원회, 역사신문, 서울: 사계절, 1995, p.25.
3) 이운주, 앞의 책, p.64.

3) 부여

(1) 사출도

삼국지 위지동이전에 의하면, 부여는 북만주의 송화강 유역에 자리 잡은 부족으로 왕과 마가(馬加)・우가(牛加)・저가(豬加)・구가(狗加)라는 사출도에 해당하는 관직을 가진 자들이 지배세력을 형성했다.

(2) 1책12법

사출도라는 지배세력은 ① 살인범에 대해서는 사형에 처하고, 그 가족은 노비로 삼으며, ② 남의 물건을 훔친 자는 「1책12법」(一責十二法)에 의해 12배로 배상하게 하였다. 「1책12법」은 고구려에도 계수되었다.

③ 또한 도둑이 속죄하고 양민이 되더라도 풍속은 이를 수치로 여겨 혼인할 배필을 구하기가 어려웠다고 기록하고 있다.[4)]

④ 가부장적 질서유지를 위해 남녀 간에 간음을 범한 자와 부인으로서 투기하는 자는 모두 사형에 처하는 등 형벌이 엄하였다. 그리고 제천행사인 영고(迎鼓)때에는 형옥을 중단하고 죄인들을 석방하였다.

4) 옥저와 동예

(1) 거수들의 지배

옥저와 동예는 고구려와 예속적 관계하에 왕이 없이 거수(渠帥)들이 읍락을 지배했다.

(2) 책화제도

동예는 각 읍락마다 경계가 설정되어 있어서 서로 경계를 침범하는 일이 있으면 노예나 우마로서 배상하는 책화제도(責禍制度)가 있어 도둑이 적었으며, 살인자는 사형에 처했다.

5) 삼한

(1) 제정분리(제사와 정치의 분리)

한강 이남에 자리잡고 있던 마한, 진한, 변한은 모두 78개의 부족국가가 모인 부족 공동체적 사회로 제사와 정치가 분리되어 있어 그 크기에 따라 신지(臣智) 또는 읍차(邑借)・부례 등이 읍락을 지배했다.

(2) 소도

천관(천군)이라는 종교적 지도자는 정치적 지도자의 지배권이 미치지 못하는 소도(蘇塗)라는 별읍(別邑)을 지배했는데, 이곳은 죄인이 도망하여도 잡지 못하는 성역으로 인정되었다.

---

4) 허남오, 한국경찰제도사, 서울: 동도원, 1998, pp.75-90.

2. 삼국시대

1) 고구려

(1) 욕살의 권한

① 고구려는 신분관제로서 수상인 대대로(大對盧)에서 선인(先人)까지 14관등의 지배계층과 지방에 욕살이라는 지방장관을 두어 이들이 행정·사법·군사·경찰권 등을 행사했다.

② 소수림왕(372년)이 반포한 율령은 오늘날 전해지지 아니하므로 그 내용을 알 수 없지만, 중국의 구당서(舊唐書) 등에 의하면 고구려는 반역죄, 전쟁패배자나 항복죄, 살인행겁죄(殺人行劫罪), 절도죄, 가축살상죄 등에 대해서는 엄벌 또는 중한 배상책임(절도죄의 경우 12배의 배상 또는 자녀를 노비로 삼아 상환)을 물어 사회질서를 유지했다.

(2) 무려라

고구려는 요수 서쪽에 무려라(武厲羅)를 설치하여 요수를 건너는 사람을 경찰(검문검색)했다는 기록이 나오는데, 무려라는 요서에 있던 성으로 검문소를 설치하여 국경을 경비했던 국경경비대였다.[5)]

2) 백제

(1) 6좌평과 경찰권 행사

백제는 6좌평과 16관등제를 채택하여 고대국가로서의 기틀을 갖추었는데, 6좌평은 내신(왕명출납), 내두(재무회계), 내법(의전 제사), 위사(군사), 조정(사법 치안), 병관(지방군사) 등으로 이 중 위사좌평과 조정좌평 및 병관좌평이 경찰권 행사와 관련되어 사법·군사·경찰의 미분화 상태를 보여준다.

(2) 달솔과 방령

① 수도에 설치된 5부의 달솔, 지방에 설치된 5방의 방령이 수령으로서 치안책임을 담당하였고, 반역죄, 절도죄, 간음죄, 관인 수재죄 등은 엄벌로 다스렸다. 관인 수재죄는 오늘날 공직자의 관직을 이용한 뇌물수수로서 독직범죄에 해당하는 것으로 새롭게 처벌의 대상이 되었다.

② 백제는 22담로와 5부5방의 지방관제로 미루어 보아 경찰제도의 지방분권적 성격이 강했다는 견해가 있으나 전체적으로 볼 때에는 역시 중앙집권적 경찰제도를 유지하고 있었다.

3) 신라

(1) 군주의 경찰권

신라는 엄격한 골품제도와 이벌찬에서 조위에 이르는 17관등에 이르는 지배계층 및 지방의 주를 다스리는 군주가 행정·사법·군사·경찰권을 행사하였다.

---

5) 위의 책, p.67.

(2) 율령 반포와 엄격한 형벌

신라에서는 법흥왕(520년)이 율령을 반포하는 등으로 사회질서유지를 위한 제도 확립을 서둘렀고, 이에 따라 반역죄와 살인죄, 상해죄, 절도 등 재산범죄, 관인들의 범죄를 엄격하게 처벌하였다.

3. 통일신라시대

1) 중앙

신라는 통일 후에도 행정관제를 삼국시대의 것을 그대로 답습하여 병부・창부・예부・조부・사정부(司正部)・이방부(理方府) 등이 국정을 담당하였는데, 이중 병부・사정부・이방부 등이 경찰권을 행사하는 관련 기구이며, 특히 이방부는 좌이방부와 우이방부로 나뉘어 범죄의 수사와 집행을 담당하였다.[6]

2) 지방

지방의 9주 5소경의 총관(후에 도독으로 명칭이 변경)과 사신(5소경의 책임자), 군의 태수와 현의 현령 등은 중앙귀족이 임명되어 군사조직인 9서당 10정과 함께 경찰권을 행사하는 위치에 있었다. 또한 청해진의 장보고는 해양경찰활동을 활발히 전개하였다.

3) 새로운 범죄의 등장

당시에 처벌받는 범죄유형은 오역죄(부모살인 등), 절도죄 등 통상적인 범죄유형 외에 모반죄와 모대역죄・지역사불고언죄(불고지죄) 등 왕권 보호범죄, 불휼국사죄(不恤國事罪: 직무유기죄), 배공영사죄(背公營私罪: 직권남용죄) 등의 관리 관련 범죄 등이 등장했다.

4) 형벌의 세분화

형의 종류도 세분화되고 집행방법도 잔인하게 변화되어 족형(族刑), 거열형(車裂刑), 사지해형(四肢解刑), 기시형(棄市刑), 참형, 자진형(自盡刑), 유형, 장형(杖刑) 등으로 세분화되어 통일 후의 통치체제를 강화하기 위한 수단으로 강력한 경찰권을 동원한 것으로 해석된다.

4. 고려시대

1) 병부와 형부의 경찰권

고려시대의 경찰권은 주로 형부와 병부가 행사했다. 병부 산하에 서울에 2군6위가 있었는데 이중 금오위가 수도의 경찰업무를 담당하여 수도 개경의 순찰 및 포도금란(捕盜禁亂)의 업무와 비

6) 김형중, 한국중세경찰사, 수서원, 1998, p.35.

위예방을 담당함으로써 방범이 중요시되었다.[7] 형부는 법률과 소송 등 사법경찰업무를 수행하였다.

2) 어사대와 중추원

어사대(후에 사헌부)는 관리들의 비위를 규탄하고 풍속을 교정하는 등 풍속경찰의 임무를 수행했다. 또한 중추원은 왕궁경비를 최초로 분리하여 독립적으로 관장했다.

3) 안찰사와 병마사 및 지방의 수령

지방은 5도의 안찰사, 양계(兩界)의 병마사, 지방의 수령, 즉 군의 태수, 현의 현령 등이 행정·사법·군사·경찰에 관한 권한 행사를 통합적으로 행사했다.

4) 현위와 위아

여기에서 주목할 것은 오늘날의 경찰서에 해당한다고 주장되는 위아(尉衙), 경찰서장에 해당하는 현위(縣尉)가 설치되어 비행 및 범죄의 예방과 처리, 치안 불안지역에서의 질서회복과 유지임무를 담당하였다는데 고종 43년(1256년)에 폐지되었다.[8]

5) 삼별초와 순마소 및 순군만호부

① 고려의 경찰기구로서 최씨 무인정권의 사병인 삼별초는 전투와 경찰 임무를 수행하였다. 몽고의 지배시기에 설치된 순마소는 방도금란(防盜禁亂)의 임무와 왕권보호를 위해 왕 또는 왕실의 명에 의하여 왕가 또는 국가의 중대사에 관련된 관리를 체포·구금·심문하는 기능까지 담당하였다.[9]

② 순마소는 처음에는 단순한 치안기구였으나 차차 변질되어 금군, 근위, 출정군으로도 활동하였고 형옥의 기능까지 담당하며, 반대세력의 제거에도 관여하여 정치경찰적 역할도 수행하였다. 순마소는 1300년에 확대 개편되어 순군만호부가 되었다.

③ 조선시대(1392)에 와서는 순군만호부로 하여금 경찰의 임무인 순찰, 포도·금란을 담당하게 하였고, 이에 조선의 순군만호부를 최초의 전문적인 경찰기관이라고 평가하기도 한다.

6) 범죄유형의 세분화

고려시대에 범죄유형은 더욱 분화되어 살인, 절도, 모반 등 일반 범죄 외에 공무원 범죄, 문서훼손, 무고, 도주, 방화, 실화, 강간, 도박, 유기, 인신매매, 장물죄 등이 새롭게 처벌되었다.

---

7) 이기백, 한국사신론, 일조각, 1986, p.141.
8) 이기백, 앞의 책, pp.176-177.
9) 김형중, 앞의 책, pp.254-257 참조.

5. 조선시대

1) 갑오개혁 이전 경찰제도

(1) 중앙

① 순군만호부와 의금부

경찰기능은 중앙의 경우 고려시대 말기의 순군만호부가 태종 2년에 순위부, 태종 3년에는 의용순금사, 태종 14년(1414)에 의금부로 개칭되어 왕명을 받들고 왕족의 범죄 및 현관(문무 양반만이 하는 벼슬)·음관(문관이 무관이 되어 과거를 아직 보지 못한 관원)으로 관규를 문란케 한 자, 국사범, 모역죄, 반역죄 등에 관한 사건, 사교에 관한 금령을 범한 자, 상인의 왕실 및 왕족에 대한 범죄사건, 사헌부에서 탄핵한 사건 등 중요한 특별범죄를 관장하였다.

② 포도청

i) 대부분의 사람들은 포도청을 우리나라 최초의 전문적·독립적 경찰기관으로 평가한다. 포도청은 성종 2년(1471년) 당시 전국적으로 극성을 부렸던 도적을 예방하기 위해 설치된 포도장제(捕盜將制)에서 출발하여 성종 12년에는 좌·우변으로 분화되고, 중종 23년에 포도대장으로 승격한 후 중종 24년(1529)에 포도청이란 이름을 얻게 되었다.

ii) 포도청은 좌포도청이 한양의 동·남·중부와 경기좌도를, 우포도청이 한양 서·북부와 경기우도를 관할하면서 도적을 잡고 야간 순찰을 시행하는 등의 임무를 수행했다. 이처럼 포도청은 중앙의 경찰사무를 담당하였다. 그러나 포도청은 1894년의 갑오개혁과 함께 경무청관제직장이 제정되어 한성부에 경무청이 설치되면서 폐지되었다.[10]

iii) 당시 여자 관비 경찰로서 양반집 수색 등을 수행하는 다모가 있었다.

③ 직수아문(直囚衙門)의 전제적 경찰권

i) 조선시대에도 경찰권을 행사하는 전문기관은 확립되지 못해 경찰권의 행사는 일원화되지 못했다.

ii) 범죄인을 체포하여 구금할 수 있는 기관을 의미하는 직수아문은 다양한 중앙과 지방의 관청의 권한이었다. 즉, 중앙정부의 병조, 형조, 한성부, 사헌부, 승정원, 비변사와 포도청, 지방의 관찰사, 지방 수령 등에게 이러한 경찰권이 주어졌으나 범죄자에 대해서는 형조를 통하여 구금하도록 되어 있었다.

iii) 그러나 이러한 원칙은 지켜지지 않았고, 각 관아는 물론이고 심지어 궁방이나 권문세가 또는 서원 같은 곳에서도 수금(囚禁)과 사형(私刑)이 자행되었다.

---

10) 대한민국국회도서관 편, 한말근대법령자료집 I, 서경문화사, 1991, pp.19-23.

(2) 지방

① 토포사

지방의 경찰사무는 토포사(討捕使)가 담당했다.[11] 토포사는 포도청의 하급기관이 아니라 관찰사의 지휘·감독을 받는 하위직이었다. 따라서 중앙의 포도대장이 지방의 관찰사 관내의 범죄자를 체포하려면 국왕의 명을 받아 해당 관찰사에게 통고한 후가 아니면 이를 체포할 수가 없었다.

② 관찰사와 하급수령

i) 관찰사는 조선시대 각 도의 수령으로서 행정·사법·군사를 통할하고 관하 하급 수령들을 감독하는 광범위하고 강력한 권한을 행사하는 지방의 통치자였다. 경찰권과 사법권을 동시에 행사하는 관찰사는 유형 이하의 형에 해당하는 범죄자를 체포하여 처벌할 수 있었고, 기타 부윤, 목사, 군수, 현령 등 하급수령들은 태형 이하에 해당하는 범죄자를 체포하여 처벌할 수 있었다.

ii) 물론 살인이나 반역 같은 중범죄자에 대한 처벌은 상부의 지시를 받아야 하는 것으로 되어 있으나 그 나마도 서인 및 절도범에 대한 처벌은 상부의 지시를 필요로 하지 않았다.[12] 따라서 관찰사와 지방수령들은 조선시대의 실질적인 경찰권을 행사하는 경찰기관이었음을 알 수가 있다.

(3) 기타 경찰기관

① 암행어사

암행어사는 초기에는 정보경찰로서 활동하였지만, 후기에는 행정기관에 대한 감독·감찰기관으로 발전하였다.

② 오가작통법

국민적 말단 자치조직으로 이웃의 상호부조와 연대책임을 목적으로 작동하였다. 최초의 예방경찰을 위한 전국적인 연대 조직으로서, 고대 영국의 프랭크플렛지(frankpledge)제도와 유사한 제도였다.

③ 순청

조선시대 도성의 방범과 화재방지를 하고 시간을 알리며 야간순찰(순라)을 관장했던 관청으로서 조선초기부터 존속했던 기구이다. 1894년 갑오개혁 때 내무아문 산하의 경무청으로 이관되었다.

④ 수성금화사

조선시대 궁궐이나 도성의 보수·개축과 도성 내에서 발생하는 화재진압을 담당했던 관청이다. 세종 8년(1426년)에 도성 화재 방지를 위해 금화도감을 설치하였다.

---

11) 위의 책.

12) 김운태, 조선왕조행정사, 박영사, 1983, p.98.

2) 갑오개혁에서 한일합방 이전 경찰

(1) 특징

① 1894년의 갑오개혁은 근대적 의미의 경찰제도를 우리나라에 도입되게 하는 역사적 사건이었다. 이는 한국 경찰의 조직법적 · 작용법적 근거를 가지고 근대적인 경찰로 태어나게 된 직접적인 계기가 되었고 이때 경찰이라는 용어가 최초로 등장하게 되었다.

② 이 시기에 경찰과 일반 행정작용 · 군사작용의 분화가 이루어지고 경찰작용에 관한 법적 규제가 이루어졌지만, 실제 경찰권은 전제주의적 수준에 머물렀으며, 일본의 제국주의적 침략을 위한 수단으로 활용되었다.

③ 경찰기능은 감옥 · 위생 · 소방 · 영업 · 회사에 관한 사무 등을 담당하는 등으로 광범위하였으며, 경찰의 이념은 인권보호가 아니라 일본의 침략수단에 지나지 않았다.

④ 일본의 경찰제도가 이식되어 철저하게 일본경찰화가 되어가는 과정이었다. 그 당시의 경찰제도는 대륙법계, 특히 프랑스의 경찰제도가 이식되었다고 볼 수 있다.

(2) 갑오개혁

① 경무청 중심의 경찰권 일원화

㉠ 일본은 1894년 6월 27일 일본내각회의에서 조선의 개혁대상의 하나로서 경찰 창설을 결정함으로써 당시의 일본 공사를 통해 조선정부에 내정개혁방안강목으로 전달되어 경성 및 주요도시에 2년 이내에 완전한 경찰을 설치할 것을 요구하였다. 이에 따라 친일 김홍집 내각은 6월 14일 각 아문관제에서 경찰을 법무아문 하에 창설할 것을 의결하였다. 이때 처음으로 경찰이라는 용어를 공식적으로 사용하였다.

㉡ 경무청은 입안초기에 법무아문 소속이었으나 1894년 7월 1일 실제 창설 시에는 내무아문 소속으로 소속이 변경되었다. 이로써 그동안 시행되어 왔던 각 부, 각 아문, 각 군문의 체포나 처벌에 관한 권한은 금지되고, 경무청 중심의 경찰권 일원화가 이루어졌다. 따라서 사법관의 재판 없이 형벌을 가하는 행위나 군영의 발순(發巡), 즉 군대의 주둔지 이동도 금지되었다.

㉢ 1895년 내부관제의 제정을 통해 내부대신의 경찰에 대한 지휘 · 감독권을 정비하였으며, 1896년 지방경찰규칙을 제정하여 지방경찰의 작용법적 근거를 마련하였다.

② 경무청관제직장: 조직법

㉠ 1894년 7월14일에는 한국 최초의 경찰조직법인 「경무청관제직장」과 경찰작용법인 「행정경찰장정」을 제정하면서 당시의 좌 · 우포도청을 통합하여 한성부에 경무청을 창설하고 그 장을 경무사라 하였다.

㉡ 경무청을 내무아문에 예속시켜 한성부 내의 일체의 경찰사무. 즉 경찰 · 감옥사무를 관장케 했다. 따라서 전국 관할의 경찰기관이 아니었다.

㉢ 이러한 경찰관련 법이 갑오년에 처음으로 제정되었다는 점에서 이 시기의 경찰이 한국 최초

의 근대적 경찰이라 불리게 되었다.[13)]

㉣ 경무청의 수장으로서 경무사(警務使)는 한성부의 경찰사무와 감옥사무를 총괄하고 범죄인을 체포 · 수사하여 법사(法司)에 이송하는 임무(사법사무)를 수행하고, 한성부의 오부자(五部字)내에 지금의 경찰서 격인 경찰지서를 설치하여 경무관을 서장으로 임명하였다.[14)]

㉤ 경찰지서는 오늘날의 경찰서의 효시로 볼 수 있으며, 을미년에 경무서로 개칭되었다.[15)] 이때부터 경찰이 일반행정 또는 군사기능과 분리되기 시작하였다.

㉥ 경무청관제직장은 일본의 경시청관제를 모방한 것으로서 경무청은 일본의 경시청을, 경무사 · 경무관 · 총순 · 순검이라는 경찰계급도 일본의 경시총감 · 경시 · 경부 · 순사를 모방한 것이었다.

③ 행정경찰장정: 작용법

㉠ 「행정경찰장정」은 한국 최초의 경찰작용법으로서 일본의 「행정경찰규칙」과 「위경죄즉결례」(오늘날의 경범죄처벌법)를 혼합하여 한문으로 옮겨 놓은 것이다.

㉡ 한성부 내에 경무청의 설치로 행정과 경찰의 분화는 이루어졌으나 경찰 직무범위의 포괄성과 광범성으로 인해 경찰업무와 일반행정업무가 미분화된 전근대적 성격을 띠고 있었다. 즉, 비경찰화는 이루어지지 않았다.

㉢ 당시의 경무청은 영업 · 시장 · 회사에 관한 사무를 비롯하여 소방 · 전염병예방 · 검역 · 종두 · 식물 · 식수 · 의약 · 가축 등에 관한 위생사무, 결사 · 집회 · 신문잡지 · 도서에 관한 사무를 담당하는 등 광범위하고 포괄적으로 규정한 전근대적인 입법이었다.

㉣ 프랑스의 「죄와 형벌법전」을 모태로 일본의 「행정경찰규칙」과 「위경죄즉결례」가 제정되었고, 이를 혼합하여 「행정경찰장정」이 제정되고 1953년 「경찰관 직무집행법」으로 발전하였다.

④ 경찰관 고문제도의 시행과 내부 경찰체제

㉠ 1894년 11월 일본은 내정개혁요항을 통해 경찰권의 통일을 요구하고 이를 위해 무구극조(無久克造)경시를 경무청의 고문관으로 초빙토록 하여 경찰제도를 일본의 제도에 맞추어 정비하기 시작했다. 그는 오로지 경찰에 관한 법규의 제정에 종사하여 경찰제도는 일본을 모범으로 삼아 정비해 나갔다.

㉡ 결과적으로 1895년 「내부관제」가 제정되어 내부대신의 경찰에 대한 지휘 · 감독권이 정비되었고, 한성부의 경찰도 경찰지서가 경찰서로 개칭되고, 궁내경찰서가 신설되어 왕궁 내외의 경비를 담당하게 하는 등 경무청관제의 개정을 통해 체계화되었다.

㉢ 지방제도의 경우에도 지방관제에 의해 처음으로 한성부 이외의 부에 관찰사의 지휘 · 감독을 받는 경무관 1인, 경무관보 1인, 총순 2인 이하가 배치되기에 이르는 등 내부경찰체제가 정비

13) 김충남, 경찰학개론, 박영사, 2002, p.70.
14) 내무부치안국, 한국경찰사, 내무부치안국, 1972, p.316.
15) 정진환, 앞의 책, p.77.

되기에 이르렀다. 이는 일본의 내무성 경찰체제와 맥락을 같이 한다. 작용법적으로도 1896년 1월에 「지방경찰규칙」이 행정경찰장정과 동일한 내용으로 구성되었다.[16]

(3) 광무개혁에 따른 경부경찰제

① 1897년 조선은 국호를 대한으로 바꾸는 등의 개혁과정에서 비록 일본의 간섭에 의한 개혁일지라도, 경찰이 오늘날의 내무부, 즉 내부로부터 독립되어 내부와 동등한 중앙관청인 「경부」를 신설하는 획기적인 변화가 일어났다.[17] 그러나 경찰의 위상이 높아졌으나 경부는 1년간 존속하다가 실패한다.

② 경부는 중앙과 지방을 분리하여 경찰을 운영하는 이원적 경찰체제였다. 중앙은 경부에서 한성 및 각 개항시장의 경찰업무와 감옥사무를 통할 수행하였다. 지방은 각 관찰부에는 관찰사 밑에 총순을 파견하여 관찰사를 보좌하여 치안업무를 담당하게 하였다. 이때 총순은 관찰사의 지휘·감독을 받았다.

③ 궁내경찰서와 한성부 내 5개 경찰서, 3개 분서를 두고 이를 지휘하는 경무감독소를 두며, 한성부 이외의 각 관찰부에 총순을 두었다.

(4) 경무청체제로의 전환(신경무청시대, 1902)

① 경부경찰체제가 실패한 후에 내부 소속의 경무청을 다시 설치하여 경무청이 경부의 업무를 맡게 된다.

② 새로운 경무청은 한성부만을 관리하던 구 경무청이 아니라 황궁 내외 및 전국의 경찰업무와 감옥업무를 관할하였다는 점에서 오늘날의 경찰청의 원형이라 볼 수 있다. 경무청의 장인 경무사는 국내 일체의 경찰사무를 관리하게 되었다.[18] 그러나 이 경무청도 을사조약의 체결과 함께 한성부만을 관할하게 되고 경무부의 출현을 보게 된다.

(5) 을사조약과 한국경찰권의 상실

① 고문경찰제도의 성립

㉠ 1904년 제1차 한일협약을 통해 한국에서 이른바 고문경찰제도가 시작되었는데 경찰은 일본경찰의 경시가 경무고문으로 임용되어 한국경찰권을 장악했다.

㉡ 한국정부의 경무에 관한 일체의 사무는 일본 경찰고문의 동의를 거친 후 시행할 수 있었고, 한국 경찰제도에 관한 심의기안권이 일본으로 넘어갔다. 경찰권 강탈의 제1보였다.

㉢ 경찰고문은 그 보좌기관으로 경무청, 한성부내의 5개 경찰서, 전국 각 지방에 경시·경부 등을 배치하여 한국의 경찰을 통제하고 장악해 나가기 시작했다.

---

16) 이운주, 앞의 책, p.77.
17) 의의 책.
18) 위의 책, p.78.

② **통감부의 경무부 경찰체제**

㉠ 을사조약과 통감의 한국 경찰지배: 1905년 을사조약의 체결로 경무청이 다시 한성부 내의 경찰로 축소되고 내부대신의 관할하에 있던 경찰이 통감부의 총무과 소속의 내무과와는 별도로 경무부로 독립되어 경무총장이 경찰사무를 관장하게 되었다. 이와는 별도로 통감부에 경무고문부와 각 도에는 경찰고문 지부가 설치되어 직접 통감의 지휘를 받아 한국의 경찰을 사실상 지배했다.

㉡ 일본 중심의 지방경찰체제의 정비: 지방에는 경무관을 장으로 하는 경무서가 설치되고 총순을 장으로 하는 경무분서가 설치되었으며, 지방의 경무관은 각 도의 관찰사의 지휘를 받아 관내 경찰사무를 관장하는 등 이 시기에 지방경찰의 체제가 정비되고 있음을 알 수 있다.[19] 그런데 해방 이후의 경무부의 원형은 바로 여기에서 출발하므로 미군정기의 경무부의 출범은 진정한 의미에서의 경찰의 창설이라고 보기는 어렵다.

(6) 경시청체제와 한일 경찰의 통합

① **한일경찰의 통합**

일본은 한국의 경찰권을 장악하기 전에 먼저 한국의 경찰관청과 계급의 일본화를 추진하여 1907년 7월 종래의 경무청이 경시청으로, 경무사는 경시총감으로, 경무관은 경시로 각각 개칭되었다. 이로써 한국 내 한일경찰의 통합을 가져왔다.

② **고문경찰제도**

1904년 제1차 한일협약으로 경찰고문정치(모든 경찰업무는 고문의 동의를 받아 시행)를 주도했던 경무고문이 경시총감이 되고, 각 도의 경무고문 보좌관은 각 도의 경시로 임명되어 경무고문이 마침내 한국 경찰의 수뇌부를 구성하였다.

③ **일본인 한국경찰 임용**

1907년 10월 「경찰관리 임용에 관한 건」으로 경시 21명, 경부 78명, 순사 1,205명 등 일본인들이 한국 경찰로 임용되어 일본경찰이 한국경찰에 흡수·통합되는 형식을 취했다.

④ **경시청관제와 지방관 관제의 개정**

경시청관제와 지방관 관제의 개정을 통해 내부대신 직속의 경시청은 한성부와 경기도를 통제하고, 지방은 경무서와 경무분서가 각각 경찰서와 경찰분서로 이름이 바뀌면서 경찰서장이 각 관찰사를 보좌하여 경찰사무를 관장하였다.

⑤ **지방경찰청의 원형**

1908년 7월 각 도에 내무부와 경찰부를 두어 경찰부장(경시)이 관찰사를 보좌하여 도내의 경찰사무를 관장케 되었는데, 이는 최초의 지방지휘조직으로 오늘날의 지방경찰청의 원형이다.[20]

---

19) 이운주, 앞의 책, pp.80-81.
20) 위의 책, p.81.

⑥ 일본헌병 경찰제의 확장

㉠ 고등경찰 활동 및 보통경찰활동 수행: 1896년에 주둔한 일본의 임시헌병대는 1903년에 한국주차헌병대로 개칭되었으며, 그 권한도 점점 확대되어 군령 등을 통하여 군사경찰업무 이외에도 사회단체의 단속, 의병의 토벌, 항일인사의 체포, 일본 관민과 친일파의 보호, 시찰 · 정탐 등의 임무와 고등경찰활동 및 보통경찰활동을 수행하였다.

㉡ 사법경찰 업무와 행정경찰 업무 동시 수행: 1906년 통감부가 설치되면서 헌병은 일본의 「헌병조례」에 의해 군사감찰 이외에 사법경찰과 행정경찰의 업무를 동시에 수행하였는데, 이는 헌병경찰제의 시초가 되었다. 헌병경찰의 사법 및 행정 경찰업무에 관한 지휘권이 통감에게 있었다.

㉢ 항일운동 억압: 1907년 10월 8일 칙령 323호 「한국주차헌병에 관한 제」에서는 헌병이 주로 치안유지에 관한 경찰업무를 관장하도록 그 제1조에 규정되었는데, 여기서 치안유지란 주로 한국국민의 항일운동 억압 등 합병을 위한 기초를 닦는 데 있었다.

(7) 한국경찰권의 완전상실

① 경찰사무에 관한 취극서

한국 경찰권의 완전상실은 1908년 10월 29일 한국의 내각총리대신 이완용과 통감 이토 히로부미의 「경찰사무에 관한 취극서」에서 재 한국 일본인에 대한 경찰사무 지휘 · 감독권을 일본관헌의 지휘감독을 받아 일본계 한국경찰관이 행사하도록 이양되었다.

② 재 한국 외국인에 대한 경찰에 관한 한일협정

뒤이어 1909년 3월 15일에는 「재 한국 외국인민에 대한 경찰에 관한 한일 협정」을 통하여 재한국 외국인에 대한 경찰사무의 지휘감독권을 일본 관헌의 지휘감독을 받아 일본계 한국경찰관이 행사하도록 이양되었다.

③ 한국 사법 및 감옥사무 일본에 위탁에 관한 각서

1909년 7월 12일의 「한국 사법 및 감옥사무 위탁에 관한 각서」에 의거 한국의 사법경찰권을 포함하는 사법과 감옥사무가 일본에 위탁됨으로써 한국 경찰의 반은 일본에 넘어가게 되었다.

④ 한국 경찰사무 위탁에 관한 각서

1910년 6월 24일 체결된 「한국 경찰사무 위탁에 관한 각서」는 명목상으로는 한국경찰제도를 완전히 개선하는 것이라고 하지만, 실제로는 헌병경찰제도를 통해서 한국국민을 억압함으로써 제국주의 일본의 국익보호, 즉 식민지체제를 확고하게 하는데 있었다. 이에 따라 한국의 경찰권은 완전히 상실되었으며, 내부관제와 지방관제에서 경찰에 관한 규정을 삭제하고 경시청관제를 폐지하였으나, 다만, 비용에 관한 것만 한국정부가 부담하도록 규정하는 등 불평등한 약정이 체결되었다.[21]

---

21) 서기영, 한국경찰행정사, 법문사, 1976, pp.312-314.

제 2 절 식민지 시대의 경찰(1910~1945)

1. 조선총독부의 설치와 제령권

1) 총독의 제령권과 경찰의 명령권

① 조선 총독에게는 조선에 시행할 법령 제정에 관한 통제를 할 수 있는 제령권이라 부르는 입법권이 주어졌는데, 조선 총독은 이 제령권을 통하여 조선의 행정 · 입법 · 사법의 삼권을 한 손에 장악하였다.

② 총독부 권력의 핵심인 경찰권의 행사에 관해서도 그 법적 근거는 이러한 총독의 제령권을 통해서 이루어졌다. 아울러 헌병경찰제도의 창설이나 그를 뒷받침할 경찰작용에 관한 각종 법령도 물론 제령권 행사를 통하여 가능했다.

2) 전제적 · 제국주의적 경찰권 행사

일본은 조선에 총독부를 설치하여 총독의 제령권과 경무총장 · 경무부장 등의 명령권을 통하여 전제적 · 제국주의적인 경찰권을 행사하였다.

2. 헌병경찰제도(1910.8~1919.3)

1) 경무총감부와 헌병경찰

일본은 한일합방 전인 1910년 6월 29일 헌병경찰제의 기초가 되는 「통감부경찰관서관제」를 통하여 통감부에 경무총감부를 설치하고, 경무총장에 한국주차헌병대장인 육군장관을 임명하였다. 각 도의 경무부장에는 당해 도의 헌병대장을 발령하여 경찰권을 장악하게 했다.

2) 조선주차헌병 조령: 헌병과 경찰의 통합

(1) 헌병의 일반경찰직무 수행

1910년 9월 「조선주차헌병 조령」에 의해 헌병이 일반치안도 담당할 수 있는 법적 근거가 마련되어 헌병이 그 신분을 유지한 채 경찰관의 직무를 수행하게 되어 헌병과 경찰을 통합조직으로 운영하였다.

(2) 헌병과 경찰의 통합 운영

통감부 경무총장 · 경무부장 · 경시 · 경부의 임용 및 분한(分限)에 관한 건으로 헌병 장교가 경무총장, 경무부장 또는 경시에 임용되고, 헌병준사관 및 하사관은 경부에 임용하는 길을 열어 헌병과 경찰이 통합되었고, 한일합방후인 9월 30일의 조선총독부경찰관서관제에 그대로 승계되었다.

(3) 임무의 분담

① 보통경찰과 헌병의 배치지역 구분

보통경찰은 주로 개항장이나 도시에 배치되었고, 헌병은 군사경찰상 필요한 지역 또는 의병활동지역 등에 배치되었다.

② 헌병의 광범위한 임무

헌병경찰의 업무는 첩보의 수집, 의병의 토벌 등이 주요임무이고, 민사소송의 조정, 집달리 업무, 국경세관 업무, 일본어의 보급, 부업의 장려 등 광범위하였다. 특히 지방에서는 한국민의 생사여탈권을 쥐고 있었다고 할 정도로 막강한 권력을 행사하였다.

③ 헌병제도 뒷받침 치안입법

이러한 헌병경찰제도를 뒷받침한 법령으로는 「보안법」, 「집회단속에 관한 법률」, 「신문지법」, 「출판법」 등 외에 총독에게 주어진 제령권을 통해 제정된 「범죄즉결례」, 「조선태형령」, 「경찰범처벌규칙」, 「행정집행령」 등이 있었다.

④ 경찰명령권 부여

또한 경무총장과 경무부장에게는 「통감부 경무총장 및 경무부장이 발하는 명령에 관한 건」을 통해 경찰명령권이 주어지는 등 세계에서 유래가 없는 강력한 경찰제도라는 비난을 받았다. 이러한 헌병정치 또는 무단정치는 결국 1919년 3・1운동의 원인이 되어 헌병경찰제도는 종언을 고하게 된다.[22)]

3. 보통경찰제도로의 전환

1) 3・1운동과 보통경찰제도로의 전환

(1) 경무총감부 폐지와 경무국 설치

1919년 기미년 3・1 독립만세운동은 일본의 헌병경찰제도를 보통경찰제도로 전환하는 결정적인 계기가 되었다. 1919년 8월 종래의 총독부 직속의 경무총감부는 폐지되고, 그 대신에 경무국을 설치하여 전국의 경찰사무와 위생사무를 감독하도록 하였고, 지방에서도 각 도에 제3부(1920년에 경무부로 개칭)를 두어 경찰사무와 위생사무를 관장토록 하였다.[23)]

(2) 보통경찰의 기존의 헌병 담당업무 수행

① 경찰의 조직은 축소하는 변화가 있었으나 직무와 권한에 대한 기본적 변화는 없었다.

② 헌병경찰시대의 헌병이 담당하던 업무를 보통경찰이 그대로 담당하였다. 즉, 보통경찰제도로 변화하였으나 기존의 치안유지업무 외에 각종 조장행위의 원조, 민사쟁송 조정사무, 집달리

---

22) 위의 책.

23) 정진환, 대륙법계 국가의 경찰제도, 건국대학교 논문집 제8집, 1978, p.150.

사무 등도 계속하여 경찰이 맡아 수행하였다.

2) 경찰활동과 치안입법: 정치범 처벌법과 예비검속법

① 3 · 1운동을 계기로 「정치범처벌법」을 제정하여 단속은 한층 강화되었으며, 일본에서 1925년에 제정된 「치안유지법」도 우리나라에 적용되는 등 탄압의 지배체제는 한층 강화되었다.

② 1937년 중일전쟁 이후에는 경제경찰 · 사상경찰(특고경찰) · 외사경찰까지 경찰업무가 확대되었다.

③ 1941년의 「예비검속법」 등을 통하여 독립운동의 탄압과 전시동원체제의 강화에 경찰이 동원되었다. 이 시기의 경찰은 일본의 전쟁수행을 위한 물자와 인력을 동원하는 역할을 수행하는 앞잡이 노릇을 단단히 수행하였고, 특히 독립투사들의 검거와 독립운동자금 공급원의 차단에 주력하였다.

제 3 절 대한민국 임시정부경찰

1. 임시정부경찰의 역사적 의의

① 1919년 3 · 1운동으로 태어난 대한민국 임시정부는 임시헌장(헌법)에서 우리 민족 최초의 민주공화제를 선포하였다. 임시정부경찰은 임시정부의 법령에 의해 설치 · 공포된 정식 치안조직이다. 따라서 임시정부경찰은 우리 역사상 최초의 민주공화제 경찰로서 민주경찰의 효시라는 제도사적 의의가 있다.

② 임시정부경찰은 임시정부수호, 밀정방지 및 교민수호, 범죄예방 등의 임무를 수행하면서 독립운동의 심장부로서 항일투쟁을 이끌어가는 데 핵심적 역할을 하였다.

③ 현행 헌법은 "우리 대한민국은 3 · 1운동으로 건립된 대한민국임시정부의 법 통과 불의에 항거한 4 · 19 이념을 계승한다."라고 규정하고 있으므로, 임시정부경찰은 오늘날 한국경찰의 뿌리라고 할 수 있다.

2. 임시정부의 경찰조직

1) 상해시기(1919~1932)

내무부 아래 경무국, 연통제(경무사), 대한교민단 산하 의경대가 경찰기구로서 운영되었다.

(1) 경무국

① 1919년 4월 25일 「대한민국임시정부장정」의 공포로 임시정부 경찰기구인 경무국이 설치되고 그 직제와 사무가 처음으로 규정되었다.

② 1919년 8월 초대 경무국장으로 백범 김구 선생이 임명되면서, 경무국의 구성과 활동이 본격적으로 시작되었다. 1919년 11월 5일 대한민국 「임시정부장정」은 「대한민국임시관제」로 발전, 내무부에 경무국을 두었다.

③ 「임시정부장정」에서 경무국의 소관사무는 ㉠ 공공질서 유지 및 범죄예방업무를 수행하는 행정경찰, ㉡ 범인동태 감시 및 조사, 비밀결사, 정치집회, 사상활동 등 정치에 관계되는 행위를 단속하는 고등경찰, ㉢ 일제에 의해 간행된 출판물 검열 및 처리업무를 수행하는 도서출판 및 저작권에 관한 사항, ㉣ 전염병 예방, 호구조사와 출입통제를 통한 외부로부터의 위해방지업무를 수행하는 일체위생에 관한 사항 등으로 규정되었다.[24]

④ 임시정부경찰의 운영을 위해 정식예산이 편성되었고, 규정에 의해 계급별 소정의 월급이 지급되었다.

(2) 연통제(비밀연락조직)

① 연통제는 대한민국임시정부의 국내외 연락을 위한 지하비밀조직으로서 상해 임시정부가 국내외국민 간에 독립의지를 소통하고 구국사업의 완성을 기하기 위하여 설립한 기구이다. 1919년 12월 함경도를 중심으로 9개 도, 1개 부, 45개 군에 실시되었다.

② 상해 임시정부는 지역적 한계를 극복하고 국내와 연계하여 연락, 정보수집, 선전활동 및 정부재정 확보 등을 위해 연통제를 실시하였다.

③ 내무총장 안창호가 1919년 5월 25일 상해에 도착, 7월 10일 대한민국 국무원령 제1호로 임시정부의 연통제를 공포하여 본격적으로 업무를 개시하였다.

④ 연통제의 실질적 목적은 점령된 국내의 국민들에게 독립의식을 고취시키고, 기밀탐지활동을 위한 군자금의 모집활동을 하며 최종적으로 일제 저항운동을 일으키는 것이었다.

⑤ 국내 각 도 단위 지방행정기관으로 독판을 장으로 하는 독판부를 설치하였으며, 독판부 산하 경찰관련 보좌기구로 경무사를 두었다. 부・군 단위 지방행정기관으로는 부자와 군감을 장으로 하는 부서・군청이 있었고, 그 산하 경찰기구로 경무과를 두었다. 각 독판부・부서・군청 및 경무사・경무과 소속의 경감과 경호원이 경찰업무를 수행하였다. 독판과 부장, 군감은 경찰관청이고, 경감과 그 하급직으로 경호원이 있어서 경찰업무를 보좌・집행하도록 하였다.

⑥ 1920년 9월에 회령의 연통기관이 일제 경찰에 발각되는 등 일제의 감시와 탄압이 심해지면서 1921년 이후 점차 와해되었다.

(3) 의경대(주민들의 자치치안 조직)

① 연통제 조직이 와해되고 그 규모와 역할이 축소돼 가자 의경대가 그 역할을 대신하게 되었다. 임시정부는 「임시거류민단제」를 통해 교민들의 자치제도를 공인하였고, 교민단체는 「의경대조례」를 통해 자치경찰조직인 의경대를 조직하였다.

---

24) 2020 경찰청 정책기자단, "일제강점기, 대한민국 임시정부의 또 다른 경찰", 대한민국 경찰청, 2020.5.21.

② 김구 선생이 중심이 되어 1923년 12월 17일 대한교민단 산하에 별도의 경찰조직인 의경대를 창설하였고, 1932년에는 직접 의경대장을 맡기도 하였다. 안중근 의사의 동생 안공근, 사촌동생 안경근 등도 의경대원이었다.

③ 의경대의 가장 중요한 업무는 교민사회에 침투하는 일제 밀정을 색출하고 친일파를 처단하는 것이었으며, 그밖에 교민사회의 질서유지 및 반역자 교정, 호구조사, 민단세 징수, 풍기단속 등의 업무를 수행하였다.

④ 의경대는 1932년 윤봉길 의사 의거로 일제의 탄압이 심해진 후 1936년에 사실상 와해되었다.

2) 임시정부의 이동시기(1932~1940.9)

① 1932년 윤봉길 의사 의거 후 항주로 이동하여 3년 6개월을 머물렀다. 항주 이후 임시정부는 가흥과 진강, 장사, 유주, 기강을 거쳐 중경에 안착했다.

② 이러한 이동시기에는 행정기능이 제 역할을 다하지 못했고, 사실상 제대로 경찰조직을 유지할 수 없었다.

3) 중경시기(1940~1945)

경무과와 경위대가 경찰기구로서 운영되었다.

(1) 경무과

① 1940년 10월 임시정부는 중국 정부의 임시 수도인 중경에 자리 잡으면서 정부조직법 또한 개편되는데, 1943년 제정된 「대한민국경찰관제」에 따라 내무부 경무과가 만들어졌다.

② 경무과는 내무부 하부 조직으로 일반경찰사무, 인구조사, 징병 및 징발, 국내정보 및 적 정보수집 등의 임무를 수행했다.

(2) 경위대

① 중경시기의 임시정부는 대일전쟁을 추구하며 체제를 정비하는 가운데 자체적으로 정부를 수호할 수 있도록 1941년 내무부 직속으로 경찰조직인 경위대를 설치하고 그 규칙으로 경위대 규정을 따로 두었다.

② 통상 경위대장은 경무과장이 겸임하였으며, 경위대의 주요임무는 임시정부 청사를 경비하고 임시정부 요인을 보호하는 것으로서 군사조직이 아닌 경찰조직으로서 임시정부 수호의 최일선을 담당하였다.

③ 광복 후 1945년 11월 23일 임시정부 요인들이 환국할 때 경위대는 김구 주석 등이 안전하게 귀국할 수 있도록 경호임무를 수행하였다.

4) 임시정부경찰의 활동평가

(1) 법적 조직

① 임시정부경찰은 임시정부의 법령에 의해 설치된 합법적인 치안조직이었다.

② 대한민국 임시정부의 독립전쟁 최전선에서 한국광복군이 주도적인 역할을 했다면, 정부수호・국민보호의 역할을 최일선에서 수행한 것은 임시정부경찰이었다.

(2) 임시정부 수호

① 임시정부의 경찰은 정부요인들을 경호하고, 교민들의 생명과 재산을 보호하는 역할을 수행하였다. 또한 국내외 정보를 수집하고 일본 밀정을 수색해 처단하는 등 독립운동에도 기여하였다.

② 상해시기 임시정부는 경무국 외에도 대한교민단의 의경대, 기타 임시정부와 관련한 여러 의용단체들을 통해 수호될 수 있었다.

③ 중경시기 경위대는 임시정부 청사를 경비하고 요인 경호를 주 임무로 하는 경찰조직으로서 정부수호의 최일선을 담당하는 역할을 수행하였다.

(3) 교민보호

자치경찰조직인 의경대는 교민사회의 안녕과 질서유지를 담당하였는데 의경대의 교민사회 유지활동은 결국 임시정부 수호에도 기여하였다.

(4) 일제의 밀정처단

① 임시정부경찰은 일제의 밀정을 색출하고 처단하는 임무를 통해서 임시정부를 수호하고 임시정부의 항일투쟁을 수행하는데 핵심적 역할을 담당하였다.

② 일제의 밀정을 처단하는 일은 임시정부의 보호뿐만 아니라 독립운동의 성공을 위해서 매우 중요한 일이었다.

제 4 절 미군정하의 경찰

1. 식민경찰체제 청산

1) 일제강점기 시대의 경찰체제 유지

① 「태평양미군총사령부포고 1호」를 통하여 군정의 실시와 일제하의 관리의 현직유지가 포고되었다. 이러한 방침은 경찰의 경우에도 그대로 적용되어 조선총독부의 경무국과 지방의 도지사 밑의 경찰부가 그대로 존속되었다.

② 결과적으로 경무국이 군정청의 하부 조직으로 남게 되었고, 일제강점기 시대의 경찰관들도 포고 제2조에 의해 현직을 그대로 유지한 채 새로운 체제를 맞이하였다. 그러므로 우리 경찰은

해방이후 새롭게 창설된 것이 아니라 일제강점기 시대의 경찰을 그대로 유지한데 지나지 않았다.

2) 인적 쇄신 실패

특히 미군정청은 일본에 협조한 경찰관들을 해임하고 경찰관들을 신규 채용하면서 경위 이상의 간부 1,157명 중 949명을 일제 경찰 출신자들로 다시 채용함으로써 인적 쇄신에 실패하였다.

3) 경찰사무의 조정과 비경찰화 작업

경찰사무의 조직에 있어 약간의 정비가 이루어져 그 동안 경찰이 담당했던 ① 경무국 위생과의 위생사무가 위생국으로 이관되고, ② 고등경찰업무를 담당하던 경무국 보안과 폐지, ③ 경찰 사법권의 폐지, 즉 일체의 사법권을 행사하지 못하게 하고 1946년 경찰서장의 즉결처분권 및 훈계방면권을 사법부에 정식으로 이관, ④ 검열, 출판업무의 이관, 즉 활동사진·필름의 검열권·출판업무는 공보부로 이관, 단, 공연장의 질서유지는 여전히 경찰이 담당, ⑤ 각종 허가권의 이관 및 폐지, 즉 1947년 종전 경무부가 관장해 오던 각종 허가권을 일부는 계속 관장하되, 일부는 각 도지사 또는 서울시장에게 이관하고 일부는 폐지, ⑥ 선박 및 선원의 단속, 현장조사 및 수색업무 이관, 즉 개항장에서 선박 및 선원의 단속, 현장조사 및 수색에 관한 권한 등을 재무부 세관국으로 이관, ⑦ 경제경찰의 폐지, 즉 1945년 경무국 경제경찰과를 폐지하고 경제경찰이 담당하던 일부 업무를 물가행정청으로 이관하는 등 그동안 광범위하게 이루어지던 행정경찰사무가 경찰의 관할에서 분리되는 등 비경찰화 작업이 진행되었으나 정보업무를 담당할 사찰과(정보과)가 신설되었다.[25]

4) 식민지기의 치안입법 정리

식민지기의 치안입법은 비교적 철저하게 정리되어 「치안유지법」·「정치범처벌법」·「예비검속법」 등은 1945년 10월 9일의 군정법령 제11호에 의해 폐지되었고, 1948년 4월 8일의 군정법령 제 183호로 「보안법」이 폐지되었다.

2. 미군정기의 경찰제도

1) 미군정 초기

① 미군정 초기에는 해방이후의 혼란에 대비하기 위해 경찰은 일시적으로 국방사령부의 지휘·감독을 받는 일종의 군부대로서의 경찰이 조직되었다. 이에 따라 1945년 12월 27일에는 국립경찰의 조직에 관한 건이 공포되어 각 도 경찰기구를 시·도지사에서 분리하는 등 일종의 부대로서의 경찰을 조직하였다.

② 1945년 10월 21일(현 한국경찰의 날)에 미군정청에 경무국을 설치하면서 일본인 경찰들을 모

25) 서기영, 앞의 책, p.316. 경찰청, 경찰50년사, 경찰청, 1995, pp.55-56.

두 추방하고 비로소 한국인들로만 구성된 경찰체제가 출범하였다.

③ 「경무국 경무부에 관한 건」(1946년 1월 16일)에 의해 1946년 3월 29일 경무국을 국방사령부와 같은 직급인 경무부로 승격 개편하고 지방의 3개소에 경무총감부와 그 산하에 도지사로부터 독립된 11개의 관구경찰청을 두었다.

④ 국립경찰이라는 이름으로 출범한 한국경찰은 그것이 군정법령에 근거를 둔 군정경찰의 성격을 띠고 있었으나 그 운영 자체는 비교적 독립적이었다.

2) 경무부 시대

① 경찰기구 개편

미군정 당국의 경찰권 확립 분위기와 맞추어 1946년 1월 16일 「경무국 경무부에 관한 건」에 의해 기구 재편을 연구하여 같은 해 4월에 경무국은 경무부로, 각 과는 국으로 개편됨으로써 경찰기관이 중앙기구로서 부처 수준에 이르렀으나 이는 어디까지나 미 군정하의 과도기적 조치였다.[26] 즉, 경무국을 국방부사령부와 같은 직급인 경무부로 승격·개편하고 지방에 3개의 경무총감부와 그 산하에 도지사로부터 독립된 11개의 관구경찰청을 두었다.

② 여자경찰제도 신설

1946년 5월 우리나라 최초로 여자경찰관을 채용하고, 7월에는 경무부 공안국에 여자경찰과가 신설되었다. 1947년 2월 17일에는 수도관구경찰청에 여자경찰서가 창설되어 부녀자와 14세 미만의 아동을 대상으로 하는 소년범죄를 취급했다. 서울, 인천, 대구, 부산 등 총 네 곳에 여자경찰서가 신설되었다.

③ 경찰개혁

한국경찰의 표어인 봉사와 질서를 흉장으로 패용하고, 경찰검을 경찰봉으로 대체하는 등 경찰개혁작업을 추진하였다.

④ 중앙국가경찰위원회 설치

1947년 11월에는 6인 위원으로 구성된 중앙경찰위원회가 법령 제157호로 설치되어 경찰정책의 수립 및 경무부 장관이 회부한 경무정책과 그 운영의 심의·결정, 경찰관리의 소환, 심문과 임면·이동 기타 군정장관이 회부한 사항을 심의하는 등 경찰민주화를 위한 조치를 하였다.

⑤ 경찰교육기관 설치

1945년 일제하의 경찰강습소를 조선경찰학교로 개명하고, 1946년 2월에 조선경찰학교는 국립경찰학교로 개칭 확장되었으며, 또한 각 관구경찰청 산하에 지방경찰학교의 병설, 국립경찰학교는 1946년 8월 15일에 국립경찰전문학교로 승격, 그 산하에 1947년 9월 정식으로 경찰간부후보생

---

26) 경찰청, 경찰 50년사, 경찰청, 1995, p.136. 최희승, 경찰조직체계의 법적 고찰, 경희대학교 대학원 석사학위 논문, 1999, p.18.

과정을 설치하는 등 경찰교육에 관심을 기울였다.27)

⑥ **경찰의 독자적 수사권 인정**

광복이후 미군정은 일제가 운용하던 비민주적 형사제도를 상당부분 개선하고, 영미식 형사제도를 도입하기도 하였는데, 특히 1945년 12월 29일 미군정 법무국 검사에 대한 훈령 제3호가 발령되어 수사는 경찰-기소는 검사체제가 도입되며 경찰의 독자적 수사권이 인정되었다.

⑦ **정보과 신설**

비경찰화 작업이 진행되는 대신에 정보업무를 담당할 정보과를 신설하였다. 기타 기마경찰대와 철도경찰이 신설되기도 하였다.

3) 미군정경찰의 역사적 의미

① 경찰조직과 제도개혁을 위한 시도가 있었으나 일제 강점기 시대의 경찰을 그대로 유지한 것에 지나지 않았다.

② 고등경찰이 폐지되고 경제경찰업무 등이 경찰업무로부터 제외되어 어느 정도의 조직법적·작용법적 정비가 이루어지지만, 일제 강점기 시대에 권력을 휘두르던 인력의 청산은 이루어지지 않았다.

③ 비경찰화로 경찰의 활동영역이 축소되었으나 공공의 안녕·질서유지를 임무로 하는 경찰로서는 발전적인 변화였다.

④ 경찰의 임무 면에서 국민의 생명과 재산의 보호라는 새로운 자각이 일어나고 조직 면에서는 중앙경찰위원회를 통한 경찰통제를 시도하는 등 민주적 요소가 도입되고 강화되었으나 결과적으로 성공을 거두지는 못하였다.

⑤ 사회공공의 안녕과 질서유지라는 임무를 부여받은 경찰로서는 광복 이후의 좌우대립과 혼란의 극한상황을 극복함으로써 건국의 기초를 쌓는데 어느 정도 기여하였다.

⑥ 광복이후 신규경찰을 대거 채용하는 과정에서 전체의 20% 가량은 일제경찰 출신들이 재임용되기도 하였지만, 상당히 많은 독립운동가 출신들이 경찰에 채용됨으로써 이는 당시의 한국경찰이 일제 강점기 경찰과는 분명하게 단절된 새로운 경찰이었다는 점을 보여주는 것이다.

27) 경찰전문학교, 경찰교육사, (인천: 경찰전문학교, 1956), pp.26-121. 경찰종합학교, 경찰종합학교 50년사, (인천: 경찰종합학교, 1994), pp.78-107.

제 5 절 대한민국 정부수립과 경찰

1. 내무부 경찰체제

1) 중앙: 내무부 치안국

(1) 조직 격하

① 1948년 8월 15일 대한민국 정부 수립 후 9월 3일 미군정으로부터 행정권을 완전히 인수하면서 「정부조직법」 제14조에 미군정하의 경무부를 치안국으로 격하시켜 내무부장관의 지휘·감독을 받는 보조기관으로 만들었다.28)

② 경무부를 내무부의 국의 하나인 치안국으로 격하시킨 이유는 ㉠ 정부조직법 기초전문위원회의 위원들이 대부분 일제시대의 관리들이었고, 법 제정까지 약 10일간의 여유밖에 없어 그들에게 익숙했던 구 총독부나 일본정부의 행정조직을 모방하는 데 급급했기 때문이다. ㉡ 또한 일제 경찰의 국민에 대한 탄압으로 경찰권력에 대한 국민적 반감이 컸으며, ㉢ 좌익계열의 경찰권 약화공작도 상당히 작용했다.29)

(2) 경찰활동 영역의 변화

해양경찰업무, 전투경찰업무가 경찰의 업무범위에 추가되고, 소방업무가 경찰업무에서 배제되는 등 경찰활동 영역의 변화가 있었다.

2) 지방: 시·도 경찰국

(1) 시·도지사 보조기관

① 지방경찰도 중앙과 마찬가지로 1991년 「경찰법」이 제정될 때까지 관청으로 지위를 얻지 못하고 시·도지사의 보조기관에 지나지 아니하였다.

② 경찰의 총책임자인 치안국장이나 시·도의 경찰국장은 그 지위가 보조기관에 불과하였으나 경찰서장만은 1991년 이전에도 우리 경찰에서 유일하게 행정관청으로서의 지위를 가지고 있었다.

(2) 경찰관 직무집행법 제정

1953년 12월 14일 법률 제299호로서 「경찰관 직무집행법」이 제정되어 직무수행을 위한 기본법이 마련되었으며, 국민의 생명·신체 및 재산의 보호라는 영미법적인 사고가 제1조 목적에 명시되었다.

「경찰관 직무집행법」의 제정은 경찰관의 직무수행을 위한 기본법이라는 측면에서 합법적인 업무수행을 가능하게 하였으나 경찰조직에 대한 기본법이 제정되지 않아 조직법적 체계는 갖추지 못하였다.

---

28) 이운주, 앞의 책, pp.92-93.

29) 정진환, 앞의 책, p.107. 내무부 치안국, 경찰10년사, 내무부치안국, 1958, p.117.

(3) 6·25 전쟁과 구국경찰

구국경찰은 6·25 전쟁 전 공산주의 무장유격대 상대의 비정규전과 38선 인근 국지전투, 6·25 전쟁 중 각종 전투, 정전 후 잔비토벌 이후 대간첩작전 등 국가수호를 위한 경찰의 모든 대적 활동을 통칭한다.

(4) 4·19 혁명과 경찰

① 1960.3.15. 부정선거와 4·19 혁명 당시 경찰이 독재정권의 편에서 악역을 담당함으로써 정치·사회적으로 경찰의 정치적 중립 제도화가 요구되었다. 이에 1960년 6월 15일에 개정된 「헌법」 제75조 제2항에 법률에는 경찰의 중립을 보장하기에 필요한 기구에 관하여 규정을 두어야 한다는 규정이 신설되었다.

② 그러나 1961년 5월 16일 군사쿠데타로 정권을 장악한 군부는 「헌법」 제75조 제2항을 삭제하고 검사의 영장청구 독점조항을 헌법에 신설하였다.

(5) 경찰공무원법 제정

1969년 1월 7일에 「경찰공무원법」이 제정되어 경찰관을 일반 공무원과 구별하여 별정직(현 특정직)으로 규정하였다. 이때 치안국장에게 치안총감이라는 경찰계급이 부여되고 경정·경장 계급이 신설되었으며, 경감 이상의 계급정년제 등이 도입되었다.

(6) 치안본부로 격상

① 1974년 8월 15일 대통령 영부인 저격사건(문세광 사건)을 계기로 경찰활동의 강화책으로 치안국의 조직을 확대하여 1974년 12월 24일 치안본부로 개편하였다. 그러나 치안본부 역시 내무부의 보조기관이었다.

② 이후 1991년 내무부의 외청으로 독립될 때까지 치안본부 체제가 유지된다.

2. 경찰법 제정과 경찰청 체제

1) 경찰법 제정의 의의

(1) 독립관청화와 정치적 중립시도

① 1991년 5월 31일 「경찰법」이 제정되면서 같은 해 8월 1일 내무부의 보조기관이었던 치안본부가 내무부의 외청인 경찰청으로 분리·승격되었다. 경찰청장과 지방경찰청장은 보조기관에서 독립관청으로 성격이 바뀌었다.

② 경찰은 내무부장관(현 행정안전부장관)의 직접적인 지휘·감독을 받던 치안정책을 「경찰법」에 의해 고유의 권한과 책임 하에 수행할 수 있게 되면서 직제·인사·예산 등 조직운영의 필수적인 사항을 주체적으로 담당할 수 있게 되었다.

③ 한국 경찰개혁의 최대과제는 정치적 중립성의 확보에 있었다. 1991년의 「경찰법」제정 배경

은 경찰의 정치적 중립성과 경찰의 기구 독립열망에 따른 것이었으나 경찰을 선거부처(내무부)로부터 완전히 독립시키지 못하여 정치적 중립을 확보하지 못한 아쉬움이 있다.

④ 비록 선거부처인 행정안전부로부터 완전한 독립은 아니지만, 외청으로서 어느 정도 자율성이 인정되고, 경찰청장과 시·도경찰청장의 독립관청화, 국가경찰위원회의 도입으로 민주적 통제시스템을 구축하고, 시·도지사 밑에 치안행정협의회를 두도록 하여 치안협력체제를 마련하였다.

⑤ 2003년 경찰청장의 2년 임기제의 채택으로 경찰의 정치적 중립성을 확보할 수 있는 법적인 위치를 차지하게 되었다.

(2) 수사구조 개혁

① 2004년 참여정부 당시 수사권조정자문위원회가 발족되어 논의하였으나 조정안 도출에 실패하였다.

② 2011년 18대 국회는 수사현실의 법제화 측면에서 경찰의 수사개시·진행권 명문화 및 모든 수사에 대한 검찰의 지휘를 인정하는 내용의 「형사소송법」 개정안이 의결되었다.

③ 2020년 1월 13일 국회에서 「형사소송법」과 「검찰청법」 개정안이 통과되어 비로소 경찰과 검찰이 대등 협력관계를 구축하고 “수사는 경찰, 기소는 검찰”이라는 민주적인 분권형 수사구조를 구현할 수 있게 되었다. 다만, 검사의 독점적 영장청구권에 대한 문제, 경찰의 책임수사기반 등 추가적인 과제들이 남아 있지만, 가장 중요한 수사구조에 관한 기본규정이 개혁된 것은 수사개혁의 성과로 평가된다.

④ 2022년 5월 9일 소위 검수완박이라고 일컬어지는 「검찰청법」 제4조 제1항 가목에 검사가 수사 개시할 수 있는 범죄는 부패범죄, 경제범죄 등 대통령령으로 정하는 중요범죄로 한다고 개정함으로써 경찰의 독자적인 수사개시권이 현실화되었다고 평가할 수 있다. 물론 “부패범죄, 경제범죄 등”이라는 “등”에 의해 대통령령으로 규정하면 범죄수사의 범위가 더 넓어질 수 있다는 문제가 있다.

제4장

경찰 윤리

제 1 절 경찰문화

1. 냉소주의와 회의주의

1) 냉소주의

(1) 의의

냉소주의(cynicism)는 그리스 냉소주의 학파들의 학교가 있는 아테네 근교도시 또는 개를 지칭하는 고대 그리스어 키온(Kyon)으로부터 유래한다. 견유주의라고도 하는 냉소주의는 과거에는 인간의 본성에 관한 기본적인 철학이나 한 개인이 가지고 있는 불신과 조소로 특징지어지는 성격특성을 의미하는 경우가 많았다. 그러나 최근에는 특정한 사회제도 때문에 생기는 좌절과 환멸을 의미한다.

키니코스(Kynicos)라는 그리스 말은 '개 같다'는 뜻으로 관습, 제도, 법률 등을 부정하고, 개처럼 자유스러운 삶을 추구한다는 것을 의미한다. 따라서 개인이 지배하는 거대질서인 정부체제, 사회조직, 인간관계, 국민성, 기타 정책 등을 비난 또는 자조하면서 그 현상을 비관적으로 바라보는 사상이다.

(2) 경찰의 냉소주의

① 경찰의 경우에 경찰에 대한 외부통제기능을 수행하는 정치권력, 대중매체, 시민단체의 부패는 경찰의 냉소주의를 불러일으키고, 부패의 전염효과를 가져온다는 것이다. 또한 니더호퍼(Authur Niederhoffer)에 따르면 시민들이 부패원인을 제공하고 그들 스스로 부패행위를 저지르면서 오직 경찰만 부패한 부류로 매도하는 이중성은 경찰로 하여금 사회문화나 윤리규범에 대한 냉소주의적인 태도를 취하게 한다.

② 윤리적 냉소주의는 자기조직 자체의 구조적인 문제와 일반시민들의 이중적인 태도에서 비롯되는 사회에 대한 냉소적인 태도를 의미한다. 조직 자체에 대한 냉소는 고위간부들의 이중성이 주된 원인이다.[1]

1) Elizabeth Reuss-Ianni, Two Culture of Policing: Street Cops and management Cops, Transaction Books, 1984, pp.1-16.

③ 또한 경찰의 사회에 대한 냉소는 부와 권력을 가진 자는 물론이고, 일반시민들의 이중적인 태도가 원인이다. 특히 부와 권력을 가진 자들은 경찰에게 높은 윤리의식을 요구하지만, 그들 자신들은 비도덕적인 행동을 일삼으면서, 경찰에게 갖은 압력이나 청탁으로 자신의 잘못을 눈감아 달라는 위선적인 태도는 경찰의 냉소를 불러일으킨다.

(3) 특징

① 냉소주의는 대상이 특정되어 있지 않은 불특정 대상에 대한 냉소이며, 합리적 근거 없이 경멸하고 무시한다. ② 냉소의 대상을 개선시키겠다는 의지가 없다. ③ 니더호퍼는 냉소주의가 자신의 신념체계가 붕괴되었지만, 새로운 것에 의해 대체되지 않을 때 나타나는 아노미 현상이라고 보았다. ④ 냉소주의와 회의주의 모두 불신을 바탕으로 한 공통점이 있다. ⑤ 극복방안은 의사결정 과정에 참여, 의사소통 과정의 개선, 인간은 정직하고 책임감이 있으므로 민주적인 관리를 해야 한다는 Y이론에 의한 행정관리 등이다.

2) 회의주의

(1) 의의

회의주의자라고 불릴 수 있는 소피스트인 프로타고라스(Protagoras)는 “인간은 만물의 척도이다”라고 말했다. 이 말은 일반적으로는 세상에 절대적인 기준과 가치가 없으며, 각자가 모든 것의 진실에 대한 기준이라는 것을 의미한다. 선과 악의 도덕적 판단기준은 각 개인에게 있고, 개인마다 그 기준이 다르므로 모든 진리는 상대적이다. 따라서 보편적이고 절대적인 진리는 존재하지 않는다. 이러한 관점을 도덕률에 적용하면 세상에 절대적인 도덕적 가치가 있다는 것을 부정하는 철학적 회의주의의 한 형태인 도덕적 상대주의가 된다.

이처럼 철학적 회의주의는 인간인식이 모두 주관적 · 상대적이어서 진리의 절대성을 의심하고 궁극적인 판단을 하지 않으려는 태도를 취하는 것을 의미한다. 따라서 규범 · 관습의 수용과 가치판단의 객관적 기준에 대한 합리적인 의심을 하고, 특정한 주체의 확실성에 대하여 의심한다. 또한 진정한 지식 또는 특정한 지식은 불확실하므로 보류된 판단과 체계화된 의심 또는 비판을 한다.

(2) 특징

① 세상에 절대적인 도덕적 가치나 기준이 있다는 것을 부정하는 철학적 회의주의의 한 형태인 도덕적 상대주의와 유사하다. ② 특정대상에 대하여 회의적이다. ③ 특정대상을 합리적으로 의심한다. ④ 대상을 개선시키겠다는 의지가 있다.

2. 바람직한 경찰의 역할 모델

1) 범죄와 싸우는 경찰 모델

(1) 개념

범죄와 싸우는 경찰모델은 수사・형사 등 법 집행을 통한 범법자 제압 측면을 강조하는 모델로서 시민들은 범인을 제압하여 체포하고 단속하는 것이 경찰의 주된 임무라고 인식한다.

(2) 장・단점

① 경찰역할 수행을 가시화하여 전문직화에 기여하지만, 경찰의 역할은 범죄예방, 교통질서유지, 집회・시위대응, 치안정보 수집, 인사관리, 민원업무 등 다양하므로 전체경찰의 임무를 포괄하는 것은 불가능하다.

② 법 집행에 있어 범죄자는 악, 비범죄자는 선이라는 흑백논리에 따른 이분법적 오류에 빠질 우려가 있고, 이 경우에 인권침해의 우려가 있다.

③ 범죄진압 이외의 업무에 종사하는 경찰관들의 사기를 떨어뜨리고 다른 영역의 업무를 수행하기 위한 기법이나 지식의 개발이 등한시 될 우려가 있다. 실제 범죄는 다양한 요인에 의해 발생하므로 보다 넓게 경찰활동을 규정해야 한다.

2) 치안서비스 제공 모델

(1) 개념

치안서비스란 경찰활동의 전 부분을 포괄하는 용어이며 가장 바람직한 경찰모델로서 범죄와의 싸움도 치안서비스의 한부분에 불과하고, 시민에 대한 서비스 활동과 사회봉사활동의 측면이 강조되어 지역사회 경찰활동과 일맥상통하는 측면이 있다.

(2) 본질

① 대역적 권위(stand in authority, 代役的 權威)에 의한 활동: 대역적 권위란 경찰이 시민을 대신하여 역할을 할 수 있게 인정받은 권위를 말한다. 그 이유는 경찰이라는 지역적인 조직의 광범성과 모든 사건사고에 신속한 대응능력을 갖춘 경찰근무시스템의 특성 때문이다. 즉 경찰은 비록 교대체제이지만, 24시간 근무와 지역적으로 광범위한 조직을 갖추고 있어서 사건사고 처리나 응급조치가 필요한 경우 제일 먼저 접근할 수 있기 때문에 여러 사회 영역에서 공식적이고 명백하게 권한의 근거가 없는 경우에도 비공식적으로 또는 관행적으로 사회봉사활동에 관여하는 것을 의미한다. 다만, 이는 일시적이고 임시방편적이어서 법적 근거를 가진 사회봉사 활동기관의 활동 내에서 이루어져야 한다.

② 비권력적 치안서비스의 적극제공, 사회의 갈등해결 및 갈등발생의 개연성의 최소화를 기할 수 있다.

3. 경찰의 전문직업화

1) 의의

미국에서 경찰의 높은 사회적 지위를 확보하기 위하여 추진된 경찰개혁운동인 경찰의 전문직업화운동은 미국경찰의 아버지라고 일컬어지는 오거스트 볼머(August Vollmer) 등에 의해 추진되었다. 한편, 클라이니히(John Cleinig)는 전문직의 특징을 공동체의 권위인정, 공공서비스 제공, 특수한 지식과 전문기술, 고등교육, 자율과 재량, 제도화된 자기규제, 윤리강령 등으로 제시하였다.

2) 장점

① 전문직은 사회적 위상제고와 긍지를 불러일으키고, 자율과 재량의 촉진을 통해 업무의 수행을 원활히 한다. ② 인적 자원의 질적 향상을 기대할 수 있고, 보수상승의 요인이 된다. ③ 조직 내 우수한 인재를 흡수할 수 있으며, 치안서비스 질의 향상을 기대할 수 있다.

3) 단점

(1) 부권주의

전문직업적 부권주의란 아버지가 자식의 문제를 결정하듯이 전문가가 우월적 지식에 근거하여 비전문가의 판단을 전혀 고려치 않고 자신의 판단으로 대신하려는 윤리적 문제점이다. 비전문가인 국민들의 의견이나 판단을 고려치 않는 부권주의는 치안서비스의 질을 저하시킬 수 있다.

(2) 차별의 문제

① 전문직이 되는 데 장기간의 교육과 비용이 들어 경제적 약자인 가난한 사람은 전문가가 되는 기회를 상실할 수 있다. ② 경찰이 전문직업화 되어 자신의 이익을 추구함에 따라 경제적·교육적 약자에게 경찰의 접근을 차단하는 현상이 발생할 수 있다.

(3) 소외

직업이 전문화될 경우, 나무는 보고 숲은 보지 못하듯 전문가가 자신의 국지적 분야만 보고 전체적인 맥락을 보지 못할 수 있다.

(4) 사적인 이익을 위한 이용

전문직들은 그들의 지식과 기술로 상당한 사회적 힘을 소유한다. 그러나 때로 이러한 힘을 공익보다는 사적인 이익을 위해서만 이용하기도 한다.

제2절 경찰의 일탈과 부패

1. 작은 호의와 경찰부패에 대한 논의

1) 작은 호의와 뇌물에 대한 논쟁

경찰은 업무를 수행하는 과정에 지역주민으로부터 커피나 음료수, 가벼운 식사나 선물을 받는 경우가 발생한다. 이러한 물질적 호의를 작은 호의라고 한다. 이러한 형태의 작은 호의는 한국은 물론이고 인간 사회가 존재하는 곳에서는 인간관계에 있어서는 하나의 미덕으로 인식되기도 한다. 그러나 문제는 이러한 작은 호의가 부패행위의 시발점이 될 수 있다는 점이다.

2) 미끄러지기 쉬운 경사로 논쟁

미끄러지기 쉬운 경사로 논쟁은 작은 호의를 거부해야 한다고 주장하는 사람들이 제시하는 논점 중의 하나이다. 그 논거는 경사로 위에 발을 올려놓은 행위자는 점점 경사로를 따라 조금씩 미끄러져 들어가듯이, 부패행위 역시 아주 사소한 행위로부터 시작해 점점 큰 부패로 이어진다는 주장이다.[2)]

① 금지주의: 셔먼과 델라트르

① 셔먼(Lawrence Sherman)은 경사로 논증과 관련하여 경찰관의 작은 호의는 허용되어서는 안 된다고 주장한다. 그에 의하면, 경찰관은 작은 부수입의 수용으로부터 불법영업 묵인에 대한 금품수수, 나아가 도박장과 윤락업소로부터 갈취, 그리고 마약에 손대는 것으로 비교적 부드러운 경사로를 타고 내려오듯이 점점 더 큰 부패와 범죄로 빠진다는 것이다.[3)]

② 셔먼은 경사로의 중간단계에 있는 풍속단속과 관련된 부정들이 경찰관들에 대한 가장 큰 유혹이며, 일단 이 유혹에 빠지게 되면 계속해서 더 큰 부패에 빠지게 된다는 것이다.

③ 델라트르(E.J. Delattre)는 공짜 커피를 마시는 행위를 통해 모두 미끄러지기 쉬운 경사로를 따라 더 큰 부패에 빠지는 것은 아니지만, 일부 경찰관에게는 일어날 수 있는 사실이라면, 이는 결코 무시할 수 없는 일이므로 모든 작은 호의는 제도적으로 금지되어야 한다고 강조한다. 경찰관이 전문직업인으로서 대접받고자 한다면, 작은 팁에 유사한 작은 호의의 수용은 용인되어서는 안 된다고 주장한다.

② 허용주의: 펠드버그와 클라이니히, 형성재이론

펠드버그(Michal Feldberg)는 셔먼의 주장에 대해 동의하지 않는다. 그에 의하면,

① 경찰관들이 작은 호의를 받았다고 해서 큰 부패를 범하는 것은 아니므로 셔먼의 주장은 관

---

2) Kleinig, pp.174-177.

3) Lawrence W. Sherman, "Becoming bent: Moral careers of corrupt Policeman" in Frederick A. Elliston and Michael Feldberg eds., Moral Issues in Police Work, Rowman & Allanheld, 1985, p.259.

념적 가설에 지나지 않는다는 것이다.

② 대부분의 경찰관들이 사소한 호의와 부패한 뇌물 사이를 구별할 수 있다. 따라서 미끄러지기 쉬운 경사로 논증은 비현실적이고 위선적이며, 경찰관의 지능과 인격에 대한 모독적인 주장이라고 비판한다.

③ 미끄러지기 쉬운 경사로 논증이 연구에 의해서 검증된 것도 아니며, 논리적으로도 설득력이 있는 것도 아니라고 항변한다. 경사로 논증이 내세우는 것은 준 신학적 전제, 즉 인간은 본성적으로 탐욕스러우며, 작은 부패에 물들면 좀 더 큰 부패에 빠져들기 시작한다는 전제에 근거해 있다고 비판한다.

클라이니히(Kleinig)는 펠드버그가 셔먼보다 좀더 현실적이라고 생각한다.[4)]

① 경찰관리자들이 부하들의 공짜 커피를 도덕적 타락의 증거나 도덕적 타협의 시작으로 보는 것은 사소한 것을 대단한 일인 것처럼 다루는 것으로 비치게 되어 부하들의 존경과 신뢰를 상실할 위험에 빠지게 된다.

② 또한 경찰관리자가 공짜 커피도 부패행위로 규정하면, 공짜 커피를 받아 마신 경찰관은 이제 자신의 도덕적 타락을 당연시하고 경사로 논증의 논리대로 더 깊은 곳으로 미끄러져 내려가는 것만 남았다고 생각하게 될 것이다.

③ 형성재이론은 작은호의에 대해 긍정적이다. 작은 사례나 호의는 시민과의 원만하고 긍정적인 사회관계를 만들어주는 형성재라는 측면에서 긍정적이다.

2. 부패의 개념정의

1) 하이덴하이머의 부정부패 개념정의

하이덴하이머(Arnold J. Heidenheimer)는 세 가지 관점에서 부패를 규정한다.

① 관직중심적 정의

부패는 뇌물수수 행위와 특히 결부되어 있지만, 반드시 금전적인 형태일 필요가 없는 사적인 이익을 고려한 결과로 공적권위를 오·남용하는 경우를 포괄하는 행위로 규정한다.

② 시장중심적 정의

고객들은 관료제를 공공서비스에 대한 집권화된 배분장치로 본다. 이러한 권력적인 배분장치 속에서 관료들은 사적인 이득을 극대화하는 형태로 공공서비스를 제공하는 경향이 나타나게 된다. 따라서 고객들은 잘 알려진 위험을 감수하고서라도 원하는 이익(공공서비스)을 받는 것을 확실히 하기 위하여 높은 가격(뇌물)을 지불하려고 한다. 이것이 바로 부패이다.

---

4) Kleinig, pp.180-181.

③ 공익중심적 정의

관직을 가진 사람이 법적으로 규정되어 있지 않은 금전적인 또는 다른 형태의 보수에 의하여 그런 보수를 제공하는 사람들에게 이익을 제공함으로써 공중에게 손해를 끼칠 때 부패가 발생한다. 즉, 부패를 공동체 이익에 반하는 특수이익을 선호함으로써 공익을 해치는 행위로 규정한다.

2) 경찰부패 개념에 대한 결어

부패는 일탈행위와는 분명히 구별되는 개념이다. 학자들의 부패에 대한 개념정의에서 발견할 수 있는 공통점은 경찰부패를 모든 형태의 경찰비행이나 일탈행위와 동일시하지는 않는다는 점이다. 부패행위는 대가성 있는 다음과 같은 행위로 요약해 볼 수 있다.

부패행위는 ① 돈, 재화, 서비스뿐 아니라 지위, 영향력, 위신, 장래의 지원 등의 목적을 위해 행해진다. ② 권한의 남용뿐 아니라 권한의 적절한 사용의 형태로도 이루어진다. ③ 적법한 권한 행사라도 사적인 이익의 동기가 개입되고, 사적 이익이 결부되면 부정부패에 해당한다.

그러나 최근에 이른바 「김영란법」에 의하면, 대가성이 없더라도 공직자, 특히 고위 공직자는 사인에게서 금품을 받으면 부패로 처벌해야 한다고 규정하고 있다.

3. 부패의 유형

하이덴하이머에 의하면, 부패의 유형은 대체로 나라와 문화에 관계없이 크게는 부패에 대한 사회구성원의 관용도에 따라 백색부패와 회색부패 그리고 흑색부패로 나누어진다.[5)]

1) 백색부패

① 백색부패는 이론상 일탈행위로 규정될 수 있으나 구성원의 다수가 어느 정도 용인하는 선의의 부패, 또는 관례화된 부패를 말한다. 백색 부패는 경기가 밑바닥 상태인데도 국민들의 동요나 기업활동의 위축을 방지하기 위해 경기가 살아나고 있다고 관련 공직자가 거짓말을 하는 경우가 해당된다.

② 또는 흔히 떡값이라는 명목으로 관용되는 적은 액수의 호의 표시나 선물이 이러한 유형의 부패에 속한다고 할 수 있고, 순찰 경찰관에 대한 주민들의 작은 호의에 해당하는 음료수나 과일 대접 등이 이에 해당한다고 볼 수도 있다. 그러나 떡값이나 작은 호의는 뇌물 여부에 대한 논란이 계속되고 있으므로 백색부패로 볼 수는 없을 것 같다.

2) 흑색부패

흑색부패는 사회체제에 심각한 해를 끼치는 부패로 구성원 모두가 인정하고 처벌을 원하는 부패를 말한다. 업무와 관련된 대가성 있는 뇌물수수는 모두 흑색부패에 해당한다.

5) Heidenheimer, et al., political corruption, New Brunswick: Transaction, 1990, p.145.

3) 회색부패

회색부패는 백색부패와 흑색 부패의 중간 지점에 위치하는 유형으로서 얼마든지 사회체제에 파괴적인 영향을 끼칠 수 있는 흑색부패로 발전할 수 있는 잠재성을 지니고 있다.

① 회색부패에 대해서 사회구성원 가운데 일부 집단은 처벌을 원하지만, 다른 일부 집단은 처벌을 원하지 않는 경우의 부패를 말한다. 오히려 떡값이나 호의적인 선물수수 등은 이 회색부패의 유형에 해당한다고 볼 수 있다.

② 법적으로 허용된 정치자금이나 정치권에 대한 후원금, 작은 액수의 호의표시나 선물, 경찰관에게 주민들이 주는 음료수나 과일 등도 회색부패에 해당된다는 주장도 있다. 그러므로 대부분의 사람들은 그에 관해 모호한 태도를 취한다. 또는 공직자 윤리강령에는 규정되고 있으나 부패방지법에는 규정되지 않고 있는 사항은 회색부패로 보기도 한다.

4. 경찰부패의 원인

델라트르(Edwin Delattre)에 의하면, 경찰부패의 원인은 다양하지만, 이들은 상호 배타적이라기보다는 상호 보완적으로 이해되어야 한다.[6)]

1) 전체사회 가설

① 1960년 시카고 경찰국장 윌슨(O.W. Wilson)은 시민들이 작은 대가를 치르고 받는 특별한 대우는 범죄인들과 조직들이 더 큰 액수를 주고서 사는 특별한 대우와 마찬가지로 나쁜 것이라고 하면서 작은 호의에 의한 부패현상으로의 발전을 비판했다.[7)] 시민사회의 부패가 경찰부패의 주원인이라는 것이다.

② 전체사회 가설과 유사한 논리는 미끄러지기 쉬운 경사로 논증이다. 실제로 부패는 아주 사소한 행위로부터 시작해서 점차적으로 큰 부패로 이어지며, 작은 호의의 수용은 경사로 위에 행위자를 올려놓는 것과 같아 점점 깊이 빠져들게 됨으로써 나중에는 그 속에서 빠져나오지 못하고 부패하게 된다는 것이 미끄러지기 쉬운 경사로 논증이다.

③ 공직사회는 전체사회의 일부분을 차지하고 있다. 그러므로 전체사회의 풍조와 정서는 공직사회에 직접적인 영향을 미치게 된다. 전체사회의 부패 문화는 경찰관의 부패를 촉진하는 요인으로 작용한다는 것이다.

④ 전체사회 가설은 우선 사회전체가 경찰관의 부패를 묵인하거나 조장할 때 경찰관은 자연스럽게 부패행위를 하게 된다는 주장을 한다. 경찰부패는 다양한 계층의 시민들이 개인이나 조직의 부당한 이득을 위해 경찰관에게 작은 호의를 베푸는 데서 시작하여 점점 부패의 규모가 커지는 부패관행으로 발전한다고 보는 것이 전체사회 가설이다.[8)]

---

6) Edwin J. Delattre, Character and Cops: Ethics in Policing, 3rd., The AEI Press, 1996, pp.71-78.

7) O.W. Wilson, op. cit., pp.218-219.

⑤ 이처럼 전체사회가설에서는 부패는 비교적 해악이 없고 좋은 의도를 가진 관행으로부터 시작하여 시간이 지남에 따라 명백한 부패유형으로 발전하게 되는데 이는 전체사회가 그 원인을 제공한 결과이다.

2) 구조적 원인가설: 경찰조직의 부패에서 경찰개인의 부패

구조적 원인가설을 주장한 학자는 니더호퍼(A. Neiderhoffer), 로벅(J.B. Roebuck)과 바커(T. Barker) 등이다.

① 니더호퍼는 경찰부패의 원인을 기존의 부패한 경찰문화에서 찾고, 젊은 경찰관들은 나이 든 경력 경찰관들의 부패행위에서 학습하게 된다는 점을 강조한다.[9]

② 로벅과 바커도 경찰부패는 경찰관의 개별적인 일탈이 아니라 조직의 모순적인 규범체계에 의한 조직적 일탈로 이해해야 한다고 주장한다.[10] 즉, 부패는 경찰조직 내에서 일탈적인 행위가 적절한 것으로 간주되기 때문에 발생한다는 것이다. 젊은 신임 경찰관들은 그들의 선배경찰관들에 의해 조직의 부패문화에 사회화되어 부패의 길에 들어서게 되며, 이런 부패의 관행은 경찰관들 사이의「침묵의 규범」등에 의해 보호되고 조장된다고 본다.

③ 경찰의 구조적 부패는 상대적 박탈감이나 사회적 부패문화와 밀접한 관련이 있다. 경찰공무원들은 다른 공무원들과 마찬가지로 일반 기업체의 사원들에 비해 보수가 월등하게 낮아 상대적인 박탈감을 느낄 경우, 또는 사회의 부패문화가 만연되어 있을 경우에 경찰조직의 구조적 부패문화는 자연스럽게 형성될 수 있다.

④ 구조적 원인가설은 인간의 개별적인 윤리관의 차이를 무시하고, 모든 사람이 부패의 규범에 따라 행동하게 된다는 주장을 하고 있다는 점에서 비판을 받는다.[11]

3) 썩은 사과 가설: 경찰개인의 부패에서 경찰조직의 부패

① 사과상자 속의 사과 중 애초에 문제 있는 사과가 썩듯이 처음부터 경찰로서의 자질이 없는 사람이 경찰이 됨으로써 부패의 원천이 된다. 이는 경찰부패란 경찰인으로 채용되기 전의 부정직한 사람이 경찰관이 되고 나서도 부패경찰이 된다는 측면을 강조한다.[12] 그러므로 자질이 없는 경찰관들은 모집과정에서 배제되어야 한다.

② 썩은 사과 가설은 부패의 원인이 개인 자체에 있다는 것을 의미한다. 즉, 부패는 개인의 양심이나 도덕성의 결여로 인해 발생하고, 이러한 부패인간은 선천적으로 또는 성장과정 속에서 형성된 개인적인 속성으로서 경찰관이 되기에는 자질이 부족한 인간이다. 개인의 부패가 경찰조직의 부패를 초래한다는 것이 이 가설의 핵심이다.

---

8) Ibid.
9) Delattre, op. cit.
10) Ibid.
11) Wilson, op. cit.
12) Delattre, op. cit.

③ 그러나 썩은 사과 가설은 왜 특정부서에 부패가 많이 발생하는지 설명하지 못하는 등 개인에 대한 사회환경이나 조직 구조적 영향을 무시하고, 조직의 상사가 조직의 부패문제를 특정 개인에 대한 처벌에 의해 끝냄으로써 책임을 회피하려고 할 경우에 악용될 소지가 크다.13) 또한 도덕적 인간과 비도덕적 인간이 별도로 존재하는지도 의심스럽다.

5. 경찰부패에 대한 내부고발

1) 의의

① 내부고발(whistleblowing)은 말 그대로 휘슬을 불어 현재 조직 내에 존재하는 비리에 대해 외부에 알리는 것을 의미한다. 내부고발은 조직의 부정부패나 비리에 관하여 그 잘못을 수정하지 못하는 조직의 한계를 절감하고 이를 내부감찰이나 외부의 언론매체 등에 고발하여 알리는 것을 내부고발이라 한다.

② 동료나 상사의 부정부패에 대하여 눈감아 주는 침묵의 규범과 반대되는 개념이다.

2) 내부고발의 개념

① 노만 보위(Norman Bowie)는 내부고발을 다음과 같이 정의한다. 폭로자는 영리・비영리, 사적・공적 조직의 고용인 또는 간부로서 첫째, 제3자에게 불필요한 해악을 야기한다고 생각되고, 둘째, 인권을 침해하는, 셋째, 조직의 정해진 목적에 위배되는 그런 행위들을 그가 하도록 지시받았거나 조직이 그런 활동을 하고 있다는 것을 알게 되었다고 생각하고, 이런 사실을 외부에 알리는 사람을 말한다.14)

② 엘리스턴(rederic Elliston)은 내부고발을 좀 더 포괄적으로 규정한다. 첫째, 내부고발은 타인의 의도된 행위로서, 둘째, 내용은 공적인 기록사항으로, 셋째, 조직에서의 가능하거나 현실적인 사소하지 않은 잘못에 관한 것이며, 넷째, 고발자는 현재 또는 전직 구성원이다.15)

이러한 견해를 종합해 보면 내부고발은 전・현직 경찰관이 업무수행 과정에서 초래한 각종 비리나 조직과 사회에 해악을 끼치는 행위를 대상으로 하며, 그 정도는 사회에 심대한 해악이 되는 행위를 대상으로 한다. 따라서 조직 내부의 통제기능에 보고하는 것은 포함되지 않는다.

3) 내부고발의 정당성의 요건

다음과 같은 조건이 충족될 경우에 내부고발이 도덕적으로 정당화된다고 주장한다.

---

13) Samuel Walker, op. cit., p.180.

14) Norman Bowie, Business Ethics, Prentice-Hall. 1982, p.142.

15) Frederick Ellistone, John Keenan, Paula Lockhart and Jane van Schaick, Whistleblowing Research: Methodological and Moral Issues, Praeger, 1985, p.15.

(1) 적절한 도덕적 동기

최소한 조직에 대한 충성과 공익에 대한 헌신이라는 가치가 모두 고려되어야 한다. 즉, 복수, 개인적인 출세, 그리고 다른 이기적인 이유들이 동기가 되어서는 안 된다.

(2) 위반사항에 대한 중대성 · 급박성

내부고발자는 고발사실의 도덕적 중대성, 급박성, 위반의 구체성에 대한 엄격하고 세심한 분석 이후에 행동해야 한다. 이는 내부고발의 불가피성에 대한 조건이다. 고발에 의해 조직의 피해가 공익보다 크거나 폭로하지 않을 수 없을 정도의 급박성이 없거나 도덕적 위반이 사소하고 일상적인 경미한 사항은 내부고발의 대상이 아니다.

(3) 객관적 확신

내부고발자는 합리적인 다른 사람들을 설득할 수 있을 정도의 내부고발 사실에 대한 신념과 이에 대한 증거를 확보하여야 한다. 이는 내부고발로 인해 발생하는 결과를 감수한다는 신념과 이에 대한 증거를 확보해야 한다는 것을 의미한다.

(4) 내부고발의 성공 가능성

내부고발은 어느 정도의 성공 가능성이 있어야 한다. 내부고발로 조직의 잘못이 치유되고 공익이 개선될 가능성이 없다면 고발의 필요성이 없다.

(5) 보충성(최후수단)

부패가 발견되면 제일 먼저 외부에 공개하는 것이 아니라 특별한 경우를 제외하고는 공표를 하기 전에 자신의 의견을 표시하기 위한 모든 내부적 채널을 사용했어야 한다.

(6) 도덕적 위반행위에 대한 책임

내부고발자는 도덕적 위반 행위에 대한 책임이 있는 자들에 의해 이루어져야 한다. 이는 아주 소박한 생각으로 위반행위에 책임이 있는 사람이 잘못에 대한 도덕적 판단을 잘 할 수 있는 위치에 있겠지만, 현실적으로 자신의 행위에 대해 내부고발을 하기는 어렵다. 그러므로 이 조건은 기본적으로 보조적이고 이상적인 생각이다.

4) 예기적 사회화 과정

예기적 사회화란 특정한 신분이 되기 전에 그 신분에 맞는 규범에 맞추어 생각과 행동을 학습하거나 행동하게 되는 것을 말한다.

① 경찰인의 사회화는 경찰이 되기 전의 가치관이나 자신의 직접경험과 친구나 가족 등을 통한 간접경험, 나아가 언론매체를 통한 경찰의 이미지 등을 통해서 이루어진다.

② 개인적 성향과 조직 내 사회화 과정은 상호보완적 관계에 있다.

③ 경찰인은 공식적 사회화 과정보다 비공식적 사회화 과정을 통해서 영향을 더 많이 받는다.

5) 비지 바디니스(busy bodiness)와 도덕적 해이

① 비지 바디니스(busy bodiness)는 동료나 상사의 비행에 대하여 일일이 참견하여 도덕적 충고를 하는 태도를 의미한다.

② 도덕적 해이는 도덕적 가치관이 붕괴되어 동료의 부패를 부패라고 인식하지 못하는 것을 의미한다. 또한 도덕적 위험을 의미하는 것으로 일반적으로는 윤리적으로나 법적으로 자신이 하여야 할 최선의 의무를 다하지 않는 경우를 가리킨다.

제 3 절 사회계약설과 바람직한 경찰활동의 기준

1. 공정한 접근

① 경찰조직은 어느 개인의 필요에 의해서가 아니라 사회 전체의 필요에 의해서 존재하는 기구이다. 따라서 경찰은 그 서비스 제공에 있어서 시민 누구에게나 공정한 접근이 허용되어야 한다.

② 공정한 접근은 상대적으로 동등한 서비스를 필요로 하는 개인들이 상대적으로 동등하게 서비스를 받을 기회를 가져야 한다는 것을 의미한다. 이러한 서비스는 시민의 판단에 의해 결정되는 것이 아니라 헌법과 법률에 의해 결정된다.

③ 공정한 접근은 시민의 계속적인 접근, 또는 원할 때면 언제든지 접근할 수 있다는 것을 의미하지는 않는다. 시민이 경찰의 서비스를 기대할 권리를 가질 수 있는 경우는 시민에게 서비스가 필요할 때이다. 다시 말해, 시민이 경찰 서비스가 필요할 경우에는 언제든지 접근이 허용되어야 한다는 것이다.

④ 공정한 접근에 있어서 중요한 개념은 시민의 필요라는 개념이다. 여기서 평등원칙이 도출된다. 특정인이나 특정지역, 성별·나이·전과유무 등에 의한 편들기나 차별, 무사안일, 무시 등은 금지된다. 예컨대, 음주단속을 하면서 음주경찰관을 적발하고도 눈감아주는 것은 편들기이고, 순찰경찰관이 달동네는 피하고 부자동네에만 순찰을 다니려고 하는 경우는 차별이다.

2. 공공의 신뢰확보

1) 의의

① 공공의 신뢰는 사회계약설에 따라서 설명될 수 있다. 사회계약설에 따르면, 시민들은 자신들의 권리를 스스로의 힘으로 보호하는 자위권을 포기하는 대신에 경찰에게 그 자위권을 공공의 신뢰라는 측면에서 맡긴 것이다. 시민이 돈이나 물건을 도둑 맞았다고 해서 의심되는 이웃집에 무단으로 들어가서 집안을 수색할 수는 없다. 그러한 경우에 그는 신고 등의 적법한 절차에 의해 경찰의 도움을 구해야 한다.

② 공공의 신뢰란 시민들이 자신의 자유와 권리를 제한하는 법 집행권한을 경찰에게 믿고 맡겼다는 사실을 인식하고, 경찰이 거기에 부응하는 것을 의미한다. 경찰이 시민의 이익에 따라 행동하고, 시민이 언제든지 경찰에 도움을 구할 수 있다는 신뢰를 저버려서는 안 된다.

③ 시민들은 경찰이 반드시 법 집행을 할 것으로 신뢰하고 경찰의 강제력 행사는 필요한 최소한의 수준에 머물 것으로 신뢰한다.

④ 시민들은 경찰이 법 집행 시에 사익이나 사사로운 감정에 따라 행동하지 않을 것으로 믿는다. 이는 경찰이 법 집행에 있어서 뇌물을 받는 등의 부정·부패와 같은 일탈행위를 하거나 사사로운 감정에 의한 편파적인 행위를 하는 것은 공공의 신뢰를 저버리는 것을 의미한다.

2) 공공의 신뢰 위반사례

① 경찰이 절도범을 보고도 무서워서 체포하는 척 하면서 도망가도록 내버려두었다면 이는 공공의 신뢰를 배신한 행동이다.

② 자력구제는 원칙적으로 금지된다. 따라서 피해자가 절도 용의자를 직접 체포하지 않고 수사기관에 신고해서 체포하게 하는 것은 공공의 신뢰확보에 기여하는 것이다.

③ 시민은 경찰이 사적인 이익(뇌물 등)을 위해 공권력을 사용하지 않을 것을 믿고 있다.

④ 특히 시민은 경찰이 강제력을 사용할 때 시민들의 신뢰에 합당한 방식으로 권한을 행사하고 폭력행위 등으로 연행된 사람이 법 집행에 항거할 경우에도 강제력 행사는 필요한 만큼의 최소한의 수준(비례의 원칙)에 머물러야 한다.

⑤ 경찰관의 법 집행에 항거한다고 해서 경찰이 경찰비례의 원칙과 상당성·보충성 등의 원칙을 벗어나는 강제력을 동원하는 것은 공공의 신뢰를 저버리는 것이다. 경찰이 만취한 사람을 제지하는 과정에서 약간의 폭행을 당하자 흥분하여 수갑을 채우고 경찰봉으로 구타하는 경우는 공공의 신뢰를 위반한 것이다.

⑥ 공원에서 만취한 사람이 난동을 부리고 있다는 신고를 받은 경찰이 물리적 수단 없이 제압할 수 있었으나 경찰봉을 사용하여 약간의 상해를 입히면서 제압한 경우 공공의 신뢰에 위배되는 과잉진압이다.

3. 시민의 생명과 재산의 안전보호

1) 의의

① 경찰은 범죄진압 등 다양한 경찰활동 시에 시민의 생명과 재산의 안전을 우선적으로 고려해야 한다. 사회계약을 통해서 자연상태의 개인들이 시민사회를 만든 이유는 생명·자유 및 재산의 보호를 도모하기 위함이다. 바로 시민의 생명과 재산의 안전이 사회계약의 궁극적인 목적이며, 법 집행 자체가 사회계약의 궁극적인 목적은 아니다.

② 법은 생명과 재산의 안전을 도모하기 위한 하나의 수단이며, 법의 집행은 사회의 질서와

평화를 유지하는데 사용되는 많은 기법 중의 하나이다. 따라서 시민의 생명과 재산의 안전이라는 기준은 경찰의 활동영역을 설정하게 해주며, 경찰이 활동영역에서 어떻게 해야 되는지에 대한 방향을 제시해 준다.

③ 시민의 생명과 재산에 대한 안전은 경찰의 엄격한 법 집행에 의해 가능해지는 것이다. 그러나 여기에서 중요한 것은 경찰의 법 집행이 수단이라는 점이다. 즉, 법 집행 자체가 목적이 아니고 수단으로서 시민의 생명과 재산의 안전을 유지하고 보호하는 것이 목적이다.

④ 이러한 상황은 경찰의 법 집행 과정에서 흔히 발생한다. 경찰의 단속에 불응하고 도주하는 폭주족과 추격하는 경찰 순찰차, 음주단속 등 각종 교통단속에 불응하고 도주하는 차량 등이 무고한 다른 차량이나 시민을 충돌하여 인명손상 사고를 발생시켰을 경우에 과연 법 집행은 하나의 수단으로서 타당하고 적합한 것이었는가? 우선 이것은 상황적 상당성과 보충성이 결여된 무리한 법 집행이었다는 비난을 면치 못한다.

2) 현재위험 우선보호

① 경찰은 위기상황에서 현재 위험에 처해 있는 시민의 생명과 안전을 잠재적인 위험보다 더 우선적으로 보호해야 한다.

② 강력범죄자가 어린 소녀를 인질로 잡고 차량도주하고 있고, 그 뒤를 경찰이 추격하자 범죄자가 경찰 차량을 향해 총격을 가하는 경우 경찰은 추격을 계속해야 할 것으로 판단된다. 이 경우 시민들과 주위의 차량에 대한 잠재적인 위험보다 인질로 잡혀 있는 소녀의 안전이 더 심각하고 급박하기 때문이다.

4. 협동

1) 의의

① 사회계약설은 시민의 자유와 안전을 보장하기 위해 설치되어야 할 통치기능으로 입법・사법・행정을 제안한다. 국가라는 시스템은 상호 유기적으로 관련된 구성요소들의 집합체이므로 국가의 구성요소인 모든 기구들은 상호협력체계를 형성해야 한다.

② 경찰은 부여된 사회적 역할 범위 내에서 활동하여야 하며, 관련 타 기관과 그리고 기능간의 상호협력을 통해 경찰목적을 달성해야 한다.

③ 협동의 의미는 부서간 또는 사람간의 기능적인 업무협조뿐만 아니라 정보교환이라든지 무형적인 것도 포함한다.

2) 위배되는 사례

(1) 역할한계 오류

형사 갑이 좋은 사람과 나쁜 사람을 구분하여 나쁜 사람에 대해서만 적극적으로 혼내주는 경우는 검사나 판사의 역할까지 수행하는 것으로 경찰의 역할을 벗어난 것이다.

(2) 협동실패

경찰관 을이 특진 욕심에서 중요 탈옥범을 혼자서 검거하다 놓친 경우 협동실패이다. 형사계 김 형사는 탈주범이 자기 관내에 있다는 정보를 입수하고도 이를 상부에 보고하지 않고 단독으로 검거하려다 실패한 경우도 협동실패이다.

5. 냉정하고 객관적인 자세

1) 의의

사회계약론적 측면에서 볼 때, 경찰관은 사회의 일부분이 아닌 사회 전체의 이익을 염두에 두어야 하며, 따라서 경찰은 냉정하고 객관적인 업무처리를 해야 한다. 다시 말해, 경찰은 업무를 수행하면서 자신의 감정과 사심, 편견과 선호에 구애됨 없이 행동해야 한다. 따라서 경찰관의 중용이 요구되고, 경찰관의 과도한 개입(편견, 지나친 관여)이나 냉소주의는 모두 금지된다.

2) 편견과 냉소주의

(1) 편견

① 아버지로부터 가정폭력을 자주 경험한 김경장이 가정문제의 모든 잘못은 남편에게 있다고 생각하는 경우는 객관적 사실에 의하지 않는 편견이다.

② 김 순경은 경찰에 들어오기 전 집에 도둑을 맞은 경험이 있다. 그런데 경찰이 되어 절도범을 검거하였는데 과거 도둑맞은 경험이 생각나 피의자에게 욕설과 가혹행위를 한 경우 역시 편견이다.

(2) 냉소주의

가진 자들의 거들먹거림이나 일부 부유층 아이들의 버릇없는 행위에 대해 비판적인 생각으로, "내가 이런 것들을 위해 일해야 하나 이것들을 위해서 노력할 필요를 전혀 못 느낀다" 하면서 대하는 냉소주의는 경찰에게 요구되는 최선의 봉사정신을 배반하는 것이므로 냉정하고 객관적인 자세라는 경찰의 윤리적 요청을 어기는 것이다. 이 객관성은 동양적 중용의 덕목으로서 경찰이 경찰활동을 수행하면서 시종일관 견지해야 할 마음의 자세이다.

제 4 절 악법에 대한 철학적 논쟁

1. 악법에 대한 학설의 대립

1) 법실증주의자

(1) 기본가정

① 국가와 사회의 관계에서 사회나 개인에 대하여 국가의 우월성을 강조한다.

② 법과 도덕 간에는 논리적 · 필연적 관계가 없으며, 법의 설명에는 도덕적 요소나 정의에 대한 언급이 필요치 않다.

③ 인간의 기본권은 자연권으로 존재하는 것이 아니라 법률에 의해서 비로소 창설되는 것이라고 본다.

④ 법적 타당성과 사회적 적합성을 가지고 현실적으로 적용되는 실정법만이 법으로서 역할을 할 수 있고, 지극히 상대적이고 추상적인 자연법은 배제하여야 마땅하다.

(2) 악법에 대한 태도

① 자연법을 부정하는 법실증주의자들은 법적 안정성을 이유로 정당한 절차만 밟아서 제정된 법이면 악법도 법이라고 본다.

② 법실증주의는 대개 법률에 특별한 규정이 없는 한, 법률이 정당하지 않다고 해서 효력이 없거나 법이 아니라는 주장은 있을 수 없다는 전제에 근거하고 있다. 따라서 비록 법이 부도덕 또는 부정당하다고 하더라도 법에 복종할 윤리적 의무가 있다고 주장한다. 악법은 적정절차에 의해서 개정되지 않는 한 법적 안정을 위해 반드시 준수되어야 한다.

③ 실정법에 위배된 자연법의 구속력을 부정하고, 실정법에의 복종을 주장하며 국민의 저항권을 부정한다.

2) 자연법론자

(1) 기본가정

① 자연법은 실정법과 비교되는 의미에서 법이 어떠하여야 하는가, 어떠한 법이 존재하여야 하는가에 대한 당위의 법이다.

② 자연법은 이성에 의해 선험적으로 인식되고, 정의의 실현을 그 내용으로 하기에 인위적인 시간과 공간, 예컨대 국가나 시대, 사회를 초월한 보편타당성을 전제로 한다. 자연법이 실정법의 근원이 된다는 것도 바로 이 때문이다.

③ 자연법론에 따르면, 모든 실정법은 이러한 자연법에 기초해야만 하며, 그렇기에 자연법은 실정법의 정당성을 판단하는 기준으로서 역할을 할 수 있다.

④ 국가와 사회의 대립을 전제로 국가에 대한 사회나 개인의 우월성을 강조한다.

⑤ 인간의 기본권은 국가 이전에 이미 존재하던 것을 국가가 법으로 확인하는 것이라고 주장한다.

(2) 악법에 대한 태도

① 법적 안정성보다 공동체가 추구하는 객관적 윤리질서에 중점을 둔다. 법적 안정성이 중요하기는 하지만, 이것이 악법에 의한 질서유지나 평온을 보장해주지는 못한다. 법이 객관적 윤리질서와 사회정의를 부정하면 이는 불법에 지나지 않는다.

② 자연법론자들은 사회의 객관적 윤리질서에 반하는 법은 명백한 악법이다.

③ 자연법에 위배된 실정법의 구속력을 부정한다. 그러므로 실정법에 우선되는 자연법을 강조하며 악법에 대해서는 시민불복종이나 저항권이 정당화된다.

2. 저항권 행사와 경찰의 태도

1) 의의

저항권이란 주권자로서의 국민이 공권력에 의해 침해된 헌법적 기본질서를 회복하기 위하여 취할 수 있는 비상식적인 헌법보호수단이자 기본권보장을 위한 권리의 성격을 가진다.

2) 저항권행사의 요건

헌법학자들에 의하면, 악법에 대한 저항권 행사가 정당화되는 요건으로

① 민주적 · 법치국가적 기본질서를 전면적으로 부인하는 경우,

② 공권력행사의 불법성이 객관적으로 명백하고,

③ 최후의 수단일 것 등을 제시한다. 보충성, 즉 자연법적 관점에 의하더라도 저항권은 최후수단성이 적용되므로 저항권은 공동체에서 요인된 제도적 수단을 총동원해도 악법에 의한 불법을 막을 길이 없을 때, 최후적으로 행사되어야 한다.

3) 경찰의 태도

(1) 자연법론적 관점

경찰이 악법에 대해 자연법론적 관점을 가지면 악법에 대한 시민들의 저항을 어느 정도 묵인하는 태도를 취하게 된다. 그러나 일반적으로 민주주의적 정치체제와 절차적 정의를 갖춘 법은 경찰이 악법이라고 규정할 수 있는 권한이 인정되기 어렵다.

(2) 악법여부가 명백한 경우

어떠한 법이 공동체의 객관적 윤리질서에 반하는 것이 명백하고 정상적인 제도적 절차에 의해 그 해결이 어려운 경우라면, 그리고 법이나 제도가 현행의 정의롭다고 생각되는 자유민주주의 체제를 이탈하거나 지배계층의 입장을 옹호하기 위해 부정의할 경우에 시민불복종은 정당화된다.

이러한 경우에 경찰은 시민들의 저항권을 저지하기 위해 공권력을 행사할 수 없다.

(3) 악법 여부가 불분명한 경우

법이 공동체의 객관적 윤리질서에 위배되는지가 불분명하고 제도적 채널을 통해 해결가능성이 있는 경우라면, 경찰은 법질서 보호를 위해 현실적인 법에 근거하여 법을 집행하여야 한다.

(4) 폭력적인 저항권 행사와 경찰의 태도

① 시민불복종은 흔히 법이나 정책에 변혁을 가져 올 목적으로 행해지는 공공적이고 비폭력적이며 양심적이긴 하지만, 법에 반하는 정치적 행위를 의미한다. 여기에서 강조되는 것은 비폭력성이다. 비폭력성은 비록 시민 불복종이 기존의 법에 대한 도전이지만, 법체계의 범위 안에서 그 정당성을 인정받겠다는 신념의 표현이며, 다른 사람들을 해칠 수 있는 폭력을 피하려는 것이다.

② 따라서 폭력적인 시민불복종은 어느 정도 정의로운 민주주의 사회에서 정당화되지 않는다. 시민불복종이라는 명분으로 폭력을 행사한다면, 현행의 법체제를 지키는 경찰은 당연히 폭력을 제압해야할 법적인 책무와 윤리적 의무를 진다.

③ 사회의 법질서를 지키는 경찰의 입장에서 객관적 윤리질서를 내용으로 하는 정의로운 법과 악법의 구분을 명백하게 구분하기도 어렵다. 그러므로 사회질서를 붕괴시키는 폭력행위는 현행의 법체제 아래에서 허용될 수가 없다.

④ 비록 객관적인 윤리질서에 반하고 정의롭지 못한 법일지라도, 이에 대한 불복종이 폭력적일 경우에 경찰이 이러한 행위에 동조할 수는 없다. 경찰권의 발동은 그 원인에 따라 결정되는 것이 아니라 사태의 사회질서 혼란정도에 의해 결정되기 때문이다.

⑤ 악법도 법이라는 말이 생기게 한 소크라테스의 견해는 우리에게 시사하는 바가 크다. 그는 반대자들의 무고에 의해 배심원의 재판에서 약간의 표차(280대 220)로 유죄가 되고, 결국 사형에 처해진다.[16] 그러나 대부분의 시민들과 지성인들은 소크라테스가 사형을 받아야 하는 죄인으로 인정치 않았다.

제 5 절 경찰윤리강령

1. 경찰윤리 교육의 목적

클라이니히(J. Kleinig)는 경찰윤리 교육의 목적을 다음과 같이 제시한다.

1) 도덕적 결의의 강화

도덕적 결의의 강화란 경찰관이 실무에서 받는 내·외부의 여러 압력과 유혹에 굴복하지 않고

16) 강재륜, 앞의 책, pp.31-35.

자신의 소신과 직업의식에 따라 일을 처리하는 것을 의미한다. 그러나 이는 경찰조직의 운영과 관련된 문제점을 구성원의 도덕성에만 전가하는 잘못을 범할 수 있다.

2) 도덕적 감수성의 배양

도덕적 감수성의 배양이란 경찰이 다양한 계층의 사람들(부자, 가난한 사람)에게 모두 인간으로서 존중하고 공평하게 봉사하는 것을 의미한다.

3) 도덕적 전문능력의 함양

도덕적 전문능력이란 경찰이 비판적이고 반성적인 사고방식을 배양하여 조직 내에 관습적으로 내려오는 관행을 비판적으로 검토하여 수용하는 것을 의미한다. 도덕적 전문능력 함양은 경찰윤리교육에서 가장 중요한 목적이다.

2. 경찰윤리강령의 변천

경찰윤리강령은 전문직업인의 내부규율로써 선언적 효력을 가질 뿐 법적 효력은 없다.

1) 경찰윤리헌장(1966)

한국경찰은 1966년 7월12일 「경찰윤리헌장」을 제정·선포함으로써 규범성, 연대성, 성실성, 근면성, 공정성, 청렴성, 합리성과 사명감이라는 경찰관의 덕목을 규정하고, 기강을 확립하려고 하였다. 또한 지식의 함양과 인격의 도야 같은 개인의 능력발전과 품위를 강조하였다.

2) 새 경찰신조(1980)

1980년에 경찰윤리헌장의 실천윤리강령으로서 새 경찰신조가 제정되었으며, 그 내용은 다음과 같다.

Ⅰ. 우리는 새 시대의 사명을 완수한다. Ⅰ. 우리는 깨끗하고 친절하게 봉사한다.
Ⅰ. 우리는 공정과 소신으로 일한다. Ⅰ. 우리는 스스로의 능력을 계발한다.

이 새경찰 신조는 경찰관의 사명감, 청렴성, 공정성, 봉사정신, 능력계발 등을 강조한다는 점에서 윤리헌장에 있는 내용을 간결하게 정리하여 실행의 행동지침을 제시한 것이다.

3) 경찰헌장(1991)

「경찰윤리헌장」은 경찰청 출범과 함께 1991년 8월 1일 경찰헌장으로 대체되었다. 경찰윤리헌장을 대신하여 제정·선포된 「경찰헌장」의 전문에서는 경찰의 전통과 본분, 경찰의 각오를 천명하고, 본문의 5개항에서는 ① 친절한 경찰, ② 의로운 경찰, ③ 공정한 경찰, ④ 근면한 경찰, ⑤ 깨끗한 경찰을 경찰관의 실천윤리로 삼고 있다. 그 내용은 다음과 같다.

Ⅰ. 우리는 모든 사람의 인격을 존중하고 누구에게나 따뜻하게 봉사하는 친절한 경찰이다.

Ⅰ. 우리는 정의의 이름으로 진실을 추구하며 어떠한 불의나 불법과도 타협하지 않는 의로운 경찰이다.
Ⅰ. 우리는 국민의 신뢰를 바탕으로 오직 양심에 따라 법을 집행하는 공정한 경찰이다.
Ⅰ. 우리는 건전한 상식위에 전문지식을 갈고 닦아 맡은 일을 성실하게 수행하는 근면한 경찰이다.
Ⅰ. 우리는 화합과 단결 속에 항상 규율을 지키며 검소하게 생활하는 깨끗한 경찰이다.

4) 경찰서비스 헌장(1998)

① 범죄와 사고를 철저히 예방하고 법을 어긴 행위는 단호하고 엄정하게 처리하겠습니다.
② 국민이 필요로 하면 어디든지 바로 달려가 도와 드리겠습니다.
③ 모든 민원은 친절하고 신속·공정하게 처리하겠습니다.
④ 국민의 안전과 편의를 제일 먼저 생각하고 성실히 직무를 수행하겠습니다.
⑤ 인권을 존중하고 권한을 남용하는 일이 없도록 하겠습니다.
⑥ 잘못된 업무는 즉시 확인하여 바로잡겠습니다.

3. 경찰윤리강령의 기능

1) 대내적 기능

(1) 경찰조직의 운영기준과 경찰공무원 행위기준제시

경찰윤리강령은 일반적으로 두 가지 내용으로 짜여 진다. 첫째는 조직이 나아갈 방향을 제시하고, 둘째는 조직구성원들이 업무수행에 있어서 준수해야 할 행위기준을 제시하고 있다.

(2) 조직소속감의 고취

윤리강령이 기본적으로 구성원 개개인을 대상으로 하지만, 이는 개개인에 의한 선언 이상의 의미를 지닌다. 경찰윤리강령은 바람직한 경찰상에 대한 이념적 지표를 제공함으로써 경찰조직의 결속을 강화하는 기능을 한다.

(3) 교육의 자료

윤리강령은 서비스 제공자들에 대한 윤리교육의 핵심 내지는 틀로써 사용된다. 한국 경찰의 경찰헌장에서 보듯이 그 내용은 윤리적으로 바람직한 행위기준을 제시하고 있으며, 또한 그 내용이 추상적이어서 구성원들에 대한 교육이 필요하다. 미국에서도 윤리강령에 대한 해석을 중심으로 경찰윤리 저서가 출판된 경우들이 흔히 발견된다.

2) 대외적 기능

(1) 경찰서비스 수준의 보장과 확신의 부여

경찰윤리강령은 치안서비스의 사용자인 시민에게 치안 서비스의 질적 수준을 보장함으로서 그 서비스에 대해 시민이 확신을 하게끔 하는 기능을 한다.

(2) 국민과의 신뢰관계 형성

경찰윤리강령은 치안 서비스 제공자의 관점에서 보면, 공공관계의 개선, 즉 경찰과 시민과의 신뢰관계 개선이라는 측면에서 긍정적인 기능을 한다. 윤리강령을 제정한 많은 조직과 협회들은 윤리강령이 그들의 공적 이미지를 개선하고 고객을 끌어들이는 방법 중의 하나로 이해한다.

(3) 과도한 요구에 대한 책임의 제한

윤리강령은 시민의 과도하거나 부당한 서비스의 요구에 대한 제한으로서 작용할 수 있다. 경찰은 최소한도로 윤리강령에서 제시하고 있는 공적인 행위기준을 준수할 경우에 윤리적이라는 평가를 받을 수 있으며, 시민들의 근거없는 요구나 주장으로부터 보호받을 수 있게 된다.

4. 경찰윤리강령의 문제점

1) 행위중심적 성격

윤리강령에 나타나는 현저한 특징은 "우리는 화합과 단결 속에 항상 규율을 지키며 검소하게 생활하는 깨끗한 경찰이다"에서 볼 수 있듯이 일정한 기준을 충족시키는 특정행위 중심으로 규정되어 있어 행위 이전의 의도나 동기를 소홀히 하고 있다.

2) 타율적인 행위조장: 비진정성의 조장

경찰헌장을 비롯한 대부분의 강령은 경찰관의 도덕적 자각에 따른 자발적인 행동이 아니라 외부로부터 요구된 것으로서 타율성으로 인해 진정한 봉사가 이루어지지 않을 수 있다.

3) 행위의 경직화 위험

경찰윤리강령들은 대체로 도덕적으로 합당하다고 생각되는 모든 대안들을 모두 명시하고 있는 것도 아니고, 심지어 일부 합당하지 않은 대안들까지 규정하기도 하면서 그 틀 안에서 행동하는 행위의 경직화를 초래한다.

4) 행위기준에 대한 우선순위 제공 실패

강령은 때때로 구체적인 문제에 대한 해답을 제공하고 무경험자에게 도움을 주기는 하지만, 어려운 현실문제에 있어서 무엇을 먼저하고 무엇을 나중에 해야 할지 우선순위를 결정하는 기준을 제시하지 못한다.

5) 실행가능성의 문제

경찰윤리강령은 일종의 의지 표명이라고도 볼 수 있으며, 그것을 준수하지 않았을 때 법적인 제재수단도 마련되어 있지 않고 위반여부의 판단기준도 불명확하므로 실행가능성의 문제가 존재한다.

6) 냉소주의의 위험

경찰윤리강령에 대한 냉소주의는 그 내용뿐만 아니라 강령의 제정과정 자체에 기인할 수도 있다. 강령이 구성원들과의 대화나 지역사회와의 협의를 거치지 않고 몇몇 상층부의 사람들에 의해서 만들어지고 이행이 강요되는 경우에 구성원들의 냉소주의에 직면한다.

7) 최소주의의 위험

윤리강령이란 그렇게 해야 된다는 당위성을 선언하는데 지나지 않는 것이므로 경찰관은 시민에게 최대의 봉사와 희생을 해야 됨에도 불구하고 윤리강령에 선택된 몇 가지 도덕개념이나 규칙만을 지키면 된다는 식으로 행동하는 소위 최소주의의 위험에 빠지기 쉽다. 결국 더 이상의 자기희생을 하지 않으려는 경향이 나타난다.

5. 부정청탁 및 금품등 수수의 금지에 관한 법률(약칭 청탁금지법)

1) 목적(제1조)[17]

이 법은 공직자 등에 대한 부정청탁 및 공직자 등의 금품 등의 수수를 금지함으로써 공직자 등의 공정한 직무수행을 보장하고 공공기관에 대한 국민의 신뢰를 확보하는 것을 목적으로 한다.

2) 용어의 정의(제2조)

(1) 공공기관(제2조 제1호)

가. 국회, 법원, 헌법재판소, 선거관리위원회, 감사원, 국가인권위원회, 고위공직자범죄수사처, 중앙행정기관(대통령 소속 기관과 국무총리 소속 기관 포함)과 그 소속기관 및 지방자치단체

나. 「공직자윤리법」에 따른 공직유관단체

다. 「공공기관의 운영에 관한 법률」에 따른 기관

라. 「초 중등교육법」, 「고등교육법」, 「유아교육법」 및 그 밖의 다른 법령에 따라 설치된 각급 학교 및 「사립학교법」에 따른 학교법인

마. 「언론중재 및 피해구제 등에 관한 법률」에 따른 언론사

(2) 공직자등(제2조 제2호)

다음 각 목의 어느 하나에 해당하는 공직자 또는 공적 업무 종사자를 말한다.

가. 「국가공무원법」 또는 「지방공무원법」에 따른 공무원과 그 밖에 다른 법률에 따라 그 자격 · 임용 · 교육훈련 · 복무 · 보수 · 신분보장 등에 있어서 공무원으로 인정된 사람

나. 제1호 나목 및 다목에 따른 공직유관단체 및 기관의 장과 그 임직원

다. 제1호 라목에 따른 각급 학교의 장과 교직원 및 학교법인의 임직원

라. 제1호 마목에 따른 언론사의 대표자와 그 임직원

---

17) 부정청탁 및 금품등 수수의 금지에 관한 법률, 법률 제18576호, 2021.12.7. 시행 2022.6.8.

(3) 금품등(제2조 제3호)

다음 각 목의 어느 하나에 해당하는 것을 말한다.

가. 금전, 유가증권, 부동산, 물품, 숙박권, 회원권, 입장권, 할인권, 초대권, 관람권, 부동산 등의 사용권 등 일체의 재산적 이익

나. 음식물·주류·골프 등의 접대·향응 또는 교통·숙박 등의 편의 제공

다. 채무 면제, 취업 제공, 이권부여 등 그 밖의 유형 무형의 경제적 이익

3) 부정청탁의 신고 및 처리(제7조)

① 공직자등은 부정청탁을 받았을 때에는 부정청탁을 한 자에게 부정청탁임을 알리고 이를 거절하는 의사를 명확히 표시하여야 한다.

② 공직자등은 제1항에 따른 조치를 하였음에도 불구하고 동일한 부정청탁을 다시 받은 경우에는 이를 소속기관장에게 서면(전자문서 포함)으로 신고하여야 한다.

③ 공직자등의 부정청탁 신고를 받은 소속기관장은 신고의 경위·취지·내용·증거자료 등을 조사하여 신고내용이 부정청탁에 해당하는지를 신속하게 확인하여야 한다.

④ 소속기관장은 부정청탁이 있었던 사실을 알게 된 경우 또는 부정청탁에 관한 신고·확인 과정에서 해당 직무의 수행에 지장이 있다고 인정하는 경우에는 부정청탁을 받은 공직자등에 대하여 다음 각 호의 조치를 할 수 있다.

1. 직무 참여 일시 중지. 2. 직무 대리자의 지정. 3. 전보. 4. 그 밖에 국회규칙, 대법원규칙, 헌재규칙, 중앙선거관리위원회 규칙 또는 대통령령으로 정하는 조치

⑤ 소속기관장은 공직자등이 다음 각 호의 어느 하나에 해당하는 경우에는 제4항에도 불구하고 그 공직자등에게 직무를 수행하게 할 수 있다. 이 경우 소속기관의 담당관 또는 다른 공직자등으로 하여금 그 공직자등의 공정한 직무수행 여부를 주기적으로 확인·점검하도록 하여야 한다.

1. 직무를 수행하는 공직자등을 대체하기 지극히 어려운 경우,
2. 공직자등의 직무수행에 미치는 영향이 크지 아니한 경우,
3. 국가의 안전보장 및 경제발전 등 공익증진을 이유로 직무수행의 필요성이 더 큰 경우

⑥ 공직자등은 제2항에 따른 신고를 감독기관 감사원 수사기관 또는 국민권익위원회에도 할 수 있다.

⑦ 소속 기관장은 다른 법령에 위반되지 아니하는 범위에서 부정청탁의 내용 및 조치사항을 해당 공공기관의 인터넷 홈페이지 등에 공개할 수 있다.

4) 금품등의 수수금지(제8조)

① 공직자등은 직무 관련 여부 및 기부·후원·증여 등 그 명목에 관계없이 동일인으로부터 1회에 100만원 또는 매 회계연도에 300만원을 초과하는 금품등을 받거나 요구 또는 약속해서는 아니 된다.

② 공직자등은 직무와 관련하여 대가성 여부를 불문하고 제1항에서 정한 금액 이하의 금품등을 받거나 요구 또는 약속해서는 아니 된다.

③ 외부강의등에 관한 사례금 또는 다음 각 호의 어느 하나에 해당하는 금품 등의 경우에는 수수를 금지하는 금품등에 해당하지 아니한다.

1. 공공기관이 소속 공직자등이나 파견 공직자들에게 지급하거나 상급공직자등이 위로 · 격려 · 포상 등의 목적으로 하급공직자등에게 제공하는 금품
2. 원활한 직무수행 또는 사교 · 의례 또는 부조의 목적으로 제공되는 음식물 · 경조사비 · 선물 등으로서 대통령령으로 정하는 가액 범위 안의 금품등(① 음식물 3만원, ② 경조사비 5만원, 화환 10만원, ③ 선물 5만원, 농수산물 및 농수산가공품 10만원) 다만, 선물 중 농수산물 및 농수산가공품(농수산물을 원료 또는 재료의 50%를 넘게 사용 가공한 제품만 해당)은 대통령령으로 정하는 설날 · 추석을 포함한 기간에 한정하여 그 가액 범위를 두 배로 한다.
3. 사적 거래(증여는 제외)로 인한 채무의 이행 등 정당한 권원에 의하여 제공되는 금품등
4. 공직자등의 친족(8촌 이내의 혈족, 4촌 이내의 인척, 배우자)이 제공하는 금품등
5. 공직자등과 관련된 직원상조회 · 동호인회 · 동창회 · 향우회 · 친목회 · 종교단체 · 사회단체 등이 정하는 기준에 따라 구성원에게 제공하는 금품등 및 그 소속 구성원 등 공직자등과 특별히 장기적 · 지속적인 친분관계를 맺고 있는 자가 질병 · 재난 등으로 어려운 처지에 있는 공직자등에게 제공하는 금품등
6. 공직자등의 직무와 관련된 공식적인 행사에서 주최자가 참석자에게 통상적인 범위에서 일률적으로 제공하는 교통, 숙박, 음식물 등의 금품등
7. 불특정 다수인에게 배포하기 위한 기념품 또는 홍보용품 등이나 경연 · 추첨을 통하여 받는 보상 또는 상품 등
8. 그 밖에 다른 법령 기준 또는 사회상규에 따라 허용되는 금품등

④ 공직자등의 배우자는 공직자등의 직무와 관련하여 공직자등이 받는 것이 금지되는 금품등을 받거나 요구하거나 제공받기로 약속하여서는 아니 된다.

⑤ 누구든지 공직자등에게 또는 그 공직자등의 배우자에게 수수금지 금품등을 제공하거나 그 제공의 약속 또는 의사표시를 해서는 아니 된다.

5) 수수 금지 금품등의 신고 및 처리(제9조)

공직자등은 다음 각 호의 어느 하나에 해당하는 경우에는 소속 기관장에게 지체 없이 서면으로 신고하여야 한다.

1. 공직자등 자신이 수수 금지 금품등을 받거나 그 제공의 약속 또는 의사표시를 받은 경우
2. 공직자등이 자신의 배우자가 수수 금지 금품등을 받거나 그 제공의 약속 또는 의사표시를 받은 사실을 안 경우

6) 외부강의등의 사례금 수수제한(제10조)

① 공직자등은 자신의 직무와 관련되거나 그 지위 · 직책 등에서 유래되는 사실상의 영향력을

통하여 요청받은 교육 · 홍보 · 토론회 · 세미나 · 공청회 또는 그 밖의 회의 등에서 한 강의 · 강연 · 기고 등의 대가로서 대통령령으로 정하는 금액을 초과하는 사례금을 받아서는 아니 된다.

② 공직자등은 사례금을 받는 외부강의등을 할 때에는 대통령령으로 정하는 바에 따라 외부강의등의 요청 명세 등을 소속 기관장에게 그 외부강의등을 마친 날부터 10일 이내에 서면으로 신고하여야 한다. 다만, 외부강의등을 요청한 자가 국가나 지방자치단체인 경우에는 그러하지 아니하다.

③ 소속기관장은 공직자등이 신고한 외부강의등이 공정한 직무수행을 저해할 수 있다고 판단하는 경우에는 그 공직자등의 외부강의등을 제한할 수 있다.

④ 공직자등은 제1항에 따른 금액을 초과하는 사례금을 받은 경우에는 대통령령으로 정하는 바에 따라 소속기관장에게 신고하고, 제공자에게 그 초과금액을 지체 없이 반환하여야 한다.

⑤ 공직자등이 외부강의등을 신고할 때 상세 명세 또는 사례금 총액 등을 미리 알 수 없는 경우에는 해당 사항을 제외한 사항을 신고한 후 해당 사항을 안 날부터 5일 이내에 보완하여야 한다(시행령 제26조 제2항).

7) 위반행위의 신고 등(제13조)

① 누구든지 이 법의 위반행위가 발생하였거나 발생하고 있다는 사실을 알게 된 경우에는 다음 각 호의 어느 하나에 해당하는 기관에 신고할 수 있다.

1. 이 법의 위반행위가 발생한 공공기관 또는 그 감독기관,
2. 감사원 또는 수사기관,
3. 국민권익위원회

② 제1항에 따른 위반행위 신고를 한 자가 다음 각 호의 어느 하나에 해당하는 경우에는 이 법에 따른 보호 및 보상을 받지 못한다.

1. 신고의 내용이 거짓이라는 사실을 알았거나 알 수 있었음에도 신고한 경우
2. 신고와 관련하여 금품등이나 근무관계상의 특혜를 요구한 경우
3. 그 밖에 부정한 목적으로 신고한 경우

③ 제1항에 따라 신고를 하려는 자는 자신의 인적사항과 신고의 취지 · 이유 · 내용을 적고 서명한 문서와 함께 신고 대상 및 증거 등을 제출하여야 한다.

8) 신고의 처리(제14조)

① 조사기관은 신고를 받거나 국민권익위원회로부터 신고를 이첩받은 경우에는 그 내용에 관하여 필요한 조사 · 감사 또는 수사하여야 한다.

② 국민권익위원회가 위반행위 신고를 받은 경우에는 그 내용에 관하여 신고자를 상대로 사실관계를 확인 후 대통령령으로 정하는 바에 따라 조사기관에 이첩하고, 그 사실을 신고자에게 통보하여야 한다.

③ 조사기관은 조사 · 감사 또는 수사를 마친 날부터 10일 이내에 그 결과를 신고자와 국민권익위원회에 통보(국민권익위원회로부터 이첩받은 경우만 해당)하고, 조사 · 감사 또는 수사 결과에 따라 공소제기, 과태료 부과대상 위반행위의 통보, 징계처분 등 필요한 조치를 하여야 한다.

④ 국민권익위원회는 조사기관으로부터 조사 · 감사 또는 수사 결과를 통보받은 경우에는 지체 없이 신고자에게 조사 · 감사 또는 수사 결과를 알려야 한다.

⑤ 조사 · 감사 또는 수사 결과를 통보받은 신고자는 조사기관에 이의신청을 할 수 있으며, 조사 · 감사 또는 수사 결과를 통지받은 신고자는 국민권익위원회에도 이의신청을 할 수 있다.

⑥ 국민권익위원회는 조사기관의 조사 · 감사 또는 수사 결과가 충분하지 아니하다고 인정되는 경우에는 조사 · 감사 또는 수사 결과를 통보받은 날부터 30일 이내에 새로운 증거자료의 제출 등 합리적인 이유를 들어 조사기관에 재조사를 요구할 수 있다.

⑦ 재조사를 요구받은 조사기관은 재조사를 종료한 날부터 7일 이내에 그 결과를 국민권익위원회에 통보하여야 한다. 이 경우 국민권익위원회는 통보를 받은 즉시 신고자에게 재조사 결과의 요지를 알려야 한다.

9) 벌칙(제22조)

① 제8조 제1항 위반한 공직자등, 자신의 배우자가 수수금지 금품등을 받거나 요구하거나 제공받기로 약속한 사실을 알고도 신고하지 아니한 공직자등, 그 업무처리과정에서 알게 된 비밀을 누설한 공직자등은 3년 이하의 징역 또는 3천만원 이하의 벌금에 처한다.

② 부정청탁을 받은 공직자등이 그에 따라 직무를 수행한 경우 2년 이하의 징역 또는 2천만원 이하의 벌금에 처한다.

6. 경찰의 적극행정

1) 적극행정의 근거규정(출처: 경찰청 홈페이지)

① 「헌법」 제7조: 공무원은 국민전체에 대한 봉사자이며, 국민에 대하여 책임을 진다.

② 「국가공무원법」 제56조: 모든 공무원은 법령을 준수하며 성실히 직무를 수행하여야 한다.

③ 「적극행정 운영규정」 제2조: 적극행정이란 공무원이 불합리한 규제를 개선하는 등 공공의 이익을 위해 창의성과 전문성을 바탕으로 적극적으로 업무를 처리하는 행위를 말한다.[18]

2) 적극행정의 의의

① 적극행정이란 공무원이 불합리한 규제를 개선하는 등 공공의 이익을 위하여 창의성과 전문성을 바탕으로 적극적으로 업무를 처리하는 행위를 말한다(적극행정 운영규정 제2조).

② 적극행정이란 경찰청 소속 공무원 등이 국가 또는 공공의 이익을 증진하기 위해 성실하고

18) 적극행정 운영규정, 대통령령 제33575호, 2023.6.27.

능동적으로 업무를 처리하는 행위를 말한다(경찰청 적극행정 면책제도 운영규정 제2조).[19]

3) 적극행정 운영규정상 적극행정의 판단기준

(1) 공공의 이익 증진을 위한 행위

업무의 목적과 처리방법이 국민편익 증진, 국민불편 해소, 경제활성화, 행정효율 향상 등 공공의 이익을 증진하기 위해서 하는 행위를 의미한다.

(2) 창의성과 전문성을 바탕으로 한 행위

창의성은 어떤 문제에 대해 기존과 다른 시각으로 새로운 아이디어를 생각해 내는 특성을 의미하고, 전문성은 자신이 맡은 일을 잘 수행하는데 필요한 지식과 경험, 역량을 말한다.

(3) 적극적인 행위 판단시점

평균적인 공무원에게 통상적으로 요구되는 정도의 노력이나 주의의무 이상을 기울여 업무를 처리하는 행위를 의미하며, 적극적인 행위에 해당하는지는 행위의 결과가 발생한 시점이 아니라 업무를 추진할 당시를 기준으로 가용할 수 있었던 자원과 정보, 업무량 등 제반사정을 종합하여 노력이나 주의의무 정도를 판단한다.

(4) 행위의 결과가 아닌 행위자체가 판단기준

적극행정은 행위 자체에 초점을 두며, 업무처리로 인해 긍정적인 효과가 발생해야만 적극행정에 해당되는 것은 아니다. 공공의 이익을 증진하기 위하여 적극적으로 최선의 노력을 다하면 적극행정에 해당한다.

4) 적극행정 대상과 범위

(1) 대상

공공재화와 서비스의 제공, 규제혁신 등 정부의 정책, 공무원이 직무를 수행하는 모든 방식과 행위를 대상으로 한다.

(2) 범위

적극행정이 특정분야의 정책이나 특정한 업무처리 방식을 지칭하는 것은 아니다.

5) 적극행정의 유형

(1) 행태적 측면

① 통상적으로 요구되는 정도의 노력이나 주의의무 이상을 기울여 맡은 바 임무를 최선을 다해 수행하는 행위유형을 말한다. ② 업무관행을 반복하지 않고 가능한 최선의 방법을 찾아 업무를 처리하는 행위, ③ 새로운 행정수요나 행정환경 변화에 선제적으로 대응하여 새로운 정책을 발굴

19) 경찰청 적극행정 면책제도 운영규정, 경찰청훈령 제1055호, 2022.4.8.

추진하는 행위, ④ 이해충돌이 있는 상황에서 적극적인 이해조정 등을 통해 업무를 처리하는 행위 등을 말한다.

(2) 규정의 해석 적용측면

① 불합리한 규정과 절차, 관행을 스스로 개선하는 행위를 의미한다. ② 또한 신기술 발전 등 환경변화에 맞게 규정을 적극적으로 해석·적용하는 행위 및 규정과 절차가 마련되어 있지 않지만 가능한 해결방안을 모색하여 업무를 추진하는 행위 등이 있다.

6) 적극행정의 보호

(1) 적극행정 징계요구 등 면제

공무원이 적극행정을 추진한 결과에 대해 그의 행위에 고의 또는 중대한 과실이 없는 경우에는 징계 관련 법령에 따라 징계의결 또는 징계부가금 부과의결을 하지 않는다(운영규정 제17조 제1항).

(2) 사전컨설팅을 거친 경우에 대한 징계면제 제도

감사원이나 자체감사기구에 사전컨설팅을 구하여 이러한 사전컨설팅 의견대로 업무를 처리한 경우에는 징계 관계 법령에 따라 징계의결등을 하지 않는다. 다만, 공무원과 대상업무사이에 사적인 이해관계가 있거나 감사원이나 자체감사기구의 장이 사전컨설팅을 하는데 필요한 정보를 충분히 제공하지 않은 경우에는 징계를 면제하지 않는다(운영규정 제17조 제2항).

(3) 지원위원회가 제시한 의견대로 업무를 처리한 경우에 대한 징계면제

공무원은 인가·허가·등록·신고 등과 관련한 규제나 불명확한 법령 등으로 인해 업무를 적극적으로 추진하기 곤란한 경우에는 위원회에 직접 해당 업무의 처리방향 등에 관한 의견의 제시를 요청할 수 있으며(운영규정 제13조), 그 의견대로 업무를 처리한 경우에는 징계를 면제한다. 다만, 대상 업무와 관련하여 사적인 이해관계가 있거나 위원회가 의견을 제시하기 위해 판단에 필요한 정보를 충분히 제공하지 않은 경우에는 징계를 면제하지 않는다.

(4) 고의 또는 중과실에 의한 비위가 아닌 경우 적극행정 등에 대한 징계면제

① 불합리한 규제의 개선 등 공공의 이익을 위한 정책, 국가적으로 이익이 되고 국민생활에 편익을 주는 정책 또는 소관 법령의 입법목적을 달성하기 위하여 필수적인 정책 등을 수립·집행하거나 정책목표의 달성을 위하여 업무처리방식을 창의적으로 개선하는 등 성실하고 능동적으로 업무를 처리하는 과정에서 발생한 것으로 인정되는 경우.

② 국가의 이익이나 국민생활에 큰 피해가 예견되어 이를 방지하기 위하여 정책을 적극적으로 수립·집행하는 과정에서 발생한 것으로서 정책을 수립·집행할 당시의 여건 또는 그밖의 사회통념에 비추어 적법하게 처리될 것이라고 기대하기가 극히 곤란한 경우로 인정되는 경우(공무원 징계령 시행규칙 제3조의2 제1항).

(5) 고도의 정책사항에 대한 실무직(담당자)의 징계면제

실무직 공무원이 국정과제 등 주요 정책결정으로 확정된 사항, 다수부처 연관과제로 정책 조정을 거쳐 결정된 사항 등 정책결정사항 중 중요사항(고도의 정책사항)을 추진하는 과정에서 발생한 결과에 대해서 실무직(담당자)의 고의나 과실이 없는 경우에는 문책기준에서 제외하고 있다(공무원 징계령 시행규칙 별표2에 규정).

7) 적극행정 실행계획의 수립과 적극행정 관련 교육(운영규정 제7조 및 제8조)

중앙행정기관의 장(경찰청장)은 적극행정 실행계획을 매년 수립・실행해야 하며, 소속 공무원을 대상으로 적극행정 관련 교육을 연 1회 이상 실시해야 한다.

8) 경찰청 적극행정 지원위원회

경찰청 적극행정 지원위원회는 정부위원 5명과 민간위원 9명 등 총 14명으로 구성되고, 위원장은 경찰청차장과 민간위원이 공동위원장이 된다. 지원위원회는 원칙적으로 격월로 회의를 개최하고, 필요시 수시 개최한다. 재적위원 과반수의 출석으로 개의하고, 출석위원 과반수의 찬성으로 의결한다.

9) 소극행정

(1) 소극행정(출처: 경찰청 홈페이지)

① 소극행정이란 공무원이 부작위 또는 직무태만 등 소극적 업무행태로 국민의 권익을 침해하거나 국가재정상 손실을 발생하게 하는 행위를 말한다(적극행정 운영규정 제2조). 즉 소극행정은 공무원이 해야 할 일을 하지 않거나 할 수 있는 일을 하지 않아서 국민생활과 기업활동에 불편을 주거나 권익을 침해하는 업무행태를 말한다.

② 여기에서 부작위는 공무원이 상당한 기간 내에 이행해야 할 직무상 의무가 있는데도 이를 이행하지 아니하는 것을 의미한다.

③ 직무태만은 통상적으로 요구되는 정도의 노력이나 주의의무를 기울이지 않고 업무를 부실・부당하게 처리하는 것을 의미한다.

(2) 소극행정 유형

① 적당편의

문제해결을 위해 노력하지 않고 적당히 형식만 갖추어 부실하게 처리하는 행태

② 업무해태

합리적인 이유 없이 주어진 업무를 게을리 하여 불이행하는 행태

③ 탁상행정

법령이나 지침 등의 변화에도 불구하고 과거 규정에 따라 업무를 처리하거나 기존의 불합리한

업무관행을 그대로 답습하는 행태

④ **기타 관 중심 행정**

직무권한을 이용하여 부당하게 업무를 처리하거나 국민 편익을 위해서가 아닌 자신과 소속 기관의 이익을 위해 자의적으로 처리하는 행태

제 2 편

경찰행정과 법 집행

제 2 편

제5장

경찰행정과 법 적합성

제 1 절 법치주의와 경찰행정

1. 의의

1) 경찰과 법치행정

(1) 법치행정의 의의

경찰관이 국민의 권리·의무에 관계되는 작용을 행할 경우에는 반드시 국민의 대표기관인 국회에서 제정한 법률에 따라야 한다. 이는 형식적 법치주의를 말하고, 법률에 의한 행정의 원리를 말한다. 법치행정은 공무원의 자의적인 행정으로부터 개인을 보호하고 아울러 행정작용의 예견가능성을 보장하고자 하는 데 있다.

(2) 쌍면적 구속력

근대적 법치행정의 원칙은 법에 쌍면적 구속력을 인정하여 경찰관으로 하여금 국민에 대해서도 법 준수의 책무를 지게하고 있다. 시민도 법을 준수해야 하고, 법을 집행하는 경찰도 법을 준수하면서 직무를 수행해야 한다는 것을 의미한다.

(3) 법치행정의 근거(헌법 제37조)

국민의 모든 자유와 권리는 국가안전보장·질서유지 또는 공공복리를 위하여 필요한 경우에 한하여 법률로써 제한할 수 있으며, 제한하는 경우에도 자유와 권리의 본질적인 내용을 침해할 수 없다.

(4) 경찰관련 법규의 합헌성의 원칙

현대에는 실질적 법치주의가 등장하면서 경찰활동이 법률적합성에만 그치는 것이 아니라 국민의 기본권 보장 등의 헌법적 이념에 충실할 것을 요구한다. 즉, 경찰행정을 구속하는 법률은 국민의 의사를 반영하고 기본적 인권을 보호하기 위한 것이어야 함을 의미한다.

(5) 법률의 지배 내용

① 법률의 법규창조력, ② 법률의 우위, ③ 법률의 유보 등이 지켜져야 한다.

2) 경찰행정법의 구성

(1) 경찰조직법

경찰행정을 운영하는 조직이나 기구에 관하여 규정한 법으로서 「정부조직법」, 「국가경찰과 자치경찰의 조직 및 운영에 관한 법률」, 「경찰공무원법」 등이 해당된다.

(2) 경찰작용법

경찰조직이 수행해야 할 경찰활동의 내용을 규정한 법을 말하고, 「경찰관 직무집행법」, 「경찰 직무 응원법」, 「수난구호법」, 「도로교통법」 등이 해당된다.

(3) 경찰구제법

경찰활동에 의해 불이익을 받은 국민의 권리구제절차를 규정한 법을 말하고, 「행정절차법」, 「행정심판법」, 「행정소송법」, 「국가배상법」 등이 있다.

2. 법치행정의 내용

1) 법률의 법규창조력(조직규범)

① 경찰은 국민의 권리제한이나 새로운 의무를 부과하는 경우에는 국회가 제정한 법률이나 법률의 위임에 의한 법규명령에 의해서만 규율할 수 있다. 법률의 수권이 없는 한 경찰을 비롯한 행정권은 스스로 법규를 제정하지 못한다.[1)]

② 모든 경찰기관의 활동은 조직규범(국가경찰과 자치경찰의 조직 및 운영에 관한 법률)에서 정해진 권한의 범위 내에서 행해져야 경찰기관의 행위가 되며, 경찰작용으로 인정된다. 여기에서 법규는 국민의 권리와 의무에 영향을 미치거나 그 범위를 확정하는 성문의 일반적·추상적 규범을 의미한다.

③ 경찰관이 경찰조직법상의 직무범위 이외의 행위를 하게 되면, 그 행위의 효과는 국가에 귀속되는 것이 아니라 경찰관 개인에게 귀속한다.

④ 그러나 오늘날에는 의회제정 법률 외에 행정법의 일반원칙(조리)이나 관습법도 법규성을 가지며, 심지어 행정규칙도 법규성이 인정되는 경우가 있다.[2)]

2) 법률의 우위(제약규범)

① 법률우위의 원칙은 어떠한 경찰활동도 그것을 제약하는 법률의 규정, 즉 제약규범에 위반해서는 안 된다는 것을 의미한다. 경찰작용은 경찰법규보다는 법률의 규정을 우선적으로 준수해야 한다.

② 국민에게 법의 취지에 저촉되는 명령은 금지된다.

---

1) 김남진, 앞의 책, p.32.
2) 홍정선, 앞의 책, p.29.

③ 경찰조직 내부에서도 법의 취지에 반하는 직무명령은 금지된다. 여기에서의 법률은 헌법, 형식적 의미의 법률, 법규명령 등 성문법과 행정법의 일반원칙(조리) · 관습법 등 불문법을 포함한 모든 법규범을 의미하며, 훈령과 직무명령 등 행정규칙은 포함되지 않는다.[3]

④ 법률의 우위는 행정의 성질과 관계없이 행정의 모든 영역에서 적용된다. 행정행위가 수익적 행위인가, 침익적 행위인가 가리지 않고 적용된다.

⑤ 행정이 기존의 법률을 침해하는 것을 금지하거나 법에 저촉되는 행정은 허용되지 않는다는 것을 강조하는 법치주의의 소극적 기능에 해당한다.[4]

3) 법률유보의 원칙

① 법률에 일정한 행위를 일정한 요건하에 수행하도록 권한을 부여하는 근거 규정이 없으면 경찰기관은 자기의 판단에 따라 자의적으로 독창적인 행위를 할 수 없다.

② 법률유보의 원칙은 권력적 · 침익적 작용일수록 강하게 요구되고, 수익적 · 비권력적 활동이나 서비스 활동에는 구체적 수권 없이 직무범위 내에서라면 활동이 가능하다.

③ 법률 우위의 원칙은 소극적으로 기존 법률의 침해를 금지하는 것이지만, 법률유보의 원칙은 적극적으로 행정행위를 할 수 있게 하는 법적근거의 문제이므로 법치주의의 적극적인 기능으로서 법률우위보다 중요한 원칙이다.[5]

제 2 절 경찰법의 법원

1. 의의

경찰법의 법원이란 경찰행정에 관한 법이 어떻게 성립하고 어떠한 형식으로 존재하는지에 대한 경찰의 조직 · 작용 · 통제에 관련된 법의 존재형식 또는 인식근거를 말한다. 이러한 의미의 법원은 일정한 형식을 갖춘 성문법과 일정한 형식이 없는 불문법으로 구분된다.

2. 경찰법의 성문법원

1) 헌법

① 「헌법」은 국가의 기본조직과 작용에 관한 기본법으로서 헌법전 중에서 행정의 조직이나 작용의 기본원칙을 정한 부분은 그 범위 내에서 경찰법의 최고법원이다.

② 「헌법」은 경찰법에 관한 명시적이고도 직접적인 규정을 두고 있지 아니하나 국민의 모든

3) 김남진, 앞의 책, p.32.
4) 박윤흔, 앞의 책, pp.35-36.
5) 위의 책, pp.35-36.

자유와 권리는 국가안보 · 질서유지 또는 공공복리를 위해 필요한 경우 법률로 제한할 수 있다고 규정한 「헌법」 제37조 제2항은 경찰법의 법원이다.[6)]

③ 「헌법」 제95조에 국무총리 또는 행정 각부의 장은 소관 사무에 관하여 법률이나 대통령령의 위임 또는 직권으로 총리령 또는 부령을 발할 수 있다는 규정은 경찰법의 법원이 될 수 있다.

2) 법률

국회에서 제정한 경찰행정과 관련된 성문의 법률로서 경찰행정의 가장 중요하고 중심적인 경찰법의 법원이다. 경찰행정의 법원으로서의 법률은 일반경찰법과 특별경찰법으로 구분된다.

3) 조약 및 국제법규

(1) 근거

① 「헌법」 제6조에 의해 '체결 · 공포된 조약'과 '일반적으로 승인된 국제법규'는 국내법과 동일한 효력을 가진다.

② 조약이나 국제법규가 적용되기 위해서 별도의 국내법을 제정할 필요가 없다.

③ 조약의 동의 또는 비준은 그 내용 전체에 대하여 하여야 하며, 일부내용에 대하여는 할 수 없다. 조약의 국제법적 효력은 국회의 동의가 필요 없고 대통령의 비준만으로 발생한다. 국내법적 효력은 국회의 동의와 대통령의 비준 후에 그 효력이 발생한다. 따라서 국회의 동의를 얻지 못한 조약은 국내법적으로 효력을 상실하나 국제법적으로는 효력을 상실하지 않는다.

(2) 국내법과의 충돌

국제법이 국내법과 충돌할 경우에는 법령에 특별한 규정이 없으면 신법우선의 원칙 및 특별법 우선의 원칙에 의해 해결한다. 또한 국제법과 국내법이 각각 일반법의 신법과 특별법이 충돌하면 판례에 의하면 특별법이 우선한다.

4) 명령(행정입법)

(1) 개념

행정입법이란 행정권이 만드는 일반적 · 추상적인 규범을 의미하는 것으로 기술적 · 전문적 입법사항의 증대로 인한 의회입법의 한계, 사정변경에 신속하게 대응하기 위한 탄력적인 입법의 필요성, 지방별 · 분야별 특수사정을 고려한 입법의 필요 때문에 행정입법이 증대하고 있다.

(2) 종류

명령의 종류는 위임명령과 집행명령으로 구분되는 법규명령, 그리고 행정규칙으로 나누어진다.

---

6) 홍정선, 앞의 책, p.37.

(3) 법령의 시행일

① 대통령, 총리령 및 부령은 특별한 규정이 없으면 공포한 날부터 20일이 경과함으로써 효력을 발생한다.

② 국민의 권리제한 또는 의무부과와 직접 관련되는 법률, 대통령령, 총리령 및 부령은 긴급히 시행하여야 할 특별한 사유가 있는 경우를 제외하고는 공포일부터 적어도 30일이 경과한 날부터 시행되도록 하여야 한다.

5) 자치법규

(1) 조례

① 조례란 지방자치단체의 의회가 법령의 범위 안에서 지방자치권에 의거하여 제정하는 법규를 말한다.

② 원칙적으로 조례제정은 법률의 위임이 없어도 가능하다. 그러나 조례에 의해서 주민의 권리제한 또는 의무부과 사항이나 벌칙(과태료)을 규정하기 위해서는 반드시 법률의 위임이 있어야 한다.

③ 지방자치단체는 조례위반행위에 대하여 1천만원 이하의 과태료 부과는 가능하다.

④ 조례는 제주자치경찰의 법원으로 작용하지만, 과거와 달리 징역 또는 금고나 벌금 · 구류 · 과료 등의 형벌을 부과할 수 없으므로 국가경찰의 활동과는 특별히 관련되는 사항이 없다.

(2) 규칙

지방자치단체의 장이 법령 또는 조례의 범위에서 그 권한에 속하는 사무에 관하여 규칙을 제정할 수 있다(지방자치법 제29조). 규칙 역시 국가경찰의 임무수행과는 특별한 관련이 없다.

3. 경찰법의 불문법원

1) 관습법

(1) 개념

관습법이란 국민들이 어떤 관습에 따라서 장기적 · 계속적 · 반복적으로 행동한 결과, 그 관습이 국민 일반의 법적 확신을 얻어서 법규범으로 승인된 경우를 의미한다.

현실적으로 이러한 관습법은 성립 · 존속이 매우 어려우며, 성문법의 보충이나 해석을 위해 예외적으로 적용된다. 관습법을 구성하는 관행이 없어지거나 내용이 관행에 반하는 성문법이 나타나면 관습법은 소멸된다.[7)]

(2) 성립

① 관습법은 자연발생적으로 생성된 것이지 의도된 것은 아니므로 관습법의 성립에 국가의 승

7) 홍정선, 앞의 책, p.38.

인은 요구되지 아니한다.

② 관습법은 내용상 충분히 명확하여야 한다.

③ 관습법은 법률유보의 원리상 그 효과가 침익적인 경우에는 인정하기 어렵다. 즉, 관습법은 국민의 권리와 이익을 침해하는 경우에는 인정되기 어렵다.[8)]

(3) 효력

보충적 효력설에 의하면, 관습법은 성문법이 없는 경우에만 적용될 수 있는 보충적 효력만 인정된다.

(4) 유형

① 행정선례법

ⓐ 행정선례법은 성문법이 아니다. 「행정절차법」 제4조 제2항과 「국세기본법」 제18조 제3항에 '관행'에 따라 직무수행을 한다는 명문 규정이 있기 때문에 이를 근거로 '관행'을 행정선례법이라고 부른다.

ⓑ 행정선례법이란 행정기관의 취급이 수년간에 걸쳐 관행화하여 이루어진 관습법으로서 훈령・예규 또는 애매한 법규에 대한 해석에 반복하여 적용됨으로써 성립될 수 있다. 결국 직무수행과 관련된 관행 그 자체가 행정선례법이 되며, 행정선례법이라는 성문법이 없기 때문에 불문법이 된다.

ⓒ 행정선례법은 불문법으로서의 지위를 가지기 때문에 법률의 개정에 의해 그 효력을 부인할 수가 있지만, 법규성이 부정되는 훈령에 의한 행정선례법의 변경은 불가능하다.

② 민중관습법

민중관습법은 국민사이에 장기적・반복적으로 사용된 관행이 법으로 승인된 경우를 말하고, 변동성이 강한 현대사회에서는 민중관습법의 성립 가능성이 희박하다. 「수산업법」 제4조의 입어권, 「하천용수에 관한 관습법」이 민중관습법에 해당한다고 볼 수 있다.

2) 판례법

(1) 의의

① 판례법이란 유사한 사건에 대한 동일한 취지의 판결이 반복되어 그 내용이 법으로서 확신되는 경우를 말한다. 판례법은 실정법의 미비나 불비에 대한 보완 그리고 추상적인 내용의 구체화를 위해 필요하다.

② 실정법이 불확정 개념을 사용하고 있는 경우에는 판례법이 형성될 수 있으나 제소기간이나 공소시효처럼 실정법에 명문화되어 있는 확정개념에 대하여는 판례법이 형성될 수 없다.

---

8) 앞의 책, p.39.

(2) 효력

① 영미법계는 선례기속의 원칙이 인정되어 판례의 법원성이 인정된다. 대륙법계는 선례기속 원칙이 부정되고 상급심의 판결은 하급심에 대한 법적 구속력도 없다. 상급심의 판례는 당해 사건에 대해서만 하급법원을 구속하고 법원성이 부정된다.

② 우리나라는 대법원의 판결이 법원이라는 규정이 없고, 선례기속의 원칙이 인정되지 않는다는 점에서 판례의 법원성은 부정된다. 그러나 행정기관이나 사법기관이 법률의 해석과 적용의 실제에 있어서 원칙적으로 대법원의 판례에 따르지 않을 수 없다는 점에서 판례는 부분적이긴 하지만 사실상 실정법상으로도 법원의 성격을 갖는다 할 것이다. 한편, 헌법재판소의 위헌결정은 법원으로서의 성격을 갖는다.9)

3) 조리(행정법의 일반원칙)

(1) 의의

① 조리란 일반사회의 정의감에 합치되는 보편적 원리로서 인정되는 사물의 본질적 법칙 또는 법의 일반원칙을 의미한다.

② 조리는 성문의 법규는 아니라고 하여도 모든 법질서가 지향해야 할 윤리적 기초이기 때문에 기본적인 법규범으로서 법원의 성격을 갖는다. 경찰의 행위가 형식상 적법하더라도 조리에 위반할 경우에는 위헌 또는 위법의 문제가 발생하여 무효 또는 취소의 사유가 될 수 있다.

(2) 특징

① 조리는 법령 해석상 의문이 있는 경우에 해석의 기본원리로 작용하고 법령이나 관습법, 판례법이 없는 경우에 적용되는 최후의 보충적 법원으로서의 기능을 한다.

② 따라서 오늘날 일부의 조리에 대해서는 헌법을 지배하는 기본원리로서 중요성이 인식됨으로써, 헌법적 차원의 최후의 보충적 법원으로서 점차 성문화되어 가는 추세에 있다.

조리는 ① 행정법규 해석의 기본원리, ② 행정법의 법원, ③ 재량권의 한계설정, 즉 법률로부터 자유로운 행정의 한계설정 등의 기능을 한다.

(3) 위반의 효과

경찰관청의 행위가 형식상 적법하더라도 조리에 위반할 경우에는 위헌 또는 위법의 문제가 발생하여 무효 또는 취소의 사유가 될 수 있다.

(4) 유형

① 행정의 자기구속의 원칙

행정의 자기구속의 원칙이란 행정기관이 이미 행한 행정결정 또는 행정규칙의 구속을 받는다는 것을 말한다. 즉, 행정청이 상대방에 대하여 같은 사안에 있어서는 다른 사람에게 행한 결정과

---

9) 홍정선, 앞의 책, p.39.

동일한 결정을 해야 하고 동일한 규칙을 적용하도록 스스로 구속당하는 것을 의미한다.[10] 이 원칙의 인정근거는 평등의 원칙이다.

② 부당결부금지의 원칙

부당결부금지의 원칙이란 행정작용과 개인이 부담하는 급부, 즉 책임이행은 부당한 내적인 관련을 가져서는 아니 되고 또한 부당하게 상호 결부되어서도 아니 된다는 원칙을 말한다. 부당결부금시의 원칙은 법치국가원리와 자의금지의 원칙에서 나오므로 이 원칙은 헌법적 지위를 갖는다.[11]

이 원칙은 행정기관이 공권력을 행사할 경우에 그 행사와 관련이 없는 상대방의 반대급부(책임이행)와 결부시켜서는 안 된다는 사실을 강조한다. 예를 들자면, 2종 소형운전면허 소지자의 이륜자동차의 운전은 제1종 대형면허나 보통면허와는 아무런 관련이 없는 것이므로 이륜자동차를 음주운전한 사유만으로 제1종 대형이나 보통면허를 취소하거나 정지하는 것은 부당결부 금지의 원칙을 위반한 것이다.[12]

③ 비례원칙

비례원칙이란 경찰행정의 목적을 달성하기 위한 수단은 적합하고 필요하고 최소침해를 가져오는 것이어야 한다는 점을 강조한다. 경찰이 필요최소한도의 범위 내에서 경찰권을 발동할 경우에 경찰의 목적 달성의 이익과 상대방인 국민의 불이익은 균형을 이루어 비례관계가 형성된다. 예컨대, 범죄자 체포 시에 수갑만으로 체포할 수 있는 경우에는 경찰봉이나 전자충격기, 또는 총기를 사용하여서는 아니 된다는 것을 의미한다. 비례의 원칙은 적합성의 원칙, 필요성의 원칙, 상당성의 원칙을 포괄하는 의미이다.[13]

④ 신뢰보호의 원칙

신뢰보호의 원칙이란 경찰 등 행정기관의 법령이나 행정처분 기타 발표나 언동(명시적·묵시적 발표나 언동)에 대하여 국민이 신뢰하고 행동한 경우에는 보호해 주어야 한다는 원칙이다.

신뢰보호는 행정기관의 선행조치와 후행조치가 존재할 경우에 문제가 된다.[14] 즉, 행정기관의 선행행위의 처분과 후행행위의 처분이 서로 모순될 경우에 선행행위를 신뢰하고 어떤 행위를 한 사람은 보호되어야 한다는 것이 신뢰보호의 원칙이다. 영미법상의 금반언의 법리와 유사하며 신뢰보호의 원칙의 논리적인 근거로 법적 안정설만이 주장되고 있다.[15]

---

10) 박윤흔, 최신 행정법강의(상), 박영사, 2004, p.78.
11) 홍정선, 앞의 책, p.42.
12) 김남현 등, 경찰행정법, 경찰대학, 2000, p.27.
13) 홍정선, 앞의 책, p.41.
14) 박윤흔, 앞의 책, pp.75-76.
15) 홍정선, 앞의 책, p.42.

⑤ **평등원칙**

모든 국민은 법 앞에 평등하다. 누구든지 성별, 종교, 또는 사회적 신분에 의해 모든 영역에서 차별은 금지된다. 행정청은 합리적 이유 없이 국민을 차별해서는 아니 된다(행정기본법 제9조). 여기에서 평등은 일체의 차별적 대우를 부정하는 절대적 평등을 의미하는 것이 아니라 합리적 근거 없는 차별을 해서는 아니 된다는 상대적 평등을 의미한다. 예컨대, 당직시간에 4명의 경찰관이 화투를 치다 적발되어 3명은 견책, 1명은 파면의 징계를 받은 것은 평등의 원칙을 위배한 것이다.

4. 행정입법

1) 법규명령

(1) 의의

① 법규명령은 국회의 의결을 거치지 않고 행정부, 즉 대통령, 국무총리, 장관 등이 제정하는 일반적 · 추상적 규정으로서 법규의 성질을 가진다.

② 법규명령은 일반국민의 권리 · 의무에 관계되는 사항으로 국민과 행정청을 구속하고, 재판규범이 되는 행정입법을 말하며, 법률유보의 원칙 및 법률우위의 원칙이 적용된다. 대통령령은 시행령이라고 하고, 총리령 · 부령은 시행규칙이라고 한다.

(2) 위임명령

① **개념**

위임명령이란 상위법령에 의해 개별적 · 구체적으로 위임받은 사항을 보충하기 위하여 발하는 명령을 말한다.

② **목적과 입법사항**

위임명령의 목적은 법률의 내용 보충(보충명령)으로서, 입법사항은 국민의 권리 · 의무에 관한 새로운 입법사항을 규정할 수 있다. 법률의 명시적 수권이 필요하다.

③ **특징**

위임명령은 법규명령으로서 법규성(대외적 구속력)이 인정된다. 위임명령과 집행명령은 실제 입법의 경우에 하나의 법령에 혼합되어 있다.

④ **한계**

㉠ 일반적 · 포괄적 위임금지, ㉡ 국회 전속적 입법사항 위임금지, ㉢ 처벌규정(벌칙) 위임금지, ㉣ 전면적 재위임 금지

(3) 집행명령

① **개념**

집행명령이란 상위법령을 시행하기 위하여 필요한 절차나 형식 등 세부적 · 기술적 사항을 규

율하는 명령을 말한다.

② **목적과 입법사항**

집행명령의 목적은 법률의 집행 절차나 형식을 규정하는 것이며, 국민의 권리·의무에 관한 새로운 입법사항을 규정할 수 없다.

③ **수권사항**

집행명령은 법률의 명시적 수권이 요구되지 않는다. 집행명령 역시 법규명령으로서 법규성(대외적 구속력)이 인정된다.

④ **한계**

법률이나 상위명령의 위임이 없어도 제정할 수 있지만, 상위법령의 집행에 필요한 절차나 형식을 정하는데 그치므로 새로운 법규사항을 규정할 수는 없다.

(4) 성질 및 효력

① 양면적 구속력: 법규의 성질을 갖는 일반적·추상적인 규정으로서 양면적 구속력이 있어 발령자인 정부와 수명자인 일반국민을 구속하고 재판규범성도 있다.

② 대외적 구속력: 법규명령은 국민의 권리와 의무에 관계되는 것이므로 대외적 구속력을 가진다.

③ 위법성과 손해배상: 법규명령에 위반한 행정청의 행위는 위법행위로서 무효 또는 취소사유가 되고, 이로 인해 자신의 권익이 침해된 국민은 행정쟁송이나 국가배상을 통하여 권리를 구제받을 수 있다.

(5) 분류

① 형식(발동권자)에 의한 분류: 대통령령(시행령), 총리령·부령(시행규칙)이 있다.

② 내용(성질)에 의한 분류: 위임명령, 집행명령

(6) 효력발생 시기

특별한 규정이 없는 경우에 공포한 날로부터 20일을 경과함으로써 효력을 발생한다.

2) 행정규칙(훈령)

(1) 의의

① 훈령이라고도 하는 행정규칙은 행정조직 내부 또는 특별권력관계 내부에서 상급기관이 하급기관의 행정을 규제하기 위하여 사전에 하달하는 일반적·추상적 명령으로서 행정기관 내부에서 일면적 구속력만을 가지며, 법규의 성질을 갖지 않는 행정입법을 말한다.

② 행정규칙은 위반하면 반드시 위법이 되는 것은 아니며 내부적으로 징계벌(징계책임)의 원인이 된다.

③ 훈령은 기관을 구속하는 것이므로 구성원 변동에 관계없이 효력을 유지한다. 훈령은 하급기관의 공무원 개인에게도 구속력을 가지기 때문에 훈령은 동시에 직무명령의 성질도 가진다.

(2) 법규성

① 원칙

행정규칙은 행정기관이 행정조직 내부에서 상급기관이 하급기관에 대하여 그 조직이나 업무처리의 절차나 기준 등에 관하여 발하는 일반적 추상적 규범을 의미하므로 법규성이 부정되어 내부적 효력만 있고 대외적 효력은 없다(통설과 판례의 입장).

② 예외

재량준칙은 그 자체가 직접적으로 법규성이 있는 것은 아니나 재량준칙이 반복적으로 시행되어 행정관행이 성립한 경우, 평등의 원칙, 자기구속의 원칙을 매개로 하여 간접적으로 대외적인 구속력(법규성)을 갖는다는 것이 일반적인 견해이다(준법규성설).

③ 법령대위규칙(법령보충적 규칙)

법령보충적 행정규칙은 법률의 내용이 일반적이어서 구체화가 필요하여 법령의 위임을 받아 그 구체적인 내용을 훈령 혹은 고시 등의 형식을 취하여 제정한 것으로서 행정규칙 형식의 법규명령이라고도 한다. 형식은 행정규칙이지만, 내용상 법령을 대신하거나 보충하는 것이라면 법규성이 있는 것으로 본다(판례).

(3) 한계

① 내용적 한계

행정규칙으로 국민의 권리 · 의무에 관한 사항은 규정할 수 없다.

② 법치주의 한계

행정규칙에도 법률 우위의 원칙은 적용되므로 목적달성에 필요한 한도 내에서만 제정이 가능하다. 다만, 법률의 근거 없이도 제정이 가능하므로 법률유보원칙은 적용이 안 된다.

(4) 유형

① 내용에 따른 유형

㉠ 행정조직 내부에서 기구의 설치 · 조직이나 내부적 권한분배 등을 규율하는 조직규칙, ㉡ 상급기관이 하급기관 및 그 구성원의 근무에 대하여 규율하는 근무규칙, ㉢ 영조물의 설치 · 관리 · 사용관계 등을 규율하기 위한 영조물설치 및 관리규칙 등의 유형이 대표적이다.

② 형식에 따른 유형

훈령, 고시, 예규, 일일명령, 지시

(5) 요건

① 성립요건

㉠ 주체: 정당한 권한을 가진 행정기관이 그 권한의 범위 내에서 발해야 한다. 하급관청의 권한에 속하는 사항이어야 하며, 하급관청의 직무상 권한행사의 독립성이 보장된 사항에 관한 것이 아니어야 한다.

㉡ 내용: 법령이나 상위규칙에 반하지 않고 수명자에 대해서는 복종의무의 한계 내의 것이어야 하고, 실현가능하고 명확하여야 한다.

㉢ 형식: 문서와 구두 모두 가능하다.

㉣ 절차: 일반적 절차는 없다.

② 효력요건

㉠ 시기: 특별한 규정이 없는 한 행정규칙은 성립요건을 갖춘 때에 그 효력을 발생하며, 적당한 방법으로 수명기관에 도달한 때부터 내부적 구속력이 발생하게 된다.

㉡ 형식: 공포라는 형식을 요하지 않는다.

3) 재량준칙

(1) 개념

하급행정기관이 재량처분을 함에 있어서 재량권행사의 일반적 기준을 제시하기 위하여 상급행정기관이 발하는 행정규칙이다. 즉 통일적인 재량행사를 위해 어떠한 방식으로 어느 정도의 재량을 행사할 것인가에 대한 기준을 정하는 행정규칙이다.

(2) 목적

재량준칙을 발하는 이유로서는 재량권 행사의 통일성, 예측가능성을 확보하고 자의적인 재량권 행사를 방지하는 데 있다.

(3) 근거

재량준칙은 별도의 법적 근거 없이도 제정이 가능하다. 따라서 재량준칙의 제정은 행정청에게 재량권이 인정되는 경우에만 가능하고, 행정청이 기속권만을 갖는 경우에는 인정될 수 없다.

(4) 효력

① 재량준칙은 원칙적으로 법규성이 없다. 따라서 재량준칙 대로 재량을 행사하지 않아도 재량행사의 위반이 아니다.

② 예외적으로, 평등의 원칙과 행정의 자기구속의 법리를 매개로 하여 간접적으로 대외적 효력을 갖는다는 것이 일반적인 견해이다. 즉, 재량준칙대로 특정한 내용의 적법한 행정작용이 반복되어 행정관행이 생긴 후에는 행정청이 합리적 이유 없이 재량준칙에 따른 관행에 위반된 행위를 하여서는 아니 된다.

만일 행정청이 관행이 성립된 재량준칙에 위반한 경우 손해(차별)를 입은 상대방은 행정규칙(재량준칙) 위반이 아니라 평등의 원칙, 자기구속 원칙의 위반을 이유로 위법성을 주장할 수 있다(대판 2013.11.14., 2011두 28783).

4) 법규명령과 행정규칙의 비교

(1) 근거

법규명령은 상위법령의 근거 필요, 특히 법규명령 중 위임명령은 원칙적으로 헌법 제75조와 헌법 제95조에 따라 법률이나 상위명령에 개별적인 수권규범이 있는 경우에만 규정이 가능하다. 반면, 행정규칙은 상위법령의 근거 불요, 즉 법률의 위임이 요구되지 않는다.

(2) 형식

법규명령은 문서에 의한 요식행위이며, 보통 문서의 형식을 취하나 말로도 가능하다.

(3) 규정내용

법규명령은 국민의 권리와 의무관계를 규율하며, 행정규칙은 기관 내부규칙과 재량행사의 지침을 그 내용으로 한다.

(4) 효력발생 시기

법규명령은 특별규정이 없으면 공포일로부터 20일 경과 후 효력이 발생되고, 행정규칙은 하급기관에 도달만 하면 효력이 발생되고 공포절차는 요구되지 않는다.

(5) 법규성

법규명령은 법규성이 인정되어 경찰기관과 모든 국민을 구속한다. 행정규칙은 원칙적으로 법규성이 인정되지 않는다. 재량준칙의 경우에 예외적으로 법규성이 인정된다.

(6) 구속력

법규명령은 대내적 · 대외적 구속력이 인정된다. 행정규칙은 대내적 구속력만 인정되고 대외적 구속력은 인정되지 않는다.

(7) 위반의 효과

경찰관의 법규명령에 대한 위반은 위법(무효 또는 취소 사유)행위이므로 행정소송의 대상이 된다. 행정규칙은 법규성이 없으므로 위반행위는 위법행위가 되지 않고 적법 유효하나 징계책임의 대상이 된다.

(8) 한계

법규명령은 법률우위원칙 및 법률유보의 원칙이 적용된다. 반면에 행정규칙은 법률우위의 원칙이 적용되지만, 법률유보의 원칙은 적용되지 않는다.

(9) 공통점

법규명령과 행정규칙은 모두 대내적 구속력이 있다.

5) 훈령과 직무명령

(1) 훈령권

① 개념 및 성격

훈령이란 상급경찰관청이 하급경찰관청이나 보조기관의 권한행사를 일반적으로 지휘하기 위하여 상당한 장기간에 걸쳐 발하는 명령을 말한다. 일반적으로 예방적 감독수단이나 교정적 감독수단으로 행사되는 성격을 가지고 있다. 훈령권은 지휘권이라고도 하며 감독권의 당연한 결과로서 개별적인 법령의 근거를 요하지 않는다.

② 법적 성질

훈령은 일반적·추상적 법조문의 형식으로 되어 있으나 원칙적으로 경찰조직 내부관계에서 하급경찰관청의 권한 행사를 지휘하기 위하여 발해지는 것으로서 법규의 성질을 갖지 않는 행정규칙이다. 따라서 훈령은 행정조직 내부에서 특별권력관계에 복종하는 구성원과 하급경찰관청을 구속할 뿐 일반국민에 대한 대외적 구속력은 없다.

그러나 예외적으로 실질적 내용이 법규명령인 훈령은 법규성이 인정되어 대외적 효력을 가진다는 것이 다수설이다.

③ 종류

ⓐ 협의의 훈령: 상급경찰관청이 하급경찰관청의 권한행사를 상당히 장기간에 걸쳐 일반적으로 지휘하기 위하여 발하는 명령을 말한다.

ⓑ 지시: 상급경찰관청이 하급경찰관청에 대하여 개별적·구체적으로 발하는 명령을 말한다.

ⓒ 예규와 일일명령: 예규는 행정관청의 직무수행의 통일성을 기하기 위하여 반복적으로 이루어지는 경찰사무의 기준을 제시하는 명령을 말하고, 일일명령은 당직·출장·휴가·특근 등의 일일업무에 관하여 발하는 명령을 말한다.

④ 형식

훈령은 특별한 형식을 요하지 않고 구두 또는 문서에 의해 상대방에게 통지함으로써 효력이 발생한다.

⑤ 내용

훈령은 원칙적으로 일반적·추상적 사항에 대해서 발해져야 하지만, 개별적·구체적 사항에 대해서도 발해질 수 있다.

⑥ **훈령의 요건**

ⓐ 형식적 요건

㉠ 훈령은 훈령권을 가진 상급경찰관청에 의해 발해져야 하고, 하급경찰관청의 권한행사에 속하는 사항이어야 한다.

㉡ 하급경찰관청의 권한행사의 독립성이 보장되어 있는 사항이 아니어야 하며, 법에 정한 형식과 절차가 있으면 이를 구비해야 한다.

ⓑ 실질적 요건

㉠ 훈령의 내용이 법령에 위반되지 않아야 하고 내용이 실현가능하고 명백해야 한다.

㉡ 내용이 적법하고 타당해야 하며, 공익에 적합해야 한다.

⑦ **하급기관의 심사권**

ⓐ 형식적 요건: 하급경찰관청은 훈령의 형식적 요건에 관해서는 심사할 권한이 있다. 상급경찰관청의 훈령이 형식적 요건을 갖추지 못한 경우에는 복종을 거부하여야 한다.

ⓑ 실질적 요건: 하급경찰관청은 훈령의 실질적 요건에 관해서는 심사할 권한이 없다. 그러나 훈령의 내용이 명백하게 범죄를 구성하거나 중대하고 명백한 하자가 있는 경우에는 복종을 거부하여야 한다. 이 경우 하급관청이 위법한 훈령에 복종하게 되면 훈령을 발한 상급관청은 물론 복종한 하급관청도 그 책임을 부담해야 한다.

⑧ **훈령위반의 효과**

ⓐ 대외적 효력: 훈령은 국민이나 법원에 대한 구속력이 없으므로 하급경찰관청의 법적 행위가 훈령에 위반하여 행해진 경우에 원칙적으로 그 행위는 위법이 아니며, 그 행위 자체의 효력에는 영향이 없다.

ⓑ 대내적 효력: 훈령은 행정조직 내부에서 하급관청의 행위를 기속하는 구속력이 있으므로 하급경찰관청이 훈령에 위반하여 권한을 행사한 경우에는 경찰공무원의 직무상 복종의무 위반이 문제가 되어 징계사유가 될 수 있다.

⑨ **훈령의 경합**

ⓐ 주관 상급관청과 주관이 아닌 상급관청이 서로 모순되는 훈령을 발한 경우에는 주관 상급관청의 훈령에 복종해야 한다.

ⓑ 서로 모순된 훈령을 발한 상급관청이 서로 상 · 하관계에 있는 경우 직근 상급관청의 훈령에 복종해야 한다.

ⓒ 서로 모순되는 둘 이상의 상급관청의 훈령이 경합할 경우 주관 상급관청이 불명확한 때에는 주관쟁의의 방법으로 해결해야 한다.

(2) 직무명령의 요건 및 심사

① 의의

상급공무원(상관)이 직무에 관하여 그 부하공무원에게 발하는 명령을 직무명령이라 한다. 직무명령은 직접적이든 간접적이든 직무에 관계되는 경우라면, 공무원의 사생활까지 규율할 수 있다.

② 성질

직무명령은 법규성이 없으므로 직무명령에 위반한 행위는 적법 유효하다. 다만, 직무명령 위반에 대해 징계의 사유는 될 수 있다.

③ 요건 및 심사

ⓐ 형식적 요건

㈀ 요건

ⅰ) 권한 있는 상관이 발하여야 하고, 부하공무원의 직무상 범위 내에 속하는 사항이어야 한다.

ⅱ) 부하공무원의 직무상 독립성이 보장되어 있는 사항은 제외되고, 법에 정해진 형식과 절차가 있으면 이를 구비해야 한다.

㈁ 심사

원칙적으로 형식적 요건에 대한 심사권이 있으므로 형식적 요건을 구비하지 못한 경우에는 복종을 거부하여야 한다. 공무원이 거부하지 않고 복종하게 될 경우에는 책임을 부담해야 한다.

ⓑ 실질적 요건

㈀ 요건

내용이 법령에 저촉되지 않고, 내용이 타당하고 공익에 적합해야 한다. 또한 내용이 실현가능하고 명확해야 한다.

㈁ 심사

ⅰ) 원칙적으로 실질적 요건에 대한 심사권이 없으므로 복종해야 한다. 다만, 직무명령에 복종하는 것이 중대하고 명백한 법규위반으로 당연 무효(위법) 또는 범죄구성시에는 심사할 수 있고, 복종을 거부하여야 한다.

ⅱ) 부당한 직무명령에는 자신의 의견을 진술할 수 있으며, 복종의무가 있다.

ⅲ) 위법한 직무명령에는 자신의 의견을 진술할 수 있으나 복종의무가 없다.

④ 경합

둘 이상의 상관으로부터 서로 모순되는 직무명령을 받았을 경우에는 직근상관의 명령에 복종하여야 한다.

6) 훈령과 직무명령의 비교

(1) 의의

훈령은 상급관청이 하급관청의 권한행사에 관한 명령이며, 직무명령은 상급공무원이 하급공무원의 직무수행에 관한 명령이다.

(2) 구성원 변동

훈령은 하급관청의 구성원에 변동이 있어도 그 효력에는 영향이 없다. 직무명령은 수명공무원 개인을 구속하므로 수명공무원의 변동이 있는 경우에는 당연히 효력을 상실한다.

(3) 규율범위

훈령은 하급경찰기관의 소관 사무만을 규율한다. 직무명령은 직무와 관련된 경우라면 경찰공무원의 사생활까지 규율 가능하다.

(4) 양자의 관계

훈령은 직무명령을 겸할 수 있다. 반면에 직무명령은 훈령의 성질을 가질 수 없다.

(5) 법적 근거

훈령과 직무명령 모두 법적 근거를 요하지 않는다.

(6) 공통점

① 특별한 형식을 요하지 않고 법령의 직접적 근거(수권) 없이도 발할 수 있다.
② 훈령과 직무명령은 모두 대외적 구속력은 없지만, 대내적 구속력은 있다.
③ 위반시에는 위법은 아니고, 징계의 사유가 된다.

제6장 경찰의 임무와 권한

제 1 절 경찰의 기본적 임무

1. 실정법상 경찰의 기본적 임무

실정법상 「국가경찰과 자치경찰의 조직 및 운영에 관한 법률」 제3조와 「경찰관 직무집행법」 제2조는 경찰의 임무 규정으로서 형식적 의미의 경찰작용을 법제화하고 있다.

실정법상 경찰의 임무규정

국가경찰과 자치경찰의 조직 및 운영에 관한 법률 (제3조)	경찰관 직무집행법 (제2조)
1. 국민의 생명·신체 및 재산의 보호 2. 범죄의 예방·진압 및 수사 3. 범죄피해자 보호 4. 경비, 요인경호 및 대간첩·대테러 작전 수행 5. 공공안녕에 대한 위험의 예방과 대응을 위한 정보의 수집·작성 및 배포 6. 교통의 단속과 위해의 방지 7. 외국정부기관 및 국제기구와의 국제협력 8. 그 밖에 공공의 안녕과 질서유지	1. 국민의 생명·신체 및 재산의 보호 2. 범죄의 예방·진압 및 수사 2의2. 범죄피해자 보호 3. 경비, 주요인사 경호 및 대간첩·대테러 작전 수행 4. 공공안녕에 대한 위험의 예방과 대응을 위한 정보의 수집·작성 및 배포 5. 교통단속과 교통 위해 방지 6. 외국정부기관 및 국제기구와의 국제협력 7. 그 밖에 공공의 안녕과 질서유지

이 임무규정에 의하면, 실질적 의미의 경찰개념에는 해당하지 않는 범죄의 수사 및 범인의 체포 등의 사법경찰작용과 비권력적 작용인 치안정보의 수집·보안경찰활동 등도 경찰기관의 소관 사무로 되어 있다.[1]

1) 김동희, 위의 책, p.176. 김남진, 앞의 책.

2. 임무의 범위

1) 공공의 안녕 · 질서에 대한 위험의 방지: 궁극적 목적

(1) 의의

공공의 안녕이란 일반적으로 객관적인 법질서, 즉 ① 국가의 법질서, ② 국가와 국가의 여러 기관의 존속과 기능의 무사온전성 · 불가침성, ③ 개인의 법익 및 권리에 대한 불가침성, 즉 개인의 생명 · 신체 · 건강 · 자유 · 명예와 재산의 무사 온전성 · 불가침성을 의미하는 것으로서 성문 규범의 총체를 말한다.

(2) 성격

공공의 안녕은 경찰의 위험방지의 보호대상으로서 개인과 관련된 것과 국가 등 집단과 관련된 것을 모두 내포하는 이중적 개념이다.

(3) 공공의 안녕의 3요소

① 법질서의 불가침성, ② 국가의 존립과 국가기관의 기능성의 불가침성, ③ 개인의 권리와 법익의 불가침성

2) 공공의 안녕의 3요소에 대한 구체화

(1) 법질서의 불가침성

① 공법적 질서

공법질서는 공공의 안녕의 제1요소로서, 공법적 질서에 대한 침해는 공공의 안녕에 대한 위험을 발생시키므로 원칙적으로 경찰권의 개입이 허용된다. 국가의 법질서에는 모든 성문 법 규정이 포함되나 단순한 행정규칙은 포함되지 않는다.

② 사법적 질서

㉠ 사법적 질서는 개인상호 간의 문제이므로 경찰의 민사개입금지의 원칙에 따라 경찰의 개입이 원칙적으로 금지된다(경찰공공의 원칙 또는 사적자치의 원칙).

㉡ 예외적으로 법적 보호가 적시에 이루어지지 않고 경찰의 원조 없이는 법을 실현시키는 것이 무효화되거나 사실상 어려워질 경우에는 예외적으로 경찰의 개입이 허용된다(보충성의 원칙). 이 경우 잠정적 조치만 가능하고 최종적 판단은 불가능하다.

(2) 국가의 존립과 국가기관의 기능성의 불가침성

① 국가의 존립

군대는 적국의 침입으로부터 국가의 존립을 보호할 의무를 지고 있는데 반하여, 경찰은 사회공공과의 관계에서 발생하는 무질서로부터 국가의 존립을 보호할 임무를 지고 있다.

② 국가기관의 기능

㉠ 국가의 존립을 위한 경찰의 임무는 국가목적적 치안유지 활동이라고도 하며, 경찰의 경비·수사·정보·보안·외사 기능이 이러한 임무를 수행한다.

㉡ 경찰은 공공의 안녕을 유지하기 위해서 국가기관의 기능성을 보호해야 한다. 국가기관의 기능성을 보장하기 위하여 공무원의 직무에 관한 죄, 공무방해에 관한 죄 등을 규정하고 있다. 즉 국회, 정부, 법원, 지방자치단체 및 이들에 속하는 모든 공적 기관의 정상적인 기능작동을 보호해야 한다.

㉢ 개인이나 집단이 행정관청이나 경찰기관의 활동에 대해 중대한 방해를 할 경우에 이는 공공의 안녕에 대한 위협으로 간주되며, 형법의 범죄구성요건을 충족시키므로 사법처리의 대상이 된다.

③ 활동범위

㉠ 국가기관의 기능보호를 위한 경찰활동은 형법적 가벌성의 범위에 국한되지 않는다. 위법행위가 형법상의 가벌성의 요건에까지 도달하지 아니한 경우에도 개인의 자유와 권리를 침해하지 않는 범위 내에서 경비·수사·정보·보안·외사 등 기본적 경찰활동을 할 수 있다.

㉡ 그러나 개인이나 집단의 행위가 범죄구성요건에 해당할 경우에는 「형사소송법」에 의한 수사권을 발동하여 범죄를 진압하고 수사해야 한다.

(3) 개인의 권리와 법익의 불가침성

① 보호법익

경찰은 개인 또는 집단의 경찰작용법을 위반한 행위로 인해 타인의 법익에 대한 침해 발생이 우려되거나 손해가 발생되었을 경우에는 경찰권을 발동할 수 있다. 개인적 법익은 인간의 존엄성·생명·신체·명예·자유·재산 등으로서 일반적으로 좁게는 형법상의 보호법익을 의미하지만, 사유재산적 가치 또는 무형의 권리도 보호하여야 한다. 따라서 개인의 이익에는 물리적인 것과 정신적인 것이 모두 포함된다.

② 활동범위

㉠ 민사문제에 관한 경찰의 관여는 경찰의 원조 없이는 권리가 무효화될 우려가 있을 때에만 경찰의 원조를 요청할 수 있다. 이 경우에도 예외적으로 경찰의 개입이 허용된다. 그것도 잠정적인 보호에 국한되고 종국적인 보호는 행할 수 없고, 최종적 보호는 법원에 의해 보호받아야 한다. 즉, 민사상의 문제에 대한 경찰권의 개입은 최후·최소수단에 그쳐야 한다는 보충성의 원칙이 적용된다.[2)]

㉡ 개인적 법익을 침해하는 행위가 「형법」이나 「행정법」 등의 공법규범을 위반할 경우 경찰은 잠정적 조치만 취해서는 안 되고 직접적으로 개입해야 한다.

---

2) 김성수, 개별행정법, 법문사, 2005, p.462.

㉢ 개인의 법익에 대한 침해가 재산거래나 계약 등과 관련된 민사법적인 질서에 관한 문제는 민사법원에 의해 보호되어야 한다. 민사작용과 경찰작용은 구별된다.

3) 공공의 질서

(1) 개념

공공의 질서는 한 개인으로서의 시민이 원만한 공동체 생활을 영위하기 위해 준수해야 할 불문규범의 총체를 의미한다. 국민이 지배적인 윤리규범을 잘 준수한다면 공공의 질서가 유지된다는 것이다. 따라서 공공질서는 공공의 안녕(성문규범)에 대한 보충적인 개념이다.

(2) 특징

① 유동성 · 상대성

공공질서의 개념은 지배적인 불문규범을 의미하므로 시대와 장소에 따라 변화하는 유동적 · 상대적 개념이다.

② 사용범위의 축소

불문화된 사회적 행동규칙과 가치관만을 포괄하는 공공질서의 개념은 성문화 추세에 따라 적용가능 분야가 점점 축소되고 있다.

③ 엄격한 합헌성 요구

㉠ 공공질서의 확대적용은 국민의 기본권을 침해할 우려가 있으므로 엄격한 합헌성이 요구된다.

㉡ 공공질서와 관련하여 경찰의 개입여부는 경찰의 재량에 맡겨져 있으나 이 경우에도 경찰관청의 의무에 합당한 재량행사가 있어야 한다.

④ 공공의 질서는 공중 속에서의 개인의 외부적 행위를 전제조건으로 하므로 외부에 표시되지 않는 신념이나 사상은 대상이 아니다.

⑤ 불문의 행위규율만이 공공의 질서에 속하므로 성문의 법규범에 위반되는 행위는 공공의 안녕에 관련되는 문제이다.

⑥ 공공의 질서를 구성하는 지배적인 윤리 · 도덕적 가치가 헌법과 법률을 위반하는 경우 결코 공공의 질서 내용이 될 수 없다. 따라서 공공의 질서에 대한 판단기준은 헌법이다.

4) 공공질서와 경찰권의 개입

① 시대상황의 변화에 따른 윤리적 · 도덕적 다원주의 또는 상대화 현상으로 인하여 공공질서라는 불문규범에 의해 경찰권을 발동하는 것은 원칙적으로 금지해야 한다는 견해도 있다.[3] 또한 공공질서는 법률유보의 원칙에 의해 국민의 자유가 제한될 수 있다는 논리와 조화되지 않는다.

② 그럼에도 불구하고 현실적인 경찰의 활동영역에서 공공질서와 관련되어 위험방지를 위해

---

3) 김동희, 행정법Ⅱ, 박영사, 2005, p.197-198; 김성수, 개별행정법, 법문사, 2005, p.464.

경찰권이 발동되는 사례는 자살, 동성애, 미성년자의 동거, 나체행위, 특정종교 모독행위, 타인의 무지나 미신을 이용하는 행위, 노숙행위, 에이즈환자에 대한 관여, 스와핑 등[4]에서 찾아볼 수 있다.[5]

3. 위험방지 임무

1) 위험의 개념

「경찰관 직무집행법」이나 일반조항 상의 위험이란 일반적인 생활 경험상 판단에 의할 때, 어떠한 행위나 상태가 방해를 받지 아니하고 진행되면 가까운 장래에 공공의 안녕에 손해를 초래할 가능성이 개개의 경우에 충분히 존재하는 상태를 말한다.

2) 위해 또는 장해

(1) 위해(손해)

위해(손해)란 경찰법에 의하여 보호받는 개인적·사회적 법익에 관한 정상적 상태의 객관적 감소를 뜻하며, 보호법익에 대한 현저한 침해가 발생한 상태를 말한다.

(2) 장해

장해는 사회적·개인적 법익에 대한 피해가 이미 발생하였고, 아울러 그 피해가 계속하여 존속함을 전제로 한다. 장해는 당연히 개별법에 의한 제거의 대상이 되며, 개별「경찰행정법」이나「형법」을 위반한 행위라면 사후적·진압적 차원의 경찰권 발동 또는 수사권을 발동할 수 있다.[6]

3) 위험의 현실성

(1) 구체적 위험

구체적 위험은 구체적 개개사안이나 구체적 사실에 관련되어 가까운 장래에 공공의 안녕질서나 개인의 생명·신체 및 재산에 대한 손해발생 가능성이 충분히 존재하는 경우를 의미하고, 경찰의 권력적 개입의 법적 요건이 된다.[7]

(2) 추상적 위험

추상적 위험은 구체적 위험의 예견가능성, 가설적이고 상상적인 위험의 경우를 의미한다. 즉, 구체적인 위험은 개개의 경우에 실제로 위험이 존재하는 경우이고, 추상적인 위험은 가설적 위험을 의미한다.[8]

---

4) 류지태, 행정법신론. 서울: 신영사, 2002, p.737.
5) Samuel Walker and Charles M. Katz, The Police in America, N.Y.: McGraw-Hill, 2002, pp.120-147; 서정범, 경찰법에 있어서의 공공의 질서의 개념, 경찰학연구, 제8호, 경찰대학, 2005, pp.8-28.
6) 김성수, 개별행정법, 법문사, 2005, pp.469-470.
7) 김동희, 행정법Ⅱ, 박영사, 2005, p.198.
8) 김동희, 앞의 책.

4) 위험의 인식

(1) 외관적 위험

① 경찰관이 위험의 존재에 대하여 의무에 합당한 사려 깊은 판단을 하여 경찰권을 발동하지만, 경찰권 발동이 이루어진 이후에 이러한 위험이 없었던 것으로 확인되는 경우가 발생하는데, 이를 외관적 위험이라 한다.9)

② 외관적 위험은 직법한 경찰개입에 해당하므로 손해배상의 문제가 발생하지 않으며 경찰관 개인에게 민·형사상 책임을 물을 수 없다. 다만, 국가의 손실보상 책임이 발생할 수 있다.

(2) 위험혐의 또는 위험의심

① 위험의심은 경찰이 의무에 합당한 사려 깊은 판단을 할 때 실제로 위험의 가능성은 예측되나 불확실한 경우를 말한다. 즉, 경찰이 정황을 객관적으로 판단할 때 개별 사안에 대한 위험이 의심되나 구체적인 자료나 정보를 근거로 한 조사가 이루어지지 않아 그러한 위험이 현실화될 것인지 불확실한 상황을 말한다.10)

② 경찰은 이러한 위험의심이 있는 경우 위험의 존재가 명백해 질 때까지 예비적인 위험조사 차원의 경찰개입은 정당화될 수 있다. 예비적인 조치, 즉 조사차원의 경찰개입에만 국한되어야 한다.

(3) 오상위험 또는 추정적 위험

① 추정적 위험이라고도 하는 오상위험은 경찰이 객관적으로 판단할 때 외관은 물론 혐의가 정당화되지 않음에도 단순히 주관적으로 위험의 존재를 잘못 추정한 경우를 말한다.11)

② 오상위험을 방지하기 위한 경찰의 개입은 위법하다. 따라서 경찰관 개인에게는 민·형사상 책임이, 국가에게는 손해배상 책임이 발생할 수 있다.

5) 위험과 경찰개입

① 경찰의 개입은 구체적 위험 또는 추상적 위험이 있을 때 가능하다.

② 위험은 경찰개입의 전제요건이다. 하지만, 위험이 보호를 받게 되는 법익에 대해 필수적으로 존재해야 하는 것은 아니다.

③ 가벌성의 범위 내에 이르지 않았더라도 국민의 자유와 권리를 침해하지 않는 범위 내에서 기본적인 경찰활동이 가능하다.

④ 사유재산적 가치 또는 무형의 권리도 보호의 대상이 된다.

---

9) 김성수, 개별행정법, 법문사, 2005, pp.468-469.
10) 앞의 책. p.469.
11) 김성수, 앞의 책, pp.467-468.

4. 범죄의 수사: 수사법정주의

1) 의의

범죄수사는 사법경찰작용으로서 「국가경찰과 자치경찰의 조직 및 운영에 관한 법률」 제3조와 「경찰관 직무집행법」 제2조는 범죄수사를 경찰의 임무로 규정하고 있다.

2) 수사법정주의

행정상의 경찰권 행사가 행정편의주의 원칙에 따라 "~할 수 있다"고 규정된 반면에 사법경찰작용에 관해서는 "~하여야 한다"고 규정하여 수사법정주의의 원칙을 천명하고 있다. 따라서 경찰관은 범죄행위가 있으면 친고죄 등 특별히 법으로 규정된 경우를 제외하고는 수사를 해야 할 의무가 발생한다.

3) 공공의 안녕 · 질서와 위험방지의 관계

경찰의 수사는 위험방지와 별개가 아니다. 경찰은 예방적으로 위험방지 조치가 가능할 뿐 아니라 위험이 현실화되어 범죄의 구성요건을 충족시키는 경우에는 수사활동도 가능하다. 따라서 양자는 일련의 과정 속에서 상호 연관되어 있다.

5. 치안서비스 제공

1) 적극적 서비스제공활동 요청

최근 21세기적 복지행정이 강하게 요구되면서 경찰행정 분야도 소극적인 위험방지를 위한 법집행적인 임무뿐만 아니라, 적극적인 서비스 제공 활동을 통해 국민에게 봉사하는 활동이 요청되고 있다.

2) 급부행정

사회복지국가 원리를 바탕으로 하여 사회구성원의 이익추구활동을 직접적으로 조장하는 배려적 활동을 말한다. 예컨대, 교통정보 또는 지리정보제공, 범죄신고자 보상금지급, 어린이 교통안전교육 등 다양한 서비스 제공 활동이 부각되고 있다.

6. 경찰의 관할

1) 개념

경찰의 관할이란 경찰이 권한을 행사할 수 있는 업무의 범위나 지역적 범위 그리고 인적 범위를 의미한다. 따라서 경찰의 관할은 경찰의 권한행사와 밀접한 관련이 있다. 또한 경찰의 관할은 경찰의 의무이기도 하다.

2) 사물관할

(1) 개념

경찰의 사물관할이란 경찰이 처리할 수 있고 또한 처리해야 하는 일정한 사무내용의 범위를 말한다.[12)]

(2) 특징

① 사물관할은 경찰조직법 및 작용법상의 임무규정, 즉 「국가경찰과 자치경찰의 조직 및 운영에 관한 법률(약칭 경찰법)」 제3조 및 「경찰관 직무집행법」 제2조에 규정되어 있는 경찰의 직무범위가 넓은 의미의 사물관할에 해당한다.

② 우리나라는 영미법계의 영향으로 범죄수사에 관한 임무가 경찰의 사물관할로서 인정되고 있으며, 작용법인 「경찰관 직무집행법」에 조직법적 임무규정이 포함되어 있다.

③ 특별법이 일반법에 우선한다는 원칙에 따라 특별경찰기관의 권한이 일반경찰기관의 권한에 우선한다. 즉 의회경찰이나 법정경찰이 그 관할 내에서는 보통경찰기관에 우선한다.

④ 경찰의 사물관할에 대한 위반은 경찰작용이 위법이라는 결과를 초래한다. 경찰의 임무규정 위반은 원칙적으로 무효이다. 또한 사물관할에 반하는 경찰명령 역시 무효이다.[13)]

⑤ 사물관할의 범위 내의 직무라고 해도, 국민의 자유와 권리에 개입하는 권력적인 작용을 할 경우에는 법치주의의 원칙상 법적인 구체적 수권이 요구된다.

⑥ 사물관할의 범위 중 중요한 부분은 공공의 안녕과 질서유지 임무이며, 이 임무는 경찰의 권력적·비권력적 작용 모두를 포함한다.

3) 토지관할(지역관할)

(1) 개념

광의의 경찰권이 발동될 수 있는 지역적 범위를 토지관할이라 한다. 토지관할은 원칙적으로 대한민국의 모든 지역이 해당되지만, 다른 행정관청이나 국제법적 근거에 따른 일정한 한계가 있다.

(2) 경찰관청의 토지관할의 한계

① 국회의장의 국회경호권

ⓐ 국회경호권은 국회의장의 지시를 받아 국회 내의 경위들이 의회경찰권을 행사한다. 의장은 필요시 정부에 국가경찰의 파견을 요구할 수 있고, 이 경우 파견된 국가경찰은 회의장 건물 밖에서 경호를 해야 한다(국회법 제144조). 국가경찰관의 증원이 필요한 경우에는 국회사무처와 협의하여 처리해야 한다.

---

12) 앞의 책, p.120.

13) 홍정선, 앞의 책, pp.120-121.

ⓑ 국회의원은 현행범인인 경우를 제외하고는 회기 중에 국회의 동의 없이 체포 또는 구금되지 아니한다(헌법 제150조). 국회 안에서 국회의원이 아닌 자가 현행범인일 경우에 경위나 국가경찰관은 이를 체포한 후 의장의 지시를 받으면 되지만, 국회의원이 국회 안에서 현행범인일 경우에는 의장의 명령 없이 체포되지 아니한다(국회법 제150조).

② 법원의 법정경찰권

법정에서의 질서유지권은 재판장이 행사하며, 재판장은 법정의 질서유지를 위하여 필요하다고 인정하는 때에는 개정 전・후를 불문하고 관할 경찰서장에게 경찰공무원의 파견을 요구할 수 있다. 이 경우 파견된 경찰관은 법정 내외의 질서유지에 관하여 재판장의 지휘를 받는다.

③ 치외법권 지역

ⓐ 외교사절의 공관과 외교관의 개인 주택은 국제법상 치외법권 지역이므로 경찰권이 개입될 수 없는 불가침 대상으로 외교사절의 동의 없이 출입할 수 없다. 이를 관사의 불가침이라 한다. 외교관의 관사에 대한 불가침에 준하여 외교사절의 승용차, 보트, 비행기 등 교통수단도 불가침의 특권을 가진다.[14)]

ⓑ 경찰상의 상태책임과 관련하여 화재나 전염병의 발생 등과 같이 공안을 위하여 긴급을 요하는 경우에는 사절의 동의 없이도 공관에 들어갈 수 있는데 이는 국제적 관습으로 인정되고 있다.

④ 미군영 내 시설 및 구역 내부 경찰권

ⓐ 미군 당국은 그 시설 및 구역 내에서 범죄를 행한 모든 자를 체포할 수 있다. 그리고 미군 당국이 동의한 경우와 중대한 죄를 범하고 도주하는 현행범인을 추적하는 때에는 예외적으로 대한민국 경찰도 미군 시설 및 구역 내에서 범인을 체포할 수 있다.

ⓑ 한편, 한국 경찰이 체포하려는 자로서 한미행정협정 대상이 아닌 자가 미군 시설이나 구역 내에 있을 때에는 한국 경찰이 요청하는 경우에 미군 당국은 그 자를 즉시 체포하여 한국경찰에 인도해야 한다.[15)]

4) 인적 관할

인적 관할은 광의의 경찰권이 어떤 사람에게 적용되는가의 문제, 즉 경찰권 적용의 인적 대상을 의미한다. 경찰권은 원칙적으로 국가의 일반 통치권에 복종하는 모든 사람, 즉 자연인・법인・내국인・외국인을 불문한 모든 사람에게 적용된다.

그러나 국내법적으로는 대통령과 국회의원, 국제법적으로는 외교사절과 주한 미군(SOFA협정)에 대한 일정한 제한이 있다.

---

14) 김남현, 앞의 책, pp.45-48.
15) 위의 책.

7. 경찰의 기본이념

1) 개념

경찰의 기본이념이란 경찰조직이 추구해 나가야 할 기본적인 가치·방향을 의미하며, 경찰이 직무수행 활동 중 직면하게 되는 의사결정과정에서 합리적이고 공정한 판단기준으로 작용한다.

2) 종류

(1) 민주주의와 확보방안

경찰권은 국민에게 있고 모든 경찰권은 국민으로부터 나온다. 따라서 경찰의 경찰권 행사는 국민의 참여와 통제하에 이루어져야 한다.

① 대외적 민주화 방안

국민의 경찰에 대한 민주적 통제와 참여정치의 보장(경찰위원회제도, 국민감사청구제도)과 경찰활동의 공개(공공기관의 정보공개에 관한 법률, 행정절차법) 등이 있다.

ⓐ 정보공개의 원칙(정보공개법 제3조): 공공기관이 보유 관리하는 정보는 국민의 알권리 보장 등

을 위하여 이 법에서 정하는 바에 따라 적극적으로 공개하여야 한다.

ⓑ 감사청구권(부패방지법 제72조): 18세 이상의 국민은 경찰의 사무처리가 법령 위반 또는 부패행위로 인하여 공익을 현저히 해하는 경우 대통령령으로 정하는 일정한 수(300명) 이상의 국민의 연서로 감사원에 감사를 청구할 수 있다.

② 대내적 민주화 방안

경찰조직 내부의 적절한 권한분배와 경찰관 개인의 참여의식 등 민주적 의식이 확립되어야 한다.

(2) 법치주의와 실현방안

법치주의란 행정작용은 법률에 위반되어서는 아니 되며, 국민의 권리를 제한하거나 의무를 부과하는 경우와 그밖에 국민생활에 중요한 영향을 미치는 경우에는 법률에 근거하여야 한다(행정기본법 제8조).

① 재량권 일탈·남용금지(행정기본법 제21조)

행정청은 재량이 있는 처분을 할 때에는 관련 이익을 정당하게 형량하여야 하며, 그 재량권의 범위를 넘어서는 아니 된다.

② 비례의 원칙 준수(행정기본법 제10조)

행정작용은 행정목적을 달성하는데 유효하고 적절해야 하며, 행정목적을 달성하는 데 필요한 최소한도에 그쳐야 하며, 행정작용으로 인한 국민의 이익침해가 그 행정작용이 의도하는 공익보

다 크지 않아야 한다.

(3) 정치적 중립주의

① 「헌법」 제7조에서 경찰공무원의 정치적 중립을 규정하고 있으며, 「국가공무원법」 제65조에서도 공무원은 선거에서 특정정당 또는 특정인을 지지 또는 반대하기 위한 행위를 하여서는 아니 된다고 규정하고 있다. 또한 「경찰법」 제5조에서도 경찰은 국민 전체에 대한 봉사자로서 공정·중립을 지킬 것을 강조한다.

② 이를 위해 경찰공무원에게 정치운동금지 의무(국가공무원법)를 부과하고 있으며, 경찰의 정치적 중립을 보장하기 위해 공무원의 신분보장과 직업공무원제를 채택하고 있다.

③ 의결기관으로서의 국가경찰위원회를 민간인으로 구성토록 한 것도 정치적 중립주의와 관련이 있다.

(4) 인권존중주의

① 모든 국민은 인간으로서의 존엄과 가치를 가지며, 행복을 추구할 권리를 가진다. 국가는 개인이 가지는 불가침의 기본적 인권을 확인하고 이를 보장할 의무를 진다(헌법 제10조).

② 인권존중주의는 수사경찰에게 더욱 중요한 이념으로서 「형사소송법」이 임의수사를 원칙으로 하고, 강제처분법정주의를 채택하고 있는 것도 피의자 등의 인권을 존중하기 위함이다.

(5) 경영주의

① 경찰경영의 궁극적인 목표는 국민만족을 넘어서 고객인 국민의 감동이다.

② 경영주의 실현 방안으로 성과급제도, 민원일괄처리제도(one-stop service), 원격서비스제도(On-line service) 등이 있다.

제 2 절 경찰권 발동의 근거

1. 법치행정

① 법치행정이란 경찰이 국민의 권리와 의무에 관계되는 권력적 작용을 행할 경우에 반드시 국민의 대표기관인 국회에서 제정한 법률에 따라야 한다는 것을 말한다. 법률적합성의 원리라고도 한다.

② 근대적 법치행정의 원칙은 법에 쌍면적 구속력을 인정하여 경찰을 비롯한 국가기관과 국민 모두에게 법을 준수할 책임을 지게하고 있다. 이에 반해 특별권력 내부에서 작용하는 훈령이나 직무명령은 국민에 대해서는 법적 효력이 없고 특정조직 내부 구성원에게만 적용되기 때문에 편면적 구속력만 인정된다.

2. 일반적 수권조항

1) 의의

① 경찰법상 「개괄조항」이라고도 하는 「일반조항」은 경찰권 발동의 근거가 되는 개별적인 법률규정이 없는 경우, 경찰권 발동의 일반적·보충적 근거가 될 수 있도록 일반적 위험방지 및 위해제거를 위한 포괄적 내용을 규정한 조항을 말한다.[16]

② 경찰권 발동을 위한 일반조항은 독일 「연방 및 주의 통일경찰법 표준안」 제8조의 규정에 의하면, "경찰은 공공의 안녕과 질서에 대한 위험을 방지하기 위해 필요한 조치를 취할 수 있다"라고 규정하고 있다.[17]

2) 필요성

일반조항은 다음과 같은 이유에서 그 기능과 필요성이 인정된다.[18]

① 개괄조항은 개별법적 수권조항이 없는 경우에 한하여 보충적으로 적용한다.

② 사회사정과 관념이 부단히 변하기 때문에 경찰권 발동의 요건이나 효과를 상세히 법으로 규정한다는 것이 기술적으로 불가능하다.

③ 개괄조항에 근거한 경찰권 발동에 관한 법원칙(조리상 한계)이 충분히 발달되어 있다.

④ 개괄조항의 확대해석·그에 근거한 권력남용 등은 법원의 심판을 통해 억제될 수 있다.

3) 독일 경찰법상의 일반적 수권조항

(1) 크로이츠베르크 판결

1882년 프로이센 상급행정법원의 「크로이츠베르크 판결」은 경찰관청이 일반수권규정에 근거하여 명령을 발할 수 있는 분야는 위험방지분야에 한정된다고 판시함으로써 일반적 수권조항의 존재를 긍정하고 정당화하는 계기를 제공하였다.

(2) 경찰법상의 근거

① 독일 경찰법상 일반조항을 법적으로 인정한 근거법은 1931년 「프로이센 경찰행정법」 제14조 제1항의 내용이다. 이 조항은 '경찰행정청은 법률의 범위 안에서 의무에 합당한 재량에 따라 공공의 안녕과 질서에 대한 위해로부터 사회전체와 개인의 보호를 위해 필요한 조치를 취할 수 있다'고 규정함으로써 일반적 수권조항에 의한 경찰권 발동을 법적으로 명문화하였다.[19]

② 1986년 제정된 「독일연방 및 주의 통일경찰법 표준안」 제8조 내지 제24조 역시 '경찰의 직무권한으로 특별히 규정하지 아니하는 한 공공의 안전이나 질서에 대한 개별적 위험을 방지하기

16) 김동희, 앞의 책, p.196.
17) 위의 책, p.196.
18) 김남진, 행정법Ⅱ, 법문사, 2005, pp.267-268.
19) 김성수, 앞의 책, 460-461.

위하여 필요한 조치를 취할 수 있다'고 규정함으로써 경찰권 발동의 일반적 수권조항을 법적으로 인정하였다.[20]

4) 한국의 「경찰관 직무집행법」상의 일반조항

한국의 「경찰관 직무집행법」 제2조 제7호는 '그 밖에 공공의 안녕과 질서유지'를 경찰직무의 범위에 포함시키고 있다. 이 규정이 경찰관의 경찰작용을 위한 일반조항(개괄적 수권조항)이냐에 대해 긍정설과 부정설이 대립하고 있다.

(1) 긍정설

① 입법기관이 미리 경찰권의 발동사태를 상정해서 모든 발동요건을 법률에 규정하는 것은 입법 기술상 불가능하다. ② 일반조항을 확대해석하거나 남용한 경우는 법원의 심판을 받는다. 즉, 일반조항의 내용을 이루는 불확정개념들은 학설과 판례를 통해 특정이 가능하다. ③ 일반조항으로 인한 경찰권의 남용 가능성은 조리상의 한계 등으로 통제 가능하다. 따라서 일반조항을 인정하는 경우에도 경찰권 행사의 조리상 한계를 인정하기 때문에 「경찰관 직무집행법」 제2조 제7호가 모든 경찰권의 행사에 대한 정당성을 부여하게 하는 것은 아니다. ④ 독일에서의 학설・판례가 일반조항을 인정하고 있다. ⑤ 일반조항은 개별법적 수권조항이 없는 때에 한하여 2차적 보충적으로 적용하면 된다.

(2) 부정설

① 경찰작용은 대표적인 권력적・침익적 작용으로서 법률유보 원칙의 엄격한 적용을 받음으로 경찰권의 발동에는 개별적 수권조항이 요구된다. ② 「헌법」(제37조 후단)은 국민의 자유와 권리를 제한하기 위하여는 법률로써만 가능하도록 규정하고 있다. 이 경우의 법률은 당연히 개별법적인 수권법이어야 한다. ③ 우리의 「경찰관 직무집행법」은 독일에서와 같이 "경찰은 공공의 안전이나 질서에 대한 개별적 경우에 존재하는 위험을 방지하기 위하여 필요한 조치를 취할 수 있다"는 명시적 규정을 두고 있지 않다. ④ 「경찰관 직무집행법」 제2조 제7호는 경찰권의 발동근거에 관한 개괄적 조항은 아니고 단지 경찰의 직무범위만을 정한 것으로 본질적으로 조직법적 성질의 직무규정이다.

3. 경찰재량

1) 경찰권 행사의 편의주의 원칙

경찰관청이 공공의 안녕질서에 대한 위험방지를 위해 경찰권을 발동할 때에 "할 수 있다"라는 경찰편의주의가 적용되는데, 이러한 경찰편의주의를 재량행위라 한다. 즉 경찰위반의 상태가 있는 경우에도 경찰은 반드시 경찰권을 발동해야 하는 것이 아니라 경찰권 발동의 여부 및 수단의

20) 김동희, 행정법Ⅱ, 박영사, 2005, 196.

선택에 있어서 당해 경찰관청의 의무에 합당한 재량에 의한다는 원칙이다.

2) 재량의 유형

(1) 결정재량

결정재량은 경찰관청이 법규가 허용한 경찰조치를 할 수도, 하지 않을 수도 있는 경우, 즉 경찰조치를 할 것인가 말 것인가의 여부에 대한 결정을 할 수 있는 재량행위를 말한다.[21]

(2) 선택재량

① 선택재량은 경찰관청이 법규가 허용한 복수의 경찰조치 중에서 어느 것을 선택할 수 있는 재량을 의미한다. ② 선택재량은 「경찰관 직무집행법」 제4조의 보호조치의 경우에 경찰이 정신착란자나 주취자 또는 자살기도자, 미아 · 병자 · 부상자 등에 대해 보건의료기관이나 공공구호기관에 구호조치를 요구하거나 경찰이 직접 경찰시설에 보호조치를 하는 선택적 조치를 할 수 있다는 측면에서 선택재량이다. ③ 결정재량은 재량권이 0 또는 1로의 수축상황에서는 재량권이 소멸하지만, 선택재량은 재량권이 0 또는 1로 수축되어도 원칙적으로 재량권이 소멸하지는 않는다.

3) 개인적 공권과 반사적 이익론

(1) 공권

개인적 공권은 개인이 자기의 이익을 위하여 국가에 대하여 일정한 행위를 요구할 수 있는 공법에 의하여 부여된 권리를 말한다. 오늘날 공권은 바로 개인적 공권을 말하고 법률상 이익이라고 한다. 경찰개입청구권은 바로 개인적 공권의 경우에만 인정된다.

(2) 반사적 이익

① 개인적 공권에 대비되는 개념이 바로 반사적 이익이다. 경찰기관이 법규에 의해 공익을 위한 경찰권 발동의 결과 개인이 어떤 이익을 얻게 되더라도 법(또는 재판)에 의한 보호를 받지 못하는 이익을 학문상 반사적 이익 또는 사실상의 이익이라고 한다.

즉 ㉠ 행정청의 의무가 존재하고, 또한 ㉡ 관련 법규범에 의해 사익보호성이 인정되면 이로 인한 이익은 공권이고, 이 요건 중 어느 하나라도 결여되는 경우의 이익은 반사적 이익이다.[22]

② 반사적 이익은 행정법규가 불특정 다수의 이익을 보호하는 과정에서 간접적으로 개인에게 돌아오는 사실상의 이익에 불과하고 공권이 아니라는 점에서 경찰이 그 개인의 반사적 이익을 보호하기 위해 경찰권을 발동할 법적인 의무가 없다.[23]

③ 공권(법률상 이익)이 행정소송을 통한 구제와 손해배상법상 보호의 대상이 되는데 반해 반사적 이익은 행정소송이나 손해배상을 통한 법적 보호를 받지 못한다.

---

21) 김성수, 개별행정법, 법문사, 2005, p.471, 김남진, 행정법Ⅰ, 2005, p.189.

22) 홍정선, 앞의 책, p.500.

23) 김남진, 행정법Ⅰ, 법문사, 2005, pp.94-95; 김남진, 개인적 공권과 반사이익의 구별, 시사법률신문, 2003.1.14; 최송화, 공권과 반사적 이익, 고시계, 1991, p.8; 김동희, 행정법Ⅰ, 박영사, 1997, pp.84-85.

4) 무하자 재량행사 청구권

① 과거에 경찰관청에게 재량이 부여되어 있을 때에는 개인의 청구권은 인정되지 않는다고 보았다. 그러나 오늘날에는 하자 없는 재량행사청구권의 법리가 일반적으로 받아들여지고 있다.

② 즉, 행정청에게 재량이 부여되어 있을 경우에 경찰관청에게는 하자 없는 재량행사의 법적 의무가 있고, 그에 대하여 개인은 경찰관청에 대하여 하자 없는 재량행사를 요구할 권리를 갖는다고 할 수 있는데, 이것이 무하자 재량행사 청구권의 법리이다.[24]

③ 따라서 무하자 재량행사 청구권은 하나의 개인적 공권이다. 경찰이 경찰편의주의에 의해 경찰권을 발동할 경우에도 개인은 경찰에 대해 하자 없는 재량행사를 요구하는 것이 법적으로 허용되기 때문에 이 범위 내에서 개인의 공권이 성립한다.

④ 무하자 재량행사 청구권은 선택재량과 결정재량에 모두 적용될 수 있으나 결정재량보다는 선택재량에 더욱 더 효과적으로 적용될 수가 있다. 선택재량은 경찰관청이 어떤 형태로든 행정처분을 해야 하는 경우이므로 행정처분의 선택 시에 하자 없는 재량행사를 청구하는 것은 공권으로서의 중요한 의미를 가진다.

4. 경찰개입 청구권: 재량권 0 또는 1로의 수축

1) 의의

① 경찰권의 발동 여부는 원칙적으로 경찰편의주의에 따른 재량사항이므로 평소에는 경찰개입 청구에 대하여 경찰개입의 의무가 존재하지 아니한다. 즉, 경찰개입청구권은 원칙적으로 반사적(사실상)이익(권리)에 해당되어 경찰의 개입의무가 존재하지 아니한다.

② 경찰권 발동은 경찰기관의 독자적인 판단에 의해 이루어지지만, 예외적으로 국민의 생명·신체·재산에 중대한 침해를 받을 우려가 있는 상황에서는 오지 하나의 결정(경찰개입 결정)만이 의무에 합당한 재량권 행사로 인정되는 경우에 경찰개입청구권을 인정해 줄 수 있다.[25]

③ 이와 같은 경찰권 발동 여부에 대한 결정재량이 0 또는 1로 수축되어 경찰권을 발동할 의무가 발생한 경우에 국민은 경찰개입청구권이 인정될 수 있으며, 경찰개입이 제대로 이루어지지 아니하는 경우 소송에 의한 손해배상도 가능하며, 이로 인해 개인적 공권의 확대를 가져오게 된다.

2) 경찰편의주의에 대한 예외

경찰위반의 상태가 있는 경우에도 경찰은 반드시 경찰권을 발동해야 하는 것이 아니라 발동의 여부 및 수단의 선택에 있어서 당해 경찰관청의 의무에 합당한 재량에 의한다. 그러나 재량권의 0 또는 1로의 수축 경우에는 경찰관청은 경찰권을 발동해야 하는 의무를 진다.

---

24) 위의 책, pp.99-100.
25) 홍정선, 앞의 책, p.96.

3) 요건

① 법익침해의 중대성(국민의 중대한 법익이 침해될 우려가 있는 경우), ② 상황의 절박성(목전의 상황이 매우 중대 · 긴박), ③ 개인적 공권 또는 법률상 보호이익의 성립, ④ 또한 다른 수단이 없는 보충성의 원칙이 적용된다.

4) 효과

(1) 재량행위의 기속행위화

재량권의 0 또는 1로의 수축은 재량행위의 기속행위로의 전환을 의미하고, 따라서 경찰권 발동의 결정재량이 부정된다. 이러한 상황에서는 경찰에게는 경찰권 발동의 의무가 발생하고 개인에게는 경찰개입 청구권이 인정된다.[26]

(2) 경찰개입 청구권발생

국민에게 경찰개입 청구권이 인정되며, 국민이 경찰개입 청구권을 행사했는데도 경찰이 경찰권을 발동하지 않으면 행정소송을 제기할 수 있다. 또한 경찰권이 발동되지 않아 국민에게 손해가 발생한 경우에는 국가배상(손해배상)청구가 가능하다.

5) 판례

(1) 독일의 행정판례

독일의 행정판례는 초기에 재량권의 0 또는 1로의 수축이 인정되기 위해서는 개인의 법익침해 위험의 절박성 또는 피침해법익의 중대성이 요건이었다. 그러나 그 요건은 점차 완화되어 피침해법익의 중대성에 관하여 판례는 비둘기 사육으로 인한 불편, 과도한 교통소음, 참기 어려운 교회의 종소리, 개인차고 앞의 불법주차 등도 재량권의 수축법리를 적용한 바 있다.

(2) 띠톱판결

1968년 8월 18일 독일 연방헌법재판소의 띠톱판결은 재량권의 0으로의 수축으로 인한 경찰개입청구권과 무하자 재량행사 청구권을 인정한 판례이다. 이 판결은 주거지역에 설치된 석탄제조업소에서 사용하는 띠톱에서 배출되는 먼지와 소음으로 피해를 받고 있던 인근주민이 행정청에 건축경찰상의 금지처분을 발할 것을 청구한 것에 대해 연방헌법재판소가 경찰개입청구권을 인정한 효시로 평가받고 있다.[27]

(3) 1 · 21사태(김신조 사건) 판례 등

① 경찰개입청구권은 임무수행을 태만히 한 경찰관에 대해 의무이행심판 및 부작위위법확인소송의 제기를 가능하게 하지만 한국에서는 의무이행 소송이 인정되지 않고 개인에 대한 국가배상

---

26) 김동희, 행정법Ⅱ, pp.232-233.
27) 김남현 등, 경찰행정법, 경찰공제회, 2000, p.154.

책임이 인정된 판례가 있다.

② 대법원은 1·21사태, 즉 김신조 사건시에 경찰관 등의 부작위로 사망한 개인에 대한 국가배상 책임을 인정하였고, 개인의 신변보호 요청에 대하여 이를 게을리 하여 피살당한 또 다른 사건의 경우에 국가의 배상책임을 인정을 하는 판결을 한 바 있다.

③ 또 다른 판례는 피해자가 살해되기 며칠 전 범죄신고와 함께 신변보호를 요청하고 가해자를 고소한 경우 관할 파출소 직원과 수사과 형사들은 가해자의 소재 파악과 신속한 수사를 진행해야 할 의무가 인정 된다고 판시하였다.[28]

제 3 절 경찰권 발동의 한계

1. 의의

경찰행정의 원리상 경찰권은 법령이 정하는 범위 내에서 합목적적으로 행사될 때 적법·타당한 것이 되고, 관련자들을 구속하게 된다. 이와 같이 경찰권의 행사가 적법·타당한 행위로서 효과를 발생할 수 있는 한계를 경찰권 발동의 한계라 한다.

2. 종류

1) 법규상 한계

(1) 의의

경찰작용은 법적인 근거 아래 법대로 이루어져야 한다. 특히 경찰작용은 국민의 자유와 권리를 제한하고 의무를 부과하는 등 전형적인 침익적 행정작용일 경우에 법률적 유보와 법률의 우위를 포함하는 행정의 법률적합성 원칙에 합치해야 한다.

(2) 판단의 자유와 구속

근거가 되는 경찰법규의 구성요건이 불확정개념을 사용하였다 하여도 그것이 경찰행정청에 판단의 자유를 부여하고 있는 것은 아니다. 다만, 판단여지가 인정되는 범위 안에서 경찰행정청에 판단의 자유가 주어진다. 경찰행정청에 재량을 부여하고 있다 하여도 그 재량은 의무에 합당하게 행사되어야만 적법한 것으로 인정된다.

2) 경찰권 발동의 조리상 한계

(1) 의의

침익적인 경찰권 발동이 법령에 근거가 있다고 하여도 경찰행정청이 법령의 근거 안에서 경찰

28) 대판 1974.7.26. 74다3, 대판 1998.5.26. 98다11635.

권을 아무런 제한 없이 자유롭게 발동할 수 있는 것은 아니다. 경찰권의 발동은 경찰법의 일반원리, 즉 조리에 따라 이루어져야 한다. 경찰법의 일반원리는 경찰법을 지배하는 법원이기 때문이다.

(2) 경찰 소극목적의 원칙

경찰소극목적의 원칙이란 경찰권은 사회공공의 안녕・질서에 대한 위해의 방지・제거라는 소극목적을 위해서만 발동될 수 있고, 복리증진이라는 적극목적을 위하여서는 발동될 수 없다는 원칙을 말한다.

(3) 경찰공공의 원칙

사회공공의 안녕과 질서유지에 직접적인 관계가 없는 개인의 사익에 관한 사항에 대해서는 경찰권은 원칙적으로 관여할 수 없고, 그것이 사회공공의 안녕과 질서에 영향을 미치는 경우에 한하여 그 범위에서만 발동될 수 있다.[29]

경찰공공의 원칙은 ① 사생활 불간섭 원칙, ② 사주소 불가침 원칙, ③ 민사관계 불간섭 원칙, ④ 사경제 불간섭 원칙 등으로 나누어서 설명된다.

① 사생활 불간섭 원칙

경찰은 사회공공의 안녕과 질서에 관계없는 개인의 사생활관계에 대해서는 간섭할 수 없다. 즉, 경찰은 개인의 의복이나 외형상 치장, 개인의 가정문제 등에 대해서 경찰권을 발동할 수 없다.

② 사주소 불가침 원칙

사주소는 헌법상 주거의 자유로 보호되는 영역이다. 경찰은 일반사회와 직접 접촉이 없는 개인의 사주소 내에서 일어나는 행위에 대해서는 침해하여서는 아니 된다. 개인이 사주소 내에서 나체로 있는 행위, 사주소 내의 청소, 가족예배 등은 경찰개입이 제한된다.

③ 민사관계 불간섭 원칙

민사상 법률관계의 형성・유지는 경찰권의 관여대상이 아니다. 그것은 공공의 안녕・질서에 위해를 가하는 것은 아니기 때문이다.

④ 사경제 불간섭 원칙

경찰은 원칙적으로 상품의 가격・품질, 영업의 종류・방법과 같은 사경제생활에는 관여하지 못한다. 공공의 안녕・질서와 관계가 없기 때문이다.

(4) 경찰비례의 원칙(과잉금지의 원칙)

① 의의

ⓐ 경찰비례의 원칙이란 경찰권 발동은 경찰목적 달성을 위한 수단과 당해 목적 사이에 합리적인 비례관계가 있어야 한다는 원칙을 말한다.

ⓑ 경찰비례의 원칙은 독일에서 경찰법상의 판례를 중심으로 발달하여 왔고, 오늘날에는 행정

29) 박윤흔, 행정법강의(하), p.328.

법의 모든 영역에서 적용되는 원칙으로 이해되고 있다.

ⓒ 경찰비례의 원칙이 충족되려면 경찰권 발동의 조건과 정도가 적합성(목적의 적합성), 필요성(최소침해의 원칙), 상당성(협의의 비례원칙) 등 3가지 원칙을 모두 충족해야 한다.

ⓓ 비례원칙에 위반한 국가작용은 항고소송의 대상이 되며 국가배상(손해배상)책임이 성립될 수 있다.

② 법적 근거

경찰상 비례의 원칙은"경찰권은 그 직무수행에 필요한 최소한도 내에서 행사되어야 하며, 그를 남용하여서는 안 된다"고 규정하고 있는 「경찰관 직무집행법」 제1조 제2항과 「헌법」 제37조 제2항이 법적 근거가 된다. 따라서 경찰상 비례의 원칙은 반드시 경찰법 원리상의 한계만은 아니고 실정법상의 원칙이기도 하다.

③ 경찰권 발동의 조건과 정도

ⓐ 적합성: 목적의 적합성 원칙

적합성 원칙이란 경찰기관이 취하는 경찰권 발동 수단이 의도하는 목적을 달성하기에 적합해야 한다는 원칙을 말한다. 수단이 적합하다는 것은 선택된 수단이 경찰목적 실현에 접근하는 것을 의미하고 완전한 실현을 요구하는 것은 아니다.

ⓑ 필요성: 최소침해의 원칙

경찰기관의 경찰권 발동 수단은 의도하는 목적달성에 가장 적합한 것 중에서도 필요하고도 최소침해의 결과를 가져오는 것이어야 한다. 따라서 이 원칙은 최소침해의 원칙 또는 가장 부드러운 수단의 원칙이라고도 한다.30)

ⓒ 상당성: 협의의 비례원칙, 공익>사익

㉠ 상당성의 원칙이란 경찰기관의 경찰권 발동으로 얻은 공익이 침해하게 되는 사익보다 우월하여야 한다는 원칙을 말한다. 이 원칙은 경찰권 발동의 목적과 관계자에 대한 불이익 사이에 적절한 비례관계가 있어야 한다는 것으로서, 경찰권 발동과 관련된 이익 사이의 적절한 비교형량을 요구한다.

㉡ 즉, "경찰은 대포로 참새를 쏘아서는 안 된다.", "버찌나무에 앉아 있는 참새를 쫓기 위해 대포를 발사해서는 안 된다."는 독일의 법언은 경찰비례의 원칙, 그중에서도 상당성의 원칙을 잘 대변해 주고 있다.31)

(5) 경찰책임의 원칙

경찰권 발동대상에 관한 원칙으로서, 원칙적으로 경찰위반의 상태(경찰상 위험)를 야기한 자, 즉 사회공공의 안녕과 질서에 대한 위험에 대하여 직접 책임을 질 자(경찰책임자)에 대해서만 발동될

30) 위의 책, p.339.
31) 김남진, 행정법Ⅱ, pp.279-280.

수 있고, 이와 관계없는 제3자에게는 발동할 수 없다는 원칙을 말한다.

(6) 보충성의 원칙

경찰상 즉시강제나 경비경찰의 발동영역에서 개인에게 불이익을 주는 공권력의 행사는 행정목적달성을 위하여 다른 수단이 없을 경우에는 최후의 수단으로 행하여야 한다.

한편, 협의의 행정경찰과 보안경찰의 접촉영역에서의 경찰권의 발동은 일반조항에 의거하여 작용함에 따라 타 관청의 작용 또는 타 법령에 의한 작용과 중복되는 면이 있을 수 있으므로 특별히 권한 있는 기관이 있으면 먼저 그 관청의 권한행사가 우선되며, 특별법이 있으면 그에 의한다는 원칙을 말한다.

(7) 경찰평등의 원칙

① 경찰권을 행사함에 있어서 성별, 종교, 사회적 신분 등을 이유로 하는 차별대우는 용인될 수 없다는 원칙을 말한다.

② 경찰권 행사의 방법에 대한 원칙이며 헌법상 원칙이다(헌법 제11조).

3. 경찰책임의 원칙

1) 의의

① 경찰책임의 원칙이란 경찰위반의 상태를 야기한 자, 즉 사회공공의 안녕과 질서에 대한 위험에 대하여 직접 책임을 질 자(경찰책임자)에 대해서만 발동될 수 있고, 이와 관계없는 제3자에게는 발동할 수 없다는 원칙을 말한다.[32]

② 다만, 예외적으로 긴급한 사태가 발생하여 법규상의 근거가 있는 경우에는 비책임자에 대하여도 경찰책임이 인정되는 경우가 있다.[33]

2) 경찰책임의 주체

① 경찰책임은 그 위험상태가 객관적으로 존재하기만 하면 인정된다. 따라서 행위자의 국적, 자연인·법인의 여부, 고의·과실·위법성의 유무, 위험에 대한 인식여부, 행위자의 행위능력과 불법행위능력, 형사책임능력, 정당한 권원의 유무 등은 모두 문제가 되지 않는다.[34] 예컨대, 발작으로 도로에 쓰러져 있는 환자, 붕괴 위험이 있는 축대의 소유자 등은 경찰책임이 있고, 팬들에게 둘러싸여 교통을 마비시킨 연예인에 대해서는 경찰책임이 없다.

② 지배자(보호자) 책임: 타인을 지배하거나 보호하는 자는 그 타인의 행위에 대해서도 책임을 진다.

---

32) 홍정선, 앞의 책, p.270.
33) 김성수, 개별행정법, 법문사, 2005, p.495.
34) 김동희, 행정법Ⅱ, 박영사, 2005, p.204.

③ 사법상의 법인뿐만 아니라 사법상 권리능력 없는 사단·재단도 경찰책임을 진다.

3) 경찰책임자

(1) 의의

경찰책임자란 경찰위반상태를 야기한자, 즉 사회 공공의 안녕과 질서에 대한 위험을 발생시킴으로써 이에 대하여 직접 책임을 질 사람을 말한다.

(2) 내용

① 자기의 생활범위 안에서 객관적으로 경찰위반상태가 발생한 경우 그에 대한 고의·과실의 존부와는 무관하게 경찰책임을 지게 된다.

② 자연인과 법인 모두 해당하며, 자기 지배범위에 속하는 한 타인의 행위 또는 물건의 상태에 대해서도 책임을 진다.

4) 경찰책임의 종류

(1) 행위책임

① 자기 또는 자기의 지배범위 내에 속하는 사람의 행위로 인해 사회공공의 안녕·질서에 위해를 야기한 자는 행위자로서 행위책임을 지게 된다. 특히 타인을 보호·감독할 지위에 있는 지배자가 피지배자의 행위에 대해 책임을 지는 경우를 지배자책임이라 한다. 즉 미성년자에 대한 친권자의 책임 및 피고용인에 대한 사용자의 책임 등이 바로 지배자 책임이다.

② 지배자 책임은 피지배자의 행위에 대해 대신 책임을 지는 대위책임이 아니라 자기의 지배범위 안에서의 발생한 사실에 대해 책임을 지는 자기책임의 성격을 가진다.[35]

③ 행위책임의 범위는 작위뿐만 아니라 부작위도 포함하며, 부작위의 경우에는 법적 작위의무가 존재할 때에만 의미가 있으며, 법적 의무 없는 단순한 부작위는 경찰법상 아무런 의미가 없다.

④ 행위책임은 풍속영업자의 사망에 의해 그 책임이 당연히 소멸되듯이 행위책임자의 부존재에 의해 소멸이 되며, 책임의 승계가 부정된다.

(2) 상태책임

① 물건 또는 동물의 소유자·점유자 기타 현실적인 지배권을 가지고 있는 자는 당해 물건 또는 동물로 말미암아 공공의 안녕·질서에 위해상태가 발생한 경우에 지는 책임을 상태책임이라 한다.[36]

② 상태책임은 물건의 소유권자와 사실상의 지배권자가 다른 경우에는 양자가 중첩적으로 경찰책임을 지지만, 위해상태의 효율적 제거의 측면에서 사실상의 현실적 지배권을 가지는 자(점유자나 관리자)가 우선적으로 책임을 지게 된다. 반드시 물건이나 동물에 대한 소유권 등 정당한 권

---

35) 김성수, 위의 책, p.205.
36) 위의 책, p.206.

원을 가지고 있는 자일 필요는 없다. 따라서 경찰기관은 당해 물건의 소유관계와는 관계없이 당해 물건을 현실적으로 지배하고 있는 당사자에게 경찰권을 발동할 수 있게 된다. 물건의 소유자는 통상적으로 2차적으로라도 경찰책임 대상이 된다.

③ 상태책임의 인정범위는 무제한적으로 확대될 수 있으며, 상태책임자는 그 원인 여하를 불문하고 언제나 전부 책임을 진다.

④ 그러나 경찰책임의 주체가 감당하여야 할 위험영역을 넘는 비정형적 사건에 의해 당해 물건의 위반상태가 발생한 경우에는 인과관계가 부정되어 물건의 소유권자에게 경찰책임이 귀속되지 아니한다. 즉 ㉠ 불가항력적인 자연재해 현상, ㉡ 도난당한 자동차의 사고에 대한 차주의 책임, ㉢ 적법하게 자동차를 주차시킨 이후에 주차금지표지판을 설치한 경우의 운전자의 책임 등은 책임을 물을 수 없다.

⑤ 상태책임은 사실상의 지배가 종료되거나 소유권 기타의 권리가 소멸되는 경우에는 그 소유권의 포기가 경찰책임을 면키 위한 목적이 아니라면, 원칙적으로 상태책임을 지지 아니한다.

(3) 혼합적(복합적)책임

① 혼합적 책임이란 하나의 위해가 다수인의 행위나 다수인이 지배하는 물건의 상태에 의해 생겨나거나 행위책임과 상태책임의 중복에 기인하는 경우를 말한다.

② 혼합적 책임 또는 다수자책임은 다수의 경찰책임자 중에서 누가 책임을 져야할 것이냐가 문제가 된다. 이러한 상황에서 경찰은 원칙적으로 의무에 합당한 재량에 의해 경찰책임자를 결정해야 하며, 비례성의 원칙에 따라야 한다.

③ 따라서 우선 위험방지의 효율성 기준에 따라 ㉠ 결정적인 위해를 유발한 자, ㉡ 위해를 가장 신속하게 그리고 효율적으로 제거할 수 있는 자에게 경찰권을 발동하여야 할 것이다.

④ 경찰책임은 ㉠ 시간상 최후의 자 또는 가장 중대한 원인을 제공한 자에게 부여되어야 하고, ㉡ 행위책임과 상태책임이 경합하는 경우에는 행위책임자에게 우선적으로 부여되어야 하며, ㉢ 하나의 책임을 가진 자보다는 동일인이 동시에 여러 개의 책임사유를 가진 자에게 우선 책임이 부여되어야 한다는 주장[37]도 가능하나 반드시 그렇게 해야 한다고는 볼 수 없고, 개별 사안에 관한 자료를 토대로 경찰의 의무에 합당한 재량에 의해 결정되어야 할 것으로 본다.

5) 경찰책임의 성립 · 경합 · 소멸

① 경찰책임은 고의·과실이 없는 때에도 성립한다.

② 행위책임이 인정되기 위하여 법상의 행위능력이나 책임능력은 요구되지 않는다.

③ 행위책임과 상태책임이 경합하는 경우는 일반적으로 행위책임이 우선한다.

④ 여러 명의 경찰책임자가 있을 경우 위반사항에 따라서는 경찰책임자 중 일부 또는 전체에 대하여 경찰권을 발동할 수도 있다.

---

37) 박윤흔, 앞의 책, p.334; 홍정선, 앞의 책, pp.330-331, 홍정선은 독일의 판례라고 한다.

⑤ 일부 경찰책임자에 대하여 경찰권을 발동한 경우 질서침해상태 또는 침해우려가 해소되지 않는 한 경찰권이 이미 발동된 책임자 이외 나머지 경찰책임자에 대한 경찰책임이 소멸되는 것은 아니다.

6) 경찰긴급권: 경찰책임의 예외

(1) 의의

경찰긴급권은 긴급한 필요가 있는 경우 경찰위반의 책임이 없는 제3자에 대해 경찰권을 발동하는 경우를 말하고, 경찰긴급권 또는 제3자에 대한 경찰책임이라고 한다. 즉 화재현장의 소화작업 동원, 고속도로 상에서 대형교통사고시 사고처리 동원, 위험물폭발이나 극단적인 혼잡 등의 기타 위험한 사태가 발생한 경우 사람들의 대피가 해당한다.

(2) 요건

① 긴급한 필요가 있는 경우(위반상태가 현존하고 급박할 것), ② 실정법상의 근거가 있는 경우, ③ 제1차적 경찰책임자에 대한 경찰권의 발동으로는 경찰상의 장애를 제거할 수 없을 때에만 보충적으로 허용된다. ④ 다른 방법에 의한 위해방지가 불가능할 것, ⑤ 제3자의 생명이나 건강을 침해하지 않을 것, ⑥ 제3자의 본래의 급박한 업무를 방해하지는 않을 것, ⑦ 위해방지를 위한 최소한에 그칠 것, ⑧ 일시적 · 임시적 방편에 그칠 것, ⑨ 제3자에게 손실이 발생한 경우에는 보상이 지급될 것 등을 요건으로 한다.[38]

(3) 내용

① 경찰긴급권에 대한 일반법은 존재하지 않으며, 개별법으로는 「소방기본법」, 「경범죄처벌법」, 「경찰관 직무집행법」, 「수난구호법」 등이 있다. 특히 「경찰관 직무집행법」 제5조의 경찰이 위험발생 방지를 위해 위험한 장소에 집합한 사람들에게 행사할 수 있는 경고 · 억류 · 피난 및 필요한 조치 발동 권한은 전형적인 경찰긴급권에 해당한다.

② 경찰긴급권에 의한 조치는 형법상의 긴급피난과 동일한 법리에 의한 것이다.

③ 경찰이 경찰긴급권에 의하여 예외적으로 경찰책임이 없는 자에게 경찰권을 발동하여 제3자에게 손실을 입힌 경우에는 반드시 보상해야 한다(경찰관 직무집행법 제11조의2).

38) 김남진, 앞의 책, p.274.

제4절 개별적 수권에 의한 표준조치

1. 의의

1) 경찰권 발동의 표준조치

「경찰관 직무집행법」은 경찰의 구체적인 직무범위를 규정함으로써 경찰권 발동의 남용이나 무분별한 행사의 방지를 도모하고, 아울러 공공의 안녕과 질서유지를 위한 구체적인 표준조치(표준처분)를 제시하고 있다.

2) 즉시강제의 수단

「경찰관 직무집행법」은 즉시강제의 일반법이라는 측면에서 경찰관 직무집행법상 즉시강제의 수단을 구분하면 다음과 같다.

① 대인적 즉시강제: ㉠ 불심검문(제3조): 학설대립, ㉡ 보호조치(제4조), ㉢ 범죄의 예방과 제지조치(제6조), ㉣ 경찰장구의 사용(제10조의2), ㉤ 분사기 사용(제10조의3), ㉥ 무기의 사용(제10조의4).

② 대물적 즉시강제: 임시영치(제4조 제3항)

③ 대가택적 즉시강제: 위험방지를 위한 출입 및 대간첩작전 지역 내 검색(제7조)

④ 대인적·대물적(혼합적)즉시강제: 위험발생의 방지조치(제5조)

2. 불심검문

1) 의의

「경찰관 직무집행법」 제3조 제1항에 의하면, 경찰관은 다음 각 호의 어느 하나에 해당하는 사람을 정지시켜 질문할 수 있다.

1. 경찰관은 수상한 행동이나 그 밖의 주위의 사정을 합리적으로 판단하여 볼 때, 어떠한 죄를 범하였거나 범하려 하고 있다고 의심할만한 상당한 이유가 있는 사람
2. 이미 행하여진 범죄나 행하여지려고 하는 범죄행위에 관한 사실을 안다고 인정되는 사람

2) 특징

불심검문은 즉시강제의 성질을 갖는다는 견해도 있으나 행정조사로서 경찰조사의 성질을 갖는다.[39] 즉, 불심검문은 범죄관련 여부에 대한 자료와 정보를 수집하는 조사행위에 해당한다.

39) 홍정선, 앞의 책, p.227.

3) 임의동행

(1) 요건

① 경찰관은 불심검문을 할 때 사람을 정지시킨 장소에서 질문하는 것이 그 사람에게 불리하거나 교통에 방해된다고 인정될 때에는 질문하기 위하여 가까운 경찰서나 순찰지구대, 파출소 또는 출장소(지방해양경찰관서 포함, 이하 경찰관서라 한다) 등에 동행을 요구할 수 있다. 이 경우 동행을 요구받은 사람은 그 요구를 거절할 수 있다(제3조 제2항).

② 질문을 하거나 동행요구 시 경찰관은 신분을 표시하는 증표(경찰공무원증)를 제시하면서 소속 및 성명을 밝히고, 질문이나 동행의 목적과 이유를 설명하여야 하며, 동행을 요구하는 경우에는 동행장소를 밝혀야 한다(제3조 제4항).

③ 불심검문 규정에 따라 질문을 받거나 동행을 요구받은 사람은 형사소송에 관한 법률에 따르지 아니하고는 신체를 구속당하지 아니하며, 그 의사에 반하여 답변을 강요당하지 아니한다(제3조 제7항).

(2) 성질(비강제성)

① 경찰관은 임의동행 시에 반드시 상대방의 동의나 승낙을 얻어야 한다. 당사자는 이때 동행요구를 거절할 수 있고, 또 동행 후에도 언제든지 퇴거의 자유가 있다.

② 상대방의 승낙을 얻지 못한 연행은 위법한 행위로서 상대방이 이에 항거하여 폭행・협박을 가하여도 공무집행방해죄를 구성하지 않는다.[40]

(3) 친지에게 고지 등

① 불심검문 대상자를 임의동행한 경우 경찰관은 동행한 사람의 가족 또는 친지 등에게 동행한 경찰관의 신분, 동행장소, 동행의 목적과 이유를 알리거나 본인으로 하여금 즉시 연락할 기회를 부여해야 하며, 변호인의 도움을 받을 권리가 있음을 알려야 한다(제3조 제5항).

② 피의자에 대한 조사과정이 아니므로 당해인에게 진술거부권을 고지할 필요는 없다. 그러나 범죄의 증거를 수집할 목적이라면 진술을 거부할 수 있음을 알려야 한다.

(4) 시간상 제한

① 경찰관은 임의동행 시 동행한 사람을 6시간을 초과하여 경찰관서에 머물게 할 수 없다(제3조 제6항). 6시간을 초과하여 계속 조사할 필요가 있어도 6시간을 초과하면 그 사람을 일단 경찰관서 밖으로 내보낸 후 다시 그 사람의 동의를 얻어 조사할 수 있다.

② 6시간이 경과하기 전이라도 동행사유가 소멸되면 즉시 내보내야 한다.[41] 경찰이 당해인을 6시간 동안 구금하는 것을 허용하는 것은 아니다.

40) 김성수, 앞의 책, p.475.
41) 홍정선, 앞의 책, p.234.

4) 흉기소지여부의 조사(제3조 제3항)

① 경찰관은 불심검문 대상자에게 질문 시에 흉기를 가지고 있는지 조사할 수 있다. 흉기소지 여부 조사는 당해인의 신체나 소지품에 대한 검색을 전제로 한다. 흉기소지 여부 조사는 영장 없이 위험방지를 위한 예방적인 처분으로서 강제조사의 성격을 가진다.42)

② 이때 조사의 대상은 흉기의 소지여부만을 조사하는 것으로 검사의 수단은 외표검사, 즉 착의를 가볍게 만지거나 가방 등을 두드리는 방법에 의하며 검사결과 흉기소지의 개연성이 클 경우 내부검사를 할 수 있다.

③ 이러한 한정된 목적범위 내에서도 필요한 최소한도 강제력의 행사가 허용된다. 여기서 흉기란 위험을 야기할 수 있는 일체의 물건으로서 무기 등을 포함하는 넓은 개념이다.43)

5) 불심검문의 방법

(1) 정지

① 정지는 경찰관이 거동수상자를 발견한 경우에 대상자의 본래 통행 행동을 경찰관 앞에서 일시적으로 멈추게 하는 경찰조치를 의미한다. 보행자의 경우는 구두나 경적 등을 통하여 가던 길을 멈추게 하고, 자동차나 자전거 등은 경적(호각)과 수신호를 통하여 정차시키고 경우에 따라서 하차시킬 수 있다.

② 정지는 원칙적으로 요구나 설득과 같은 임의수단에 의하나, 예외적으로 사태의 긴급성, 혐의의 정도, 필요성과 상당성 등을 고려하여 강제에 이르지 않는 정도의 유형력 행사가 허용된다 할 것이다.44) 그러나 유형력을 행사하더라도 그것은 질문을 위한 일시적 정지에 그쳐야 한다. 이에 불응하는 경우에 대한 강제수단은 없다.

(2) 질문

질문은 불심검문의 핵심으로서 정지와 동행요구는 질문을 위한 수단에 불과하다. 「경찰관 직무집행법」상의 질문이란 경찰관의 모든 질문이 아니라 동 법 제3조제1항의 목적을 위한 직무상의 질문만을 의미한다.45)

(3) 증표의 제시와 답변강요 금지

① 경찰관은 질문을 하기 전에 제복을 착용하고 있는 경우에도 상대방에게 신분증을 제시하고, 성명과 소속을 밝히고 불심검문의 목적·이유를 알려야 한다. 이를 불이행 시에는 위법한 직무행위가 되어 행정소송으로 국가배상의 원인이 될 수 있다.

② 피질문자는 자신의 의사에 반해 답변을 강요당하지 않는다.46) 「형사소송법」에 의한 강제처

---

42) 앞의 책, p.231.

43) 앞의 책, p.231.

44) 위의 책, p.189; 박윤흔, 행정법강의(하), p.362; 신동운, 형사소송법, 1993, p.55 참조.

45) 홍정선, 앞의 책, p.228.

46) 앞의 책, p.230.

분은 별개의 절차이다.

3. 보호조치 등(제4조)

1) 개념

① 경찰관은 수상한 행동이나 그 밖의 주위 사정을 합리적으로 판단하여 볼 때 다음 각 호의 어느 하나에 해당하는 것이 명백하고 응급구호가 필요하다고 믿을만한 상당한 이유가 있는 사람(이하 구호대상자라 한다)을 발견하였을 때에는 보건의료기관이나 공공구호기관에 긴급구호를 요청하거나 경찰관서에 보호하는 등 적절한 조치를 할 수 있다(제4조 제1항).

1. 정신착란을 일으키거나 술에 취하여 자신 또는 다른 사람의 생명·신체·재산에 위해를 끼칠 우려가 있는 사람
2. 자살을 시도하는 사람
3. 미아·병자·부상자 등으로서 적당한 보호자가 없으며 응급구호가 필요하다고 인정되는 사람, 다만, 본인이 구호를 거절하는 경우는 제외한다.

② 제1항에 따라 긴급구호요청을 받은 보건의료기관이나 공공구호기관은 정당한 이유 없이 긴급구호를 거절할 수 없다. 그러나 정당한 이유 없이 긴급구호를 거절하더라도 「경찰관 직무집행법」에는 처벌규정이 없다. 다만, 「응급의료에 관한 법률」에는 처벌규정이 있다.

2) 성질과 요건

① 보호조치는 대인적 즉시강제에 해당하나, 다만 긴급구호의 요청은 즉시강제에 수반한 후속적 조치로서의 사실행위에 해당한다.

② 보호조치는 원칙적으로 재량행위이나 구체적 상황, 즉 재량권의 0 또는 1로의 수축경우에는 기속성이 인정되어 반드시 보호조치를 해야 하며, 이를 위반할 때에는 국가배상책임이 인정되는 경우도 있다.47)

3) 대상자

(1) 강제보호

정신착란 또는 주취 상태로 인해 자기 또는 타인의 생명·신체와 재산에 위해를 미칠 우려가 있는 사람 및 자살을 기도하는 사람은 본인의 의사에 관계없이 강제보호 대상이다.

(2) 임의보호

미아·병자·부상자 등으로서 적당한 보호자가 없고 응급의 구호를 요한다고 인정되는 사람, 기타 기아(버려진 아이), 기아상태에 있는 사람, 임산부, 길을 잃은 병약한 노인 등은 임의보호의 대상으로서 이 경우에 구호대상자가 이를 거절하면 보호조치를 할 수가 없다.

---

47) 위의 책, pp.477-478.

4) 보호조치의 방법

(1) 긴급구호

긴급구호는 구호대상자를 보건의료기관 또는 공공구호기관에 구호를 요청하는 것으로서 긴급구호요청을 받은 기관은 정당한 이유 없이 이를 거절할 수 없다(제4조 제2항). 긴급구호대상자는 임의보호 및 강제보호 대상자 모두 대상이 된다.

(2) 경찰관서의 보호(24시간 이내)

① 경찰관은 제1항에 의하면, 긴급구호를 요하는 자를 발견한 때에 경찰관서에 보호할 수 있다. 경찰관서에서의 보호는 피구호자를 보호자나 관계기관에 인계할 때까지 또는 보호조치 사유가 해제될 때까지 경찰관서에 일시적으로 보호하여 구호의 방법을 강구하는 것으로서 일시보호조치는 24시간을 초과할 수 없다. ② 24시간 이내라 하여도 보호요건이 소멸되었다면, 소멸된 시점부터 보호할 수 없다. ③ 일시보호 대상자는 강제보호 및 임의보호 대상자 모두 포함하지만, 주로 정신착란자, 주취자, 자살기도자 등 강제보호 대상자들을 대상으로 한다.

5) 사후조치(제4조)

① 경찰관은 제1항의 보호조치를 하는 경우에는 지체 없이 구호대상자의 가족·친지 또는 그 밖의 연고자에게 그 사실을 알려야 하며, 연고자가 발견되지 아니할 때에는 구호대상자를 적당한 공중보건의료기관이나 공공구호기관에 즉시 인계하여야 한다.

② 경찰관은 제4항에 따라 구호대상자를 공공보건의료기관이나 공공구호기관에 인계하였을 때에는 즉시 그 사실을 소속 경찰서장이나 해양경찰서장에게 보고하여야 한다.

③ 일시보호조치에 대한 보고를 받은 소속 경찰서장 또는 지방해양경찰서장은 대통령령이 정하는 바에 따라 구호대상자를 인계한 사실을 지체 없이 당해 공공보건의료기관 또는 공공구호기관의 장 및 그 감독행정청에 통보해야 한다.

6) 임시영치(제4조 제3항)

① 경찰관은 제1항의 조치를 하는 경우에는 구호대상자가 휴대하고 있는 무기·흉기 등 위험을 일으킬 수 있는 것으로 인정되는 물건을 경찰관서에 임시로 영치하여 놓을 수 있다.

② 이는 보호조치 시에 피구호자가 휴대하고 있는 무기·흉기 등 위험을 야기할 수 있는 것으로 인정되는 물건을 경찰관서에 임시로 보관하는 대물적 즉시강제이다. 임시영치는 영장 없이 이루어지는 강제처분의 성격을 가진다.48)

③ 소속경찰관서의 장은 물건을 소지했던 자에게 임시증명서의 교부를 해야 하고, 영치물의 보관은 10일을 초과할 수 없다. 기간이 만료되면 그 물건을 소지했던 자의 청구에 의해 이를 반환한다. 그러나 임시영치된 물건이 다른 법률에서 몰수의 대상으로 규정되어 있다면, 그 물건은 반

48) 홍정선, 앞의 책, p.245.

환될 수 없다.

4. 위험발생의 방지

1) 법조문의 규정(제5조)

① 경찰관은 사람의 생명 또는 신체에 위해를 미치거나 재산에 중대한 손해를 끼칠 우려가 있는 천재, 사변, 인공구조물의 파손이나 붕괴, 교통사고, 위험물의 폭발, 위험한 동물 등의 출현, 극도의 혼잡 그 밖의 위험한 사태가 있을 때에는 다음과 같은 조치를 취할 수 있다.

1. 그 장소에 모인 사람, 사물의 관리자, 그 밖의 관계인에게 필요한 경고를 하는 것
2. 매우 긴급한 경우에는 위해를 입을 우려가 있는 사람을 필요한 한도에서 억류 또는 피난시키는 것
3. 그 장소에 있는 사람, 사물의 관리자, 그 밖의 관계인에게 위해를 방지하기 위하여 필요하다고 인정되는 조치를 하게 하거나 직접 그 조치를 하는 것

② 경찰관서의 장은 대간첩작전의 수행이나 소요사태의 진압을 위하여 필요하다고 인정되는 상당한 이유가 있을 때에는 대간첩 작전지역이나 경찰관서 무기고 등 국가중요시설에 대한 접근 또는 통행을 제한하거나 금지할 수 있다.

③ 경찰관은 제1항의 조치를 하였을 때에는 지체 없이 그 사실을 소속 경찰관서의 장에게 보고하여야 한다.

④ 대간첩작전이나 소요사태 진압을 위해 조치를 하거나 제1항의 조치보고를 받은 경찰관서의 장은 관계기관의 협조를 구하는 등 적절한 조치를 하여야 한다.

2) 성격

위험발생 방지는 경찰이 경찰 비책임자, 즉 공공의 안녕·질서에 대한 위험유발에 책임이 없는 사람에게 경찰조치를 취할 수 있으며, 대인적·대물적 즉시강제에 해당한다.49)

3) 수단

(1) 경고

경찰은 위험한 사태가 발생한 장소에 집합한 자, 사물의 관리자 기타 관계인에게 필요한 경고를 발할 수 있다. 경고는 그 장소에 집합한 자, 사물의 관리자, 기타 관계자에 대하여 위험이 존재한다는 것을 알리고 동시에 위험에 대비하도록 하는 행위로서의 지도·권고 등을 말한다.

(2) 억류 및 피난조치

경찰관은 특히 긴급을 요할 경우(위험이 목전에 급박한 경우)에는 위해를 받을 우려가 있는 자를 필요한 한도 내에서 억류하거나 피난시키는 조치를 할 수 있으며, 이는 필요한 한도 내에서 상대방의 의사에도 불구하고 실력행사가 가능하다.

---

49) 김남현 등, 앞의 책, p.348.

4) 조치명령 및 직접조치

(1) 조치명령

① 경찰관이 위해의 발생장소에 있는 자, 사물의 관리자 기타 관계인에게 위해방지 상 필요하다고 인정되는 조치를 하게 하거나 스스로 그 조치를 취할 수 있다.

② 경찰상 위험을 야기시킨 자가 아닌 제3자까지도 명령의 대상이 되며, 조치명령은 경찰하명에 해당한다.

(2) 직접조치

직접조치는 경찰관이 위해방지 상 필요하다고 인정되는 조치를 경찰관 스스로가 행하는 것을 말한다.

5. 범죄의 예방과 제지 및 위험방지를 위한 출입

1) 범죄의 예방과 제지

(1) 법문의 규정(제6조)

경찰관은 범죄행위가 목전에 행해지려 하고 있다고 인정될 때에는 이를 예방하기 위하여 관계인에게 필요한 경고를 발하고, 그 행위로 인하여 인명·신체에 위해를 미치거나 재산에 중대한 손해를 끼칠 우려가 있어 긴급을 요하는 경우에는 그 행위를 제지할 수 있다.

(2) 수단

① 경고

ⓐ 범죄행위의 실행 그 자체를 예방함을 목적으로 하는 것뿐만 아니라 범죄로 인한 피해의 발생을 예방하기 위해서 범죄행위로 나아가려고 하는 것을 중지하도록 하는 조치를 취할 수 있다. 경고의 방법에는 특별한 제한이 없다. 구두, 경적, 확성기 사용 등을 통해 할 수 있다.

ⓑ 범죄행위는 모든 형벌법령에 저촉되는 일체의 행위를 말하며, 범죄실행의 예비·음모의 직전도 해당한다 할 것이다. 여기에서 관계인은 범죄행위가 실행되려고 하는 사태에 직·간접적으로 관계가 있는 모든 사람을 의미한다.[50] 경고는 비권력적 사실행위로서 경찰지도의 성격을 가진다.

② 제지

ⓐ 경고와 제지의 목적은 범죄의 예방이 목적으로서 제지는 대인적 즉시강제의 수단에 해당한다. 제지단계는 목전에 행하여지려고 하는 범죄행위로 인하여 인명·신체에 위해를 미치거나 재산에 중대한 손해를 끼칠 우려가 있어 긴급을 요하는 경우에 해당한다.

ⓑ 제지는 물리적인 힘이나 경찰장구의 사용을 통해 강제적 중지 또는 중지하지 않을 수 없는 상태로 만드는 것을 의미한다.

---

50) 위의 책, p.362.

ⓒ 제지를 위해 반드시 사전에 경고를 거쳐야 하는 것은 아니다.[51] 제지의 대상은 범죄행위를 하려는 자 또는 범죄행위를 실행중인 자이다.

2) 위험방지를 위한 출입(제7조)

(1) 타인의 토지 · 건물 · 배 또는 차에 출입: 긴급출입

경찰관은 ① 인명 또는 신체에 위해를 미치거나 재산에 중대한 손해를 끼칠 수 있는 천재 · 사변 · 인공구조물의 파손이나 붕괴 · 교통사고 · 위험물의 폭발 · 위험한 동물 등의 출현 및 극도의 혼잡 그 밖의 위험한 사태가 발생하거나(제5조 제1항),

② 대간첩작전을 수행 중이거나 소요사태가 발생한 경우(제5조 제2항),

③ 범죄행위가 목전에 행해지려 하는 사태로 인하여 인명 · 신체 또는 재산에 대한 위해가 절박한 때에 그 위해를 방지하거나 피해자를 구조하기 위하여 부득이하다고 인정하면(제6조) 합리적으로 판단하여 필요한 한도에서 다른 사람의 토지 · 건물 · 배 또는 차에 출입할 수 있다(제7조 제1항).

④ 이를 긴급출입이라고 하며 이 경우에 타인의 토지 · 건물 · 선박과 차량 등에 대해 주 · 야를 불문하고 허용되며. 상대방의 동의를 요하지 않는다. 출입하는 시점에 타인이 반드시 토지 · 건물 · 배 또는 차 내에 있어야 하는 것은 아니다.[52]

⑤ 긴급출입은 상대방의 동의를 요하지 않는 강제조치로서 현실적 위해를 제거할 필요가 절박하기 때문에 사전에 경찰하명에 의하여 의무를 부과할 시간적 여유가 없을 때 발동되는 경찰상 대가택적 즉시강제이다.[53]

⑥ 배 또는 차에 대한 출입은 정차 · 정선도 포함한다. 긴급출입을 거부할 경우에 처벌조항은 없다할지라도, 경찰관의 적법한 출입을 폭행이나 협박으로 제지한다면 공무집행방해죄를 구성한다.

(2) 다수인 출입장소: 예방출입

① 흥행장 · 여관 · 음식점 · 역 그 밖에 많은 사람이 출입하는 장소의 관리자 또는 그에 준하는 관계인은 경찰관이 범죄의 예방 또는 인명 · 신체와 재산에 대한 위해를 예방하기 위하여 해당 장소의 영업시간이나 해당 장소가 일반인에게 공개된 시간에 그 장소에 출입하겠다고 요구하면 정당한 이유 없이 그 요구를 거절할 수 없다(제7조 제2항).

② 이를 예방출입이라고 하며 예방출입은 상대방의 동의를 요한다. 이 경우에 다수인이 출입하는 공개된 장소가 아니라는 이유 또는 영업 또는 공개시간이 아니라는 이유는 경찰관의 출입을 거부할 수 있는 정당한 이유에 해당된다.

③ 영업시간이나 공개시간이 경과한 후에 출입하는 경우에는 동법 제7조 제1항의 요건, 즉 위

51) 홍정선, 앞의 책, p.252.
52) 홍정선, 앞의 책, p.254.
53) 위의 책, p.356; 박윤흔, 행정법강의(하), p.369.

험한 사태가 발생하여 인명·신체 또는 재산에 대한 위해가 절박한 경우에 그 위해를 방지하거나 피해자를 구조하기 위해 부득이하다고 인정되는 요건이 갖추어져야 한다.

④ 예방출입은 대가택적 즉시강제가 아니라 경찰조사의 성질을 가진다.

(3) 신분증 제시(제7조 제4항)

경찰관은 예방출입이나 긴급출입을 불문하고 필요한 장소에 출입 시에 신분을 표시하는 증표를 제시하여야 하며, 함부로 관계인이 하는 정당한 업무를 방해해서는 아니 된다.

(4) 출입의 한계

위험방지를 위한 출입은 경찰행정상 목적, 즉 위험방지에 한정되므로 범죄수사나 기타 다른 행정목적, 즉 풍속의 단속을 위해서는 출입을 할 수가 없다.

(5) 긴급검색

경찰관은 대간첩작전 수행에 필요할 때에는 작전지역에서 제2항에 따른 장소, 즉 흥행장·여관·음식점·역 그 밖에 많은 사람이 출입하는 장소 등을 검색할 수 있으며, 공개된 장소에 한하여 법관의 영장이나 관계인의 동의 없이 주·야간을 가리지 않고 검색할 수 있다.

6. 사실의 확인 등

1) 사실의 조회와 확인(제8조 제1항)

경찰관서의 장은 직무수행에 필요하다고 인정되는 상당한 이유가 있을 때에는 국가기관 또는 공사단체 등에 대하여 직무수행에 관련된 사실을 조회할 수 있다. 다만, 긴급한 경우에는 소속 경찰관으로 하여금 현장에 나가 해당 기관 또는 단체의 장의 협조를 받아 그 사실을 확인하게 할 수 있다.

2) 출석요구(제8조 제2항)

① 경찰관은 다음 각 호의 직무를 수행하기 위하여 필요하면 관계인에게 출석하여야 하는 사유·일시 및 장소를 명확히 적은 출석요구서를 보내 경찰관서에 출석할 것을 요구할 수 있다.

1. 미아를 인수할 보호자의 확인, 2. 유실물을 인수할 권리자 확인, 3. 사고로 인한 사상자 확인, 4. 행정처분을 위한 교통사고 조사에 필요한 사실확인

② 출석요구에 불응한다고 하여 이를 강제할 수는 없다. 출석요구가 있다고 하여 출석의무가 발생하는 것은 아니고, 출석하지 않았다고 해서 처벌이 가해지는 것도 아니다. 출석요구는 단순히 개인의 협력을 구하는 경찰법상 사실행위에 해당한다. 따라서 출석요구는 출석요구서 뿐만 아니라 전화, 팩스로도 가능하다.

3) 요건

① 사실을 조회하려는 직무의 내용에는 제한이 없다. 「경찰관 직무집행법」 제2조에 규정된 직무규정에 해당하면 된다. 조회하려는 사항에도 특별한 제한이 없다.

② 조회의 방법은 서면이나 구두로도 가능하며, 조회의 상대방은 국가기관 또는 공사단체 등이다.

7. 정보의 수집 등

1) 법문의 규정(제8조의2)

① 경찰관은 범죄·재난·공공갈등 등 공공안녕에 대한 위험의 예방과 대응을 위한 정보의 수집·작성·배포와 이에 수반되는 사실의 확인 및 조사를 할 수 있다.

② 제1항에 따른 정보의 구체적인 범위와 처리기준, 정보의 수집 작성 배포에 수반되는 사실의 확인 및 조사의 절차와 한계는 대통령령으로 정한다.

2) 경찰관의 정보수집 및 처리 등에 관한 규정(대통령령 제31555호)

(1) 목적(제1조)

경찰관이 ① 수집·작성·배포할 수 있는 공공안녕에 대한 위험의 예방과 대응을 위한 정보의 구체적인 범위와 처리기준, ② 정보의 수집·작성·배포에 수반되는 사실의 확인절차 및 한계에 관하여 규정함을 목적으로 한다.

(2) 정보활동의 기본원칙(제2조)

① 국민의 자유와 권리를 보호하는 것을 목적으로 해야 하며, 필요 최소한의 범위에 그쳐야 한다.

② 경찰관은 정보활동과 관련하여 다음 각 호의 행위를 하여서는 안 된다.

1. 정치에 관여하기 위한 정보를 수집·작성·배포하는 행위
2. 법령의 직무범위를 벗어나 개인의 동향 등을 파악하기 위하여 사생활에 관한 정보를 수집·작성·배포하는 행위
3. 상대방의 명시적 의사에 반해 자료 제출이나 의견 표명을 강요하는 행위
4. 부당한 민원이나 청탁을 직무 관련자에게 전달하는 행위
5. 직무상 알게 된 정보를 누설하거나 개인의 이익을 위해 사용하는 행위
6. 직무와 무관한 비공식적 직함을 사용하는 행위

(3) 수집 등 대상정보의 구체적인 범위

1. 범죄자 관련 법령에 따라 통보되는 정보의 대상자인 수형자·가석방자의 재범방지 및 피해자의 보호에 필요한 정보, 2. 범죄의 예방과 대응에 필요한 정보, 3. 국가중요시설의 안전 및 주요인사의 보호에 필요한 정보, 3. 재난·안전사고 등으로부터 국민안전을 위한 활동에 필요한 정보, 4. 방첩·대테러 활동 등 국가

안전을 확보하기 위한 활동, 5. 집회·시위 등으로 인한 공공갈등과 다중운집에 따른 질서 및 안전유지에 필요한 정보, 6. 국민의 생명·신체·재산의 보호와 공공안녕에 대한 위험의 예방과 대응을 위한 정책에 관한 정보: 객관적이고 필요한 정보로 한정하며 이와 직접적·구체적으로 관련이 없는 사생활·신조 등에 관한 정보는 제외, 7. 도로교통의 위해방지 제거 및 원활한 소통확보를 위한 정보, 8. 경찰청장이 위탁받은 신원조사 또는 공공기관의 장이 법령에 근거하여 요청한 사실의 확인을 위한 정보, 9. 기타 제1호부터 9호까지에서 규정한 사항에 준하는 정보

(4) 정보의 수집 및 사실의 확인 절차

① 경찰관은 규정에 따라 정보를 수집하거나 정보의 수집·작성·배포에 수반되는 사실을 확인하려는 경우에는 상대방에게 자신의 신분을 밝히고 정보수집 또는 사실확인의 목적을 설명해야 한다. 이 경우 강제적인 방법을 사용해서는 안 된다.

② 다음 각 호의 어느 하나에 해당하는 경우에는 제1항의 절차를 생략할 수 있다.

1. 국민의 생명·신체의 안전이나 국가안보에 긴박한 위험이 발생할 우려가 있는 경우
2. 범죄의 대응을 위한 정보활동에 현저한 지장을 초래할 우려가 있는 경우

③ 경찰관은 정보를 제공하거나 사실을 확인해준 자가 신분이나 처우와 관련하여 불이익을 받지 않도록 비밀유지 등 필요한 조치를 해야 한다.

(5) 정보 수집 등을 위한 출입의 한계

경찰관은 다음 각 호의 장소에 출입해서는 안 되며 정보활동을 위해 필요한 경우에 한정하여 일시적으로만 출입해야 한다.

1. 언론·교육·종교·시민사회 단체 등 민간단체, 2. 민간기업(공기업은 제외), 3. 정당의 사무소

(6) 수집·작성한 정보의 처리

① 경찰관은 수집·작성한 정보를 그 목적 외의 용도로 사용해서는 안 된다.

② 경찰관은 공공안녕에 대한 위험의 예방과 대응을 위해 필요한 경우에는 수집·작성한 정보를 관계기관 등에 통보할 수 있다.

③ 경찰관은 수집·작성한 정보가 그 목적이 달성되어 불필요하게 되었을 때에는 지체 없이 그 정보를 폐기해야 한다. 다만, 다른 법령에 따라 보존해야 하는 경우는 제외한다.

(7) 위법한 지시의 금지 및 거부(제8조)

① 누구든지 정보활동과 관련하여 경찰관에게 이 영과 그 밖의 법령에 반하여 지시해서는 안 된다. ② 경찰관은 명백히 위법한 지시라고 판단하는 경우에는 그 집행을 거부할 수 있다. ③ 경찰관은 명백히 위법한 지시를 거부했다는 이유로 인사·직무 등과 관련하여 어떠한 불이익도 받지 않는다.

(8) 세부사항(제9조)

이 영에서 규정한 사항 이외에 경찰관의 정보활동에 필요한 세부사항은 경찰청장 또는 해양경

찰청장이 정한다.

8. 국제협력

경찰청장 또는 해양경찰청장은 이 법에 따른 경찰관의 직무수행을 위하여 외국 정부기관, 국제기구 등과 자료교환, 국제협력 활동 등을 할 수 있다(제8조의3).

9. 유치장 및 경찰장비의 사용 등

1) 유치장(제9조)

(1) 법조문의 규정

법률에서 정한 절차에 따라 체포·구속된 사람 또는 신체의 자유를 제한하는 판결이나 처분을 받은 사람을 수용하기 위하여 경찰서와 지방해양경찰서에 유치장을 둔다.

(2) 적용대상의 범위

유치장은 「경찰관 직무집행법」 제9조에 의해 설치되고, ① 적법절차에 의해 체포·구속된 자(현행범체포, 긴급체포, 체포영장에 의한 체포, 구속영장에 의한 구속), ② 구류형 선고자, ③ 입감의뢰자 등이 대상이며, 보호조치 대상자나 임의 동행자, 연행된 피의자 등은 대상이 아니다.

2) 경찰장비의 사용 등(제10조)

① 경찰관은 직무수행 중 경찰장비를 사용할 수 있다. 다만, 사람의 생명이나 신체에 위해를 끼칠 수 있는 경찰장비(이하 위해성장비라 함)를 사용할 때에는 필요한 안전교육과 안전검사를 받은 후 사용하여야 한다.

② 제1항 본문에서 경찰장비라 함은 무기, 경찰장구, 최루제와 그 발사장치, 살수차, 감식기구, 해안감시기구, 통신기기, 차량·선박·항공기 등 경찰이 직무수행을 할 때 필요한 장치와 기구를 말한다.

③ 경찰관은 경찰장비를 함부로 개조하거나 경찰장비에 임의의 장비를 부착하여 일반적 사용법과 달리 사용함으로써 다른 사람의 생명·신체에 위해를 끼쳐서는 아니 된다.

④ 위해성 장비는 필요한 최소한도에서 사용하여야 한다.

⑤ 경찰은 위해성 장비를 새로 도입하려는 경우에는 대통령령으로 정하는 바에 따라 안전성 검사를 실시하여 그 안전성 검사의 결과보고서를 국회 소관 상임위원회에 제출하여야 한다. 이 경우 안전성 검사에는 외부 전문가를 참여시켜야 한다.

⑥ 위해성 경찰장비의 종류 및 그 사용기준, 안전교육, 안전검사의 기준 등은 대통령령으로 정한다.

3) 위해성 경찰장비의 사용기준등에 관한 규정(대통령령 제31380호)

「경찰관 직무집행법」 제10조 제1항 단서에 따른 사람의 생명이나 신체에 위해를 끼칠 수 있는 경찰장비의 종류는 다음 각 호와 같다.

(1) 위해성 경찰장비의 종류(제2조)

제1호 경찰장구: 수갑, 포승, 호송용포승, 경찰봉, 호신용경봉, 전자충격기, 방패 및 전자방패

제2호 무기: 권총, 소총, 기관총(기관단총을 포함), 산탄총, 유탄발사기. 박격포, 3인치포, 함포, 크레모아, 수류탄, 폭약류, 도검

제3호 분사기·최루탄 등: 근접분사기, 가스분사기, 가스발사총(고무탄 발사겸용 포함) 및 최루탄(그 발사장치를 포함)

제4호 기타 장비: 가스차, 살수차, 특수진압차, 물포, 석궁, 다목적발사기. 도주차량 차단장비

(2) 영장집행등에 따른 수갑등의 사용기준(제4조)

경찰관은 체포·구속영장을 집행하거나 신체의 자유를 제한하는 판결 또는 처분을 받은 자를 법률이 정한 절차에 따라 호송하거나 수용하기 위하여 필요한 때에는 최소한의 범위 안에서 수갑·포승 또는 호송용포승을 사용할 수 있다.

(3) 자살방지등을 위한 수갑등의 사용기준 및 사용보고(제5조)

경찰관은 범인·술에 취한 사람 또는 정신착란자의 자살 또는 자해기도를 방지하기 위하여 필요한 때에는 수갑·포승 또는 호송용포승을 사용할 수 있다. 이 경우 경찰관은 소속 경찰관서의 장(경찰청장·해양경찰청장·시·도경찰청장·지방해양경찰청장·경찰서장 또는 해양경찰서장 기타 경무관·총경·경정 또는 경감을 장으로 하는 국가경찰관서의 장을 말한다)에게 그 사실을 보고해야 한다.

(4) 불법집회등에서의 경찰봉·호신용경봉의 사용기준(제6조)

경찰관은 불법집회·시위로 인하여 발생할 수 있는 타인 또는 경찰관의 생명·신체의 위해와 재산·공공시설의 위험을 방지하기 위하여 필요한 때에는 최소한의 범위 안에서 경찰봉 또는 호신용경봉을 사용할 수 있다. 이 경우 인명 또는 신체에 대한 위해를 최소화하도록 주의해야 한다.

(5) 전자충격기등의 사용제한(제8조)

① 경찰관은 14세 미만의 자 또는 임산부에 대하여 전자충격기 또는 전자방패를 사용하여서는 아니 된다.

② 경찰관은 전극침 발사장치가 있는 전자충격기를 사용하는 경우 상대방의 얼굴을 향하여 전극침을 발사하여서는 아니 된다.

(6) 총기사용의 경고(제9조)

경찰관은 법 제10조의4(무기의 사용)에 따라 사람을 향하여 권총 또는 소총을 발사하고자 하는 때에는 미리 구두 또는 공포탄에 의한 사격으로 상대방에게 경고하여야 한다. 다만, 다음 각 호의

어느 하나에 해당하는 경우로서 부득이한 때에는 경고하지 아니할 수 있다.

1. 경찰관을 급습하거나 타인의 생명·신체에 대한 중대한 위험을 야기하는 범행이 목전에 실행되고 있는 등 상황이 급박하여 경고할 시간적 여유가 없는 경우
2. 인질·간첩 또는 테러사건에 있어서 은밀히 작전을 수행하는 경우

(7) 권총 또는 소총의 사용제한(제10조)

① 경찰관은 법 제10조의4 무기사용의 규정에 의하여 권총 또는 소총을 사용하는 경우에 있어서 범죄와 무관한 다중의 생명·신체에 위해를 가할 우려가 있는 때에는 이를 사용하여서는 아니된다. 다만, 권총 또는 소총을 사용하지 아니하고는 타인 또는 경찰관의 생명·신체에 대한 중대한 위험을 방지할 수 없다고 인정되는 때에는 필요한 최소한의 범위 안에서 이를 사용할 수 있다.

② 경찰관은 총기 또는 폭발물을 가지고 대항하는 경우를 제외하고는 14세 미만의 자 또는 임신부에 대하여 권총 또는 소총을 발사하여서는 아니 된다.

(8) 가스발사총등의 사용제한(제12조)

① 경찰관은 범인의 체포 또는 도주방지, 타인 또는 경찰관의 생명·신체에 대한 방호, 공무집행에 대한 항거의 억제를 위하여 필요한 때에는 최소한의 범위 안에서 가스발사총을 사용할 수 있다. 이 경우 경찰관은 1미터 이내의 거리에서 상대방의 얼굴을 향하여 이를 발사하여서는 아니된다.

② 경찰관은 최루탄발사기로 최루탄을 발사하는 경우 30도 이상의 발사각을 유지하여야 하며 가스차·살수차 또는 특수진압차의 최루탄발사대로 발사하는 경우에는 15도 이상의 발사각을 유지하여야 한다.

(9) 가스차·특수진압차·물포의 사용기준(제13조)

① 경찰관은 불법집회·시위 또는 소요사태로 인해 발생할 수 있는 타인 또는 경찰관의 생명·신체의 위해와 재산·공공시설의 위험을 억제하기 위하여 부득이한 경우에는 현장책임자의 판단에 의하여 필요한 최소한의 범위에서 가스차를 사용할 수 있다.

② 경찰관은 소요사태의 진압, 대간첩 대테러작전의 수행을 위하여 부득이한 경우에는 필요한 최소한의 범위 안에서 특수진압차를 사용할 수 있다.

③ 경찰관은 불법해상시위를 해산시키거나 선박운항정지(정선)명령에 불응하고 도주하는 선박을 정지시키기 위하여 부득이한 경우에는 현장책임자의 판단에 의하여 필요한 최소한의 범위 안에서 경비함정의 물포를 사용할 수 있다. 다만, 사람을 향하여 직접 물포를 발사해서는 안 된다.

(10) 살수차의 사용기준(제13조의2)

① 경찰관은 다음 각 호의 어느 하나에 해당하여 살수차 외의 경찰장비로는 그 위험을 제거·완화시키는 것이 현저히 곤란한 경우에는 시·도경찰청장의 명령에 따라 살수차를 배치·사용할 수 있다.

1. 소요사태로 인해 타인의 법익이나 공공의 안녕질서에 대한 직접적인 위험이 명백하게 초래되는 경우
2. 「통합방위법」 제21조 제4항에 따라 지정된 국가중요시설에 대한 직접적인 공격행위로 인해 시설이 파괴되거나 기능이 정지되는 등 급박한 위험이 발생하는 경우

② 경찰관은 제1항에 따라 살수차를 사용하는 경우 별표3의 살수거리별 수압기준에 따라 살수해야 한다. 이 경우 사람의 생명 또는 신체에 치명적인 위해를 가하지 않도록 필요한 최소한의 범위에서 살수해야 한다.

③ 경찰관은 제2항에 따라 살수하는 것으로 제1항 각 호의 어느 하나에 해당하는 위험을 제거・완화시키는 것이 곤란하다고 판단하는 경우에는 시・도경찰청장의 명령에 따라 필요한 최소한의 범위에서 최루액을 혼합하여 살수할 수 있다. 이 경우 최루액의 혼합 살수 절차 및 방법은 경찰청장이 정한다.

(11) 석궁의 사용기준(제14조)

경찰관은 총기・폭발물 기타 위험물로 무장한 범인 또는 인질범의 체포, 대간첩・대테러작전 등 국가안전에 관련되는 작전을 은밀히 수행하거나 총기를 사용할 경우에는 화재・폭발의 위험이 있는 등 부득이한 때에 한하여 현장책임자의 판단에 의하여 필요한 최소한의 범위 안에서 석궁을 사용할 수 있다.

(12) 다목적발사기의 사용기준(제15조)

경찰관은 인질범의 체포 또는 대간첩・대테러작전 등 국가안전에 관련되는 작전을 수행하거나 공공시설의 안전에 대한 현저한 위해의 발생을 방지하기 위하여 필요한 때에는 최소한의 범위 안에서 다목적발사기를 사용할 수 있다.

(13) 도주차량차단장비의 사용기준등(제16조)

① 경찰관은 무면허운전이나 음주운전 기타 범죄에 이용하였다고 의심할만한 차량 또는 수배중인 차량이 정당한 검문에 불응하고 도주하거나 차량으로 직무수행중인 경찰관에게 위해를 가한 후 도주하려는 경우에는 도주차량차단장비를 사용할 수 있다.

② 도주차량차단장비를 운용하는 경찰관은 검문 또는 단속장소의 전방에 동 장비의 운용중임을 알리는 안내표지판을 설치하고 기타 필요한 안전조치를 취하여야 한다.

(14) 신규 도입 장비의 안전성 검사(제18조의2)

① 안전성 검사에 참여한 외부 전문가는 안전성 검사가 끝난 후 30일 이내에 신규 도입 장비의 안전성 여부에 대한 의견을 경찰청장에게 제출하여야 한다.

② 경찰청장은 신규 도입 장비에 대한 안전성 검사를 실시한 후 3개월 이내에 안전성 검사 결과보고서를 국회 소관 상임위원회에 제출하여야 한다.

(15) 위해성 경찰장비 사용을 위한 안전교육(제17조) 및 위해성 경찰장비의 개조(제19조)

① 「경찰관 직무집행법」 제10조 제1항 단서에 따라 직무수행 중 위해성 경찰장비를 사용하는

경찰관은 별표1의 기준에 따라 위해성 경찰장비사용을 위한 안전교육을 받아야 한다.

ⓐ 수갑: 경위 이하 소속 경찰관, 부서발령시 1회, 연간 1회

ⓑ 포승·호송용 포승: 경위 이하 소속 경찰관, 부서발령시 1회, 운용요원 반기 1회

ⓒ 경찰봉·호신용경봉: 경위 이하 소속경찰관, 부서발령시 1회, 외근·기동대요원 반기 1회

ⓓ 전자충격기·전자방패: 경위 이하 소속경찰관, 부서발령시 1회, 운용요원은 반기 1회

ⓔ 근접분사기·최루탄 등: 경감 이하 소속경찰관, 부서발령시 1회, 운용요원은 반기 1회

ⓕ 가스차·살수차·특수진압차·물포등, 석궁·다목적 발사기·도주차량차단장비: 운용요원 및 소속관서장이 필요하다고 인정하는 자, 부서발령시 1회, 운용요원은 반기 1회

② 국가경찰관서의 장은 폐기대상인 위해성 경찰장비 또는 성능이 저하된 위해성 경찰장비를 개조할 수 있으며, 소속 경찰관으로 하여금 이를 본래의 용법에 준하여 사용하게 할 수 있다.

(16) 사용기록의 보관 등(제20조)

① 본 규정 제2조 제2호부터 제4호까지의 위해성 경찰장비(제4호 기타장비 경우에는 살수차만 해당)를 사용하는 경우 그 현장책임자 또는 사용자는 별지 서식의 사용보고서를 작성하여 직근 상급 감독자에게 보고하고 직근 상급 감독자는 이를 3년간 보관하여야 한다.

② 제1항의 규정에 의해 무기 사용보고를 받은 직근 상급감독자는 지체 없이 지휘계통을 거쳐 경찰청장 또는 해양경찰청장에게 보고하여야 한다.

10. 경찰장구의 사용 및 분사기 사용

1) 경찰장구의 사용(제10조의2)

(1) 의의

경찰장구는 경찰관이 휴대하여 범인검거와 범죄진압 등 직무수행에 사용하는 물건으로서 인명·신체에 실력을 과하는데 사용되는 수갑·포승·경찰봉·방패 등을 의미한다. 대인적 즉시강제로서 「경찰관 직무집행법」 제10조의2가 법적 근거이다.

(2) 법적 요건

① 경찰관은 다음 각 호의 직무를 수행하기 위하여 필요하다고 인정되는 상당한 이유가 있을 때에는 그 사태를 합리적으로 판단하여 필요한 한도에서 경찰장구를 사용할 수 있다.

1. 현행범이나 사형·무기 또는 장기 3년 이상의 징역이나 금고에 해당하는 죄를 범한 범인의 체포 또는 도주 방지, 2. 자신이나 다른 사람의 생명·신체의 방어 및 보호, 3. 공무집행에 대한 항거 제지

② 항거란 경찰관의 적법한 공무집행을 적극적으로 방해 또는 거부함으로써 그의 집행의 목적 달성을 불가능 또는 곤란하게 만드는 것을 의미한다. 따라서 소극적인 방해 또는 거부의 경우에는 해당하지 않는다.[54] 경찰장구 사용은 상당성과 필요최소한도의 원칙이 적용된다.

54) 김남현 등, 앞의 책, p.366.

(3) 장구

① 10조의2 제1항에서 경찰장구란 경찰관이 휴대하여 범인검거와 범죄진압 등의 직무 수행에 사용하는 수갑, 포승, 경찰봉, 방패 등을 말한다.

② 한편, 「경찰장비의 사용기준등에 관한 규정」은 경찰장구를 수갑, 포승, 호송용포승, 경찰봉, 호신용경봉, 전자충격기, 방패 및 전자방패로 규정하고 있다(경찰장비사용기준 제2조 제1호).

2) 분사기 등의 사용(제10조의3)

① 경찰관은 다음 각 호의 직무를 수행하기 위하여 부득이한 경우에는 현장책임자가 판단하여 필요한 최소한의 범위에서 분사기(총포 · 도검 · 화약류 등의 안전관리에 관한 법률에 따른 분사기를 말하며, 그에 사용하는 최루 등의 작용제를 포함한다) 또는 최루탄을 사용할 수 있다.

1. 범인의 체포 또는 범인의 도주 방지
2. 불법집회 · 시위로 인하여 자신이나 다른 사람의 생명 · 신체와 재산 및 공공시설 안전에 대한 현저한 위해의 발생억제

② 분사기나 최루탄의 사용의 경우 책임자는 사용일시, 사용장소, 사용대상, 현장책임자, 종류, 수량 등을 기록하여 보관해야 한다.

11. 무기의 사용

1) 법적 근거(제10조의4)

① 무기휴대의 법적 근거는 「경찰공무원법」 제20조 제2항이며, 무기사용의 법적 근거는 「경찰관 직무집행법」 제10조의4이다.

「경찰관 직무집행법」 제10조의4에 의하면, ① 경찰관은 범인의 체포, 도주의 방지, 자신이나 다른 사람의 생명 · 신체의 방어 및 보호, 공무집행에 대한 항거의 제지를 위하여 필요하다고 인정되는 상당한 이유가 있을 때에는 그 사태를 합리적으로 판단하여 필요한 한도 내에서 무기를 사용할 수 있다. 다만, 다음 각 호의 어느 하나에 해당할 때를 제외하고는 사람에게 위해를 끼쳐서는 아니 된다.

1. 형법에 규정된 정당방위와 긴급피난에 해당할 때
2. 다음 각목의 어느 하나에 해당하는 때에 그 행위를 방지하거나 그 행위자를 체포하기 위하여 무기를 사용하지 아니하고는 다른 수단이 없다고 인정되는 상당한 이유가 있을 때
   가. 사형 · 무기 또는 장기 3년 이상의 징역이나 금고에 해당하는 죄를 범하거나 범하였다고 의심할만한 충분한 이유가 있는 사람이 경찰관의 직무수행에 항거하거나 도주하려고 할 때
   나. 체포 · 구속영장과 압수수색영장을 집행하는 과정에서 경찰관의 직무집행에 항거하거나 도주하려고 할 때
   다. 제3자가 가목 또는 나목에 해당하는 사람을 도주시키려고 경찰관에게 항거할 때
   라. 범인이나 소요를 일으킨 사람이 무기 · 흉기 등 위험한 물건을 지니고 경찰관으로부터 3회 이상 물

건을 버리라는 명령이나 항복하라는 명령을 받고도 따르지 아니하면서 계속 항거할 때

3. 대간첩 · 대테러 작전 수행과정에서 무장간첩이 항복하라는 경찰관의 명령을 받고도 따르지 아니할 때

② 「경찰관 직무집행법」 제10조의4의 적용을 받는 무기는 인명 또는 신체에 위해를 가할 수 있도록 제작된 권총 · 소총 · 도검 등을 말한다. 따라서 무기만 해당되며, 채찍 · 돌팔매 · 각목 · 쇠파이프 등은 해당되지 않는다.[55]

③ 대간첩 · 대테러 작전 등 국가안전에 관련되는 작전을 수행할 때에는 개인화기 외에 공용화기를 사용할 수 있다.

2) 무기사용 요건

(1) 위해를 수반하지 않는 무기의 사용

① 범인의 체포 · 도주의 방지

범인이란 범죄행위를 한 자와 범죄혐의가 있는 자를 말한다.[56] 피의자 · 피고인 · 현행범 · 유죄의 선고를 받은 자 등 체포 · 구속 및 수감의 대상이 되는 자로서 진범인지 아닌지는 불문한다. 피의자라도 불구속 피의자는 해당되지 않는다.

② 자신이나 다른 사람의 생명 · 신체에 대한 방어 및 보호

자신이란 범인의 체포 · 도주를 방지하려는 경찰관 개인을 말하고, 다른 사람이란 경찰관과 범인을 제외한 모든 사람을 말한다. 다른 사람에는 동료 경찰관과 시민을 포함하는 개념이다.[57]

③ 공무집행에 대한 항거를 제지

공무집행이라 함은 「경찰관 직무집행법」 제2조에서 규정한 경찰의 직무를 수행하는 공무집행을 말하며, 항거란 적법한 공무집행을 적극적 또는 소극적으로 방해하거나 거부 내지 저항하여 그 집행의 목적달성을 불가능 또는 곤란하게 만드는 것을 의미한다.

(2) 위해의 수반이 허용되는 무기의 사용

① 형법상의 정당방위와 긴급피난에 해당하는 때

㉠ 정당방위와 긴급피난의 경우에 경찰관은 자신 또는 타인의 생명 · 신체의 보호를 위하여 범인에게 위해를 수반하는 무기를 사용할 수 있다.[58]

㉡ 긴급피난을 위한 무기사용은 보호된 이익이 침해된 이익보다 본질적으로 우월해야 하며, 정당방위와 긴급피난을 위한 무기사용은 무기사용의 상당성을 판단함에 있어서 정당방위 일반론과는 달리 필요성뿐만 아니라 보충성, 법익 균형성, 긴급성도 요구된다.

55) 위의 책, p.370.
56) 홍정선, 앞의 책, p.420.
57) 홍정선, 앞의 책, p.420.
58) 김남현 등, 앞의 책, p.371.

② 중대범죄 범하고 체포에 항거 또는 도주시

「경찰관 직무집행법」 제10조의4에 의하면, 첫째, 사형·무기 또는 장기 3년 이상의 징역이나 금고에 해당하는 죄를 범하거나 범하였다고 의심할 만한 충분한 이유가 있는 자가 경찰관의 직무집행에 대하여 항거하거나 도주하려고 할 때 또는 제3자가 그를 도주시키려고 경찰관에게 항거할 때, 이를 방지 또는 체포하기 위하여 무기를 사용하지 아니하고는 다른 수단이 없다고 인정되는 상당한 이유가 있을 때

③ 영장집행에 대한 항거나 도주시도

체포·구속영장과 압수·수색영장을 집행할 때에 상대방이 경찰관의 직무집행에 대하여 항거하거나 도주하려고 할 때 또는 제3자가 그를 도주시키려고 경찰관에게 항거할 때, 이를 방지 또는 체포하기 위하여 무기를 사용하지 아니하고는 다른 수단이 없다고 인정되는 상당한 이유가 있을 때

④ 무기나 흉기 투기명령 또는 투항명령에 불응하면서 계속 항거

㉠ 범인 또는 소요행위자가 무기·흉기 등 위험한 물건을 소지하고 경찰관으로부터 3회 이상의 투기명령 또는 투항명령을 받고도 이에 불응하면서 계속 항거하여 이를 방지 또는 체포하기 위하여 무기를 사용하지 아니하고는 다른 수단이 없다고 인정되는 상당한 이유가 있을 때

㉡ 범인은 현행범과 준현행범을 말하고 소요행위자란 다중이 집합하여 폭행 또는 손괴 등 소요행위를 직접 하거나 이를 지휘하고 있는 자를 말한다.

⑤ 대간첩작전 수행 중 무장간첩의 투항명령 불응 항거

대간첩작전 수행에 있어 무장간첩이 경찰관의 투항명령을 받고도 이에 불응하는 경우, 이 경우에는 공포탄 발사나 위협사격 없이 실탄사격을 할 수 있다. 보충성의 원칙이 적용되지 않는다.

3) 사용기준

(1) 총기사용의 경고

총기발사를 하기 전에 미리 3회 이상의 구두 또는 공포탄에 의한 사격으로 상대방에게 경고하여야 한다. 공포탄을 발사하는 경우에도 비록 공포탄이지만 하늘을 향하여 발사하여야 한다.

(2) 경고의 예외

① 상황이 급박하고 경고의 시간적 여유가 없는 때, ② 경찰관 급습, ③ 타인의 생명·신체에 중대한 위험을 야기하는 범행이 목전에 실행되는 때(정당방위나 긴급피난 등), ④ 인질·간첩·테러사건에서 은밀한 작전 수행의 경우에는 사전 경고 없이 총기사용을 할 수 있다.

(3) 비례의 원칙과 보충성 원칙 준수

무기사용은 상대방의 생명·신체에 중대한 침해를 가할 수 있으므로 상당성, 필요최소한도 등의 경찰비례의 원칙이 준수되어야 한다. 또한 대간첩작전을 제외하고는 보충성 원칙이 적용되어

야 한다.

4) 경찰물리력 행사의 기준과 방법에 관한 규칙(경찰청예규)[59]

(1) 목적(규칙 1.1)

이 규칙은 경찰관이 물리력 사용 시 준수하여야 할 기본원칙, 물리력 사용의 정도, 각 물리력 수단의 사용 한계 및 유의사항을 규정함으로써 국민과 경찰관의 생명·신체를 보호하고 인권을 보장하며 경찰 법 집행의 정당성을 확보하는 데에 그 목적이 있다.

(2) 경찰 물리력의 정의(규칙 1.2)

경찰 물리력이란 범죄의 예방과 제지, 범인 체포 또는 도주방지, 자신이나 다른 사람의 생명·신체 방어 및 보호, 공무집행에 대한 항거·제지 등 경찰목적을 달성하기 위하여 경찰권발동의 대상자에 대해 행해지는 일체의 신체적, 도구적 접촉(경찰관의 현장 임장, 언어적 통제 등 직접적인 신체접촉 전 단계의 행위들도 포함한다)을 말한다.

(3) 경찰 물리력 사용 3대원칙(규칙 1.3)

경찰관은 경찰목적을 실현함에 있어 적합하고 필요하며 상당한 수단을 선택함으로써 그 목적과 수단 사이에 합리적인 비례관계가 유지되도록 하여야 하며, 특히 물리력을 사용할 필요가 있는 경우 다음 원칙을 준수하여야 한다.

① 객관적 합리성의 원칙

경찰관은 자신이 처해 있는 사실과 상황에 비추어 합리적인 현장 경찰관의 관점에서 가장 적절한 물리력을 사용해야 하며, 이를 위해 범죄의 종류, 피해의 경중, 위해의 급박성, 저항의 강약, 대상자와 경찰관의 수, 대상자가 소지한 무기의 종류 및 무기사용의 태양, 대상자의 신체 및 건강상태, 도주여부, 현장주변의 상황 등을 종합적으로 고려하여야 한다.

② 대상자 행위와 물리력 간 상응의 원칙

경찰관은 대상자의 행위에 따른 위해의 수준을 계속 평가·판단하여 필요 최소한의 수준으로 물리력을 높이거나 낮추어서 사용해야 한다.

③ 위해감소노력 우선의 원칙

경찰관은 현장상황이 안전하고 시간적 여유가 있는 경우에는 대상자가 야기하는 위해수준을 떨어뜨려 보다 덜 위험한 물리력을 통해 상황을 종결시킬 수 있도록 노력하여야 한다. 다만, 이러한 노력이 오히려 상황을 악화시킬 가능성이 있거나 급박한 경우에는 이 원칙을 적용하지 않을 수 있다.

59) 경찰 물리력 행사의 기준과 방법에 관한 규칙, 경찰청예규 제550호, 2019.7.18. 시행 2019.11.24.

(4) 경찰 물리력 사용시 주의사항(경찰 물리력 행사기준과 방법에 관한 규칙 제1.4)

1. 경찰관은 경찰청이 공인한 물리력 수단을 사용하여야 한다.
2. 경찰관은 성별, 장애, 인종, 종교 및 성정체성 등에 관한 선입견을 가지고 차별적으로 물리력을 사용하여서는 아니 된다.
3. 경찰관은 대상자의 신체 및 건강상태, 장애유형 등을 고려하여 물리력을 사용하여야 한다.
4. 경찰관은 이미 경찰목적을 달성하여 더 이상 물리력을 사용할 필요가 없는 경우에는 물리력 사용을 즉시 중단해야 한다.
5. 경찰관은 대상자를 징벌하거나 복수할 목적으로 물리력을 사용해서는 아니 된다.
6. 경찰관은 오직 상황의 빠른 종결이나 직무수행의 편의를 위한 목적으로 물리력을 사용하여서는 아니 된다.

(5) 대상자의 행위와 경찰 물리력 사용의 정도(규칙 제2장)

대상자가 경찰관 또는 제3자에 대해 보일 수 있는 행위는 그 위해의 정도에 따라 ① 순응, ② 소극적 저항, ③ 적극적 저항, ④ 폭력적 공격, ⑤ 치명적 공격 등 다섯 단계로 구별한다.

① 순응(규칙 2.1.1)

대상자가 경찰관의 지시, 통제에 따르는 상태를 말한다. 다만, 대상자가 경찰관의 요구에 즉각 응하지 않고 약간의 시간만 지체하는 경우는 순응으로 본다.

② 소극적 저항(규칙 2.1.2)

㉠ 대상자가 경찰관의 지시, 통제에 따르지 않고 비협조적이지만 경찰관 또는 제3자에 대해 위해를 가하지 않는 상태를 말한다.

㉡ 경찰관이 정당한 이동명령을 발하였음에도 가만히 서 있거나 앉아 있는 등 전혀 움직이지 않는 상태, 일부러 몸의 힘을 모두 빼거나 고정된 물체를 꽉 잡고 버팀으로써 움직이지 않으려는 상태 등이 해당한다.

③ 적극적 저항(규칙 2.1.3)

㉠ 대상자가 자신에 대한 경찰관의 체포·연행 등 정당한 공무집행을 방해하지만 경찰관에 대해 위해 수준이 낮은 행위만을 하는 상태를 말한다.

㉡ 대상자가 자신을 체포·연행하려는 경찰관으로부터 물리적으로 이탈하거나 도주하려는 행위, 체포·연행을 위해 팔을 잡으려는 경찰관의 손을 뿌리치거나 경찰관을 밀고 잡아끄는 행위, 경찰관에게 침을 뱉거나 경찰관을 밀치는 행위 등이 이에 해당한다.

④ 폭력적 공격(규칙 2.1.4)

㉠ 대상자가 경찰관 또는 제3자에 대해 신체적 위해를 가하는 상태를 말한다.

㉡ 대상자가 경찰관에게 폭력을 행사하려는 자세를 취하여 그 행사가 임박한 상태, 주먹·발 등을 사용해서 경찰관에 대해 신체적 위해를 초래하고 있거나 임박한 상태, 강한 힘으로 경찰관

을 밀거나 잡아당기는 등 완력을 사용해 체포에서 벗어나려고 하는 상태 등이 이에 해당한다.

⑤ **치명적 공격**(규칙 2.1.5)

㉠ 대상자가 경찰관 또는 제3자에 대해 사망 또는 심각한 부상을 초래할 수 있는 행위를 하는 상태를 말한다.

㉡ 총기류(공기총·엽총·사제권총 등), 흉기(칼·도끼·낫 등), 둔기(망치·쇠파이프 등)를 사용하여 경찰관, 제3자에 대해 위력을 행사하고 있거나 위해발생이 임박한 경우, 경찰관이나 제3자의 목을 세게 조르거나 무차별 폭행하는 등 생명·신체에 대해 중대한 위해가 발생할 정도의 위험한 폭력을 행사하는 경우가 이에 해당한다.

(6) 경찰관의 대응수준(규칙 2.2)

대상자 행위에 따른 경찰관의 대응수준은 ① 협조적 통제, ② 접촉통제, ③ 저위험 물리력, ④ 중위험 물리력, ⑤ 고위험 물리력 등 다섯 단계로 구별한다.

① **협조적 통제**(규칙 2.2.1)

순응 이상의 상태인 대상자에 대해 사용할 수 있는 물리력 수준으로서 대상자의 협조를 유도하거나 협조에 따른 물리력을 말한다. 그 종류는 다음과 같다.

가. 현장 임장, 나. 언어적 통제, 다. 체포 등을 위한 수갑사용, 라. 인내·체포 등에 수반한 신체적 물리력

② **접촉통제**(규칙 2.2.2)

소극적 저항 이상의 상태인 대상자에 대해 사용할 수 있는 물리력 수준으로서 대상자 신체접촉을 통해 경찰목적 달성을 강제하지만, 신체적 부상을 초래할 가능성은 극히 낮은 물리력을 말한다. 그 종류는 다음과 같다.

가. 신체 일부 잡기·밀기·잡아끌기·쥐기·누르기·비틀기

나. 경찰봉 양 끝 또는 방패를 잡고 대상자의 신체에 안전하게 밀착한 상태에서 대상자를 특정 방향으로 밀거나 잡아당기기

③ **저위험 물리력**(규칙 2.2.3)

적극적 저항 이상의 상태인 대상자에 대해 사용할 수 있는 물리력 수준으로서 대상자가 통증을 느낄 수 있으나 신체적 부상을 당할 가능성은 낮은 물리력을 말한다. 그 종류는 다음과 같다.

가. 목을 압박하여 제압하거나 관절을 꺾는 방법, 팔·다리를 이용해 움직이지 못하도록 조르는 방법, 다리를 걸거나 들쳐 매는 등 균형을 무너뜨려 넘어뜨리는 방법, 대상자가 넘어진 상태에서 움직이지 못하게 위에서 눌러 제압하는 방법

나. 분사기 사용: 다른 저위험 물리력 이하의 수단으로 제압이 어렵고, 경찰관이나 대상자의 부상 등의 방지를 위해 필요한 경우

④ **중위험 물리력**(규칙 2.2.4)

폭력적 공격 이상의 상태의 대상자에 대해 사용할 수 있는 물리력 수준으로서 대상자의 신체적

부상을 입힐 수 있으나 생명·신체에 대한 중대한 위해 발생 가능성은 낮은 물리력을 말한다. 그 종류는 다음과 같다.

가. 손바닥, 주먹, 발 등 신체부위를 이용한 가격, 나. 경찰봉으로 중요부위가 아닌 신체 부위를 찌르거나 가격, 다. 방패로 강하게 압박하거나 세게 미는 행위, 라. 전자충격기 사용

⑤ **고위험 물리력**(규칙 2.2.5)

가. 치명적 공격 상태의 대상자로 인해 경찰관 또는 제3자의 생명·신체에 급박하고 중대한 위해가 초래될 가능성이 있는 경우 최후의 수단으로 사용할 수 있는 물리력 수준으로서 대상자의 사망 또는 심각한 부상을 초래할 수 있는 물리력을 말한다.

나. 경찰관은 대상자의 치명적 공격 상황에서도 현장상황이 급박하지 않은 경우에는 낮은 수준의 물리력을 우선적으로 사용하여 상황을 종결시킬 수 있도록 노력하여야 한다.

다. 고위험 물리력 종류는 다음과 같다.

1) 권총 등 총기류 사용

2) 경찰봉, 방패, 신체적 물리력으로 대상자의 신체 중요부위 또는 급소부위 가격, 대상자의 목을 강하게 조르거나 신체를 강한 힘으로 압박하는 행위

(7) 경찰 물리력 행사 연속체(규칙 2.3)

① 비례의 원칙에 입각한 물리력 사용 한계에 대한 이해도 제고를 위해 대상자 행위에 대응한 경찰 물리력 수준을 도식화한 것을 경찰 물리력 행사 연속체라고 한다.

② 경찰관은 가능한 경우 낮은 수준의 물리력부터 시작하여 물리력의 강도를 높여감으로써 상황을 안전하게 종결시키도록 하여야 한다. 다만, 급박하거나 대상자 행위의 위해 수준이 불연속적으로 급변하는 경우 경찰관 역시 그 상황에 맞는 물리력을 곧바로 사용할 수 있다.

가. (1단계: 평가) 현장상황을 종합적으로 고려하여 대상자의 행위를 '순응', '소극적 저항', '폭력적 공격', '치명적 공격' 등으로 평가

나. (2단계: 판단) 대상자의 저항이나 공격을 제압할 수 있는 적절한 물리력 수단을 선택하되 전체적인 현장상황이 안전하고 시간적인 여유가 있는 경우 대상자가 야기하는 위해수준을 감소시키기 위해 노력하여야 하며, 낮은 수준의 물리력 수단을 우선적으로 고려

다. (3단계: 행동) 선택한 물리력을 사용하는 경우에는 경찰목적을 달성하는 한도 내에서 대상자에게 최소한의 침해를 가져오는 방법으로 물리력 사용

라. (4단계: 재평가) 이후 상황을 지속적으로 재평가하면서 대상자의 행위 및 현장 주변상황 변화에 따라 대응 물리력 수준을 증가 또는 감소

③ 이 연속체는 경찰관과 대상자가 대면하는 모든 상황에 기계적·획일적으로 적용될 수 있는 것이 아니고, 실제 개별 경찰 물리력 사용 현장에서는 대상자의 행위 외에도 위해의 급박성, 대상자와 경찰관의 수, 성별·체격·나이, 제3자에 대한 위해가능성, 기타 현장 주변 상황을 종합적으로 고려하여 가장 적절한 물리력을 사용하여야 한다.

5) 무기 · 탄약의 회수

① 직무상의 비위 등으로 징계대상이 된 자, ② 형사사건으로 인하여 조사의 대상이 된 자, ③ 사의를 표명한 자는 강제회수의 대상이다.

12. 사용기록의 보관

제19조 제2항에 따른 살수차, 제10조의3에 따른 분사기 · 최루탄 또는 제10조의4에 따른 무기를 사용하는 경우 그 책임자는 사용일시, 사용장소, 사용대상, 현장책임자, 종류, 수량 등을 기록하여 보관해야 한다(법 제11조).

13. 손실보상

1) 적법한 직무집행

① 국가는 경찰관의 적법한 직무집행으로 인하여 손실을 입은 자에 대하여 정당한 보상을 하여야 한다.

1. 손실발생의 원인에 대하여 책임이 없는 자가 생명 · 신체 또는 재산상의 손실을 입은 경우(손실발생의 원인에 대하여 책임이 없는 자가 경찰관의 직무집행에 자발적으로 협조하거나 물건을 제공하여 생명 · 신체 또는 재산상의 손실을 입은 경우 포함)
2. 손실발생의 원인에 대하여 책임이 있는 자가 자신의 책임에 상응하는 정도를 초과하는 생명 · 신체 또는 재산상의 손실을 입은 경우(법 제11조의2 제1항)

2) 보상 청구할 수 있는 권리

손실보상을 청구할 수 있는 권리는 손실이 있음을 안 날부터 3년, 손실이 발생한 날부터 5년간 행사하지 아니하면 시효의 완성으로 소멸한다(법 제11조의2 제2항).

3) 손실보상 심의 위원회

① 제1항에 따른 손실보상신청 사건을 심의하기 위하여 손실보상심의위원회를 둔다.

② 경찰청장 또는 시 · 도경찰청장은 제3항의 손실보상심의위원회의 심의 · 의결에 따라 보상금을 지급하고, 거짓 또는 부정한 방법으로 보상금을 받은 사람에 대하여는 해당 보상금을 환수하여야 한다.

③ 보상금이 지급된 경우 손실보상심의위원회는 대통령령으로 정하는 바에 따라 국가경찰위원회에 심사자료의 결과를 보고하여야 한다. 손실보상 심의 위원회는 보상금지급과 관련된 심사자료와 결과를 반기별로 국가경찰위원회에 보고해야 한다. 국가경찰위원회는 손실보상의 적법성 및 적정성 확인을 위하여 필요한 자료의 제출을 요구할 수 있다. 이 경우 국가경찰위원회는 필요하다고 인정하는 때에는 수시로 보상금지급과 관련된 심사자료와 결과에 대한 보고를 위원회에 요

청할 수 있다. 심의위원회는 그 요청에 따라야 한다(경직법 시행령 제17조의3).

④ 경찰청장 또는 시・도경찰청장은 제4항에 따라 보상금을 반환하여야 할 사람이 대통령령으로 정한 기한, 즉 제1항에 따른 통지 일부터 40일 이내의 범위에서 그 금액을 납부하지 아니한 때에는 국세 체납처분의 예에 따라 징수할 수 있다.

⑤ 제1항에 따른 손실보상의 기준, 보상금액, 지급절차 및 방법, 제3항에 따른 손실보상심의위원회의 구성 및 운영, 제4항에 따른 환수절차, 그 밖에 손실보상에 관하여 필요한 사항은 대통령령으로 정한다.

4) 손실보상에 관한 규정

(1) 손실보상의 기준 및 보상금액(경찰관 직무집행법 시행령 제9조)

① 법 제11조의2 제1항에 따라 손실보상을 할 때 물건을 멸실・훼손한 경우에는 다음 각 호의 기준에 따라 보상한다.

1. 손실을 입은 물건을 수리할 수 있는 경우: 수리비에 상당하는 금액
2. 손실을 입은 물건을 수리할 수 없는 경우: 손실을 입은 당시의 해당 물건의 교환가액
3. 영업자가 손실을 입은 물건의 수리나 교환으로 인하여 영업을 계속할 수 없는 경우: 영업을 계속할 수 없는 기간 중 영업상 이익에 상당하는 금액

② 물건의 멸실・훼손으로 인한 손실 외의 재산상 손실에 대해서는 직무집행과 상당한 인과관계가 있는 범위에서 보상한다.

③ 경찰의 적법한 법 집행으로 인한 손실을 보상할 때에 생명・신체상의 손실의 경우에는 「의사상자 등 예우 및 지원에 관한 법률 시행령」 제12조 제1항, 제2조 및 별표1에 따른다.

④ 「경찰관 직무집행법」 제11조의2 제1항에 따라 보상금을 지급받을 사람이 동일한 원인으로 다른 법령에 따라 보상금 등을 지급받은 경우 그 보상금 등에 상당하는 금액을 제외하고 보상금을 지급한다.

(2) 손실보상의 지급절차 및 방법(경찰관 직무집행법 시행령 제10조)

① 경찰관의 적법한 직무집행으로 인하여 손실을 보상받으려는 사람은 보상금지급 청구서에 손실내용과 손실금액을 증명할 수 있는 서류를 첨부하여 손실보상청구사건 발생지를 관할하는 국가경찰관서의 장에게 제출하여야 한다.

② 손실보상금 지급청구서를 받은 국가경찰관서의 장은 해당 청구서를 손실보상청구 사건을 심의할 손실보상심의위원회가 설치된 경찰청, 해양경찰청, 시・도경찰청 및 지방해양경찰청의 장에게 보내야 한다.

③ 보상금지급 청구서를 받은 경찰청장 등은 손실보상심의위원회의 심의・의결에 따라 보상여부 및 보상금액을 결정하되 다음 각 호의 어느 하나에 해당하는 경우에는 그 청구를 각하하는 결정을 하여야 한다.

1. 청구인이 같은 청구 원인으로 보상신청을 하여 보상금 지급 여부에 대하여 결정을 받은 경우. 다만, 기각결정을 받은 청구인이 손실을 증명할 수 있는 새로운 증거가 발견되었음을 소명하는 경우는 제외한다.
2. 손살보상청구가 요건과 절차를 갖추지 못한 경우. 다만, 그 잘못된 부분을 시정할 수 있는 경우는 제외한다.

④ 경찰청장 등은 제3항에 따른 결정일 부터 10일 이내에 다음 각 호의 구분에 따른 통지서에 결정 내용을 적어서 청구인에게 통지하여야 한다.

1. 보상금을 지급하기로 결정한 경우: 보상금지급 청구 승인 통지서
2. 보상금 지급 청구를 각하하거나 보상금을 지급하지 아니하기로 결정한 경우: 보상금 지급 청구 기각·각하 통지서

⑤ 보상금은 다른 법률에 특별한 규정이 있는 경우를 제외하고는 현금으로 지급해야 한다.

⑥ 보상금은 일시불로 지급하되, 예산부족 등의 사유로 일시금으로 지급할 수 없는 특별한 사정이 있는 경우에는 청구인의 동의를 받아 분할하여 지급할 수 있다.

⑦ 보상금을 지급받은 사람은 보상금을 지급받은 원인과 동일한 원인으로 인한 부상이 악화되거나 새로 발견되어 다음 각 호의 어느 하나에 해당하는 경우에는 보상금의 추가 지급을 청구할 수 있다. 이 경우 보상금 지급청구, 결정, 결정에 대한 통지, 지급방법 등은 제1항부터 제6항까지의 규정을 준용한다.

1. 부상등급이 변경된 경우(부상등급 외의 부상에서 제1급부터 제8급까지의 등급으로 변경된 경우를 포함한다)
2. 별표 제2호에 따른 부상등급 외의 부상에 대해 부상등급의 변경은 없으나 보상금의 추가 지급이 필요한 경우

⑧ 위에 규정한 사항 외에 손실보상의 청구 및 지급에 필요한 사항은 경찰청장 또는 해양경찰청장이 정한다.

(3) 손실보상심의위원회의 설치 및 구성(경찰관 직무집행법 시행령 제11조)

① 「경찰관 직무집행법」 제11조의2 제3항에 따라 소속 경찰공무원의 직무집행으로 인하여 발생한 손실보상청구 사건을 심의하기 위하여 경찰청, 해양경찰청, 시·도경찰청 및 지방행경찰청에 손실보상심의위원회를 설치한다.

② 위원회는 위원장 1명을 포함한 5명 이상 7명 이하의 위원으로 구성한다.

③ 위원회의 위원은 소속 경찰공무원과 다음 각 호의 어느 하나에 해당하는 사람 중에서 경찰청장등이 위촉하거나 임명한다. 이 경우 위원의 과반수 이상은 경찰공무원이 아닌 사람으로 하여야 한다.

1. 판사·검사 또는 변호사로 5년 이상 근무한 사람
2. 「고등교육법」 제2조에 따른 학교에서 법학 또는 행정학을 가르치는 부교수 이상으로 5년 이상 재직한 사람

3. 경찰업무와 손실보상에 관하여 학식과 경험이 풍부한 사람

④ 위촉위원의 임기는 2년으로 한다.

⑤ 위원회의 사무를 처리하기 위하여 간사 1명을 두되, 간사는 소속 경찰공무원 중에서 경찰청장등이 지명한다.

(4) 손실보상심의위원회의 운영(경찰관 직무집행법 시행령 제13조)

① 위원장은 위원회의 회의를 소집하고 그 의장이 된다.

② 위원회의 회의는 재적 과반수의 출석으로 개의하고 출석위원 과반수의 찬성으로 의결한다.

③ 위원회는 심의를 위하여 필요한 경우에는 관계공무원이나 관계기관에 사실조사나 자료의 제출 등을 요구할 수 있으며, 관계 전문기관에게 필요한 정보의 제공이나 의견의 진술 등을 요청할 수 있다.

14. 범인검거 등 공로자 보상금 지급

1) 보상금 지급 규정(법 제11조의3)

① 경찰청장, 시·도경찰청장 또는 경찰서장은 다음 각 호의 어느 하나에 해당하는 사람에게 보상금을 지급할 수 있다.

1. 범인 또는 범인의 소재를 신고하여 검거하게 한 사람
2. 범인을 검거하여 경찰공무원에게 인도한 사람
3. 테러범죄의 예방활동에 현저한 공로가 있는 사람
4. 그 밖에 제1호부터 제3호까지의 규정에 준하는 사람으로서 대통령령으로 정하는 사람

② 경찰청장, 시·도경찰청장 및 경찰서장은 제1항에 따른 보상금 지급의 심사를 위하여 대통령령으로 정하는 바에 따라 각각 보상금심사위원회를 설치·운영하여야 한다.

③ 제2항에 따른 보상금심사위원회는 위원장 1명을 포함한 5명 이내의 위원으로 구성한다.

④ 제2항에 따른 보상금심사위원회의 위원은 소속 경찰공무원 중에서 경찰청장, 시·도경찰청장 또는 경찰서장이 임명한다.

⑤ 경찰청장, 시·도경찰청장 또는 경찰서장은 제2항에 따른 보상금심사위원회의 심사·의결에 따라 보상금을 지급하고, 거짓 또는 부정한 방법으로 보상금을 받은 사람에 대하여는 해당 보상금을 환수한다.

⑥ 보상대상, 보상금의 지급 기준 및 절차, 보상금심사위원회의 구성 및 심사사항, 그 밖에 필요한 사항은 대통령령으로 정한다.

2) 보상금 지급에 관한 규정(경찰관 직무집행법 시행령 제18조)

(1) 범인검거 등 공로자 보상금 지급 대상자

「경찰관 직무집행법」 제11조의3 제1항 제4호에서 대통령령으로 정하는 사람이란 다음 각 호의

어느 하나에 해당하는 사람을 말한다.

1. 범인의 신원을 특정할 수 있는 정보를 제공한 사람
2. 범죄사실을 입증하는 증거물을 제출한 사람
3. 그 밖에 범인 검거와 관련하여 경찰수사 활동에 협조한 사람 중 보상금 지급 대상자에 해당한다고 보상금심사위원회가 인정한 사람

(2) 보상금심사위원회의 구성 및 심사사항 등(경찰관 직무집행법 시행령 제19조)

① 「경찰관 직무집행법」 제11조의3 제2항에 따라 경찰청에 두는 보상금심사위원회의 위원장은 경찰청 소속 과장급 이상의 경찰공무원 중에서 경찰청장이 임명하는 사람으로 한다.

② 「경찰관 직무집행법」 제11조의3 제2항에 따라 시·도경찰청 및 경찰서에 두는 보상금심사위원회의 위원장에 관하여는 제1항을 준용한다. 이 경우 경찰청은 각각 시·도경찰청 또는 경찰서로, 경찰청장은 각각 시·도경찰청장 또는 경찰서장으로 본다.

③ 「경찰관 직무집행법」 제11조의3 제2항에 따른 보상금심사위원회는 다음 각 호의 사항을 심사·의결한다.

1. 보상금 지급 대상자에 해당하는지 여부, 2. 보상금지급 금액, 3. 보상금 환수 여부, 4. 그 밖에 보상금 지급이나 환수에 필요한 사항

④ 보상금심사위원회의 회의는 재적위원 과반수의 찬성으로 의결한다.

(3) 범인검거 등 공로자 보상금의 지급 기준(시행령 제20조)

보상금의 최고액은 5억원으로 하며, 구체적인 보상금 지급기준은 경찰청장이 정하여 고시한다.

(4) 범인검거 등 공로자 보상금의 지급 절차 등(시행령 제21조)

① 경찰청장, 시·도경찰청장 또는 경찰서장은 보상금 지급사유가 발생한 경우에는 직권으로 또는 보상금을 지급받으려는 사람의 신청에 따라 소속 보상금심사위원회의 심사·의결을 거쳐 보상금을 지급한다.

② 보상금심사위원회는 제20조에 따라 경찰청장이 정하여 고시한 보상금 지급기준에 따라 보상금액을 심사·의결한다. 이 경우 보상금심사위원회는 다음 각 호의 사항을 고려하여 보상금액을 결정할 수 있다.

1. 테러범죄 예방의 기여도, 2. 범죄피해의 규모, 3. 범인신고 등 보상금 지급 대상 행위의 난이도, 4. 보상금 지급대상자가 다른 법령에 따라 보상금 등을 지급받을 수 있는지의 여부, 5. 그 밖에 범인검거와 관련한 제반 사정

(5) 범인검거 등 공로자 보상금의 지급등에 필요한 사항(시행령 제22조)

위에 규정한 사항 외에 보상금의 지급 등에 필요한 사항은 경찰청장이 정하여 고시한다.

3) 범인검거 등 공로자 보상에 관한 규정(경찰청 고시)

(1) 보상금의 지급 기준(고시 제6조)

① 시행령 제20조에 따른 보상금 기준 금액은 다음 각 호와 같다.

1. 사형, 무기징역 또는 장기 10년 이상의 징역 또는 금고에 해당하는 범죄: 100만원
2. 장기 10년 미만의 징역 또는 금고에 해당하는 범죄: 50만원
3. 장기 5년 미만의 징역 또는 금고, 장기 10년 이상의 자격정지 또는 벌금형: 30만원

② 위원회는 보상금 지급 기준에서 시행령을 고려하여 그 금액을 조정하거나 지급하지 아니할 수 있다.

③ 경찰청장 또는 경찰청장의 승인을 받은 시・도경찰청장이 미리 보상금액을 정하여 수배할 경우에는 보상금지급기준에도 불구하고 예산의 범위에서 금액을 따로 결정할 수 있다.

④ 동일한 사람에게 지급 결정일을 기준으로 연간(1월 1일부터 12월 31일까지를 말한다) 5회를 초과하여 보상금을 지급할 수 없다.

(2) 보상금의 지급 제한(고시 제7조)

1. 신고내용이 사실이 아닌 것으로 판명되거나 이미 신고된 사항인 경우, 2. 신고내용이 언론매체 등을 통해 이미 공개된 사항인 경우, 3. 범인검거 등 공로자 본인이 보상금을 거절하는 경우, 4. 익명 또는 가명으로 신고하여 신고자가 누구인지 알 수 없는 경우, 5. 법령에 신고의무가 규정되어 있거나 범죄의 수사・범인의 검거가 직무로 규정되어 있는 경우, 6. 공직자가 자기의 직무 또는 직무였던 사항과 관련하여 신고한 경우, 7. 범인검거 등 공로자가 보상대상 행위와 관련된 불법 행위를 하여 보상금지급이 부적절하다고 인정되는 경우

(3) 보상금 중복 지급의 제한(고시 제8조)

보상금을 지급받을 사람이 동일한 원인으로 다른 법령에 따른 포상금・보상금 등을 지급받거나 지급 받을 예정인 경우에는 그 포상금・보상금 등의 액수가 지급할 보상금과 동일하거나 이를 초과할 때에는 보상금을 지급하지 아니하며, 그 포상금・보상금 등의 액수가 지급한 보상금액보다 적을 때에는 그 금액을 공제하고 보상금액을 정하여야 한다.

(4) 보상금 이중 지급의 제한(고시 제9조)

보상금 지급 심사・의결을 거쳐 지급이 이루어진 이후에는 동일한 사건에 대하여 지급할 수 없다.

(5) 보상금의 배분 지급(고시 제10조)

범인검거 등 공로자가 2명 이상인 경우에는 각자의 공로, 당사자 간의 분배 합의 등을 감안해서 배분하여 지급할 수 있다.

15. 소송지원 및 직무수행으로 인한 감면

1) 소송지원(제11조의4)

경찰청장과 해양경찰청장은 경찰관이 제2조 각 호에 따른 직무의 수행으로 인하여 민·형사상 책임과 관련된 소송을 수행할 경우 변호인 선임 등 소송 수행에 필요한 지원을 할 수 있다.

2) 직무수행으로 인한 형의 감면(제11조의5)

다음 각 호의 범죄가 행하여지려고 하거나 행하여지고 있어 타인의 생명·신체에 대한 위해 발생의 우려가 명백하고 긴급한 상황에서, 경찰관이 그 위해를 예방하거나 진압하기 위한 행위 또는 범인의 검거 과정에서 경찰관을 향한 직접적인 유형력 행사에 대응하는 행위를 하여 그로 인하여 타인에게 피해가 발생한 경우, 그 경찰관의 직무수행이 불가피한 것이고 필요한 최소한의 범위에서 이루어졌으며 해당 경찰관에게 고의 또는 중대한 과실이 없는 때에는 그 정상을 참작하여 형을 감경하거나 면제할 수 있다.

1. 「형법」 제2편 제24장 살인의 죄, 제25장 상해와 폭행의 죄, 제32장 강간과 추행의 죄 중 강간에 관한 범죄, 제38장 절도와 강도의 죄 중 강도에 관한 범죄 및 이에 대하여 다른 법률에 따라 가중처벌하는 범죄
2. 「가정폭력범죄의 처벌 등에 관한 특례법」에 따른 가정폭력범죄, 「아동학대범죄의 처벌 등에 관한 특례법」에 따른 아동학대 범죄

16. 벌칙(제12조)

경찰관이 이 법을 적용하면서 경찰관의 의무에 위반하거나 직권을 남용하여 다른 사람에게 해를 끼친 사람은 1년 이하의 징역이나 금고에 처한다.

제 7 장 경찰조직의 구조와 기능

제 1 절 경찰조직의 기초개념

1. 경찰행정 주체와 경찰행정기관

1) 경찰행정 주체

행정주체는 권리능력, 즉 사람과 마찬가지로 자기의 이름과 책임하에 행정을 행할 권리와 의무를 가지며, 행정의 법적 효과는 모두 행정주체에게 귀속된다.

국가경찰제도와 자치경찰제도를 채택하고 있는 경찰조직의 경우에는 국가, 그리고 제주특별자치도와 각 시 · 도 자치단체가 행정주체가 된다. 따라서 경찰행정기관은 권리능력을 가지는 것이 아니다.[1)]

2) 경찰행정기관

경찰행정기관은 행정주체를 위해 실질적으로 경찰직무를 수행하는 경찰기구를 말한다. 경찰행정기관에는 경찰행정관청, 보조기관 및 보좌기관, 자문기관, 의결기관 및 집행기관, 경찰부속기관이 속한다.

2. 경찰행정기관의 종류

1) 경찰행정관청(경찰행정청)

① 경찰행정관청이란 행정주체인 국가의 법률상 의사를 결정하여 이를 외부에 자기 이름(해당관청이름)으로 표시하는 권한과 책임을 가지는 행정기관으로서 책임자의 수에 따라 독임제와 합의제로 구분된다.[2)] 경찰관청은 독임제를 원칙으로 하나 합의제로 조직되는 경우도 있다. ② 독임제의 경찰행정관청으로는 경찰청장, 시 · 도 경찰청장, 경찰서장으로 구성되는 계층제를 형성하고 있다. 순찰지구대장이나 파출소장은 경찰서장의 보조기관으로서 경찰행정관청이 아니다. 인사혁신처 소속의 소청심사위원회는 합의제 행정관청이며, 시 · 도자치경찰위원회는 합의제 행정기관

1) 홍정선, 앞의 책, p.103.
2) 김동희, 위의 책, p.10.

이다.

2) 경찰의결기관 · 협의기관

① 경찰의결기관은 경찰행정관청의 의사를 구속하는 의결을 행하는 합의제 행정기관으로서 이를 외부에 표시할 수 있는 권한이 없다. 만약 경찰행정관청이 경찰의결기관의 의결사항에 대해 의결을 거치지 아니하고 행위를 한 경우에는 무 권한의 행위로서 무효가 된다.

② 경찰의결기관으로는 행정안전부 장관 소속하의 국가경찰위원회, 경찰징계위원회, 보안관찰심의위원회(법무부소속) 등이 있다.

3) 경찰자문기관

① 경찰자문기관은 경찰행정관청의 자문요청에 대해 자진하여 행정관청에게 그 의견을 제시하는 기관을 말하며, 다만, 의견의 법적 구속력이 없지만, 필수적 자문의 경우에 이를 결하면 위법사유가 된다. ② 자문기관으로는 경찰공무원인사위원회(경찰청 소속), 집회시위자문위원회(각급 경찰서 소속), 경찰발전위원회(경찰서 소속), 경찰혁신위원회 등이 있다.

4) 경찰집행기관

① 경찰집행기관은 소속 경찰행정관청의 명령과 감독하에 경찰에 관한 국가의사를 실력으로서 사실상 집행하는 경찰기관을 말하며, 제복착용권, 경찰장구, 무기휴대 및 사용권을 보유하고 있다.

② 경찰권을 행사하는 순경에서 치안총감까지의 전 경찰공무원 개개인이 해당한다.

5) 경찰보조기관

① 보조기관은 경찰행정관청의 직무를 보조하기 위하여 직무를 수행하는 기관으로 차장, 국장, 부장, 과장, 계장 등이 해당한다. 이들은 경찰행정학상의 계선기관에 해당한다.

② 보조기관은 경찰관청이 권한을 위임하거나 권한의 대리관계가 발생할 경우에 행정의사결정 및 집행권한을 가진다.

6) 경찰보좌기관

① 보좌기관은 경찰관청 또는 보조기관이 그 기능을 원활하게 수행할 수 있도록 보좌함으로써 행정기관의 목적달성을 지원, 조성, 촉진하는 기관을 말한다. 보좌기관은 보조기관이 행정의사의 결정 · 집행에 직접 참여하는 데 반해, 보좌기관은 그 결정 · 집행을 간접적으로 지원하는데 그친다. ② 보조기관은 행정학상의 계선기관에, 보좌기관은 막료기관에 해당한다. 보좌기관으로는 비서실, 홍보관리관, 감사관 등이 있다.

7) 경찰부속기관

경찰행정권의 직접적 행사를 임무로 하는 기관에 부속하여 그 기관을 지원하는 행정기관을 말한다. 경찰대학, 경찰인재개발원, 중앙경찰학교, 경찰수사연수원, 경찰병원 등이 있다.

제 2 절 경찰관청 상호 간의 관계

1. 상 · 하 경찰관청 간의 관계

1) 감독의 의의

경찰관청의 권한의 감독이란 상급관청이 하급관청의 권한행사의 적법성과 합목적성을 확보하고 국가의사의 통일적 실현을 보장하기 위한 통제적 작용을 말한다. 권한행사의 감독은 하급관청의 권한행사의 적법성과 합목적성의 보장, 즉 위법 · 부당한 권한행사를 방지하기 위한 것이므로 하급관청의 자유재량에 속하는 권한행사에도 미친다.

2) 감독의 수단

상급경찰관청은 (1) 감시권, (2) 훈령권, (3) 권한쟁의 결정권, (4) 인가권, (5) 취소정지권, (6) 권한의 대리와 위임 등을 활용하여 하급관청을 지휘 · 감독한다.

2. 대등경찰기관 상호 간의 관계

1) 권한의 상호존중관계

(1) 권한의 불가침, (2) 권한쟁의 등에 의하여 상호 권한의 존중관계를 유지한다.

2) 권한의 협력관계

대등관청은 (1) 관청 간의 협의, (2) 사무위탁 · 촉탁, (3) 경찰응원 등으로 협력관계를 유지한다.

(1) 협의 및 위탁

어떠한 사항이 둘 이상의 경찰기관의 권한에 관련되면, 그 사항은 관련 있는 경찰기관의 협의에 따라 결정되고 처리된다. 또한 대등경찰기관은 법령의 근거가 있을 경우 서로 권한의 위임에 의한 협력을 할 수 있는데, 이를 사무의 위탁이라 하며, 위탁을 받은 경찰기관은 이를 거부할 수 없다.

(2) 행정응원

① 경찰직무응원법상 경찰응원

시 · 도경찰청장이나 지방해양경찰서의 장은 돌발사태의 진압 또는 공공질서가 교란되었거나 교란될 우려가 현저한 지역의 경비에 있어서 그 소관경찰력으로서는 이를 감당하기 곤란하다고 인정될 때에는 다른 시·도경찰청이나 지방해양경찰서의 장, 또는 자치경찰단을 설치한 제주특별자치도지사에게 경찰관의 파견을 요구할 수 있다(경찰직무응원법 제1조 제1항 및 제2항).

② 행정절차법상 행정응원

ⓐ 행정응원의 요청

행정청은 ㉠ 법령 등의 이유로 독자적인 직무수행이 어려운 경우, ㉡ 인원·장비의 부족 등 사실상의 이유로 독자적인 직무수행이 어려운 경우, ㉢ 다른 행정청에 소속되어 있는 전문기관의 협조가 필요한 경우, ㉣ 다른 관청이 관리하고 있는 문서·통계 등 행정자료가 직무수행을 위해 필요한 경우, ㉤ 다른 행정청의 행정응원을 받아 처리하는 것이 보다 능률적이고 경제적인 경우에는 다른 행정청에 행정응원을 요청할 수 있다. 행정응원은 당해 직무를 직접 응원할 수 있는 행정청에 요청하여야 한다(행정절차법 제8조 제1항 및 제3항).

ⓑ 행정응원 요청의 거부

행정응원을 요청받은 행정청은 ㉠ 다른 행정청이 보다 능률적이거나 경제적으로 응원할 수 있는 명백한 이유가 있는 경우, ㉡ 행정응원으로 인하여 고유의 직무수행이 현저히 지장받을 것으로 인정되는 명백한 이유가 있는 경우에는 이를 거부할 수 있다. 행정응원을 요청받은 행정청이 이를 거부할 경우에는 그 사유를 응원요청한 행정청에 통지하여야 한다(행정절차법 제8조 제4항).

제 3 절 경찰관청의 권한의 대리와 위임

1. 권한의 대리

1) 의의

경찰관청의 권한은 당해 관청이 스스로 행사하는 것을 원칙으로 한다. 그러나 업무처리의 효율성이나 경찰관청의 구성원에 사고가 있는 경우 등을 이유로 민법에서의 대리와 같이 경찰관청의 대리가 인정되고 있다.

2) 대리의 종류

(1) 임의대리

① 의의

임의대리는 수권대리 또는 위임대리라고도 하며, 행정관청이 스스로의 의사에 의해 타 기관에게 대리권을 부여함으로써 이루어지는 대리를 말한다. 대리권의 수권행위는 피대리관청의 일방적 행위로서 대리관청의 동의나 대리의 공시는 요하지 않는다. 보통 대리는 임의대리를 의미한다.

② **범위**

수권대리는 법령에 위배되지 않는 범위 안에서는 법령의 명시적 근거를 요하지 아니한다. 따라서 명문의 규정 유무를 불문하고 임의대리는 원칙적으로 가능하다.

그러나 법령에서 특별히 규정하고 있지 않는 한 다음과 같은 제한이 따른다.

ⓐ 법령이 특정의 행위를 반드시 특정기관만이 하도록 규정하고 있다면, 그러한 행위는 임의대리의 대상이 될 수 없다. 대리는 관청의 일반적 권한에 관해서만 가능하다.

ⓑ 대리는 권한의 일부에 한하는 것이지 권한의 전부를 대리시킬 수는 없다. 권한의 전부를 대리시키는 것은 관청의 일시적 폐지를 의미하기 때문이다.[3]

③ **감독 및 책임**

ⓐ 대리관청의 권한행사는 피대리관청이 직접 행한 것과 동일하다. 임의대리는 대리관청이 피대리관청의 책임하에 자신의 이름으로 권한을 행사하고, 이 때 대리관청의 행위는 바로 피대리관청의 행위로 된다.[4] 따라서 피대리관청은 대리관청의 권한행사를 지휘·감독할 수 있다.

ⓑ 대리관청은 대리한 업무에 대해 피대리관청에 대해 책임을 부담하게 되지만, 피대리관청은 대리관청의 행위에 대해 대리의 상대방에게 책임을 부담한다. 즉, 행정소송의 피고는 피대리관청이다.

ⓒ 임의대리는 수권행위의 철회나 수권행위에서 정한 기한 경과, 조건의 성취 등으로 종료된다.

(2) 법정대리

① **의의**

법정대리는 법정사실(부재 기타 사고 등)이 발생하였을 때 직접 법령의 규정에 의하여 당연히 대리관계가 발생하는 경우이다. 법정대리는 반드시 법령상 근거를 요하며, 일반법령으로는 직무대리규정이 있다. 법정대리의 발생원인이 소멸되면 당연히 대리관계는 소멸된다.[5]

② **종류**

ⓐ 협의의 법정대리

협의의 법정대리는 경찰관청이나 보조기관에게 일정한 법정사실이 발생하면 법률상 당연히 대리관계가 발생하는 경우를 말하고 보충대리라고도 한다.

ⓑ 지정대리

㉠ 지정대리는 일정한 법정사유가 발생하면 지정권자가 대리자를 지정함으로써 성립한다. 경찰서장의 유고시 시·도경찰청장이 시·도경찰청의 과장들 중에서 어느 한 사람을 지정하여 직무를 대행케 하는 경우 등이 해당된다.

㉡ 지정대리는 피대리관청의 지위에 있는 자가 일시적인 사고가 있을 경우에 행해지는 것이

3) 홍정선, 앞의 책, p.124.
4) 앞의 책, p.125.
5) 앞의 책, p.126.

보통이지만, 그 궐위 시에도 일시적으로 대리자를 지정하는 경우가 있는데, 이를 서리라고 한다.

③ 대리의 범위와 감독 및 책임

ⓐ 대리자는 피대리관청의 보조기관이 되는 것이 보통이지만, 다른 경찰관청이 되는 경우도 있다.

ⓑ 대리권은 협의의 법정대리나 지정대리를 불문하고 피대리관청의 권한의 전부에 미치고, 대리자는 자기의 책임 하에서 그 권한을 행사한다.

ⓒ 대리관청의 행위는 당연히 피대리관청의 행위로서 효과를 발생한다. 따라서 피대리관청은 원칙적으로 대리자를 지휘·감독하지 못한다.

(3) 복대리

① 복대리란 경찰관청의 대리자가 그 대리권의 행사를 다시 타인으로 하여금 대리하게 하는 것을 말한다. 복대리는 대리인의 대리가 아니라 피대리관청의 대리이다.

② 법령에 규정이 있는 경우에는 그에 의하지만, 법령에 규정이 없을 경우에는 기본적 대리가 임의대리인 경우에는 그 신임관계를 깨뜨리기 때문에 복대리는 원칙적으로 불가능하나 법정대리인 경우에는 신임관계를 전제로 하지 않으므로 가능하다.[6]

③ 복대리는 법령의 근거가 있을 경우 재위임이 가능하다.

2. 권한의 위임

1) 의의

권한의 위임은 경찰관청이 법령에 근거하여 권한의 일부를 다른 경찰관청(보통 하급관청)이나 보조기관에 이전하여 그 수임기관 자신의 이름과 권한과 책임으로 사무를 처리하게 하는 것을 말한다.[7]

2) 법적 근거

(1) 법적 근거의 필요성

권한의 위임은 법률에서 정한 권한분배가 대외적으로 변경되는 결과를 초래하고, 이로 인해 법적 지위가 상이한 수임자에게 새로운 책임과 의무를 부담시키므로 권한의 위임은 법적 근거를 요한다.

(2) 법적 근거의 내용

권한의 위임의 법적 근거는 권한의 위임에 관한 일반적 근거법으로서 「정부조직법」, 이에 근거한 대통령령인 「행정권한의 위임 및 위탁에 관한 규정」, 「지방자치법」 등 각 단행법이 있다.

---

6) 앞의 책, p.125.
7) 앞의 책, pp.126-127.

(3) 범위[8)]

① 일부위임

ⓐ 권한위임은 경찰관청의 권한의 일부에 관하여서만 가능하고, 권한의 전부나 주요부분에 대한 위임은 위임관청의 권한의 소멸을 가져오므로 위임이 허용되지 않는다.

ⓑ 위임청의 일반적 · 포괄적 권한은 그 일부에 대한 권한위임이 가능하지만, "~은 경찰청장이 행사한다"처럼 특정적 · 개별적으로 정하여진 권한은 위임의 대상이 될 수 없다.

② 재위임

권한의 일부를 위임받은 자는 특히 필요할 때 법령이 정하는 바에 의하여 위임받은 사무의 일부를 보조기관 또는 하급행정기관 등에 재위임할 수 있다.

(4) 효과

① 수임기관의 지위

ⓐ 권한의 위임은 권한이 수임청의 권한으로 귀속이 변경되고 위임관청은 사무를 처리할 권한을 상실하게 된다. 수임기관은 자기의 명의와 책임 · 권한으로 사무를 수행하며, 수임기관이 행정심판의 피청구인 또는 항고소송의 피고가 된다.[9)]

ⓑ 보조기관이 수임기관인 경우 보조기관은 행정관청의 지위에 서게 된다. 즉, 수사과장이 경찰서장의 권한의 위임을 받은 경우 위임받은 사무처리에 있어서 경찰서장의 지위에 서게 된다.

② 위임기관의 지위

ⓐ 위임기관은 위임한 권한을 스스로 행사할 수 없다. 그러나 위임기관은 수임기관의 수임사무의 처리에 관하여 지휘 · 감독하고 그 처리가 위법 또는 부당하다고 인정할 때에는 이를 취소하거나 정지시킬 수 있다.

ⓑ 다만, 보조기관이나 하급기관이 아닌 다른 기관에 위임하는 경우에는 위임청의 지휘 · 감독권이 없다고 보는 견해도 있다.[10)] 그러나 「행정권한의위임및위탁에관한규정」에서는 수임청이 위임청의 하급기관여부를 불문하고 위임청의 지휘 · 감독권을 인정하고 있다.

(5) 비용부담

위임된 업무수행과 관련된 비용 등의 부담은 위임자가 부담하는 것이 원칙이다. 국가가 지방자치단체에 사무를 위임할 경우 인력 및 예산을 이관하여야 한다.

(6) 수임기관의 유형

위임의 형식은 ① 경찰청장이 차장에게 위임하거나 경찰서장이 과장에게 위임하는 것처럼 보조기관에 위임, ② 경찰청장이 시 · 도경찰청장에게 위임하는 것처럼 하급행정관청에 위임, ③ 경

8) 앞의 책, pp.129-130.
9) 앞의 책, p.130.
10) 앞의 책, p.130.

찰청장이 관세청장에게 권한을 위임하는 것처럼 다른 행정관청에 위임, ④ 경찰청장이 경기도지사에 위임하는 경우처럼 지방자치단체에 위임, ⑤ 기타 권한의 위임은 경찰관청이 비행정기관인 공공단체, 법인, 민간단체, 개인에게 주어지는 것으로서 이를 민간위탁이라 하며, 이 경우에는 조사, 검사, 관리업무 등 국민이나 주민의 권리·의무와 직접 관계되지 않는 사항만이 위임될 수 있다.

(7) 종료

권한의 위임은 법령 또는 위임관청의 의사표시에 의한 해제, 위임근거의 소멸, 조건의 성취, 기한의 경과 등으로 종료된다. 위임의 종료로 위임된 권한은 당연히 위임기관에 회복된다.

3) 유사한 개념과의 구별[11)]

(1) 권한의 내부위임

① 행정관청이 자기의 권한을 하급관청 또는 보조기관에게 외부에 표시함이 없이 내부적으로 경미한 사항의 사무처리에 관한 결재권만을 위임하는 경우를 의미한다. 수임자인 보조기관 등은 위임관청의 이름으로 권한을 행사해야 한다.

② 내부위임은 법률의 근거를 요하지 아니하고 수임자의 권한 행사는 위임기관의 이름과 책임으로 이루어지는 것이므로 소송상 피고는 위임관청이다.

③ 그러나 내부위임의 경우에도 수임기관이 자신의 명의로 처분하였다면, 피고는 수임기관이 된다. 내부위임의 종류는 위임전결과 대결이 있다.

(2) 위임전결

① 위임전결이란 행정 내부적으로 경찰관청의 의사결정권한을 보조기관 등에 위임하되 대외적으로는 경찰관청의 명의로 권한을 행사하는 것을 말한다.

② 위임전결은 대결과 유사하나 행정관청의 부재와 관계없이 이루어지는 권한행사라는 점에서 행정관청의 부재중에 관청을 대신하여 결재권을 행사하는 대결과 구별된다.

③ 권한의 내부위임은 상하관청 간에, 위임전결은 보조기관에 행해지는 것이 보통이나 실무에서는 양자의 구분 없이 쓰여지고 있다.

(3) 대결

① 대결은 경찰관청이나 결재권자가 휴가·출장·사고 등으로 일시 부재 시에 보조기관에게 사무처리에 관한 결재권을 맡기지만, 대외적인 권한행사는 본래의 경찰관청의 이름으로 이루어지게 하는 경우를 의미한다. ② 내용이 중요한 문서에 대해서는 결재권자에게 사후에 보고하는 후열이라는 절차를 거쳐야 한다. ③ 대결의 경우 대결자 명의로 권한을 행사하면 그 권한 행사는 무효가 된다.

---

11) 앞의 책, pp.127-128.

4) 권한의 위임과 권한의 대리 비교

(1) 권한 이전여부

권한 위임의 경우에는 수임청으로 권한이 이전된다. 반면에 권한의 대리의 경우에는 임의대리와 법정대리 모두 권한이 이전되지 않고 피대리청의 권한이 그대로 유지된다.

(2) 법적 근거

권한의 위임의 경우에는 반드시 법적인 근거를 요한다. 권한 대리의 경우에는 임의대리는 법적 근거를 요하지 않지만, 법정대리는 반드시 법적 근거를 요한다.

(3) 발생원인

권한의 위임의 발생은 법령에 근거한 위임청의 일방적 행위에 해당되고, 권한의 대리의 경우에 임의대리는 수권행위에 의한 피대리관청의 일방적 행위에 의해 성립되고, 법정대리는 일정한 법정사실의 발생에 의해 대리행위가 성립한다.

(4) 상대방

권한의 위임은 주로 하급청을 대상으로 하고, 권한의 대리의 경우 임의대리와 법정대리 모두 주로 보조기관을 대상으로 한다.

(5) 행위방식

권한의 위임은 수임청의 이름으로 이루어지고, 따라서 권한의 위임에 의해 이루어진 행위의 책임은 수임청이 진다. 임의대리와 법정대리의 경우 현명주의, 즉 대리기관이 대리행위를 하는 경우에 피대리관청을 위한 것임을 표시하고 대리기관의 이름으로 대리권을 행사하게 된다. 따라서 대리의 상대방에 대한 책임은 피대리청이 지게 된다.

(6) 권한의 범위

권한의 위임의 경우 일부위임만 가능하고 전부위임이나 주요부분 위임은 불가하다. 권한의 대리의 경우 임의대리는 일부대리만 가능하고 주요부분은 대리가 불가하다. 법정대리는 전부대 리가 가능하다.

(7) 효과의 귀속

권한위임의 효과는 수임청에게 돌아가고, 임의대리와 법정대리의 효과는 모두 피대리관청에게 돌아간다.

(8) 책임의 귀속(소송의 피고)

권한위임의 경우 수임청에게 책임이 귀속되고 소송의 피고가 된다. 임의대리와 법정대리는 모두 외부관계에서는 피대리관청이 책임을 부담하고 소송의 피고가 된다. 그러나 내부관계에서는 대리기관이 징계책임을 부담한다.

(9) 지휘 · 감독권

권한의 위임의 경우 위임청이 지휘 · 감독권을 행사할 수 있다. 권한의 대리의 경우 임의대리는 피대리관청이 지휘 · 감독권을 행사할 수 있고, 법정대리는 피대리관청이 지휘 · 감독권을 행사할 수 없다.

(10) 복대리 · 재위임

권한의 위임은 법령상 근거 있을 시 재위임이 가능하다. 권한의 대리의 경우 임의대리는 복대리가 불가능하고. 법정대리는 복대리가 가능하다. 이 때 복대리 자체는 임의대리에 해당한다.

5) 종료사유

권한의 위임은 위임의 해제, 근거법령의 소멸, 실효(종기의 도래, 해제조건의 성취)의 경우에 종료되고, 임의대리는 수권행위의 철회. 실효, 대리기관의 사망 및 신분의 상실에 의해, 법정대리는 원인된 법률관계의 소멸의 경우에 종료한다.

6) 행정권한의 위임 및 위탁에 관한 규정

(1) 정의(제2조)

1. 위임이란 법률에 규정된 행정기관의 장의 권한 중 일부를 그 보조기관 또는 하급행정기관의 장이나 지방자치단체의 장에게 맡겨 그의 권한과 책임아래 행사하도록 하는 것을 말한다.
2. 위탁이란 법률에 규정된 행정기관의 장의 권한 중 일부를 다른 행정기관의 장에게 맡겨 그의 권한과 책임 아래 행사하도록 하는 것을 말한다.
3. 민간위탁이란 법률에 규정된 행정기관의 사무 중 일부를 지방자치단체가 아닌 법인 · 단체 또는 그 기관이나 개인에게 맡겨 그의 책임아래 행사하도록 하는 것을 말한다.
4. 위임기관이란 자기의 권한을 위임한 해당 행정기관의 장을 말하고, 수임기관이란 행정기관의 장의 권한을 위임받은 하급행정기관의 장 및 지방자치단체의 장을 말한다.
5. 위탁기관이란 자기의 권한을 위탁한 해당 행정기관의 장을 말하고, 수탁기관이란 행정기관의 권한을 위탁받은 다른 행정기관의 장과 사무를 위탁받은 지방자치단체가 아닌 법인 · 단체 또는 그 기관이나 개인을 말한다.

(2) 위임 및 위탁의 기준 등(제3조)

① 행정기관의 장은 허가 · 인가 · 등록 등 민원에 관한 사무, 정책의 구체화에 따른 집행사무 및 일상적으로 반복되는 사무로서 그가 직접 시행하여야 할 사무를 제외한 일부 권한을 그 보조기관 또는 하급행정기관의 장, 다른 행정기관의 장, 지방자치단체의 장에게 위임 및 위탁한다.

② 행정기관의 장은 행정권한을 위임 및 위탁할 때에는 위임 및 위탁하기 전에 수임기관의 수임능력 여부를 점검하고, 필요한 인력 및 예산을 이관하여야 한다.

③ 행정기관의 장은 행정권한을 위임 및 위탁할 때에는 위임 및 위탁하기 전에 단순한 사무인 경우를 제외하고는 수임 및 수탁기관에 대하여 수임 및 수탁사무 처리에 필요한 교육을 하여야

하며, 수임 및 수탁사무의 처리지침을 통보하여야 한다.

(3) 지휘 · 감독(제6조)

① 위임 및 위탁기관은 수임 및 수탁기관의 수임 및 수탁사무의 처리에 대하여 지휘 · 감독하고 필요하다고 인정될 때에는 민간수탁기관에 대하여 필요한 사항을 보고하게 할 수 있다. 또한 그 처리가 위법하거나 부당하다고 인정될 때에는 이를 취소하거나 정지시킬 수 있다.

② 위탁기관이 위탁사무를 취소하거나 정지시킬 때에는 그 취소 또는 정지의 사유를 문서로 민간수탁기관에 통보하고 사전에 의견 진술의 기회를 주어야 한다(제14조 제4항).

(4) 사전승인 등의 제한(제7조)

수임 및 수탁사무의 처리에 관하여 위임 및 위탁기관은 수임 및 수탁기관에 대하여 사전승인을 받거나 협의를 할 것을 요구할 수 없다.

(5) 책임의 소재 및 명의 표시(제8조)

① 수임 및 수탁사무의 처리에 관한 책임은 수임 및 수탁기관에 있으며, 위임 및 위탁기관의 장은 그에 대한 감독책임을 진다.

② 수임 및 수탁사무에 관한 권한을 행사할 때에는 수임 및 수탁기관의 명의로 하여야 한다.

(6) 권한의 위임 및 위탁에 따른 감사(제9조)

위임 및 위탁기관은 위임 및 위탁사무 처리의 적정성을 확보하기 위하여 필요한 경우에는 수임 및 수탁기관의 수임 및 수탁사무 처리 상황을 수시로 감사할 수 있다.

(7) 민간위탁의 기준(제11조)

행정기관은 법령으로 정하는 바에 따라 그 소관 사무 중 조사 · 검사 · 검정 · 관리 사무 등 국민의 권리 의무와 직접 관계되지 아니하는 다음 각 호의 사무를 민간위탁할 수 있다.

1. 단순 사실행위인 행정작용
2. 공익성 보다 능률성이 현저히 요청되는 사무
3. 특수한 전문지식 및 기술이 필요한 사무
4. 그 밖에 국민생활과 직결된 단순 행정사무

제4절 경찰조직의 구조[12)]

1. 국가경찰과 자치경찰의 조직 및 운영에 관한 법률

1) 총칙

(1) 목적

이 법은 경찰의 민주적인 관리·운영과 효율적인 임무수행을 위하여 경찰의 기본조직 및 직무 범위와 그 밖에 필요한 사항을 규정함을 목적으로 한다.

(2) 경찰의 사무(경찰법 제4조)

1. 국가경찰사무: 법 제3조에서 정한 경찰의 임무를 수행하기 위한 사무로서, 다만, 다음과 같은 자치경찰 사무는 제외한다.
2. 자치경찰사무: 법 제3조에서 정한 경찰의 임무 범위에서 관할 지역의 생활안전·교통·경비·수사 등에 관한 다음과 같은 사무는 자치경찰의 사무이다.

가. 지역 내 주민의 생활 안전 활동에 관한 사무

1) 생활안전을 위한 순찰 및 시설의 운영, 2) 주민참여 방범활동의 지원 및 지도, 3) 안전사고 및 재해·재난시 긴급구조지원, 4) 아동·청소년·노인·여성·장애인 등 사회적 보호가 필요한 사람에 대한 보호업무 및 가정폭력·학교폭력·성폭력 등의 예방, 5) 주민의 일상생활과 관련된 사회질서의 유지 및 그 위반행위의 지도·단속, 다만, 지방자치단체 등 다른 행정청의 사무는 제외, 6) 그 밖에 지역주민의 생활안전에 관한 사무

나. 지역 내 교통활동에 관한 사무

1) 교통법규 위반에 대한 지도·단속, 2) 교통안전시설 및 무인 교통단속용 장비의 심의·설치·관리, 3) 교통안전에 대한 교육 및 홍보, 4) 주민참여 지역 교통활동의 지원 및 지도, 5) 통행허가, 어린이 통학버스의 신고, 긴급자동차의 지정 신청등 각종 허가 및 신고에 관한 사무, 6) 그 밖에 지역 내의 교통안전 및 소통에 관한 사무

다. 지역 내 다중운집 행사 관련 혼잡교통 및 안전관리

라. 다음의 어느 하나에 해당하는 수사사무

1) 학교폭력 등 소년범죄, 2) 가정폭력, 아동학대범죄, 3) 교통사고 및 교통관련 범죄, 4) 공연음란 및 성적 목적을 위한 다중이용장소 침입행위에 관한 범죄, 5) 경범죄 및 기초질서 관련 범죄, 6) 가출인 및 실종아동등 관련 수색 및 범죄수사

2) 직무수행

① 경찰공무원은 상관의 지휘·감독을 받아 직무를 수행하고, 그 직무수행에 관하여 서로 협력하여야 한다. ② 경찰공무원은 구체적 사건수사와 관련된 상관의 지휘·감독의 적법성 또는 정당성에 대하여 이견이 있을 때에는 이의를 제기할 수 있다(경찰법 제6조). ③ 경찰은 그 직무를 수행

12) 국가경찰과 자치경찰의 조직 및 운영에 관한 법률, 법률 제19023호, 2022.11.15. 시행 2023.2.16.

할 때 헌법과 법률에 따라 국민의 자유와 권리 및 모든 개인이 가지는 불가침의 기본적 인권을 보호하고, 국민 전체에 대한 봉사자로서 공정・중립을 지켜야 하며, 부여된 권한을 남용하여서는 아니 된다(경찰법 제5조).

2. 중앙 경찰조직

1) 국가경찰위원회(경찰법 제7조)

(1) 설치

국가경찰위원회는 「경찰법」 제7조(국가경찰위원회 설치)에 의하여 동법 제10조 제1항(국가경찰사무에 관한 주요정책 및 경찰 업무발전에 관한 사항 등)에 규정된 사항을 심의・의결하기 위하여 행정안전부에 설치된 합의제 심의・의결기관으로 독임제 경찰관청의 단독결정의 단점을 보완하는 기능을 수행한다.

(2) 위원과 위원장

① 국가경찰위원회는 위원장 1인을 포함한 7인의 위원으로 구성된다. 위원장 및 5인의 위원은 비상임위원이며, 위원 1명은 상임위원이다(약칭 경찰법 제7조). ② 위원장은 비상임위원 중에서 호선으로 선출되고. 위원장의 유고시는 상임위원, 위원 중 연장자 순으로 한다. ③ 위원은 「국가공무원법」상의 비밀엄수 의무와 정치운동금지 의무를 준수해야 하고, 위원 중 상임위원은 정무직으로 차관급의 대우를 받으며, 비상임 위원들은 예산의 범위 안에서 수당과 여비를 지급 받을 수 있다.

(3) 임명(제8조)

국가경찰위원회 위원은 행정안전부 장관의 제청으로 국무총리를 거쳐 대통령이 임명한다.

① 행정안전부 장관은 위원 임명을 제청할 때, 경찰의 정치적 중립이 보장되도록 하여야 하며, 위원 중 2인은 법관의 자격이 있어야 한다. ② 위원은 특정 성이 10분의 6을 초과하지 아니하도록 노력하여야 한다.

(4) 결격사유

① 위원의 결격사유는 1. 정당의 당원이거나 정당의 당적을 이탈한 날부터 3년이 지나지 아니한 사람, 2. 선거에 의하여 취임하는 공직에 있거나 그 공직에서 퇴직한 날로부터 3년이 지나지 아니한 사람, 3. 경찰, 검찰, 국가정보원 직원, 또는 군인의 직에 있거나 그 직에서 퇴직한 날로부터 3년이 지나지 아니한 사람, 4. 「국가공무원법」 제33조 각 호의 어느 하나에 명시된 공직취임 결격사유에 해당되는 사람은 위원이 될 수 없다. 다만, 「국가공무원법」 제33조 제2호(파산선고 후 복권 안 된 사람) 및 제5호에 해당하는 경우(금고 이상의 형의 선고유예 기간 중에 있는 사람)에는 동법 제69조 제1호 단서에 따른다.

즉 제33조 제2호는 파산선고 받은 사람이 면책신청을 아니하였거나 면책불허 결정 또는 면책취소가 확정된 경우 공무원이 될 수 없다. 제33조 제5호는 「성폭력범죄의 처벌등에 관한 특례법」, 「정보통신 이용촉진 및 정보보호에 관한 법률」, 「스토킹범죄 처벌 등에 관한 법률」, 「아동청소년 성보호에 관한 법률」 또는 직무 관련 횡령 · 배임죄 또는 업무상 횡령 · 배임죄를 범하고 금고 이상의 형 선고유예를 받은 사람은 공무원이 될 수 없다.

② 위원에 대해서는 「국가공무원법」 제60조(비밀엄수의 의무) 및 제65조(정치운동의 금지)를 준용한다.

2) 국가경찰위원회 위원의 임기 및 신분보장(제9조)

① 위원의 임기는 3년으로서 연임할 수 없으며, 보궐위원의 임기는 전임자의 남은 기간으로 한다. ② 위원은 중대한 심신상의 장애로 직무를 수행할 수 없게 된 경우를 제외하고는 그 의사에 반하여 면직되지 아니한다. 위원이 중대한 심신장애로 직무를 수행할 수 없게 되어 면직하는 경우에는 위원회의 의결이 있어야 한다. 의결요구는 위원장 또는 행정안전부장관이 한다. ③ 정당에 가입하거나 선거에 의하여 취임하는 직에 취임 또는 임용되거나 국가공무원 결격사유에 해당하게 된 때에는 당연히 퇴직된다.

3) 회의와 재의요구

① 위원회의 회의는 정기회의와 임시회의로 구분하고, 정기회의는 특별한 사유가 있는 경우를 제외하고는 매월 2회 위원장이 소집한다. ② 위원장은 필요한 경우 임시회의를 소집할 수 있으며, 위원 3인 이상과 행정안전부장관 또는 경찰청장은 위원장에게 임시회의의 소집을 요구할 수 있다. ③ 임시회의 소집 요구가 있는 경우에는 위원장은 특별한 사유가 없는 한 회의를 소집하여야 한다. ④ 의결은 재적 위원 과반수의 출석과 출석위원 과반수의 찬성으로 한다(경찰법 제11조 제2항). ⑤ 행정안전부장관은 위원회의 의결 내용이 부적절하다고 판단될 때에는 의결한 날로부터 10일 이내에 재의 요구서를 위원회에 제출하여야 되며, 이 경우에 위원장은 그 요구를 받은 날로부터 7일 이내에 회의를 소집하여 다시 의결해야 한다(경찰위원회 규정 제6조).

4) 심의 · 의결사항(제10조)

다음 각 호의 사항은 국가경찰위원회의 심의 · 의결을 거쳐야 한다.

1. 국가경찰의 인사 · 예산 · 장비 · 통신등에 관한 주요정책 및 국가경찰업무발전에 관한 사항
2. 국가경찰사무에 관한 인권보호와 관련되는 국가경찰의 운영 · 개선에 관한 사항
3. 국가경찰사무 담당 공무원의 부패방지와 청렴도 향상에 관한 주요 정책 등
4. 국가경찰 사무외의 다른 국가기관으로부터의 업무협조요청에 관한 사항
5. 제주특별자치도의 자치경찰에 대한 국가경찰의 지원 · 협조 및 협약체결의 조정 등에 관한 주요 정책사항
6. 제18조에 따른 시 · 도자치경찰위원회 위원추천, 자치경찰사무에 대한 주요 법령 · 정책 등에 관한 사항, 제25조 제4항에 따른 시 · 도자치경찰위원회 의결에 대한 재의요구에 관한 사항
7. 제2조에 따른 시책수립에 관한 사항
8. 제32조에 따른 비상사태 등 전국적 치안유지를 위한 경찰청장의 지휘 · 명령에 관한 사항

9. 그 밖에 행정안전부장관 및 경찰청장이 중요하다고 인정하여 국가경찰위원회의 회의에 부친 사항을 심의하고 의결한다.

5) 간사

위원회에 간사 1인을 두되 간사는 경찰청 혁신기획조정담당관이 된다. 간사는 위원장의 명을 받아 ① 의안의 작성, ② 회의진행에 필요한 준비, ③ 회의록 작성과 보관, ④ 기타 위원회의 사무 등을 처리한다(경찰위원회 규정 제8조).

6) 의견청취 등(위원회 규정 제9조)

① 위원장은 위원회의 심의를 위하여 필요한 경우에는 관계 공무원 또는 관계 전문가의 출석·발언이나 자료의 제출을 요구할 수 있으며, 필요한 사항의 보고를 요구할 수 있다. 이 경우 관계 경찰공무원은 성실히 이에 응하여야 한다. ② 위원회에 출석한 관계공무원 또는 관계전문가에 대하여는 예산의 범위 안에서 수당과 여비를 지급할 수 있다. 다만, 공무원이 그 소관업무와 직접적으로 관련되어 출석하는 경우에는 수당과 여비를 지급하지 않아도 된다(경찰위원회 규정 제9조).

7) 운영세칙(위원회 규정 제11조)

위원회 규정에 규정된 사항 이외에 위원회의 운영을 위하여 필요한 사항은 위원회의 의결을 거쳐 위원장이 정한다.

3. 경찰청장 및 국가수사본부장

1) 경찰청

「정부조직법」 제34조 제5항은 치안에 관한 사무를 관장하기 위해 행정안전부장관 소속 하에 경찰청을 둔다고 규정하고 있고, 「경찰법」 제12조 역시 치안에 관한 사무를 관장하기 위해 행정안전부장관 소속으로 경찰청을 둔다고 규정하고 있다.

2) 경찰사무의 지역적 분장기관(제13조)

경찰의 사무를 지역적으로 분담하여 수행하게 하기 위하여 특별시·광역시·특별자치시·도·특별자치도(시·도)에 시·도경찰청을 두고, 시·도경찰청장 소속으로 경찰서를 둔다. 이 경우 인구, 행정구역, 면적, 지리적 특성, 교통 및 그 밖의 조건을 고려하여 시·도에 2개의 시·도경찰청을 둘 수 있다.

3) 경찰청장(제14조)

① 경찰청장은 치안정책의 결정과 집행에 대한 권한과 책임을 지는 경찰조직의 총수이다. 경찰

청장은 국가경찰사무를 총괄하고, 경찰청 업무를 관장하며 소속 공무원 및 각급 경찰기관의 장을 지휘 · 감독한다.

② 경찰청장은 치안총감으로 임용하고, 경찰청은 행정안전부장관 소속 하에 설치된 외청의 성격을 가진다.

③ 경찰청장은 대통령의 내정, 경찰위원회의 동의, 행정안전부장관의 제청, 국무총리를 거쳐 대통령이 임명한다. 이 경우 국회의 인사청문회를 거쳐야 한다. 그러나 경찰청장 내정자에 대한 국회청문회는 국회의 동의 여부를 결정하는 절차가 아니므로 대통령은 국회의 인사청문회 결과에 구속되지 않고 독자적인 인사권을 행사할 수 있다.

④ 경찰청장의 임기는 2년으로 중임할 수 없으며, 경찰청장이 그 직무의 집행 과정에서 헌법이나 법률에 위배된 경우에 국회는 탄핵 소추 의결을 할 수 있다. 탄핵소추는 국회 재적의원 3분의 1 이상의 발의가 있어야 하며, 그 의결에는 국회 재적의원 과반수의 찬성이 있어야 한다. 탄핵소추의 의결을 받은 자는 헌법재판소의 탄핵결정이 있을 때까지 그 권한행사가 정지된다.

⑤ 경찰청장은 경찰의 수사에 관한 사무의 경우에는 개별사건의 수사에 대하여 구체적으로 지휘 · 감독할 수 없다. 다만, 국민의 생명 · 신체 · 재산 또는 공공의 안전 등에 중대한 위험을 초래하는 긴급하고 중요한 사건의 수사에 있어서 경찰의 자원을 대규모로 동원하는 등 통합적으로 현장 대응을 할 필요가 있다고 판단할 만한 상당한 이유가 있는 때에는 국가수사본부장을 통하여 개별 사건의 수사에 대하여 구체적으로 지휘 · 감독할 수 있다.

⑥ 경찰청장은 법 제6항 단서에 따라 개별사건의 수사에 대한 구체적 지휘 · 감독을 개시한 때에는 이를 국가경찰위원회에 보고하여야 한다.

⑦ 경찰청장은 개별사건의 수사 지휘 · 감독사유가 해소된 경우에는 구체적 지휘 · 감독을 중단하여야 하며, 국가수사본부장이 제6항 단서의 사유가 해소되었다고 판단하여 개별사건의 수사에 대한 구체적 지휘 · 감독의 중단을 건의하는 경우 특별한 이유가 없으면 이를 승인하여야 한다.

⑧ 제6항 단서에서 규정하는 긴급하고 중요한 사건의 범위 등 필요한 사항은 대통령령으로 정한다.

4) 국가수사본부장(제16조)

① 경찰청에 국가수사본부를 두며, 국가수사본부장은 치안정감으로 보한다.

② 국가수사본부장은 「형사소송법」에 따른 경찰의 수사에 관하여 시 · 도경찰청장과 경찰서장 및 수사부서 소속 공무원을 지휘 · 감독한다.

③ 국가수사본부장의 임기는 2년으로 하며 중임할 수 없다. 국가수사본부장은 임기가 끝나면 당연히 퇴직한다.

④ 국가수사본부장이 직무를 집행하면서 헌법이나 법률을 위배하였을 때에는 국회는 탄핵소추를 의결할 수 있다.

5) 국가수사본부장 외부모집 · 임용(제16조 제6항)

(1) 자격

1. 10년 이상 수사업무에 종사한 사람 중에서 「국가공무원법」 제2조의2에 따른 고위공무원단에 속하는 공무원, 3급 이상 공무원 또는 총경이상 경찰공무원으로 재작한 경력이 있는 사람
2. 판사 · 검사 또는 변호사의 직에 10년 이상 있었던 사람
3. 변호사 자격이 있는 사람으로서 국가기관, 지방자치단체, 「공공기관의 운영에 관한 법률」 제4조에 공공기관에서 법률에 관한 사무에 10년 이상의 종사한 경력이 있는 사람
4. 대학이나 공인된 연구기관에서 법률학 · 경찰학분야에서 조교수 이상의 직이나 이에 상당하는 직에 10년 이상 있었던 사람
5. 앞의 모든 경력 기간의 합산이 15년 이상인 사람

(2) 결격사유(제16조 제7항)

경찰청 외부에서 모집 · 임용하는 경우 다음의 어느 하나에 해당하는 사람은 국가수사본부장이 될 수 없다.

1. 「경찰공무원법」 제8조 제2항 각 호의 결격사유에 해당하는 사람, 즉 경찰공무원 결격사유에 해당하는 사람
2. 정당의 당원이거나 당직을 이탈한 날부터 3년이 지나지 아니한 사람
3. 선거에 의하여 취임하는 공직에 있거나 그 공직에서 퇴직한 날부터 3년이 지나지 아니한 사람
4. 고위공무원단에 속하는 공무원, 3급 이상 공무원 또는 총경 이상 경찰공무원, 또는 판사 · 검사 등의 직에서 퇴직한 날로부터 1년이 지나지 아니한 사람
5. 국가등 공공기관에 10년 이상 법률에 관한 사무 경력 있는 변호사가 국가기관 등에서 퇴직한 날로부터 1년이 지나지 아니한 사람

6) 긴급하고 중요한 사건의 범위(대통령령 제31350호)[13]

① 「경찰법」 제14조 제10항에 따라 경찰청장이 구체적으로 지휘 · 감독할 수 있는 긴급하고 중요한 사건은 다음의 어느 하나에 해당하는 사건 및 이와 직접적인 관련이 있는 사건으로 한다(대통령령 제1조-제3조).

1. 전시 · 사변 또는 이에 준하는 국가비상사태가 발생하거나 발생이 임박하여 전국적인 치안유지가 필요한 사건
2. 재난 · 테러 등이 발생하여 공공의 안전에 대한 급박한 위해나 범죄로 인한 피해의 급속한 확산을 방지하기 위하여 신속한 조치가 필요한 사건
3. 국가중요시설의 파괴 · 기능마비, 대규모집단의 폭행 · 협박 · 손괴 · 방화 등에 대하여 경찰의 자원을 대규모로 동원할 필요가 있는 사건
4. 전국 또는 일부지역에서 연쇄적 · 동시다발적으로 발생하거나 광역화된 범죄에 대하여 집중적인 경찰력

13) 국가경찰과 자치경찰의 조직 및 운영에 관한 법률 제14조 제10항에 따른 긴급하고 중요한 사건의 범위 등에 관한 규정, 대통령령 제31350호, 2020.12.31. 시행 2021.1.1.

배치, 경찰 각 기능의 종합적 대응 또는 국가기관·지방자치단체·공공기관과의 공조가 필요한 사건

② 경찰청장은 개별사건의 수사에 대해 구체적 지휘·감독을 하려는 경우에는 그 필요성 등을 신중하게 판단해야 한다.

③ 경찰청장은 국가수사본부장에게 개별 사건의 수사에 대한 구체적 지휘를 하는 경우에는 서면으로 지휘해야 한다.

④ 긴급한 상황 등 서면에 의한 지휘가 불가능하거나 현저히 곤란한 경우에는 구두나 전화 등 간편한 방식으로 지휘할 수 있다. 이 경우 사후에 신속하게 서면으로 지휘내용을 송부해야 한다.

7) 치안에 필요한 연구개발의 지원 등(경찰법 제33조)

① 경찰청장은 치안에 필요한 연구·실험·조사·기술개발(연구개발사업) 및 전문인력양성 등 치안분야의 과학기술진흥을 위한 시책을 마련하여 추진하여야 한다.

② 경찰청장은 연구개발사업을 효율적으로 추진하기 위하여 다음 각 호의 어느 하나에 해당하는 기관 또는 단체 등과 협약을 맺어 연구개발사업을 실시하게 할 수 있다.

1. 국공립 연구기관
2. 특정연구기관 육성법 제2조에 따른 특정연구기관
3. 「과학기술분야 정부출연연구기관 등의 설립·운영 및 육성에 관한 법률」에 따라 설립된 과학기술분야 정부출연연구기관
4. 「고등교육법」에 따른 대학·산업대학·전문대학 및 기술대학
5. 「민법」이나 다른 법률에 따라 설립된 법인으로서 치안분야 연구기관 또는 법인부설 연구소
6. 「기초연구진흥 및 기술개발지원에 관한 법률」 제14조의2 제1항에 따라 인정받은 기업부설연구소 또는 기업의 연구개발전담부서
7. 그밖에 대통령령으로 정하는 치안분야 관련 연구·조사·기술개발 등을 수행하는 기관 또는 단체

③ 경찰청장은 제2항 각 호의 기관 또는 단체 등에 대하여 연구개발사업을 실시하는 데 필요한 경비의 전부 또는 일부를 출연하거나 보조할 수 있다.

④ 제2항에 따른 연구개발사업의 실시와 제3항에 따른 출연금의 지급·사용 및 관리 등에 필요한 사항은 대통령령으로 정한다.

8) 보칙

(1) 자치경찰사무에 대한 재정적 지원(제34조)

국가는 지방자치단체가 이관 받은 사무를 원활히 수행할 수 있도록 인력, 장비 등에 소요되는 비용에 대하여 재정적 지원을 하여야 한다.

(2) 예산(제35조)

① 자치경찰사무의 수행에 필요한 예산은 시·도자치경찰위원회의 심의·의결을 거쳐 시·도지사가 수립한다. 이 경우 시·도자치경찰위원회는 경찰청장의 의견을 들어야 한다.

② 시 · 도지사는 자치경찰사무 담당 공무원에게 조례에서 정하는 예산의 범위 내에서 재정적 지원 등을 할 수 있다.

③ 시 · 도의회는 관련 예산의 효율적인 관리를 위해 의결을 통해 자치경찰사무에 대해 시 · 도자치경찰위원장의 출석 및 자료제출을 요구할 수 있다.

(3) 세종특별자치시 자치경찰위원회에 대한 특례(제36조)

① 세종특별자치시 자치경찰위원회에 대해서는 제19조 제1항(위원장과 위원 1명은 상임으로 한다) 및 제20조 제3항(상임위원 임명규정)에도 불구하고 위원장 및 상임위원을 비상임으로 할 수 있다.

② 제27조(시 · 도자치경찰위원회의 사무기구설치 규정)에도 불구하고 세종특별자치시 자치경찰위원회에는 사무기구를 두지 아니하며 세종특별자치시 자치경찰위원회의 사무는 세종특별자치시 경찰청에서 처리한다.

4. 지방경찰 조직

1) 시 · 도자치경찰위원회

(1) 설치(제18조)

① 「경찰법」 제19조에 의해 자치경찰사무를 관장하게 하기 위하여 특별시장 · 광역시장 · 특별자치시장 · 도지사 · 특별자치도지사(이하 시 · 도지사) 소속으로 시 · 도자치경찰위원회를 둔다. 다만, 시 · 도에 2개의 시 · 도경찰청을 두는 경우 시 · 도지사 소속으로 2개의 시 · 도자치경찰위원회를 둘 수 있다.

② 2개의 시 · 도자치경찰위원회를 두는 경우 해당 시 · 도자치경찰위원회의 명칭, 관할구역, 사무분장, 그 밖에 필요한 사항은 대통령령으로 정한다.

(2) 성격

시 · 도자치경찰위원회는 합의제 행정기관으로서 그 권한에 속하는 업무를 독립적으로 수행한다.

(3) 구성(제19조)

① 시 · 도자치경찰위원회는 위원장 1명을 포함한 7명의 위원으로 구성되며, 위원장과 1명의 위원은 상임으로 하고, 5명의 위원은 비상임으로 한다.

② 위원은 특정 성이 10분의 6을 초과하지 아니하도록 노력하여야 한다.

③ 위원 중 1명은 인권문제에 관하여 전문적인 지식과 경험이 있는 사람이 임명될 수 있도록 노력하여야 한다.

(4) 위원의 임명(제20조)

① 위원은 다음과 같이 시 · 도지사가 임명한다.

1. 시 · 도의회가 추천하는 2명, 2. 국가경찰위원회가 추천하는 1명, 3. 해당 시 · 도교육감이 추천하는 1명, 4. 시 · 도자치경찰위원회 위원추천위원회가 추천하는 2명, 5. 시 · 도지사가 지명하는 1명

② 위원장은 위원 중에서 시 · 도지사가 임명하고, 상임위원은 시 · 도자치경찰위원회의 의결을 거쳐 위원 중에서 위원장의 제청으로 시 · 도지사가 임명한다. 이 경우 위원장과 상임위원은 지방자치단체의 공무원으로 한다.

③ 위원은 정치적 중립을 지켜야 하며 권한을 남용하여서는 아니 된다.

④ 공무원이 아닌 위원에 대해서는 「지방공무원법」 제52조(비밀엄수의무) 및 제57조(정치운동의 금지)를 준용한다.

⑤ 공무원이 아닌 위원은 그 소관 사무와 관련하여 「형법」이나 그 밖의 법률에 따른 벌칙을 적용할 때에는 공무원으로 본다.

(5) 위원의 자격(제20조 제2항)

1. 판사 · 검사 · 변호사 또는 경찰의 직에 5년 이상 있었던 사람
2. 변호사 자격이 있는 사람으로서 국가기관 등에서 법률에 관한 사무에 5년 이상 종사한 경력이 있는 사람
3. 대학이나 공인된 연구기관에서 법률학 · 행정학 또는 경찰학 분야의 조교수 이상의 직이나 이에 상당하는 직에 5년 이상 있었던 사람
4. 그 밖에 관할 지역주민 중에서 지방자치행정 또는 경찰행정 등의 분야에 경험이 풍부하고 학식과 덕망을 갖춘 사람

(6) 결격사유(제20조 제7항)

① 위원이 다음 어느 하나에 해당하는 사람은 위원이 될 수 없고, 어느 하나에 해당한 경우에는 당연퇴직 한다.

1. 정당의 당원이거나 당적을 이탈한 날부터 3년이 지나지 아니한 사람
2. 선거에 의하여 취임하는 공직에 있거나 그 공직에서 퇴직한 날부터 3년이 지나지 아니한 사람
3. 경찰, 검찰, 국가정보원 직원 또는 군인의 직에 있거나 그 직에서 퇴직한 날부터 3년이 지나지 아니한 사람
4. 국가 및 지방자치단체의 공무원(국립 또는 공립대학의 조교수 이상의 직에 있는 사람은 제외한다)이거나 공무원이었던 사람으로서 퇴직한 날부터 3년이 지나지 아니한 사람, 다만, 위원장과 상임위원이 지방자치단체의 공무원이 된 경우에는 당연퇴직하지 아니한다.
5. 「지방공무원법」 제31조 각 호의 어느 하나(지방공무원의 결격사유)에 해당하는 사람, 다만, 「지방공무원법」 제31조 제2호(파산선고받고 복권되지 아니한 자) 및 제5호에 해당(금고이상의 형의 선고유예 선고받고 그 선고유예기간 중에 있는 자)하는 경우에는 같은 법 제61조 제1호 단서에 따른다.

법 제61조 제1호 단서는 「형법」 제129조에서 제132조까지(수뢰 · 사전수뢰, 제3자 뇌물제공, 수뢰후 부정처사, 사후수뢰, 알선수뢰), 「성폭력범죄 처벌 특례법」, 「정보통신이용 및 정보보호등에 관한 법률」, 「스토킹범죄 처벌법」, 「아동 · 청소년 성보호에 관한 법률」 및 직무와 관련하여 「형법」 제

355조(횡령 배임) 및 제356조(업무상 횡령 배임)를 위반하여 금고 이상의 선고유예를 선고 받고 그 선고유예기간 중에 있는 자

② 그 밖에 위원의 임명방법 등에 관하여 필요한 사항은 대통령령으로 정하는 기준에 따라 시 · 도 조례로 정한다.

(7) 위원장의 직무(제22조)

① 위원장은 위원회를 대표하고 회의를 주재하며 위원회 의결을 거쳐 업무를 수행한다.

② 위원장이 부득이한 사유로 직무를 수행할 수 없을 때에는 상임위원, 위원 중 연장자순으로 그 직무를 대행한다.

(8) 위원회 임기 및 신분보장(제23조)

① 위원장과 위원의 임기는 3년으로 하며, 연임할 수 없다. ② 보궐위원의 임기는 전임자 임기의 남은 기간으로 하되, 전임자의 남은 임기가 1년 미만의 경우 그 보궐위원은 제1항에도 불구하고 한 차례만 연임할 수 있다. ③ 위원은 중대한 신체상 또는 정신상의 장애로 직무를 수행할 수 없게 된 경우를 제외하고는 그 의사에 반하여 면직되지 아니한다.

(9) 위원회의 소관 사무(제24조)

「경찰법」 제24조에 의하면 ① 자치경찰사무에 관한 목표의 수립 및 평가, ② 자치경찰사무에 관한 인사, 예산, 장비, 통신 등에 관한 주요정책 및 그 운영지원, ③ 자치경찰사무 담당 공무원의 임용, 평가 및 인사위원회의 운영, ④ 자치경찰사무 담당 공무원의 부패방지와 청렴도 향상에 관한 주요 정책 및 인권침해 또는 권한남용 소지가 있는 규칙, 제도, 정책, 관행 등의 개선, ⑤ 시 · 도경찰청장의 임용과 관련한 경찰청장과의 협의, 경찰서장의 자치경찰사무수행에 관한 평가 및 결과 통보, ⑥ 자치경찰사무 감사 및 감사의뢰, ⑦ 자치경찰 사무담당 공무원의 주요 비위사건에 대한 감찰요구, ⑧ 자치경찰사무 담당 공무원에 대한 징계요구, ⑨ 자치경찰사무 담당 공무원의 고충심사 및 사기진작 등 17개 항목의 사무가 규정되어 있으며, 그 밖에 시 · 도지사, 시 · 도경찰청장이 중요하다고 인정하여 시 · 도자치경찰위원회의 회의에 부친 사항에 대한 심의 · 의결을 한다.

(10) 심의 · 의결(제25조)

① 위원회는 제24조의 사무에 대하여 심의 · 의결한다. ② 위원회의 임기는 재적위원 과반수의 출석과 출석위원 과반수의 찬성으로 의결한다. ③ 시 · 도지사는 자치경찰위원회의 의결이 적절하지 아니하다고 판단할 때에는 재의를 요구할 수 있다. ④ 위원회의 의결이 법령에 위반되거나 공익을 현저히 해친다고 판단되면 행정안전부장관은 미리 경찰청장의 의견을 들어 국가경찰위원회를 거쳐 시 · 도지사에게 재의를 요구하게 할 수 있고, 경찰청장은 국가경찰위원회와 행정안전부장관을 거쳐 시 · 도지사에게 재의를 요구하게 할 수 있다. ⑤ 자치경찰위원회의 위원장은 재의요구를 받은 날부터 7일 이내에 회의를 소집하여 재의결하여야 한다. 이 경우 재적위원 과반수의

출석과 출석위원 3분의 2 이상의 찬성으로 전과 같은 의결을 하면 그 의결사항은 확정된다.

(11) 자치경찰위원회의 운영(제26조)

① 자치경찰위원회의 회의는 정기적으로 개최하여야 한다. 다만, 위원장이 필요하다고 인정하는 경우, 위원 2명 이상이 요구하는 경우 및 시・도지사가 필요하다고 인정하는 경우엔 임시회의를 개최할 수 있다. ② 자치경찰위원회는 회의 안건과 관련된 이해관계인이 있는 경우 그 의견을 듣거나 회의에 참석하게 할 수 있다. ③ 자치경찰위원회의 위원 중 공무원이 아닌 위원에게는 예산의 범위에서 직무활동에 필요한 비용 등을 지급할 수 있다. ④ 그밖에 자치경찰위원회의 운영 등에 필요한 사항은 대통령령으로 정하는 기준에 따라 시・도 조례로 정한다.

(12) 위원추천위원회(제21조)

① 시・도 자치경찰위원회 위원 추천을 위하여 시・도지사 소속으로 시・도자치경찰위원회 위원추천위원회를 둔다. ② 시・도지사는 위원추천위원회에 각계각층의 관할 지역 주민의 의견이 수렴될 수 있도록 위원을 구성해야 한다. ③ 위원추천위원회 위원의 수, 자격, 구성, 위원회 운영 등에 관하여 필요한 사항은 대통령령으로 정한다.

(13) 추천위원회의 구성(대통령령 제5조)[14]

① 추천위원회는 시・도자치경찰위원회 위원을 추천할 때마다 위원장 1명을 포함하여 5명의 위원으로 구성한다. ② 추천위원은 시・도지사가 다음 각 호에 해당하는 사람을 임명하거나 위촉하며, 추천위원회 위원장은 추천위원 중에서 호선한다.

1. 각 시・도별로 두는 시・군・자치구의회의 의장 전부가 참가하는 지역협의체가 추천하는 1명
2. 각 시・도별로 두는 시장・군수・자치구의 구청장 전부가 참가하는 지역협의체가 추천하는 1명
3. 재직 중인 경찰공무원이 아닌 사람 중에서 경찰청장이 추천하는 1명
4. 시・도경찰청(경기도는 경기남부경찰청)의 소재지를 관할하는 지방법원장이 추천하는 1명
5. 시・도 본청 소속 기획담당실장

③ 세종특별자치시와 제주특별자치도의 추천위원은 해당 시・도 의회 및 해당 시・도 교육감이 각각 1명씩 추천한다.

(14) 추천위원회의 회의(대통령령 제8조)

① 추천위원회 위원장은 시・도지사 또는 추천위원 3분의 1 이상이 요청하거나 추천위원회 위원장이 필요하다고 인정하는 경우 추천위원회의 회의를 소집하고 그 의장이 된다. ② 추천위원회는 재적위원 과반수의 찬성으로 의결한다. ③ 추천위원회 위원장은 회의를 소집하려면 회의 개최 3일 전까지 회의의 일시・장소 및 안건 등을 각 추천위원에게 알려야 한다. 다만, 긴급한 사정이나 그 밖의 부득이한 사유가 있는 경우에는 그렇지 않다. ④ 추천위원회의 회의는 공개하지 않는다.

---

14) 자치경찰사무와 시・도자치경찰위원회의 조직 및 운영 등에 관한 규정, 대통령령 제33451호, 2023.5.9. 시행 2023.11.10.

2) 시 · 도경찰청 및 경찰서

(1) 시 · 도경찰청장(경찰법 제28조)

① 시 · 도경찰청에 시 · 도경찰청장을 두며, 시 · 도경찰청장은 치안정감 · 치안감 또는 경무관으로 보한다.

② 시 · 도경찰청장은 경찰청장이 시 · 도자치경찰위원회와 협의하여 추천한 사람 중에서 행정안전부장관의 제청으로 국무총리를 거쳐 대통령이 임용한다.

③ 시 · 도경찰청장은 국가경찰사무에 대해서는 경찰청장의 지휘 · 감독을 받고, 자치경찰사무에 대해서는 시 · 도자치경찰위원회의 지휘 · 감독을 받아 관할구역의 소관 사무를 관장하고, 소속 공무원 및 소속 경찰기관의 장을 지휘 · 감독한다. 다만, 수사에 관한 사무에 대해서는 국가수사본부장의 지휘 · 감독을 받아 관할구역의 소관 사무를 관장하고 소속 공무원 및 소속 경찰기관의 장을 지휘 · 감독한다.

④ 제3항 본문의 경우 시 · 도자치경찰위원회는 자치경찰사무에 대해 심의 · 의결을 통해 시 · 도경찰청장을 지휘 · 감독한다. 다만, 시 · 도자치경찰위원회가 심의 · 의결할 시간적 여유가 없거나 심의 · 의결이 곤란한 경우 대통령령으로 정하는 바에 따라 시 · 도자치경찰위원회의 지휘 · 감독권을 시 · 도경찰청장에게 위임한 것으로 본다.

(2) 시 · 도경찰청 차장

시 · 도경찰청에 차장을 둘 수 있으며, 차장은 시 · 도경찰청장을 보좌하여 소관사무를 처리하고, 시 · 도경찰청장이 부득이한 사유로 직무를 수행할 수 없을 때에는 그 직무를 대행한다.

(3) 경찰서장

① 경찰서장은 경무관, 총경 또는 경정으로 보한다. ② 경찰서장은 시 · 도경찰청장의 지휘 · 감독을 받아 관할 구역의 소관 사무를 관장하고 소속 공무원을 지휘 · 감독한다. ③ 경찰서장 소속으로 지구대 또는 파출소를 두고 그 설치기준은 치안수요 · 교통 · 지리 등 관할구역의 특성을 고려하여 행정안전부령으로 정한다. 다만, 필요한 경우에는 출장소를 둘 수 있다. ④ 자치경찰위원회는 정기적으로 경찰서장의 자치경찰사무 수행에 관한 평가결과를 경찰청장에게 통보하여야 하며 경찰청장은 이를 반영하여야 한다.

(4) 경찰청과 그 소속기관 직제(대통령령)

① 소속기관(제2조)

1. 경찰청장의 관장사무를 지원하기 위하여 경찰청장 소속으로 경찰대학 · 경찰인재개발원 · 중앙경찰학교 및 경찰수사연수원을 둔다.
2. 경찰청장의 관장사무를 지원하기 위하여 「책임운영기관의 설치 · 운영에 관한 법률」 제4조 제1항 등에 의해 경찰청장 소속의 책임운영기관으로 경찰병원을 둔다.
3. 「경찰법」 제13조에 따라 시 · 도경찰청과 경찰서를 둔다.

② 지구대 등

1. 시 · 도경찰청장은 경찰서장의 소관사무를 분장하기 위하여 「행정안전부령」으로 정하는 바에 따라 경찰청장의 승인을 받아 지구대 또는 파출소를 둘 수 있다. 2. 시 · 도경찰청장은 제1항에 따른 사무분장이 임시로 필요한 경우에는 출장소를 둘 수 있다. 3. 지구대 · 파출소 및 출장소의 명칭 · 위치 및 관할구역과 그 밖에 필요한 사항은 시 · 도경찰청장이 정한다.

(5) 지역경찰의 조직 및 운영에 관한 규칙(경찰청예규)[15]

① 정의

1. 지역경찰관서란 지구대 및 파출소를 말한다. 2. 지역경찰이란 지역경찰관서 소속 경찰공무원을 말한다. 3. 지역경찰 업무담당부서란 지역경찰관서 및 지역경찰과 관련된 사무를 처리하는 경찰청, 시 · 도경찰청, 경찰서 소속의 모든 부서를 말한다. 4. 일근근무란 공무원의 주간 근무시간은 점심시간을 제외하고 40시간으로 하며, 토요일은 휴무함이 원칙으로 규정된 근무형태를 말한다(국가공무원 복무규정 제9조 제1항). 5. 상시 · 교대근무란 상시근무와 교대근무를 포괄하는 형태의 근무를 말한다.

② 설치 및 폐지

시 · 도경찰청장은 인구, 면적, 행정구역, 교통 · 지리적 여건, 각종 사건 · 사고 발생 등을 고려하여 경찰서의 관할 구역을 나누어 지역경찰관서(지구대 및 파출소)를 설치한다.

③ 지역경찰관서장

지역경찰관서의 사무를 통할하고 소속 지역경찰을 지휘 · 감독하기 위해 지역경찰관서에 지구대장 및 파출소장(지역경찰관서장)을 둔다.

(6) 경찰청과 그 소속기관 조직 및 정원관리 규칙(경찰청훈령)[16]

① 지구대, 파출소 및 출장소

1. 시 · 도경찰청장이 지구대 또는 파출소를 설치하고자 할 때는 별표1 제4호에 준한 서류를 첨부하여 경찰청장에게 승인을 요청하여야 한다. 2. 지구대장은 경정 또는 경감, 파출소장은 경정, 경감 또는 경위로 한다. 3. 시 · 도경찰청장은 임시로 필요한 때에는 출장소를 둘 수 있으며 출장소를 설치한 때에는 경찰청장에게 보고하여야 한다. 4. 출장소장은 경위 또는 경사로 한다. 5. 시 · 도경찰청장이 지구대 또는 파출소를 폐지하거나 명창 · 위치 및 관할구역을 변경하였을 때에는 경찰청장에게 보고하여야 한다.

② 치안센터

1. 시 · 도경찰청장은 지역치안을 효율적으로 수행하기 위하여 치안센터를 둘 수 있다. 치안센터의 운영에 관한 사항은 「지역경찰 조직 및 운영에 관한 규칙」이 정하는 바에 따른다(지역경찰조직 및 운영에 관한 규칙 제4조 및 제10조). 2. 경찰청은 2009년 12월 30일 「지역경찰 조직 및 운영에 관한 규칙」을 개정하여 지구대가 관할 파출소를 총괄 지휘하는 관계에서 지구대와 파출소를 동급의 관계로 변경하고, 이를 지역경찰관서라 한다. 3. 그리고 지역경찰관서 밑에 설치되는 치안센터 · 분소 · 초소의 명칭을 '치안센터'로 통일하였다. 따라서 지역경찰관서는 지구대와 파출소로 나누어지며, 그 산하에 검문소형 치안센터, 출장소형

15) 지역경찰의 조직 및 운영에 관한 규칙, 경찰청예규 제602호, 2022.5.31.
16) 경찰청과 그 소속기관 조직 및 정원관리 규칙, 경찰청훈령 제1095호, 2023.8.30.

치안센터, 직주일체형 치안센터를 둔다(제15조). 4. 직주일체형 치안센터는 출장소형 치안센터 중 근무자가 치안센터 내에서 거주하면서 근무하는 형태의 치안센터를 말한다. 직주일체형 치안센터에는 배우자와 함께 거주함을 원칙으로 하며, 배우자는 근무자 부재시 방문민원 접수・처리 등 보조 역할을 수행한다(제18조).

(7) 비상사태 등 전국적 치안유지를 위한 경찰청장의 지휘・명령(경찰법 제32조)

① 경찰청장은 다음 각 호의 경우에는 자치경찰사무를 수행하는 경찰공무원(제주특별자치도의 자치경찰공무원 포함)을 직접 지휘・명령할 수 있다.

1. 전시, 사변, 천재지변, 그밖에 이에 준하는 국가 비상사태, 대규모의 테러 또는 소요사태가 발생하였거나 발생할 우려가 있어 전국적인 치안유지를 위하여 긴급한 조치가 필요하다고 인정할만한 충분한 사유가 있는 경우
2. 국민안전에 중대한 영향을 미치는 사안에 대하여 다수의 시・도에 동일하게 적용되는 치안정책을 시행할 필요가 있다고 인정할만한 충분한 사유가 있는 경우
3. 자치경찰 사무와 관련하여 해당 시・도의 경찰력으로는 국민의 생명・신체・재산을 보호 및 공공의 안녕질서유지가 어려워 경찰청장의 지원・조정이 필요하다고 인정할만한 충분한 사유가 있는 경우

② 경찰청장은 제1항에 따른 조치가 필요한 경우에는 시・도자치경찰위원회에 자치경찰사무를 담당하는 경찰공무원을 직접 지휘・명령하려는 사유 및 내용 등을 구체적으로 제시하여 통보하여야 한다.

③ 경찰청장의 통보를 받은 시・도자치경찰위원회는 정당한 사유가 없으면 즉시 자치경찰사무를 담당하는 경찰공무원에게 경찰청장의 지휘・명령을 받을 것을 명하여야 하며, 제1항에 규정된 사유에 해당하지 아니하다고 인정하면 시・도자치경찰위원회의 의결을 거쳐 경찰청장에게 그 지휘・명령의 중단을 요청할 수 있다.

④ 경찰청장이 제1항에 따라 지휘・명령을 하는 경우에는 국가경찰위원회에 즉시 보고하여야 한다. 다만, 제1항 제3호의 경우에는 미리 국가경찰위원회의 의결을 거쳐야 하며, 긴급한 경우에는 우선 조치 후 지체 없이 국가경찰위원회의 의결을 거쳐야 한다.

⑤ 제4항에 따라 보고를 받은 국가경찰위원회는 제1항에 규정된 사유에 해당하지 아니한다고 인정하면 그 지휘・명령을 중단할 것을 의결하여 경찰청장에게 통보할 수 있다.

⑥ 경찰청장은 제1항에 따라 지휘・명령할 수 있는 사유가 해소된 때에는 경찰공무원에 대한 지휘・명령을 즉시 중단하여야 한다.

⑦ 시・도자치경찰위원회는 제1항 제3호에 해당하는 경우 의결로 지원・조정의 범위・기간 등을 정하여 경찰청장에게 지원・조정을 요청할 수 있다.

⑧ 경찰청장은 제주특별자치도경찰청의 관할구역 내에서 제1호의 지휘・명령권을 제주특별자치도경찰청장에게 위임할 수 있다.

제8장

경찰공무원법

제 1 절 경찰공무원법의 기본구조

1. 경찰공무원의 개념과 분류

1) 경찰공무원의 개념

(1) 개념정의

경찰공무원은 「국가공무원법」 및 「경찰공무원법」의 적용을 받는 국가의 특정직 공무원으로서 경찰의 직무에 종사하는 자를 말한다.

(2) 성격

경찰공무원은 경찰공무원의 책임 및 임무의 중요성과 신분 및 근무조건의 특성에 비추어 그 임용·교육훈련·복무·신분보장 등에 관하여 「국가공무원법」과는 별도로 「경찰공무원법」을 따로 두어 국가공무원에 관한 특례를 규정하고 있다. 따라서 「국가공무원법」과 「경찰공무원법」은 일반법과 특별법의 관계에 있으며, 「경찰공무원법」은 이 법에 규정이 없는 한 실제로 많은 사항에 대해 「국가공무원법」을 준용하고 있다.

(3) 목적

경찰공무원도 역시 국가공무원에 포함되어 원칙적으로 「국가공무원법」의 적용을 받게 되지만, 경찰공무원의 책임 및 직무의 중요성과 신분 및 근무조건의 특수성에 비추어 따로 「경찰공무원법」을 두어 그 임용, 교육훈련, 복무, 신분보장 등에 관하여 「국가공무원법」에 대한 특례를 규정함을 목적으로 한다.

2) 경찰공무원의 분류

(1) 계급제

① 개념

경찰공무원이 가지는 개인의 특성, 즉 학력·경력·자격을 기준으로 하여 유사한 개인적 특성을 가진 공무원을 여러 범주와 집단으로 구분하여 수직적으로 계층을 구분하는 것을 말한다.

② 수직적 분류

경찰조직의 순경, 경장, 경사, 경위, 경감, 경정, 총경, 경무관, 치안감, 치안정감, 치안총감의 11개 수직적 분류가 바로 경찰 계급이다.

③ 목적

직책의 난이도와 보수의 차이를 두기 위해 계급제를 택하고 있다. 계급에 따라서 직무상의 권한과 책임·평가·보수에 큰 차이가 생긴다. 그러나 경찰공무원 분류는 순수한 계급제가 아니라 부장, 과장, 계장, 팀장, 반장 등의 직위에서 볼 수 있듯이 직위분류제를 가미하고 있기 때문에 계급제와 직위분류제의 절충형이라고 볼 수 있다.

(2) 경과

① 개념

경과는 경찰관이 임용되면서 경찰관으로서 수행해야 할 직무의 범위와 종류를 결정하는 중요한 기준이 된다. 경과는 경찰업무의 여러 가지 특성에 따라 그에 적합한 경찰관을 모집·채용하고 경찰공무원의 능력과 경력을 전문화시킴으로써 경찰업무의 효율성을 높이기 위한 수평적 분류제도이다. 특히 2005년도부터 수사경과가 채택되면서 경과는 경찰관의 담당업무를 결정하는 중요한 요인이 되고 있다.

② 목적

경과는 직무의 성격에 따르는 분류로서 개인의 능력·적성·자격 등의 활용을 목적으로 한다.

③ 부여시기

㉠ 임용권자(임용권의 위임을 받은 자 포함) 또는 임용제청권자는 경찰공무원을 신규채용할 때 경과를 부여하여야 한다(경찰공무원 임용령 제3조 제2항).

㉡ 신규채용된 경찰공무원에게는 일반경과를 부여한다. 다만, 수사, 보안, 항공, 정보통신분야로 채용된 경찰공무원에게는 임용예정 직위의 업무와 관련된 경과를 부여한다(경찰공무원 임용령 시행규칙 제22조).

④ 종류와 대상(경찰공무원 임용령 제3조)

㉠ 일반경과: 기획·감사·경무·생활안전·교통·경비·작전·정보·외사 그 밖에 수사경과·보안경과 및 특수경과에 속하지 아니하는 직무에 부여하며, 총경 이하가 대상이다.

㉡ 수사경과: 범죄수사에 관한 직무에 부여하고 경정 이하가 대상이다.

㉢ 보안경과: 보안경찰에 관한 직무에 부여하고 경정 이하가 대상이다.

㉣ 특수경과는 항공경과와 정보통신경과로 나누어지며, 총경 이하가 대상이다.

⑤ 전과

㉠ 전과는 일반경과에서 수사경과·보안경과 또는 특수경과로 전과하는 것에 한하여 인정한

다. 다만, 정원감축 등 경찰청장이 정하는 사유가 있는 경우 보안경과 · 수사경과 · 정보통신경과에서 일반경과로 전과하는 것을 인정할 수 있다.

㉡ 경과가 신설 또는 폐지되는 경우에는 다음 각 호에 따른 전과를 인정할 수 있다.

1. 경과가 신설되는 경우: 일반경과 · 수사경과 · 보안경과 또는 특수경과에서 신설되는 경과로의 전과
2. 경과가 폐지되는 경우: 폐지되는 경과에서 일반경과 · 수사경과 · 보안경과 또는 특수경과로의 전과

㉢ 다음에 해당하는 사람은 전과할 수 없다(임용령 시행규칙 제28조 제2항).

1. 현재경과를 부여받고 1년이 지나지 아니한 사람
2. 특정한 직무분야에 근무할 것을 조건으로 채용된 경찰공무원으로서 채용 후 5년이 지나지 아니한 사람

2. 경찰공무원 임용권자

1) 임용권자(경찰공무원법 제7조)

(1) 대통령

총경 이상의 경찰공무원은 경찰청장 또는 해양경찰청장의 추천을 받아 행정안전부장관 또는 해양수산부장관의 제청으로 국무총리를 거쳐 대통령이 임용한다. 또한 경정의 신규채용, 승진임용, 면직은 경찰청장 또는 해양경찰청장의 제청으로 국무총리를 거쳐 대통령이 행한다(경찰공무원법 제7조 제1항).[1)]

(2) 경찰청장

경찰청장 또는 해양경찰청장은 경정 이하의 경찰관에 대한 임용권을 행사한다(경찰공무원법 제7조 제2항). 또한 총경의 전보, 휴직, 직위해제, 정직 및 복직은 경찰청장 또는 해양경찰청장의 권한사항이다.

(3) 임용권의 위임(경찰공무원 임용령 제4조)

경찰청장은 대통령령으로 정하는 바에 따라 경찰공무원의 임용에 관한 권한의 일부를 시 · 도지사, 국가수사본부장, 소속기관등의 장과 시 · 도경찰청장에게 위임할 수 있다.

① 경찰청장은 시 · 도지사에게 해당 시 · 도의 자치경찰사무를 담당하는 경찰공무원(시 · 도자치경찰위원회, 시 · 도경찰청 및 경찰서에서 근무하는 공무원을 말하고, 지구대 및 파출소는 제외) 중 경정의 전보, 파견, 휴직, 직위해제 및 복직에 관한 권한과 경감 이하의 임용권(신규채용 및 면직에 관한 권한은 제외)을 위임한다(경찰공무원 임용령 제4조 제1항).[2)]

② 또한 경찰청장은 국가수사본부장에게 국가수사본부 안에서의 경정 이하에 대한 전보권을 위임한다.

③ 경찰청장은 경찰대학 · 경찰인재개발원 · 중앙경찰학교 · 경찰수사연수원 · 경찰병원 및 시 ·

1) 경찰공무원법, 법률 제19626호, 2023.8.16.
2) 경찰공무원 임용령, 대통령령 제33799호, 2023.10.10.

도 경찰청(소속기관등)의 장에게 그 소속 경찰공무원 중 경정의 전보·파견·휴직·직위해제 및 복직에 관한 권한과 경감 이하의 임용권을 위임한다.

④ 임용권을 위임받은 시·도지사는 경감 또는 경위로의 승진임용에 관한 권한을 제외한 임용권을 시·도자치경찰위원회에 다시 위임한다.

⑤ 임용권을 위임받은 시·도자치경찰위원회는 시·도지사와 시·도경찰청장의 의견을 들어 그 권한의 일부를 시·도경찰청장에게 다시 위임할 수 있다.

⑥ 임용권을 위임받은 시·도경찰청장은 소속 경감 이하 경찰공무원에 대한 해당 경찰서 안에서의 전보권을 경찰서장에게 다시 위임할 수 있다.

⑦ 경찰청장은 수사부서에서 총경을 보직하는 경우에는 국가수사본부장의 추천을 받아야 한다.

⑧ 시·도자치경찰위원회는 임용권을 행사하는 경우에는 시·도경찰청장의 추천을 받아야 한다.

⑨ 시·도경찰청장 및 경찰서장은 지구대장 및 파출소장을 보직하는 경우에는 시·도자치경찰위원회의 의견을 사전에 들어야 한다.

⑩ 소속기관등의 장은 경감 또는 경위를 신규채용하거나 경위 또는 경사를 승진시키려면 미리 경찰청장의 승인을 받아야 한다.

⑪ 위의 위임규정에도 불구하고 경찰청장은 경찰공무원의 정원조정, 승진임용, 인사교류 또는 파견을 위하여 필요한 때에는 직접 임용권을 행사할 수 있다.

(4) 시·도경찰청장

시·도경찰청장은 경찰청장이 위임한 사항에 대한 인사권을 행사할 수 있으며, 소속 경감 이하의 경찰공무원에 대한 당해 경찰서 안에서의 전보권을 경찰서장에게 위임할 수 있다. 그러나 시·도경찰청장 등 경찰기관의 장은 경감 또는 경위를 신규채용하거나 경위 또는 경사를 승진시킬 경우 미리 경찰청장의 승인을 얻어야 한다.

(5) 경찰서장

경찰서장은 시·도경찰청장의 위임이 있을 경우 경감 이하의 경찰공무원에 대한 전보를 행할 수 있다. 그러나 실질적으로 경위 이하에 대한 경찰서 내부적인 보직변경 권한, 경감·경위·경사의 심사승진 서열추천 권한을 행사할 수 있으며, 경장·순경의 승진 및 경위이하 경찰공무원의 내부 전보인사권을 행사한다.

(6) 경찰인사위원회

① 설치근거

「경찰공무원법」은 경찰조직의 중요한 인사사항에 대해 경찰청장 또는 해양경찰청장의 자문을 위해 비상설·자문기구로서 경찰인사위원회를 두도록 규정하고 있다(경찰공무원법 제5조).

② 구성 및 운영(경찰공무원 임용령 제9조)

ⓐ 인사위원회의 정원은 위원장을 포함한 5인 이상 7인 이하로 구성된다. ⓑ 위원장은 경찰청

의 인사담당국장이 되고, 위원은 경찰청 소속 총경 이상 공무원 중에서 경찰청장이 임명한다. ⓒ 위원장은 인사위원회를 대표하며 인사위원회의 사무를 총괄한다. ⓓ 위원장이 부득이한 사유로 직무를 수행할 수 없는 때에는 위원 중에서 최상위계급 또는 선임의 경찰공무원이 그 직무를 대행한다.

③ 심의사항

ⓐ 경찰공무원의 인사행정에 관한 방침과 기준 및 기본계획, ⓑ 경찰공무원의 인사에 관한 법령의 제정 또는 개폐에 관한 사항, ⓒ 기타 경찰청장 또는 해양경찰청장이 회의에 부치는 사항

④ 회의 및 보고

ⓐ 위원장은 회의를 소집하고 그 의장이 되며, ⓑ 회의는 재적위원 과반수의 찬성으로 의결한다. ⓒ 위원장은 인사위원회에서 심의된 사항을 지체 없이 경찰청장에게 보고하여야 한다.

제 2 절 경찰공무원의 근무관계

1. 경찰공무원 관계의 성립

1) 임용

임용이란 넓게는 신규채용, 승진, 전보, 파견, 휴직, 직위해제, 정직, 복직, 강등, 면직, 해임 및 파면을 의미한다(경찰공무원법 제2조). 징계 중 감봉·견책은 임용의 개념에서 제외한다.

좁게는 신규채용, 승진임용, 전보를 의미하기도 하고, 가장 좁은 의미는 공무원 관계를 처음으로 발생시키는 신규채용임명만을 의미하기도 한다. 따라서 임용이란 공무원관계의 발생, 변경, 소멸의 원인이 되는 모든 행위를 지칭한다.

2) 법적 성질

경찰공무원의 임용은 임용권자와 당사자 모두의 동의를 요하는 쌍방적 행정행위에 해당하고, 쌍방적 행정행위설에 의하면, 임용에 있어 공무원의 동의는 절대적 요건이 되고, 또한 임용거부의 처분성이 긍정된다. 따라서 상대방의 동의가 없는 임명행위는 무효가 된다. 임용은 행정행위로서 개별적·구체적 규율에 해당하며, 그 성격은 형성적 행위로서 특허에 해당한다.

3) 채용방법

경찰공무원의 임용은 원칙적으로 실적주의로서 공개채용 시험과 기타 특별 자격증 소유자를 대상으로 하는 제한된 특별 채용으로 이루어진다. 순경과 간부 후보(경위) 시험은 공개채용 시험에 의하고, 경정 특채는 사법·행정시험에 합격한 자들을 대상으로 하고, 경찰대학 졸업자들에

대한 경위 채용은 일종의 제한된 형식의 특별채용이다.

4) 신규채용 임용자격 및 결격사유(제8조)

경찰공무원은 신체 및 사상이 건전하고 품행이 방정한 사람 중에서 임용한다. 다음 각 호의 어느 하나에 해당하는 사람은 경찰공무원으로 임용될 수 없다.

1. 대한민국 국적을 가지지 아니한 자, 2. 국적법 제11조의2 제1항에 따른 복수국적자,
3. 피성년후견인 또는 피한정후견인, 4. 파산선고를 받고 복권되지 아니한 사람,
5. 자격정지 이상의 형의 선고를 받은 사람, 6. 자격정지 이상의 형의 선고유예를 받고 그 유예기간 중에 있는 사람, 7. 공무원으로 재직기간 중 직무와 관련하여 「형법」 제355조(횡령 · 배임) 및 제356조(업무상의 횡령과 배임)에 규정된 죄를 범한 사람으로서 300만원 이상의 벌금형을 선고받고 그 형이 확정된 후 2년이 지나지 아니한 사람, 8. 「성폭력범죄의 처벌 등에 관한 특례법」 제2조(성폭력범죄)에 규정된 죄를 범한 사람으로서 100만원 이상의 벌금형을 선고받고 그 형이 확정된 후 3년이 지나지 아니한 사람,
9. 미성년자에 대한 다음 각 목의 어느 하나에 해당하는 죄를 저질러 형 또는 치료감호가 확정된 사람(집행유예를 선고받은 후 그 집행유예기간이 경과한 사람을 포함한다).
   가. 「성폭력범죄의 처벌 등에 관한 특례법」 제2조에 따른 성폭력범죄
   나. 「아동 · 청소년의 성보호에 관한 법률」 제2조 제2호에 따른 아동 · 청소년대상 성범죄
10. 징계에 의하여 파면, 또는 해임의 처분을 받은 자(경찰공무원법 제8조)

결격사유에 해당하는 자를 경찰공무원으로 임용하는 행위는 무효에 해당하고, 재직 중 결격사유에 해당하는 사유가 발생하면 선고유예를 제외하고는 당연퇴직이 된다.

5) 벌금형의 분리선고(제9조)

「형법」 제38조(경합범과 처벌례)에도 불구하고 제8조 제2항 제7호(횡령 · 배임 및 업무상 횡령 · 배임) 또는 제8호(성폭력범죄)에 규정된 죄와 다른 죄의 경합범에 대하여 벌금형을 선고하는 경우에는 이를 분리선고하여야 한다.

6) 임용요건

(1) 채용후보자 등록(경찰공무원 임용령 제17조)

① 경정 및 순경 공개경쟁채용시험, 경찰간부후보생 공개경쟁선발시험 및 경력경쟁채용시험등에 합격한 사람은 행정안전부령으로 정하는 바에 따라 임용권자 또는 임용제청권자에게 채용후보자 등록을 해야 한다. ② 채용후보자 등록을 하지 아니한 사람은 경찰공무원으로 임용될 의사가 없는 것으로 본다.

(2) 채용후보자 명부 작성(경찰공무원법 제12조)

① 경찰청장 또는 해양경찰청장(임용권을 위임받은 자 포함)은 신규채용시험에 합격한 사람(경찰대학졸업생과 경찰간부후보생을 포함)을 대통령령으로 정하는 바에 따라 성적 순위에 따라 채용후보

자 명부에 등재해야 한다.

② 경찰공무원의 신규채용은 채용후보자 명부의 등재순위에 따른다. 다만, 채용후보자가 경찰교육기관에서 신임교육을 받는 경우에는 그 교육성적 순위에 따른다.

(3) 채용후보자 명부 유효기간

① 채용후보자 명부의 유효기간은 2년의 범위에서 대통령령으로 정한다. 다만, 경찰청장 또는 해양경찰청장은 필요에 따라 1년의 범위에서 그 기간을 연장할 수 있다.

② 경찰청장 또는 해양경찰청장은 채용후보자명부의 유효기간을 연장하기로 결정한 때에는 이를 공고하여야 한다.

③ 신규채용에 합격한 사람이 채용후보자 명부에 등재된 이후 그 유효기간 내에 병역법에 따른 병역복무를 위하여 군에 입대한 경우(대학생 군사훈련 이수자 포함)의 의무복무기간은 유효기간 2년에 넣어 계산하지 아니한다.

④ 임용권자는 경찰공무원의 결원보충에 있어서 채용 또는 승진후보자명부에 등재된 후보자 수가 결원 수보다 적고 인사행정 운영상 특히 필요하다고 인정할 때에는 그 결원된 계급에 관하여 다른 임용권자가 작성한 자치경찰공무원의 신규임용후보자 명부 또는 승진후보자 명부를 해당 기관의 채용후보자 명부 또는 승진후보자 명부로 보아 해당 자치경찰공무원을 임용할 수 있다. 이 경우 임용권자는 그 자치경찰공무원의 임용권자와 협의하여야 한다.

(4) 임용의 효력발생시기와 부정행위자에 대한 제재

① 경찰공무원은 임용장 또는 임용통지서에 적힌 날짜에 임용된 것으로 보며, 임용일자를 소급해서는 아니 된다. 다만, 사망으로 인한 면직은 사망한 다음 날에 면직된 것으로 본다.

② 임용일자는 그 임용장이 피임용자에게 송달되는 기간 및 사무인계에 필요한 기간을 참작하여 정하여야 한다(경찰공무원 임용령 제5조).

③ 경찰청장 또는 해양경찰청장은 경찰공무원의 채용시험 또는 경찰간부후보생 공개경쟁시험에서 부정행위를 한 응시자에 대하여는 해당 시험을 정지 또는 무효로 하고 그 처분이 있은 날부터 5년간 시험응시자격을 정지한다(경찰공무원법 제11조).

(5) 채용후보자의 자격상실

채용후보자가 다음 어느 하나에 해당하는 경우에는 채용후보자로서의 자격을 상실한다.

1. 채용후보자가 임용 또는 임용제청에 응하지 아니한 경우
2. 채용후보자로서 받아야 할 교육훈련에 응하지 아니한 경우
3. 채용후보자로서 받은 교육훈련성적이 수료점수에 미달되는 경우
4. 채용후보자로서 교육훈련을 받는 중 퇴학처분을 받은 경우, 다만, 질병등 교육훈련을 계속할 수 없는 불가피한 사정으로 퇴학처분을 받은 경우는 제외한다(경찰공무원 임용령 제19조).

(6) 임용 또는 임용제청의 유예(경찰공무원 임용령 제18조의2)

① 임용권자 또는 임용제청권자는 채용후보자 명부에 등재된 채용후보자가 다음 각 호의 어느 하나에 해당하는 경우에는 채용후보자 명부의 유효기간의 범위에서 기간을 정하여 임용 또는 임용제청권을 유예할 수 있다. 다만, 유예기간 중이라도 그 사유가 소멸한 경우에는 임용 또는 임용제청을 할 수 있다.

1. 병역법에 따른 병역의무를 위하여 징집 또는 소집되는 경우, 2. 학업을 계속하는 경우, 3. 6개월 이상의 장기 요양이 필요한 질병이 있는 경우, 4. 임신하거나 출산한 경우, 5. 그밖에 임용 또는 임용제청의 유예가 부득이하다고 인정되는 경우

② 임용 또는 임용제청의 유예를 원하는 사람은 해당 사유를 증명할 수 있는 자료를 첨부하여 임용권자 또는 임용제청권자가 정하는 기간 내에 신청해야 한다. 이 경우 원하는 유예기간을 분명하게 적어야 한다.

7) 시보임용

(1) 개념

임용권자는 신규임용된 경찰관이 경찰관으로서의 적격성을 보유하고 있는지를 확인하기 위해 그리고 경찰실무를 습득하기 위해 일정기간 동안 시험 보직을 명하게 되는데 이를 시보임용이라 한다. 시보임용은 시험의 적격성에 대한 점검, 자질과 적성의 확인, 정식 경찰관이 되기 전에 경찰 적응기간을 부여하는 목적을 위해 시행된다.3)

(2) 대상계급과 기간

경찰조직은 경정 이하의 경찰관을 신규채용하는 경우에 1년의 기간을 시보임용기간으로 하며, 그 기간이 만료되는 다음 날에 정규 경찰관으로 임용한다. 휴직, 직위해제, 징계에 의한 정직 · 감봉처분을 받은 기간은 시보임용기간에 산입 되지 아니한다(경찰공무원법 제10조 제1항 및 제2항). 견책은 기간에 산입한다.

(3) 시보임용의 면제

1. 경찰대학 졸업자와 경찰간부후보생 교육 이수자를 경위로 임용하는 경우
2. 경찰공무원으로서 대통령령으로 정하는 상위계급으로의 승진에 필요한 자격요건을 갖추고 임용예정 계급에 상응하는 공개채용시험에 합격한 사람을 해당 계급의 경찰공무원으로 임용하는 경우
3. 퇴직한 경찰공무원이 퇴직 당시의 계급의 채용시험에 합격한 자를 재임용하는 경우
4. 자치경찰공무원을 그 계급에 상응하는 경찰공무원으로 임용하는 경우에는 시보임용이 면제된다(경찰공무원법 제13조 제4항).

(4) 시보경찰공무원의 면직

임용권자 또는 임용제청권자는 시보경찰공무원이 아래에 적시된 사항에 해당하는 경우에 시보

---

3) 전수일 외 공저, 앞의 책, p.75.

경찰공무원의 경찰적격성을 심사하기 위해 설치되어 있는 '정규임용심사위원회'의 심사를 거쳐 시보경찰관을 면직시키거나 면직을 제청할 수 있다.

① 징계 사유에 해당할 경우

② 경찰교육 성적이 만점의 60퍼센트 미만이거나 생활기록이 극히 불량한 경우

③ 근무성적 제2평정요소의 점수가 만점의 50퍼센트 미만일 때(경찰공무원 임용령 제20조 제2항)

(5) 신분보장

① 시보임용기간 중에는 공무원으로서의 신분보장이 안 된다.

② 전보제한기간의 제한을 받지 않는다.

(6) 정규임용에 대한 심사

① 시보임용 경찰공무원을 정규 경찰공무원으로 임용하는 경우 그 적부를 심사하기 위하여 임용권자 또는 임용제청권자 소속으로 정규임용심사위원회를 둔다(경찰공무원 임용령 제20조 제4항).

② 정규임용심사위원회의 구성(경찰공무원 임용령 시행규칙 제9조)4)

1. 정규임용심사위원회는 위원장 1명을 포함한 위원 5명 이상 7명 이하로 구성한다.
2. 위원장은 위원 중 가장 계급이 높은 경찰공무원이 된다. 다만, 가장 계급이 높은 경찰공무원이 둘 이상인 경우 그 중 해당 계급에 승진임용된 날이 가장 빠른 경찰공무원이 된다.
3. 위원은 소속 경감 이상 경찰공무원 중에서 위원회가 설치된 기관의 장이 임명하되 심사대상자보다 상위계급자로 한다.
4. 위원회는 재적위원 3분의 2 이상 출석과 출석위원 과반수 찬성으로 의결한다.
5. 이 규칙에서 정한 사항 외에 위원회운영에 필요한 사항은 위원회의 의결을 거쳐 위원장이 정한다.
6. 정규임용심사위원회의 구성 및 운영에 필요한 사항은 행정안전부령으로 정한다.

③ 경찰기관의 장은 시보경찰공무원의 시보기간이 끝나기 10일전까지 임용심사에 필요한 서류를 갖추어 임용권자 또는 임용 제청권자에게 제출하여 정규임용심사위원회의 심사를 거쳐 정규임용을 결정하도록 한다.

④ 정규임용심사는 다음 각 호의 사항을 고려하여 임용적합여부를 심사하여야 한다.

1. 시보임용 기간 중의 근무실적 및 직무수행태도
2. 시보임용 공무원의 면직사유 해당여부
3. 경찰공무원 직권면직사유 해당여부
4. 소속 상사의 소견(경찰공무원 임용령 시행규칙 제10조 제1항)

⑤ 시보임용경찰공무원의 면직 또는 면직제청에 따른 동의의 절차는 해당 징계위원회의 파면의결에 관한 절차를 준용한다(임용령 시행규칙 제10조 제2항).

4) 경찰공무원 임용령 시행규칙, 행정안전부령 제352호, 2022.9.20. 시행 2023.7.1.

2. 경찰공무원 관계의 변경

1) 개념

경찰공무원 관계의 변경은 경찰공무원으로서의 신분을 그대로 유지하면서 경찰공무원 관계의 내용의 전부 또는 일부를 변경하는 행위를 말한다. 국가의 일방적 행위로서의 성질을 가지고 있다. 이는 처분성이 긍정되어 행정소송의 대상이 될 수 있다. 변경유형은 전직, 전과, 전보, 휴직, 강임, 승진, 파견, 복직, 정직, 직위해제 등으로 구분된다. 전직과 강임은 경찰공무원에게 해당되지 않는다.

2) 승진

(1) 의의

승진이란 동알 직렬 내에서 하위계급에서 상위계급으로 임용되는 것을 의미한다. 따라서 승진은 경찰공무원의 신분과 직책의 변경을 의미하므로 대표적인 경찰공무원 관계의 변경을 초래하는 유형이다.

(2) 승진의 종류와 특징

승진은 경찰공무원의 경우에는 하위 계급에서 상위 계급으로 심사승진이나 시험승진, 또는 특별승진, 그리고 근속승진에 의해 임용되는 것으로 이루어진다.[5] 승진은 경찰공무원 인사의 핵심이므로 인사관리 편에서 구체적으로 다루어질 것이다.

3) 전직과 전과

전직은 직렬을 달리하는 임용을 의미하며, 경찰공무원에게는 적용되지 않는다. 전과는 경과를 바꾸는 것으로서 일반경과에서 수사경과, 보안경과, 또는 특수경과로 전과하는 것에 한하여 인정되고 있다. 단, 조직관리의 효율성 등을 위하여 예외를 인정한다.

4) 전보

(1) 의의

전보는 보직변경(직위변경)을 의미하며 동일직급 내에서의 직위를 바꾸는 임용을 말한다.[6] 경찰공무원의 동일직위 및 자격 내에서의 근무기관이나 부서를 달리하는 임용 또는 계급의 변화 없이 직위만 바꾸는 것을 의미한다. 따라서 경찰공무원의 전보는 계급별로 경찰관서 간의 직위이동과 동일 관서 내에서의 직위이동을 의미한다.

---

5) 경찰대학, 경찰경무론, p.182.

6) 전수일, 앞의 책, p.80; 김동희, 행정법Ⅱ, 앞의 책, p.138.

(2) 정기적 전보실시

경찰기관의 임용권자 또는 임용제청권자는 장기근무 또는 잦은 전보로 인한 업무능률 저하를 방지하기 위하여 특별한 사정이 없으면 정기적으로 전보를 실시하여야 한다(경찰공무원 임용령 제26조).

(3) 전보의 제한

① 경찰기관의 임용권자 또는 임용제청권자는 소속 경찰공무원이 해당 직위에 임용된 날부터 1년(감사직은 2년) 이내에 다른 직위에 전보할 수 없다(경찰공무원 임용령 제27조 제1항).

② 임용권자 또는 임용제청권자는 「공무원임용령」 제43조의3(전문직위 규정)에 따른 전문직위에 임용된 경찰공무원을 해당 직위에 임용된 날부터 3년의 범위에서 경찰청장이 정하는 기간이 지나야 다른 직위에 전보할 수 있다. 다만, 직무수행요건이 같은 직위 간의 전보 등 경찰청장이 정하는 경우에는 기간에 관계없이 전보할 수 있다(경찰공무원 임용령 제25조).

③ 교육훈련기관의 교수요원으로 임용된 사람은 그 임용일 부터 1년 이상 3년 이하의 범위에서 경찰청장이 정하는 기간 안에는 다른 직위에 전보할 수 없다. 다만, 기구의 개편, 직제·정원의 변경이나 교육과정의 개편 또는 폐지, 교수요원으로서 부적당하다고 인정될 때에는 그렇지 않다(경찰공무원 임용령 제27조 제3항).

(2) 전보제한의 예외(경찰공무원 임용령 제27조 제1항 단서)

다음의 어느 하나에 해당될 경우에는 전보제한에 해당되지 않는다.

1. 직제상의 최저단위 보조기관 또는 보좌기관 내에서의 전보하는 경우
2. 경찰청과 소속기관등 또는 소속기관등 상호간의 교류를 위한 전보
3. 기구의 개편, 직제 또는 정원의 변경으로 인한 해당 경찰공무원의 전보
4. 승진임용된 경찰공무원을 전보하는 경우
5. 전문직위로 경찰공무원을 전보하는 경우
6. 징계처분이나 형사사건으로 수사기관에서 조사 받고 있는 경우
7. 경찰공무원으로서의 품위를 크게 손상하는 비위로 인한 감사 또는 조사가 진행 중이어서 해당 직위를 유지하는 것이 부적절하다고 판단되는 경찰공무원을 전보하는 경우
8. 경찰기동대 등 경비부서에서 정기적으로 보직하는 경우
9. 교육훈련기관의 교수요원으로 보직하는 경우
10. 시보임용중인 경우
11. 신규채용된 경찰공무원을 해당 계급의 보직관리기준에 따라 전보하는 경우 및 이와 관련된 전보의 경우
12. 감사담당 경찰공무원 가운데 부적격자로 인정되는 경우
13. 경정 이하의 경찰공무원을 배우자 또는 직계존속이 거주하는 시·군·자치구 지역의 경찰기관으로 전보하는 경우
14. 임신 중인 경찰공무원 또는 출산 후 1년이 지나지 않은 경찰공무원의 모성보호, 육아 등을 위하여 전보하는 경우(경찰공무원 임용령 제27조 제1항 내지 제3항)

15. 특별채용된 경찰공무원은 그 채용일로부터 5년의 범위에서 경찰청장이 정하는 기간(휴직기간, 직위해제기간 및 정직기간은 포함되지 않는다) 안에는 채용조건에 해당하는 기관 또는 부서 외의 기관 또는 부서로 전보할 수 없다.

5) 휴직

(1) 의의

경찰공무원이 신분은 유지하면서 일정기간 동안 직무를 담당하지 않는 것을 휴직이라 한다. 직위해제와는 달리 제재적 성격이 없고, 휴직은 복직이 보장된다.

(2) 직권휴직(국가공무원법 제71조 제1항)[7]

공무원이 다음의 사유에 해당하면 임용권자는 본인의 의사에도 불구하고 휴직을 명하여야 한다.

① 신체·정신상의 장애로 장기요양을 요할 때에는 1년 이내, 부득이한 경우 1년의 범위에서 연장할 수 있다. 다만, 「공무원재해보상법」상 요양급여 지급대상 부상 또는 질병, 「산업재해보상법」상 요양급여 결정대상 질병 또는 부상에 해당하는 공무상 질병 또는 부상으로 인한 휴직기간은 3년 이내로 하되, 의학적 소견 등을 고려하여 대통령령등으로 정하는 바에 따라 2년의 범위에서 연장이 가능하다.

② 병역복무를 마치기 위하여 징집 또는 소집되었을 때에는 복무기간 만료 시까지

③ 천재·지변 또는 전시·사변이나 기타의 사유로 인하여 생사 또는 소재가 불명하게 되었을 때에는 일반공무원은 3개월 이내, 경찰공무원은 법원의 실종선고를 받는 날까지

④ 노동조합전임자로 종사하게 된 때 그 전임기간

⑤ 기타 법률의 규정에 의한 의무를 수행하기 위하여 직무를 이탈하게 되었을 때 등은 의무기간 만료시 까지 임용권자는 휴직을 명하여야 한다.[8]

(3) 의원휴직(국가공무원법 제71조 제2항)

임용권자는 다음의 사유로 공무원이 휴직을 원하면 휴직을 명할 수 있다. 다만 제4호의 경우에는 대통령령으로 정하는 특별한 사정이 없으면 휴직을 명하여야 한다.

1. 국제기구, 외국기관, 국내외 대학·연구기관, 다른 국가기관 또는 대통령령이 정하는 민간기업 그 밖의 기관에 임시로 채용될 경우에는 그 채용기간 중, 다만, 민간기업 등은 3년 이내
2. 해외 유학의 경우에는 3년 이내(학위취득 등 부득이한 경우에는 2년 연장가능), 이 경우 유학기간의 50%는 승진소요 최저근무연수에 포함한다.
3. 중앙인사관장기관의 장이 지정하는 연구기관이나 교육기관 등에서 연수하게 된 경우에는 2년 이내
4. 휴직 신청 당시 만 8세 이하인 자녀 또는 초등학교 2학년 이하의 자녀를 양육하기 위해 필요하거나 여성 공무원이 임신 또는 출산하게 된 때(자녀 1인에 대하여 3년 이내)
5. 조부모·부모(배우자 부모 포함)·배우자·자녀 또는 손자녀의 돌봄을 위하여 필요한 경우, 다만, 조부

---

7) 국가공무원법 법률 제19341호, 2023.4.11. 시행 2023.10.12.

8) 김동희, 앞의 책, p.139; 홍정선, 앞의 책, pp.169-170.

모나 손자녀를 돌보기 위하여 휴직할 수 있는 경우는 본인 외에 돌볼 사람이 없는 등 대통령령등으로 정하는 요건을 갖춘 경우로 한정(1년 이내, 재직기간 중 3년 초과 불가), 대통령령으로 정하는 요건(공무원임용령 제67조의8)은 다음과 같다.

1) 조부모를 돌보는 경우: 본인 외에는 조부모의 직계비속이 없는 경우, 다만, 다른 직계비속이 있으나 질병, 고령, 장애 또는 미성년 등의 사유로 본인이 돌볼 수밖에 없는 경우
2) 손자녀를 돌보는 경우: 본인 외에는 손자녀의 직계존속 및 형제자매가 없는 경우, 다만, 다른 직계존속 또는 형제자매가 있으나 질병, 고령, 장애 또는 미성년 등의 사유로 본인이 돌볼 수밖에 없는 경우

6. 외국에서 근무·유학 또는 연수하게 되는 배우자를 동반하게 된 경우에는 3년 이내(부득이한 경우에는 2년 연장 가능)(국가공무원법 제71조 제2항)
7. 대통령령등으로 정하는 기간 동안(5년 이상) 재직한 공무원이 직무 관련 연구과제 수행 또는 자기계발을 위하여 학습·연구 등을 하게 된 때 1년 이내

(4) 복귀신고

경찰공무원은 휴직기간 중 그 사유가 없어지거나 휴직기간이 끝난 공무원은 30일 이내에 임용권자 또는 임용제청권자에게 복직을 신고하여야 하며, 임용권자는 지체 없이 복직을 명하여야 한다. 이 때 30일 이내에 복직신고를 한 경우에는 당연히 복직된다(국가공무원법 제73조 제1항 내지 제2항).

6) 직위해제

(1) 의의

① 직위해제는 경찰공무원 본인에게 직위를 계속 보유하게 할 수 없는 일정한 사유가 발생한 경우에 공무원으로서의 신분은 보존시키되 임용권자가 직위만을 부여하지 아니하는 조치를 말한다. 직위해제는 휴직과는 달리 복직이 보장되지 않는 제재적 의미를 가지는 행정처분에 해당한다(재량사항).

② 직위해제는 징계처분과는 법적 기초를 달리하므로 시효의 적용을 받지 않으며, 직위해제 후 동일사유로 징계나 직권면직처분을 하여도 일사부재리의 원칙이나 이중처벌금지 원칙에 반하지 않는다.[9]

(2) 사유

임용권자는 아래의 사유에 해당하는 자에게 직위를 부여하지 아니할 수 있다(재량사항).

① 직무수행능력이 부족하거나 근무성적이 극히 불량한 자: 봉급의 80% 지급
② 파면·해임·강등·정직등 중징계에 해당하는 징계의결이 요구 중인 자: 봉급의 50% 지급
③ 형사사건으로 기소된 자(약식명령이 청구된 자는 제외): 봉급의 50% 지급
④ 고위공무원단에 속하는 일반직공무원으로서 제70조의2 제1항 제2호부터 제5호까지의 사유로 적격심사

9) 위의 책, p.140.

를 요구받은 자: 봉급의 70% 지급(다만, 3개월이 지나도 직위를 부여받지 못한 경우에는 봉급의 40% 지급)

⑤ 금품비위, 성범죄 등 대통령령으로 정하는 비위행위로 인하여 감사원 및 검찰·경찰 등 수사기관에서 조사나 수사 중인 자로서 비위의 정도가 중대하고 이로 인하여 정상적인 업무수행을 기대하기 현저히 어려운 자: 봉급의 50% 지급

⑥ 위 ②③⑤의 사유로 직위해제된 사람이 직위해제일부터 3개월이 지나도 직위를 부여받지 못한 때에는 그 3개월이 지난 후의 기간 중에는 봉급의 30%를 지급한다(공무원보수규정 제29조).

(3) 특징

① 직위해제가 된 때에는 직무에 종사하지 못하고 출근의무도 없다.

② 임용권자 또는 임용제청권자는 직위해제 중 해제사유가 소멸된 때에는 지체 없이 직위를 부여하여야 한다.

③ 임용권자는 직무수행 능력이 부족하거나 근무성적이 극히 나빠 직위해제된 자에게 3개월의 범위에서 대기를 명한다. 대기명령을 받은 자에게 능력회복이나 근무성적의 향상을 위한 교육훈련 또는 특별한 연구과제의 부여 등 필요한 조치를 하여야 한다.

④ 직위해제기간은 승진소요 최저근무연수에 포함하지 아니한다. 또한 직위해제 기간 중 승진의 대상이 되지 않는다. 다만, ⅰ) 국가공무원법 제73조의3 제1항 제3호에 따라 파면, 해임, 강등 또는 정직에 해당하는 징계의결이 요구 중이라는 사유로 직위해제처분을 받은 사람에 대한 징계의결 요구에 대하여 관할 징계위원회가 징계하지 않기로 의결한 경우, ⅱ) 해당 직위해제처분의 사유가 된 징계처분이 소청심사위원회의 결정 또는 법원의 판결에 따라 무효 또는 취소로 확정된 경우, ⅲ) 국가공무원법 제73조의3 제1항 제4호에 따라 직위해제처분을 받은 사람의 처분사유가 된 형사사건이 법원의 판결에 따라 무죄로 확정된 경우에는 승진소요 최저 근무연수 기간에 포함한다(경찰공무원 승진임용규정 제5조 제2항 제2호 가목 및 나목).

그리고 「국가공무원법」 제73조의3 제1항 제6호의 금품비위, 성범죄 등 비위행위로 직위해제처분을 받은 사람의 처분사유가 된 비위행위가 아래 1) 및 2)에 모두 해당하는 경우 직위해제 기간은 승진소요 최저근무연수에 포함한다. 즉 1)의 어느 하나와 2)의 어느 하나에 모두 해당하는 경우 직위해제기간은 승진소요 최저근무연수에 포함한다(경찰공무원 승진임용규정 제5조 제2항 제2호 다목).

1) 비위행위에 대한 징계절차와 관련하여 다음의 어느 하나에 해당하는 경우
   가) 경찰기관의 장이 「경찰공무원징계령」에 따른 징계의결 요구를 하지 않기로 한 경우
   나) 해당 경찰공무원에 대한 징계의결 요구에 대하여 관할 징계위원회가 징계하지 않기로 의결한 경우
   다) 징계처분이 소청심사위원회의 결정이나 법원의 판결에 따라 무효 또는 취소로 확정된 경우
2) 비위행위에 대한 조사 또는 수사 결과가 다음의 어느 하나에 해당하는 경우
   가) 형사사건에 해당하지 않는 경우
   나) 사법경찰관이 불송치 하거나 검사가 불기소 한 경우, 다만, 「형사소송법」 제247조에 따라 공소를

제기하지 않는 경우와 불송치 또는 불기소를 했으나 해당 사건이 다시 수사 및 기소되어 법원의 판결에 따라 유죄가 확정된 경우는 제외한다.

다) 형사사건으로 기소되거나 약식명령이 청구된 사람이 법원의 판결에 따라 무죄로 확정된 경우

⑤ 직위해제 여부는 직위해제권자의 재량행위이다.

⑥ 직위해제는 공무원에 대한 불이익한 처분이기는 하지만, 징계처분과는 성질이 다르므로 판례에 의하면, 동일한 사유로 직위해제와 징계처분을 병과해도 일사부재리원칙에 위배되지 아니한다.

3. 경찰공무원 관계의 소멸

1) 당연퇴직

(1) 의의

당연퇴직이란 경찰공무원이 그 자격의 결격사유에 해당하면 임용권자의 의사에 관계없이 당연히 공무원 관계가 소멸하는 것을 말한다. 당연퇴직은 처분성이 인정되지 않아 행정소송의 대상이 되지 않는다.

(2) 경찰공무원 결격사유 발생

경찰공무원이 「경찰공무원법」 제8조 제2항, 즉 임용 결격사유의 각 호의 어느 하나에 해당하게 된 경우에는 당연히 퇴직한다. 1. 대한민국 국적을 가지지 아니한 자, 2. 국적법 제11조의2 제1항에 따른 복수국적자, 3. 피성년후견인 또는 피한정후견인, 4. 파산선고를 받고 복권되지 아니한 자, 5. 자격정지 이상의 형의 선고를 받은 자, 6. 자격정지 이상의 형의 선고유예를 받고 그 유예기간 중에 있는 자,

다만, 1. 제8조 제2항 제4호는 파산선고를 받은 사람으로서 채무자회생 및 파산에 관한 법률에 따라 신청기한 내에 면책신청을 하지 아니하였거나 면책불허가 결정 또는 면책취소가 확정된 경우만 해당한다.

2. 제8조 제2항 제6호는 「형법」 제129조부터 제132조까지(뇌물죄 · 수뢰죄 등), 「성폭력범죄의 처벌 등에 관한 특례법」 제2조(성폭력범죄), 「아동 · 청소년의 성보호에 관한 법률」 제2조 제2호(아동 · 청소년대상 성범죄) 및 직무와 관련하여 「형법」 제355조 또는 제356조에 규정된 죄(횡령 · 배임 또는 업무상 횡령 · 배임죄)를 범한 사람으로서 자격정지 이상의 형의 선고유예를 받은 경우만 해당한다(경찰공무원법 제27조).

2) 정년(경찰공무원법 제30조)

경찰공무원은 정년에 도달하면 당연퇴직해야 한다.

① 국가경찰공무원의 정년에는 연령정년과 계급정년이 있다. 국가경찰공무원의 연령정년은 60세이며, 계급정년은 경정 14년, 총경 11년, 경무관 6년, 치안감 4년이다.

② 징계로 인하여 강등(경감으로 강등된 경우 포함)된 경찰공무원의 계급정년은 다음 각 호에 따른다.

1. 강등된 계급의 계급정년은 강등되기 전 계급 중 가장 높은 계급의 계급정년으로 한다.

2. 계급정년을 산정할 때에는 강등되기 전 계급의 근무연수와 강등 이후의 근무연수를 합산한다.

③ 국가경찰공무원의 계급정년은 수사, 정보, 외사, 보안, 자치경찰사무 등 특수부문에 근무하는 경찰공무원으로서 대통령령으로 정하는 바(인력수급관계, 직무의 특수성, 연장대상자의 건강상태 및 직무수행능력 등을 고려)에 따라 지정을 받은 사람은 총경 및 경정의 경우 4년의 범위 안에서 연장할 수 있다.

④ 또한 경찰청장 또는 해양경찰청장은 전시·사변 기타 이에 준하는 비상사태에서는 2년의 범위 안에서 계급정년을 연장할 수 있다. 이 경우 경무관 이상의 경우에는 행정안전부장관(해양수산부장관)과 총리를 거쳐, 총경·경정의 경우 국무총리를 거쳐 대통령의 승인을 받아야 한다(경찰공무원법 제30조).

⑤ 경찰공무원은 그 정년이 된 날이 1월에서 6월 사이에 있으면 6월 30일에, 7월에서 12월 사이에 있으면 12월 31일에 당연퇴직한다.

⑥ 계급정년을 산정할 때 제주특별자치도의 자치경찰공무원으로 근무한 경력이 있는 경찰공무원의 경우에는 그 계급에 상응하는 자치경찰공무원으로 근무한 연수를 산입한다.

3) 면직

(1) 의의

면직이란 특별한 행위로 경찰공무원관계를 소멸시키는 것을 말한다. 특별한 행위에 의한다는 점에서 법정사유로 인한 당연퇴직과는 다르다. 면직에는 공무원 자신의 원에 의한 의원면직과 그러하지 않은 직권면직이 있다.

(2) 의원면직

의원면직이란 경찰공무원 자신의 의사표시에 기초하여 임용권자가 이를 수리함으로써 공무원관계를 소멸시키는 쌍방적 행정행위이다. 그 법적 성질은 상대방의 신청을 요하는 행정행위에 해당된다.

서면에 의한 사직서를 제출하고 이를 임명권자가 수리한 때에 효력이 발생한다. 경찰공무원은 사임의 의사표시가 있어도 임용권자가 수리할 때 까지는 여전히 경찰공무원이다. 따라서 경찰공무원은 사직서 수리 전 무단결근 등 근무규칙 위반행위를 하면 징계 및 형사책임의 원인이 된다.

(3) 직권면직(경찰공무원법 제28조)

① 의의

일정한 법정사유가 존재하는 경우에 경찰공무원 본인의 의사에도 불구하고 임용권자가 직권으로 행하는 면직처분을 말한다.

② 주관적 사유: 징계위원회의 동의 필요

㉠ 직무수행능력이 부족하거나 근무성적이 극히 불량한 자로서 3개월의 범위에서 대기명령을

받은 자가 그 기간 중 능력이나 근무성적의 향상을 기대하기 어렵다고 인정된 때

㉡ 경찰공무원으로는 부적합할 정도로 직무수행능력 또는 성실성이 현저히 결여된 자로서 다음에 해당할 때

i) 지능저하 또는 판단력의 부족으로 경찰업무를 감당할 수 없는 경우

ii) 책임감의 결여로 직무수행에 성의가 없고 위험한 직무에 당하여 고의로 직무수행을 기피 또는 포기하는 경우

㉢ 직무수행 중 위험을 야기할 우려가 있을 정도의 성격 또는 도덕적 결함이 있는 자로서 다음에 해당할 때

i) 인격장애, 알코올·약물중독, 그 밖의 정신장애로 경찰업무를 감당할 수 없는 경우

ii) 사행행위 또는 재산낭비로 채무과다, 부정한 이성관계 등 도덕적 결함이 현저하여 타인의 비난을 받는 경우

③ 객관적 사유: 징계위원회 동의 불요

㉠ 직제와 정원개폐 또는 예산의 감소 등에 의해 폐직 또는 과원이 되었을 때

㉡ 휴직기간의 만료 또는 휴직사유 소멸된 후에도 직무에 복귀하지 아니하거나 직무를 감당할 수 없을 때, 이러한 사유로 인한 직권면직일은 휴직기간의 만료일이나 휴직사유의 소멸일로 한다.

㉢ 해당 경과에서 직무를 수행하는데 필요한 자격증의 효력이 상실되거나 면허가 취소되어 담당직무를 수행할 수 없게 되었을 때(경찰공무원법 제28조 및 국가공무원법 제70조 제1항 제3호부터 5호)

(4) 징계면직

징계면직이란 경찰공무원이 경찰공무원법상 요구되는 의무를 위반할 때 가해지는 제재로서의 파면과 해임을 의미한다.

4. 근무성적 평정

1) 대상

근무성적 평정의 대상은 총경 이하의 경찰공무원을 대상으로 매년 1회 실시하며, 근무성적 평정의 결과는 승진 등 인사관리에 반영하여야 한다(승진임용규정 제7조).[10)]

근무성적 평정은 10월 31일을 기준으로 하고, 경력평정은 12월 31일을 기준으로 한다. 다만, 총경과 경정의 경력평정은 10월 31일을 기준으로 한다(승진임용규정 시행규칙 제4조 제2항).[11)]

10) 경찰공무원 승진임용규정, 대통령령 제33674호, 2023.8.22.

11) 경찰공무원 승진임용규정 시행규칙, 행정안전부령 제417호, 2023.7.17.

2) 근무성적 평정 요소

(1) 평정요소(경찰공무원 승진임용규정 제7조 제2항)

① 근무성적은 다음 각 호의 평정요소에 따라 평정한다. 다만, 총경의 근무성적은 제2평정 요소로만 평정한다.

1. 제1평정 요소
   가. 경찰업무발전에 대한 기여도, 나. 포상실적, 다. 그 밖에 행정안전부령으로 정하는 평정요소
2. 제2평정 요소
   가. 근무실적, 나. 직무수행능력, 다. 직무수행태도

② 제2평정 요소에 따른 근무성적 평정은 평정대상자의 계급별로 평정 결과가 다음 각 호의 분포비율에 맞도록 하여야 한다. 다만, 평정 결과 제4호에 해당하는 사람이 없는 경우에는 제4호의 비율을 제3호의 비율에 가산하여 적용한다(승진임용규정 제7조 제3항).

1. 수: 20퍼센트, 2. 우: 40퍼센트, 3. 양: 30퍼센트, 4. 가: 10퍼센트

③ 제11조 제2항 단서에 해당하는 경찰공무원(5급 공개경쟁시험이나 사법시험에 합격한 25세 미만 경찰관)과 경찰서 수사과에서 고소・고발 등에 대한 조사업무를 직접 처리하는 경위 계급의 경찰공무원을 평정할 때에는 위의 비율을 적용하지 아니할 수 있다(승진임용규정 제7조 제4항).

「승진임용규정」 제11조 제2항 단서는 공개경쟁시험으로 임용하는 것이 부적당한 경우에 임용예정 직무에 관련된 자격증 소지자를 임용하는 경우, 그리고 5급공무원의 공개경쟁채용시험이나 사법시험법(2009년 5월 28일 폐지되기 전의 것을 말한다)에 따른 사법시험에 합격한 사람을 경정 이하의 경찰공무원으로 임용하는 경우를 말한다.

(2) 비공개와 통보(승진임용규정 제7조 제5항)

근무성적 평정 결과는 공개하지 아니한다. 다만, 경찰청장은 근무성적 평정이 완료되면 평정대상 경찰공무원에게 해당 근무성적 평정 결과를 통보할 수 있다.

(3) 평정의 기준, 시기, 방법

근무성적 평정의 기준, 시기, 방법 그 밖에 필요한 사항은 행정안전부령으로 정한다. 즉 근무성적 평정, 경력 평정은 연 1회 실시하며, 근무성적 평정은 10월 31일을 기준으로 하고, 경력평정은 12월 31일을 기준으로 한다. 다만, 총경과 경정의 경력 평정은 10월 31일을 기준으로 한다(시행규칙 제4조).

3) 근무성적 평정의 예외(승진임용규정 제8조)

① 휴직・직위해제 등의 사유로 해당 연도의 평정기관에서 6개월 이상 근무하지 아니한 경찰공무원에 대해서는 근무성적을 평정하지 아니 한다.

② 경찰공무원이 2월 이상 교육훈련 외의 사유로 국가기관・지방자치단체 또는 인사혁신처장이 지정하는 기관에 파견근무하게 된 경우에는 파견 받은 기관의 의견을 참작하여 근무성적을

평정하여야 한다.

③ 평정대상자가 전보된 경우에는 그 경찰공무원의 근무성적평정표를 전보된 기관에 이관하여야 한다. 다만, 평정기관을 달리하는 기관으로 전보된 후 2개월 이내에 정기평정을 실시할 때에는 전출기관에서 전출 전까지의 근무기간에 해당하는 평정을 실시하여 송부하여야 하며, 전입기관에서는 송부된 평정결과를 고려하여 평정하여야 한다.

④ 정기평정 이후에 신규채용 또는 승진임용된 경찰공무원에 대하여는 2개월이 경과한 후에 근무성적을 평정하여야 한다.

4) 근무성적 평정자(시행규칙 제6조)

근무성적 평정자는 3명으로 하되, 제1차 평정자는 평정대상자의 바로 위 감독자가 되고, 제2차 평정자는 제1차 평정자의 바로 위 감독자가 되며, 제3차 평정자는 제2차 평정자의 바로 위 감독자가 된다.

5) 근무성적 평정 결과의 통보 및 이의신청(시행규칙 제9조의2)

① 경찰청장은 다음 각 호의 근무성적 평정결과를 평정 대상 경찰공무원에게 통보할 수 있다.

1. 제1평정요소에 대한 평정점(경정 이하 경찰공무원에 한한다)
2. 제2평정요소에 대한 평정점의 분포비율에 따른 등급
3. 그 밖에 경찰청장이 통보가 필요하다고 인정하는 사항

② 통보대상 경찰공무원은 근무성적 평정 결과에 이의가 있는 경우에는 제2차 평정자에게 이의를 신청할 수 있다.

③ 이의신청을 받은 제2차 평정자는 이의신청의 내용이 타당하다고 판단하는 경우에는 해당 경찰공무원에 대한 근무성적 평정 결과를 조정할 수 있으며, 이의신청을 받아들이지 않는 경우에는 그 사유를 해당 경찰공무원에게 설명하여야 한다.

5. 경력평정

1) 경력평정 대상(승진임용규정 제9조)

경찰공무원의 경력 평정은 승진소요 최저근무연수가 지난 총경 이하의 경찰공무원이 해당계급에서 근무한 연수에 대하여 실시하며, 경력평정 결과는 승진대상자 명부작성에 반영한다. 다만, 전문자격증 소지자, 5급 공개채용시험에 합격하거나 사법시험에 합격하여 경찰공무원에 채용된 사람은 제외한다.

2) 평정기준

경력평정은 해당 경찰공무원의 인사기록을 기준으로 하여 실시하며, 필요하다고 인정될 때에

는 인사기록이 정확한지를 조회 · 확인할 수 있다.

3) 평정의 구분

경력평정은 기본경력과 초과경력으로 구분하여 실시하되, 계급별로 기본경력과 초과경력에 포함되는 기간은 다음 각 호와 같다(경찰공무원 승진임용규정 제9조).

1. 기본경력
   가. 총경: 평정기준일부터 최근 3년간
   나. 경정 · 경감: 평정기준일부터 최근 4년간
   다. 경위 · 경사: 평정기준일부터 최근 3년간
   라. 경장: 평정기준일부터 최근 2년간
   마. 순경: 평정기준일부터 최근 1년 6개월간
2. 초과경력
   가. 총경: 기본경력 전 1년간
   나. 경정 · 경감: 기본경력 전 5년간
   다. 경위: 기본경력 전 4년간
   라. 경사: 기본경력 전 1년 6개월간
   마. 경장: 기본경력 전 1년간
   바. 순경: 기본경력 전 6개월간

4) 경력평정 대상 기간의 계산

(1) 제외 원칙

① 경력평정 대상 기간 중 휴직, 정직 또는 직위해제기간이 있을 때에는 그 기간은 평정에서 제외한다. 그러나 휴직 및 직위해제기간이 경력기간에 산입되는 예외가 있다.

② 경찰대학을 졸업하고 경위로 임용된 사람이 「전투경찰대설치법」 제2조의3 제3항에 따라 전투경찰대 대원으로 복무한 기간이 있을 때에는 그 기간은 평정에서 제외한다(승진임용규정 시행규칙 제10조 제1항).

(2) 기간의 계산법

경력평정 대상기간은 경력월수를 단위로 하여 계산하되, 15일 이상은 1월로 하고 15일 미만은 경력에 산입하지 아니한다(승진임용규정 시행규칙 제10조 제3항).

6. 경찰공무원의 승진제도

1) 승진자격

(1) 승진소요 최저근무 연수(승진임용규정 제5조)

① 경찰공무원이 승진하려면 다음 각 호의 구분에 따른 기간 동안 해당 계급에 재직해야 한다.

1. 총경: 3년 이상
2. 경정 및 경감: 2년 이상
3. 경위, 경사, 경장 및 순경: 1년 이상

② 휴직기간, 직위해제 기간, 징계처분 기간 및 징계의결 요구(「공무원재해보상법」에 따른 공무상 질병 또는 부상으로 인하여 휴직한 사람을 특별승진 임용하는 경우는 제외한다) 또는 시보임용 기간 중에 있는 사람, 징계처분의 집행이 끝난 날부터 다음 구분에 따른 기간이 지나지 않은 사람의 승진임용 제한기간은 승진소요 최저근무연수에 포함하지 않는다.

③ 다만, 국가재산이나 예산 등을 횡령·배임·절도·사기 또는 유용 등으로 인한 징계처분과 소극행정, 그리고 음주운전, 성폭력, 성희롱 및 성매매에 따른 징계처분의 경우에는 6개월을 더한 기간이 최저근무소요 연수에서 제외된다.

가. 강등·정직: 18개월, 나. 감봉: 12개월, 다. 견책: 6개월

2) 승진의 종류

(1) 심사승진

① 대상자와 심사기간

ⅰ) 심사승진은 경무관 이하의 계급으로의 승진에 적용된다. 경찰청장이 필요하다고 인정할 때에는 경과별 또는 특수분야별로 구분하여 실시할 수 있다.

ⅱ) 경정이하 계급으로의 승진심사는 연 1회 1월 2일부터 3월 31일 사이에 실시한다. 다만, 경찰청장이 그 기간 내에 승진심사를 할 수 없다고 인정할 때에는 그 기간을 연장할 수 있으며, 경찰공무원의 증원 기타 특별한 사유가 있는 경우에는 추가로 승진심사를 할 수 있다(승진임용규정 제14조).

ⅲ) 임용권자나 임용제청권자는 심사승진후보자 명부에 기록된 사람이 승진임용되기 전에 정직 이상의 징계처분을 받은 경우에는 심사승진 후보자 명부에서 그 사람을 제외하여야 한다(승진임용규정 재24조 제3항).

② 승진대상자 명부 작성(승진임용규정 제11조)

ⅰ) 총경 이하 경찰공무원에 대한 승진대상자 명부는 다음 각 호의 구분에 따른 경찰기관의 장이 계급별로 작성한다.

1. 경정 이상 경찰공무원과 경찰청 소속 경위 이상 경찰공무원: 경찰청장
2. 경감 이하 경찰공무원(제4호에 해당하는 사람은 제외): 경찰대학·경찰인재개발원·중앙경찰학교·경찰수사연수원·경찰병원 및 시·도경찰청의 장
3. 경찰청 소속 경사 이하 경찰공무원: 경찰청의 각 국 단위급 부서별 국장급 부서장
4. 경찰서 소속 경사 이하: 경찰서장

ⅱ) 승진대상자 명부는 규정에 따라 산정된 평정점을 다음 각 호의 구분에 따른 비율로 반영하여 작성한다. 다만, 경정 이하의 경찰공무원으로 신규채용할 수 있는 사람으로서 「경찰공무원 임

용령」 제39조 제1항의 응시연령에 이르지 아니한 경감 이하 경찰공무원에 대하여는 그가 경정으로 승진할 때까지 근무성적 평정점만으로 승진대상자 명부를 작성할 수 있다.

1. 근무성적 평정점: 65퍼센트
2. 경력평정점: 35퍼센트

③ 승진심사 대상(승진임용규정 제20조)

승진심사는 승진대상자 명부의 선 순위자 순으로 심사승진임용 예정인원의 5배수를 대상으로 한다. 다만, 경찰청장은 부득이한 사유가 있을 때에는 승진심사대상자의 범위를 심사승진임용 예정 인원의 5배수 이하로 하게 할 수 있다.

④ 승진심사의 기준(승진임용규정 제22조)

승진심사위원회는 승진심사대상자가 승진될 계급에서 직무를 수행할 능력이 있는지를 평가하기 위하여 다음 각 호의 사항을 심사한다.

1. 경험한 직책, 2. 승진기록, 3. 현 계급에서의 연도별 근무성적, 4. 상벌, 5. 소속 경찰기관의 장의 평가·추천, 6. 적성

(2) 시험승진

① 시험승진 대상

i) 경정 이하 계급으로의 승진은 대통령령으로 정하는 비율에 따라 승진시험과 승진심사를 병행할 수 있다. 다만, 경찰청장 또는 해양경찰청장이 필요하다고 인정할 때에는 경과별·특수분야별로 구분하여 실시할 수 있다.

ii) 경찰공무원의 승진 임용 시 심사승진후보자와 시험승진후보자가 있을 경우에 승진임용 인원은 각각 승진임용 인원의 50퍼센트로 한다.

② 시험의 응시자격

i) 시험승진은 시험을 실시하는 해의 1월 1일 현재 승진소요기간 최저근무연수 이상에 해당하고, ii) 당해 계급의 기본교육을 이수한 자들을 대상으로 한다. iii) 또한 승진임용 제한 사유에 해당하지 않아야 한다. iv) 총경 이하 경찰공무원의 경우 경찰공무원 교육훈련 규정 제6조의2 제1항에 따른 승진임용에 필요한 교육훈련 시간 이상 교육훈련을 받았을 것, 즉 총경 이하 경찰공무원은 학교교육, 위탁교육, 직장훈련 기타 교육을 합하여 1년에 100시간 이상의 교육훈련을 받아야 한다. 다만, 경찰공무원이 직무수행상의 특별한 사유로 승진임용에 필요한 교육훈련시간을 충족치 못한 경우에 경찰청장이 필요하다고 인정하는 경우는 제외한다(경찰공무원 승진임용규정 제29조).

③ 응시의 제한

i) 승진소요 최저연수 미달자, ii) 기본교육 미 이수자 및 교육성적 60점 미달자, iii) 징계의결 요구 중에 있거나 징계처분 중인 자, iv) 직위해제, 휴직 또는 시보임용 기간 중인 자. v)

계급정년이 연장된 사람, vi) 강등·정직, 감봉, 견책처분을 종료한 후 강등·정직은 18개월, 감봉은 12개월, 견책은 6개월을 경과하지 아니한 자. 다만, 금품 및 향응 수수, 공금횡령·유용으로 인한 징계처분과 소극행정, 음주운전, 성폭력, 성희롱, 성매매에 따른 징계처분의 경우에는 각각 6개월의 기간을 더한다(승진임용규정 제6조 및 제29조).

④ 시험의 시행 및 공고

승진시험은 매년 1회 실시하며, 시험 일시, 장소 기타 시험실시에 관하여 필요한 사항을 시험실시 15일 전까지 공고하여야 한다(승진임용규정 제30조).

⑤ 시험의 합격결정

i) 필기시험은 매 과목 4할 이상(40점 이상) 득점한 자 중에서 선발예정인원을 고려하여 고득점자 순으로 합격자를 결정한다.

최종 합격자의 결정은 1. 제1차시험 성적 36퍼센트(경비경찰의 경우에는 30퍼센트), 2. 제2차시험 성적 24퍼센트(경비경찰의 경우에는 30퍼센트), 3. 해당 계급에서의 근무성적 40퍼센트의 비율로 합산한 성적의 고득점자 순으로 합격자를 결정한다.

ii) 이 경우 당해 계급에서의 근무성적은 경장 이하는 시험실시 연도 기준일부터 최근 1년 이내에 그 계급에서 평정한 평정점에 의해 산정한다.

iii) 경사 이상은 시험실시 연도 기준일부터 최근 2년 이내에 그 계급에서 평정한 평정점을 대상으로 최근 1년 이내에 평정한 점수를 60%와 최근 1년전 2년 이내에 평정한 점수의 40%를 합산하여 산정한다(승진임용규정 제33조). 경정승진 시험의 경우 1차 객관식 시험에 불합격한 자는 2차 주관식 시험을 무효로 한다.

(3) 특별승진

① 대상(승진임용규정 제37조 및 제38조)

경찰공무원으로서의 특별승진 사유에 해당하는 사람에 대해서는 승진의 기본원칙에도 불구하고 1계급 특별승진시킬 수 있다. 다만, 경위 이하의 경찰공무원으로서 모든 경찰공무원의 귀감이 되는 공을 세우고 전사하거나 순직한 사람에 대하여는 2계급 특별승진시킬 수 있다.

② 특별승진의 실시

특별승진은 경찰청장이 특히 필요하다고 인정하는 경우에 수시로 이를 실시할 수 있다(승진임용규정 제39조).

③ 승진 최저근무연수 등의 적용배제

특별승진 사유에 해당하는 공을 세운 경찰공무원에 대한 특별승진의 승진최저 근무연수 적용배제, 승진제한규정 적용배제, 정년연장 제한규정 적용배제 등의 특별대우가 주어진다. 또한 경찰기본교육 이수여부도 적용되지 않는 경우도 있다.

(4) 근속승진

① 시기

경장・경사・경위 근속승진임용 시기는 매월 1일로 하고, 경감 근속승진임용의 시기는 매년 1월 1일과 7월 1일로 한다(근속승진 운영규칙 제6조 제3항).[12)]

② 근속승진 대상

경찰청장 또는 해양경찰청장은 해당 계급에서 다음 각 호의 기간 동안 재직한 사람을 경장, 경사, 경위, 경감으로 각각 근속승진 임용할 수 있다(경찰공무원법 제16조 제1항). 다만, 인사교류 경력이 있거나 주요 업무의 추진 실적이 우수한 공무원 등 경찰행정발전에 기여한 공이 크다고 인정되는 경우에는 대통령령으로 정한 바에 따라 그 기간을 단축할 수 있다.

i) 경장: 순경 4년 이상 근속자, ii) 경사: 경장 5년 이상 근속자, iii) 경위: 경사 6년 6월 이상 근속자, iv) 경감: 경위 8년 이상 근속자

③ 근속승진 기간 단축

다음 각 호의 경찰공무원을 근속승진 임용하는 경우에는 해당 각 호의 구분에 따른 기간을 근속승진 기간에서 단축할 수 있다.

1. 공무원임용령 제48조 제1항 제1호(행정기관 상호간의 인사교류)에 따른 인사교류 기간 중에 있거나 인사교류 경력이 있는 경찰공무원): 인사교류 기간의 2분의 1에 해당하는 기간
2. 국정과제 등 주요 업무의 추진실적이 우수한 경찰공무원이나 적극행정 수행태도가 돋보인 경찰공무원: 1년, 이 경우 근속승진 기간을 단축하는 경찰공무원의 인원수는 인사혁신처장이 제한할 수 있다(승진임용규정 제26조 제2항 및 제3항).

④ 경감 근속승진 회수와 인원 수

i) 임용권자는 경감으로의 근속승진임용을 위한 심사를 연 2회 실시할 수 있다. 이 경우 경감으로의 근속승진 임용을 할 수 있는 인원수는 연도별로 합산하여 해당 기관의 근속승진 대상자의 100분의 40에 해당하는 인원수(소수점 이하가 있는 경우에는 1명을 가산한다)를 초과할 수 없다(승진임용규정 제26조 제4항).

ii) 임용권자는 경감 근속승진 심사를 실시하려는 경우 근속승진임용일 20일 전까지 해당 기관의 근속승진대상자 및 근속승진임용 예정 인원을 경찰청장에게 보고해야 한다(승진임용규정 제26조 제5항).

⑤ 근속승진 대상자명부의 작성(경찰공무원 근속승진 운영규칙 제5조)

i) 근속승진에 필요한 요건을 갖춘 경위 이하에 대하여 계급별로 근속승진 대상자 명부를 작성한다. 다만, 경위의 경우 재직기간별로 근속승진 대상자 명부를 작성할 수 있다.

ii) 경장・경사・경위 근속승진 대상자 명부는 다음 각 호와 같이 작성한다. 이 경우 근속승진

12) 경찰공무원 근속승진 운영규칙, 경찰청훈령, 제1072호, 2023.1.1.

임용 해당 연도의 근무성적평정점은 포함하지 아니한다.

1. 경장 · 경사 근속승진 대상자 명부: 최근 2년간 근무성적 평정점을 기준으로 작성
2. 경위 근속승진 대상자 명부: 최근 3년간 근무성적 평정점 100분의 50, 경력평정점 100분의 50의 비율로 작성
3. 경감 근속승진 대상자명부: 근무성적평정점 100분의 50, 경력평정점 100분의 50의 비율로 작성

7. 대우공무원 제도

1) 선발요건

승진소요 최저근무연수가 지난 총경 이하 경찰공무원으로서 해당 계급에서 총경 · 경정은 7년 이상, 경감 이하는 5년 이상 근무한 사람을 대상으로 선발한다. 다만, 국정과제를 담당하여 높은 성과를 내거나 적극적인 업무수행으로 경찰공무원의 업무행태 개선에 기여하는 등 직무수행능력이 탁월하고 경찰행정발전에 공헌했다고 경찰청장 또는 소속기관등의 장이 인정하는 경우에는 그 기간을 1년 단축할 수 있다(승진임용규정 시행규칙 제35조 제1항).

2) 대우공무원의 선발 절차 및 시기

임용권자나 임용제청권자는 매월 말 5일 전까지 대우공무원 발령일을 기준으로 대우공무원 선발요건을 충족하는 대상자를 결정하여야 하고, 그다음 달 1일에 일괄하여 대우공무원으로 발령하여야 한다(승진임용규정 시행규칙 제36조 제1항).

3) 대우공무원의 수당지급

① 대우공무원으로 선발된 경찰공무원에게는 「공무원수당 등에 관한 규정」에 따라 대우공무원 수당을 지급한다(승진임용규정 시행규칙 제37조 제1항).

② 대우공무원이 징계 또는 직위해제 처분을 받거나 휴직하여도 대우공무원 수당은 계속 지급한다. 다만, 공무원수당 등에 관한 규정에서 정하는 바에 따라 대우공무원수당을 줄여 지급한다(승진임용규정 시행규칙 제37조 제2항).

4) 자격상실

대우공무원이 다음 각 호의 어느 하나에 해당하는 경우 그 해당 일에 대우공무원의 자격을 별도 조치 없이 상실한다(승진임용규정 시행규칙 제38조).

1. 상위계급으로의 승진임용되는 경우: 승진임용일
2. 강등되는 경우: 강등일

제 3 절 경찰공무원의 권리

1. 신분상의 권리

1) 일반적 권리

(1) 직무집행권

「경찰관 직무집행법」은 국민의 자유와 권리의 보호 및 사회공공의 안녕·질서유지를 위한 경찰관의 직무수행에 필요한 사항을 규정하여 경찰관의 직무집행에 대한 법적인 근거를 제공하고 있다. 「경찰법」 역시 경찰의 임무수행을 위하여 경찰의 기본조직 및 직무범위와 그밖에 필요한 사항을 규정하고 있다.

(2) 신분보유권

경찰공무원은 법이 정한 사유와 절차에 따르지 않는 한 공무원의 신분을 박탈당하지 아니할 신분보유권을 가지고 있다. 경찰공무원은 형의 선고·징계처분 또는 일정한 법정사유에 의하지 아니하고는 그 의사에 반하여 휴직·강임·면직을 당하지 아니한다. 그러나 치안총감과 치안정감 및 시보임용 중인 경찰공무원은 신분보장이 되지 않는다.

(3) 직위보유권

경찰공무원은 임명되면 법령에서 따로 정하는 경우를 제외하고는 자신에게 부여된 직위를 박탈당하지 않을 권리를 보유한다. 직무집행권은 직위보유권의 한 부분이다.

(4) 고충심사 청구권

경찰공무원이면 누구나 위법한 처분의 존재를 전제로 함이 없이 직무조건이나 신상문제 등 그 어떠한 문제에 대해서도 기간의 제약 없이 고충심사의 청구가 가능하다.

(5) 소청권

경찰공무원은 징계처분 기타 그 의사에 반하는 불리한 처분이나 부작위에 대한 소청을 행정안전부의 소청심사위원회에 청구하여 그 구제를 구할 수 있다.

(6) 행정심판 및 소송제기권

경찰공무원은 징계처분이나 휴직, 면직처분 기타 의사에 반한 위법·부당한 처분에 대한 행정심판을 청구할 수 있고, 위법한 처분에 대해서는 행정소송을 제기할 수 있다.

2) 특수한 권리

(1) 제복착용권과 무기휴대 및 사용권

경찰공무원은 제복을 착용할 권리와 의무를 가진다. 또한 경찰공무원은 직무수행을 위하여 필요한 때에는 무기를 휴대할 수 있으며(경찰공무원법 제26조), 사용할 수 있다(경찰관 직무집행법 제10

조의4).

(2) 장구사용권

경찰관은 현행범이나 사형 · 무기 또는 장기 3년 이상의 징역이나 금고에 해당하는 죄를 범한 범인의 체포 또는 도주방지, 자신이나 다른 사람의 생명 · 신체의 방어 및 보호, 공무집행에 대한 항거를 제지하기 위해 필요하다고 인정되는 상당한 이유가 있을 때에는 그 사태를 합리적으로 판단하여 필요한 한도에서 경찰장구를 사용할 수 있다.

(3) 이의제기권

경찰은 구체적 사건수사와 관련된 상관의 지휘 · 감독의 적법성 또는 정당성에 대하여 이견이 있을 때에는 이의를 제기할 수 있다(경찰법 제6조 제2항).

2. 재산상의 권리

1) 보수청구권

경찰공무원은 봉급과 각종 수당을 합산한 보수를 청구할 수 있는 권리가 있으며, 이는 공법상의 권리로서 행정소송의 대상이 된다. 보수는 임의로 포기할 수 없고 압류에도 제한이 따른다. 보수에 대한 압류는 1/2까지로 제한되며, 보수청구권의 소멸시효는 판례의 경우에는 3년, 학설은 5년이 다수설이다.[13]

2) 연금청구권

공무원의 퇴직 또는 사망, 공무로 인한 부상 · 질병의 경우 본인 또는 그 유족은 연금청구권이 있으며, 이 역시 공법상 권리로서 행정소송의 대상이 되고 소멸시효는 5년이다.

연금은 양도 · 압류 · 담보로 제공할 수 없다. 다만, 연금인 급여를 받을 권리는 이를 대통령령이 정하는 금융기관에 담보로 제공할 수 있고, 국세징수법 · 지방세법 기타 법률에 의한 체납처분의 대상으로 할 수 있다.

한편, 공무원연금법상 급여를 받을 권리는 그 급여의 사유가 발생한 날로부터 단기급여는 1년간, 장기급여는 5년간 이를 행사하지 않을 때에는 시효로 인하여 소멸한다. 또한 급여에 관한 결정에 불복하면 행정소송을 제기할 수도 있다.

3) 실비변상청구권 · 보상청구권

경찰공무원은 보수를 받는 외에 법령이 정하는 바에 따라 직무수행에 필요한 여비, 숙박비, 일당을 받을 수 있다. 또한 경찰관서장의 허가를 받아 담당직무의 특수한 연구과제를 위탁받아 이를 처리하는 경우에도 그 보상을 지급받을 수 있다.

13) 위의 책, p.150.

제 4 절 경찰공무원의 의무

1. 일반의무(국가공무원법)

1) 선서의무(第55조)

공무원은 취임할 때에 소속기관장 앞에서 선서하여야 한다. 다만, 불가피한 사유가 있을 때에는 취임 후에 선서를 행하게 할 수 있다.

2) 성실의무(第56조)

모든 공무원은 법령을 준수하며 성실히 직무를 수행하여야 한다는 것을 의미한다. 자발적이고 적극적인 성격의 의무이다.[14] 이 의무는 공무원 의무의 원천이 되는 기본적인 의무로서 각종 직무상의 원천이 되는 것은 물론이고, 신분상의 의무도 성실의무에 기초하고 있다고 할 수 있다.

2. 직무상 의무

1) 국가공무원법

(1) 법령준수의무(第56조)

모든 공무원은 성실히 법령을 준수하여야 한다. 여기서 법령이란 행정의 법원이 되는 모든 법을 말하고, 법규명령 외에 행정규칙도 포함된다. 법령위반행위는 처벌의 사유가 된다.

(2) 복종의무(第57조)

공무원은 직무를 수행할 때 소속 상관의 직무상 명령에 복종하여야 한다. 소속 상관이란 공무원의 직무에 관하여 지휘·감독권을 가진 기관의 직위에 있는 사람을 의미한다.

(3) 직장이탈 금지의무(第58조)

경찰공무원은 근무 시간 중에 소속 상관의 허가 또는 정당한 이유 없이 직장을 이탈해서는 아니 된다. 이는 상사로부터 시간 외 근무명령이 있는 경우에도 적용된다. 그러나 공휴일, 휴가, 휴직, 직위해제 중에는 이러한 의무는 적용되지 않는다.[15]

(4) 영리업무 및 겸직금지 의무(第64조)

공무원은 공무 외에 영리를 목적으로 하는 업무에 종사하지 못하며, 소속기관장의 허가없이 다른 직무를 겸할 수 없다. 여기에서의 겸직은 공무원 본인에 해당하므로 그 가족, 특히 배우자의 영리행위는 해당하지 않는다.

---

14) 위의 책, p.153.
15) 홍정현, 앞의 책, p.193.

(5) 친절 · 공정의무(제59조)

공무원은 국민 전체에 대한 봉사자로서 공사를 불문하고 인권을 존중하며, 친절공정하게 직무를 수행해야 한다. 이는 법적인 의무이다.

(6) 종교중립의무(제59조의2)

① 공무원은 종교에 따른 차별 없이 직무를 수행하여야 한다. ② 공무원은 소속 상관이 종교중립의 의무에 위배되는 직무상 명령을 한 경우에는 이에 따르지 아니할 수 있다.

2) 경찰공무원법

(1) 지휘권 남용 등의 금지의무(경찰공무원법 제25조)

전시 · 사변 기타 이에 준하는 비상사태에 처하거나 작전 중인 경우 또는 많은 인명손상이나 국가재산 손실의 우려가 있는 위급한 사태가 발생한 경우에 경찰공무원을 지휘 · 감독하는 사람은 정당한 사유 없이 그 직무수행을 거부 또는 유기하거나 경찰공무원을 지정된 근무지에서 진출 · 퇴각 또는 이탈하게 하여서는 아니 된다.

(2) 제복착용 및 무기휴대 의무(경찰공무원법 제26조)

경찰공무원은 제복을 착용하여야 하며, 직무수행에 필요한 때에는 무기를 휴대할 수 있다.

(3) 허위보고 및 직무태만 금지의무(경찰공무원법 제24조)

경찰공무원은 직무수행과 관련하여 허위의 보고나 통보를 하여서는 아니 되며, 또한 직무를 게을리하거나 유기해서는 아니 된다.

3) 경찰공무원 복무규정상 의무(경찰공무원복무규정 제8조 내지 제14조)[16)]

(1) 지정장소 외에서의 직무수행금지와 비상대기의무

경찰공무원은 상사의 허가를 받거나 그 명령에 의한 경우를 제외하고는 직무와 관계없는 장소에서 직무수행을 하여서는 아니 된다. 경찰기관의 장은 비상사태에 대처하기 위하여 필요하다고 인정할 때에는 소속경찰공무원을 긴급히 소집하거나 일정한 장소에 대기하게 할 수 있다.

(2) 근무시간 중 음주금지의무

경찰공무원은 근무시간 중 음주를 하여서는 아니 되며, 다만, 특별한 사정이 있는 경우는 예외로 하되 이 경우에도 주기가 있는 상태에서 직무를 수행하여서는 아니 된다.

(3) 민사분쟁에의 부당개입금지의무

경찰공무원은 직위 또는 직권을 이용하여 부당하게 타인의 민사분쟁에 개입하여서는 아니 된다.

16) 경찰공무원 복무규정, 대통령령 제31380호, 2021.1.5.

(4) 상관에 대한 신고의무

경찰공무원은 신규채용·승진·전보·파견·출장·연가·교육훈련기관에의 입교 기타 신분관계 또는 근무관계 또는 근무관계의 변동이 있는 때에는 소속 상관에게 신고를 하여야 한다.

(5) 여행의 제한의무

경찰공무원은 휴무일 또는 근무시간 외에 2시간 이내에 직무에 복귀하기 어려운 지역으로 여행을 하고자 할 때에는 소속 경찰기관의 장에게 신고를 하여야 한다. 다만, 치안상 특별한 사정이 있어 경찰청장 또는 경찰기관의 장이 지정하는 기간 중에는 소속 경찰기관의 장의 허가를 받아야 한다.

(6) 경찰기관장의 포상휴가와 휴무 허가(복무규정 제18조 및 제19조)

① 경찰기관의 장은 근무성적이 탁월하거나 다른 경찰공무원의 모범이 될 공적이 있는 경찰공무원에 대하여 1회 10일 이내의 포상휴가를 허가할 수 있다. 이 경우의 포상휴가 기간은 연가일수에 산입하지 아니한다.

② 경찰기관의 장은 특별한 사정이 없는 한 연일근무자 및 공휴일 근무자에 대하여는 그 다음 날 1일의 휴무를, 당직 또는 철야근무자에 대하여는 다음 날 오후 2시를 기준으로 하여 오전 또는 오후의 휴무를 허가하여야 한다.

(7) 기본강령(복무규정 제3조)

1. 경찰사명: 경찰공무원은 국가와 민족을 위하여 충성과 봉사를 다하며, 국민의 생명·신체 및 재산을 보호하고 공공의 안녕과 질서를 유지함을 그 사명으로 한다.
2. 경찰정신: 경찰공무원은 국민의 수임자로서 일상의 직무수행에 있어서 국민의 자유와 권리를 존중하는 호국·봉사·정의의 정신을 그 바탕으로 한다.
3. 규율: 경찰공무원은 법령을 준수하고 직무상의 명령에 복종하며 상사에 대한 존경과 부하에 대한 존중으로써 규율을 지켜야 한다.
4. 단결: 경찰공무원은 주어진 사명을 다하기 위하여 긍지를 가지고 한마음 한뜻으로 굳게 뭉쳐 임무수행에 모든 역량을 기울여야 한다.
5. 책임: 경찰공무원은 창의와 노력으로써 소임을 완수하여야 하며 직무수행의 결과에 때하여 책임을 진다.
6. 성실·청렴: 경찰공무원은 성실하고 청렴한 생활 태도로써 국민의 모범이 되어야 한다.

3. 국가공무원법상의 신분상 의무

1) 비밀엄수의무(제60조)

① 비밀엄수의무는 공무원이 재직 중은 물론 퇴직 후에도 직무상 알게 된 비밀을 엄수해야 한다는 의무이다. 위반할 때 형사벌 및 징계처분, 퇴직 후에도 형사벌의 제재가 가능하다.

② 비밀의 범위는 공무원 자신이 처리한 직무에 관한 비밀뿐만 아니라 직무와 관련하여 알게

된 비밀도 포함한다.[17] 직무와 관련 알게 된 비밀에는 소관사항 외의 비밀도 포함한다.

2) 청렴의무(제61조)

① 공무원은 직무와 관련하여 직접적이든 간접적이든 사례·증여 또는 향응을 주거나 받을 수 없다. ② 공무원은 직무상의 관계 여하를 불문하고 그 소속 상관에게 증여하거나 소속 공무원으로부터 증여를 받아서는 아니 된다.

3) 품위유지의무(제63조)

공무원은 직무의 내외를 불문하고 그 품위를 손상하는 행위를 하여서는 아니 된다. 품위유지의무는 직무수행 중뿐만 아니라 직무수행과 관계없이도 존재한다.

4) 외국정부로부터 영예 등의 제한(제62조)

공무원은 대통령의 허가 없이 외국정부로부터 영예나 증여를 받지 못한다. 외국정부로부터 영예나 증여를 받는 것은 자못 국익을 해치는 결과를 초래할 수도 있기 때문이다.

5) 정치운동의 금지의무(제65조)

① 공직자는 정치적으로 중립을 견지하여야 하며 정당 기타 정치단체의 결성에 관여하거나 이에 가입할 수 없다. ② 공무원은 선거에 있어서 특정정당 또는 특정인의 지지나 반대하기 위한 행위를 할 수 없다. ③ 공무원은 다른 공무원에게 위에서 언급된 두 가지 금지의무에 위배되는 행위를 하도록 요구하거나, 정치적 행위에 대한 보상 또는 보복으로서 이익 또는 불이익을 약속하여서는 아니 된다.

6) 집단행동 금지의무(제66조)

① 공무원은 노동운동 그밖에 공무 이외의 일을 위한 집단적 행위를 하여서는 아니 된다. 다만, 사실상 노무에 종사하는 공무원은 예외로 한다. ② 사실상 노무에 종사하는 공무원으로서 노동조합에 가입된 자가 조합 업무에 전임하려면 소속 장관의 허가를 받아야 한다.

4. 경찰관련 법령의 신분상 의무

1) 경찰법상 협력의무

경찰공무원은 상관의 지휘·감독을 받아 직무를 수행하고 그 직무수행에 관하여 서로 협력하여야 한다(경찰법 제6조 제1항).

---

17) 위의 책, p.158.

2) 공직자윤리법

(1) 재산등록의무

총경(자치총경을 포함) 이상의 경찰공무원은 재산등록의무가 있다(공직자윤리법 제3조 제1항 제8호). 또한 경찰공무원 중 경정, 경감, 경위, 경사(자치경정, 자치경감, 자치경위, 자치경사) 역시 재산등록 의무가 있다(공직자윤리법 시행령 제3조 제5항 제6호).

(2) 재산공개의무

치안감 이상의 경찰공무원 및 특별시·광역시·특별자치도의 시·도경찰청장은 재산공개의무가 있다.

(3) 외국정부 등으로부터 받은 선물 신고의무(공직자윤리법 제15조 및 제16조)

① 공무원 또는 공직유관단체의 임직원은 외국으로부터 선물(대가없이 제공되는 물품 및 그밖에 이에 준하는 것을 말하되, 현금은 제외)을 받거나 그 직무와 관련하여 외국인(외국단체를 포함)에게 선물을 받으면 지체 없이 소속 기관 단체의 장에게 신고하고 그 선물을 인도하여야 한다. 신고하여야 할 선물은 미국화폐 100달러 이상이거나 국내시가로 10만원 이상이 대상이다.

② 신고된 선물은 신고 즉시 국가 또는 지방자치단체에 귀속된다.

(4) 퇴직공직자의 취업제한(공직자윤리법 제17조 제1항)

기관업무기준 취업심사대상자, 즉 퇴직공직자와 공직유관단체 임직원은 퇴직일부터 3년간 취업심사대상기관에 취업할 수 없다. 다만, 관할 공직자윤리위원회로부터 취업심사대상자가 퇴직 전 5년 동안 소속 하였던 부서 또는 기관의 업무와 취업심사 대상기관 간에 일정한 관련성이 없다는 확인을 받거나 취업승인을 받은 때에는 취업할 수 있다.

(5) 퇴직공직자의 업무취급 제한(공직자윤리법 제18조의2)

① 모든 공무원 또는 공직유관단체 임직원은 다른 법률에 특별한 규정이 있는 경우를 제외하고는 재직 중에 처리한 제17조 제2항 각 호의 업무를 퇴직 후에 취급할 수 없다.

② 기관업무기준 취업심사대상자는 다른 법률에 특별한 규정이 있는 경우를 제외하고는 퇴직 전 2년부터 퇴직할 때까지 근무한 기관이 취업한 취업심사대상기관에 대하여 처리하는 제17조 제2항 각 호의 업무를 퇴직한 날부터 2년 동안 취급할 수 없다.

③ 제1항 및 제2항에도 불구하고 국가안보상의 이유나 공공의 이익을 위한 목적 등 해당업무를 취급하는 것이 필요하고 그 취급이 해당 업무의 공정한 처리에 영향을 미치지 아니한다고 인정되는 경우로서 관할 공직자윤리위원회의 승인을 받은 경우에는 해당 업무를 취급할 수 있다.

3) 경찰공무원법: 정치관여금지 의무(제23조)

① 경찰공무원은 정당이나 정치단체에 가입하거나 정치활동에 관여하는 행위를 하여서는 아니 된다.

② 제1항에서 정치활동에 관여하는 행위란 다음 각 호의 어느 하나에 해당하는 행위를 말한다.

1. 정당이나 정치단체의 결성 또는 가입을 지원하거나 방해하는 행위
2. 그 직위를 이용하여 특정 정당이나 특정 정치인에 대하여 지지 또는 반대 의견을 유포하거나 그러한 여론을 조성할 목적으로 특정 정당이나 특정 정치인에 대하여 찬양하거나 비방하는 내용의 의견 또는 사실을 유포하는 행위
3. 특정 정당이나 특정 정치인을 위하여 기부금 모집을 지원하거나 방해하는 행위 또는 국가 · 지방자치단체 및 공공기관의 운영에 관한 법률에 따른 공공기관의 자금을 이용 또는 이용하게 하는 행위
4. 특정정당이나 특정인의 선거운동을 하거나 선거 관련 대책회의에 관여하는 행위
5. 「정보통신망이용촉진 및 정보보호 등에 관한 법률」에 따른 정보통신망을 이용한 제1호부터 제4호까지의 규정에 해당하는 행위
6. 소속 직원이나 다른 공무원에 대하여 제1호부터 제5호까지의 행위를 하도록 요구하거나 그 행위와 관련한 보상 또는 보복으로서 이익 또는 불이익을 주거나 이를 약속 또는 고지하는 행위

제 5 절 경찰공무원의 책임

1. 경찰공무원의 책임의 유형

경찰공무원의 책임이란 경찰공무원이 근무과정에서 의무에 위반함으로써 법률상의 제재 또는 불이익을 받게 되는 것을 말한다. 그 유형은 행정상의 책임, 형사상 책임, 그리고 민사상 책임 등 세 가지로 나누어진다.

1) 행정상 책임

(1) 징계책임

징계책임은 경찰공무원이 공무원법상의 의무를 위반한 경우에 공무원관계의 내부 질서를 유지하기 위하여 처벌을 받게 되는 지위를 의미한다.

(2) 변상책임

경찰공무원이 고의 또는 중과실로 국가에 손해를 끼친 경우에 국가에 대하여 지는 책임으로써 「국가배상법」에 의한 변상책임과 「회계관계직원 등의 책임에 관한 법률」에 의한 변상책임이 있다.

2) 형사상 책임

(1) 행정형벌 책임

경찰공무원이 「국가공무원법」 및 「경찰공무원법」상의 의무를 위반한 경우에 행정법이 정한 행정벌을 받게 되는 책임을 말한다.

(2) 형사벌 책임

경찰공무원의 의무위반행위가 공무원법상의 의무위반에 그치지 않고 형사법상의 범죄를 구성한 경우에는 형법상의 책임을 지게 된다.

3) 민사상 책임

공무원이 직무상 불법행위로 국민에게 손해를 끼친 경우에 피해자는 국가 또는 공무원에게 선택적으로 배상책임을 청구할 수 있는 가에 대한 문제, 즉 선택적 청구권이 인정되는 가의 문제가 걸려 있는 책임을 의미한다. 판례는 고의 또는 중과실의 경우에는 선택적 청구권을 인정함으로써 제한적 선택청구권을 인정하고 있다. 경과실의 경우에는 선택적 청구권이 부정된다.

2. 경찰공무원의 징계책임

1) 징계의 목적

경찰조직은 특별권력관계의 내부질서를 유지하기 위하여 경찰공무원의 의무위반 행위에 대하여 그 책임을 추궁하여 징계라는 제재를 과한다.

2) 적용원칙

징계에는 법치주의와 일사부재리의 원칙이 논의된다.

① 법치주의

징계에도 일반적으로 법치주의가 적용되어 당연히 법률상의 근거가 있어야 한다.

② 일사부재리원칙

동일한 징계사유를 원인으로 다시 징계할 수 없다.

3) 징계사유

① 「국가공무원법」·「경찰공무원법」 및 동법에 의한 명령을 위반하였을 때

② 직무상의 의무(다른 법령에서 공무원의 신분으로 인하여 부과한 의무 포함)에 위반하거나 직무를 태만히 한 때

③ 직무의 내외를 불문하고 체면 또는 위신을 손상하는 행위를 한 때, 체면·위신의 손상행위는 반드시 법률에 규정된 것에 한정되지 않는다.

④ 임명 전의 행위라도 공무원의 체면 또는 위신을 손상시킬 때

⑤ 직무명령 위반도 직무상의 의무위반이 되는 한 징계사유가 되며,

⑥ 감독자의 감독의무 태만도 직무의 태만에 해당하여 징계사유가 된다.

⑦ 징계에 관하여 다른 법률의 적용을 받는 공무원이 「국가공무원법」의 징계에 관한 규정의

적용을 받는 공무원으로 임용된 경우에는 임용 이전의 다른 법률에 따른 징계사유는 그 사유가 발생한 날부터 「국가공무원법」에 따른 징계사유가 발생한 것으로 본다.

4) 고의 · 과실

징계사유의 발생 행위는 행위자의 고의 · 과실의 유무와는 관계없이 징계할 수 있다.

5) 시점

(1) 원칙

공무원으로 임용되기 전의 행위는 원칙적으로 재직 중의 징계사유로 삼을 수 없다.

(2) 예외

비록 임용 전의 행위라 하더라도 이로 인하여 임용 후의 공무원의 체면 또는 위신을 손상하게 된 경우에는 징계사유로 삼을 수 있다.

6) 시효

(1) 원칙

징계사유가 발생한 날로부터 3년을 시효로 한다.

(2) 예외

① 금품 및 향응수수, 공금 및 국유재산의 횡령 · 배임 · 절도 · 사기 또는 유용한 경우 5년(국가공무원법 제83조의2 제1항 제2호)

② 성범죄(성매매알선행위, 성폭력범죄, 아동 · 청소년대상 성범죄, 성희롱)관련 경우 10년(국가공무원법 제83조의2 제1항 제1호)

③ 감사원이나 수사기간의 조사로 인해 징계절차를 진행하지 못하여 시효기간이 지나거나 그 남은 기간이 1개월 미만인 경우 시효기간은 조사나 수사의 종료 통보를 받은 날부터 1개월이 지난 날에 끝난 것으로 본다(국가공무원법 제83조의2 제2항).

④ 징계위원회의 구성, 징계의결 등 그밖에 절차상의 흠이나 징계양정 및 징계부가금의 과다를 이유로 소청심사위원회나 법원에서 징계처분등의 무효 또는 취소의 결정이나 판결을 한 경우에는 시효기간이 지나거나 그 남은 기간이 3개월 미만인 경우에도 그 결정 또는 판결이 확정된 날부터 3개월 이내에는 다시 징계의결 등을 요구할 수 있다(국가공무원법 제83조의2 제3항).

7) 징계벌과 형벌의 병과

① 징계벌과 형벌은 병과할 수 있다. 양자의 병과는 일사부재리의 원칙에 반하는 것이 아니다. 벌금형이나 면소 또는 무죄판결의 경우에는 따로 징계벌을 가할 수 있다.

② 행정관청은 공무원의 징계처분에 대해서는 이를 철회할 수 없다.

8) 징계의 절차

(1) 의의

징계의 절차는 경찰기관장의 요구와 징계위원회의 심의·의결, 그리고 인사권자의 집행에 의해 이루어진다. 징계위원회의 의결절차를 거치지 아니한 징계는 무효가 된다.

(2) 징계등 의결요구(경찰공무원징계령 제9조)[18]

① 경찰기관의 장은 소속 경찰공무원에게 징계사유가 있거나, 징계의결 요구의 신청을 받은 때에는 지체 없이 관할 징계위원회를 구성하여 징계의결을 요구하여야 한다.

② 경찰기관의 장은 그 소속 경찰공무원에 대한 징계등 사건이 상급기관에 설치된 징계위원회의 관할에 속한 경우에는 그 상급경찰기관의 장에게 징계의결서등을 첨부하여 징계등 의결의 요구를 신청하여야 한다.

③ 징계의결 요구나 신청은 중징계 또는 경징계로 구분하여 요구하거나 신청하여야 한다.

(3) 징계등 사건통지(징계령 제10조)

① 경찰기관의 장은 그 소속이 아닌 경찰공무원에게 징계사유가 있다고 인정될 때에는 해당 경찰기관의 장에게 그 사실을 증명할만한 충분한 사유를 명확히 밝혀 통지하여야 한다.

② 징계 사유를 통지받은 경찰기관의 장은 타당한 이유가 없으면 통지를 받은 날부터 30일 이내에 관할 징계위원회에 징계등 의결을 요구하거나 그 상급 경찰기관의 장에게 징계등 의결의 요구를 신청하여야 한다.

③ 징계사유를 통지받은 경찰기관의 장은 해당 사건의 처리 결과를 징계사유를 통지한 경찰기관의 장에게 회답하여야 한다.

(4) 진술기회부여

징계위원회가 징계사건을 심의할 때에는 반드시 당해 공무원 또는 대리인에게 출석 및 의견진술의 기회를 부여해야 하며, 의견진술의 기회를 결여한 징계는 무효가 된다.

(5) 징계등 의결기한(제11조)

징계등 의결요구를 받은 징계위원회는 요구서를 받은 날부터 30일 이내에 징계등에 관한 의결을 하여야 한다. 다만, 부득이한 사유가 있을 때에는 해당 징계등 의결을 요구한 경찰기관의 장에게 승인을 받아 30일 이내의 범위에서 그 기한을 연기할 수 있다.

(6) 징계등 심의대상자의 출석(제12조)

① 징계위원회가 징계등 심의대상자의 출석을 요구할 때에는 소정의 서식(별지 제2호)에 의해 출석통지서를 발송하되, 징계위원회 개최일 5일 전까지 심의대상자에게 도달하도록 해야 한다.

② 징계위원회는 징계등 심의 대상자가 그 징계위원회에 출석하여 진술하기를 원하지 아니할

---

18) 경찰공무원징계령, 대통령령 제32534호, 2023.3.15.

때에는 진술권 포기서를 제출하게 하여 이를 기록에 첨부하고 서면심사로 징계등 의결을 할 수 있다.

③ 징계위원회는 출석통지를 하였음에도 불구하고 심의 대상자가 정당한 사유 없이 출석하지 아니하였을 때에는 그 사실을 기록에 분명히 적고 서면심사로 징계등 의결을 할 수 있다. 다만, 징계등 심의대상자의 소재가 분명하지 아니할 때에는 출석통지를 관보에 게재하고 그 게재일 부터 10일이 지나면 출석통지가 송달된 것으로 보며, 징계등 의결을 할 때에는 관보게재의 사유와 그 사실을 기록에 분명히 적어야 한다.

(7) 심문과 진술권(제13조)

① 징계위원회는 제12조 제1항에 따라 출석한 심의 대상자에게 징계사유에 해당하는 사실에 관한 심문을 하고, 심사를 위하여 필요하다고 인정할 때에는 관계인을 출석하게 하여 심문할 수 있다.

② 징계위원회는 징계등 심의대상자에게 진술할 수 있는 기회를 충분히 주어야 하며, 징계등 심의 대상자는 별지 제2호 서식의 의견서 또는 말로 자기에게 이익이 되는 사실을 진술하거나 증거를 제출할 수 있다.

③ 징계등 심의대상자는 증인의 심문을 신청할 수 있다. 이 경우 징계위원회는 의결로써 그 채택여부를 결정하여야 한다.

④ 징계등 의결을 요구한 자 또는 징계등 의결의 요구를 신청한 자는 징계위원회에 출석하여 의견을 진술하거나 서면으로 의견을 진술할 수 있다.

⑤ 징계위원회는 필요하다고 인정할 때에는 사실조사를 하거나 특별한 학식 · 경험이 있는 사람에게 검증 또는 감정을 의뢰할 수 있다.

(8) 징계등 의결의 통지(제17조)

징계위원회는 징계등 의결을 하였을 때에는 지체 없이 징계등 의결을 요구한 자에게 의결서 정본을 보내어 통지하여야 한다.

(9) 징계의 집행

① 의의

징계등 의결은 그 의결만으로는 그 내용에 대한 효력을 발생하지 못하고, 그 임명권자가 그 의결을 집행함으로써 비로소 효력을 발생한다.

경찰공무원의 징계는 징계위원회의 의결을 거쳐 징계위원회가 설치된 소속 기관의 장이 하되, 「국가공무원법」에 따라 국무총리 소속으로 설치된 중앙징계위원회에서 의결한 징계는 경찰청장 또는 해양경찰청장이 한다. 다만, 중징계의 경우 경무관 이상은 대통령이 집행하는 경우도 있다.

② 경징계

감봉 및 견책의 집행은 징계위원회가 설치된 소속 기관의 장, 즉 경찰서장, 경찰기동대장, 시 ·

도경찰청장, 경찰청장 등이 하되, 「국가공무원법」에 따라 국무총리 소속으로 설치된 중앙징계위원회에서 의결한 경무관 이상에 대한 경징계는 경찰청장 또는 해양경찰청장이 한다(경찰공무원법 제33조).

㉠ 징계등 의결을 요구한 자는 경징계의 의결을 통지받았을 때에는 통지 받은 날부터 15일 이내에 징계등 집행을 하여야 한다.

㉡ 징계등 의결을 요구한 자는 징계등 의결을 집행할 때에는 의결시 사본에 징계등 처분사유 설명서를 첨부하여 징계등 처분 대상자에게 보내야 한다(경찰공무원징계령 제18조).

③ 중징계

중징계는 징계대상자의 소속 기관장이 아니라 임용권자, 즉 경찰청장 또는 해양경찰청장이 집행을 한다.

㉠ 징계등 의결을 요구한 자는 중징계의 의결을 통지받았을 때에는 지체 없이 징계등 처분 대상자의 임용권자에게 의결서 정본을 보내어 해당 징계등 처분을 제청하여야 한다. 다만, 경무관 이상의 강등 및 정직, 경정 이상의 파면 및 해임처분의 제청, 총경 및 경정의 강등 및 정직의 집행은 경찰청장 또는 해양경찰청장이 한다.

㉡ 중징계 처분의 제청을 받은 임용권자는 15일 이내에 의결서 사본에 징계등 처분사유설명서를 첨부하여 징계등 처분대상자에게 보내야 한다(경찰공무원징계령 제19조).

9) 징계절차상 관련 규정

(1) 징계의 절차(경찰공무원법 제33조)

① 경찰공무원법상 국가경찰공무원의 징계는 징계위원회의 의결을 거쳐 징계위원회가 설치된 소속기관의 장이 행사한다. 단, 「국가공무원법」에 따라 국무총리소속의 징계위원회에서 의결한 경무관 이상의 징계는 경찰청장 또는 해양경찰청장이 행사한다.

② 다만, 파면·해임·정직·강등의 중징계는 징계위원회의 의결을 거쳐 당해 경찰공무원의 임용권자가 하되, 경무관 이상의 강등 및 정직과 경정 이상의 파면 및 해임은 경찰청장 또는 해양경찰청장의 제청으로 행정안전부장관 또는 해양수산부장관과 국무총리를 거쳐 대통령이 행하고, 총경 및 경정의 강등 및 정직, 경감 이하의 파면·해임·정직은 경찰청장 및 해양경찰청장이 행한다.

(2) 감사원의 조사 및 수사기관의 수사와의 관계등(국가공무원법 제83조)

① 감사원에서 조사 중인 사건에 대하여는 조사개시통보를 받은 날부터 징계 의결의 요구나 그 밖의 징계절차를 진행하지 못한다.

② 검찰·경찰 그 밖의 수사기관에서 수사 중인 사건에 대하여는 수사개시 통보를 받은 날부터 징계 의결의 요구나 그 밖의 징계절차를 진행하지 아니할 수 있다.

③ 감사원과 검찰·경찰 그 밖의 수사기관은 조사나 수사를 시작한 때와 이를 마친 때에는 10일 이내에 소속 기관의 장에게 그 사실을 통보하여야 한다.

10) 징계위원회

(1) 국무총리 소속 중앙징계위원회

「국가공무원법」에 따라 국무총리 소속으로 설치된 중앙징계위원회에서는 경무관 이상에 대한 징계를 심의·의결한다. 경무관 이상에 대한 징계는 경징계 및 중징계 모두 포함한다.

(2) 경찰공무원 중앙징계위원회

경찰공무원 중앙징계위원회는 경찰청 및 해양경찰청에 두며 , 총경 및 경정의 징계를 심의·의결한다. 또한「국가공무원법」 제768조의2에 따른 징계부가금 부과사건을 심의·의결한다.

(3) 경찰공무원 보통징계위원회

① 보통징계위원회는 경찰청, 해양경찰청, 경찰대학, 중앙경찰학교, 경찰인재개발원, 경찰수사연수원, 해양경찰교육원, 경찰병원, 시·도경찰청, 지방해양경찰청, 경찰서, 경찰기동대, 의무경찰대, 해양경찰서, 해양경찰정비창, 경비함정 및 경찰청장 또는 해양경찰청장이 지정하는 경감 이상의 경찰공무원을 장으로 하는 기관 등에 설치된다.

② 보통징계위원회는 경감 이하의 경찰공무원에 대한 징계등 사건을 심의·의결한다. 다만, 다음 각 호의 기관에 설치된 보통징계위원회는 각 호의 구분에 따른 경찰공무원에 대한 징계등 사건을 심의·의결한다.

1. 경정 이상의 경찰공무원을 장으로 하는 경찰서, 경찰기동대·해양경찰서 등 총경 이상의 경찰공무원을 장으로 하는 경찰기관 및 정비창에서는 소속 경위 이하의 경찰공무원에 대한 징계를 심의·의결한다.
2. 의무경찰대 및 경비함정 등 경찰청장 또는 해양경찰청장이 지정하는 경감 이상의 경찰공무원을 장으로 하는 경찰기관에 설치된 보통징계위원회는 소속 경사 이하의 경찰공무원에 대한 징계를 심의·의결한다.

③ 경찰청 및 해양경찰청에 설치된 보통징계위원회는 위에서 경감 이하의 징계등 사건을 심의·의결한다는 규정에도 불구하고, 경찰청장 또는 해양경찰청장이 징계등 의결을 요구하는 경찰공무원에 대한 징계등 사건을 심의·의결한다.

④ 제2항 단서 또는 제6조 제2항 단서에 따라 해당 보통징계위원회의 징계 관할에서 제외되는 경찰공무원의 징계등 사건은 바로 위 상급 경찰기관에 설치된 보통징계위원회에서 심의·의결한다(경찰공무원징계령 제4조).

(4) 관련 사건의 관할(경찰공무원징계령 제5조)

① 상위계급과 하위계급의 경찰공무원이 관련된 징계사건, 상급 경찰기관과 하급경찰기관의 경찰공무원이 관련된 징계사건, 소속이 다른 2명 이상의 경찰공무원이 관련된 징계사건은 상급 경찰기관에 설치된 징계위원회에서 심의·의결한다. 다만, 상위 계급의 경찰공무원이 감독상 과

실책임만 관련된 경우는 관할 징계위원회에서 각각 심의·의결할 수 있다.

② 소속이 다른 2명 이상의 경찰공무원이 관련된 징계등 사건으로서 관할 징계위원회가 서로 다른 경우에는 모두를 관할하는 바로 위 상급 경찰기관에 설치된 징계위원회에서 심의·의결한다.

③ 경찰공무원으로서 전시·사변, 그밖에 이에 준하는 비상사태이거나 작전 수행중인 경우와 집단살상의 위급사태가 발생한 경우에 직무태만, 직무수행거부, 경찰공무원을 지정된 근무지에서 진출·퇴각·이탈하게 하는 등의 의무위반행위를 한 경우에 경감이하는 소속기관의 보통징계위원회에서 징계의결을 한다는 규정(경찰공무원징계령 제4조 제2항)에도 불구하고 경찰청·해양경찰청·시·도경찰청·지방해양경찰청에 설치된 보통징계위원회에서 심의·의결할 수 있다.

④ 관련자의 징계등 사건을 분리하여 심의·의결하는 것이 타당하다고 인정되는 경우에는 해당징계위원회의 의결로 관련자에 대한 징계등 사건을 관할 징계위원회로 이송할 수 있다.

(5) 징계위원회의 구성(경찰공무원징계령 제6조)

① 각 징계위원회는 위원장 1명을 포함하여 11명 이상 51명 이하의 공무원위원과 민간위원으로 구성한다.

② 징계위원회가 설치된 경찰기관의 장은 징계등 심의대상자보다 상위계급인 경위 이상의 소속 경찰공무원 또는 상위직급에 있는 6급 이상의 소속 공무원 중에서 징계위원회의 공무원위원을 임명한다. 다만, 보통징계위원회의 경우 징계등 심의 대상자보다 상위계급인 경위 이상의 소속 경찰공무원 또는 상위 직급에 있는 6급 이상의 소속 공무원의 수가 제3항에 따른 민간위원을 제외한 위원 수에 미달하는 등의 사유로 보통징계위원회를 구성하는 것이 곤란한 경우에는 징계등 심의 대상자보다 상위계급인 경사 이하의 소속 경찰공무원 또는 상위 직급에 있는 7급 이하의 소속 공무원 중에서 임명할 수 있으며, 이 경우에는 3개월 이하의 감봉 또는 견책에 해당하는 징계등 사건만을 심의·의결한다.

③ 징계위원회가 설치된 경찰기관의 장은 위원 수의 2분의 1 이상을 다음 각 호의 구분에 따라 해당 호 각 목의 사람 중에서 민간위원으로 위촉한다. 이 경우 특정성별의 위원이 민간 위원 수의 10분의 6을 초과하지 않도록 해야 한다.

1. 중앙징계위원회
   가. 법관·검사 또는 변호사로 10년 이상 근무한 사람
   나. 대학에서 경찰관련 학문을 담당하는 정교수 이상으로 재직 중인 사람
   다. 총경 또는 4급 이상의 공무원으로 근무하고 퇴직한 사람[퇴직전 5년부터 퇴직할 때 까지 근무했던 적이 있는 경찰기관(해당 경찰기관이 소속된 중앙행정기관 및 그 중앙행정기관의 다른 소속기관에서 근무했던 경우를 포함)의 경우에는 퇴직일부터 3년이 경과한 사람을 말한다]
   라. 민간부문에서 인사·감사 업무를 담당하는 임원급 또는 이에 상응하는 직위에 근무한 경력이 있는 사람

2. 보통징계위원회
   가. 법관 · 검사 또는 변호사로 5년 이상 근무한 사람
   나. 대학에서 경찰 관련 학문을 담당하는 부교수 이상으로 재직 중인 사람
   다. 공무원으로 20년 이상 근속하고 퇴직한 사람[퇴직 전 5년부터 퇴직할 때까지 근무했던 적이 있는 경찰기관(해당 경찰기관이 소속된 중앙행정기관 및 그 중앙행정기관의 다른 소속기관에서 근무했던 경우를 포함)의 경우에는 퇴직일부터 3년이 경과한 사람을 말한다]
   라. 민간부문에서 인사 · 감사업무를 담당하는 임원급 또는 이에 상응하는 직위에 근무한 경력이 있는 사람

④ 징계위원회의 위원장은 위원 중 최상위 계급 또는 이에 상응하는 직급에 있거나 최상위 계급 또는 이에 상응하는 직급에 먼저 승진임용된 공무원이 된다.

(6) 위원의 임기(경찰공무원징계령 제6조의2)

위촉되는 민간위원의 임기는 2년으로 하며, 한 차례만 연임할 수 있다.

(7) 징계위원회의 회의

① 징계위원회의 회의는 위원장과 징계위원회가 설치된 경찰기관의 장이 회의마다 지정하는 4명 이상 6명 이하의 위원으로 성별을 고려하여 구성하되 민간위원의 수는 위원장을 포함한 위원 수의 2분의 1 이상이어야 한다. 만일 징계사유가 성폭력범죄, 성희롱에 해당하는 징계사건이 속한 징계위원회의 회의를 구성하는 경우에는 피해자와 같은 성별의 위원이 위원장을 제외한 위원 수의 3분의 1 이상이 포함되어야 한다.

② 성폭력과 성희롱에 해당하는 행위는 다음과 같다.

1. 「성폭력범죄의 처벌 등에 관한 특례법」에 따른 성폭력범죄
2. 「양성평등기본법」에 따른 성희롱

③ 징계위원회의 위원장은 위원회의 사무를 총괄하며 위원회를 대표한다.

④ 징계위원회의 회의는 위원장이 소집한다.

⑤ 위원장은 표결권을 가지며, 위원장이 부득이한 사유로 직무를 수행할 수 없거나 위원장이 필요하다고 인정하는 경우에는 출석한 위원 중 최상위 계급 또는 이에 상응하는 직급에 있거나 최상위 계급 또는 이에 상응하는 직급에 먼저 승진임용된 공무원이 위원장이 된다.

(8) 징계위원회의 의결(제14조)

① 징계위원회의 의결은 위원장을 포함한 위원 과반수의 출석과 출석위원 과반수의 찬성으로 의결하되, 의견이 나뉘어 출석위원 과반수의 찬성을 얻지 못한 경우는 출석위원 과반수가 될 때까지 징계등 심의 대상자에게 가장 불리한 의견을 제시한 위원의 수를 그 다음으로 불리한 의견을 제시한 위원 수에 차례로 더하여 그 의견을 합의된 의견으로 본다.

② 제1항의 의결은 징계 또는 징계부가금 의결서로 한다. 이 경우 의결서의 이유 란에는 다음 각 호의 사항을 구체적으로 적어야 한다.

1. 징계등의 원인이 된 사실, 2. 증거에 대한 판단, 3. 관계 법령, 4 징계등 면제사유 해당 여부, 5. 징계부가금 조정(감면)사유

③ 징계위원회는 다음 각 호의 사항에 대해서는 서면으로 의결할 수 있다.

1. 징계등 사건의 관할 이송에 관한 사항, 2. 징계등 의결의 기한 연기에 관한 사항

④ 제3항에 따른 서면 의결의 절차·방법 등에 관한 사항은 경찰청장이 정한다.

⑤ 징계위원회의 의결내용은 공개하지 아니한다.

(9) 제척·기피 및 회피(경찰공무원징계령 제15조)

① 징계위원회의 위원장 또는 위원이 다음 각 호의 어느 하나에 해당하는 경우에는 그 징계등 심의·의결에 관여하지 못한다.

1. 징계등 심의 대상자의 친족 또는 직근 상급자(징계사유가 발생한 기간 동안 직근 상급자였던 사람을 포함)인 경우
2. 그 징계사유와 관계가 있는 경우
3. 「국가공무원법」 제78조의3 제1항 제3호의 사유, 즉 징계양정 및 징계부가금이 과다한 경우로 다시 징계등 사건의 심의·의결을 할 때 해당 징계등 사건의 조사나 심의·의결에 관여한 경우

② 징계등 심의 대상자는 징계위원회 위원장 또는 위원이 다음 각 호의 어느 하나에 해당하는 경우에는 징계위원회에 그 사실을 서면으로 밝히고 해당 위원장 또는 위원의 기피를 신청할 수 있다.

1. 위의 제1항 각 호의 어느 하나에 해당하는 경우
2. 불공정한 의결을 할 우려가 있다고 의심할만한 타당한 사유가 있는 경우

③ 징계위원회는 제2항에 따른 기피신청을 받은 때에는 해당 징계등 사건을 심의하기 전에 의결로써 해당 위원장 또는 위원의 기피 여부를 결정해야 한다. 이 경우 기피 신청을 받은 위원장 또는 위원은 그 의결에 참여하지 못한다.

④ 징계위원회의 위원장 또는 위원은 제1항 각 호의 어느 하나에 해당하면 스스로 해당 징계등 사건의 심의·의결을 회피해야 하며, 제2항 제2호에 해당하면 회피할 수 있다.

(10) 징계등의 정도(제16조)

징계위원회는 징계등 사건을 의결할 때에는 징계등 심의 대상자의 비위행위 당시 계급 및 직위, 비위행위가 공직 내외에 미치는 영향, 평소 행실, 공적, 뉘우치는 정도나 그 밖의 정상과 징계등 의결을 요구한 자의 의견을 고려해야 한다.

11) 징계대상자에 대한 문책과 정상참작(징계령 세부시행규칙 제4조)[19]

① 징계의결요구권자 또는 징계위원회는 행위자에 대한 의무위반행위의 유형·정도, 과실의 경중, 행위 당시 계급 및 직위, 비위행위가 공직 내외에 미치는 영향, 수사 중 경찰공무원 신분을

---

19) 경찰공무원징계령 세부시행규칙, 경찰청예규 제598호, 2021.12.30.

감추거나 속인 정황, 평소 행실, 공적, 뉘우치는 정도, 규제개혁 및 국정과제 등 관련 업무 처리의 적극성 또는 그 밖의 정상을 참작하여 징계양정기준에 따라 징계의결 요구 또는 징계의결하여야 한다. 단, 징계의결요구권자는 공금횡령 · 유용 및 업무상 배임의 금액이 300만원 이상일 경우에는 중징계 의결을 요구하여야 한다.

② 징계요구권자 또는 징계위원회는 다음 각 호의 어느 하나에 해당하는 사유가 있을 때에는 징계책임을 감경하여 징계의결 요구 또는 징계의결하거나 징계책임을 묻지 않을 수 있다.

1. 과실로 인하여 발생한 의무위반행위가 다른 법령에 의해 처벌사유가 되지 않고 비난가능성이 없는 때
2. 국가 또는 공공의 이익을 증진하기 위해 성실하고 능동적으로 업무를 처리하는 과정에서 부분적인 절차상 하자 또는 비효율, 손실 등의 잘못이 발생한 때
3. 업무매뉴얼에 규정된 직무상의 절차를 충실히 이행한 때
4. 의무위반행위의 발생을 방지하기 위하여 최선을 다했으나 부득이한 사유로 결과가 발생하였을 때
5. 발생한 의무위반행위에 대하여 자진신고하거나 사후조치에 최선을 다하여 원상회복에 크게 기여한 때
6. 간첩 또는 사회이목을 집중시킨 중요사건의 범인을 검거한 공로가 있을 때
7. 감경 제외 대상이 아닌 의무위반행위 중 직무와 관련이 없는 사고로 인한 의무위반행위로서 사회통념에 비추어 공무원의 품위를 손상하지 아니한 때

12) 감독자에 대한 문책과 정상참작

① 징계요구권자 또는 징계위원회는 감독자에 대한 감독의무위반 정도 등을 고려하여 징계의결 요구 또는 징계의결하여야 한다. 다만, 감독자가 부하직원의 의무위반행위를 묵인 방조하거나 은폐 · 비호하였을 때에는 행위자와 동일한 양정으로 징계의결 요구 또는 징계의결하여야 한다.

② 징계요구권자 또는 징계위원회는 감독자에게 다음 각 호의 어느 하나에 해당하는 사유가 있을 때에는 징계책임을 감경하여 징계의결 요구 또는 징계의결하거나 징계책임을 묻지 아니할 수 있다.

1. 부하직원의 의무위반행위를 사전에 발견하여 적법 타당하게 조치한 때
2. 부하직원의 의무위반행위가 감독자 또는 행위자의 비번일, 휴가기간, 교육기간 등에 발생하거나 소관업무와 직접 관련 없는 등 감독자의 실질적 감독범위를 벗어났다고 인정된 때
3. 부임기간이 1개월 미만으로 부하직원에 대한 실질적인 감독이 곤란하다고 인정된 때
4. 교정이 불가능하다고 판단된 부하직원의 사유를 명시하여 인사상 조치(전출등)를 상신하는 등 성실히 관리한 이후에 같은 부하직원이 의무위반행위를 야기하였을 때
5. 기타 부하직원에 대하여 평소 철저한 교양감독 등 감독자로서의 임무를 성실히 수행하였다고 인정된 때(징계령시행규칙 제5조)

13) 징계의 종류

(1) 중징계

① 파면

파면은 대상자의 경찰공무원 신분을 박탈하는 징계처분으로서, ⅰ) 퇴직급여의 1/2(또는 5년 미만 근무자는 1/4) 지급, ⅱ) 퇴직수당은 재직기간에 상관없이 2분의 1 지급, ⅲ) 다시 경찰공무원 임용불가, 향후 5년간 일반공무원 임용금지 등의 제재가 따른다.

② 해임

ⅰ) 해임 역시 공무원의 신분을 박탈하는 징계처분으로서, 경찰공무원 임용불가, 향후 3년간 공직임용 금지, ⅱ) 원칙: 퇴직급여와 퇴직수당은 전액 지급된다. ⅲ) 예외: 금품 및 향응수수, 공금의 횡령 · 유용 등으로 해임된 경우 감액지급한다.

1. 퇴직급여는 4분의 1(5년 이상 근무) 또는 8분의 1(5년 미만 근무)을 감액지급
2. 퇴직수당은 재직기간에 상관없이 4분의 1 감액지급

③ 강등

ⅰ) 강등이란 징계대상자의 직급을 1계급 아래로 직급을 내리고,

ⅱ) 공무원의 신분은 보유하지만 3개월간 직무정지, 보수는 전액을 감한다(국가공무원법 제80조 제1항).

ⅲ) 강등된 계급(경감으로 강등된 경우 포함)의 계급정년은 강등되기 전 계급 중 가장 높은 계급의 계급정년으로 하며, 계급정년을 산정할 때에는 강등 전 계급의 근무연수와 강등 이후의 근무연수를 합산한다(경찰공무원법 제30조 제2항).

ⅳ) 직무정지기간은 승진소요연수에 해당하지 않고 승진대상이 되지 않으며, 강등 집행이 종료된 날로부터 18개월 간(금전, 물품, 부동산, 향응 또는 그 밖에 대통령령으로 정하는 재산상의 이득을 취득하거나 제공한 경우, 소극행정, 음주운전, 성폭력, 성희롱 및 성매매에 따른 징계처분의 경우에는 각각 6개월을 더한 기간)승진과 승급이 제한된다.

대통령령으로 정하는 재산상의 이익이란 ① 유가증권, 숙박권, 회원권, 입장권, 할인권, 초대권, 관람권, 부동산 등의 사용권 등 일체의 재산상 이익, ② 골프 등의 접대 또는 교통 · 숙박 등의 편의제공, ③ 채무면제, 취업제공, 이권부여 등 유형 무형의 경제적 이익(공무원징계령 제17조의2 제1항)

④ 정직

ⅰ) 정직은 1~3월의 직무정지, 공무원 신분보장, 보수의 전액이 감액되고,

ⅱ) 정직기간은 승진소요연수에 산입되지 않으며, 정직기간이 종료된 후 18개월 간(금전, 물품, 부동산, 향응 또는 그 밖에 대통령령(공무원징계령 제17조의2 제1항)으로 정하는 재산상의 이득을 취득하거나 제공한 경우, 소극행정, 음주운전, 성폭력, 성희롱 및 성매매에 따른 징계처분의 경우에는 각각 6개월을 더한 기간) 승진 · 호봉승급이 제한된다.

ⅲ) 정직을 받으면 승진후보자는 후보에서 탈락한다.

(2) 경징계

① 감봉

ⅰ) 감봉은 1~3월 기간 동안 보수의 1/3이 감액되고,

ⅱ) 감봉기간은 승진소요연수에 산입되지 않고, 감봉기간동안 승진대상이 되지 않는다.

ⅲ) 승진후보자는 감봉처분을 받으면 승진후보에서 탈락하고,

ⅳ) 감봉처분 기간이 종료된 후 12개월 동안(금전, 물품, 부동산, 향응 또는 그 밖에 대통령령(공무원징계령 제17조의2 제1항)으로 정하는 재산상의 이득을 취득하거나 제공한 경우, 소극행정, 음주운전, 성폭력, 성희롱 및 성매매에 따른 징계처분의 경우에는 각각 6개월을 더한 기간) 승진과 호봉승급이 제한된다.

② 견책

ⅰ) 견책은 전과(前過)에 대하여 훈계하고 경고하여 회개하게 하는 처분이다.

ⅱ) 보수는 전액 지급되며, 징계처분이 끝난 날부터 6개월 간(금전, 물품, 부동산, 향응 또는 그밖에 대통령령(공무원징계령 제17조의2 제1항)으로 정하는 재산상의 이득을 취득하거나 제공한 경우, 소극행정, 음주운전, 성폭력, 성희롱 및 성매매에 따른 징계처분의 경우에는 각각 6개월을 더한 기간) 승진과 승급이 제한된다.

(3) 징계부가금(국가공무원법 제78조의2)

공무원의 징계의결을 요구하는 경우 그 징계사유가 다음 각 호의 어느 하나에 해당하는 경우에는 해당 징계 외에 다음 각 호의 행위로 취득하거나 제공한 금전 또는 재산상 이득(금전이 아닌 재산상 이득인 경우에는 금전으로 환산한 금액)의 5배 내의 징계부가금 부과 의결을 징계위원회에 요구하여야 한다.

1. 금전, 물품, 부동산, 향응 또는 그 밖에 대통령령으로 정하는 재산상 이익을 취득하거나 제공한 경우,
2. 다음 각 목에 해당하는 것을 횡령, 배임, 절도, 사기 또는 유용한 경우
   가. 「국가재정법」에 따른 예산이나 기금
   나. 「지방재정법」에 따른 예산 및 「지방자치단체 기금관리기본법」에 따른 기금
   다. 「국고금관리법」 제2조 제1호에 따른 국고금
   라. 「보조금관리에 관한 법률」제2조1호에 따른 보조금
   마. 「국유재산법」 제2조 제1호에 따른 국유재산 및 「물품관리법」 제2조 제1항에 따른 기금
   바. 「공유재산 및 물품관리법」 제2조 제1호 및 제2호에 따른 공유재산 및 물품
   사. 그 밖에 가목부터 바목까지에 준하는 것으로서 대통령령으로 정하는 것

(4) 징계처분으로 인한 승진임용제한 기간 단축(경찰공무원 승진임용규정 제6조 제3항)

경찰공무원이 징계처분을 받은 후 해당 계급에서 다음과 같은 포상을 받은 경우에는 승진임용제한기간의 2분의1을 단축할 수 있다.

1. 훈장, 2. 포장, 3. 모범공무원 포상, 4. 대통령표창 또는 국무총리표창, 5. 제안이 채택 · 시행되어 받은 포상

3. 경찰공무원의 권익보장제도

1) 소청심사

(1) 소청

① 의의

「국가공무원법」에서 규정하고 있는 특별행정심판절차로서 소청이란 공무원이 징계처분 기타 그 의사에 반하는 불리한 처분에 불복이 있는 경우에 관할 소청심사위원회에 그 심사를 청구하는 제도를 말한다. 소청심사는 항고쟁송으로서 행정심판의 일종이다.

② 목적

소청은 공무원 개인의 권리구제를 주된 목적으로 하며, 또한 행정의 적정성 확보를 목적으로 한다.

(2) 청구기간

① 소청은 징계처분, 휴직, 직위해제 또는 면직처분 처분사유 설명서를 받은 날부터 30일 이내에 청구되어야 한다.

② 기타 본인의 의사에 반하는 불리한 처분, 그 처분이 있는 것(처분사유설명서가 교부되지 않는 불리한 처분, 전보, 계고, 경고 등)을 안 날부터 30일 이내에 청구해야 한다(국가공무원법 제76조 제1항).

(3) 심사기관

공무원에 대한 소청심사는 인사혁신처에 설치된 소청심사위원회에서 한다(국가공무원법 제9조 제1항).

(4) 심사

소청사건은 심사할 때에 소청인 또는 대리인(변호사)에게 진술기회를 주어야 하고. 진술기회를 부여하지 아니한 결정은 무효로 한다(국가공무원법 제13조).

(5) 심사범위

징계 또는 소청의 원인이 된 사실 이외의 사실에 대하여는 심리하지 못한다.

(6) 심사결정

① 소청을 접수하면 임시결정을 한 경우 외에는 소청심사청구를 접수한 날부터 60일 이내에 이에 대한 결정을 하여야 하며, 다만, 불가피하다고 인정되면 소청심사위원회의 의결로 30일을 연장할 수 있다.

② 공무원은 심사청구를 이유로 불이익한 처분이나 대우를 받지 아니한다는 불이익변경금지원칙에 따라 징계처분을 받은 공무원의 청구에 의하여 소청심사할 경우에도 원징계처분보다 중한 징계처분을 할 수 없다(국가공무원법 제76조 제5항 및 제6항).

(7) 의결 정족수(국가공무원법 제14조 제1항 및 제2항)

① 소청사건의 결정은 재적위원 3분의 2 이상의 출석과 출석위원 과반수의 합의에 따르되, 의견이 나뉘어 출석위원 과반수의 합의에 이르지 못하였을 때에는 과반수에 이를 때까지 소청인에게 가장 불리한 의견에 차례로 유리한 의견을 더하여 그 중 가장 유리한 의견을 합의된 의견으로 본다.

② 제1항에도 불구하고 파면·해임·강등 또는 정직에 해당하는 징계처분을 취소 또는 변경하려는 경우와 효력 유무 또는 존재 여부에 대한 확인을 하려는 경우에는 재적 위원 3분의 2 이상의 출석과 출석 위원 3분의 2 이상의 합의가 있어야 한다. 이 경우 구체적인 내용은 출석 위원 과반수의 합의에 따르되, 의견이 나뉘어 출석 위원 과반수의 합의에 이르지 못하였을 때에는 과반수에 이를 때까지 소청인에게 가장 불리한 의견에 차례로 유리한 의견을 더하여 그 중 가장 유리한 의견을 합의된 의견으로 본다.

(8) 결정(국가공무원법 제14조 제6항)

소청심사위원회의 결정은 다음과 같이 구분한다.

1. 심사청구가 이 법이나 다른 법률에 적합하지 아니한 것이면 그 청구를 각하한다.
2. 심사 청구가 이유없다고 인정되면 그 청구를 기각한다.
3. 처분의 취소 또는 변경을 구하는 심사청구가 이유 있다고 인정되면 처분을 취소 또는 변경하거나 처분 행정청에 취소 또는 변경할 것을 명한다.
4. 처분의 효력 유무 또는 존재 여부에 대한 확인을 구하는 심사청구가 이유 있다고 인정되면 처분의 효력 또는 존재 여부를 확인한다.
5. 위법 또는 부당한 거부처분이나 부작위에 대하여 의무 이행을 구하는 심사청구가 이유 있다고 인정되면 지체 없이 청구에 따른 처분을 하거나 이를 할 것을 명한다.

(9) 결정의 효력

① 소청심사위원회의 결정은 처분 행정청을 기속한다(국가공무원법 제15조).

② 소청심사위원회의 취소명령 또는 변경명령 결정은 그에 따른 징계나 그 밖의 처분이 있을 때까지는 종전에 행한 징계처분 또는 징계부가금 부과처분에 영향을 미치지 않는다(국가공무원법 제14조 제7항).

③ 소청심사위원회가 징계처분 또는 징계부가금부과처분을 받은 자의 청구에 따라 소청을 심사할 경우에는 원징계처분보다 무거운 징계 또는 원징계 부가금보다 무거운 징계부가금을 부과하는 결정을 하지 못한다(국가공무원법 제14조 제8항).

(10) 재징계의결 등의 요구(국가공무원법 제78조의3)

① 처분권자는 다음 각 호에 해당하는 사유로 소청심사위원회 또는 법원에서 징계처분등의 무효 또는 취소(취소명령 포함)의 결정이나 판결을 받은 경우에는 다시 징계의결 또는 징계부과의결을 요구하여야 한다. 다만, 제3호의 사유로 무효 또는 취소(취소명령 포함)의 결정이나 판결을 받은

감봉, 견책처분에 대하여는 징계의결을 요구하지 아니할 수 있다.

1. 법령의 적용, 증거 및 사실 조사에 명백한 흠이 있는 경우
2. 징계위원회의 구성 또는 징계의결등, 그 밖에 절차상의 흠이 있는 경우
3. 징계양정 및 징계부가금이 과다한 경우

② 처분권자는 제1항에 따른 징계의결등을 요구하는 경우에는 소청심사위원회의 결정 또는 법원의 판결이 확정된 날부터 3개월 이내에 관할 징계위원회에 징계의결등을 요구하여야 하며 관할 징계위원회에서는 다른 징계사건에 우선하여 징계의결등을 하여야 한다.

(11) 불복

소청심사 결정서를 송부 받은 날부터 90일 이내에 또는 위원회가 60일이 지나도 결정을 하지 않은 때에는 징계처분사유서를 받은 날부터 90일 이내에 행정소송을 제기할 수 있다(행정소송법 제18조 제2항 1호 및 제20조 제1항).

(12) 행정소송과의 관계(국가공무원법 제16조)

① 징계등 처분, 그밖에 본인의 의사에 반하여 불리한 처분이나 부작위에 관한 행정소송은 소청심사위원회의 심사·결정을 거치지 아니하면 제기할 수 없다. 즉 필요적 심판전치주의로서 경찰공무원에 대한 불이익 처분 기타 본인의 의사에 반하는 불리한 처분에 관한 행정소송은 소청심사위원회의 심사와 결정을 거치지 아니하면 이를 제기할 수 없다.

② 국가경찰공무원의 경우 징계처분이나 휴직, 면직 기타 의사에 반한 불이익처분에 대한 행정소송의 피고는 경찰청장 또는 해양경찰청장이다. 제주자치경찰의 경우 행정소송의 피고는 제주자치도의 도지사이다.

2) 소청심사위원회

(1) 설치

① 소청심사위원회는 행정부(인사혁신처), 사법부(법원행정처, 헌법재판소사무처, 중앙선거관리위원회사무처), 입법부(국회사무처)에 별도로 설치한다.

② 행정기관 소속 공무원의 징계처분, 그 밖에 그 의사에 반하는 불리한 처분이나 부작위에 대한 소청을 심사·결정하기 위하여 인사혁신처에 소청심사위원회를 둔다(국가공무원법 제9조 제1항).

(2) 성격

소청심사위원회는 합의제 행정 관청이다.

(3) 구성

① 소청심사위원회는 위원장 1명을 포함한 5명 이상 7명 이내의 상임위원과 상임위원 수의 2분의 1이상인 비상임 위원으로 구성하되, 위원장은 정무직으로 보한다(국가공무원법 제9조 제3항).

② 소청심사위원회의 조직에 관하여 필요한 사항은 대통령령으로 한다.

(4) 자격

① 법관・검사 또는 변호사의 직에 5년 이상 근무한 자

② 대학에서 행정학・정치학 또는 법률학 담당 부교수 이상의 직에 5년 이상 근무한 자

③ 3급 이상 공무원 또는 고위공무원단에 속하는 공무원으로 3년 이상 근무한 자

(5) 임명

소청심사위원회의 위원(위원장 포함)은 인사혁신처장의 제청으로 국무총리를 거쳐 대통령이 임명한다.

(6) 임기

상임위원의 임기는 3년으로 하고 한 번만 연임할 수 있다. 비상임위원의 임기는 2년으로 한다.

(7) 겸직불가

소청심사위원회의 상임위원은 다른 직무를 겸할 수 없으며, 비상임위원은 겸할 수 있다.

(8) 신분보장

위원은 금고 이상의 형벌이나 장기의 심신쇠약으로 직무를 수행할 수 없게 된 경우 외에는 본안의 의사에 반하여 면직되지 아니한다.

(9) 심사

① 위원회는 이 법에 따른 소청을 접수하면 지체 없이 심사하여야 한다.

② 위원회는 제1항에 따른 심사를 할 때 필요하면 검증・감정 그 밖의 사실조사를 하거나 증인을 소환하여 질문하거나 관계 서류를 제출하도록 명할 수 있다.

③ 위원회는 소청 사건을 심사하기 위하여 징계요구 기관이나 관계기관의 소속 공무원을 증인으로 소환하면 해당 기관의 장은 이에 따라야 한다.

④ 위원회는 필요하다고 인정하면 소속 직원에게 사실조사를 하게 하거나 특별한 학식・경험이 있는 자에게 검증이나 감정을 의뢰할 수 있다.

⑤ 위원회가 증인을 소환하여 질문할 때에는 대통령령 등으로 정하는 바에 따라 일당과 여비를 지급하여야 한다(국가공무원법 제12조).

(10) 소청심사위원회의 임시결정

① 소청심사위원회는 소청을 접수한 날로부터 5일 이내에 당해 사건의 최종결정이 있을 때까지 후임자의 보충발령을 유예하는 임시결정을 할 수 있다.

② 행정기관은 본인의 의사에 반하는 파면 또는 해임, 면직 처분을 한 경우 그 처분을 한 날부터 40일 이내에는 후임자의 발령을 하지 못한다. 다만, 인력관리상 불가피한 사유가 있고, 소청심사위원회의 임시결정이 없을 경우에는 인사혁신처장과 협의를 거쳐 후임자의 발령을 할 수 있다.

③ 소청심사위원회는 임시결정을 한 경우 그 결정을 한 날부터 20일 이내에 최종결정을 해야

하고, 각 임용권자는 그 최종결정이 있을 때까지 후임자를 보충발령하지 못한다.

④ 소청심사위원회는 임시결정을 한 경우 외에는 접수한 날부터 60일 이내에 최종결정을 해야 하며, 다만, 불가피하다고 인정되면 소청심사위원회의 의결로 30일을 연장할 수 있다.

3) 경찰공무원 고충심사위원회

(1) 설치(경찰공무원법 제31조 제1항 제2항)

① 경찰공무원의 인사상담 및 고충을 심사하기 위하여 경찰청, 해양경찰청, 시·도자치경찰위원회, 시·도경찰청 및 대통령령으로 정하는 경찰기관, 즉 경찰대학, 경찰인재개발원, 중앙경찰학교, 경찰수사연수원, 경찰서, 경찰기동대, 경비함정 기타 경감 이상의 경찰공무원을 장으로 하는 기관 중 행정안전부장관 또는 해양수산부장관이 지정하는 경찰기관 및 지방해양경찰관서에 경찰공무원 고충심사위원회를 둔다.

② 다만, 경찰공무원고충심사위원회의 심사를 거친 재심청구와 경정 이상의 경찰공무원의 인사상담 및 고충심사는 「국가공무원법」에 의하여 설치된 중앙고충심사위원회에서 한다.

(2) 구성(공무원고충처리규정 제3조의2)

① 경찰공무원 고충심사위원회는 위원장 1명을 포함하여 7명 이상 15명 이내의 공무원위원과 민간위원으로 구성한다. 이 경우 민간위원의 수는 위원장을 제외한 위원 수의 2분의 1 이상이어야 한다.

② 위원장은 설치기관 소속 공무원 중에서 인사 또는 감사 업무를 담당하는 과장 또는 이에 상당하는 직위를 가진 사람이 된다.

③ 경찰공무원고충심사위원회의 공무원위원은 청구인보다 상위 계급 또는 이에 상당하는 소속 공무원 중에서 설치기관의 장이 임명한다.

④ 경찰공무원고충심사위원회의 민간위원은 다음 각 호의 어느 하나에 해당하는 사람 중에서 설치기관의 장이 위촉한다. 이 경우 민간위원의 임기는 2년으로 하며 한 번만 연임할 수 있다.

1. 경찰공무원으로 20년 이상 근무하고 퇴직한 사람
2. 대학에서 법학, 행정학, 심리학, 정신건강의학 또는 경찰학을 담당하는 사람으로서 조교수 이상으로 재직 중인 사람
3. 변호사 또는 공인노무사로 5년 이상 근무한 사람
4. 의료법에 따른 의료인

⑤ 고충심사위원회 설치기관의 장은 위원회의 민간위원이 다음 각 호의 어느 하나에 해당하는 경우에는 해당위원을 해촉할 수 있다.

1. 심신장애로 직무를 수행할 수 없게 된 경우
2. 직무와 관련된 비위사실이 있는 경우
3. 직무태만, 품위손상이나 그 밖의 사유로 위원으로 적합하지 않다고 인정되는 경우
4. 위원 스스로 직무를 수행하는 것이 곤란하다고 의사를 밝히는 경우

(3) 고충심사절차(공무원고충처리규정 제7조)

① 고충심사위원회가 청구서를 접수한 때에는 30일 이내에 고충심사에 대한 결정을 해야 한다. 다만, 부득이하다고 인정되는 경우에는 고충심사위원회의 의결로 30일의 범위에서 그 기한을 연기할 수 있다.

② 고충심사위원회가 청구서를 접수한 때에는 지체 없이 처분청이나 관계기관의 장에게 청구서 부본을 송부해야 한다. 청구서 부본을 송부받은 처분청이나 관계 기관의 장은 청구서 부본을 송부받은 날부터 14일 이내에 고충심사청구에 대한 답변서와 청구인 수만큼의 부본을 제출해야 한다.

③ 고충심사위원회는 제출된 답변서 부본, 추가 제출된 답변내용 및 입증자료를 지체 없이 청구인에게 송달해야 한다.

④ 고충심사위원회는 고충심사에 필요하다고 인정하는 경우에 다음 각 호의 방법에 따라 사실조사를 할 수 있다.

1. 청구인, 설치기관의 장, 청구인이 소속된 기관의 장 또는 그 대리인 및 관계인을 출석하게 하여 진술하게 하는 방법
2. 관계 기관에 심사자료의 제출을 요구하는 방법
3. 전문분야에 관한 학식과 경험이 있는 사람에게 검정·감정 또는 자문을 의뢰하는 방법
4. 그 밖에 소속 공무원이 사실조사를 하는 방법

⑤ 회의는 위원장과 위원장이 회의마다 지정하는 5명 이상 7명 이내의 위원으로 성별을 고려하여 구성한다. 이 경우 민간위원이 3분의 1 이상 포함되어야 한다(공무원고충처리규정 제3조의2 제7항).

⑥ 보통고충심사위원회의 결정은 위원회 구성원 5명 이상의 출석과 출석위원 과반수의 합의에 따른다(공무원고충처리규정 제10조 제1항). 그러나 보통고충심사위원회 구성의 특례에 의해 위원장과 위원장이 회의마다 지정하는 3명 이상 5명 이내의 위원으로 성별을 고려하여 구성하였을 경우 위원회의 결정은 위원 전원의 출석과 출석위원 과반수의 합의에 따른다.

⑦ 중앙고충심사위원회(인사혁신처에 설치된 소청심사위원회)의 결정은 위원 3분의 2 이상의 출석과 출석 위원 과반수의 합의에 따른다(공무원고충처리규정 제10조 제2항).

(4) 심사일의 통지 등(공무원고충심사규정 제8조)

① 고충심사위원회는 심사일 5일 전까지 청구인 및 처분청에 심사일시 및 장소를 알려야 한다.

② 고충심사위원회는 심사일시·장소를 통지하는 경우 청구인 및 처분청에 심사에 출석하여 의견을 진술하거나 서면으로 의견을 제출할 기회를 주어야 한다.

③ 고충심사위원회는 심사통지를 받은 청구인 및 처분청이 심사일에 특별한 이유 없이 출석하지 아니 한 때에는 진술 없이 심사·결정을 할 수 있다. 다만, 서면으로 진술할 때에는 결정서에 서면진술의 요지를 기재하여야 한다.

(5) 고충심사위원회의 관할(국가공무원법 제76조의2 제5항)

① 경정 이상의 경찰공무원에 대한 고충심사를 담당하는 중앙고충심사위원회는 별도로 설치하지 않고 인사혁신처 소속의 소청심사위원회에서 담당하며, 이에 대한 결정은 위원 3분의 2 이상의 출석과 출석위원 과반수의 합의에 따른다.

② 중앙고충심사위원회는 보통고충심사위원회의 심사를 거친 재심청구와 5급 이상 공무원 및 고위공무원단에 속하는 일반직 공무원의 고충을, 보통고충심사위원회는 소속 6급 이하의 공무원의 고충을 각각 심사한다. 다만, 6급 이하의 공무원의 고충이 성폭력범죄 또는 성희롱 사실에 관한 고충 등 보통고충심사위원회에서 심사하는 것이 부적당하다고 대통령령등으로 정한 사안이거나 임용권자를 달리하는 둘 이상의 기관에 관련된 경우에는 중앙고충심사위원회에서, 원 소속 기관의 보통고충심사위원회에서 고충을 심사하는 것이 부적당하다고 인정될 경우에는 직근 상급기관의 보통고충심사위원회에서 각각 심사할 수 있다.

③ 「국가공원법」 제76조의2 제5항 단서에 따라 6급 이하의 공무원의 고충으로서 보통고충심사위원회에서 심사하는 것이 부적당하여 중앙고충심사위원회에서 심사할 수 있는 사안은 다음 각 호의 어느 하나에 해당하는 사안을 말한다(공무원고충처리규정 제3조의6 제5항).

1. 성폭력범죄 또는 성희롱 사실에 관한 고충
2. 공무원행동강령 제13조의3(직무권한등을 행사한 부당행위금지)에 따른 부당행위로 인한 고충
3. 그 밖에 성별·종교·연령 등을 이유로 하는 불합리한 차별로 인한 고충

(6) 고충심사위원회의 결정(공무원고충처리규정 제10조 제3항)

1. 고충심사청구가 상당한 이유가 있다고 인정되는 경우: 처분청이나 관계기관의 장에게 시정을 요청하는 결정
2. 시정을 요청할 정도에 이르지 아니하나, 제도나 정책 등의 개선이 필요하다고 인정되는 경우: 처분청이나 관계기관의 장에게 이에 대한 합리적인 개선을 권고하거나 의견을 표명하는 결정
3. 고충심사청구가 이유없다고 인정되는 경우: 청구를 기각하는 결정
4. 고충심사청구가 다음 각 목의 어느 하나에 해당하는 경우: 청구를 각하하는 결정
   가. 고충심사청구가 적법하지 아니한 경우
   나. 사안이 종료된 경우, 같은 사안에 관하여 이미 소청 또는 고충심사결정이 이루어진 경우 등 명백히 고충심사의 실익이 없는 경우

제9장 경찰상 행정행위와 절차

제 1 절 경찰상 행정행위

1. 의의

1) 개념

① 경찰상 행정행위란 경찰행정청이 구체적 사실에 대한 일방적인 법 집행 행위로서 행하는 권력적인 단독행위인 공법행위를 말한다.

② 경찰상 행정행위는 권한 있는 경찰공무원이 직무상 권한의 범위 내에서 경찰행정청(경찰청장, 시·도경찰청장, 경찰서장)의 이름으로 공법을 근거로 구체적 사실에 대한 권력적인 법집행작용을 하는 것을 말한다. 상대방에게 서비스를 제공하는 것과 같은 비권력적 작용은 경찰상 행정행위가 아니다

③ 경찰상 행정행위는 실정법상의 용어가 아니라 학문상의 용어이다. 실정법상으로는 하명, 허가, 면허, 확인, 면제 등의 다양한 용어가 사용된다.[1]

2) 행정행위와 행정처분

① 경찰상 행정행위와 행정처분은 개인에게 의무를 부과하거나 권익을 제한하는 법집행작용이라는 점에서 같은 개념이라고 볼 수 있다.

② 그러나 「행정심판법」 제2조 제1항은 '처분이란 행정청이 행하는 구체적 사실에 관한 법 집행으로서의 공권력의 행사 또는 그 거부와 그밖에 이에 준하는 행정작용'이라고 규정하고 있으며, 「행정기본법」 역시 제2조 제4호에서 '처분이란 행정청이 구체적 사실에 관하여 행하는 법 집행으로서 공권력의 행사 또는 그 거부와 그밖에 이에 준하는 행정작용'이라고 규정하고 있다. 따라서 처분이 행정행위보다 더 넓은 개념이라는 주장이 가능하다. '그밖에 이에 준하는 행정작용'이라는 표현으로 인해 처분이 행정행위보다 더 넓은 개념이라는 것이다.

③ 행정행위와 처분이 동일한 개념이라는 일원론을 취하든 처분의 개념이 더 넓다는 이원론을 취하든 행정행위와 처분은 유사한 개념임에는 틀림없다.

1) 홍정선, 앞의 책, p.315.

2. 경찰상 행정행위의 종류

1) 법률행위적 행정행위

(1) 개념

법률행위적 행정행위란 행정청(행정관청)의 의사표시를 구성요소로 하고 그 표시된 의사의 내용에 따라 법적 효과가 발생하는 행위를 말한다.

(2) 명령적 행위

명령적 행정행위(하명 · 허가 · 면제)란 주로 질서유지를 위해 국민에 대하여 일정한 작위 · 부작위 · 급부 · 수인 의무를 명하거나 이를 해제함을 내용으로 하는 행정행위를 말한다. 이는 소극적 경찰작용으로서 경찰작용의 핵심이다.

(3) 형성적 행위

형성적 행위(특허 · 인가 · 대리)란 행정기관이 상대방에게 원래 가지고 있었던 것이 아닌 새로운 권리 · 능력 또는 포괄적 법률관계 기타 법률상의 힘을 설정 · 변경 · 소멸시키는 행정행위로서 설권행위라고 부르기도 한다.[2] 형성적 행위는 국민에게 이익을 주는 수익적 행정행위이므로 재량행위에 해당된다.

① 특허

ⓐ 개념

㉠ 넓은 의미의 특허란 특정인에 대하여 새로운 권리, 능력 또는 포괄적 법률관계를 설정하거나 변경 또는 탈권하는 행정행위를 말한다. 좁은 의미의 특허는 특정인에게 특정한 권리를 설정하는 행위를 말한다. 실정법상으로는 면허, 허가 등으로 불린다.[3]

㉡ 특허는 출원을 효과발생요건으로 하며 출원이 없거나 그 취지에 반하는 특허는 완전한 효력을 발생할 수 없게 된다.

ⓑ 권리설정행위

협의의 특허라고도 하며, 공유수면매립면허, 자동차운수사업면허, 전기공급사업면허, 개인택시운송사업면허, 어업면허, 광업허가, 도로점용허가, 체류자격 변경 허가 등이 해당된다.

ⓒ 능력설정행위

공법인을 설립하는 행위, 주택재건축사업조합의 설립인가 등이 해당된다.

ⓓ 포괄적 법률관계 설정행위

공무원 임용, 귀화허가 등이 해당한다.

---

2) 김남진 · 김연태, 행정법Ⅰ, p.221.
3) 홍정선, 앞의 책, p.318.

② 인가

ⓐ 개념

제3자의 법률적 행정행위를 행정청이 보충하여 그 법률적 효력을 완성시켜주는 행정행위를 말한다. 행정청의 동의에 의하여 법률적 효력이 발생함으로써 보충행위라고도 한다. 인가 없이 행한 행위는 무인가행위로서 효력이 발생하지 않는 무효가 된다. 인가는 학문상 개념으로서 실정법에서는 허가 · 승인 · 특허 등의 용어를 사용하는 경우도 있다.

ⓑ 사례

사립대학 설립인가, 특허기업 양도 인가, 재단법인 정관변경허가, 허가구역 내 토지거래허가 등이 있다.

③ 공법상 대리

ⓐ 개념

공법상 대리란 제3자가 해야 할 일을 행정청이 행함으로써 제3자가 행한 것과 같은 효과를 일으키는 행정행위를 말한다.

ⓑ 사례

공법인의 임원임명, 행려병사자의 유류품 처분, 조세체납 처분상 공매행위 등이 대리에 해당한다.

2) 준법률행위적 행정행위

(1) 의의

준법률행위적 행정행위란 행정청의 효과의사의 표시 이외의 행정청의 정신작용(판단 내지 인식) 등을 구성요소로 하는 행정행위로서 그 효과가 행정청의 의사표시가 아닌 법률의 규정에 의해 발생하는 행위를 말하며, 확인, 공증, 통지 및 수리행위가 이에 해당한다.[4]

(2) 확인

확인행위란 특정의 사실 또는 법률관계의 존부나 정당성 여부에 대하여 다툼이나 의문이 있는 경우에 행정청이 공적으로 그 사실의 존재나 옳고 그름을 판단하는 행위를 말한다. 확인행위는 기존의 사실 또는 법률관계의 존재여부를 판단하는 것이고 새로운 법률관계를 창설하는 것은 아니다.[5] 예컨대, 행정심판의 재결, 당선인이나 합격자의 결정, 발명특허 등에 대한 판단이 해당된다.

(3) 공증

① 공증이란 다툼이나 의문이 없음을 전제로 특정한 사실이나 법률관계의 존재에 대하여 공적인 증명력을 부여하는 행위를 말한다. 그것은 다만, 어떠한 사실 또는 법률관계가 진실이라고 인

4) 앞의 책, p.319.
5) 앞의 책, p.319.

식하여 공적으로 증명하는 행위일 뿐이다.

② 공증이 진실이 아닐 수도 있다. 따라서 공증은 반증에 의해 뒤집어질 수 있다.[6] 공증은 원칙적으로 문서에 의해야 할 뿐만 아니라 일정한 형식이 요구되는 것이 보통이다.[7] 예컨대, 등기, 등록, 등재, 당선증서, 합격증서, 증명서발급, 허가증, 면허증의 교부 · 발급, 여권발급 등은 공증에 해당된다.

(4) 통지

통지란 특정 · 불특정의 다수인에 대하여 특정한 사실 또는 의사를 알리는 행위를 말한다. 통지행위는 독립된 행위이기 때문에 이미 성립된 행정행위의 효력 발생요건으로 하는 통지와 구별된다.

ⓐ 관념의 통지

특허출원 공고, 귀화 고시, 토지수용시 사업인정고시

ⓑ 의사의 통지

대집행 계고, 납세의 통지, 통행금지의 공고[8]

(5) 수리

수리행위란 행정청이 타인의 행위를 유효한 행위로 받아들이는 것으로서 행정심판 청구서의 수리, 입후보자 등록의 수리, 채용시험원서접수, 민원접수, 사표의 수리 등이 해당된다. 법이 정한 특별한 사정이 없는 한 소정의 형식적 요건을 갖춘 신고는 수리되어야 한다.[9]

3. 수익적 · 침익적 · 복효적 행정행위

1) 수익적 행정행위

수익적 행정행위란 상대방에게 권리 · 이익을 부여하거나 혹은 권리의 제한을 철폐하는 등 유리한 효과를 발생시키는 행정행위를 말한다. 허가, 특허, 면제, 인가, 부담적 행정행위의 취소 · 철회 등이 해당된다.

2) 침익적 행정행위

침익적 행정행위란 상대방의 권리를 제한하고 의무를 부과하는 등 상대방에게 불리한 효과를 발생시키는 행정행위를 말한다. 하명, 금지, 수익적 행정행위의 취소 · 철회 등이 해당된다.

---

6) 앞의 책, p.319.
7) 김남진 · 김연태, 행정법Ⅰ, p.227.
8) 홍정선, 앞의 책, p.320.
9) 김남진 · 김연태, 행정법Ⅰ, p.229.

3) 복효적 행정행위

① 복효적 행정행위란 하나의 행위가 수익과 침익이라고 하는 복수의 효과를 발생하는 행정행위를 말하며, 이중효과적 행정행위라고도 한다. 그 복수의 효과가 동일인에게 발생하는 경우를 혼합효 행정행위라고 하고, 한 사람에게는 이익을, 제3자에게는 침익적 효과를 발생시키는 행정행위를 제3자효 행정행위라 한다.

② 복효적 행정행위 가운데 행정법상 많은 문제를 제기하는 것은 제3자효 행정행위이다. 어떤 사람에게 건축허가. 영업면허를 부여한 결과 이웃사람 또는 경쟁자, 영업자 등의 제3자가 그들의 권리·이익을 침해받았음을 이유로 그 건축허가, 영업면허 등의 취소를 청구하는 것이 그 예이다. 제3자효 행정행위에 있어서 제3자의 권익보호는 쟁송의 제기에 앞서 이해관계 있는 제3자의 행정절차 참가를 통한 행정의 사전적 통제가 무엇보다도 중요하다.

4) 수익적 행정행위와 침익적 행정행위의 비교

(1) 법률유보원칙

수익적 행정행위는 법률유보의 원칙 적용이 완화된다. 그러나 침익적 행정행위는 법률유보원칙이 엄격하게 적용된다.

(2) 신청

수익적 행정행위는 보통 상대방의 신청에 의하는 쌍방적 행정행위에 해당한다. 침익적 행정행위는 신청과 무관하게 행정청의 일방적 행정행위에 해당한다.

(3) 행정절차

수익적 행정행위는 절차적 통제가 엄격하지 않고 완화된다. 그러나 침익적 행정행위는 절차가 엄격하게 요구된다.

(4) 부관

수익적 행정행위는 부관과 친숙하다. 그러나 침익적 행정행위는 부관을 인정하지 않는다.

(5) 취소·철회

수익적 행정행위는 신뢰보호원칙 등으로 취소·철회가 제한된다. 침익적 행정행위는 취소·철회의 제한이 없다.

4. 기속행위와 재량행위

1) 기속행위

기속행위란 법령상 요건이 충족되면 행정청이 반드시 해야 하는 행정행위를 의미한다. 즉 행정청에 어떤 행정행위를 할 수도 안할 수도 있는 자유가 인정되어 있는 것이 아니라 법이 정한 요건이 충족되면 법이 정한 효과로서의 일정한 행위를 반드시 하거나 해서는 안 되는 경우의 행정행위를 말한다.

2) 재량행위

(1) 의의

재량행위는 법령상 요건이 충족되더라도 행정청이 행위 여부의 결정이나 내용을 선택할 수 있는 자유가 인정되어 있는 행정행위를 말한다. 재량행위는 행정법령 조문이 다의적으로 해석이 가능하여 행정청의 재량에 따라 자체적으로 판단을 내리고 행정작용을 선택할 수 있는 행정행위를 말한다.

(2) 결정재량과 선택재량

재량행위는 다시 법규에서 허용한 행위를 할 것인가에 대한 재량인 결정재량과 여러 가지 허용된 행위(다수의 행위) 중에서 어느 것을 선택할 것인가 하는 선택재량으로 나누어진다.

(3) 구별기준

재량행위와 기속행위의 일차적 구별기준은 법률에 규정된 문장 내용에 따른다. 다만, 법률문언뿐만 아니라 관련규정 · 입법취지 등을 고려하여 종합적으로 판단해야 한다.

3) 기속재량과 자유재량

① 기속재량이란 무엇이 법인가의 재량, 즉 법의 해석판단에 관한 것이며, 그 재량을 그르친 행위는 위법이 되어 법원의 심사대상이 된다. 이에 대하여 자유재량이란 무엇이 공익에 적합한가의 재량이며, 그 재량을 그르친 경우에는 단지 판단의 당 · 부당만이 문제로 되며 법원의 심사대상이 되지 않는다.

③ 그러나 오늘날에는 과거의 재량불심사원칙은 완전히 포기되었으며, 사법심사의 대상이 되지 아니하고 법으로부터 자유로운 재량이란 인정될 수 없게 되었다. 따라서 자유재량이 사법심사의 대상이 되는지의 여부에 따라 기속재량과 자유재량으로 구별할 필요성은 상대화 내지는 무의미하게 되었다.

4) 기속행위와 재량행위의 구별필요성

(1) 행정쟁송과의 관계

「행정심판법」이 행정청의 “위법 또는 부당”한 처분에 대한 행정심판을 인정하고 있는데 대하여 「행정소송법」은 위법한 처분에 대해서만 행정소송을 인정하고 있으며, 또한 행정청의 재량에 속하는 처분이라도 재량권의 한계를 넘거나 그 남용이 있는 때에는 법원이 이를 취소할 수 있다고 규정하고 있는 것에 비추어 기속행위와 재량행위의 구분은 필요하다. 대법원은 기속행위와 재량행위는 사법심사의 방식에 있어서 차이가 있음을 밝히고 있다.

(2) 공권의 성립과의 관계

기속행위의 경우에 행정청은 그 기속행위를 행하여야 할 의무를 진다. 따라서 상대방은 행정청에게 경찰권 발동을 요구할 수 있는 청구권, 즉 공권이 성립한다. 한편, 재량행위의 경우에 경찰관청은 경찰권을 발동할 수도 하지 않을 수도 있으므로 상대방은 경찰권 발동을 요구할 청구권이 없다.

(3) 부관과의 관계

재량행위라고 해서 언제나 부관을 붙일 수 있고, 기속행위라고 해서 절대로 부관을 붙일 수 없는 것은 아니다. 기속행위의 경우 법률효과를 제한하는 부관은 붙일 수 없지만, 요건의 충족을 확보하는 의미의 부관은 붙일 수 있다.

5) 재량행위의 한계

(1) 실정법의 규정

「행정소송법」은 행정청의 재량에 속하는 처분이라도 재량권의 한계를 넘거나 그 남용이 있는 때에는 법원은 이를 취소할 수 있다고 규정하고 있다.

(2) 재량행위가 위법으로 되는 경우

① 재량의 일탈(유월)

재량의 일탈이란 재량규범의 범위 밖의 법 효과를 선택하는 경우를 말한다. 관계법상 주어진 재량의 외적 한계를 벗어나 재량행사를 한 경우를 말한다. 법이 A, B, C 중 어느 하나를 선택할 수 있는 권한을 부여하고 있는 경우에 D나 E와 같은 규정 밖의 것을 선택하는 경우가 이에 해당하며, 이를 재량권의 일탈이라고 한다. 즉 법령에서 정한 액수 이상의 과태료를 부과하거나 법령에서 정한 제재와 다른 종류의 제재를 과하는 경우의 재량행사를 재량권의 일탈이라 한다. 따라서 법규상 한계를 초과한 것이다.

② 재량권의 남용

행정청이 관계법상 주어진 재량의 내적 한계를 벗어나 재량행사를 하는 경우 재량권의 남용이라 한다. ㉠ 행정청이 재량권을 수권한 법률상의 목적위반이나 부정한 동기에 의해 재량권을 행사한 경우, ㉡ 사실오인에 기인한 재량권 행사, ㉢ 평등원칙, 비례원칙, 부당결부금지원칙, 신뢰보호원칙 등 법원칙, 즉 행정법의 일반원칙에 반하여 재량권을 행사한 경우에 재량권의 남용에 해당한다. 법률상 재량행위가 위법으로 판단되는 사례 대부분이 이에 해당한다고 볼 수 있다.

③ 재량행위의 불행사(흠결 또는 해태)

행정청이 재량행위를 기속행위로 오해하여 재량권을 전혀 행사하지 않은 경우 등이 이에 해당한다. 재량권 행사 시 고려하여야 하는 구체적 사정을 전혀 고려하지 않은 경우 역시 흠결 또는 해태에 해당한다.

6) 재량권 행사의 통제

① 행정청의 재량에 속하는 처분이라도 재량권의 한계를 넘거나 그 남용이 있는 때에는 법원이 이를 취소할 수 있다.

② 행정청의 재량권 행사가 위법하면 취소소송등 항고소송을 통해 구제받을 수 있고, 행정청의 재량권을 행사하여야 함에도 불구하고 행사를 하지 않은 부작위(불행사)가 위법하면 부작위위법확인소송이나 경찰개입청구권을 청구할 수 있다.

5. 처분의 대상에 따른 행정행위

1) 대인적 행정행위

사람의 주관적 요소에 기초를 둔 행정행위로서 행정행위의 효과가 이전·승계되지 않는다. 따라서 무효·취소의 사유가 이전되지 않는다. 예컨대, 의사·약사면허, 공무원 임용, 귀화허가, 통행허가 등이 해당한다.

2) 대물적 행정행위

대상이나 물건의 객관적 사정에 기초를 둔 행정행위로서 행정행위의 효과가 이전·승계된다. 따라서 무효·취소의 사유도 이전이 된다. 예컨대, 건축허가, 자동차합격처분, 주차금지구역의 지정, 준공검사 등이 해당한다.

3) 혼합적 행정행위

사람의 주관적 요소와 물건의 객관적 사정을 모두 고려하는 행정행위로서 효과의 여부는 관계법규의 해석에 의해 판단을 해야 한다. 예컨대, 풍속영업(숙박업 등)의 허가, 총포·도검·화약류 제조허가, 석유사업허가, 전당포영업허가 등이 해당한다.

제 2 절 경찰하명과 경찰허가

1. 경찰하명

1) 의의

경찰하명이란 일반통치권에 의해 경찰기관이 경찰목적 달성을 위하여 국민에 대하여 작위·부작위·수인·급부 등 의무를 명하는 법률행위적 행정행위를 말한다. 경찰관의 수신호나 교통신호 등의 신호도 의무를 부과하는 행위로서 경찰하명에 해당한다. 경찰상 하명은 경찰처분 또는 질서하명 등으로 불리기도 한다.

2) 성질

하명은 새로운 의무를 과하는 것을 내용으로 하므로 침익적 행정행위에 속하며, 따라서 법령의 근거를 요한다. 또한 침익적 행정행위로서의 하명은 기속행위의 성질을 가지는 것이 보통이다.

3) 하명의 형식

(1) 법규하명

법규하명이란 국민에 대한 의무부과가 행정기관의 별도의 행정처분을 기다리지 않고 법규에 의하여 직접 이루어지는 경우를 말한다. 법규하명은 일반적 · 추상적 의무부과 행위로서 특별한 행정처분을 요하지 않는다. 예컨대, 「도로교통법」상의 운전자의 야간등화의무, 「집시법」상의 옥외집회 · 시위 신고의무, 「청소년보호법」상의 청소년 유해매체물 판매 · 대여 · 배포금지 등이 해당된다.

(2) 하명처분

하명처분이란 행정청이 법령에 근거하여 국민에게 의무를 명하는 구체적 행정처분을 말한다. 특정인에 대해 개별적으로 행해지는 것이 보통이지만, 다수인에 대하여 일반적 의무를 명하는 경우도 있다. 일반적으로 하명처분을 하명이라고 한다. 예컨대, 야간통행제한, 위험한 도로의 통행금지, 차량정지 명령, 경찰관의 교통수신호 등이 해당된다.

4) 하명의 종류

(1) 작위하명

작위하명은 개인이 적극적으로 어떠한 행위를 하도록 의무를 명하는 경찰하명을 말한다. 불법건축물 철거명령, 집회신고, 화재신고, 사체에 대한 신고, 예비군훈련소집 통지 등은 작위하명이다.

(2) 부작위하명

① 개념

국민이 소극적으로 어떤 행위를 행하지 아니할 의무를 명하는 행위로서 경찰작용 중에서 가장 일반적인 하명의 형식이다. 부작위하명은 경찰금지라고도 한다.

② 절대적 금지

마약판매금지, 살인청부금지, 인신매매금지, 청소년의 음주 · 흡연금지 등 어떠한 경우에도 해제의 대상이 될 수 없는 금지를 말한다.

③ 상대적 금지

수렵금지, 총포소지금지, 음식점 · 유흥업소 영업금지, 공공시설에서의 금연, 도로통행의 금지 등 일정한 경우에는 해제의 대상이 될 수 있는 금지를 말한다.

(3) 수인하명

경찰권의 발동으로 인하여 자신의 신채·재산·가택에 가하여지는 사실상의 침해, 즉 경찰강제를 저항하지 않고 받아들여야 할 의무를 지는 하명을 말한다. 영업장소에 출입, 위험방지를 위한 출입 등이 해당된다.

(4) 급부하명

국민에게 금전 또는 물품의 급부의무를 부과하는 하명을 말한다. 조세부과처분, 사용료·수수료 납부명령, 대집행 비용징수 등이 해당된다.

5) 하명의 효과

(1) 의무의 발생

① 경찰하명을 받은 특정인 또는 불특정 다수인은 공법상 경찰의무가 발생하고 자연적 자유가 제한된다.

② 하명의 수명자는 하명을 발한 행정주체에 대해서만 책임을 부담할 뿐이고, 그 이외의 제3자에 대하여서는 법적 의무를 부담하지 않는다.

(2) 하명처분의 효과

하명은 원칙적으로 그 수명자에게만 발생하는 것이나, 대물적 하명의 경우에는 그 데상인 물건에 대한 법적 지위를 승계한 자에게도 그 효과가 미친다.

(3) 위반의 효과

① 경찰의무 불이행의 경우 경찰상의 강제집행, 경찰의무 위반의 경우 경찰벌의 대상이 된다.

② 경찰하명에 위반하여 이루어진 행위는 원칙적으로 그 법적 효력에는 아무런 영향을 받지 않는다. 즉, 영업정지 명령에 위반하여 영업을 계속하였을 경우에는 당사자는 행정벌 등 제재의 대상이 되지만, 당해 영업에 관한 거래행위의 효력이 부인되지는 않는다.[10)]

(4) 하자의 효과

경찰하명의 하자가 중대하고 명백한 경우는 무효가 된다. 무효인 경찰하명은 이를 위반하여도 처벌할 수 없고, 저항하여도 공무집행방해죄가 성립하지 않는다. 다만, 취소사유가 있는 하명은 권한 있는 기관에 의하여 취소되기 전까지 공정력에 의해 관계자를 구속한다.

(5) 지역적 범위

경찰하명은 원칙적으로 하명을 발한 경찰관청 관할 구역 내에서만 미치게 되나, 예외적으로 법령의 규정 또는 처분의 성질상 관할구역 외에 미치는 경우도 있다.

---

10) 앞의 책, p.355.

(6) 구제

① 적법한 하명인 경우 특별한 희생을 당한 때에는 손실보상의 대상이 된다.

② 위법 · 부당한 하명인 경우 행정심판, 행정소송, 손해배상의 대상이 된다.

2. 경찰허가

1) 의의

① 경찰허가란 국가의 일반통치권에 의거하여 경찰기관이 법규에 규정된 일반적 · 상대적 금지를 특정한 경우에 해제함으로써 일정한 행위를 적법하게 행할 수 있도록 자연의 자유를 회복시켜 주는 행정행위를 말한다. 실정법상으로는 허가, 면허, 인가, 승인 등으로 용어가 혼용되어 사용되고 있다. 하명과는 달리 법규허가는 없다.

② 상대적 금지만 허가의 대상이 되고 절대적 금지는 허가의 대상이 될 수 없다.

③ 허가는 원칙적으로 상대방의 신청에 의하여 행하여지는 쌍방적 행정행위이다. 예외적으로 신청 없이 직권으로 불특정 다수인에게 일반허가를 하는 경우도 있다.

④ 경찰허가는 특정행위를 사실상 적법하게 할 수 있도록 하는 적법요건에 불과하고 유효요건이 되는 것은 아니다.

2) 기준

허가 신청 시와 허가 처분 시의 법이 다른 경우의 허가기준이 되는 법령은 처분 시 법이다.

3) 경찰허가의 종류

(1) 대인적 허가

대인적 허가란 사람의 경력 · 자격 기타 신청인의 개인적 사정을 심사하여 행하여지는 경찰허가를 말한다. 의사면허, 마약취급면허, 운전면허. 총포류 소지허가 등으로 일신전속적이어서 다른 사람에게 이전이 되지 않는다.

(2) 대물적 허가

① 대물적 허가란 신청인이 갖추고 있는 물적 설비, 지리적 환경 기타의 객관적 사정을 심사하여 행하여지는 경찰허가를 말한다. 건축허가, 자동차검사 합격처분, 목욕장영업허가, 석유판매업 등으로 이전이 허용된다.

② 대물적 허가의 성질을 갖는 석유판매업이 양도된 경우 양도인에게 허가를 취소할 위반 사유가 있다면 이를 이유로 양수인에게 제재조치를 취할 수 있다. 허가의 이전에 의해 위반에 대한 책임까지 이전된 것이다.

(3) 혼합적 허가

신청인의 주관적 사정과 객관적 사정을 아울러 고려하여 행하여지는 경찰허가이다. 풍속영업허가, 유흥주점영업허가, 총포류 제조・판매허가, 자동차운전면허학원 허가 등이 해당하며, 이전이 제한된다.

4) 경찰허가의 요건

(1) 신청

① 허가는 원칙적으로 신청을 요하는 쌍방적 행정행위이므로 상대방의 허가신청에 따라 행하여지는 것이 보통이다. 그러나 예외적으로 신청 없이 허가가 발령되는 경우도 있다. 예컨대, 보행자 전용도로에서의 차마의 통행금지의 해제, 계엄 하에서의 보도관제의 해제처럼 직권으로 불특정다수인에게 일반허가를 하는 경우도 있다. 따라서 신청 없는 모든 허가가 무효라고 볼 수는 없다.

② 그러나 신청을 요하는 허가의 경우에 신청이 없이 결정되는 허가는 무효가 된다.

③ 허가는 법령상 금지의 전부해제 또는 부분해제를 의미하는 것이므로, 이러한 범위 안에서 신청의 내용과 다른 내용의 허가도 가능하다.[11)]

(2) 판단 기준시기

허가요건의 판단 시기는 행정처분을 결정하는 시기를 기준으로 한다. 허가신청이 있은 후 그에 대한 결정이 있기 전에 허가기준을 정한 법령이 개정된 경우에는 처분청은 원칙적으로 개정된 법령을 적용해야 한다.

(3) 동의・협력

① 법령상 이웃주민의 동의가 경찰상 허가의 요건으로 요구될 수도 있다. 행정청이 법령에 근거 없이 이웃주민의 동의를 요구해서는 안 된다.

② 경찰상 허가가 다른 행정청의 동의 또는 합의를 얻어야만 가능한 경우도 있다. 이러한 경우가 기속허가의 경우라면 협력을 해야 하는 행정청에 동의나 합의의 절차에 응할 의무가 부과된다.

③ 재량행위라면 무하자 재량행사를 해야 한다. 신청자는 허가청에 대해서 무하자 재량행사 청구권을 행사할 수 있다.[12)]

5) 경찰허가의 효과

(1) 경찰금지의 해제

허가의 효과는 일반적 금지를 해제함에 그치고 배타적이거나 독점적 권리 또는 능력을 설정하는 것은 아니다. 개인에게 새로운 권리나 능력을 설정하는 행위가 아니라 상대적으로 특정행위에

11) 앞의 책, pp.349-350.
12) 앞의 책, pp.351-352.

대한 금지된 자유를 회복하는 것이 본질적인 효과이다.

(2) 적법요건

허가는 특정행위를 적법하게 할 수 있도록 하는 행위의 적법요건이지 유효요건이 아니다.

(3) 타법상의 제한

허가는 특정행위에 대한 금지만을 해제할 뿐이며 그 이외의 타 법률상 제한은 계속 존재한다. 경찰공무원이 「식품위생법」상 유흥업소 영업허가를 받았다고 하여도 공무원의 겸직금지원칙이 해제되는 것은 아니다.

(4) 무허가행위의 효과

무면허운전이나 무허가 영업행위 등 허가를 받지 않은 행위는 유효한 행위로서 행정상 강제집행이나 경찰벌의 대상이 된다. 그러나 무허가 행위 자체의 법률적 효력은 유효하다. 따라서 무허가 행위의 사법상 법률관계는 원칙적으로 유효하고 기존업자가 무허가 영업행위를 다툴 수는 없다.

(5) 경영상 이익

경찰상 허가를 받아 영업을 함으로써 얻는 이익은 사실상의 이익, 즉 반사적 이익에 불과하다. 따라서 허가없는 자가 동종의 영업을 함으로써 그 이익이 침해된다 해도 허가를 받은 기존 업자는 소송을 통해 이를 구제받을 수가 없다.

(6) 지역적 제한

허가의 효과는 당해 허가행정청의 관할구역 내에서만 미치는 것이 원칙이지만, 법령의 규정이 있거나 허가의 성질상 관할구역 외에까지 그 효과가 미치게 된다.

6) 허가의 소멸과 갱신

(1) 허가의 소멸

허가의 소멸은 허가기간의 경과, 목적물의 소멸, 사업의 불착수, 허가의 효과의 포기, 상대방의 사망, 경찰허가의 취소나 철회 등으로 발생한다.

(2) 갱신

갱신이란 기존의 허가기한을 연장하는 것을 말한다. 허가의 갱신은 새로운 허가가 아니라 종래의 허가에 대한 기한의 연장으로 보아야 한다.

갱신과 관련하여 검토하여야 할 사항은 다음과 같다.

① 갱신은 기한의 도래 전에 이루어져야 하며,

② 기한의 도래 전에 갱신신청을 하였으나 도래 후에 갱신이 이루어진 경우에도 특별한 사정이 없는 한 도래 전에 이루어진 것과 동일하게 본다.

③ 기한의 도래 후에 갱신신청을 하여 갱신이 이루어진 경우에는 갱신 전후의 행위는 별개의

행위로 보아야 한다. 즉 종전의 허가가 기한의 도래로 실효한 후에 이루어진 신청에 따른 허가는 별개의 새로운 허가라는 것이다.

④ 기한의 도래 전에 갱신신청을 하였으나 기한의 도래 후에 갱신이 거부된 경우에는 종기의 도래로 당연히 소멸된다고 보아야 할 경우도 있고, 갱신거부 시에 소멸한다고 보아야 할 때도 있으므로 신의칙에 비추어 개별적으로 판단하여야 할 것이다.[13]

7) 허가 관련 판례

(1) 처분시 법령(개정법)의 적용

허가 신청 후 행정처분 전에 법령의 개정으로 허가기준이 변경된 경우 허가는 원칙적으로 신청 당시의 법령이 아니라 처분시의 법령에 따라야 힌디.

(2) 사업 양도자의 위법사유의 양도인 승계

석유판매업 허가는 소위 대물적 허가의 성질을 갖는 것이어서 그 사업의 양도는 가능하고 이 경우 양수인은 양도인의 지위를 승계하게 됨에 따라 양도인의 위 허가에 따른 권리 의무가 양수인에게 이전된다.

만약 양도인에게 그 허가를 취소할 위법사유가 있다면 허가관청은 이를 이유로 양수인에게 응분의 제재조치를 취할 수 있다. 양수인이 그 양수 후 허가관청으로부터 사업허가를 다시 받았다 해도 양도인의 귀책사유는 양수인에게 그 효력이 미친다.

(3) 기한부 허가의 효력

기한부 허가는 종기의 도래에 의하여 효력을 상실하나, 기한의 갱신을 신청할 수 있는 경우에는 경찰상 장해가 발생할 새로운 사정이 없는 한 허가를 해 주는 것이 원칙이다. 다만, 예외적으로 재량허가(사행행위허가, 토지형질변경허가 등)의 경우에는 허가의 재량행위로 보기 때문에 반드시 허가할 필요는 없다.

(4) 산림훼손 행위에 대한 거부

법령이 규정하는 산림훼손 금지 또는 제한지역에 해당하는 경우는 물론이고 금지 또는 제한지역에 해당하지 않더라도 허가관청은 중대한 공익상 필요가 있다고 인정될 때에는 허가를 거부할 수 있고 그 경우 법규에 명문의 근거가 없더라도 거부처분을 할 수 있다.

(5) 기한의 도래시 기간연장신청 효과

허가는 기한의 도래로 인해 실효되는 것이 원칙이다. 그러므로 종전 허가의 유효기간이 지나서 다시 기간연장 신청에 대한 허가는 종전의 허가처분을 전제로 하여 단순히 기간을 연장시켜주는 행정처분 이라기보다는 종전의 허가처분과는 별도의 새로운 영업허가를 내용으로 하는 행정처분이므로 허가권자는 허가요건의 적합 여부를 새로이 판단하여 허가 여부를 결정하여야 한다.

---

13) 앞의 책, pp.353-354.

3. 경찰면제

① 경찰면제란 법령에 의하여 과하여진 경찰상의 작위 · 부작위 · 급부 · 수인의무를 특정한 경우에 해제하여 주는 경찰상의 행정행위를 말한다.

② 경찰상의 의무를 해제하여 주는 행위이므로 명령적 행위에 속하며, 경찰면제의 발급여부를 결정하는 것은 원칙적으로 경찰행정의 기속재량에 속한다.

③ 의무해제라는 점에서 허가와 면제는 같지만, 허가는 부작위 의무의 해제인 데 반해 면제는 작위, 급부 및 수인의무의 해제라는 점에서 다르다.

제 3 절 경찰처분의 부관

1. 의의 및 구별개념

① 경찰행위의 부관에 관하여 종래 학설은 행정행위의 효과를 제한하기 위하여 주된 의사표시에 부가된 종된 의사표시라고 정의하였다. 하지만 최근의 다수설에 따르면 행정행위의 부관을 주된 행정행위의 일반적인 효과를 제한하거나 보충하기 위해서 주된 행위에 부가되는 종된 규율(부대적 규율)이라고 정의하여 더 이상 의사표시에 대하여 언급하지 않는다.[14] 이는 행정행위는 법률을 구체화 또는 집행으로서의 성격을 갖기 때문에 행위자인 공무원의 의사표시는 중요한 의미를 가지지 않는다고 보기 때문이다.

② 행정청은 처분에 재량이 있는 경우에는 부관(조건, 기한, 부담, 철회권의 유보 등)을 붙일 수 있다. 그러나 처분에 재량이 없는 경우에는 법률에 근거가 있는 경우에만 부관을 붙일 수 있다(행정기본법 제17조 제1항 및 제2항).

③ 부관은 주된 행정행위의 존재에 의존하고 처분의 효과가 직접 법규에 의해서 부여되는 법정부관은 행정처분의 부관에서 제외된다.

④ 행정행위의 부관은 학문상 개념으로 실정법에서는 주로 조건으로 표시되고 있다. 한편, 부관을 주된 의사표시에 붙여진 것으로 보든, 주된 행정행위에 부가된 종된 규율로 보든, 부관도 행정행위의 내용을 이루는 것이므로 외부에 표시되어야 한다.

2. 부관의 기능

1) 순기능

① 행정행위의 부관은 행정청으로 하여금 구체적 사정에 적합한 행정을 할 수 있도록 합리성, 유연성, 탄력성, 신속성을 부여해 주는 기능을 한다.

14) 김남진 · 김연태, 행정법 I, p.229.

② 부관은 법의 불비를 보충하고 행정에 있어 형평성의 보장 내지 이해관계의 조정에 기여할 수 있다. 예컨대, 허가의 신청인이 그 요건을 완전히 구비하고 있지 않은 경우에 허가를 거부하지 않고 충족되지 않은 요건을 갖출 것을 부관으로 정하여 허가를 해 주는 것이 그 일례이다.

③ 부관은 장래의 상황변화에 대응할 수 있는 시간적 여력을 제공한다.

2) 역기능

행정행위의 부관이 행정편의적인 목적으로 사용되거나 과도한 부담을 주는 등 남용되는 경우 국민의 권익을 침해할 우려가 있으므로 부관에 대한 적절한 통제가 요구된다. 오늘날 부관의 기능은 행정에 대한 신속성, 유연성, 상황적합성의 부여, 공익 및 제3자 보호 등이 논해지고 있다.[15]

3) 법정부관

행정행위의 조건, 기한 등이 행정청의 작용에 의해서 정해지는 것이 아니라 법령이 직접 행정행위의 조건, 기한 등을 정하는 경우를 법정부관이라 한다. 따라서 행정행위의 효과제한이 행정청의 작용에 의하지 않고 직접 법규정에 의해 이루어자는 법정부관은 여기서 말하는 부관에 해당하지 않는다.

4) 부관의 요건(행정기본법 제17조 제4항)

1. 해당 처분의 목적에 위배되지 아니할 것
2. 해당 처분과 실질적인 관련이 있을 것
3. 해당 처분의 목적을 달성하기 위하여 필요한 최소한의 범위일 것

3. 부관의 종류와 내용

1) 조건

(1) 의의

조건이란 행정행위의 효과의 발생(정지조건)이나 소멸(해제조건)을 불확실한 장래의 사실에 의존시키는 부관을 말한다. 조건이 성취되면 당연히 효력의 발생 또는 소멸의 효과가 발생한다.

그러나 행정행위의 조건이 부가된 경우 행정행위의 효력은 효력의 발생·소멸 여부가 불안정한 상태에 놓이게 되므로 조건은 법적 안정성을 저해한다는 문제가 있다. 따라서 조건부 행정행위는 많지 않고, 조건의 불이행은 강제집행의 대상이 되지 않는다.

(2) 유형

① 정지조건

행정행위의 효력 발생을 객관적으로 장래 도래가 불확실한 사실에 의존시키는 부관을 말한다.

15) 앞의 책, p.231.

경찰허가의 경우에 허가를 주지 않고 일정한 조건을 갖출 것을 요구하는 것을 의미한다. 즉, 도로포장 공사의 완성을 조건으로 한 자동차운송사업의 면허 허가, 주차시설을 완비할 것을 조건으로 한 호텔영업허가, 시설완성을 조건으로 하는 학교법인설립허가 등이 정지조건부 부관이 있는 행정처분이다.

② **해제조건**

행정행위의 효력의 소멸을 장래 도래가 불확실한 사실에 의존시키는 부관을 말한다. 일단 허가를 부여하지만, 조건이 갖추어지지 않으면 효력은 소멸된다. 즉, 3개월 이내에 공사에 착수하지 않으면 효력을 상실한다는 건축허가나 공유수면 매립허가 등은 해제조건부 행정행위이다.

2) 기한

(1) 의의

행정행위의 효과의 발생 또는 소멸을 장래의 도래가 확실한 사실, 즉 특정시점에 의존시키는 부관을 말한다. 기한이 성취되면 당연히 효력의 발생이나 소멸의 효과가 발생한다. 기한은 장래 도래가 확실한 사실이라는 점에서 장래 도래가 불확실한 사실에 의존하는 조건과 구별된다.

(2) 유형

① **시기**

시기란 행정행위의 효력발생을 장래 도래가 확실한 사실에 의존시키는 부관을 말한다. 2023년 3월 2일에 입학을 허가한다. 2024년 1월 1일부터 영업을 허가한다.

② **종기**

종기란 행정행위의 효력 소멸을 장래 도래가 확실한 사실에 의존시키는 부관을 말한다. 따라서 기한이 도래되면 행정처분의 효력이 소멸한다. 2024년 2월 28일까지 영업을 허가한다.

③ **확정기한과 불확정기한**

일주일 후 또는 3개월까지처럼 도래의 시기가 확실한 기한을 확정기한이라 하고, 비가 오면 또는 눈이 오면 등과 같이 도래할 것은 확실하나 도래하는 시기가 확실하지 않은 기한을 불확정기한이라 한다. 사망시까지 연금을 지급한다.

(3) 기한과 관련된 판례

① **기간연장 신청: 새로운 행정행위의 신청**

시기가 도래하면 행정행위의 효력은 당연히 발생하며, 종기가 도래하면 행정행위의 효력은 당연히 소멸한다. 또한 당사자는 기간연장에 있어 어떠한 기득권도 주장할 수 없으며, 행정청도 허가를 연장해 주어야 할 의무도 없다. 상대방이 기간연장신청을 한 경우라도 이는 새로운 행정행위의 신청에 불과하다.

② 부당하게 짧은 허가기간의 연장신청

허가에 붙은 기한이 그 허가된 사업의 성질상 부당하게 짧은 경우에는 이를 그 허가 자체의 존속기간이 아니라 그 허가조건의 존속기간으로 보아 그 기한이 도래함으로써 그 조건의 개정을 고려한다는 뜻으로 해석할 수는 있지만, 그와 같은 경우라 하더라도 그 허가기간이 연장되기 위하여는 그 종기가 도래하기 전에 그 허가기간의 연장에 관한 신청이 있어야 하며, 만일 그러한 연장신청이 없는 상태에서 허가기간이 만료하였다면 그 허가의 효력은 상실된다.

3) 부담

(1) 의의

① 부담이란 주로 허가·특허 같은 수익적 행정행위의 주된 내용에 부가하여 상대방에게 작위·부작위·수인·급부 등의 의무를 부과하는 부관을 말한다.

② 법령상으로는 조건으로 불리기도 한다. 즉, 수수료의 납부를 전제로 한 다방영업 허가, 주택사업계획 승인을 하면서 주택진입로 확장의무를 부과하는 경우, 공장건축허가를 하면서 근로자의 정기건강진단의무를 부과하는 경우, 영업허가를 하면서 시설의무의 부과, 도로나 하천점용허가를 하면서 일정한 점용료의 납부명령을 전제로 하는 경우 부담을 부관으로 한 행정행위이다.

(2) 특징

① 부담만의 독자적인 소송제기

부담은 다른 부관과는 달리 그 자체가 행정행위이다. 즉 다른 부관과 달리 그 존속이 본체인 행정행위의 존재를 전제로 하는 것일 뿐 행정행위의 불가분적인 요소는 아니어서 그 자체가 하나의 독립된 행정행위의 성질을 가지므로 주된 행정행위와 독립하여 부담만의 별도의 항고소송 제기가 가능하다. 이에 반해 조건부 행정행위는 행정행위 전체를 대상으로 하여 소송을 제기할 수밖에 없다.

② 부담과 강제집행

부담은 주된 행정행위와 독립된 행위로서 부담 그 자체가 하명의 성질을 가지므로 부담에 의해 부과된 의무를 이행하지 않는 경우 행정청은 부담에 대해서 독자적인 강제집행도 할 수 있다. 이에 반해 조건은 독자적으로 강제집행의 대상이 되지 않는다.

③ 부담부 행정행위의 효력

부담부 행정행위는 부담의 이행여부를 불문하고 효력이 발생한다. 그러므로 부담에 의해 부과된 의무가 정해진 기간 내에 이행되지 않은 경우, 부담부 행정행위는 당연히 효력을 상실하는 것이 아니라 행정청의 철회의 의사표시가 있어야 효력을 상실한다.

다만, 부담도 부관인 이상 주된 행정행위에 대해 어느 정도 부종성(종속성)을 가질 수밖에 없으므로 주된 행정행위가 아무런 효력이 발생하지 않는 경우 부담도 효력이 발생하지 않는다.

(3) 조건과 구별

① 조건과 부담은 실무상 구별이 애매한 경우가 있고, 실정법상 조건이라고 규정되어 있어도 그것을 부담으로 보아야 할 경우가 있다.

② 정지조건은 조건의 성취에 의해 효력이 발생하나, 부담은 처음부터 완전히 효력이 발생한다. 따라서 부관부 영업허가의 경우 당해 부관이 부담이라면, 부담의 이행 없이 영업을 하여도 무허가 영업이 아니지만, 당해 부관이 정지조건이라면, 조건의 성취 없이 영업을 하면 무허가 영업으로서 불법영업이 된다.

③ 해제조건은 조건의 성취에 의해 당연히 효력이 소멸하나, 부담은 불이행이 있더라도 당연히 효력이 소멸되는 것이 아니라 행정청의 철회(취서)의 의사표시가 있어야 효력이 소멸한다.

④ 행정청의 객관적 의사를 고려하여 행정행위 효력 자체를 그 조건에 의존시키려는 의사일 경우에는 조건, 그렇지 않은 경우는 부담으로 볼 수 있다. 예컨대, 정지조건인지 부담인지에 대해 행정청이 부관이 성취된 시점부터 행정행위의 효력이 발생하는 것으로 하였다면, 정지조건으로 볼 것이고, 그렇지 않고 처음부터 행정행위의 효력이 발생하는 것으로 하였다면, 부담으로 볼 수 있다. 하지만, 행정청의 의사가 불분명한 경우 최소침해의 원칙에 따라 상대방에게 유리한 부담으로 보아야 한다.

(4) 부담의 부가방법

① 부담은 행정청이 행정처분을 하면서 일방적으로 부가할 수도 있지만, 부담을 부가하기 전에 상대방과 협의하여 부담의 내용을 협약의 형식으로 미리 정한 다음 행정처분을 하면서 이를 부가할 수도 있다는 것이 판례의 입장이다.

② 또한 판례는 부담의 적법 여부는 처분 당시 법령을 기준으로 판단하여야 하고, 부담이 처분 당시 법령을 기준으로 적법하다면 처분 후 부담의 전제가 된 주된 행정처분의 근거법령이 개정됨으로써 행정청이 더 이상 부관을 붙일 수 없게 되었다 하더라도 부담이 곧바로 위법하게 되는 것은 아니라고 한다.

(5) 수정부담

상대방이 신청한 것과 다르게 행정행위의 내용을 정하는 부관으로 상대방이 수정된 내용에 동의하여야 효력이 발생한다.

(6) 판례

수익적 행정처분에 있어서는 법령에 특별한 근거규정이 없다고 하더라도 그 부관으로서 부담을 붙일 수 있고, 그와 같은 부담은 행정청이 행정처분을 하면서 일방적으로 부가할 수도 있지만, 부담을 부가하기 이전에 상대방과 협의하여 부담의 내용을 협약의 형식으로 미리 정한 다음 행정처분을 하면서 부가할 수도 있다.

4) 철회권(취소권)의 유보

(1) 의의

철회권의 유보란 행정청이 일정한 사유가 발생한 경우에 주된 행정행위를 철회할 수 있는 권한을 행정청에 유보하는 부관으로서 실무상 취소권의 유보라고 표현하기도 한다. 예컨대, 유흥주점 영업허가를 하면서 미성년자를 고용하면 유흥업소 영업허가를 취소한다는 부관을 붙인 경우, 또는 음주운전시에 운전면허를 정지하거나 취소한다는 의사표시를 한 경우와 같은 것이다.[16]

(2) 법적 근거

① 법령의 근거가 없더라도 행정청은 철회권을 유보할 수 있다. 만약 철회사유가 법령에 명시적으로 규정되어 있는 경우 법령에 규정된 명시적 사유 외의 사유를 들어 철회권을 유보할 수 있는지가 문제된다.

② 판례는 「주세법」(주류관련 세법) 관련 사건에서 법령에 규정된 사유 외에도 철회권을 유보할 수 있다는 취지로 판시를 한 바 있다.

(3) 성질

① 행정청의 철회의 의사표시

철회권 유보는 행정행위의 효력의 소멸이라는 점에서 해제조건과 유사하다. 그러나 해제조건은 조건사실이 발생하면 당연히 행정행위의 효력이 소멸되지만, 철회권 유보의 경우에는 유보된 철회사유가 발생하더라도 당연히 행정행위의 효력이 소멸되는 것이 아니라 행정청의 별도의 철회의 의사표시가 있어야 효력이 소멸된다.

② 철회권 유보와 손실보상 요구 불가

철회권이 유보된 행정행위의 상대방은 장래 당해 행위가 철회될 수 있음을 예상할 수 있으므로 원칙적으로 신뢰보호원칙에 기한 철회의 제한을 주장하거나 철회로 인한 손실보상을 요구할 수 없다.

(4) 철회권 행사

① 공익상의 필요 등 일반적 요건 충족

철회권의 유보사유가 발생하더라도 행정청이 무제한으로 철회권을 행사할 수 있는 것이 아니고, 철회를 하지 않으면 안 될 공익상의 필요가 있고 행정행위의 목적에 비추어 합리적 이유가 있다고 인정되는 등 철회에 관한 일반적 요건이 충족되어야 한다는 것이 학설과 판례의 입장이다.

② 상대방 보호

철회권이 유보된 경우라도 철회권의 행사는 그 자체만으로는 정당화되지 않고 이익형량을 해야 하는 등 상대방 보호의 견지에서 일정한 제한을 받는다.

16) 앞의 책, pp233-234.

5) 부담권의 유보(사후변경의 유보)

부담권의 유보란 사후부담의 유보, 사후변경의 유보, 추가변경의 유보라고도 하며, 행정행위의 부담을 사후적으로 붙이거나 기존의 부담을 사후에 변경, 보충할 수 있는 권한을 유보하는 내용의 부관을 말한다.[17] 이는 장기간에 걸친 사회적 · 경제적 변화 및 기술적 발전에 대비하기 위한 것으로 당초의 행정행위 시에 미리 사후적 의무를 부과할 수 있는 근거를 마련하는 부관이다.

6) 법률효과의 일부배제

(1) 의의

법률이 행정행위에 부여하고 있는 법률효과 중 일부의 발생을 배제시키는 행정행위의 부관을 법률효과의 일부배제라고 한다. 예를 들어, 격일제 운행 택시영업 허가, 야간에 제한된 도로점용 · 사용허가 등과 같은 것이다.

(2) 요건

법률효과의 일부배제는 관계법령에서 규정하고 있는 일반적인 법률효과를 배제하는 것이므로 관계법령에서 명시적 근거를 두고 있는 경우에만 허용된다.[18]

(3) 학설과 판례

① 법률효과의 일부배제에 대해 부관인지 아닌지에 대해 학설대립이 있으나 다수설은 법률효과의 일부배제를 부관으로 본다.

② 판례는 공유수면매립준공인가를 함에 있어 매립대지의 일부에 대해 국가에 소유권을 귀속시킨 행위를 법률효과의 일부배제라는 부관으로 보았다.

7) 수정부담

① 수정부담이란 행정행위에 부가하여 새로운 의무를 부과하는 것이 아니라 상대방이 신청한 것과 다르게 행정행위의 내용을 정하는 것을 말한다. 예를 들자면, 단란주점 허가신청을 노래방으로 허가한다든지, 유흥음식점 허가신청을 일반음식점으로 허가하는 경우 같은 것이다. 이러한 수정부담은 상대방이 수정된 내용을 받아들임으로써 완전한 효력을 발생한다.

② 수정부담은 그 부관성 여부가 논쟁의 대상이 되고 있으며, 새로운 행정행위설이 점차 유력해지고 있다. 한편, 일본에서는 집단시위행렬의 허가신청에 대하여 경찰관청이 신청된 것과는 다른 진로를 지정하여 처분한 것이 수정부담의 사례로서 거론된다.[19]

---

17) 홍정선, 앞의 책, p.334.
18) 박윤흔, 행정법강의(상), p.387.
19) 김남진 · 김연태, 행정법 I, p.235.

4. 부관의 가능성과 한계

1) 법률행위적 행정행위

의사표시를 요소로 하는 법률행위적 행정행위에는 부관을 붙일 수 있다는 것이 일반적 견해이다.

2) 준법률행위적 행정행위

의사표시를 요소로 하지 않는 준법률행위적 행정행위는 부관을 붙일 수 없다는 것이 통설과 판례이다. 그러나 새로운 견해는 일률적으로 결정될 수 없으며 행정행위의 성질 및 부관의 형태에 따라 개별적으로 판단해야 한다고 본다. 즉 여권발급·인감증명서발급 등 부관의 부가가 허용되는 준법률행위적 행정행위가 존재한다는 점에서 새로운 견해가 타당하다는 주장이 설득력을 얻는다.

3) 재량행위

법률행위적 행정행위 중 재량행위에는 법령의 근거가 없더라도 부관을 붙일 수 있다. 행정청은 처분에 재량이 있는 경우에는 부관(조건, 기한, 부담, 철회권의 유보 등)을 붙일 수 있다. 행정청은 처분에 재량이 없는 경우에는 법률에 근거가 있는 경우에 부관을 붙일 수 있다(행정기본법 제17조).

4) 기속행위

기속행위에는 법률에서 명시적으로 부관을 붙일 수 있는 근거가 있으면 부관을 당연히 붙일 수 있다. 그러나 법령의 근거가 없는 한 부관을 붙일 수 없고 붙였다 하더라도 무효라고 한다. 따라서 기속행위에 법적 근거가 없이 부담을 붙인 경우 이러한 부담은 무효이므로 부담을 이행할 의무가 없다.

5. 사후부관

1) 허용근거

① 부관은 행정행위의 효과를 제한하는 것이므로 행정행위의 발령 당시에 부가하는 것이 원칙인데, 발령 당시가 아닌 행정행위를 한 후 나중에 발하는 부관을 사후부관이라 한다. 통설은 이러한 사후부관은 법령에 근거가 있거나 사후부관이 미리 유보되어 있는 경우 또는 상대방의 동의가 있을 때에는 허용된다.

② 행정청은 부관을 붙일 수 있는 처분이 다음 각 호의 어느 하나에 해당하는 경우에는 그 처분을 한 후에도 부관을 새로 붙이거나 종전의 부관을 변경할 수 있다(행정기본법 제17조 제3항).

1. 법률에 근거가 있는 경우

2. 당사자의 동의가 있는 경우
3. 사정이 변경되어 부관을 새로 붙이거나 종전의 부관을 변경하지 아니하면 해당 처분의 목적을 달성할 수 없다고 인정되는 경우

③ 부관은 다음 각 호의 요건에 적합하여야 한다(행정기본법 제17조 제4항).

1. 해당 처분의 목적에 위배되지 아니할 것
2. 해당처분과 실질적인 관련이 있을 것
3. 해당 처분의 목적을 달성하기 위하여 필요한 최소한의 범위일 것

2) 제한적 긍정설(통설 · 판례)

판례는 원칙적으로 ① 법률에 명문의 규정이 있는 경우, ② 사후변경이 미리 유보된 경우, ③ 상대방(행정청)의 동의가 있는 경우에 사후변경이 허용되는 것이 원칙이지만, ④ 사정변경이 있는 경우에도 예외적으로 부관의 사후변경이 허용된다.

6. 부관의 하자와 주된 행정행위의 효력

1) 무효인 부관과 행정행위의 효력

① 중대하고 명백한 하자로 인하여 무효인 부관은 원칙적으로 부관이 없는 행정행위로서 효력을 발생한다. 따라서 부관의 무효는 본 행정행위에 영향을 미치지 않는다.

② 그러나 그 부관이 중대하여, 즉 본 행정행위의 중요한 요소(본질적인 요소)에 해당하여 그 부관이 없었다면 경찰허가를 하지 않았을 것이라고 인정되면 본 경찰허가 자체도 무효가 된다.

2) 취소할 수 있는 부관

부관이 무효에 해당하지 않는 경미한 하자에 의한 취소사유가 있는 경우 권한이 있는 기관에 의하여 취소가 확정되기까지는 공정력에 의해 행정행위의 효력은 유효하다. 부관이 취소되면 무효인 경우와 동일한 효력이 발생한다.

3) 하자 있는 부관에 대한 행정쟁송

(1) 쟁점

① 주된 행정행위와 분리하여 부관만을 소송대상으로 할 수 있는지
② 소송대상이 된다면 소송형태는 무엇인지
③ 부관이 위법하다고 인정되는 경우 법원은 어떠한 판단을 내려야 하는지가 문제된다.

(2) 학설

부관의 하자에 관하여 학설은 부담만의 독립쟁송가능성설과 모든 부관의 취소가능성설 또는 분리가능성설로 나누어진다.

(3) 판례

① 대법원은 일관되게 부관은 독립하여 항고소송의 대상이 되지 않으며, 부관 중 부담만이 예외적으로 그 자체 독립성, 처분성이 인정되어 항고소송의 대상이 될 수 있다는 입장이다.

② 통설과 판례에 따르면 부관 중 부담에 대해서는 주된 행정행위와 독립하여 부담만을 대상으로 하는 일부취소소송이 가능하다고 본다(진정일부취소소송 인정). 판례에 따르면, 부담을 제외한 부관만의 취소를 구하는 소송에 대하여는 각하판결을 하여야 한다고 본다.

③ 형식상 부관부 행정행위 전체를 소송의 대상으로 하면서 내용상 일부, 즉 부관만의 취소를 구하는 소송형태는 부진정일부취소소송이다. 이와 비교하여 진정일부취소소송은 행정행위 전체를 소송의 대상으로 하는 게 아니라 위법한 부관만 소송의 대상으로 삼아서 그 부관만 취소를 구하는 소송을 말한다. 판례는 부진정일부취소소송은 인정하지 않는다.

④ 부관의 하자와 관련 부담은 독립쟁송 대상이 되고, 취소소송이 가능하다. 그 외 부관은 부관부행정행위 전체를 대상으로 하든지 부관이 없는 처분으로 변경을 구한 후 거부되면 거부처분 취소소송을 제기해야 한다고 본다.

제 4 절 행정행위의 하자(흠)

1. 의의와 효과

1) 의의

행정행위의 적법요건에 미비가 있는 위법한 행정행위와 비합목적적인 재량행사의 결과로 발생한 부당한 행정행위를 합하여 하자 있는 행정행위라 한다. 즉 행정행위의 하자란 위법한 행정행위와 부당한 행정행위를 말한다.[20] 부당한 행정행위는 행정기관이 재량을 그르치게 행사하였으나 법이 정한 한계를 벗어나지 않은 경우를 말한다.[21]

2) 효과

① 행정행위의 하자는 위법한 행위와 부당한 행위로 나누어지고, 위법한 행정행위는 행정소송과 행정심판의 대상이 되지만, 부당한 행정행위는 행정심판의 대상이 될 뿐이다.

② 양자는 모두 직권취소의 대상이 되며, 하자있는 행정행위에 관한 일반법은 없다. 그러나 명백한 오기나 오산 또는 기타 이에 준하는 행정행위의 표현상 명백한 오류는 흠에 속하지 않는다. 이러한 경우에 행정청은 언제나 정정할 수 있고 당사자도 특별한 절차없이 정정을 요구할 수 있다.

---

20) 위의 책, p.325.
21) 김남진 · 김연태, 행정법 I , p.264.

3) 하자의 판단시기

행정행위의 하자여부는 원칙적으로 행정행위의 발령시점을 기준으로 한다. 행정행위의 발령 후에 행정행위에 근거된 법적 상황이나 사실상태의 변화는 아무런 영향을 미치지 못한다. 따라서 사법심사의 경우 하자의 유무에 대한 판단자료도 처분시에 제출된 것에 한정된다.

2. 하자의 유형

1) 무효

(1) 의의

① 행정행위가 성립하여 행정행위의 외관을 갖추었으나 행정행위의 위법이 중대하고 명백하여 행정행위가 처음부터 당연히 법률적 효력을 발생하지 않는 경우를 무효라고 한다.[22)]

② 무효인 행정행위는 외관이 존재한다는 점에서 부존재와 구별되고, 처음부터 효력이 없다는 점에서 취소와 구별된다. 그리고 일단 유효하게 성립하였다가 일정한 사유의 발생으로 효력이 소멸되는 실효와도 구별된다. 무효인 하명은 아무런 효력이 없으므로 이를 불이행하여도 경찰강제나 경찰벌의 대상이 되지 않는다.

(2) 행정행위의 부존재와 구별

행정청의 행위가 사실상으로 존재하지 않는 경우, 즉 행정행위라고 볼 수 있는 외형상의 존재 자체가 없는 경우를 행정행위의 부존재라고 한다.

일반적으로 부존재는 ① 행정청이 아닌 것이 명백한 사인의 행위, ② 행정권의 발동으로 볼 수 없는 행위, ③ 행정기관 내에서 내부적 의사결정이 있었을 뿐 아직 외부에 표시되지 않은 경우, ④ 취소, 철회, 실효 등으로 소멸한 경우 등이 해당된다.

(3) 중대명백설

중대하고 명백한 하자를 무효원인으로 보고, 그에 이르지 않는 하자를 취소원인으로 보는 학설로서 오늘의 보편적 이론이다.

명백설이라고도 부르는 이 학설은 무엇을 중대하고 명백한 하자로 보며, 누구의 판단을 기준으로 그것을 정하느냐 하는 문제가 남게 되는데, 그럼에도 불구하고 이 학설이 국내외 학설과 판례의 주류를 이루고 있다.[23)]

2) 행정행위의 취소

(1) 의의

① 행정행위의 취소란 행정행위의 성립에 있어서 적법요건의 단순위법이나 부당한 행정행위는

---

22) 박윤흔, 행정법강의(상), p.413.
23) 김남진 · 김연태, 행정법Ⅰ, p.271.

그 흠이 있음에도 불구하고 일단 유효한 행위로 통용되어 다른 국가기관 또는 국민을 기속하고 직권 또는 쟁송에 의해 취소됨으로써 비로소 그 효력을 처분시의 행정행위에 소급하여 상실하는 행정행위를 말한다.24) 그러나 상대방의 보호를 위해 장래적인 것으로 보아야 할 경우도 있다.

② 행정청은 위법 또는 부당한 처분의 전부나 일부를 소급하여 취소할 수 있다. 다만, 당사자의 신뢰를 보호할 가치가 있는 등 정당한 사유가 있는 경우에는 장래를 향하여 취소할 수 있다(행정기본법 제18조 제1항).

(2) 직권취소와 쟁송취소

① 기본적 성격

ⓐ 직권취소는 추상적인 위법성을 이유로 하는 적법성의 회복만이 아니고, 취소행위도 하나의 행정행위로서 장래에 향하여 행정목적의 적극적 실현을 위한 수단으로 사용하는 점에 특색이 있으며, 행정행위로서 처분청 또는 감독청이 취소하는 것을 말한다. ⓑ 쟁송취소제도는 국민의 권익구제 및 적법성 회복을 목적으로 하는 사법적 성질의 제도이다. 쟁송취소는 취소심판에 따른 취소재결과 취소소송에 따른 취소판결이 있다.

② 취소대상

직권취소의 대상은 주로 수익적 행정행위가 대상이지만, 침익적 행정행위, 제3자효 행정행위 등도 대상이며, 쟁송취소는 주로 침익적 행정행위가 대상이며, 제3자효행정행위도 대상이 된다.

③ 취소사유와 취소기간

직권취소의 사유는 일반적으로 행정행위의 위법 또는 부당이 취소사유로 거론된다. 또는 당해 위법사유의 구체적인 내용이 개개의 구체적인 행정목적에 위반됨을 이유로 취소한다. 직권취소의 경우 취소기간에는 제한이 없다. 쟁송취소의 사유는 행정행위의 추상적인 위법성을 이유로 행위가 취소된다. 또는 행정소송은 위법한 행정행위를, 행정심판은 위법·부당한 행정행위를 취소대상으로 한다. 쟁송취소는 제소기간이라는 기간의 제한이 있다.

④ 취소권의 제한

직권취소는 취소로 인하여 발생할 수 있는 공익목적달성과 상대방 신뢰보호와의 비교형량을 통해 취소여부를 결정해야 하는 한계가 있다. 그러나 쟁송취소는 원칙적으로 제한이 없다. 쟁송취소는 법률에 특별한 제한이 없는 한 취소사유가 있으면 취소하여야 한다. 직권취소라면 당연히 고려될만한 이익을 얻고 있는 제3자가 있더라도 위법하면 원칙적으로 취소하여야 한다.

⑤ 취소의 목적과 취소권자

직권취소의 목적은 행정의 목적 실현(공익보호)에 있으며, 쟁송취소는 위법한 처분에 의한 국민권익구제가 목적이다. 직권취소의 취소권자는 처분청과 법률에 근거한 감독청이며, 쟁송취소는

24) 홍정선, 앞의 책, p.328.

법원과 행정심판위원회가 취소권자이다.

⑥ **취소절차**

직권취소는 개별법 또는 행정절차법에 그 절차가 정하여진 경우에는 그에 따라야 한다. 따라서 엄격한 절차 적용이 없다. 그러나 쟁송취소는 「행정심판법」과 「행정소송법」상의 엄격한 절차가 적용된다.

⑦ **취소의 내용**

직권취소의 내용은 영업정지 개선명령 등 행정처분의 적극적 변경이 가능하며, 쟁송취소는 처분의 적극적 변경이 불가하다. 다만, 행정심판의 재결에 의한 취소의 경우에는 적극적 변경이 가능하다.

⑧ **효과**

직권취소는 상대방에게 귀책사유가 있는 경우 소급하여 효력을 상실하고, 그렇지 않을 경우 장래를 향하여 효력을 상실한다. 쟁송취소는 소급하여 상실하는 효과가 발생한다.

(3) 취소의 효과

행정행위의 취소는 취소가 있기 전까지는 그 행위가 유효하기 때문에 이를 불이행하면 경찰강제나 경찰벌의 대상이 될 수 있다. 취소는 원칙적으로 소급효를 가지지만, 예외적으로 수익적 행정행위에 대한 직권 취소는 상대방의 이익보호를 위해 소급효가 인정되지 않을 수도 있다.

(4) 침익적 행위의 취소

행정청의 행정행위가 위법하고 상대방의 이익을 침해하는 침익적 행위일 경우에 형식적 확정력이 생겨난 후에도 의무에 합당한 재량에 따라 행정청에 의해 취소될 수 있다.

(5) 수익적 행위의 취소

① 행정청의 행정행위가 위법하나 수익적인 행위일 경우에는 상대방의 신뢰보호와 관련하여 그 취소가 제한된다. 그 이유는 ⓐ 행정의 법률적합성의 원칙, ⓑ 법적 안정성 또는 신뢰보호의 원칙의 조화의 결과이다. 원칙적으로 관계자가 행정행위의 존속을 신뢰하고, 그 신뢰가 보호할 만하고 또한 신뢰이익이 공익보다 큰 경우에는 취소가 제한되며, 그렇지 않은 경우에는 취소가 자유롭다.

② 행정청은 당사자에게 권리나 이익을 부여하는 처분을 취소하려는 경우에는 취소로 인하여 당사자가 입게 될 불이익을 취소로 달성되는 공익과 비교·형량하여야 한다. 다만, 다음 각 호의 어느 하나에 해당하는 경우에는 그러하지 아니하다(행정기본법 제18조 제2항).

1. 거짓이나 그 밖의 부정한 방법으로 처분을 받은 경우
2. 당사자가 처분의 위법성을 알고 있었거나 중대한 과실로 알지 못한 경우

3) 무효와 취소의 구별

(1) 구별실익

① 행정쟁송의 방식

취소할 수 있는 행정행위의 경우에는 취소심판과 취소소송으로 취소를 구할 수 있고, 무효인 행정행위는 무효확인심판과 무효확인소송으로 무효확인을 구할 수 있다.

② 행정쟁송 제기기간

취소쟁송은 단기의 제기기간 내에 제기되어야 하나 무효확인소송을 제기할 경우에는 그러한 제한을 받지 아니한다. 다만, 행정행위의 무효선언을 구하는 의미에서의 취소소송의 경우에는 취소소송의 제기기간이 적용된다는 것이 판례의 태도이다.

③ 행정심판전치주의와의 관계

행정심판전치주의는 취소소송(무효선언을 구하는 취소소송 포함)에는 적용되지만, 무효확인소송에는 적용되지 않는다. 무효확인소송은 행정청의 처분의 위법성이 중대하고 명백하여 굳이 전문적인 판단을 거치지 않더라도 그 위법성을 알 수 있기 때문이다.

④ 선결문제

취소할 수 있는 행정행위는 당사자소송이나 민사소송에서 행정행위의 공정력 때문에 그 위법성을 이유로 행정행위의 효력을 부인할 수 없지만, 무효인 행정행위에 대해서는 본안사건의 관할법원이 그 선결문제로서 무효를 스스로 확인할 수 있다.

⑤ 사정재결 및 사정판결

처분이 무효인 경우에는 존치시킬 유효한 처분이 없으며, 무효 등 확인쟁송에 대하여 취소소송의 사정판결 규정을 준용하고 있지 않다는 것을 논거로 무효인 행정행위에 대해서는 사정판결이 인정되지 않는다. 따라서 취소할 수 있는 행정행위에 대하여서만 사정재결, 사정판결이 가능하다.

⑥ 선행행위의 하자의 승계

선행행위의 하자의 승계는 취소할 수 있는 행정행위에만 관계되고, 무효인 행정행위와는 무관하다.

⑦ 하자있는 행정행위의 전환

무효인 행정행위에 대해서만 다른 행정행위로의 전환을 인정하고, 최소할 수 있는 행정행위에 대해서는 인정하지 않는다.

(2) 행정행위의 효력

무효인 행정행위는 행정행위가 처음부터 효력을 발생하지 않는다. 따라서 무효인 행정행위에는 공정력, 불가쟁력이 인정되지 않는다. 반면, 취소할 수 있는 행정행위에 대하여는 공정력이 발생하고 일정한 불복기간 내에 행정심판이나 행정소송을 제기하지 않으면 불가쟁력이 생긴다.

(3) 무효사유와 취소사유의 구별기준

통설 · 판례는 행정행위의 하자가 내용상 중대하고, 외관상 명백한 경우에 무효인 하자가 되고, 이 두 요건 주 하나라도 충족하지 않는 경우에는 취소사유로 보는 중대명백설을 취하고 있지만, 판례는 원칙상 중대명백설을 취하면서도 구체적 상황의 고려라는 여지를 남기고 있다.

3. 하자의 승계

1) 의의

둘 이상의 행정행위가 연속적으로 행해지는 경우 선행행위에 하자가 있으면 후행행위 자체에 하자가 없어도 불가쟁력이 발생한 선행행위의 하자를 이유로 적법한 후행행위의 효력을 다툴 수 있는가의 문제가 하자의 승계의 문제이다. 이 경우에 다툴 수 있다고 하면 선행행위의 하자가 후행행위에 승계되고, 다툴 수 없다면 승계되지 아니한다.[25]

2) 승계의 전제조건

① 선행행위와 후행행위 모두 항고소송의 대상이 되는 처분성이 인정되어야 한다.

② 선행행위의 위법사유는 무효가 아닌 취소할 수 있는 위법이 되어야 한다. 선행행위가 무효인 경우에 후행행위도 당연히 무효이므로 하자의 승계문제가 제기되지 않는다.

③ 선행행위에 대해 불가쟁력이 발생하여야 한다. 즉 행정행위의 하자가 있더라도 그 행정행위에 대한 쟁송제기 기간이 경과하거나 쟁송수단을 거쳐 상대방 또는 이해관계인이 더 이상 그 행정행위의 효력을 다툴 수 없어야 한다. 선행행위에 대한 제소기간이 경과되지 않은 경우에는 선행행위의 위법을 제소하여 권리구제를 받을 수 있기 때문이다.

④ 후행행위가 적법하여야 한다. 후행행위가 위법하면 후행행위의 위법을 다투어 권리구제를 받을 수 있기 때문에 하자의 승계를 인정할 필요가 없다.

⑤ 선행행위와 후행행위가 하나의 법적 효과를 목적으로 해야 한다. 일반적으로 선행행위와 후행행위가 하나의 법적 효과를 목적으로 할 때 하자의 승계문제가 발생한다.

3) 승계여부

학설과 판례에 따르면 행정행위의 하자문제는 행정행위마다 개별적으로 판단되어야 한다는 전제 아래 ① 선행행위와 후행행위가 공무원에 대한 직위해제와 직권면직처럼 상호관련적이나 별개의 목적으로 행하여지는 경우에는 선행행위의 단순위법은 후행행위에 승계되지 아니하지만, ② 선행행위와 후행행위가 운전면허시험 합격무효와 운전면허 취소처럼 일련의 절차를 구성하면서 하나의 효과를 목적으로 하는 경우에는 예외적으로 선행행위의 위법성이 후행행위에 승계된다.[26]

---

25) 김남진 · 김연태, 행정법 I, p.286.

4) 행정행위 하자의 승계여부 검토

선행행위와 후행행위가 독립된 별개의 하나의 법적 효과를 목적으로 할 때 선행행위의 하자가 후행행위에 승계되는가의 문제가 있다.

(1) 원칙

이 경우에 선행행위의 하자는 후행행위에 원칙적으로 승계되지 않는다.

(2) 예외

① 예외적으로 선행행위와 후행행위가 서로 독립하여 별개의 효과를 목적으로 하는 경우에 선행행위의 불가쟁력이나 구속력이 그로 인하여 불이익을 입게 되는 자에게 수인한도를 넘는 가혹함을 가져오는 경우에 후행행위의 취소를 구하는 소송에서 선행행위의 위법을 독립된 위법사유로 주장할 수 있다.

② 예측가능성과 수인가능성이 없는 경우에는 선행행위와 후행행위가 서로 독립하여 별개의 효과를 목적으로 하는 경우에도 선행행위의 위법을 후행행위에 대한 취소소송에서 독립된 취소사유로 주장할 수 있다. 그러나 수인가능성이나 예측가능성이 있는 경우에는 선행행위의 위법을 후행행위의 위법사유로 주장할 수 없다.

(3) 선행행위의 하자가 무효인 경우에는 하자의 승계 인정

연속적으로 행하여진 선행처분과 후행처분이 서로 독립하여 별개의 법률효과를 목적으로 하고 선행처분에 불가쟁력이 생겨 그 효력을 다툴 수 없게 된 경우에는 선행처분의 하자가 중대하고 명백하여 당연무효인 경우에만 선행처분의 하자를 이유로 후행처분의 무효를 주장할 수 있다.

5) 행정행위 하자의 승계 효과

하자의 승계가 인정되면 행정처분의 상대방인 원고는 행정소송에서 선행행위의 위법을 이유로 후행행위의 위법을 주장할 수 있다. 그리고 취소권자(법원)는 선행행위의 위법을 이유로 후행행위를 취소할 수 있다.

6) 하자의 승계 긍정

판례에서 승계를 인정한 경우는 ① 선행 압류와 후행 공매처분사이, 선행대집행계고와 후행 대집행영장발부통보처분 사이, ② 선행 암매장 분묘개장 명령과 후행계고처분 사이, ③ 선행 귀속재산의 임대처분과 후행 매각처분 사이, ④ 선행 계고처분과 후행 대집행비용납부명령 사이, ⑤ 선행 개별공시지가와 후행 과세처분 사이, ⑥ 선행 안경사국가시험합격 무효처분과 후행 안경사면허취소처분 사이, ⑦ 선행 표준공시지가결정과 후행 수용재결(보상금 신청) 사이, ⑧ 친일반민족행위자 결정과 「독립유공자 예우에 관한 법률」에 의한 법적용대상으로부터의 배제결정 사이

---

26) 홍정선, 앞의 책, pp.326-327.

7) 하자의 승계 부정

① 선행 과세처분과 후행 체납처분 사이, ② 선행 건물철거명령과 후행 대집행(계고처분) 사이, ③ 선행 도시계획사업의 실시계획인가고시와 후행 수용재결처분 사이, ④ 선행 보충역편입처분과 후행 공익근무요원 소집처분 사이, ⑤ 선행 직위해제처분과 후행 직권면직처분 사이, ⑥ 선행 변상책임처분과 후행 변상명령 사이, ⑦ 선행 사업인정과 후행 수용재결 사이, ⑧ 선행 표준공시지가와 후행 개별공시지가 사이, ⑨ 선행 액화석유가스판매허가 처분과 후행 사업개시신고 반려처분 사이, ⑩ 선행 토지구획정리사업 시행인가처분과 후행 환지청산금부과처분 사이, ⑪ 선행 표준공시지가와 후행 토지초과 이득세부과처분 사이, ⑫ 선행 토지등급의 설정 또는 수정처분과 후행 과세처분 사이

4. 하자의 치유

1) 의의

행정행위가 성립 당시에 적법요건을 결한 흠 있는 행위라 하더라도 그 하자의 원인인 적법요건을 사후에 보완하거나 그 흠이 취소사유가 되지 않을 정도로 경미해진 경우에 그 성립 당시의 흠에도 불구하고 하자 없는 적법한 행위로 그 행위의 효과를 다툴 수 없도록 유지하는 것을 하자 있는 행정행위의 치유라 부른다.[27]

2) 원칙

하자 있는 행정행위의 치유는 행정행위의 성질이나 법치주의의 관점에서 볼 때 원칙적으로 허용될 수 없는 것이고, 예외적으로 행정행위의 무용한 반복을 피하고 당사자의 법적 안정을 위해 국민의 권익을 침해하지 않는 범위에서 구체적 사정에 따라 합목적적으로 이를 인정하여야 한다.

3) 판례

학설과 판례에 의하면, 행정행위의 하자의 치유는 취소할 수 있는 행정행위에만 인정된다.

① 판례는 절차에 관한 하자의 경우 그 치유를 인정하지만, 내용상 하자에 대해서는 치유를 인정하지 않는다. 또한 절차에 관한 하자의 경우 치유를 인정하더라도 행정쟁송제기 이전에만 하자의 치유를 인정한다.

② 판례는 이유제시의 하자를 치유하려면 늦어도 처분에 대한 불복 여부의 결정 및 불복신청에 편의를 줄 수 있는 상당한 기간 내에, 즉 행정심판이나 행정소송 제기 전에 하여야 한다고 판시하고 있다.

예컨대, ⅰ) 미기재된 담당자 성명이나 전화번호 기재, ⅱ) 의결정족수 미충족 의결 시 사후추

27) 앞의 책, p.327.

인, iii) 불특정 목적물의 특정, iv) 상대방 협의결여시 사후협의 이행, v) 상대방 사후 신청이나 동의, vi) 관계기관의 사후 협력 등에 인정된다.

③ 무효인 행정행위는 그 하자가 중대하고 명백한 경우인데 그러한 행위의 치유를 인정하는 것은 오히려 관계인의 신뢰 및 법적 생활의 안정을 해치는 결과가 될 우려가 있다. 또한 처음부터 당연히 어떠한 효력도 발생하지 아니하는 무효인 행정행위는 본래의 행정행위로서의 효력을 발생할 수 없기 때문에 그 치유는 인정될 수 없다.[28] 즉, 징계처분이 중대하고 명백한 흠 때문에 당연무효의 것이라면 징계처분을 받은 자가 이를 용인하였다 하여 그 흠이 치유되는 것은 아니다.

4) 치유의 효력

행정행위의 하자가 치유되면 해당 행정행위는 처분 당시(처음)부터 하자가 없는 적법한 행정행위로 효력을 발생하게 된다(소급효).

5. 하자의 전환

1) 의의

하자있는 행정행위의 전환이란 하자가 있는 행정행위(무효인 행정행위)를 하자없는 다른 행정행위로서의 효력을 발생케 하는 것을 말한다. 즉 행정행위가 본래의 행정행위로서는 무효이나 다른 행정행위로 보면 그 요건이 충족되는 경우에 하자 있는 행정행위를 하자 없는 행위로 인정하게 되는 것을 하자의 전환이라고 한다.

2) 전환의 요건

① 행정행위의 요건·목적·효과 등에서 실질적인 공통점이 있어야 한다. ② 행정청 및 상대방이 그 전환을 의욕하는 것으로 인정되어야 한다. ③ 전환될 행위의 성립·효력요건을 갖추고 있어야 한다. ④ 제3자의 이익을 침해하지 않아야 한다.

3) 학설과 판례

① 학설과 판례는 하자 있는 행정행위의 전환이 무효인 행정행위에만 인정되고, 취소할 수 있는 행정행위는 인정되지 않는다고 한다.[29] 위법한 징계면직은 무효이므로 적법한 직권면직으로 전환시키는 것이 그 예라 하겠다. ② 징계면직은 경찰공무원의 의무위반이 대상이지만, 직권면직은 의무위반 뿐만 아니라 직무수행능력의 현저한 부족이나 불성실한 업무태도, 성격이나 도덕성에 문제가 있을 경우도 대상이 된다는 점에서 차이가 있다. 즉, 인격장애나 알코올 중독, 또는 도박이나 채무과다, 부정한 이성관계 등에 대하여 직권면직을 할 수 있다. 의무위반이 아니라 인

---

28) 김남진·김연태, 행정법Ⅰ, p.283.
29) 홍정선, 앞의 책, p.327.

격장애나 채무과다 등으로 징계면직을 하였다면 이는 위법하므로 직권면직으로 전환하면 적법한 처분이 된다.

4) 전환의 내용

① 무효의 전환이 인정되면 새로운 행정행위가 발생한다. 즉, 하자 있는 행정행위는 송달된 날에 전환된 행정행위로서 효력이 발생한다. ② 전환 역시 하나의 행정행위로서 처분성이 인정되므로 이해관계인은 전환행위에 대해 항고소송을 제기할 수 있다.

6. 행정행위의 철회

1) 의의

행정행위의 철회란 적법하게 성립된 행정행위의 효력을 그 성립 후 발생한 새로운 사정에 의하여 더 이상 존속시킬 수 없을 경우에 장래에 향하여 그 효력의 전부 또는 일부를 소멸시키는 독립된 행정행위를 말한다.[30] 예를 들자면, 음주운전자의 면허를 정지 또는 취소시키는 것이 대표적인 사례이다.

2) 직권취소와 철회의 구별

(1) 목적

직권취소의 목적은 적법성의 회복, 장래를 향한 행정목적의 실현을 위한 수단을 확보하기 위한 것이며, 철회의 목적은 공익목적 달성을 위한 것이다.

(2) 취소 · 철회의 원인

취소는 행정처분의 위법 부당이 원인이며, 철회는 사후적 사정변경이 원인이다.

(3) 취소 · 철회권자

취소권자는 처분청 또는 감독청이며, 철회는 원칙적으로 처분청만 철회권자이다.

(4) 절차

취소는 엄격한 절차를 요하며, 철회는 특별한 절차를 요하지 않는다.

(5) 효과

취소의 경우 상대방에게 귀책사유가 없는 한 장래에 향하여 효력이 소멸한다. 원칙상 소급효가 없으나 상대방에게 귀책사유가 있는 경우 소급효가 인정된다. 철회는 장래에 향하여 효력이 소멸한다.

---

30) 홍정선, 앞의 책, p.331.

(6) 보상여부

취소의 경우 원칙상 보상을 요하지 않는다. 철회의 경우 상대방의 유책행위시 보상이 필요 없고, 사정변경을 이유로 철회하는 경우 보상이 필요하다.

3) 철회의 사유(원인)

① 원행정행위가 근거한 사실적 상황 또는 법적 상황의 변경으로 현재의 사정하에서 원행정행위를 하면 위법이 되는 경우에 철회할 수 있다.

② 상대방의 유책행위에 대한 제재로서의 철회할 수 있다.

③ 철회권의 유보가 있어야 한다. 다만, 판례는 "행정처분을 함에 있어서 행정청의 취소권이 유보된 경우에는 행정청은 그 유보된 취소권을 행사할 수 있으나 그 취소는 무제한으로 허용되는 것이 아니라 공익상 기타 정당한 사유가 없을 때에는 그 취소가 적법한 것이라고 볼 수 없다"고 한다.

④ 그 밖에 철회하여야 할 공익의 요구가 존재하는 경우에 철회할 수 있다.

⑤ ⓐ 부관으로서의 부담의 불이행, ⓑ 법령의 개정으로 원행정행위의 유지 불가시, ⓒ 기타 법령이 정한 사실의 발생 경우에 철회할 수 있다.

4) 철회의 법적 근거

① 행정행위를 한 처분청은 비록 그 처분 당시에 별다른 하자가 없었고 또 그 처분 후에 이를 취소할 별도의 법적 근거가 없다 하더라도, 원래의 처분을 존속시킬 필요가 없게 된 사정변경이나 또는 중대한 공익상의 필요가 발생한 경우에는 그 효력을 상실케 하는 별개의 행정행위로 이를 취소(철회)할 수 있다.

② 그러나 수익적 행정행위에 대한 철회는 ⓐ 철회가 법령에 규정되어 있는 경우, ⓑ 상대방의 귀책사유에 기인하는 경우, ⓒ 처음부터 철회권이 유보되었다고 볼 수 있는 경우를 제외하고는 법적 근거가 필요하다는 주장도 있다.[31]

5) 적법한 처분의 철회(행정기본법 제19조)

① 행정청은 적법한 처분이 다음 각 호의 어느 하나에 해당하는 경우에는 그 처분의 전부 또는 일부를 장래를 향하여 철회할 수 있다.

1. 법률에서 정한 철회 사유에 해당하게 된 경우
2. 법령등의 변경이나 사정변경으로 처분을 더 이상 존속시킬 필요가 없게 된 경우
3. 중대한 공익을 위하여 필요한 경우

② 행정청은 적법한 처분을 철회하려는 경우에는 철회로 인하여 당사자가 입게 될 불이익을 철회로 달성되는 공익과 비교·형량하여야 한다.

---

31) 김남진·김연태, 행정법 I, p.304.

6) 철회권자

처분청은 명문의 규정을 불문하고 당연히 철회권을 가진다. 그러나 감독청은 철회권이 없다. 그 이유는 철회도 하나의 독립된 행정행위인데 감독청이 이를 철회한다면 처분청의 권한을 침해하는 결과가 되기 때문이다. 다만, 명문으로 감독청의 철회권을 규정하고 있다면 예외적으로 인정된다.[32]

행정행위의 철회 시 처분청은 ① 철회에 의한 경우보다 경미한 침해를 가져오는 다른 방법이 있다면, 철회는 채택할 수 없고 다른 방법으로 채택하여야 한다. ② 일부철회가 가능하다면 전부철회가 아닌 일부철회의 방법을 채택하여야 하며, ③ 공익과 사익의 형량은 의무에 합당한 재량에 따라야 한다.[33]

7) 철회권의 제한

(1) 이익형량의 원칙

① 처분청이 개인에 대한 부담적(침익적) 행정행위의 철회의 경우에는 자유로우나 수익적 행위의 철회는 그것을 요하는 공익상 필요와 상대방 등 관계인에 대한 신뢰보호를 비교형량하여 철회를 할 공익상 필요가 큰 경우에 한하여 철회는 적법하게 된다. 이를 철회 시의 공익목적 달성과 상대방 신뢰보호와의 이익형량의 원칙이라 한다.

② 철회권이 유보된 경우의 철회에도 이익형량의 원칙이 적용된다. 다만, 철회권이 유보된 경우에는 신뢰보호의 원칙은 적용되지 않는다.

(2) 이익형량의 기준과 철회권 제한[34]

① 기득권익의 존중

철회로 인하여 사인의 기득권익이 침해되는 경우에는 공익상의 필요가 사인의 기득권익을 압도할 경우에만 철회가 허용된다.

② 불가변력 있는 행정행위

행정심판의 재결과 같은 확인판단적 · 준사법적 행정행위와 국가시험합격자결정 등과 같은 직권확인행위는 불가변력이 인정되므로 철회가 제한된다.

③ 포괄적 신분설정행위

국적부여행위, 공무원임용행위 등은 포괄적 신분설정행위로서 철회가 제한된다.

④ 실권(시간경과)

행정청이 철회사유가 있음을 알면서도 장기간 철회권을 행사하지 아니한 경우에는 신의성실의

---

32) 홍정선, 앞의 책, pp.330-331.
33) 앞의 책, pp.331-332.
34) 박윤흔, 행정법강의(상) pp.460-461.

원칙에 바탕을 둔 실권(失權)의 법리에 의하여 철회권을 행사할 수 없다.

⑤ 복효적 행정행위

복효적 행정행위의 철회로 인하여 불이익을 받게 되는 제3자의 이익보호를 위하여 제한을 받는다.

(3) 기속행위에 대한 철회의 제한

침익적 행정행위가 재량행위가 아니고 기속행위인 경우에 철회는 제한된다. 침익적 행정행위가 불가쟁력이 발생하였는가의 여부는 절대적 철회제한 사유가 아니며, 그 적법성이 행정심판의 재결청이나 법원에 의해 확정되어 있더라도 철회에 지장을 주는 것은 아니다.

(4) 철회권 행사의 보충성과 신뢰보호의 원칙 존중

① 수익적 행정행위의 철회는 과잉금지원칙(광의의 비례원칙)이 철저히 준수되어야 한다. 즉, 개선명령 등과 같은 방법에 의해 목적을 달성할 수 있는 경우에는 먼저 이에 의하여야 하며, 처음부터 철회권을 행사하여서는 안 된다. 이를 철회권 행사의 보충성이라 한다.[35]

② 또한 수익적 행정행위의 철회는 직권취소의 경우보다 신뢰보호의 원칙이 더욱 존중되어야 한다. 수익적 행정행위의 경우는 법률적합성·행정목적실현과 같은 공익도 중요하지만, 사인(私人)의 신뢰보호를 위하여 철회자유의 원칙은 제한을 받으며, 철회하여야만 하는 공익상의 필요와 국민의 신뢰보호를 비교 형량하여 공익상의 필요가 더 클 때에만 철회가 허용된다.

8) 철회의 효과

철회는 장래에 향하여 원행정행위의 효력을 상실시키는 효력을 갖는다. 행정행위의 철회시 별도의 법적 근거 없이 철회의 효력을 철회사유 발생일로 소급할 수는 없다. 다만, 예외적으로 별도의 법적 근거가 있는 경우에는 철회의 효력을 과거로 소급시킬 수 있다.

9) 철회의 취소

판례에 의하면, 침익적 행정행위의 철회의 취소는 인정하지 않지만, 수익적 행정행위의 철회에 대해서는 취소가 가능한 것으로 본다. 철회행위가 취소되면 철회가 없었던 것이 되고, 원행정행위는 처음부터 철회되지 않은 것이 된다. 즉 원행정행위가 원상회복되어 유효한 행정행위가 된다.

7. 행정행위의 실효

1) 의의

행정행위의 실효란 적법한 행정행위의 효력이 행정청의 의사와 관계없이 일정한 사실의 발생으로 장래에 향하여 당연히 소멸되는 것을 말한다.

---

35) 홍정선, 앞의 책, pp.307-308.

행정행위의 실효는 ① 일단 유효하게 발생된 효력이 실효사유에 의해 소멸되고, 하자와는 전혀 관계가 없다는 점에서 행정행위의 무효나 부존재와 구별된다.

② 효력의 소멸이 행정청의 의사가 아니라 일정한 사실의 발생으로 효력이 소멸된다는 점에서 행정행위의 직권취소 및 철회와 구별된다.[36]

③ 행정행위의 하자가 중대하고 명백한 경우에는 무효가 되며, 무효는 처음부터 효력이 발생하지 않는다.

2) 실효사유

(1) 대상의 소멸

실효의 사유는 대상이 되는 사람의 사망, 목적물인 물건의 멸실, 즉 허가받은 건축물의 전소 등 대상이 소멸된 경우에 행정행위는 실효된다. 사람의 사망으로 인한 운전면허의 실효, 신청에 의한 허가영업을 자진 폐업한 경우 영업허가가 실효된다.

(2) 해제조건의 성취, 종기의 도래

해제조건이 성취되거나 종기가 도래하면 주된 행정행위는 당연히 효력을 상실한다. 또한 행정행위의 유효기간이 만료되면 행정행위의 효력은 소멸된다.

(3) 목적의 달성 또는 달성 불가능

행정행위의 목적이 달성되거나 목적달성이 불가능해지면 해당 행정행위는 당연히 실효된다. 즉, 철거명령에 따라 대상물이 철거되면 해당 철거명령은 당연히 실효된다.

(4) 신청에 의한 허가영업의 자진폐업

유기장의 영업허가는 신청에 의하여 행하여지는 처분으로서 허가를 받은 자가 영업을 폐업할 경우에는 그 효력이 당연히 소멸된다. 또한 원행정행위와 상충되는 새로운 법규의 제정·개정 등에 의해 행정행위가 실효된다.

3) 효과

행정행위의 실효의 사유가 발생하면, 그 때부터 장래에 향하여 효력이 소멸된다. 일단 실효된 행위는 다시 되살아날 수 없다. 실효의 여부에 관해 분쟁이 생기면, 실효확인의 소의 제기를 통해 해결할 수 있다.

8. 행정행위의 효력

1) 행정행위의 효력과 구속력의 구분

일반적으로 행정행위의 효력과 구속력을 다 같이 행정행위의 효력이라고 부른다. 그러나 행정

36) 위의 책, p.310.

행위의 효력은 행정행위가 적법 및 유효요건을 다 갖춘 경우에는 행정행위로서의 효력을 발생하며, 유효한 행정행위는 그 내용 또는 대상에 따라 상이한 구속력이 발생한다.37)

2) 구속력

(1) 의의

① 행정행위의 구속력이란 유효한 행정행위의 내용적 구속력을 말한다. 유효한 행정행위는 그 내용에 따라 처분청 및 관계 행정청 그리고 상대방 및 이해관계인(제3자)에 대하여 일정한 효과를 발생하는 힘을 내용적 구속력이라고 한다. 무효인 행정행위는 구속력이 없다.

② 구속력은 공정력과 다르다. 공정력은 위법하더라도 무효가 아닌 한 유효한 행위로 인정하는 효력이고, 구속력은 적법한 행위를 전제로 하는 유효한 행정행위의 내용상 구속력이다.

③ 행정행위가 철회 또는 취소되거나 실효되면 행정행위는 효력과 구속력을 상실한다.

(2) 자기구속력

① 자기구속력이란 행정행위가 내용에 따라 처분행정청을 구속하는 힘을 말한다. 처분청은 자신이 한 행정행위의 내용에 구속되며, 그 내용과 모순되는 결정을 하여서는 안 된다는 효력이다. 자기구속력은 자박력이라고도 한다.

② 행정결정이 되풀이 시행되어 관행이 성립된 경우에는 자기구속력을 갖는다는 것이 판례의 입장이다.

3) 공정력

(1) 개념

공정력이란 일단 행정행위가 행하여지면 비록 행정행위에 하자가 있다하더라도 (위법 또는 부당하더라도) 그 흠이 중대하고 명백하여 무효로 되는 경우를 제외하고는 공적 기관(취소권 있는 행정기관 또는 수소법원)이 취소하기 전까지는 상대방 및 이해관계인에 대하여 일단 적법 또는 유효한 것으로 통용되는 힘을 말한다.

(2) 근거

「행정기본법」 제15조에 처분은 권한 있는 기관이 취소 또는 철회하거나 기간의 경과 등으로 소멸되기 전까지는 유효한 것으로 통용된다. 다만, 무효인 처분은 처음부터 그 효력이 발생하지 아니한다.

(3) 공정력과 선결문제

① 쟁점

선결문제란 특정 행정행위의 위법 여부 또는 효력 유무가 행정소송 외에 다른 소송사건(민사·

---

37) 김남진·김연태, 행정법Ⅰ, pp.248-250.

형사재판)에서 그 특정 행정행위의 위법여부를 해당 재판부가 판단할 수 있느냐의 문제이다.

② 민 · 형사재판

㉠ 재판을 통해 재판부는 위법성을 판단할 수 있고. 무효사유인 사건은 공정력이 없으므로 효력을 부인할 수 있으며, 취소사유인 사건은 공정력이 있기 때문에 효력을 부인할 수 없다.

㉡ 판례: 민사소송에 있어서 어느 행정처분의 당연무효 여부가 선결문제로 되는 때에는 이를 판단하여 당연무효임을 전제로 판결할 수 있고, 반드시 행정소송 등의 절차에 의하여 그 취소나 무효확인을 받아야 하는 것은 아니다.

㉢ 판례: 행정행위의 하자가 취소사유에 불과한 때에는 공정력 때문에 유효하다고 통용되므로 그 처분이 취소되지 않는 한 처분의 효력을 부정하여 그로 인한 이득을 법률상 원인 없는 이득이라고 말할 수 없다. 따라서 민사법원은 위법한 과세처분의 효력을 직접 상실시킬 수 없으며, 납부된 세금의 반환을 명할 수 없다.

4) 존속력

행정행위가 일단 행해지면 그에 따라서 많은 법률관계가 형성된다. 따라서 일단 정해진 행정행위를 존속시키는 것이 바람직하다고 할 수 있다. 이러한 요청을 제도화한 것이 행정행위의 불가쟁력, 불가변력 내지는 실질적 확정력이며 이들을 합쳐 존속력이라고 부른다.

(1) 불가쟁력(형식적 확정력)

① 의의

㉠ 불가쟁력이란 행정행위의 상대방에 대하여 발생하는 효력으로서 비록 하자 있는 행정행위라 할지라도 쟁송제기기간이 경과하거나 쟁송수단을 다 거친 경우에는 쟁송을 통해 더 이상 그 행정행위의 효력을 다툴 수 없게 하는 힘을 말한다.

㉡ 이와 같은 불가쟁력을 인정하는 것은 행정행위의 효력을 신속히 확정하여 행정의 능률성을 확보하고 행정법 관계의 안정성을 확보하기 위한 것이다.

② 효력

㉠ 행정행위의 불가쟁력이란 행정행위의 상대방이나 이해관계인이 행정행위의 효력을 더 이상 다투지 못하는 효력이다. 다만, 취소권을 가진 행정청(처분행정청 또는 상급감독청)이 직권으로 불가쟁력이 발생한 행정행위를 취소 또는 철회하는 것은 가능하다.

㉡ 국가배상청구소송은 처분의 효력을 다투는 것이 아니므로 불가쟁력이 발생한 행정행위로 손해를 입은 국민은 국가배상청구를 할 수 있다.

㉢ 무효인 행정행위에 대해 무효확인소송을 제기할 수 있는 쟁송기간이 제한되고 있지 않으므로 무효인 행정행위에는 불가쟁력이 생기지 않는다.

㉣ 불가쟁력은 일정요건 하에 모든 행정행위에서 발생한다.

③ **기판력과의 구별**

판례에 의하면, 행정행위의 존속력은 기판력과 구별되는 것으로 처분에 불가쟁력이 발생했더라도 처분의 기초가 된 사실관계 등이 확정되어 당사자나 법원이 그것과 다른 주장이나 판단을 할 수 없게 되는 것은 아니다.

(2) 불가변력(실질적 확정력)

① **의의**

불가변력이란 행정주체, 즉 행정청에 대하여 발생하는 효력으로서 일정한 행정행위가 행해지면 행정행위의 하자 또는 새로운 사정의 발생에도 불구하고 행정청 자신도 직권에 의한 취소・철회가 제약받는 경우가 있는데 행정행위의 이와 같은 효력을 불가변력 또는 실질적 존속력(확정력)이라 한다.

② **근거**

불가변력은 법령에 명문의 규정이 없는 경우에도 행정행위의 성질에 비추어 인정되는 효력이다.

③ **인정범위**

㉠ 준사법적 행정행위에 불가변력을 인정하는 것이 일반적 견해이다. 준사법적 행정행위에는 소송법상의 확정력에 준하는 불가변력이 인정된다. 즉, 행정심판의 재결, 특허심판원의 심결, 토지수용재결 등이 해당한다.

㉡ 준법률적 행정행위 중 확인행위는 성질상 처분청이 스스로 변경할 수 없고, 다만, 중대한 공익상 필요가 있거나 상대방에게 귀책사유가 있는 경우에 예외적으로 취소할 수 있는 상대적 불가변력이 발생하는 것으로 보는 것이 다수 견해이다. 즉, 국가시험합격자결정, 당선인 결정, 발명특허 등이 해당한다.

㉢ 수익적 행정행위에 대한 직권취소나 철회가 제한되는 경우를 불가변력이 인정되는 것으로 보는 견해가 있으나 이는 수익적 행정행위의 성질상 인정되는 것이 아니라 상대방의 신뢰보호나 법률생활의 안정성을 보장하기 위해서 인정되는 것이므로 불가변력과는 관계없다는 것이 다수설이다.

④ **효력**

㉠ 행정청은 불가변력이 있는 행정행위를 직권으로 취소 또는 철회할 수 없다.

㉡ 무효인 행정행위의 경우 개념상 불가변력이 발생하지 않는다.

㉢ 불가변력은 당해 행정행위의 경우에만 인정되고, 동종의 행정행위라도 그 대상이 다른 경우는 인정되지 않는다는 것이 판례의 입장이다.

㉣ 불가변력은 일정한 행정행위에만 발생한다.

(3) 불가쟁력과 불가변력의 관계

① 공통점

불가쟁력과 불가변력은 행정법 관계의 안정과 상대방 등의 신뢰를 보호하기 위한 것이라는 점에서 공통점이 있다.

② 차이점

㉠ 불가쟁력은 행정행위의 상대방 및 이해관계인에 대한 구속력인 반면 불가변력은 처분청 등 행정기관에 대한 구속력으로 볼 수 있다.

㉡ 불가쟁력이 생긴 행위가 당연히 불가변력을 발생시키는 것은 아니다. 따라서 불가쟁력이 발생한 행정행위도 불가변력이 발생하지 않는 한 처분청 등이 직권으로 취소나 변경하는 것은 가능하다.

㉢ 불가변력이 있는 행위가 당연히 불가쟁력을 가지는 것은 아니다. 따라서 불가변력이 있는 행정행위에 대하여도 그 상대방 또는 이해관계인은 쟁송제기기간이 경과하기 전에 쟁송을 제기하여 그 행정행위의 효력을 다툴 수 있다.

㉣ 불가쟁력은 모든 행정행위에 발생하고, 불가변력은 확인 등 일정한 행정행위에만 발생한다.

㉤ 불가쟁력이 절차법적 효력인 반면 불가변력은 실체법적 효력이라고 한다.

제 5 절 경찰작용의 실효성 확보

1. 경찰상 의무이행 확보수단

1) 전통적 의무이행 확보 수단

① 전통적인 의무이행 확보수단은 경찰강제, 즉 즉시강제와 강제집행 그리고 경찰벌 등이 있는 데, 이러한 수단들은 직접적 의무이행 확보수단임에도 행정의 실효성을 확보하기에 충분하지 않다.

② 즉 행정강제나 행정벌은 국민의 기본권에 대한 중대한 제한을 가져오고, 법에 의해 엄격히 규율되고 있고, 그 실행절차도 엄격하여 효과적으로 실행하지 못하는 경우가 적지 않다.

③ 특히 행정벌은 행정법규의 위반자가 큰 경제적 이익을 얻는 경우에 실효성 있는 강제수단이 되지 못하고 있는 것이 현실이다.

2) 새로운 의무이행 확보수단

전통적 의무이행 확보수단을 보완하기 위해 새로운 수단이 등장하였다. 간접적 의무이행 확보수단이라고도 하는 새로운 수단으로는 ① 금전적 제재수단인 과징금, 가산금, 가산세, 부당이득세, 그리고 ② 의무위반 또는 의무불이행 등의 위반행위를 한 위반자의 성명, 위반사실을 일반에게 공표하는 공표제(명단공개), ③ 수익적 영업행위의 취소・철회(영업허가의 취소), ④ 행정법상의 의무위반자에 대하여 각종 인・허가의 거부를 하는 관허사업의 제한, ⑤ 위반자에 대한 국외여행 제한, 취업제한, ⑥ 위반자에 대한 공급거부, 단전・단수 조치, ⑦ 각종 신고포상금 제도 등이 새로운 의무이행 확보수단으로 등장하였다.

2. 경찰상 강제집행

1) 의의

경찰상의 강제집행이란 경찰관이 경찰법상 작위, 부작위, 수인, 급부의무를 부과하는 하명을 하였음에도 불구하고 의무의 불이행이 있는 경우에 경찰기관이 의무자의 신체 또는 재산이나 주거 등에 직접 실력을 행사하여 그 의무를 이행하게 하거나 의무가 이행된 것과 같은 상태를 실현하는 경찰작용을 말한다.[38]

2) 법적 근거

강제집행을 위한 일반법으로는 「행정대집행법」, 강제징수에 관한 일반법으로서 「국세징수법」이 있으며, 개별법으로는 「건축법」, 「도로교통법」, 「출입국관리법」, 「식품위생법」 등이 있다. 직접강제에 관한 일반법은 없다.

3) 경찰상 강제집행의 수단

(1) 행정대집행

① 의의

경찰법상의 대체적 작위의무, 즉 타인이 대신하여 행할 수 있는 의무의 이행을 하명하였으나, 의무자가 이를 불이행하는 경우 법률로 정하는 다른 수단으로는 그 이행을 확보하기 곤란하고 그 불이행을 방치하면 공익을 크게 해칠 것으로 인정될 때에 당해 경찰관청이 의무자가 행할 의무를 스스로 이행하거나 제3자로 하여금 이를 이행하게 하고 그에 대한 비용을 의무자로부터 징수하는 강제집행인 권력적 사실행위를 말한다(행정대집행법 제2조 및 행정기본법 제30조 제1항 제1호). 예컨대, 무허가건축물 철거의무, 불법 주정차 차량 강제견인조치, 교통장애물 제거의무, 불법 벽보 제거, 불법광고판 철거의무, 쓰레기 제거 등이 대체적 작위의무이다.

② 법적 근거

㉠ 행정대집행에 관한 일반법은 「행정대집행법」이며, 특별규정은 「건축법」 제85조(행정대집행법의 특례), 「도로교통법」 제31조의 주・정차위반 차량에 대한 대집행과 대집행비용의 강제징수

38) 홍정선, 앞의 책, p.401.

등이 해당한다. 그러나 그와 같은 규정이 없더라도 「행정대집행법」이 정한 요건이 충족되는 한 경찰기관은 대집행을 할 수 있다고 본다.[39]

㉡ 행정청은 행정목적 달성을 위해 필요한 경우에는 법률로 정하는 바에 따라 필요한 최소한의 범위에서 행정대집행 조치를 할 수 있다(행정기본법 제30조 제1항).

③ 요건

대집행의 일반적 요건은 「행정대집행법」 제2조 및 「행정기본법」 제30조 제1항 제1호의 ① 공법상 의무로서 대체적 작위의무의 불이행, ② 이행을 확보할 다른 수단이 없고, ③ 의무불이행의 방치가 공익을 해할 것 등이다.

④ 절차(행정대집행법 제3조)

ⓐ 계고

㉠ 대집행요건이 갖추어진 경우 대집행을 하기 위해서는 먼저 상당한 이행기간을 정하여 그 기한까지 이행되지 않을 때에는 대집행을 한다는 뜻을 미리 문서로써 계고 하여야 한다. 이 경우 행정청은 상당한 이행기간을 정함에 있어 의무의 성질·내용 등을 고려하여 사회 통념상 해당 의무를 이행하는데 필요한 기간이 확보되도록 하여야 한다.

㉡ 다만, 비상시 또는 위험이 절박한 경우에는 계고나 통지 없이 대집행을 할 수 있다. 계고처분은 후속절차인 대집행에 위법이 있다 하더라도, 선행절차인 계고처분이 부적법하게 되는 것은 아니다.

ⓑ 대집행영장에 의한 통지

의무자가 계고를 받고 그 지정기한까지 그 의무를 이행하지 아니할 때에는 당해 행정청은 관할 시장이나 군수, 구청장이 발부하는 대집행영장에 의해 대집행을 할 시기, 대집행의 집행책임자의 성명, 대집행에 요하는 비용의 개산에 의한 견적액을 의무자에게 통지하여야 한다. 그러나 비상시 또는 위험이 절박한 경우에는 대집행영장에 의한 통지 없이 대집행을 할 수 있다.

ⓒ 대집행의 실행

㉠ 의무자가 지정된 기한까지 의무를 이행하지 않으면, 당해 행정청은 의무자의 재산이나 주거에 실력을 가하여 스스로 의무자가 해야 할 행위를 하거나 또는 제3자로 하여금 그 행위를 하게 한다. 대집행 책임자는 대집행시에 이해관계인에게 집행책임자라는 것을 표시한 증표를 제시하여야 한다(행정대집행법 제4조 제3항).

㉡ 행정청은 해가 뜨기 전이나 해가 진 후에는 대집행을 하여서는 아니 된다. 다만, 다음 어느 하나에 해당하는 경우에는 야간에도 대집행을 할 수 있다(행정대집행법 제4조 제1항).

1. 의무자가 동의한 경우, 2. 해가 지기 전에 대집행을 착수한 경우, 3. 해가 뜬 후부터 해가 지기 전까지 대집행을 하는 경우에는 대집행의 목적달성이 불가능한 경우, 4. 그 밖에 비상시 또는 위험이 절박한 경우

39) 위의 책, p.328.

ⓓ 비용의 징수

대집행에 소요된 비용은 의무자가 부담하며, 행정청은 실제로 소요된 비용과 그 납기일을 정하여 의무자에게 문서로서 그 납부를 명하여야 한다. 의무자가 그 비용을 납부하지 않으면 「국세징수법」의 예에 의하여 징수할 수 있다.

ⓔ 대집행기관(대집행권자)

당해 경찰관청이 처분청으로서 대집행권을 가지며, 감독청은 대집행권을 가지지 않는다. 당해 행정청의 위임이 있으면 다른 행정청도 대집행의 주체가 될 수 있으며, 대집행은 경찰상 강제집행의 일반적 수단이다.

(2) 이행강제금(집행벌)

① 의의

㉠ 이행강제금이란 행정법상의 부작위의무, 또는 비대체적 작위의무를 이행하지 아니할 때 그 의무를 강제적으로 이행시키기 위하여 과하는 금전벌을 말한다. 그러나 이행강제금은 그 성질상 대체적 작위의무나 수인의무의 확보를 위해서도 부과될 수 있다. 의무자가 행정상 의무를 이행하지 아니하는 경우 행정청이 적절한 이행기간을 부여하고, 그 기한까지 행정상 의무를 이행하지 아니하면 금전급부의무를 부과하는 것을 말한다(행정기본법 제30조 제1항 제2호).

㉡ 대집행이 부적절한 경우에는 대체적 작위의무의 강제를 위해서도 이행강제금이 사용될 수 있으며, 이 경우 대집행과 이행강제금은 선택적으로 활용될 수 있다.

㉢ 비대체적 작위의무는 반드시 의무자 본인이 이행해야 하는 의무를 말하고, 부작위 의무는 일정한 행위를 하여서는 아니 될 의무를 말한다.

② 성질

㉠ 이행강제금은 위반행위에 대한 제재로서의 벌금형(형벌)이 아니다. 장래에 의무의 이행확보를 위한 강제수단일 뿐이다. 이행강제금은 처벌이 아니므로 과태료와 성질을 달리한다.

㉡ 따라서 이행강제금은 의무위반의 상태가 존재하는 한 반복적 부과가 가능하여 일사부재리 원칙이 적용되지 않는다.

㉢ 의무자가 자신의 의무를 이행한 경우에는 더 이상 부과할 수는 없지만, 의무이행 명령을 이행한 경우에도 이미 부과된 이행강제금은 납부해야 한다.

㉣ 또한 이행강제금은 과태료나 경찰벌과는 목적 및 성질이 다르므로 병과할 수 있다.[40]과태료는 과거의 법령위반이나 의무위반에 대한 제재로서의 금전벌이지만, 이행강제금은 미래의 의무이행을 간접적으로 강제하는 의무이행확보수단이다.

㉤ 이행강제금은 일신전속적인 의무위반에 대한 의무이행확보 수단이므로 상속인 기타의 사람에게 승계될 수 없다. 따라서 이미 사망한 사람에게 이행강제금을 부과하는 내용의 처분이나 결

---

40) 김남현 등, 앞의 책, p.201.

정은 당연무효이다.

③ **부과절차**

㉠ 이행강제금은 의무자에 대한 침익적인 강제수단이므로 당연히 법적 근거를 요한다. 이행강제금에 대한 일반법으로는 「건축법」 제80조가 있다. 또한 「행정기본법」 제30조 제2항 및 제31조에서 이행강제금에 관한 규정을 두고 있다.

㉡ 의무자가 행정상 의무를 이행하지 아니하는 경우 행정청이 적절한 이행기간을 부여하고 그 기한까지 행정상 의무를 이행하지 아니하면 금전급부의무를 부과하는 조치를 취할 수 있다.

㉢ 이행강제금 부과의 근거가 되는 법률에는 이행강제금에 관한 다음 각 호의 사항을 명확하게 규정하여야 한다. 다만, 제4호 또는 제5호를 규정할 경우 입법목적이나 입법취지를 훼손할 우려가 크다고 인정되는 경우로서 대통령령으로 정하는 경우는 제외한다(행정기본법 제31조 제1항).

1. 부과 징수 주체, 2. 부과 요건, 3. 부과금액, 4. 부과금액 산정기준, 5. 연간부과 횟수나 횟수의 상한

㉣ 대통령령으로 정하는 경우란 1. 이행강제금 부과 금액이 합의제 행정기관의 의결을 거쳐 결정되는 경우, 2. 1일당 이행강제금 부과 금액의 상한 등 이행강제금 부과 상한을 이행강제금 부과의 근거가 되는 법률에서 정하는 경우

㉤ 행정청은 다음 각 호의 사항을 고려하여 이행강제금의 부과 금액을 가중하거나 감경할 수 있다(행정기본법 제31조 제2항).

1. 의무 불이행의 동기, 목적 및 결과, 2. 의무 불이행의 정도 및 상습성, 3. 그 밖에 행정목적을 달성하는데 필요하다고 인정되는 사유

㉥ 또한 개별법률로서의 「건축법」은 건축상의 시정명령을 받은 건축주의 시정명령 불이행시 이행강제금을 부과할 수 있다고 규정하고 있다.

㉦ 행정청은 이행강제금을 부과하기 전에 미리 의무자에게 적절한 이행기간을 정하여 그 기한까지 행정상 의무를 이행하지 아니하면, 이행강제금을 부과한다는 뜻을 문서로 계고하여야 한다.

㉧ 행정청은 의무자가 이행강제금 부과 계고에서 정한 기한까지 행정상 의무를 이행하지 아니한 경우 이행강제금의 부과금액, 이행강제금의 부과사유, 이행강제금의 납부기한 및 수납기관, 이의제기방법 및 이의제기기관 등을 명시한 문서로 명확하게 적어 의무자에게 통지하여야 한다.

㉨ 행정청은 이행강제금을 부과 받은 자가 납부기한까지 이행강제금을 납부하지 아니하면, 국세강제징수의 예 또는 「지방행정제재 부과금의 징수 등에 관한 법률」에 따라 징수한다(행정기본법 제31조 제3항 내지 제6항).

㉩ 이행강제금에 불복이 있는 자는 개별법률이 정하는 바에 따라 다툴 수 있으며, 개별법률에 특별한 규정이 없다면, 「행정심판법」이나 「행정소송법」이 정하는 바에 따라 다툴 수 있다.

(3) 직접강제

① **의의**

㉠ 직접강제란 의무자가 명해진 경찰법상의 의무 불이행의 경우 경찰상의 최후의 수단으로서

경찰기관이 직접적으로 의무자의 신체 · 재산에 실력을 과함으로써 의무의 이행이 있었던 것과 동일한 상태를 실현하는 경찰상의 강제집행의 일종이다(행정기본법 제30조 제1항 제3호).

㉡ 대체적 · 비대체적 작위의무, 부작위의무, 수인의무 등에 대하여 직접강제가 가능하고, 강제집행 중 가장 강력한 수단으로서 2차적 · 보충적으로 활용되어야 하며, 그 목적과 침해 사이에 엄격한 비례원칙이 적용되어야 한다.41)

② 법적 근거

㉠ 직접강제는 의무이행확보를 위한 강제집행의 최후의 수단으로서 모든 사람에게 적용할 수 있는 일반법은 없다. 또한 개별법에서 규정하여 직접강제를 인정하고 있다.

㉡ 직접강제는 행정대집행이나 이행강제금 부과의 방법으로는 행정상 의무이행을 확보할 수 없거나 그 실현이 불가능한 경우에 실시하여야 한다. 직접강제를 실시하기 위하여 현장에 파견되는 집행책임자는 그가 집행책임자임을 표시하는 증표를 보여 주어야 한다(행정기본법 제32조).

㉢ 「출입국관리법」상의 외국인 강제퇴거, 「식품위생법」 및 「공중위생관리법」 등에 규정되어 있는 영업소에 대한 폐쇄조치, 「도로교통법」상의 연도공작물 등의 위험방지조치, 「집회 및 시위에 관한 법률」상의 해산명령 후 집회자 해산 등이 직접강제의 사례이다.

㉣ 「출입국관리법」에 따른 강제퇴거명령을 받은 외국인의 보호는 퇴거명령에 따른 의무불이행을 전제로 하므로 즉시강제가 아니고 강제집행 중 직접강제에 해당한다. 또한 보호기간의 상한을 법률에 규정하지 않은 것은 헌법에 위반되지 않는다는 것이 헌법재판소 판례이다.

㉤ 직접강제의 계고 및 통지에 관하여는 이행강제금 부과를 위한 계고 및 통지 규정을 준용한다.

③ 직접강제에 대한 구제

㉠ 직접강제에 대한 구제는 행정심판이나 행정소송의 대상이 된다. 그러나 직접강제는 통상 신속하게 종료되므로 권리보호의 이익이 없게 된다. 따라서 직접강제에 의한 구제를 행정심판이나 행정소송에 의해 구하는 것은 현실적으로 기대하기 어렵다.

㉡ 위법한 직접강제는 「국가배상법」에 의해 손해배상을 청구할 수 있다. 또한 경찰관의 위법한 직접강제에 상대방이 대항하는 것은 정당방위이기 때문에, 공무집행방해죄를 구성하지 아니한다. 그리고 위법한 직접강제를 한 공무원은 형사책임과 징계책임의 대상이 된다.

(4) 강제징수

① 의의

경찰상 강제징수란 경찰법상의 금전급부의무를 이행하지 않는 경우에 경찰관청이 의무자의 재산에 실력을 행사하여 그 행정상 의무가 이행된 것과 같은 상태를 실현하는 것을 말한다(행정기본법 제30조 제1항 제4호). 이는 경찰상 강제집행의 일종으로서 「국세징수법」에 의한 체납처분절차에 의한다.

41) 김남진, 앞의 책, 김남현 등, 위의 책, p.201.

② **법적근거**

「국세징수법」이 경찰상 강제징수의 일반법이다. 따라서 금전급부의무의 불이행이 있을 때에는 일반적으로 「국세징수법」이 정하는 바에 따라 강제징수할 수 있다.

③ **강제징수의 절차**

㉠ 「국세징수법」상 강제징수는 독촉절차와 체납처분절차(재산의 압류), 매각(공매, 환매), 청산(충당, 배분), 체납처분의 중지, 결손처분의 절차를 거친다.

㉡ 행정상 강제징수에 있어 독촉은 처분성이 인정되나 최초 독촉 후에 동일한 내용에 대해 반복된 독촉은 처분성이 인정되지 않는다.

㉢ 국세를 그 납부기한까지 완납하지 아니한 때에는 세무서장, 시장 또는 군수는 납기경과 후 15일 내에 독촉장을 발부하여야 한다.

④ **강제징수에 대한 불복**

경찰상 강제징수에 대해 불복이 있는 자는 개별법령에 특별규정이 없는 한, 「국세기본법」, 「행정심판법」, 「행정소송법」에 의한 구제를 신청할 수 있다.

3. 경찰상 즉시강제

1) 의의

(1) 개념

즉시강제는 경찰기관이 하명에 의한 사전적인 의무부과 없이 상대방의 신체 또는 재산에 실력을 가하여 경찰목적을 실현하는 작용을 말한다. 즉, 즉시강제는 ① 경찰상 위험이나 장해의 발생이 목전에 급박하고, ② 성질상 개인에게 미리 의무를 명할 시간적 여유가 없거나 성질상 의무를 명함에 의하여서는 경찰목적의 달성이 곤란한 경우, ③ 경찰행정기관이 직접 개인의 신체나 재산에 실력을 가하여 경찰상 필요한 상태의 실현을 목적으로 하는 작용을 즉시강제라 한다.

(2) 「행정기본법」의 정의

「행정기본법」 제30조 제1항 제5호에는 즉시강제를 다음과 같이 규정하고 있다. 즉시강제란 현재의 급박한 행정상의 장해를 제거하기 위한 경우로서 다음 각 목의 어느 하나에 해당하는 경우에 행정청이 곧바로 국민의 신체 또는 재산에 실력을 행사하여 행정목적을 달성하는 것이다.

가. 행정청이 미리 행정상 의무이행을 명할 시간적 여유가 없는 경우

나. 그 성질상 행정상 의무의 이행을 명하는 것만으로는 행정목적 달성이 곤란한 경우

2) 근거

즉시강제에 관하여 모든 행정작용에 적용되는 일반법은 없다. 그러나 경찰작용 영역에서 일반법으로는 「경찰관 직무집행법」이 있다.

① 「경찰관 직무집행법」 제6조 제1항 중 경찰관의 범죄행위 제지에 관한 부분은 범죄의 예방을 위한 경찰행정상 즉시강제에 관한 근거조항이다.

② 「경찰관 직무집행법」 제4조 제1항 제1호에서 규정하는 "술에 취하여 자신 또는 다른 사람의 생명·신체·재산에 위해를 끼칠 우려가 있는 사람"에 대한 보호조치는 행정상 즉시강제에 해당한다.

③ 특정행정 작용에만 적용되는 개별법으로는 「도로교통법」, 「소방법」, 「식품위생법」, 「마약류관리에 관한 법률」, 「감염병의 예방 및 관리에 관한 법률」 등이 있다.

3) 즉시강제 수단의 특징

① 즉시강제수단은 대체적 작위의무와 비대체적 작위의무의 집행에도 적용될 수 있다.

② 대집행이나 기타의 수단으로 경찰목적의 달성이 곤란한 경우에만 적용되어야 한다.

4) 즉시강제의 한계

(1) 법규상 한계

즉시강제는 침익적인 권력작용이므로 다른 행정작용에 비해 보다 엄격한 법적 근거가 요구된다. 즉시강제는 다른 수단으로는 행정목적을 달성할 수 없는 경우에만 허용되며, 이 경우에도 최소한으로만 실시하여야 한다(행정기본법 제33조 제1항).

(2) 조리상 한계

즉시강제는 목전의 급박한 행정상 장애의 존재라는 급박성, 다른 수단이 없는 최후의 수단이라는 보충성, 경찰상 장해의 정도와 경찰 실력행사 정도의 비례성, 소극적 질서유지를 위한 발동이라는 소극성(필요성)이라는 조리상의 한계가 있다.

(3) 절차적 한계

① 즉시강제를 실시하기 위하여 현장에 파견된 집행책임자는 그가 집행책임자임을 표시하는 증표를 보여주어야 하며, 즉시강제의 이유와 내용을 고지하여야 한다(행정기본법 제33조 제2항).

② 즉시강제에 영장주의가 적용되어야 하느냐의 문제에 관하여 영장불요설과 영장필요설이 대립되나 통설과 판례는 절충설을 따른다. 즉 영장주의는 경찰권 발동에도 일반적으로 적용되나, 형사소추의 목적이 아닌 시간적 여유가 없는 급박한 행정목적 달성을 위한 즉시강제의 경우 합리적 이유가 있는 경우에는 예외적으로 영장주의가 배제될 수 있다는 주장이다.

5) 즉시강제에 대한 구제

(1) 적법한 경찰상 즉시강제에 대한 구제

① 경찰상 즉시강제가 법률에 근거하여 적법하게 행하여졌으나 공공의 안녕·질서에 대한 위해 유발자 또는 제3자에게 수인의 한도를 넘는 특별한 희생을 가한 경우에는 당해인은 손실보상

을 청구할 수 있다.[42]

「경찰관 직무집행법」 제11조의2에 따르면 1. 손실발생의 원인에 대하여 책임이 없는 자가 생명·신체 또는 재산상의 손실을 입은 경우, 2. 손실발생의 원인에 대하여 책임이 있는 자가 자신의 책임에 상응하는 정도를 초과하는 생명·신체 또는 재산상의 손실을 입은 경우 국가에 대하여 손실보상을 청구할 수 있다.

② 일정한 요건하에서 형법상 위법성조각 사유에 해당하는 긴급피난도 가능하다.

(2) 위법한 경찰상 즉시강제에 대한 구제

① 행정쟁송

즉시강제는 권력적 사실행위로서, 위법 또는 부당한 즉시강제로 인하여 권리·이익을 침해를 받은 개인은 처분성이 인정되면 원칙적으로는 행정심판이나 행정소송을 통해 그 취소·변경을 구할 수 있다. 그러나 즉시강제는 사실상 단시간 내에 종료되어 쟁송의 대상이 소멸되어 버리는 경우가 대부분이므로 행정쟁송에 의한 구제는 즉시강제의 성질상 적합하지 않다. 다만, 장기간에 걸친 강제수용이나 물건의 영치와 같은 경우에는 행정소송에 의한 구제도 가능하다.

② 손해배상의 청구

위법한 즉시강제에 의해 권리나 이익의 침해를 받은 개인은 「국가배상법」에 의한 배상을 통해서 구제를 받을 수 있으며, 위법한 즉시강제에 대한 구제방법으로는 이 방법이 가장 적합하다.[43]

③ 정당방위

경찰상의 즉시강제의 성질상 사전에 의무를 부과함이 없이 행사되므로 자기 또는 타인의 법익에 대한 현재의 위법한 침해에 해당하는 경우 상대방은 경찰공무원에 대한 정당방위도 가능하다. 따라서 위법한 즉시강제에 대상자가 경찰관에게 항거하는 경우 공무집행방해죄를 구성하지 않는다.

6) 경찰상 강제집행과 즉시강제의 비교

(1) 차이점

① 의무의 존부

경찰상 강제집행은 선행의무의 존재와 그 불이행을 전제로 한다. 한편, 즉시강제는 선행의무의 존재와 그 불이행을 전제로 하지 않는다.

② 성격

강제집행과 그 전제인 의무를 명하는 행위는 별개의 사실행위이다. 즉시강제는 의무를 명하는 행위와 경찰의 실력행사는 결합된 작용이다.

---

42) 박윤흔, 위의 책, p.370.
43) 위의 책, p.371; 김남진, 행정법Ⅱ, p.336.

③ **법적 근거**

강제집행은 일반법으로 「행정대집행법」, 「국세징수법」이 있고, 개별법으로 「도로교통법」, 「출입국관리법」, 「관세법」, 「식품위생법」 등이 있다. 즉시강제의 경우에 일반법으로는 「경찰관 직무집행법」이 해당하고, 개별법으로는 「소방기본법」, 「감염병의 예방 및 관리에 관한 법률」, 「식품위생법」, 「마약류 관리에 관한 법률」 등이 있다.

(2) 공통점

강제집행과 즉시강제는 모두 국민의 신체 또는 재산에 대하여 실력으로써 경찰상 필요한 상태를 실현시키는 권력적 사실행위라는 점에서 공통적이다.

4. 경찰벌

1) 개념

① 경찰벌은 경찰법상의 과거의 의무위반, 즉 법규에 의한 명령·금지 등의 의무위반에 대하여 일반통치권에 기초하여 일반 사인에게 과하여 지는 제재로서의 처벌을 의미한다.[44]

② 경찰벌은 직접적으로는 행정법상 의무위반자에 대한 제재로서의 의미를 가지나 처벌규정이 존재함으로써 간접적으로는 의무자에게 심리적 압박을 가하여 행정법상 의무의 이행을 확보하는 기능을 하는 의미도 지니고 있다.[45]

③ 행정강제는 의무위반에 대한 직접적인 물리력의 행사 또는 간접적·심리적인 압박을 통하여 장래에 의무이행을 실현하는 수단임에 비하여 행정벌은 과거의 의무위반에 대한 제재라는 점에서 양자는 구별된다.[46]

2) 개념적 구분

(1) 경찰벌과 형사벌

경찰벌은 경찰법을 위반한 사람에게 부과하는 행정벌의 일종이며, 형사벌은 형법을 위반한 범죄자에게 부과되는 형벌이라는 점에서 구별이 요구된다.

(2) 경찰벌과 징계벌

① **권력의 기초**

경찰벌은 일반통치권에 기초하고, 징계벌은 특별권력에 기초한다.

② **목적과 대상**

경찰벌은 사회질서유지를 목적으로 과거의 의무위반에 대한 제재로서의 성질을 가지기 때문에

---

44) 박윤흔, 행정법강의(하), p.373.
45) 김남진, 행정법Ⅱ, p.337.
46) 김성수, 앞의 책, p.522.

일반 국민을 대상으로 하고, 징계벌은 특별권력 관계 내의 질서유지를 목적으로 하는 제재의 성질을 가지므로 공무원을 대상으로 한다.

③ 과벌 주체

경찰벌을 과하는 주체는 법원이며, 징계벌을 과하는 주체는 특별권력 기관으로서의 행정기관이다.

④ 병과

경찰벌과 징계벌은 권력적 기초·목적·대상이 다르므로 병과가 가능하다. 이러한 경우에 처벌절차는 독립적으로 진행되며, 징계벌보다 형사벌을 먼저 부과하는 형사소추선행의 원칙은 적용되지 않는다.[47]

(3) 경찰벌과 이행강제금

① 경찰벌은 일반국민들의 과거의 의무위반에 대한 제재이며, 이행강제금은 장래의 의무이행을 강제하는 제재로서 금전부담(이행강제금)을 부과하는 행정상 강제집행으로서 그 목적과 취지를 달리하므로 병과가 가능하다.[48]

② 경찰벌은 일시적·과거적 성질을 가진다는 점에서 계속적·장래적 성질을 가지는 이행강제금과 구별된다.

③ 경찰벌의 부과주체는 법원이며, 이행강제금의 부과주체는 의무를 부과하는 행정청이다.

④ 경찰벌은 일사부재리의 원칙이 적용되지만, 이행강제금은 의무이행 시까지 반복적으로 부과할 수 있으므로 일사부재리의 원칙이 적용되지 않는다.

3) 근거

경찰벌은 과거의 의무위반에 대한 제재이므로 반드시 법률의 근거를 요한다.[49] 죄형법정주의는 형사벌만이 아니고 경찰벌에도 똑같이 적용된다. 지방자치단체도 조례로서 조례위반행위에 대하여 1천만원 이하의 과태료를 정할 수 있다.

4) 경찰형벌

(1) 의의

경찰형벌은 경찰법상의 의무위반에 대하여 사형·징역·금고·자격상실·자격정지·벌금·구류·과료 및 몰수 등 「형법」 제41조에 규정된 형벌을 과하는 경찰벌을 말한다.[50]

이는 직접적으로 경찰목적을 침해한 대상에 대해 부과하는 형벌로서 「형법」상의 형벌을 부과

---

47) 김남현 등, 앞의 책, p.212.
48) 위의 책.
49) 김동희, 앞의 책, p.229.
50) 김남진, 행정법Ⅱ, p.338.

한다는 점에서 형벌이 아닌 과태료를 부과하는 질서벌과는 구별된다.

(2) 형법총칙의 적용

우리나라 「형법」 제8조에 의하면 '본법 총칙은 타법령에 정한 죄에 적용한다. 다만, 그 법령에 특별한 규정이 있는 때에는 예외로 한다'라고 규정하고 있다. 따라서 형법총칙은 형사범과 경찰사범에 관계없이 원칙적으로 적용된다는 점을 밝히고 있으며, 단서규정은 경찰범에 관하여 그 특수성을 인정한 특별한 규정이 있을 때에는 형법총칙이 적용되지 않음을 규정하고 있다. 또한 경찰형벌의 특수성으로 인한 형법총칙의 적용에 약간의 수정이 따른다. 다시 말해, 경찰형벌은 형벌과 다음과 같은 점에서 차이가 있다.

① 고의와 과실

㉠ 형사범의 경우에 고의없는 행위는 원칙적으로 처벌하지 않으며, 예외적으로 법률에 특별한 규정이 있는 경우에 한하여 과실에 의한 행위를 처벌한다(형법 제13조). 경찰벌은 형사벌과는 달리 반드시 고의를 요하는 것이 아니고 과실의 경우에도 처벌한다.

㉡ 그러나 판례는 경찰벌의 경우에도 범죄성립은 고의가 있어야 하며, 과실인 경우에는 명문의 규정이 있거나 과실범도 처벌한다는 취지가 있어야 범죄가 성립한다는 입장을 취한다.[51]

② 법인의 책임

형법상 법인은 범죄능력을 가지지 않으므로 형사법규가 법인을 처벌하는 경우는 없다. 하지만 「도로교통법」에 의한 통고처분이나 즉결심판절차에 의한 경찰형벌은 법인의 대표자 또는 대리인, 사용인 기타 종업원이 법인의 사무에 관하여 의무에 위반하는 행위를 한 때에는 그 행위자를 처벌하는 외에 법인에 대해 처벌하는 양벌주의를 취하여 특히 재산벌을 과하도록 규정하고 있는 경우가 많다.

③ 친권자, 후견인, 감독자 처벌

형사범은 현실의 범죄행위자를 처벌하는 데 대하여 경찰범은 반드시 현실의 행위자가 아니라 미성년자나 심신상실자의 위법행위에 대하여 법정대리인을 처벌하거나 양벌규정을 두어 행위자 외에 경찰법상 의무를 지는 자가 책임을 지는 경우가 많다.

④ 책임능력과 공범

형사범의 경우에는 심신장애자 및 농아자의 행위는 벌하지 아니하거나 그 형을 감경하며, 14세 미만의 자의 행위는 벌하지 않지만, 경찰범은 책임무능력자에 대해 책임능력자와 동일하게 처벌한다는 규정을 두는 경우가 많다. 경찰법상 의무의 다양성으로 인해 형법상의 공동정범 · 교사범 · 종범에 관한 규정을 적용하지 않거나 교사범 · 방조범을 정범으로 처벌하도록 한 경우도 있다.

---

51) 경찰상의 단속을 주안으로 하는 법규라 하더라도 명문규정이 있거나 해석상 과실범도 벌할 뜻이 명확한 경우를 제외하고는 형법의 원칙에 따라 고의가 있어야 벌할 수 있다. 대판 1986.7.22. 85도108.

(3) 즉결심판

경찰형벌은 「형사소송법」이 정하는 바에 따라 검사의 공소제기에 의해 형사법원이 과벌하는 것이 원칙이나 대체로 즉결심판절차 또는 통고처분절차 등이 활용되기도 한다.

① 의의

즉결심판은 범증이 명백하고 죄질이 경미한 범죄사건을 신속·적정한 절차로 심판하기 위하여 통상적인 형사소송절차에 의하지 아니하고 관할경찰서장의 청구에 의해 지방법원 또는 시·군법원에서 심판하는 특별형사소송절차이다.

② 즉결심판 대상

지방법원, 지원 또는 시·군법원의 판사는 즉결심판절차에 의하여 피고인에게 20만원 이하의 벌금·구류 또는 과료에 처할 수 있다. 즉결심판 청구는 관할경찰서장 또는 관할 해양경찰서장(이하 경찰서장)이 관할법원에 이를 청구한다. 즉결심판을 청구할 때에는 사전에 피고인에게 즉결심판의 절차를 이행하는데 필요한 사항을 서면 또는 구두로 알려주어야 한다.

③ 서류·증거물의 제출(즉결심판에 관한 절차법 제4조)[52]

경찰서장은 즉결심판의 청구와 동시에 즉결심판을 함에 필요한 서류와 증거물을 판사에게 제출하여야 한다. 이는 공소장 일본주의의 예외에 해당한다.

④ 청구의 기각등(제5조)

ⓐ 판사는 사건이 즉결심판을 할 수 없거나 즉결심판절차에 의하여 심판함이 적당하지 아니하다고 인정할 때에는 결정으로 즉결심판의 청구를 기각하여야 한다. ⓑ 청구기각 결정시 경찰서장은 지체 없이 사건을 관할 지방 검찰청 또는 지청의 장에게 송치하여야 한다.

⑤ 개정(제7조)

즉결심판절차에 의한 심리와 재판의 선고는 공개된 법정에서 행하되, 그 법정은 경찰관서(해양경찰관서 포함)외의 장소에 설치되어야 한다. 판사는 상당한 이유가 있는 경우에는 개정없이 피고인의 진술서와 제출서류 또는 증거물에 의하여 심판을 할 수 있다. 다만, 구류에 처하는 경우에는 공개된 법정에서 원칙적으로 피고인이 출석해야 한다.

⑥ 피고인의 출석(제8조)

즉심 피고인은 비보호가 원칙이므로 일단 귀가시켜야 한다. 통상의 공판절차와 같이 즉결심판절차 역시 피고인이 기일에 출석하지 아니한 경우에는 특별한 규정이 있는 경우를 제외하고는 개정할 수 없다.

⑦ 불출석 심판(제8조의2)

벌금 또는 과료를 선고하는 경우와 피고인이나 즉결심판출석통지서를 받은 자가 법원에 불출

52) 즉결심판에 관한 절차법(약칭 즉결심판법), 법률 제14839호, 2017.7.26. 시행 2017.7.26.

석을 청구하여 법원이 이를 허가한 경우는 불출석 심판이 가능하다.

⑧ **기일의 심리**(제9조)

판사는 피고인에게 피고사건의 내용과 형사소송법 상의 진술거부권이 있음을 알리고 변명할 기회를 주어야 한다. 판사는 필요하다고 인정할 때에는 적당한 방법에 의해 법정에 있는 증거에 한하여 조사를 할 수 있다. 변호인은 기일에 출석하여 법정에서의 증거조사에 참여할 수 있으며 의견을 진술할 수 있다.

⑨ **증거능력**(제10조)

즉결심판절차는 보강증거 없이 피고인의 자백만으로 유죄가 인정되고, 사법경찰관이 작성한 피의자신문조서도 피고인이나 변호인이 그 내용을 부정하더라도 서명날인이 진술자의 것이 틀림없다는 형식적 진정성이 인정되면 증거능력을 가진다.

⑩ **즉결심판의 선고**(제11조)

즉결심판으로 유죄를 선고할 때에는 형, 범죄사실과 적용법조를 명시하고 피고인은 7일 이내에 정식재판을 청구할 수 있다는 것을 고지하여야 한다. 판사는 사건이 무죄 · 면소 또는 공소기각을 함이 명백하다고 인정할 때에는 이를 선고 · 고지할 수 있다.

⑪ **정식재판의 청구 포기**(제12조 제2항)

피고인이 범죄사실을 자백하고 정식재판을 포기한 경우에는 선고내용 기록작성을 생략하고 즉결심판서에 선고한 주문과 적용법조를 명시하고 판사가 기명 · 날인한다.

⑫ **정식재판 청구**(제14조)

ⓐ 피고인

정식재판을 청구하고자 하는 피고인은 즉결심판의 선고 · 고지를 받은 날부터 7일 이내에 정식재판청구서를 경찰서장에게 제출하여야 한다. 정식재판청구서를 받은 경찰서장은 지체 없이 판사에게 이를 송부하여야 한다.

ⓑ 경찰서장

판사가 무죄선고 · 면소판결 또는 공소기각을 선고하였을 때는 경찰서장은 선고 · 고지를 한 날부터 7일 이내에 정식재판을 청구할 수 있다. 이 경우 경찰서장은 관할지방검찰청 또는 지청의 검사의 승인을 얻어 정식재판청구서를 판사에게 제출하여야 한다.

⑬ **유치명령**(제17조)

판사는 구류의 선고를 받은 피고인이 일정한 주소가 없거나 또는 도망할 염려가 있을 때에는 5일을 초과하지 아니하는 기간 경찰서유치장(지방해양경찰관서 포함)에 유치할 것을 명령할 수 있다. 다만, 이 기간은 선고기간을 초과할 수 없다. 집행된 유치기간은 본형의 집행에 산입한다.

⑭ **즉결심판서등의 보존**(제13조)

즉결심판의 판결이 확정된 때에는 즉결심판서 및 관계서류와 증거는 관할경찰서 또는 지방해양경찰관서가 이를 보존한다.

⑮ **즉결심판의 효력**(제16조)

즉결심판은 정식재판의 청구기간의 경과, 정식재판청구권의 포기 또는 그 청구의 취하에 의하여 확정판결과 동일한 효력이 생긴다. 정식재판청구를 기각하는 재판이 확정된 때에도 같다. 또한 즉결심판은 정식재판의 청구에 의한 판결이 있는 때에는 그 효력을 잃는다.

⑯ **형의 집행**(제18조)

형의 집행은 경찰서장이 하고 그 집행결과를 지체 없이 검사에게 보고하여야 한다. 구류는 경찰서 유치장·구치소 또는 교도소에서 집행하며, 구치소 또는 교도소에서 집행할 때에는 검사가 이를 지휘한다. 벌금·과료·몰수는 그 집행을 종료하면 지체 없이 검사에게 이를 인계하여야 한다. 다만, 즉결심판 확정 후 상당기간 내에 집행할 수 없을 때에는 검사에게 통지하여야 한다. 형의 집행정지는 사전에 검사의 허가를 얻어야 한다.

(4) 통고처분

① **의의**

통고처분은 절차의 간이·신속을 위해 정식재판에 갈음하여 행정청이 과료·벌금에 해당하는 금액의 납부를 명하는 준사법적인 행정작용으로서 행정처분에 해당한다. 통고처분 시 납부하는 범칙금은 행정제재금의 성질을 갖는다.

② **통고처분권자**

「도로교통법」과 「경범죄처벌법」상의 통고처분권자는 경찰서장, 그리고 제주특별도지사이다. 통고처분은 준사법적 행정행위로서 행정처분의 일종이지만, 구제에 대한 정식재판 청구와 같은 특별한 절차를 두고 있기 때문에 행정소송의 대상이 되지 않는다. 통고처분이 행정심판이나 행정소송의 대상에서 제외되는 것이 재판청구권이나 적법절차에 위배되어 위헌이라고 볼 수는 없으며, 통고처분이 행하여지면 공소시효의 진행은 중지된다.

③ **범칙금 납부효력**

ⓐ 이행한 경우

통고처분의 이행, 즉 범칙금을 납부한 경우에 이미 통고된 내용을 변경하지 못하는 불가변력이 생긴다. 이는 확정판결과 동일한 효력을 가지며, 다시 소추할 수 없는 일사부재리의 원칙이 적용된다. 따라서 통고처분을 받은 자가 임의로 범칙금을 납부한 경우에는 더 이상 그 범칙행위에 대하여 벌 받지 아니한다.

ⓑ 불이행한 경우

㉠ 통고처분을 받은 범칙자가 범칙금 납부를 불이행한 경우 통고처분의 효력은 상실되고, 통고권자의 처분대상자에 대한 검찰 고발조치로 형사소송절차가 진행되며, 강제징수의 대상이 되지 아니한다. 다만, 「도로교통법」과 「경범죄처벌법」은 형사소송절차에 앞서 즉결심판을 제기하게 된다. ㉡ 통고처분의 효력은 상실되므로 강제집행을 할 수 없다. ㉢ 검사는 관계행정청의 고발 없이 기소할 수 없다.

ⓒ 불복

통고처분을 받은 자는 그 처분에 이의가 있는 경우에도 행정소송을 제기할 수 없다.

④ 범칙금의 납부기간

범칙자는 범칙금 납부 통고서를 받은 날로부터 10일 이내에 범칙금을 납부해야 한다. 다만, 천재지변 그 밖의 부득이한 사유로 말미암아 그 기간 내에 범칙금을 납부할 수 없는 경우에는 그 부득이한 사유가 없어지게 된 날로부터 5일 이내에 납부해야 한다(도로교통법 제164조 제1항). 미납자는 1차 납부기간 만료일로부터 20일 이내에 100분의 20의 가산금을 더한 금액을 납부해야 한다(도로교통법 제164조 제2항). 범칙금은 분할하여 납부할 수 없다.

⑤ 즉결심판 청구

㉠ 경찰서장은 「경범죄처벌법」 제6조 제1항이나 「도로교통법」 제163조 제1항에 해당하는 통고처분 제외 대상자에 대해 지체 없이 즉결심판을 청구하여야 한다.

㉡ 또한 2차 납부기간 만료일까지 범칙금 미납자에 대해서 즉결심판을 위한 출석의 일시・장소 등을 알리는 즉결심판 및 범칙금납부 통지서를 발송해야 한다. 이 경우 범칙자가 즉결심판 선고 전까지 범칙금에 50/100을 더한 금액을 납부하고 납부를 증명하는 서류를 제출하면 경찰서장 또는 제주특별자치도지사는 피고인에 대한 즉결심판청구를 취소해야 된다(도로교통법 제165조 제2항, 경범죄처벌법 제165조 제1항).

㉢ 통고처분 불이행자가 범칙금을 납부하지 아니하고 즉결심판에도 출석하지 아니한 경우에는 지체 없이 범칙금 등의 납부와 즉결심판 출석 최고를 해야 한다. 이 경우 즉결심판을 위한 출석일은 법원의 사정으로 즉결심판을 할 수 없는 경우 등 특별한 사정이 있는 경우 외에는 범칙금 납부 만료일로부터 60일이 초과되어서는 안 된다(도로교통법 시행령 제99조 제2항).

⑥ 판례

㉠ 통고처분은 상대방의 임의의 승복을 그 발효요건으로 하기 때문에 그 자체만으로는 통고이행을 강제하거나 상대방에게 아무런 권리의무를 형성하지 않으므로 행정심판이나 행정소송의 대상으로서의 처분성을 부여할 수 없고, 통고처분에 대하여 이의가 있으면 통고 내용을 이행하지 않음으로써 고발되어 형사재판절차에서 통고처분의 위법 부당함을 얼마든지 다툴 수 있기 때문에 법관에 의한 재판받을 권리를 침해한다거나 적법절차의 원칙에 저촉된다고 볼 수 없다.

㉡ 「도로교통법」에 따라 통고처분을 받은 사람은 그 통고처분에 대해 항고소송을 제기하지 못한다. ㉢ 「도로교통법」에서 규정하고 있는 경찰서장의 통고처분은 행정소송의 대상이 되는 행정처분이 아니다 라는 것이 판례의 입장이다. ㉣ 통고처분에 대하여 대법원과 헌법재판소의 판례는 행정소송의 대상으로서의 처분성을 부정하고 있어 최소소송의 대상으로 보지 않는다. ㉤ 판례에 의하면, 통고처분을 할 것인지의 여부는 권한행정청의 재량에 속한다. ㉥ 「조세범처벌절차법」에 따른 통고처분이 있는 경우 공소시효의 진행은 중단된다.

5) 경찰질서벌

(1) 의의

경찰질서벌은 경찰법상의 의무위반에 대한 제재로서 과해지는 과태료를 말한다.

(2) 경찰질서벌의 부과

① 의의

경찰질서벌인 과태료는 원칙적으로 「질서위반행위규제법」에 의해 행정청이 부과한다. 경찰질서벌은 경찰법상의 의무위반에 대한 제재로서 부과되는 과태료를 말한다.

② 목적(제1조)

「질서위반행위규제법」은 법률상 의무의 효율적인 이행을 확보하고 국민의 권리와 이익을 보호하기 위하여 질서위반행위의 성립요건과 과태료의 부과 · 징수 및 재판 등에 관한 사항을 규정하는 것을 목적으로 한다.

③ 질서위반 행위(제2조 제1호)

질서위반행위란 법률(지방자치단체의 조례 포함)상의 의무를 위반하여 과태료를 부과하는 행위를 말한다. 다만, 다음 각 목의 어느 하나에 해당하는 행위는 제외한다.

가. 대통령령으로 정하는 사법상 소송법상 의무를 위반하여 과태료를 부과하는 행위
나. 대통령령으로 정하는 법률에 따른 징계사유에 해당하여 과태료를 부과하는 행위

④ 당사자(제2조 제3호)

질서위반행위를 한 자연인 또는 법인(법인이 아닌 사단 또는 재단으로서의 대표자 또는 관리인이 있는 것을 포함)을 말한다.

⑤ 행정청

행정에 관한 의사를 결정하여 표시하는 국가 또는 지방자치단체의 기관, 그 밖의 법령 또는 자치법규에 따라 행정권한을 가지고 있거나 위임 또는 위탁받은 공공단체나 그 기관 또는 사인을 말한다.

⑥ 법적용의 시간적 범위(제3조)

㉠ 질서위반행위의 성립과 과태료 처분은 행위 시의 법률에 따른다.

㉡ 질서위반행위 후 법률이 변경되어 그 행위가 질서위반행위에 해당하지 아니하게 되거나 과태료가 변경되기 전의 법률보다 가볍게 된 때에는 법률에 특별한 규정이 없는 한 변경된 법률을 적용한다.

㉢ 행정청의 과태료 처분이나 법원의 과태료 재판이 확정된 후 법률이 변경되어 그 행위가 질서위반행위에 해당하지 아니하게 된 때에는 변경된 법률에 특별한 규정이 없는 한 과태료의 징수 또는 집행을 면제한다.

⑦ **법 적용의 장소적 범위**(제4조)

「질서위반행위규제법」은 대한민국 영역 안에서 질서위반 행위를 한 자와 대한민국영역 밖에서 질서위반행위를 한 대한민국의 국민에게 적용한다. 또한 대한민국 영역 밖에 있는 대한민국의 선박 또는 항공기 안에서 질서위반행위를 한 외국인에게 적용한다.

⑧ **다른 법률과의 관계**(제5조)

과태료의 부과·징수·재판 및 집행 등의 절차에 관한 다른 법률의 규정 중 이법의 규정에 저촉되는 것은 이 법으로 정하는 바에 따른다.

⑨ **법정주의와 고의 또는 과실**(제6조 및 제7조)

법률에 따르지 아니하고는 어떤 행위도 질서위반행위로 과태료를 부과하지 아니한다. 또한 고의 또는 과실이 없는 질서위반행위는 과태료를 부과하지 아니한다.

⑩ **위법성의 착오와 책임연령**(제8조 및 제9조)

자신의 행위가 위법하지 아니한 것으로 오인하고 행한 질서위반행위는 그 오인에 정당한 사유가 있는 때에 한하여 과태료를 부과하지 아니한다. 또한 14세가 되지 아니한 자의 질서위반행위는 과태료를 부과하지 아니한다. 다만, 다른 법률에 특별한 규정이 있는 경우에는 그러하지 아니하다.

⑪ **심신장애**(제10조)

㉠ 심신장애로 인하여 행위의 옳고 그름을 판단할 능력이 없거나 그 판단에 따른 행위를 할 능력이 없는 자의 질서위반행위는 과태료를 부과하지 아니한다. ㉡ 심신장애로 인하여 행위판단 능력이 미약한 자의 질서위반행위는 과태료를 감경한다. ㉢ 스스로 심신장애 상태를 일으켜 질서위반행위를 한 자에 대하여는 과태료를 부과한다.

⑫ **법인의 처리 등**(제11조)

법인의 대표자, 법인 또는 개인의 대리인·사용인 및 그 밖의 종업원이 업무에 관하여 법인 또는 그 개인에게 부과된 법률상의 의무를 위반한 때에는 법인 또는 그 개인에게 과태료를 부과한다.

⑬ 다수인의 질서위반 행위 가담(제12조)

㉠ 2인 이상이 질서위반행위에 가담한 때에는 각자가 질서위반행위를 한 것으로 본다.

㉡ 신분에 의하여 성립하는 질서위반행위에 신분이 없는 자가 가담한 때에는 신분이 없는 자에 대하여도 질서위반행위가 성립한다.

㉢ 신분에 의하여 과태료를 감경 또는 가중하거나 과태료를 부과하지 아니하는 때에는 그 신분의 효과는 신분이 없는 자에게는 미치지 아니한다.

⑭ 수개의 질서위반행위의 처리(제13조)

㉠ 하나의 행위가 2 이상의 질서위반행위에 해당하는 경우에는 각 질서위반행위에 대하여 정한 과태료 중 가장 중한 과태료를 부과한다.

㉡ 제1항의 경우를 제외하고 2 이상의 질서위반행위가 경합하는 경우에는 각 질서위반행위에 대하여 정한 과태료를 각각 부과한다. 다만, 다른 법령(지방자치단체의 조례 포함)에 특별한 규정이 있는 경우에는 그 법령으로 정하는 바에 따른다.

⑮ 과태료의 부과와 시효(제15조 및 제17조)

㉠ 행정청은 당사자의 의견제출절차를 마친 후에 서면(당사자 동의 경우 전자문서 포함)으로 과태료를 부과하여야 한다. ㉡ 과태료 부과 서면에는 질서위반행위, 과태료 금액, 그 밖에 대통령령으로 정하는 사항을 명시하여야 한다. ㉢ 과태료는 행정청의 과태료부과 처분이나 법원의 과태료 재판이 확정된 후 5년간 징수하지 아니하거나 집행하지 아니하면 시효로 인하여 소멸한다.

⑯ 사전통지 및 의견 제출 등(제16조)

㉠ 행정청이 질서위반행위에 대하여 과태료를 부과하고자 하는 때에는 미리 당사자(고용주 등을 포함)에게 대통령령으로 정하는 사항을 통지하고 10일 이상의 기간을 정하여 의견을 제출할 기회를 주어야 한다. 이 경우 지정된 기일까지 의견제출이 없는 경우에는 의견이 없는 것으로 본다. ㉡ 당사자는 의견 제출 기한 이내에 대통령령으로 정하는 방법에 따라 행정청에 의견을 진술하거나 필요한 자료를 제출할 수 있다. ㉢ 행정청은 당사자가 제출한 의견에 상당한 이유가 있는 경우에는 과태료를 부과하지 아니하거나 통지한 내용을 변경할 수 있다.

⑰ 과태료 부과의 제척기간(제19조)

행정청은 질서위반행위가 종료된 날(다수인이 질서위반행위에 가담한 경우에는 최종행위가 종료된 날)부터 5년이 경과한 경우에는 해당 질서위반행위에 대하여 과태료를 부과할 수 없다. 그럼에도 불구하고 행정청은 과태료 재판이나 약식재판 등에 따른 법원의 결정이 있는 경우에는 그 결정이 확정된 날부터 1년이 경과하기 전까지는 과태료를 정정부과하는 등 해당 결정에 따라 필요한 처분을 할 수 있다.

⑱ 이의제기(제20조)

행정청의 과태료 부과에 불복하는 당사자는 과태료 부과 통지를 받은 날부터 60일 이내에 해당

행정청에 서면으로 이의제기를 할 수 있다. 당사자의 이의제기가 있는 경우에는 행정청의 과태료 부과 처분은 그 효력을 상실한다.

⑲ **가산금 징수 및 체납처분**(제24조)

㉠ 행정청은 당사자가 납부기한까지 과태료를 납부하지 아니한 때에는 납부기한을 경과한 날부터 체납된 과태료에 대하여 100분의 3에 상당하는 가산금을 징수한다.

㉡ 체납된 과태료를 납부하지 아니한 때에는 납부기한이 경과한 날부터 매 1개월이 경과할 때마다 체납된 과태료의 1천분의 12에 상당하는 가산금(중가산금)을 본래의 가산금에 가산하여 징수한다. 이 경우 중가산금을 가산하여 징수하는 기간은 60개월을 초과하지 못한다.

㉢ 행정청은 당사자가 과태료 부과처분을 받은 후 60일 이내에 이의를 제기하지 아니하고 또한 가산금을 납부하지 아니한 때에는 국세 또는 지방세 체납처분의 예에 따라 징수한다.

⑳ **과태료 재판의 집행과 위탁**(제42조 및 제43조)

과태료 재판은 검사의 명령으로써 집행한다. 이 경우 그 명령은 집행력 있는 집행권원과 동일한 효력이 있다. 검사는 과태료를 최초 부과한 행정청에 대하여 과태료 재판의 집행을 위탁할 수 있고 위탁을 받은 행정청은 국세 또는 지방세 체납처분의 예에 따라 집행한다.

(3) 경찰형벌과 경찰질서벌의 비교

① **제재의 차이**

경찰형벌은 형법에 정해져 있는 형벌을 과하는 경찰벌이고, 경찰질서벌은 과태료를 과하는 경찰벌이다.

② **형법총칙 적용과 고의 · 과실**

경찰형벌은 형법총칙이 적용되고 고의 · 과실을 요한다, 경찰질서벌은 형법총칙이 적용 안 되고 고의 · 과실을 요하지 않는다. 단, 「질서위반행위규제법」의 대상이 된 경우에는 고의 · 과실을 요한다.

③ **처벌절차**

경찰형벌은 원칙적으로 「형사소송법」에 따라 처벌되고, 예외적으로 통고처분, 즉결심판절차에 따라 처벌된다. 경찰질서벌은 「질서위반행위규제법」 및 「비송사건절차법」이 적용된다.

④ **병과 여부**

ⓐ 긍정설: 대법원 입장

행정형벌과 행정질서벌은 그 성질이나 목적을 달리하는 별개의 것이므로 행정질서벌인 과태료를 납부한 후에 형사처벌을 한다고 하여 이를 일사부재리의 원칙에 반하는 것이라고 할 수는 없다.

ⓑ 부정설: 헌법재판소의 입장

행정형벌과 행정질서벌은 목적 · 기능이 중복되는 면이 있어 동일한 행위를 대상으로 하여 병과하는 경우 이중처벌금지의 기본정신에 배치될 여지가 있다는 것이 헌법재판소의 입장이다.

5. 경찰조사

1) 의의

경찰조사란 경찰상 필요한 정보·자료 등을 수집하기 위하여 행해지는 권력적 조사작용을 말한다. 「행정조사기본법」 제2조 제1호에 의하면, 행정조사란 행정기관이 정책을 결정하거나 직무를 수행하는데 필요한 정보나 자료를 수집하기 위하여 현장조사·문서열람·시료채취 등을 하거나 조사대상자에게 보고요구·자료제출요구 및 출석·진술요구를 행하는 활동을 말한다.

따라서 경찰조사는 형사상·경찰법상 범법자에 대한 증거나 자료를 수집하기 위한 조사뿐만 아니라 각종 사고에 대한 자료수집 및 범죄예방이나 사고방지를 위한 자료수집을 포함하는 조사를 말한다. 그러한 의미에서 권력적 수단에 의한 조사뿐만 아니라 비권력적 수단에 의한 조사를 포함한다.

2) 즉시강제와의 비교

과거에는 행정조사를 즉시강제에 포함시켜 고찰하였으나 최근에는 양자를 구분하여 논의함이 일반적이다. 그 이유는 ① 즉시강제는 직접적인 실력작용인데 비하여 행정조사는 직접적인 실력행사를 하지 않으며 벌칙에 의하여 간접적으로 강제 하는 점, ② 즉시강제는 직접 일정한 상태를 실현시키는 작용인데 대하여 행정조사는 어떤 경찰처분을 위한 정보나 자료를 수집하기 위한 준비적·보조적 수단에 지나지 않는다고 하는 점, ③ 즉시강제는 권력적 사실행위인데 대하여 경찰조사는 권력적 사실행위와 비권력적 사실행위도 포함한다는 점, ④ 즉시강제는 급박성이 요구되지만 경찰조사는 급박성이 요구되지 않는다는 점 등이다.

3) 적용범위(행정조사기본법 제3조)

① 행정조사에 관하여 다른 법률에 특별한 규정이 있는 경우를 제외하고는 이 법으로 정하는 규정에 따른다.

② 다음 각 호의 어느 하나에 해당하는 사항에 대하여는 이 법을 적용하지 아니한다.

1. 행정조사를 한다는 사실이나 조사내용이 공개될 경우 국가의 존립을 위태롭게 하거나 국가의 중대한 이익을 현저히 해할 우려가 있는 국가안전보장·통일 및 외교에 관한 사항
2. 국방 및 안전에 관한 사항 중 다음 각 목의 어느 하나에 해당하는 사항
   가. 군사시설·군사기밀보호 또는 방위사업에 관한 사항
   나. 「병역법」·「예비군법」·「민방위기본법」·「비상대비에 관한 법률」에 따른 징집·소집동원 및 훈련에 관한 사항

4) 행정조사의 근거

① 행정기관은 법령 등에서 행정조사를 규정하고 있는 경우에 한하여 행정조사를 실시할 수 있다. 다만, 조사대상자의 자발적인 협조를 얻어 실시하는 행정조사의 경우에는 그러하지 아니하다(행정조사기본법 제5조).

② 개별법으로 「경찰관 직무집행법」, 「총포·도검·화약류 등의 안전관리에 관한 법률」, 「식품위생법」, 「소방기본법」, 「검역법」 등이 있다.

5) 행정조사의 기본원칙(제4조)

① 행정조사는 조사목적을 달성하는데 필요한 최소한의 범위 안에서 실시하여야 하며, 다른 목적 등을 위하여 조사권을 남용하여서는 아니 된다. ② 행정기관은 조사목적에 적합하도록 조사대상자를 선정하여 행정조사를 실시하여야 한다. ③ 행정기관은 유사하거나 동일한 사안에 대하여는 공동조사 등을 실시함으로써 행정조사가 중복되지 아니하도록 하여야 한다. ④ 행정조사는 법령등의 위반에 대한 처벌보다는 법령등을 준수하도록 유도하는 데 중점을 두어야 한다. ⑤ 다른 법률에 따르지 아니하고는 행정조사의 대상자 또는 행정조사의 내용을 공표하거나 직무상 알게 된 비밀을 누설하여서는 아니 된다(행정조사기본법 제4조). ⑥ 권력적 조사는 근거 법규의 범위 내에서만 가능하며, 권력적 조사뿐만 아니라 비권력적 조사까지도 기본권보장, 보충성의 원칙, 비례원칙 등 행정법의 일반원칙의 범위 내에서만 가능하다.

6) 조사의 주기(제7조)

행정조사는 법령등 또는 행정조사운영계획으로 정하는 바에 따라 정기적으로 실시함을 원칙으로 한다. 다만, 다음 각 호 중 어느 하나에 해당하는 경우에는 수시조사를 할 수 있다.

1. 법률에서 수시조사를 규정하고 있는 경우, 2. 법령 등의 위반에 대하여 혐의가 있는 경우, 3. 다른 행정기관으로부터 법령등의 위반에 관한 혐의를 통보 또는 이첩받은 경우, 4. 법령등의 위반에 대한 신고를 받거나 민원이 접수된 경우, 5. 그 밖에 행정조사의 필요성이 인정되는 사항으로서 대통령령으로 정하는 경우, 대통령령이 정하는 경우란 행정기관이 조사대상자의 법령위반행위의 예방 또는 확인을 위하여 긴급하게 실시하는 것으로서 일정한 주기 또는 시기를 정하여 정기적으로 실시하여서는 그 목적을 달성하기 어려운 경우를 말한다(행정조사기본법 시행령 제3조).

7) 출석·진술요구(제9조)

① 행정기관의 장이 조사대상자의 출석·진술을 요구하는 때에는 1. 일시와 장소, 2. 출석요구의 취지, 3. 출석하여 진술하여야 하는 내용, 4. 제출자료, 5. 출석거부에 대한 제재(근거 법령 및 조항 포함), 그밖에 당해 행정조사와 관련하여 필요한 사항 등이 기재된 출석요구서를 발송하여야 한다.

② 출석한 조사대상자가 제1항에 따른 출석요구서에 기재된 내용을 이행하지 아니하여 행정조사의 목적을 달성할 수 없는 경우를 제외하고는 조사원은 조사대상자의 1회 출석으로 당해 조사

를 종결하여야 한다.

8) 현장조사(제11조)

① 조사원이 가택 · 사무실 또는 사업장 등에 출입하여 현장조사를 실시하는 경우에는 행정기관의 장은 다음 각 호의 사항이 기재된 현장출입조사서 또는 법령 등에서 현장조사 시 제시하도록 규정하고 있는 문서를 조사대상자에게 발송하여야 한다.

1. 조사목적, 2. 조사기간과 장소, 3. 조사원의 성명과 직위, 4. 조사범위와 내용, 5. 제출자료, 6. 조사거부에 대한 제재(근거 법령 및 조항 포함), 7. 그밖에 당해 행정조사와 관련하여 필요한 사항

② 제1항에 따른 현장조사는 해가 뜨기 전이나 해가 진 뒤에는 할 수 없다. 다만, 다음 각 호의 어느 하나에 해당하는 경우에는 그러하지 아니하다.

1. 조사대상자(대리인 및 관리책임이 있는 자를 포함)가 동의한 경우, 2. 사무실 또는 사업장 등의 업무시간에 행정조사를 실시하는 경우, 3. 해가 뜬 후부터 해가 지기 전까지 행정조사를 실시하는 경우에는 조사목적의 달성이 불가능하거나 증거인멸로 인하여 조사대상자의 법령등의 위반 여부를 확인할 수 없는 경우

③ 현장조사를 하는 조사원은 그 권한을 나타내는 증표를 지니고 이를 조사대상자에게 내보여야 한다.

9) 자료등의 영치(제13조)

① 조사원이 현장조사 중에 자료 · 서류 · 물건 등을 영치하는 때에는 조사대상자 또는 그 대리인을 입회시켜야 한다.

② 조사원이 자료등을 영치하는 경우에 조사대상자의 생활이나 영업이 사실상 불가능하게 될 우려가 있는 때에는 조사원은 자료등을 사진으로 촬영하거나 사본을 작성하는 등의 방법으로 영치에 갈음할 수 있다. 다만, 증거인멸의 우려가 있는 자료 등을 영치하는 경우에는 그러하지 아니하다.

③ 조사원이 영치를 완료한 때에는 영치조서 2부를 작성하여 입회인과 함께 서명날인하고 그 중 1부를 입회인에게 교부하여야 한다.

④ 행정기관의 장은 영치한 자료등이 다음 각 호의 어느 하나에 해당하는 경우에는 이를 즉시 반환하여야 한다.

가. 영치한 자료등을 검토한 결과 당해 행정조사와 관련이 없다고 인정되는 경우
나. 당해 행정조사의 목적의 달성 등으로 자료등에 대한 영치의 필요성이 없게 된 경우

10) 공동조사(제14조)

행정기관의 장은 다음 각 호의 어느 하나에 해당하는 행정조사를 하는 경우에는 공동조사를 하여야 한다.

1. 당해 행정기관 내의 2 이상의 부서가 동일하거나 유사한 업무분야에 대하여 동일한 조사대상자에게 행

정조사를 실시하는 경우

2. 서로 다른 행정기관이 대통령령으로 정하는 분야에 대하여 동일한 조사대상자에게 행정조사를 실시하는 경우

11) 중복조사의 제한(제15조)

정기조사 또는 수시조사를 실시한 행정기관의 장은 동일한 사안에 대하여 동일한 조사대상자를 재조사하여서는 아니 된다. 다만, 당해 행정기관이 이미 조사를 받은 조사대상자에 대하여 위법행위가 의심되는 새로운 증거를 확보한 경우에는 그러하지 아니하다.

12) 조사의 사전통지(제17조)

행정조사를 실시하고자 하는 행정기관의 장은 출석요구서, 보고요구서, 자료제출요구서, 현장출입조사서를 조사개시 7일 전까지 조사대상자에게 서면으로 통지하여야 한다.

13) 조사의 연기요청(제18조)

행정기관의 장은 행정조사의 연기요청을 받은 때에는 연기요청을 받은 날부터 7일 이내에 조사의 연기 여부를 결정하여 조사대상자에게 통지하여야 한다.

14) 제3자에 대한 보충조사(제19조)

① 행정기관의 장은 조사대상자에 대한 조사만으로는 당해 행정조사의 목적을 달성할 수 없거나 조사대상이 되는 행위에 대한 사실여부 등을 입증하는데 과도한 비용 등이 소요되는 경우로서 다음 각 호의 어느 하나에 해당하는 경우에는 제3자에 대하여 보충조사를 할 수 있다.

1. 다른 법률에서 제3자에 대한 조사를 허용하고 있는 경우
2. 제3자의 동의가 있는 경우

② 행정기관의 장은 제3자에 대한 보충조사를 실시하는 경우에는 조사개시 7일 전까지 보충조사의 일시·장소 및 보충조사의 취지 등을 제3자에게 서면으로 통지하여야 한다.

15) 자발적인 협조에 따라 실시하는 행정조사(제20조)

① 행정기관의 장이 조사대상자의 자발적인 협조를 얻어 행정조사를 실시하고자 하는 경우 조사대상자는 문서·전화·구두 등의 방법으로 당해 행정조사를 거부할 수 있다.

② 제1항에 따른 행정조사에 대하여 조사대상자가 조사에 응할 것인지에 대한 응답을 하지 아니하는 경우에는 법령 등에 특별한 규정이 없는 한 그 조사를 거부한 것으로 본다. 행정조사의 상대방이 조사를 거부하는 경우에 공무원이 실력행사를 하여 강제로 조사할 수 있는지 여부에 대해서는 견해가 대립한다.

16) 조사원 교체신청(제22조)

① 조사대상자는 조사원에게 공정한 행정조사를 기대하기 어려운 사정이 있다고 판단되는 경우에는 행정기관의 장에게 당해 조사원의 교체를 신청할 수 있다.

② 제1항에 따른 교체신청은 그 이유를 명시한 서면으로 행정기관의 장에게 하여야 한다.

③ 행정기관의 장은 즉시 이를 심사해야 하며, 교체신청이 타당하다고 인정되는 경우에는 다른 조사원으로 하여금 행정조사를 하게 하여야 한다.

17) 추가조사와 조사과정의 녹음 · 녹화(제23조)

① 조사원은 사전에 발송된 사항에 한하여 조사대상자를 조사하되 사전통지한 사항과 관련된 추가적인 행정조사가 필요한 경우에는 추가조사의 필요성과 조사내용 등에 관한 사항을 서면이나 구두로 통보한 후 추가조사를 실시할 수 있다.

② 조사대상자는 법률 · 회계 등에 대하여 전문지식이 있는 관계 전문가로 하여금 행정조사를 받는 과정에 입회하게 하거나 의견을 진술하게 할 수 있다.

③ 조사대상자와 조사원은 조사과정을 방해하지 아니하는 범위 안에서 행정조사의 과정을 녹음하거나 녹화할 수 있다. 이 경우 녹음 · 녹화의 범위 등은 상호 협의하여 정하여야 한다.

④ 조사대상자와 조사원은 녹음이나 녹화를 하는 경우에는 사전에 이를 행정기관의 장에게 통지하여야 한다.

18) 조사결과의 통지(제24조)

행정기관의 장은 법령등에 특별한 규정이 있는 경우를 제외하고는 행정조사의 결과를 확정한 날부터 7일 안에 그 결과를 조사대상자에게 통지하여야 한다.

제6절 행정절차법

1. 개념 및 목적

1) 개념

행정절차란 행정활동을 함에 있어서 거치는 사전통지, 의견청취, 이유제시 등 사전절차를 말한다.

2) 목적(제1조)

이 법은 행정절차에 관한 공통적인 사항을 규정하여 국민의 행정 참여를 도모함으로써 행정의 공정성 · 투명성 및 신뢰성을 확보하고 국민의 권익을 보호함을 목적으로 한다.

2. 적용범위

1) 적용영역

행정절차법이 행정절차에 관한 일반법이긴 하나 모든 행정작용에 적용되는 것은 아니다.「행정절차법」은 처분, 신고, 확약, 위반사실 등의 공포, 행정계획, 행정상 입법예고, 행정예고 및 행정지도의 절차에 관하여 다른 법률에 특별한 규정이 있는 경우를 제외하고는 이 법에서 정하는 바에 따른다(행정절차법 제3조 제1항). 이 중에서도 처분절차가 행정절차법의 중심을 이룬다.

2) 적용배제 사항

이 법은 다음 각 호의 어느 하나에 해당하는 경우에는 적용하지 아니 한다.

1. 국회 또는 지방의회의 의결을 거치거나 동의 또는 승인을 얻어 행하는 사항, 2. 법원 또는 군사법원의 재판에 의하거나 그 집행으로 행하는 사항, 3. 헌법재판소의 심판을 거쳐 행하는 사항, 4. 각급 선거관리위원회의 의결을 거쳐 행하는 사항, 5. 감사원이 감사위원회의 결정을 거쳐 행하는 사항, 6. 형사, 행형 및 보안처분 관계법령에 의하여 행하는 사항, 7. 국가안전보장·국방·외교 또는 통일에 관한 사항 중 행정절차를 거칠 경우 국가의 중대한 이익을 현저히 저해할 우려가 있는 사항, 8. 심사청구, 해양안전심판, 조세심판, 특허심판, 행정심판, 그 밖의 불복절차에 따른 사항, 9.「병역법」에 의한 징집·소집, 외국인의 출입국·난민인정·귀화, 공무원 인사관계법령에 의한 징계 기타 처분, 이해조정을 목적으로 하는 법령에 따른 알선·조정·중재·재정 또는 그 밖의 처분 등 해당 행정작용의 성질상 행정절차를 거치기 곤란하거나 거칠 필요가 없다고 인정되는 사항과 행정절차에 준하는 절차를 거친 사항으로 대통령령으로 정하는 사항은 적용이 배제된다(행정절차법 제3조 제2항).

3. 행정절차의 일반원칙 및 관할

1) 신의성실 및 신뢰보호(제4조)

① 행정청은 직무를 수행할 때 신의에 따라 성실히 하여야 한다.

② 행정청은 법령등의 해석 또는 행정청의 관행에 일반적으로 국민들에게 받아들여졌을 때에는 공익 또는 제3자의 정당한 이익을 현저히 해할 우려가 있는 경우를 제외하고는 새로운 해석 또는 관행에 따라 소급하여 불리하게 처리하여서는 아니 된다.

2) 투명성원칙과 법령해석 요청권(제5조)

행정청이 행하는 행정작용은 그 내용이 구체적이고 명확하여야 한다. 행정작용의 근거가 되는 법령등의 내용이 명확하지 아니한 경우 상대방은 해당 행정청에 그 해석을 요청할 수 있다. 이 경우 해당 행정청은 특별한 사유가 없으면 그 요청에 따라야 한다.

3) 관할(제6조)

① 행정청이 그 관할에 속하지 아니하는 사안을 접수하였거나 이송 받은 경우에는 지체 없이 이를 관할 행정청에 이송하여야 하고, 그 사실을 신청인에게 통지하여야 한다. 행정청이 접수하거나 이송 받은 후 관할이 변경된 경우에도 또한 같다.

② 행정청의 관할이 분명하지 아니한 경우에는 해당 행정청을 공통으로 감독하는 상급 행정청이 그 관할을 결정하며, 공통으로 감독하는 상급 행정청이 없는 경우에는 각 상급 행정청이 협의하여 그 관할을 결정한다.

4. 의견청취

행정처분의 상대방 등 이해관계인에게 행정처분을 하기 전에 의견진술의 기회를 주는 행정절차를 이해관계인의 입장에서 보면 의견진술절차라고 할 수 있고, 행정청의 입장에서 보면 의견청취절차라고 할 수 있다. 「행정절차법」은 제22조 의견청취에 청문, 공청회, 의견제출을 규정하고 있다.

1) 청문

(1) 의의

청문이란 행정청이 어떠한 처분을 하기에 앞서 당사자등의 의견을 직접 듣고 증거를 조사하는 등 재판에 준하는 절차를 거쳐 행하는 의견진술절차를 말한다(제2조 제5항).

(2) 청문의 실시

행정청이 처분을 할 때 다음 각 호의 어느 하나에 해당하는 경우에는 청문을 실시한다.

1. 다른 법령 등에서 청문을 실시하도록 규정하고 있는 경우,
2. 행정청이 필요하다고 인정하는 경우,
3. 다음 각 목의 처분을 하는 경우
   가. 인허가 등의 취소, 나. 신분 · 자격의 박탈, 다. 법인이나 조합 등의 설립허가의 취소

(3) 청문의 통지(법 제21조 제2항)

행정청은 청문을 실시하고자 하는 경우에 청문이 시작되는 날부터 10일 전까지

1. 처분의 제목, 2. 당사자의 성명 또는 명칭과 주소, 3. 처분하려고 하는 원인이 되는 사실과 처분의 내용 및 법적 근거, 4. 제3호에 대하여 의견을 제출할 수 있다는 뜻과 의견을 제출하지 아니하는 경우의 처리방법, 5. 의견제출기관의 명칭과 주소, 6. 의견제출 기한, 7. 그 밖에 필요한 사항을 당사자등에게 통지하여야 한다.

(4) 청문의 통지 아니할 수 있는 사항(행정절차법 제21조 제4항)

행정청은 다음 각 호의 어느 하나에 해당하는 경우에는 청문통지를 하지 아니할 수 있다.

1. 공공의 안전 또는 복리를 위하여 긴급히 처분을 할 필요가 있는 경우, 2. 법령등에서 요구된 자격이 없거나 없어지게 되면 반드시 일정한 처분을 하여야 하는 경우에 그 자격이 없거나 없어지게 된 사실이 법원의 재판 등에 의하여 객관적으로 증명된 경우, 3. 해당 처분의 성질상 의견청취가 현저히 곤란하거나 명백히 불필요하다고 인정될 만한 상당한 이유가 있는 경우, 4. 당사자가 의견제출 기회를 포기한다는 뜻을 명백히 표시한 경우에는 청문을 실시하지 아니할 수 있다.

(5) 청문의 공개(법 제30조)

청문은 당사자의 공개신청이 있거나 청문주재자가 필요하다고 인정하는 경우 이를 공개할 수 있다. 다만, 공익 또는 제3자의 정당한 이익을 현저히 해할 우려가 있는 경우에는 공개하여서는 아니 된다.

(6) 청문의 주재자(법 제28조)

① 행정청은 소속 직원 또는 대통령령으로 정하는 자격을 가진 사람 중에서 청문주재자를 공정하게 선정하여야 한다.

② 행정청은 다음 각 호의 어느 하나에 해당하는 처분을 하려는 경우에는 청문주재자를 2명 이상으로 선정할 수 있으며, 이 경우 선정된 청문 주재자 중 1명이 청문 주재자를 대표한다.

1. 다수 국민의 이해가 상충되는 처분, 2. 다수 국민에게 불편이나 부담을 주는 처분, 3 그밖에 전문적이고 공정한 청문을 위하여 행정청이 청문 주재자를 2명 이상으로 선정할 필요가 있다고 안정하는 처분

③ 행정청은 청문이 시작되는 날부터 7일 전까지 청문주재자에게 청문과 관련된 필요한 자료를 미리 통지하여야 한다.

④ 2명 이상의 청문주재자를 선정하는 경우 전체 청문 주재자의 2분의 1 이상을 대통령령(시행령 제15조 제1항 각호)이 정하는 자격자 어느 하나에 해당하는 사람으로 선정해야 한다. 행정청은 2명 이상의 청문주재자 중에서 청문사안에 대한 중립성 · 전문성 등을 고려하여 청문 주재자를 대표하는 청문주재자 1명을 선정해야 한다(시행령 제15조의2 제2항).

(7) 청문절차의 결여

① 법령상 요구되는 청문절차 결여

법령상 요구되는 청문절차를 결여한 채 발해진 행정행위는 하자있는 행정행위가 되고, 따라서 그것은 위법한 행정행위가 된다. 판례는 이 경우 반드시 무효가 되는 것은 아니고 취소사유에 해당한다고 본다.

② 훈령상 요구된 청문절차 결여

훈령상의 청문절차를 결여한 경우는 위법하지 않다는 것이 판례의 일관된 입장이다.[53]

③ 법령상 청문절차의 요구가 없는 경우(법 제22조 제3항)

침익적 행정행위의 발령의 경우에는 청문절차를 거쳐야 한다는 명시적 규정이 개별법령에 없

53) 홍정선, 앞의 책, pp.388-389.

다고 하여도 본 조항에 의해 당연히 의견제출 절차를 거쳐야 한다.

(8) 문서의 열람 및 비밀유지(법 제37조)

당사자등은 의견제출의 경우에는 처분의 사전통지가 있는 날부터 의견제출기한까지, 청문의 경우에는 청문의 통지가 있는 날부터 청문이 끝날 때까지 행정청에 해당 사안의 조사결과에 관한 문서와 그밖에 해당 처분과 관련되는 문서의 열람 또는 복사를 요청할 수 있다. 이 경우 행정청은 다른 법령에 따라 공개가 제한되는 경우를 제외하고는 그 요청을 거부할 수 없다.

2) 공청회

(1) 의의(행정절차법 제2조 제6호)

"공청회"라 함은 행정청이 공개적인 토론을 통하여 어떠한 행정작용에 대하여 당사자등 전문지식과 경험을 가진 자 기타 일반인으로부터 의견을 널리 수렴하는 절차를 말한다. 행정청은 공청회와 병행하여서만 정보통신망을 이용한 공청회를 실시할 수 있다. 누구든지 정보통신망을 이용하여 의견 제출을 하거나 제출된 의견 등에 대한 토론에 참여할 수 있다.

(2) 공청회 개최(행정절차법 제22조 제2항)

행정청이 처분을 할 때 다음 각 호의 어느 하나에 해당하는 경우에 공청회를 개최한다.

1. 다른 법령등에서 공청회를 개최하도록 규정하고 있는 경우
2. 당해 처분의 영향이 광범위하여 널리 의견을 수렴할 필요가 있다고 행정청이 인정하는 경우
3. 국민생활에 큰 영향을 미치는 처분으로서 대통령령으로 정하는 처분에 대하여 대통령령으로 정하는 수(30명) 이상의 당사자등이 공청회 개최를 요구하는 경우

대통령령으로 정하는 처분이란 1. 국민다수의 생명·안전 및 건강에 큰 영향을 미치는 처분, 2. 소음 및 악취 등 국민의 일상생활과 관계되는 환경에 큰 영향을 미치는 처분을 말한다(행정절차법시행령 제13조의3). 이 경우 당사자등은 그 처분 전(해당 처분에 대한 행정청이 정한 의견제출기한 까지)에 행정청에 공청회의 개최를 요구할 수 있다.

(3) 공청회 개최의 알림(법 제38조)

행정청은 공청회를 개최하려는 경우에는 공청회 개최 14일 전까지 일정 사항을 당사자등에게 통지하고 관보, 공보, 인터넷 홈페이지 또는 일간신문 등에 공고하는 등의 방법으로 널리 알려야 한다. 다만, 공청회 개최를 알린 후 예정대로 개최하지 못하여 새로 일시 및 장소 등을 정한 경우에는 공청회 개최 7일 전까지 알려야 한다.

(4) 온라인 공청회(제38조의2)

① 행정청은 제38조에 따른 기존의 공청회와 병행하여서만 정보통신망을 이용한 공청회(온라인 공청회)를 실시할 수 있다.

② 제1항에도 불구하고 다음 각 호의 어느 하나에 해당하는 경우에는 온라인공청회를 단독으로 개최할 수 있다.

1. 국민의 생명 · 신체 · 재산의 보호 등 국민의 안전 또는 권익보호 등의 이유로 제38조에 따른 공청회를 개최하기 어려운 경우
2. 제38조에 따른 공청회가 행정청이 책임질 수 없는 사유로 개최되지 못하거나 개최는 되었으나 정상적으로 진행되지 못하고 무산된 횟수가 3회 이상인 경우
3. 행정청이 널리 의견을 수렴하기 위하여 온라인공청회를 단독으로 개최할 필요가 있다고 인정하는 경우, 다만, 제22조 제2항 제1호(다른 법령등에서 공청회를 개최하도록 규정하고 있는 경우) 또는 제3호(국민생활에 큰 영향을 미치는 처분으로서 대통령령으로 정하는 처분에 대하여 30명 이상의 당사자등이 공청회 개최를 요구하는 경우)에 따라 공청회를 실시하는 경우는 제외한다.

③ 행정청은 온라인 공청회를 실시하는 경우 의견제출 및 토로참여가 가능하도록 적절한 전자적 처리능력을 갖춘 정보통신망을 구축 · 운영하여야 한다.

④ 온라인 공청회의 경우 누구든지 정보통신망을 이용하여 의견을 제출하거나 제출된 의견 등에 대한 토론에 참여할 수 있다.

(5) 공청회의 사후조치(법 제39조의2)

① 행정청은 처분을 할 때에 공청회, 온라인공청회 및 정보통신망 등을 통하여 제시된 사실 및 의견이 상당한 이유가 있다고 인정하는 경우에는 이를 반영하여야 한다.

② 행정청은 처분 후 1년 이내에 당사자등의 요청이 있는 경우에는 청문 · 공청회 또는 의견제출을 위하여 제출받은 서류 기타 물건을 반환하여야 한다(행정절차법 제22조 제6항).

③ 행정청은 공청회를 마친 후 처분을 할 때까지 새로운 사정이 발견되어 공청회를 다시 개최할 필요가 있다고 인정할 때에는 공청회를 다시 개최할 수 있다(행정절차법 제39조의3).

3) 의견제출

(1) 의의

"의견제출"이란 행정청이 어떠한 행정작용을 하기 전에 당사자등이 의견을 제시하는 절차로서 청문이나 공청회에 해당하지 아니하는 절차를 말한다.

(2) 의견제출의 기회제공

① 행정청이 당사자에게 의무를 부과하거나 권익을 제한하는 처분을 할 때 청문 또는 공청회를 개최하는 경우 외에는 당사자등에게 의견제출의 기회를 주어야 한다(제22조 제3항).

② 당사자가 의견진술의 기회를 포기한다는 뜻을 명백히 표시한 경우에는 의견청취를 하지 아니할 수 있다.

③ 행정청은 처분을 할 때에 당사자등이 제출한 의견이 상당한 이유가 있다고 인정하는 경우에는 이를 반영하여야 한다.

(3) 의견제출의 방식

당사자 등은 처분 전에 그 처분의 관할 행정청에 서면이나 말로 또는 정보통신망을 이용하여

의견제출을 할 수 있다(제27조 제1항). 여기서 서면이란 문자에 의한 것이지 엄격한 형식의 문서를 의미하는 것이 아니다.

(4) 의견제출 기회부여의 위반

의견제출의 기회부여는 의무적이다. 이에 위반하면 위법을 구성한다. 의견제출권은 개인적 공권이지만 당사자에 의해 포기될 수 있다. 당사자 등에 의한 의견제출이 포기되면 행정청에 의한 의견청취는 당연히 생략된다. 의견제출절차는 약식절차의 성격을 가진다.

(5) 의견제출절차의 하자의 효력

① 당사자등이 정당한 이유 없이 의견제출기한 내에 의견제출을 하지 아니할 경우에는 의견이 없는 것으로 본다(행정절차법 제27조 제4항).

② 행정청은 당사자등이 제출한 의견을 반영하지 아니하고 처분을 한 경우 당사자등이 처분이 있음을 안 날부터 90일 이내에 그 이유의 설명을 요청하면 서면으로 그 이유를 알려야 한다. 다만, 당사자등이 동의하면 말, 정보통신망 또는 그 밖의 방법으로 알릴 수 있다(법 제27조의2 제2항).

③ 판례는 의견제출절차의 하자를 원칙상 취소사유라고 본다.

5. 처분절차 및 이유의 제시

1) 의의

「행정절차법」상 처분이란 행정청이 행하는 구체적 사실에 관한 법 집행으로서의 공권력의 행사 또는 그 거부와 그 밖에 이에 준하는 행정작용을 말한다(법 제2조 제2호). 「행정절차법」상의 처분개념은 행정쟁송법상의 개념과 동일하게 봐도 무방하다.

2) 처분의 신청(행정절차법 제17조 제1항)

① 행정청에 대한 처분의 신청은 문서로 하여야 한다. 다만, 다른 법령 등에 특별한 규정이 있는 경우와 행정청이 미리 다른 방법을 정하여 공시한 경우에는 그러하지 아니하다.

② 제1항에 따라 처분을 신청할 때에는 전자문서로 하는 경우에는 행정청의 컴퓨터 등에 입력된 때에 신청한 것으로 본다.

③ 행정청은 신청에 필요한 구비서류, 접수기관, 처리기간, 그밖에 필요한 사항을 게시(인터넷 등을 통한 게시를 포함)하거나 이에 대한 편람을 갖추어 두고 누구나 열람할 수 있도록 하여야 한다.

3) 의무적 접수

행정청은 처분의 신청을 받았을 때에는 다른 법령 등에 특별한 규정이 있는 경우를 제외하고는 그 접수를 보류 또는 거부하거나 부당하게 되돌려 보내서는 아니 되며, 신청을 접수한 경우에는 신청인에게 접수증을 주어야 한다(법 제17조 제4항). 다만, 대통령령으로 정하는 경우에는 접수증을 주지 아니할 수 있다.

즉, 1. 구술·우편 또는 정보통신망에 의한 신청, 2. 처리기간이 즉시로 되어 있는 신청, 3. 접수증에 갈음하는 문서를 주는 신청(행정절차법 시행령 제9조)

4) 신청의 보완 등

① 행정청은 처분의 신청에 구비서류의 미비 등 흠이 있는 경우에는 보완에 필요한 상당한 기간을 정하여 지체 없이 신청인에게 보완을 요구하여야 한다.

② 행정청은 신청인이 정해진 기간 내에 보완을 하지 아니한 때에는 그 이유를 명시하여 접수된 신청을 되돌려 보낼 수 있다.

③ 행정청은 신청인의 편의를 위하여 다른 행정청에 신청을 접수하게 할 수 있다. 이 경우 행정청은 다른 행정청에 접수할 수 있는 신청의 종류를 미리 정하여 공시하여야 한다.

④ 또한 신청인도 처분이 있기 전에는 그 신청의 내용을 보완하거나 변경 또는 취하할 수 있다. 다만, 다른 법령 등에 특별한 규정이 있거나 당해 신청의 성질상 보완·변경 또는 취하할 수 없는 경우에는 그러하지 아니하다(행정절차법 제17조 제5항 내지 제8항).

5) 처분기준의 설정·공표(제20조)

① 행정청은 필요한 처분기준을 해당 처분의 성질에 비추어 되도록 구체적으로 정하여 공표하여야 한다. 처분기준을 변경하는 경우에도 또한 같다.

② 「행정기본법」 제24조에 따른 인·허가의제의 경우 관련 인·허가 행정청은 관련 인·허가의 처분기준을 주된 인·허가 행정청에 제출하여야 하고, 주된 인·허가 행정청은 제출받은 관련 인·허가의 처분기준을 통합하여 공표하여야 한다. 처분기준을 변경하는 경우에도 또한 같다.

③ 그러나 제1항에 따른 처분기준을 공표하는 것이 당해 처분의 성질상 현저히 곤란하거나 공공의 안전 또는 복리를 현저히 해치는 것으로 인정될 만한 상당한 이유가 있는 경우에는 이를 공표하지 아니할 수 있다(행정절차법 제20조 제1항 및 제2항).

④ 당사자등은 공표된 처분기준이 명확하지 아니한 경우 해당 행정청에 그 해석 또는 설명을 요청할 수 있다. 이 경우 해당행정청은 특별한 사정이 없으면 그 요청에 따라야 한다.

6) 처분의 사전통지와 의견청취

(1) 사전통지의 내용(제21조 제1항 내지 제3항)

① 행정청은 당사자에게 의무를 부과하거나 권익을 제한하는 침익적 처분을 하는 경우에는 미리 다음 각 호의 사항을 당사자등에게 통지하여야 한다.

1. 처분의 제목, 2. 당사자의 성명 또는 명칭과 주소, 3. 처분하려는 원인이 되는 사실과 처분의 내용 및 법적 근거, 4. 제3호에 대하여 의견을 제출할 수 있다는 뜻과 의견을 제출하지 아니하는 경우의 처리방법, 5. 의견제출기관의 명칭과 주소, 6. 의견제출기한, 7. 그 밖의 필요한 사항

② 행정청은 청문을 하려면 청문이 시작되는 날부터 10일 전까지 제1항 각 호의 사항을 당사자등에게 통지하여야 한다.

③ 의견제출기한은 의견제출에 필요한 기간을 10일 이상으로 고려하여 정하여야 한다.

④ 행정청은 청문·공청회 또는 의견제출을 거쳤을 때에는 신속히 처분하여 해당처분이 지연되지 아니하도록 하여야 한다.

⑤ 행정청은 처분 후 1년 이내에 당사자등이 요청하는 경우에는 청문·공청회 또는 의견제출을 위하여 제출받은 서류나 그 밖의 물건을 반환하여야 한다.

(2) 사전통지를 아니할 수 있는 경우(제21조 제4항)

다음 각 호의 어느 하나에 해당하는 경우에는 사전통지를 하지 아니할 수 있다.

1. 공공의 안전 또는 복리를 위하여 긴급히 처분을 할 필요가 있는 경우
2. 법령등에서 요구된 자격이 없거나 없어지게 되면 반드시 일정한 처분을 하여야 하는 경우에 그 자격이 없거나 없어지게 된 사실이 법원의 재판 등에 의하여 객관적으로 증명된 경우
3. 해당 처분의 성질상 의견청취가 현저히 곤란하거나 명백히 불필요하다고 인정될 만한 상당한 이유가 있는 경우

(3) 처분의 이유제시(행정절차법 제23조)

① 행정청은 처분을 할 때에는 다음 각 호의 어느 하나에 해당하는 경우를 제외하고는 당사자에게 그 근거와 이유를 제시하여야 한다.

1. 신청내용을 모두 그대로 인정하는 처분인 경우,
2. 단순·반복적인 처분 또는 경미한 처분으로서 당사자가 그 이유를 명백히 알 수 있는 경우,
3. 긴급히 처분을 할 필요가 있는 경우

② 행정청은 제1항 제2호 및 제3호의 경우에 처분 후 당사자가 요청하는 경우에는 그 근거와 이유를 제시하여야 한다.

7) 처분의 방식(행정절차법 제24조)

(1) 문서주의

행정청이 처분을 할 때에는 다른 법령 등에 특별한 규정이 있는 경우를 제외하고는 문서로 하여야 하며, 다음 각 호의 어느 하나에 해당하는 경우에는 전자문서로 할 수 있다.

1. 당사자의 동의가 있는 경우
2. 당사자가 전자문서로 처분을 신청한 경우

(2) 문서 외의 방식(행정절차법 제24조)

공공의 안전 또는 복리를 위하여 긴급히 처분을 할 필요가 있거나 사안이 경미한 경우에는 말, 전화, 휴대전화를 이용한 문자전송, 팩스 또는 전자우편 등 문서가 아닌 방법으로 처분할 수 있다. 이 경우 당사자가 요청하면 지체 없이 처분에 관한 문서를 주어야 한다. 그리고 처분을 하는 문서

에는 그 처분 행정청 및 담당자의 소속, 성명, 연락처(전화번호, 팩스번호, 전자우편주소 등)를 기재하여야 한다.

8) 처분의 정정 및 불복고지

(1) 처분의 정정(행정절차법 제25조)

행정청은 처분에 오기, 오산 또는 그밖에 이에 준하는 명백한 잘못이 있을 때에는 직권으로 또는 신청에 따라 지체 없이 정정하고 그 사실을 당사자에게 통지하여야 한다.

(2) 불복고지(행정절차법 제26조)

행정청은 처분 시에 당사자에게 그 처분에 관하여 ① 행정심판 및 행정소송을 제기할 수 있는지 여부, ② 기타 불복을 할 수 있는 지 여부, ③ 청구절차 및 청구기간 그밖에 필요한 사항을 알려야 한다.

6. 송달 및 기간

1) 송달(행정절차법 제14조 제1항)

송달은 우편, 교부 또는 정보통신망 이용 등의 방법으로 하되, 송달받을 자의 주소·거소·영업소·사무소 또는 전자우편주소로 한다. 다만, 송달받을 자가 동의하는 경우에는 그를 만나는 장소에서 송달할 수 있다.

(1) 교부송달

교부에 의한 송달은 수령확인서를 받고 문서를 교부함으로써 하며, 송달하는 장소에서 송달받을 자를 만나지 못한 경우에는 그 사무원·피용자 또는 동거인으로서 사리를 분별할 지능이 있는 사람에게 문서를 교부할 수 있다. 다만, 문서를 송달받을 자 또는 그 사무원등이 정당한 사유 없이 송달받기를 거부하는 때에는 그 사실을 수령확인서에 적고, 문서를 송달할 장소에 놓아둘 수 있다.

(2) 전자송달

정보통신망을 이용한 송달은 송달받을 자가 동의하는 경우에만 한다.

(3) 공시송달

다음 각 호의 어느 하나에 해당하는 경우에는 송달받을 자가 알기 쉽도록 관보, 공보, 게시판, 일간신문 중 하나 이상에 공고하고 인터넷에도 공고하여야 한다.

1. 송달받을 자의 주소등을 통상적인 방법으로 확인할 수 없는 경우
2. 송달이 불가능한 경우

위의 공고를 할 때에는 민감정보 및 고유식별정보 등 송달받을 자의 개인정보를 「개인정보보

호법」에 따라 보호하여야 한다.

2) 송달의 효력 발생(행정절차법 제15조)

① 송달은 다른 법령 등에 특별한 규정이 있는 경우를 제외하고는 해당 문서가 송달받을 자에게 도달됨으로써 그 효력이 발생한다.

② 정보통신망을 이용하여 전자문서로 송달하는 경우에는 송달받을 자가 지정한 컴퓨터 등에 입력된 때에 도달된 것으로 본다.

③ 공시송달의 경우에는 다른 법령등에 특별한 규정이 있는 경우를 제외하고는 공고일부터 14일이 지난 때에 그 효력이 발생한다. 다만, 긴급히 시행하여야 할 특별한 사유가 있어 효력발생시기를 달리 정하여 공고한 경우에는 그에 따른다.

7. 행정상 입법예고

1) 의의(행정절차법 제41조)

행정상 입법예고는 국민의 일상생활과 밀접하게 관련되는 법령안의 내용을 미리 국민에게 알림으로써 국민들의 참여기회를 보장하고 법령의 실효성을 높이기 위한 절차이다.

2) 입법예고의 원칙(행정절차법 제41조 제1항)

법령 등을 제정·개정 또는 폐지하려고 할 때에는 당해 입법안을 마련한 행정청은 이를 예고하여야 한다. 다만, 다음 각 호의 어느 하나에 해당할 경우에는 예고를 하지 아니할 수 있다.

1. 신속한 국민의 권리보호 또는 예측곤란한 특별한 사정의 발생등으로 입법이 긴급을 요하는 경우
2. 상위법령 등의 단순한 집행을 위한 경우, 3. 입법내용이 국민의 권리·의무 또는 일상생활과 관련이 없는 경우, 4. 단순한 표현·자구를 변경하는 경우 등 입법내용의 성질상 예고의 필요가 없거나 곤란하다고 판단되는 경우, 5 예고함이 공공의 안전 또는 복리를 현저히 해칠 우려가 있는 경우

3) 입법예고의 방법(행정절차법 제42조 및 제43조)

① 행정청은 입법안의 취지, 주요내용 또는 전문을 관보·공보나 인터넷·신문·방송 등의 방법으로 널리 공고하여야 한다. ② 행정청은 대통령령을 입법예고하는 경우 국회소관 상임위원회에 이를 제출해야 한다. ③ 입법예고 기간은 예고할 때 정하되, 특별한 사정이 없는 한 40일(자치법규는 20일) 이상으로 한다.

4) 예고된 입법안에 대한 의견제출 및 처리(행정절차법 제44조 및 제45조)

① 누구든지 예고된 입법안에 대해 그 의견을 제출할 수 있다. ② 행정청은 의견접수기관, 의견제출기간 기타 필요한 사항을 당해 입법안을 예고할 때 함께 공고하여야 한다. ③ 행정청은 의견을 제출한 자에게 그 제출된 의견의 처리결과를 통지하여야 한다. ④ 행정청은 입법안에 대하여

공청회를 개최할 수 있다.

8. 행정예고

1) 행정예고의 원칙(행정절차법 제46조)

① 행정청은 정책, 제도 및 계획(이하 정책등)을 수립·시행하거나 변경하려는 경우에는 이를 예고하여야 한다. 다만, 다음 각 호의 어느 하나에 해당하는 경우에는 예고를 하지 아니할 수 있다.

1. 신속하게 국민의 권리를 보호하여야 하거나 예측이 어려운 특별한 사정이 발생하는 등 긴급한 사유로 예고가 현저히 곤란한 경우, 2. 법령등의 단순한 집행을 위한 경우, 3. 정책등의 내용이 국민의 권리·의무 또는 일상생활과 관련이 없는 경우, 4. 정책등의 예고가 공공의 안전 또는 복리를 현저히 해칠 우려가 상당한 경우

② 앞의 규정에도 불구하고 법령 등의 입법을 포함하는 행정예고의 경우에는 입법예고로 갈음할 수 있다.

2) 행정예고의 방법(행정절차법 제47조)

① 행정청은 정책등 안(案)의 취지, 주요 내용 등을 관보·공보나 인터넷·신문·방송 등을 통하여 공고하여야 한다. ② 행정예고의 방법, 의견제출 및 처리, 공청회 및 온라인공청회에 관하여는 입법예고의 방법을 준용한다. ③ 법령등의 입법을 포함하는 행정예고는 입법예고로 갈음할 수 있다.

3) 행정예고 기간(행정절차법 제46조 제3항 및 제4항)

① 제3항: 행정예고기간은 예고내용의 성격 등을 고려하여 정하되, 특별한 사정이 없는 한 20일 이상으로 한다. ② 제4항: 제3항에도 불구하고 행정목적을 달성하기 위하여 긴급한 필요가 있는 경우에는 행정예고기간을 단축할 수 있다. 이 경우 단축된 행정예고기간은 10일 이상으로 한다.

9. 경찰상 행정지도

1) 의의

① 경찰상 행정지도란 경찰행정기관이 일정한 행정목적을 달성하기 위하여 상대방인 국민에게 일정한 행위를 하거나 하지 아니하도록 지도·권고·조언 등을 하는 행정작용을 말한다(행정절차법 제2조 제3호). ② 원칙적으로 행정지도는 행정소송의 대상이 되지 않으며 반드시 법률의 근거를 요하지 않는다. ③ 위법한 행정행위로 국민이 손해를 입으면 국가배상책임이 인정될 수 있다.

2) 원칙

① 경찰상 행정지도는 국민의 임의적인 협력을 전제로 하는 비권력적 사실행위이다. 따라서

행정지도는 그 목적달성에 필요한 최소한도에 그쳐야 하며, 상대방의 의사에 반하여 부당하게 강요하여서는 아니 된다(행정절차법 제48조 제1항).

② 행정기관은 행정지도의 상대방이 행정지도에 따르지 아니하였다는 것을 이유로 불이익한 조치를 하여서는 아니 된다(행정절차법 제48조 제2항). 다만, 행정지도의 효과를 제고하기 위하여 이익의 제공이 따르기도 한다.

③ 행정지도는 일정한 법적 효과의 발생을 목적으로 하는 의사표시가 아니다. 그것은 단지 상대방의 임의적인 협력을 통해 사실상의 효과를 기대하는 사실행위일 뿐이다. 이러한 점에서 행정행위 · 공법상 계약 등의 법적 행위와 구분된다.

3) 법적 근거와 한계

(1) 법적 근거

경찰상 행정지도에 법적 근거가 요구되는가에 관한 일반법은 없다. 「행정절차법」이 행정지도에 적용되는 일반원칙과 행정지도의 방법을 규정하고 있을 뿐이다. 「경찰관 직무집행법」 제5조 제1항의 위험발생 방지를 위한 경고는 행정지도의 근거에 관한 개별법적인 근거이다.

(2) 법적 한계

① 법령상 한계

ⓐ 경찰상 행정지도는 행정조직법상 한계가 있다. 경찰행정기관은 조직법, 즉 「약칭 경찰법」상 주어진 권한 내에서만 행정지도를 할 수 있으며, 이를 위반하면 위법한 행정지도가 된다. ⓑ 조직법상 권한 내에서의 행정지도라고 하여도 개별법령에서 정하는 행정지도에 관한 작용법상 규정을 준수하여야 한다.

② 경찰행정법의 일반원칙에 따른 한계

경찰상 행정지도는 역시 행정작용의 하나이므로 모든 경찰상 행정지도는 개별법령상 명시적 규정의 유무를 불문하고, 행정비례원칙 같은 행정법의 일반원칙을 준수하여야 한다.

③ 비권력성에 따른 한계

경찰상 행정지도는 비권력적 사실행위이므로 경찰상 행정지도에는 강제력을 발동할 수는 없다. 「행정절차법」은 행정지도의 비강제성의 원칙을 규정하고 있다.

4) 경찰상 행정지도의 방식(행정절차법 제49조)

① 경찰상 행정지도를 행하는 자는 그 상대방에게 당해 행정지도의 취지 · 내용 및 신분을 밝혀야 한다. 이를 행정지도 실명제라 한다.

② 행정지도는 반드시 문서로 하여야 하는 것은 아니다. 경찰상 행정지도는 말로도 이루어질 수 있다. 행정지도가 말로 이루어지는 경우에 상대방이 행정지도의 취지 · 내용 및 지도를 행하는

자의 신분을 기재한 서면의 교부를 요구하는 때에는 그 행정지도를 행하는 자는 직무 수행에 특별한 지장이 없으면 이를 교부하여야 한다.

10. 확약

1) 의의

「행정절차법」 제40조의2에 의하면, 법령등에서 당사자가 신청할 수 있는 처분을 규정하고 있는 경우 행정청은 당사자의 신청에 따라 장래에 어떤 처분을 하거나 하지 아니할 것을 내용으로 하는 의사표시(이하 확약이라 함)를 할 수 있다.

따라서 확약이란 행정청이 국민에 대한 관계에 있어서 자기구속, 즉 행정청 자신을 구속할 의도로서 장래에 향하여 일정한 행위 또는 불행위를 약속하는 의사표시를 말한다. 각종의 인・허가에 관한 내인가(정식인가를 받기 전에 잠정적으로 받는 인가), 내허가, 공무원임용의 내정, 과세처분에 관한 견해표명 등은 확약의 성질을 가진다.[54]

2) 법적 성질

확약의 법적 성질은 확약이 행정행위에 해당하느냐 하는 것이다. 확약은 행정행위의 개념적 징표들을 대부분 충족하기 때문에 다수설은 확약의 행정행위성을 인정한다. 그러나 대법원 판례는 확약의 행정처분성을 부인한다.[55]

3) 확약의 방식

① 확약은 문서로 하여야 한다. ② 행정청은 다른 행정청과의 협의 등의 절차를 거쳐야 하는 처분에 대하여 확약을 하려는 경우에는 확약을 하기 전에 그 절차를 거쳐야 한다.

4) 허용한계와 효과

(1) 재량행위와 기속행위

확약은 본 처분이 재량행위인 경우에 행할 수 있음은 다툼이 없다. 그러나 기속행위의 경우에는 긍정하는 견해와 부정하는 견해가 대립된다. 기속행위의 경우에는 본 처분을 행하여야 하므로 본 처분을 확약하는 것은 의미가 없다 할 것이다.

(2) 효과

① 확약의 의무이행

확약은 일단 행해지면, 확약을 행한 행정청은 확약을 이행할 자기구속을 받으며 상대방은 확약이 이행될 것에 대한 기대권을 가진다. 따라서 행정청이 확약을 이행하지 않거나 이행을 거부한

54) 박윤흔, 행정법강의(상), p.399.
55) 김남진・김연태, 행정법Ⅰ, p.313.

경우에는 의무이행심판이나 부작위위법확인 소송과 같은 쟁송을 통해 다투며, 확약의 불이행 또는 위법한 확약의 경우에는 손해배상 청구, 확약의 철회·실효의 경우에는 손실배상 청구 등을 할 수 있다.

② **확약과 사정변경**

우리 「행정절차법」은 이에 관한 규정을 두지 아니하였다. 판례는 확약의 기초가 되었던 사실 및 법상태가 사후적으로 변경되면, 확약은 별도의 의사표시 없이 효력을 상실한다. 이 점에서 확약의 구속력은 일반적인 행정행위의 구속력보다 약하며 불안정적이라고 할 수 있다.[56]

11. 위반사실 등의 공표

1) 의무위반에 대한 공표(법 제40조의3)

① 행정청은 법령에 따른 의무를 위반한 자의 성명·법인명·위반사실·의무위반을 이유로 한 처분사실 등(이하 위반사실등)을 법률로 정하는 바에 따라 일반에게 공표할 수 있다.

② 행정청은 위반사실등의 공표를 하기 전에 사실과 다른 공표로 인하여 당사자의 명예·신용 등이 훼손되지 아니하도록 객관적이고 타당한 증거와 근거가 있는 지를 확인하여야 한다.

2) 의견제출(행정절차법 제40조의3 제3항)

① 행정청은 위반사실등의 공표를 할 때에는 미리 당사자에게 그 사실을 통지하고 의견제출의 기회를 주어야 한다. 다만, 다음 각 호의 어느 하나에 해당하는 경우에는 그러하지 아니하다.

1. 공공의 안전 또는 복리를 위하여 긴급히 공표를 할 필요가 있는 경우
2. 해당 공표의 성질상 의견청취가 현저히 곤란하거나 명백히 불필요하다고 인정될 만한 타당한 이유가 있는 경우
3. 당사자가 의견진술의 기회를 포기한다는 뜻을 명백히 밝힌 경우

② 의견제출의 기회를 받은 당사자는 공표 전에 관할 행정청에 서면이나 말 또는 정보통신망을 이용하여 의견을 제출할 수 있다.

③ 위반사실의 공표는 관보, 공보 또는 인터넷 홈페이지 등을 통하여 한다.

3) 공표내용 정정과 재 공표(행정절차법 제40조의3 제8항)

행정청은 공표된 내용이 사실과 다른 것으로 밝혀지거나 공표에 포함된 처분이 취소된 경우에는 그 내용을 정정하여 정정한 내용을 지체 없이 해당 공표와 같은 방법으로 공표된 기간 이상 공표하여야 한다. 다만, 당사자가 원하지 아니하면 공표하지 아니할 수 있다.

56) 박윤흔, 행정법강의(상), p.403.

제10장 경찰구제법

제 1 절 경찰상 손실보상

1. 의의

행정상 손실보상이란 적법한 공권력의 행사에 의해 개인에게 가해진 특별한 희생에 대하여 사유재산권의 보장과 공평부담의 견지에서 국가나 지방자치단체 또는 공익사업의 주체가 행하는 조절적인 재산적 보상제도를 말한다.

2. 실정법상 근거

1) 헌법적 근거

(1) 「헌법」 제23조 제3항

"공공필요에 의한 재산권에 대한 수용·사용·제한 및 그에 대한 보상은 법률로써 하되, 정당한 보상을 지급하여야 한다"고 규정하고 있다.

(2) 판례

헌법상의 규정에 따라 간접손실도 보상의 대상으로 인정하고 있다.

2) 법률상 근거

(1) 일반법

행정상 손실보상에 관한 일반법은 없다. 「토지보상법」 이외에 「국토의 계획 및 이용에 관한 법률」, 「건축법」, 「도로법」, 「하천법」, 「소방기본법」 등 개별법에서 공공필요에 따른 재산권침해에 대한 보상이 규정되고 있다.

(2) 「경찰관 직무집행법」 제11조의2

경찰작용에 대해서는 2013년 「경찰관 직무집행법」을 개정하여 제11조의2를 신설함으로써 경찰관의 적법한 직무집행으로 인한 손실보상의 근거규정을 마련하였다.

3. 손실보상의 요건

1) 개념

행정상 손실보상이 인정되기 위하여는 적법한 공권적 침해(공용침해)로 손실이 발생, 해당 손실이 특별한 희생에 해당하여야 한다.

2) 재산권 침해

우선 헌법상 재산권에 대한 침해가 있어야 한다. 여기서 재산권이란 소유권뿐만 아니라 법에 의하여 보호되고 있는 일체의 재산적 가치가 있는 권리를 의미한다. 이러한 재산권에는 물권뿐만 아니라 채권, 유가증권, 무체재산권을 포함하며, 공법상의 권리도 자신의 노력에 의하여 획득한 경우에는 재산권에 포함된다.

3) 적법한 공용침해

재산권의 공용침해는 공공필요를 위해서만 가능하다. 공공필요에 의한 공용침해는 적법하여야 한다. 침해가 적법한 것이란 침해가 법률에 위반하지 말아야 하며, 아울러 법률에 근거한 것이어야 함을 의미한다. 따라서 적법한 공용침해란 법률에 근거하여 적법하게 가해진 국민의 권익에 대한 침해를 말한다.

4) 손실의 발생

① 손실보상이 인정되기 위하여는 적법한 공용침해로 인하여 현실적인 재산상 손해가 발생하였어야 한다. ② 공익사업과 손실 사이에 상당인과관계가 인정되어야 한다. 판례는 공익사업과 손실 사이에 상당인과관계가 있어야 손실보상의 대상인 손실이 된다고 본다. 손실보상이 인정되기 위해서는 재산권에 대한 실질적이고 현실적인 피해가 발생해야 한다.

5) 특별한 희생

① 공용침해로 인하여 발생한 손해가 있는 경우에 손실보상의 대상이 되기 위하여는 그 침해로 인한 손실이 특별한 희생(재산권의 사회적 제약을 넘는 손실)에 해당하여야 한다. 그 손해가 재산권에 내재하는 사회적 제약에 불과한 경우에는 재산권자가 수인하여야 한다. 생명 · 신체의 침해에 대한 보상은 손실보상의 대상에서 제외된다.

② 사회적 제약이란 사회공동체의 이익을 위해 당연히 감수해야 하는 희생으로 특별한 희생에 해당하지 않는 것을 말하고, 특별한 희생이란 사회적 제약의 한계를 넘는 희생을 의미한다.

6) 정당한 보상

① 헌법은 정당한 보상을 하도록 규정하고 있는데, 이때 정당한 보상의 의미에 대해서는 종래

완전보상설과 상당보상설이 대립하고 있다. ② 헌법이 규정하는 정당한 보상이란 원칙적으로 피수용재산의 객관적인 재산가치를 완전하게 보상하는 것이어야 한다는 완전보상을 의미한다(93헌바20). ③ 대법원은 "정당한 보상이란 원칙적으로 피수용재산의 객관적인 재산가치를 완전하게 보상하여야 한다는 완전보상을 뜻하는 것이라 할 것이나 투기적인 거래에 의하여 형성되는 가격이나 공익사업으로 지가가 상승하여 발생하는 개발이익은 완전보상의 범위에 포함되지 않는다. 이처럼 대법원과 헌법재판소의 판례는 완전보상설을 취하고 있다. 그러나 개발이익은 완전보상에 포함되지 않는다고 본다.

4. 경찰상 손실보상의 대상

1) 비장해야기자와 간접효력 규정설

① 손실보상이란 경찰책임자로서 비장해야기자에 대한 보상으로서 경찰상 긴급상태에서 위험상황의 존재와 관계없는 사람에게 적법한 법적 명령이나 사실상의 강제로 인하여 침해가 따르는 경우, 그 사람에게 특별한 희생이 있음을 근거로 하여 이루어지는 보상을 말한다.[1]

② 경찰상 긴급상태 시에 문제되는 경찰책임자로서 비장해야기자에 대한 보상에 관한 직접적인 일반법으로는 「경찰관 직무집행법」 제11조의2가 있다. 그리고 「헌법」의 여러 규정에 대한 종합적인 해석을 통해 보상청구권이 인정된다고 볼 수 있는데, 즉 「헌법」 제11조의 평등의 원리, 「헌법」 제23조 제1항의 재산권보장의 원리, 「헌법」 제37조 제1항의 기본권보장의 원리와 함께 「헌법」 제23조 제3항의 특별희생의 원리를 종합적으로 고려하여 유추 적용한다면, 의도되지 아니한 재산권의 제약의 경우에도 손실보상을 하여야 한다. 이를 간접효력 규정설이라고 한다. 이러한 경우 비장해야기자는 손실보상을 청구할 수 있다.[2]

2) 장해야기자

자기의 행위 또는 물건 등을 통하여 경찰위해를 일으킴으로써 경찰권이 발동되었고, 그로 인하여 재산상 손실을 입은 자에 대하여는 일반적으로 손실보상 청구권이 인정되지 않는다. 예컨대, 주택가에 나타난 광견이나 거리를 질주하는 분마에 대해 경찰관이 「경찰관 직무집행법」 제5조에 의해 위험방지를 위한 조치를 한 결과, 광견이나 분마가 사살된 경우에 소유주는 경찰에 대하여 손실보상청구를 할 수 없다고 새겨야 할 것이다.

3) 외관상 장해야기자

① 흔히 외관상 장해야기자, 즉 객관적 관찰자에게 위해를 일으키고 있는 것으로 보임으로써 경찰권이 발동이 되었으나 사후적으로 그렇지 않은 것으로 판명된 자는 손실보상청구권이 인정

1) 홍정선, 앞의 책, p.442.
2) 홍정선, 앞의 책, p.443.

되지 아니한다.[3] 즉, 외관상 장해야기자에 대한 경찰처분은 적법하다.

② 그러나 보상과 관련하여 외관상 장해야기자가 일반적인 장해야기자와 동일하게 다루어져야 된다는 것을 의미하는 것이 아니므로 손실보상청구권이 인정될 수도 있다는 견해도 있다.[4] 예컨대, 순찰중인 경찰관이 사람살려라는 소리를 듣고 주택의 문을 박차고 들어갔으나 그 소리가 귀먹은 노인이 시청하고 있던 수사드라마에서 나온 소리로 확인된 경우 상대방은 경찰에 파손된 재산의 손실보상을 인정받을 수 있을 것이다.

4) 무관계자의 피해에 대한 보상

무관계자란 경찰책임 없는 제3자를 말하며, 이 제3자가 경찰처분으로 손해를 입게 된 경우 그 피해에 대한 보상이 문제가 된다.

① 경찰처분으로 인하여 피해를 입은 무관계자인 제3자의 피해보상에 관해 직접 규정한 일반법으로는 「경찰관 직무집행법」 제11조의2 제1호가 있다. 즉 손해발생의 책임이 없는 자가 생명·신체 또는 재산상의 손실을 입은 경우(손실발생에 대하여 책임이 없는 자가 경찰관의 직무집행에 자발적으로 협조하거나 물건을 제공하여 생명·신체 또는 재산상의 손실을 입은 경우를 포함) 국가는 손실을 입은 자에 대하여 정당한 보상을 하여야 한다.

② 한편, 경찰상 긴급상태의 경우와 마찬가지로 「헌법」의 여러 규정의 종합적인 해석을 통해 보상청구권이 나온다는 간접효력규정설이 적용된다. 해석상 경찰의 책임 없는 처분으로 무관계자인 제3자가 손해를 입게 되면 재산권침해의 경우에는 경찰이 흉악범에 발사한 총격의 파편에 의한 제3자의 건물이 파손된 경우와 같이 수용적 침해에 따른 보상청구권이 인정되고, 경찰이 흉악범에 발사한 총격의 파편에 의한 제3자의 부상의 경우와 같이 신체침해의 경우에는 희생보상청구권이 인정된다.[5]

제 2 절 국가배상

1. 국가배상청구권

1) 헌법상 국가배상청구권의 보장: 「헌법」 제29조

(1) 공무원의 직무상 불법행위

공무원의 직무상 불법행위로 손해를 입은 국민은 법률이 정하는 바에 의하여 국가 또는 공공단체에 정당한 배상을 청구할 수 있다. 이 경우 공무원 자신의 책임은 면제되지 아니한다.

3) 김남진·김연태, 행정법Ⅱ, p.343.
4) 홍정선, 앞의 책, p.444.
5) 앞의 책, p.445.

(2) 이중배상 금지

군인 · 군무원 · 경찰공무원 기타 법률이 정하는 자가 전투 · 훈련 등 직무집행과 관련하여 받은 손해에 대하여는 법률이 정하는 보상 외에 국가 또는 공공단체에 공무원의 불법행위로 인한 배상을 청구할 수 없다.

2) 국가배상법에 의한 손해배상

(1) 공무원의 직무집행행위로 인한 손해(국가배상법 제2조)[6]

① 행정상 손해배상이란 국가나 지방자치단체는 공무원 또는 공무를 위탁받은 사인(이하 공무원이라 한다)이 직무를 집행하면서 고의 또는 과실로 법령을 위반하여 타인에게 손해를 입히거나, 「자동차손해배상 보장법」에 따라 손해배상의 책임이 있을 때에는 이 법에 따라 손해를 배상하여야 한다. 다만, 군인 · 군무원 · 경찰공무원 또는 예비군대원이 전투 · 훈련 등 직무집행과 관련하여 전사 · 순직하거나 공상을 입은 경우에 본인이나 그 유족이 다른 법령에 따라 재해보상금 · 유족연금 · 상이연금 등의 보상을 지급받을 수 있을 때에는 이 법 및 「민법」에 따른 손해배상을 청구할 수 없다(이중배상금지).

② 국가배상의 경우에 공무원에게 고의 또는 중대한 과실이 있으면 국가나 지방자치단체는 그 공무원에게 구상할 수 있다.

③ 판례는 소집중인 향토예비군, 미군부대의 카튜사, 시청소차 운전수, 집달관, 통장 등을 공무원에 포함시키지만, 의용소방대원 및 시영버스운전자는 제외한다.

(2) 공공영조물 하자(국가배상법 제5조)

① 도로 · 하천 그 밖의 공공의 영조물의 설치나 관리에 하자가 있기 때문에 타인에게 손해를 발생하게 하였을 때에는 국가나 지방자치단체는 그 손해를 배상하여야 한다. 이 경우 제2조 제1항 단서(군인 · 경찰공무원 등 훈련이나 직무수행 중 부상 등으로 보상금을 받은 경우 국가배상 제외), 제3조 및 제3조의2(피해자의 상속인에게 배상)를 준용한다.

② 공공영조물 하자로 인해 손해가 발생했을 때 손해의 원인에 대하여 책임을 질 자가 따로 있으면 국가나 지방자치단체는 그 자에게 구상할 수 있다.

3) 배상책임의 요건

(1) 공무원의 직무행위로 인한 국가배상책임

국가의 배상책임이란 공무원이 그 직무를 집행하면서 고의 또는 과실로 법령에 위반하여 타인에게 손해를 발생하게 한 경우에 그 손해에 대한 배상책임을 말한다.

6) 국가배상법, 법률 제14964호, 2017.10.31.

(2) 공무원

① 공무원의 범위

넓은 의미의 공무원을 말한다. 「국가배상법」 제2조는 공무원을 "공무원 또는 공무를 위탁받은 사인"으로 규정하고 있다. 따라서 「국가공무원법」 또는 「지방공무원법」상의 공무원(입법 · 사법 · 행정 모두 포함)의 신분을 가진 자뿐만 아니라 널리 공무를 위탁받아 실질적으로 이에 종사하는 모든 사람 및 사실상 공무원도 포함된다. 행정관청의 지위나 보조기관의 지위에 있는 자도 포함된다. 일시적이고 한정적인 사항을 처리하는 사람도 공무원에 포함된다.

② 공무원으로 인정되는 경우

입법부나 사법부에 근무하는 의원이나 법관 등, 국가나 지방자치단체에 근무하는 청원경찰, 전투경찰, 집행관, 통장, 소집 중인 예비군, 미군부대의 카튜사, 교통할아버지, 시청소차운전수는 판례상 공무원으로 인정된다. 「국가배상법」상의 공무원은 최광의의 공무원으로서 사법부의 법관이나 헌법재판소의 재판관도 공무원에 해당한다(대판). 그러나 의용소방대원과 시영버스 운전자는 공무원으로 인정되지 아니한다.

(3) 직무행위

① 범위

관리작용설(광의설)로서 직무의 범위에는 권력작용과 비권력적 작용(관리작용)을 포함하는 모든 공행정작용을 의미한다는 것이 판례 및 다수설이다. 따라서 사경제 작용은 제외된다.

② 사익보호성

국가 등의 국가배상책임이 인정되려면 공무원에게 부과된 이러한 직무가 전적으로 또는 부수적으로라도 사익을 보호하는 것으로 인정되어야 한다.

③ 입법작용 및 사법작용

「국가배상법」상 직무행위에는 국가의 입법 · 행정 · 사법의 모든 작용이 포함된다.

(4) 직무를 집행하면서

① 직무수행자체는 물론 직무수행 수단으로 행하여진 행위라고 인정되거나 직무와 밀접하게 관련된 행위라고 인정되는 경우를 말한다. 직무행위인지 여부의 판단기준은 당해 행위가 현실적으로 정당한 권한 내의 것인지 또는 행위자인 공무원이 주관적으로 직무수행의 의사를 가지고 있는지의 여부와는 관계없이 객관적으로 직무행위의 외형을 갖추고 있는 지의 여부에 따라 결정된다. 이는 외형설 또는 외형 표준설이라고 하며 통설 판례의 입장이다.[7] 직무행위와 관련된 부수적 행위는 물론 직무행위의 외관을 띠고 있는 직무 아닌 행위에 대해서도 손해배상을 인정하고 있다.

---

7) 박윤흔, 행정법강의(상), p.705.

② 담당 공무원이 보통 일반의 공무원을 표준으로 하여 볼 때 객관적 주의의무를 결하여 그 행정처분이 객관적 정당성을 상실하였다고 인정될 정도에 이른 경우에 「국가배상법」 제2조 소정의 국가배상책임의 요건을 충족하였다고 봄이 상당하다(대판).

② 비번중이라도 일반적 권한이 박탈되는 것은 아니므로 외형상 일반적 권한의 범위 안에서 행한 행위는 직무행위에 포함된다. 직무집행 중의 행위라고 하기 위하여는 반대의 입장도 있으나 당해 공무원의 사물관할과 토지관할도 필요하다.[8]

(5) 직무상 고의 · 과실에 의한 불법행위

① 개념

고의란 공무원이 직무를 집행하면서 자신의 행위에 의하여 위법한 결과의 발생가능성을 인식하고 직무를 행하는 것이며, 과실이란 통상적으로 갖추어야 할 주의의무를 게을리하여 즉 부주의로 그것을 인식하지 못하고 직무를 행한 것을 의미한다.

② 판단기준

고의 · 과실은 공무원을 선임 감독함에 있어 국가의 과실이 있는지의 여부가 아니라 해당 직무를 행하는 당해 공무원을 기준으로 판단하여야 하며, 공무원의 고의 · 과실은 당해 공무원의 주관적 책임 요건이며 공무원의 주관적 인식유무를 기준으로 판단하게 된다. 이를 대위책임설이라고 하며 통설 · 판례이다. 국가 등에 의한 공무원의 선임 감독상의 고의 · 과실을 말하는 것이 아니다.

해당 공무원 개인의 주의의무를 기준으로 하는 것이 아니라 당해 직무를 담당하는 평균적 공무원의 주의의무를 기준으로 판단하는 것을 의미한다는 것이 통설 · 판례의 입장이다. 「국가배상법」은 무과실책임을 취하고 있지 않기 때문에 당해 공무원에게 고의 · 과실이 없으면 국가배상책임을 청구할 수 없다.

③ 가해공무원의 특정이 불가능한 경우

가해공무원의 특정이 어려운 경우에는 반드시 가해공무원을 특정하지 않더라도 공무원의 행위로 인정되는 한 국가배상책임을 인정해야 한다는 것이 통설과 판례의 입장이다. 예컨대, 집회 중 집회참석자가 사망한 사건에서 가해공무원인 전투경찰공무원을 특정하지 않아도 국가손해배상책임을 인정한다.

④ 과실의 입증책임

과실의 입증책임은 민법상 불법행위책임과 마찬가지로 원칙적으로 피해자인 원고(국민)에게 있다는 것이 통설 · 판례의 입장이다. 이 경우 과실의 입증이 매우 곤란하므로 민법에서 발달한 일응추정 법리를 원용하는 것이 타당할 것으로 판단된다.

---

8) 박윤흔, 행정법강의(상), pp.705-706.

(6) 법령을 위반하여

성문법과 불문법을 포함하여 모든 법령뿐만 아니라 인권존중, 사회질서나 공서양속 등도 포함하여 당해 직무행위가 객관적으로 정당성을 상실한 경우까지 포함하여 법령의 범위를 넓게 보는 광의설이 다수설 및 판례의 입장이다.

(7) 타인에 대한 손해의 발생과 이중배상금지

① 타인

타인이란 가해자인 공무원과 그의 위법한 직무행위에 가담한 자 이외의 모든 사람을 가리키는 것으로서 자연인 · 법인을 불문한다. 피해자가 가해자인 공무원과 동일 또는 동종의 기관에 근무하는지 여부는 문제되지 않으며, 공무원 역시 다른 공무원의 가해행위로 인하여 손해가 발생하게 되면 여기서의 타인에 해당한다 할 것이다.[9)]

② 손해

㉠ 공무원의 불법행위가 있더라도 손해가 발생하지 않으면 국가배상책임이 인정되지 않는다. ㉡ 손해는 가해행위로부터 발생한 일체의 손해로서 재산상의 손해 또는 생명 · 신체 등 비재산상 손해 그리고 정신적 손해를 가리지 않고 모두 포함한다. ㉢ 순수한 반사적 이익의 침해, 공공일반의 이익침해인 경우에는 국가배상책임이 인정되지 않는다. 국민의 이익과 관련된 것이라도 직접 국민 개개인의 이익을 위한 것이 아니라 전체적으로 공공일반의 이익을 도모하기 위한 것이라면 그 의무에 위반하여 국민에게 손해를 가하여도 국가 또는 지방자치단체는 배상책임을 부담하지 아니한다(판례).

③ 군인 · 경찰 등에 대한 특례

헌법(제29조)과 국가배상법(제2조 제1항 단서)은 군인, 군무원, 경찰공무원, 향토예비군대원 등이 전투 · 훈련 기타 직무수행과 관련하여 혹은 국방 또는 치안목적상 사용하는 시설이나 자동차 등 운반기구 안에서 전사 또는 순직, 공상 등을 당한 경우 이중배상금지에 해당한다. 하지만 그 유족의 정신적 고통에 따른 위자료를 청구할 수 있다. 사망하거나 신체의 해를 입은 피해자의 직계존속 · 직계비속 및 배우자, 신체의 해나 그 밖의 해를 입은 피해자에게는 대통령령으로 정하는 기준 내에서 피해자의 사회적 지위, 과실의 정도, 생계상태, 손해배상액 등을 고려하여 그 정신적 고통에 대한 위자료를 배상하여야 한다(국가배상법 제3조 제5항).[10)]

(8) 인과관계

① 공무원의 직무행위와 손해의 발생 사이에 상당인과관계가 있어야 한다.

② 판례는 상당인과관계의 유무를 판단함에 있어서 일반적인 결과발생의 개연성, 직무상 의무를 부과하는 법령 기타 행동규범의 목적이나 가해행위의 태양 및 피해의 정도 등을 종합적으로

---

9) 김남진 · 김연태, 행정법 I, p.506.

10) 국가배상법, 법률 제14964호, 2017.10.31. 시행 2017.10.31.

고려하여야 한다는 입장이다.[11)]

(9) 공무원의 피해자에 대한 책임(선택적 청구권)

공무원이 직접 피해자에게 배상책임을 지는가, 즉 피해자가 국가 등에게 배상을 청구하지 아니하고 공무원에게 직접 배상을 청구할 수 있는가의 문제가 바로 선택적 청구권의 문제이다. 판례는 가해공무원의 경과실로 인한 행위의 경우에는 공무원에게는 배상청구를 할 수 없고, 공무원에게 고의 또는 중과실이 있는 경우에는 가해 공무원에게도 배상청구를 할 수 있다.[12)] 선택적 청구권에 관해서는 「국가배상법」에 아무런 규정이 없다.

(10) 공무원의 국가에 대한 구상책임

① 공무원에게 고의 또는 중대한 과실이 있는 때에는 국가 또는 지방자치단체는 그 공무원에게 구상할 수 있다(국가배상법 제2조 제2항). 경과실의 경우에 구상을 인정하지 아니하는 것은 공무원이 배상에 대한 두려움을 덜고 소신껏 직무에 종사할 수 있게 하려는 정책적 고려에 의한 것으로 볼 수 있다.

② 공무원이 져야 하는 배상책임을 국가가 그에 대신하여 부담하는 것으로 보는 대위책임설에 의하면, 본래의 배상책임자인 당해 공무원에게 구상하는 것은 당연하다고 할 것이다. 그러나 자기책임설에 의할 경우에도 공무원은 국가에 대하여 직무상의무위반에 대하여 책임을 져야 할 지위에 있으므로 공무원에 대한 구상권 행사는 당연하다 할 것이다.[13)]

(11) 손해배상청구권의 양도 등 금지

① 생명 · 신체의 침해로 인한 국가배상을 받을 권리는 양도나 압류의 대상이 되지 아니한다(국가배상법제4조). 배상청구권은 재산권이므로 법적 성질로는 양도나 압류가 금지된다고는 볼 수 없으나, 유족이나 신체의 침해를 받은 자를 보호하기 위한 사회보장적 견지에서 특히 금지한 것이라 하겠다.

② 「국가배상법」 제3조 제5항에 생명 · 신체에 대한 침해로 인한 위자료의 지급을 규정하였을 뿐이고 재산권 침해에 대한 위자료의 지급에 관하여 명시적 규정을 두지 아니 하였으나 같은 법조 제4항(국가배상법 제3조 제4항)의 규정, 즉 생명 · 신체에 대한 침해와 물건의 멸실 · 훼손으로 인한 손해 외의 손해는 불법행위와 상당한 인과관계가 있는 범위에서 배상한다는 규정이 재산권 침해로 인한 위자료의 지급의무를 배제하는 것이라고 볼 수는 없다(대판).

(12) 배상청구권의 소멸시효

① 국가나 지방자치단체의 손해배상 책임에 관하여는 「국가배상법」에 규정된 사항 외에는 「민법」에 따른다. 다만, 「민법」 외의 법률에 다른 규정이 있을 때에는 그 규정에 따른다(국가배상법

11) 박윤흔, 행정법강의(상), pp.714-715.
12) 앞의 책, pp.719-721.
13) 앞의 책, p.718.

제8조). 「민법」 제766조에 의하면, 피해자나 그 법정대리인이 손해 및 그 가해자를 안 날로부터 3년이 지나면 시효로 소멸한다.

② 국가배상청구권은 위법행위가 있었던 때로부터 5년, 피해자나 그 법정대리인이 손해 및 가해자를 안 날로부터 3년간 이를 행사하지 아니하면 시효로 인하여 소멸한다(국가재정법 제96조).

② 판례는 불법행위로 인한 손해배상청구권의 단기소멸시효에 있어서 손해를 안 것이라 함은 단순히 손해발생사실을 안 것만으로는 부족하고, 그 손해가 위법행위로 인하여 발생한 것까지도 알았음을 요하고, 이 같은 손해를 안 시기에 관한 입증책임은 시효의 이익을 주장하는 자에게 있다.

③ 한편, 「국가배상법」 제9조에 따른 배상심의회에의 손해배상지급신청은 시효중단사유인 청구에 해당하므로 그 신청에 대한 배상심의회의 결정이 있은 때로부터 다시 시효기간이 진행된다.

(13) 손해배상소송과 배상신청의 관계

「국가배상법」에 따른 손해배상의 소송은 배상심의회에 배상신청을 하지 아니하고도 제기할 수 있다.

2. 영조물의 설치 · 관리상의 하자로 인한 손해배상

1) 국가배상책임의 성질

(1) 공공의 영조물

① 도로 · 하천, 그 밖의 공공의 영조물의 설치나 관리에 하자가 있기 때문에 타인에게 손해를 발생하게 하였을 때에는 국가나 지방자치단체는 그 손해를 배상하여야 한다. 이 경우 군인 · 군무원 · 경찰공무원 또는 예비군 대원 등이 전투 · 훈련 등 직무집행과 관련 순직이나 공상시 이중배상은 금지된다(국가배상법 제5조).

② 「국가배상법」 제5조 상의 영조물은 본래의 의미의 영조물, 즉 공적 목적을 위하여 제공된 인적 · 물적 종합시설이 아니라 공물(직접 행정목적에 제공된 유체물 또는 물적 설비)을 의미한다고 보는 것이 통설이며 판례이다. 다만, 여기에서의 유체물에는 관용차와 같은 개개의 유체물뿐만 아니라 도로, 하천, 항만, 상하수도, 관공서청사, 국공립학교교사(校舍)와 같이 물건의 집합체인 유체적 설비도 포함된다. 즉 도로 하천과 같은 공공용물, 관공서청사와 같은 공용물도 포함된다.

③ 따라서 공물에는 개개의 물건뿐만 아니라 물건의 집합체인 공공시설도 포함된다고 봄이 타당하다. 또한 부동산 · 동산(소, 말, 자동차, 항공기, 경찰견, 경찰마), 인공공물(도로, 상하수도, 공원, 운하, 관공청사, 교량 등), 자연공물(하천, 호소 등) 및 동물 등도 이에 포함된다. 그러나 국 · 공유의 재산일지라도 공적 목적에 제공된 공물이 아닌 국 · 공유의 사물은 영조물이 아니다.[14]

④ 판례상 배상의 원인이 되었던 영조물에는 맨홀, 건널목 경보기, 공중변소, 도로, 철도대합실, 승강장, 교통신호기 등이 있다.

14) 김남진 · 김연태, 행정법 I, pp.522-523.

⑤ 영조물의 하자로 인한 손해의 원인에 대하여 책임을 질 자가 따로 있으면 국가나 지방자치단체는 그 자에게 구상을 할 수 있다(국가배상법 제5조 제2항).

(2) 무과실책임

국가 등의 배상책임은 공공의 영조물의 설치 또는 관리에 흠이 있다고 하는 객관적 사실에 의하여 발생하는 것으로서, 설치 또는 관리를 담당한 공무원의 고의·과실의 유무를 불문하므로 무과실책임의 성질을 가진다.[15] 따라서 「국가배상법」 제5조 영조물의 설치·관리의 하자로 인한 배상책임은 공무원의 고의·과실을 요건으로 하지 않는 무과실 책임이다.[16] 다만, 불가항력적인 경우에는 국가는 영조물로 인한 배상책임을 부담하지 아니한다.

2) 국가배상책임의 성립요건

(1) 설치나 관리의 하자의 개념

① 국가 등의 배상책임이 성립하기 위해서는 도로·하천 기타의 공공의 영조물의 설치 또는 관리에 하자가 있기 때문에 타인에게 손해가 발생하였어야 한다(국가배상법 제5조 제1항).

② 판례는 영조물의 설치·관리상 하자를 영조물의 설치 및 관리에 불완전한 점이 있어 이 때문에 영조물 자체가 그 용도에 따라 통상 갖추어야 할 안전성을 갖추지 못한 상태에 있는 것을 말한다.

(2) 타인에게 손해가 발생할 것

① 손해란 설치·관리상의 하자로 인하여 발생한 법익침해에 의한 불이익을 말하며, 손해는 재산적·정신적 손해, 적극적·소극적 손해를 불문한다. 하자와 손해발생과의 사이에는 상당인과관계가 있어야 한다.

② 한편, 자연현상, 제3자 또는 피해자의 행위가 그 손해의 원인으로서 가세한 경우에도 하자와 손해발생과의 사이에 상당인과관계가 있는 한, 국가 등은 그 한도 내에서 배상책임이 있다.

③ 상당인과관계는 원고가 입증해야 한다. 공무원이 영조물의 설치·관리상의 하자로 손해를 입은 때에도 여기서의 타인에 해당한다. 공무원의 직무상 불법행위로 인한 손해의 경우와 마찬가지로 공무원 중에서 군인, 군무원, 경찰공무원, 향토예비군대원에 대하여는 특례, 즉 이중배상금지를 규정하고 있다.

(3) 하자의 입증책임

판례는 하자의 입증책임을 피해자에게 지우고 있다. 영조물의 설치·관리의 흠으로 인한 국가 등의 배상책임의 경우에도 일응 추정의 법리가 적용된다. 즉 피해자가 영조물로 인하여 손해가 발생하였음을 입증하면 그 하자가 있는 것으로 일응 추정된다.[17] 다만, 관리주체에게 손해발생의

15) 박윤흔, 행정법강의(상), p.726.
16) 앞의 책, p.726.
17) 김남진·김연태, 행정법Ⅰ, p.526.

예견가능성과 회피가능성이 없다는 것은 관리주체가 입증하여야 한다.

3) 국가배상책임의 면책사유

(1) 불가항력

통상적으로 갖추어야 할 안전성을 구비하고 있음에도 불구하고 손해가 발생한 경우에는 불가항력으로서 국가 등은 책임이 면제된다. 즉 천재사변과 같이 인간의 능력으로는 예견할 수 없거나 예견할 수 있어도 회피할 수 없는 외부의 손해의 힘으로 손해가 발생한 경우에 국가배상책임이 면제된다. 예컨대, 이례적인 집중폭우나 강풍에 의하여 영조물이 훼손되고 그로 말미암아 손해가 발생한 경우, 그 당시의 과학기술수준에 상응한 안전성이 갖추어져 있는 경우, 즉 하자의 유무에 관계없이 손해가 발생했을 정도라면 그 손해발생은 불가항력에 의한 것이라고 볼 수 있다. 다만, 폭우 등 재해가 과거에 경험해 본 범위 내의 것이라면, 국가 등은 그에 대처할 시설을 갖추어야 할 의무를 진다. 이러한 경우에 하자가 존재함으로써 손해가 발생·확대되었다면 국가 등은 그 한도 내에서 배상책임을 져야 한다.[18]

(2) 재정적 제약(예산부족)

공물의 관리상 필요한 예산의 부족이 국가배상책임을 면책시키는 사유가 될 수 있는지 문제된다. 일반적으로 재정적 제약은 영조물의 안전성의 정도에 관하여 참작사유는 될 수 있을 뿐 면책사유가 되지 않는다. 대법원 역시 재정사정은 안전성을 요구하는데 있어 참작사유에 해당할 뿐 안전성을 결정지을 절대적 요건은 되지 못한다고 판시하였다.[19]

(3) 피해자의 과실

피해자의 과실로 피해가 확대된 한도 내에서 국가 등의 책임이 부분적으로 감면된다.

4) 「국가배상법」 제2조와 제5조의 경합

(1) 선택적 배상청구

① 제2조의 "공무원의 불법행위"로 인한 배상책임은 과실책임이고, 제5조의 "영조물의 하자로 인한 배상책임은 무과실책임인 점, 그리고 제2조의 직무행위에 영조물의 관리행위도 포함되는 것으로 볼 수 있으므로 두 가지 책임은 경합할 수 있다.

② 양자의 책임이 중복하여 발생하는 경우에 피해자는 양자 중 그 어느 것에 의해서도 배상을 청구할 수 있다. 예컨대, 순찰차의 기계의 흠과 운전자의 과실이 경합하여 사람을 사상하게 한 경우에는 제2조와 제5조가 경합되어 양 책임이 중복적으로 성립되므로 어느 규정에 의하여서도 배상을 청구할 수 있다.

---

18) 앞의 책, p.528.
19) 앞의 책, p.528.

(2) 관리의무 위반에 의한 배상청구

관리의무 위반으로 물적 하자가 생겨서 이로 인하여 손해를 받은 경우에도 제2조와 제5조의 어느 규정에 의하여서도 배상을 청구할 수 있다.[20]

판례는 보행자 신호기에 고장이 나서 보행자신호와 차량신호가 동시에 녹색 등이 들어와 시민의 수차례 신고가 있었음에도 불구하고 방치한 결과 보행자 사고가 난 사안에서 공무원의 신호기 관리상 과실 및 신호기의 하자가 있으므로 국가배상법 제2조 및 제5조에 따른 손해배상책임을 인정한 바 있다(대판).

5) 배상책임자

(1) 피해자에 대한 배상책임자

「국가배상법」 제5조의 배상책임의 요건이 충족된 경우에 국가 또는 지방자치단체는 그 손해를 배상할 책임이 있다. 이 경우에 영조물의 설치·관리를 담당하는 자와 비용을 부담하는 자가 동일하지 아니한 경우에는 비용부담자도 배상책임자가 된다. 즉, 설치·관리자 및 비용부담자가 모두 배상책임을 부담한다(국가배상법 제6조 제1항).

(2) 판례

판례도 「국가배상법」 제6조 제1항의 비용부담자는 형식상부담자 또는 대외적 비용부담자뿐만 아니라 실질적 비용부담자도 포함한다는 입장이다. 예컨대, 지방자치단체장이 설치하여 관할 시·도경찰청장에게 관리권한을 위임한 교통신호기의 고장으로 인해 교통사고가 발생한 경우 관리주체인 지방자치단체뿐만 아니라 비용부담주체인 국가도 손해발생책임을 진다.

비용이란 인건비(봉급)만이 아니라 당해 사무에 필요한 일체의 경비를 의미한다. 비용이 어떤 것이냐에 따라 대외적 비용부담자와 실질적 비용부담자가 달라질 수 있다.

(3) 종국적 배상책임자

① 원인책임자에 대한 구상권

영조물 하자로 인한 손해의 원인에 대하여 책임을 질 자가 따로 있을 때에는 국가 또는 지방자치단체는 그 자에 대하여 구상할 수 있다(국가배상법 제5조 제2항).

② 관리주체와 비용부담주체 사이의 최종적 책임의 분담

「국가배상법」 제6조 제2항은 제1항의 경우에 손해를 배상한 자는 내부관계에서 그 손해를 배상할 책임이 있는 자에게 구상할 수 있다고 규정하고 있다.

---

20) 박윤흔, 행정법강의(상), p.736.

6) 구상권

(1) 설치 · 관리자와 비용부담자가 다른 경우의 구상

설치 · 관리자와 비용부담자가 다른 경우 양쪽 모두가 피해자에 대하여 배상책임을 진다. 이 경우에 피해자에게 손해를 배상한 자는 내부관계에서 그 손해를 배상할 책임이 있는 자에게 구상할 수 있다.

(2) 손해 원인의 책임자에 대한 구상

국가 등이 배상한 경우에 손해의 원인에 대하여 책임을 질 자가 따로 있을 때에는 국가 등은 그 자에게 구상할 수 있다. 손해의 원인에 대하여 책임을 질 자가 따로 있을 때라 함은 ① 공공의 영조물을 불완전하게 건축한 건축공사수급인 등 영조물의 설치 또는 관리의 흠을 생기게 한 자로서 그의 고의 또는 과실이 있음을 요한다. 이 경우의 구상에 응하는 책임의 성질은 국가 등에 대한 채무불이행, 피해자에 대한 불법행위책임이다. ② 또한 영조물의 관리기관을 구성하는 공무원도 그 관리의무의 해태가 손해발생의 원인으로 볼 수 있을 때에는 여기에서의 책임을 질자에 포함된다. 다만, 제2조와의 균형상 고의 또는 중과실이 있는 경우에 한하여 책임을 인정하며, 경과실의 경우에는 책임을 인정하지 않는 것이 통설의 입장이다.[21]

제 3 절 행정심판

1. 의의 및 행정심판의 대상

1) 개념

행정심판이란 행정청의 위법 또는 부당한 처분 기타 공권력의 행사 불행사 등으로 인한 국민의 권리 또는 이익의 침해를 구제하는 심판절차를 말한다.

2) 목적(제1조)

이 법은 행정심판 절차를 통하여 행정청의 위법 또는 부당한 처분이나 부작위로 침해된 국민의 권리 또는 이익을 구제하고 아울러 행정의 적정한 운영을 꾀함을 목적으로 한다.[22]

3) 행정심판의 대상(제3조)

(1) 개괄주의

① 행정청의 처분 또는 부작위에 대하여는 다른 법률에 특별한 규정이 있는 경우 외에는 이 법에 따라 행정심판을 청구할 수 있다.

---

21) 앞의 책, p.738.
22) 행정심판법, 법률 제19269호, 2023.3.21. 시행 2023.3.21.

② 대통령의 처분 또는 부작위에 대하여는 다른 법률에서 행정심판을 청구할 수 있도록 정한 경우 외에는 행정심판을 청구할 수 없다.

(2) 용어의 정의(제2조)

① 처분

행정청이 행하는 구체적 사실에 관한 법 집행으로서의 공권력의 행사 또는 그 거부 그 밖에 이에 준하는 행정작용을 말한다.

② 부작위

행정청이 당사자의 신청에 대하여 상당기간 내에 일정한 처분을 해야 할 법률상 의무가 있음에도 불구하고 처분을 하지 아니하는 것을 말한다.

③ 재결

행정심판의 청구에 대하여 제6조에 따른 행정심판위원회가 행하는 판단을 말한다.

④ 행정청

행정에 관한 의사를 결정하여 표시하는 국가 또는 지방자치단체의 기관, 그 밖에 법령 또는 자치법규에 따라 행정권한을 가지고 있거나 위탁을 받은 공공단체나 그 기관 또는 사인을 말한다.

2. 행정심판의 종류 및 구별개념

1) 행정심판의 종류

(1) 취소심판(행정심판법 제5조 제1호)

취소심판이란 행정청의 위법 또는 부당한 처분의 취소 또는 변경을 하는 심판을 말한다.

(2) 무효등확인심판(행정심판법 제5조 제2호)

무효등확인심판이란 행정청의 처분의 효력 유무 또는 존재여부에 대한 확인을 하는 심판을 말한다. 구체적인 내용에 따라 다시 유효확인심판, 무효확인심판, 실효확인심판, 존재확인심판, 부존재확인심판으로 구분된다.

(3) 의무이행심판

① 의무이행심판이란 당사자의 신청에 대한 행정청의 위법 또는 부당한 거부처분이나 부작위에 대하여 일정한 처분을 하도록 하는 심판을 말한다(행정심판법 제5조 제3호).

② 거부처분에 대한 의무이행심판에는 심판제기에 기간상 제한이 따르지만, 부작위에 대한 의무이행심판에는 심판제기에 기간상 제한이 따르지 않는다. 의무이행심판에는 사정재결이 적용되며, 즉 위원회는 심판청구가 이유가 있다고 인정하는 경우에도 이를 인용하는 것이 공공복리에 크게 위배된다고 인정하면 그 심판청구를 기각하는 재결을 할 수 있다(행정심판법 제44조 제3항). 위원회는 의무이행의 심판청구가 이유 있다고 인정하면 지체 없이 신청에 따른 처분을 하거나

처분을 할 것을 피청구인에게 명한다(행정심판법 제43조 제5항).

2) 구별개념

(1) 행정심판과 이의신청

① 청구기관

행정심판은 주로 상급행정청 소속 행정심판위원회에 청구를 해야 하지만, 이의신청은 처분청을 대상으로 신청을 한다.

② 대상

행정심판은 원칙적으로 모든 위법·부당한 처분을 대상으로 하고, 이의신청은 개별법에서 정하고 있는 처분을 대상으로 한다.

(2) 행정심판과 행정소송 비교

① 성질

행정심판은 약식쟁송의 성질을 가지며, 행정소송은 정식쟁송에 해당한다.

② 판정기관

행정심판은 행정심판위원회가 심판기관이며. 행정소송은 법원이 심판기관이다.

③ 종류

행정심판의 종류는 ㉠ 취소심판, ㉡ 무효등확인심판, ㉢ 의무이행심판이 있으며, 행정소송은 ㉠ 취소소송, ㉡ 무효등 확인소송, ㉢ 부작위위법확인소송, ㉣ 당사자소송, ㉤ 민중소송, ㉥ 기관소송 등의 종류로 나누어진다.

④ 심리절차

행정심판은 구술심리 또는 서면심리를 하고 비공개를 원칙으로 하지만, 행정소송은 구두변론에 의해 이루어자며, 공개를 원칙으로 한다.

⑤ 제소기간

행정심판은 처분이 있음을 알게 된 날부터 90일, 처분이 있었던 날부터 180일 이내에 심판을 청구하여야 하고, 행정소송은 처분이 있음을 안 날 또는 재결서의 정본을 송달받은 날부터 90일, 처분등이 있은 날로부터 1년 이내에 소송을 제기해야 한다.

⑥ 쟁송대상

행정심판은 행정처분의 위법(법률문제)·부당(공익문제)이 대상이고, 행정소송은 행정처분의 위법(법률문제)이 대상이다.

⑦ 공통점

㉠ 국민의 권리구제수단, ㉡ 원고적격이 있어야 제기가능, ㉢ 신청을 전제로 한 절차개시, ㉣

집행부정지 원칙, ㉤ 청구(소)의 변경, ㉥ 불고불리의 원칙, ㉦ (보충적)직권심리주의 가미, ㉧ 구술심리, ㉨ 불이익변경금지의 원칙 적용, ㉩ 사정재결·사정판결의 인정, ㉪ 간접강제 가능

3. 행정심판 기관 및 당사자등

1) 재결청

(1) 형식적인 재결권 행사하는 기관(행정심판법 제49조 제1항)

재결청이란 심판청구 사항에 대하여 재결을 하고 재결서를 청구인에게 송달하는 기관을 말한다. 재결청이 재결을 함에 있어서 행정심판위원회의 의결내용에 구속된다.

(2) 직근상급감독 기관

재결청은 원칙적으로 처분청의 직근상급기관이 되지만, 당해 처분청 자신, 소관 감독행정기관 또는 제3의 기관이 재결청이 되는 경우가 있다. 따라서 경찰청장의 처분인 경우 재결청은 행정안전부장관이, 시·도경찰청장이나 경찰서장의 처분인 경우 경찰청장이 재결청이 된다.

2) 행정심판위원회의 심리·재결

(1) 해당 행정청 소속 행정심판위원회

「행정심판법」 제6조 제1항에 의하면, 행정청 또는 그 소속 행정청, 즉 행정기관의 계층구조에 관계없이 그 감독을 받거나 위탁을 받은 모든 행정청의 처분 또는 부작위에 대한 행정심판의 청구에 대하여는 행정청에 두는 행정심판위원회에서 심리·재결한다.

(2) 국민권익위원회의 중앙행정심판위원회의 심리·재결(행정심판법 제6조 제2항)

다음에 해당하는 행정청의 처분 또는 부작위에 대한 심판청구에 대하여는 「부패방지 및 국민권익위원회의 설치와 운영에 관한 법률」에 따른 국민권익위원회에 두는 중앙행정심판위원회에서 심리·재결한다.

① 해당 행정청 소속으로 설치하는 경우 외의 국가행정기관의 장 또는 그 소속 행정청

② 시·도지사, 시·도의 교육감, 시·도 의회 등의 행정청

③ 국가·지방자치단체·공공법인 등이 공동으로 설립한 행정청

(3) 특별행정심판

① 특별행정심판위원회

사안의 전문성 및 특수성과 관련된 심판을 하는 위원회로서 소청심사위원회, 조세심판원, 중앙토지수용위원회 등이 있다.

② 특별행정심판 등(제4조)

㉠ 사안의 전문성과 특수성을 살리기 위하여 특히 필요한 경우 외에는 이 법에 따른 행정심판

을 갈음하는 특별한 행정불복절차(특별행정심판)나 이 법에 따른 행정심판 절차에 대한 특례를 다른 법률로 정할 수 없다.

㉡ 관계 행정기관의 장이 특별행정심판 또는 이 법에 따른 행정심판 절차에 대한 특례를 신설하거나 변경하는 법령을 제정·개정할 때에는 미리 중앙행정심판위원회와 협의하여야 한다.

㉢ 다른 법률에서 특별행정심판이나 이 법에 따른 행정심판 절차에 대한 특례를 정한 경우에도 그 법률에서 규정하지 아니한 사항에 관하여는 이 법에서 정하는 바에 따른다.

3) 행정심판위원회의 구성 및 회의(제7조)

(1) 구성

각급 행정심판위원회는 위원장 1명을 포함하여 50명 이내의 위원으로 구성한다. 한편, 중앙행정심판위원회는 위원장 1명을 포함하여 70명 이내의 위원으로 구성하되, 위원 중 상임위원은 4명 이내로 한다.

(2) 회의

각급 행정심판위원회는 위원장과 위원장이 회의마다 지정하는 8명의 위원으로 구성한다. 중앙행정심판위원회는 위원장, 상임위원 및 위원장이 회의마다 지정하는 비상임위원을 포함하여 총 9명으로 한다.

(3) 의결

각급 행정심판위원회는 구성원 과반수의 출석과 출석위원 과반수의 찬성으로 의결한다.

(4) 임기

각급 행정심판위원회의 경우 소속 공무원인 위원은 재직하는 동안, 위촉된 위원 임기는 2년으로 2차 연임이 가능하다. 중앙행정심판위원회의 경우 상임위원은 임기 3년으로 1차 연임이 가능하다. 비상임위원의 임기는 2년으로 2차 연임이 가능하다.

4) 행정심판의 당사자 등

(1) 청구인 적격

① 자격 및 청구인 적격

i) 취소심판은 처분의 취소 또는 변경을 구할 법률상 이익이 있는 자가 청구할 수 있다. 처분의 효과가 기간의 경과, 처분의 집행, 그 밖의 사유로 소멸된 뒤에도 그 처분의 취소로 회복되는 법률상 이익이 있는 자의 경우에도 또한 같다(행정심판법 제13조 제1항).

ii) 처분의 상대방이 아닌 제3자도 될 수 있으며 자연인·법인 불문한다.

iii) 법인이 아닌 사단 또는 재단으로서 대표자나 관리인이 정하여져 있는 경우에는 그 사단이나 재단의 이름으로 심판청구를 할 수 있다(제14조).

iv) 의무이행심판은 처분을 신청한 자로서 행정청의 거부처분 또는 부작위에 대하여 일정한 처분을 구할 법률상 이익이 있는 자가 청구할 수 있다.

② **선정대표자**(제15조)

i) 여러 명의 청구인이 공동으로 심판청구를 할 때에는 청구인들 중에서 3명 이하의 선정대표자를 선정할 수 있다.

ii) 선정대표자는 다른 청구인들을 위하여 그 사건에 관한 모든 행위를 할 수 있다. 다만, 심판청구를 취하하려면 다른 청구인들의 동의를 받아야 하며, 이 경우 동의받은 사실을 서면으로 소명해야 한다.

iii) 선정대표자가 선정되면 다른 청구인들은 그 선정대표자를 통해서만 그 사건에 관한 행위를 할 수 있다.

iv) 선정대표자를 선정한 청구인들은 필요하다고 인정하면 선정대표자를 해임하거나 변경할 수 있다. 이 경우 청구인들은 그 사실을 지체 없이 위원회에 서면으로 알려야 한다.

(2) 피청구인(제17조)

① **피청구인 적격**

행정심판은 처분을 한 행정청(의무이행심판의 경우에는 청구인의 신청을 받은 행정청)을 피청구인으로 하여 청구하여야 한다. 다만, 심판청구의 대상과 관계되는 권한이 다른 행정청에 승계된 경우에는 권한을 승계한 행정청을 피청구인으로 하여야 한다.

② **피청구인의 경정**

i) 청구인이 피청구인을 잘못 지정한 경우에는 행정심판위원회는 직권으로 또는 당사자의 신청에 의하여 결정으로써 피청구인을 경정할 수 있다.

ii) 위원회는 피청구인을 경정하는 결정을 하면 결정서 정본을 당사자(종전의 피청구인과 새로운 피청구인을 포함)에게 송달하여야 한다.

iii) 피청구인의 변경결정이 있으면 종전의 피청구인에 대한 심판청구는 취하되고, 종전의 피청구인에 대한 행정심판이 청구된 때에 새로운 피청구인에 대한 행정심판이 청구된 것으로 본다.

iv) 당사자는 위원회의 경정 결정에 대하여 결정서 정본을 받은 날부터 7일 이내에 위원회에 이의신청을 할 수 있다.

(3) 참가인

① **신청에 의한 참가**(법 제20조)

심판참가를 하려는 이해관계인은 참가의 이유와 취지를 적은 참가신청서를 위원회에 제출하여야 한다. 행정심판위원회는 참가신청을 받으면 허가여부를 결정하고 지체 없이 신청인에게는 결정서 정본을, 당사자와 다른 참가인에게는 결정서 등본을 송달하여야 한다.

② **요구에 의한 참가**(법 제21조)

ⅰ) 행정심판위원회는 필요하다고 인정하면, 그 행정심판 결과에 이해관계가 있는 제3자나 행정청에 그 사건 심판에 참가할 것을 요구할 수 있다.

ⅱ) 심판참가 요구를 받은 제3자나 행정청은 지체 없이 그 사건심판에 참가할 것인지 여부를 위원회에 통지하여야 한다.

4. 심판청구 기간 및 행정심판 청구

1) 청구방식

(1) 원칙

심판청구는 서면으로 하여야 한다. 행정심판을 청구하려는 자는 제28조에 따라 심판청구서를 작성하여 피청구인이나 위원회에 제출하여야 한다. 이 경우 피청구인의 수만큼 심판청구서 부본을 함께 제출하여야 한다(제23조 제1항).

(2) 심판청구기간(제27조)

① 심판청구는 처분이 있음을 알게 된 날부터 90일 이내에 제기하여야 한다. 청구인이 천재지변, 전쟁, 사변, 그 밖의 불가항력으로 인하여 처분이 있음을 알게 된 날부터 90일 이내에 심판청구를 할 수 없었던 때에는 그 사유가 소멸한 날부터 14일 이내에 행정심판을 청구할 수 있으며, 다만, 국외에서 행정심판청구를 하는 경우에는 그 기간을 30일로 한다.

② 행정심판은 처분이 있었던 날부터 180일이 지나면 청구하지 못한다. 다만, 정당한 사유(천재지변 등 불가항력 사유, 제3자효, 건전한 사회관념에 따른 사유)가 있는 경우에는 180일이 지나도 청구가 허용된다.

③ 청구기간은 불변기간으로 한다.

(3) 행정청의 오고지 및 불고지

① 「행정심판법」 제27조 제5항 및 제6항에 의하면, 행정청이 심판청구기간을 처분이 있음을 안 날로부터 90일 보다 긴 기간으로 잘못 알린 경우 그 잘못 알린 기간 내에 심판청구가 있으면 그 심판청구는 90일 이내에 제기된 것으로 본다.

② 한편, 불고지, 즉 행정청이 심판청구기간을 알리지 아니한 때에는 당사자가 처분이 있음을 알았다고 하더라도 처분이 있었던 날부터 180일 이내에 심판청구를 할 수 있다.

③ 심판청구기간에 대한 위의 제한규정은 무효등확인심판청구와 부작위에 대한 의무이행심판청구에는 적용하지 아니 한다(법 제27조 제7항).

2) 행정심판청구

(1) 선택적 청구

「행정심판법」 제23조 제1항에 의하면, 행정심판을 청구하려는 자는 심판청구서를 작성하여 피청구인(행정청)이나 위원회에 제출하여야 한다고 규정하고 있다. 이 경우 피청구인의 수만큼 심판청구서 부본을 함께 제출하여야 한다. 이 규정은 행정청이나 위원회에 대한 선택적 청구를 인정하고 있다.

(2) 피청구인의 심판청구서 등의 접수 · 처리(제24조)

① 피청구인이 심판청구서를 접수하거나 송부 받으면 10일 이내에 심판청구서와 답변서를 위원회에 보내야 한다. 다만, 청구인이 심판청구를 취하한 경우에는 그러하지 아니하다.

② 심판청구가 그 내용이 특정되지 아니하는 등 명백히 부적법하다고 판단되는 경우에 피청구인은 답변서를 위원회에 보내지 아니할 수 있다. 이 경우 심판청구서를 접수하거나 송부 받은 날부터 10일 이내에 그 사유를 위원회에 문서로 통보하여야 한다.

③ 중앙행정심판위원회에서 심리 · 재결하는 사건인 경우 피청구인은 위원회에 심판청구서 또는 답변서를 보낼 때에는 소관 중앙행정기관의 장에게도 그 심판청구 답변의 내용을 알려야 한다.

(3) 심판청구의 효과(제30조)

① 처분집행 부정지원칙

심판청구는 처분의 효력이나 그 집행 또는 절차의 속행에 영향을 주지 아니 한다.

② 처분집행 정지의 결정: 예외

i) 위원회는 처분, 처분의 집행 또는 절차의 속행 때문에 중대한 손해가 생기는 것을 예방할 필요성이 긴급하다고 인정할 때에는 직권으로 또는 당사자의 신청에 의하여 처분의 효력, 처분의 집행 또는 절차의 속행의 전부 또는 일부의 정지를 결정할 수 있다. 다만, 처분의 효력정지는 처분의 집행 또는 절차의 속행을 정지함으로써 그 목적을 달성할 수 있을 때에는 허용되지 아니한다.

ii) 집행정지는 공공복리에 중대한 영향을 미칠 우려가 있을 때에는 허용되지 아니한다.

iii) 위원회는 집행정지를 결정한 후에 집행정지가 공공복리에 중대한 영향을 미치거나 그 정지사유가 없어진 경우에는 직권으로 또는 당사자의 신청에 의하여 집행정지 결정을 취소할 수 있다.

5. 행정심판의 심리원칙 및 재결

1) 심리원칙

(1) 불고불리의 원칙(제47조 제1항)

위원회는 심판청구의 대상이 되는 처분 또는 부작위 외의 사항에 대하여는 재결하지 못한다. 이를 재결의 범위라고 한다.

(2) 직권심리(제39조)

위원회는 필요하면 당사자가 주장하지 아니한 사실에 대하여도 심리할 수 있다.

(3) 불이익변경금지 원칙(제47조 제2항)

위원회는 심판청구의 대상이 되는 처분보다 청구인에게 불리한 재결을 하지 못한다.

(4) 처분의 위법 · 부당 여부의 판단기준

위원회는 원칙적으로 처분시를 기준으로 판단하여야 한다. 다만, 행정심판기관은 처분 당시 존재한 자료와 재결 당시까지 제출된 모든 자료를 종합하여 판단할 수 있다는 것이 판례의 입장이다.

(5) 심리의 방식(제40조)

① 행정심판의 심리는 구술심리나 서면심리로 한다. 다만, 당사자가 구술심리를 신청한 경우에는 서면심리만으로 결정할 수 있다고 인정되는 경우 외에는 구술심리를 하여야 한다.

② 위원회는 구술심리 신청을 받으면 그 허가 여부를 결정하여 신청인에게 알려야 한다. 이 때 통지의 방법은 간이통지 방법으로 할 수 있다.

2) 행정심판의 재결

(1) 재결기간(제45조)

재결은 피청구인 또는 위원회가 심판청구서를 받은 날부터 60일 이내에 하여야 한다. 다만, 부득이한 사정이 있는 경우에는 위원장이 직권으로 30일을 연장할 수 있다. 재결기간을 연장할 경우에는 재결기간이 끝나기 7일 전까지 당사자에게 알려야 한다.

(2) 재결의 송달과 효력 발생(제48조)

위원회는 지체 없이 당사자에게 재결서의 정본을 송달하여야 한다. 재결은 청구인에게 재결서의 정본이 송달되었을 때에 그 효력이 생긴다. 이 경우 중앙행정심판위원회는 재결 결과를 소관 중앙행정기관의 장에게도 알려야 한다. 위원회는 재결서의 등본을 지체 없이 참가인에게 송달하여야 한다.

(3) 재결의 구분(제43조)

① 각하재결

위원회는 심판청구가 적법하지 아니하면 그 심판청구를 각하한다.

② 기각재결

위원회는 심판청구가 이유가 없다고 인정하면 그 심판청구를 기각한다.

③ 인용재결

본안 심리의 결과 심판청구가 이유 있다고 인정하여 청구의 취지를 받아들이는 재결을 인용재결이라 한다. ⅰ) 위원회는 취소심판의 청구가 이유 있다고 인정하면 처분의 취소 또는 다른 처분으로 변경하거나 처분을 다른 처분으로 변경할 것을 피청구인에게 명한다. ⅱ) 위원회는 무효등확인심판의 청구가 이유가 있다고 인정하면 처분의 효력 유무 또는 처분의 존재 여부를 확인한다. ⅲ) 위원회는 의무이행심판의 청구가 이유가 있다고 인정하면 지체 없이 신청에 따른 처분을 하거나 처분을 할 것을 피청구인에게 명한다.

④ 사정재결(제44조)

ⓐ 공공복리에 위배한 경우 기각재결

위원회는 심판청구가 이유 있다고 인정하는 경우에도 이를 인용하는 것이 공공복리에 크게 위배된다고 인정하면 그 심판청구를 기각하는 재결을 할 수 있다. 이 경우 위원회는 재결의 주문에서 그 처분 또는 부작위가 위법하거나 부당하다는 것을 구체적으로 밝혀야 한다.

ⓑ 청구인에 대한 구제방법 하명

위원회는 사정재결을 할 때에는 청구인에 대하여 상당한 구제방법을 취하거나 상당한 구제방법을 취할 것을 피청구인에게 명할 수 있다.

ⓒ 적용의 제외

사정재결은 무효등확인심판에는 적용하지 아니 한다.

(4) 불복

① 재심판청구금지(제51조)

심판청구에 대한 재결이 있으면 그 재결 및 같은 처분 또는 부작위에 대하여 다시 행정심판을 청구할 수 없다.

② 행정소송제기

ⓐ 재결에 불복하면 행정소송을 제기할 수 있다. 이때 행정소송은 원처분을 대상으로 하여야 한다. 따라서 행정심판이 기각된 경우 그 기각재결을 행정소송의 대상으로 할 수 없다. ⓑ 다만, 재결자체에 고유한 위법이 있는 때에는 재결의 취소를 구하는 행정소송을 제기할 수 있다.

6. 재결의 효력

1) 형성력

형성력이란 재결의 내용에 따라 기존의 법률관계의 변경・소멸을 가져오는 효력을 말한다. 재결의 형성력은 제3자에게도 미치므로 이를 '대세적 효력'이라고 한다.

(1) 취소재결

재결에 의해 청구가 인용되어 원처분의 전부 또는 일부가 취소된 때에는 원처분의 당해 부분의 효력은 동시에 소멸되며, 처음부터 존재하지 않는 것으로 된다. 즉 행정심판 재결의 내용이 처분청에게 처분의 취소를 명하는 것이 아니라 재결청이 스스로 처분을 취소하는 것일 때에는 그 재결의 형성력에 의해 별도의 처분을 기다릴 것 없이 당연히 취소되어 소멸된다(판례).[23] 형성적 재결(취소재결)의 결과통보는 처분이 아니므로 소송의 대상도 아니다.

(2) 명령재결

모든 재결에 형성력이 인정되는 것은 아니다. 재결청이 처분취소명령재결, 처분변경 명령재결, 처분명령재결, 즉 취소심판의 청구가 이유가 있다고 인정하면 처분을 다른 처분으로 변경할 것을 피청구인에게 명하는 경우에는 형성력이 생기지 않는다.

2) 재결의 기속력(제49조)

(1) 피청구인과 관계행정청 기속

심판청구를 인용하는 재결은 피청구인과 그 밖의 관계 행정청을 기속한다(법 제49조 제1항).

(2) 다시 이전의 신청에 대한 처분(법 제49조 제2항, 제3항, 제4항)

① 재결에 의하여 취소되거나 무효 또는 부존재로 확인되는 처분이 당사자의 신청을 거부하는 것을 내용으로 하는 경우에는 그 처분을 한 행정청은 재결의 취지에 따라 다시 이전의 신청에 대한 처분을 하여야 한다.

② 당사자의 신청을 거부하거나 부작위로 방치한 처분의 이행을 명하는 재결이 있으면 행정청은 지체 없이 이전의 신청에 대하여 재결의 취지에 따라 처분을 하여야 한다.

③ 신청에 따른 처분이 절차의 위법 또는 부당을 이유로 재결로써 취소된 경우에는 행정청은 재결의 취지에 따라 다시 이전의 신청에 대한 처분을 하여야 한다.

(3) 취소 또는 변경된 처분에 대한 공고 또는 고시(법 제49조 제5항)

법령의 규정에 따라 공고하거나 고시한 처분이 재결로써 취소되거나 변경되면 처분을 한 행정청은 지체 없이 그 처분이 취소 또는 변경되었다는 것을 공고하거나 고시하여야 한다.

---

23) 김남진・김연태, 행정법 I, p.622.

(4) 이해관계인에게 통지(법 제49조 제6항)

법령의 규정에 따라 처분의 상대방 외의 이해관계인에게 통지된 처분이 재결로써 취소되거나 변경되면 처분을 한 행정청은 지체 없이 그 이해관계인에게 그 처분이 취소 또는 변경되었다는 것을 알려야 한다.

(5) 인용재결

① 재결의 기속력은 인용재결의 경우에만 인정되고, 이 경우 피청구인과 관계 행정청을 기속한다.

② 인용재결이 아닌 기각재결의 경우에는 기각재결 이후에도 처분청은 정당한 사유가 있으면 직권으로 원처분을 취소·변경 또는 철회할 수 있다.[24]

③ 인용재결이 있는 경우 재결의 기속력으로 인해 처분청은 이에 불복하여 항고소송을 제기할 수 없다는 것이 판례의 입장이다.

(6) 기판력의 불인정

행정심판의 재결은 재판 판결에서와 같은 기판력이 인정되는 것이 아니다. 그러므로 인용재결이 있다하더라도 청구인은 항고소송을 제기할 수 있다.

(7) 반복금지 의무(소극적 의무)

① 처분청은 처분을 취소하는 재결이 있는 경우 재결의 취지에 반하는 처분을 다시 해서는 안 된다. 즉, 동일한 사정 하에서 동일인에게 재결의 내용에 모순되는 동일내용의 처분을 되풀이해서는 안 된다.

② 반복금지의무를 위반하여 동일한 내용의 처분을 한 경우 그 처분은 하자가 중대하고 명백하여 무효에 해당한다. 이는 기속력 위반의 효과이다.

(8) 변경 및 재처분의무(적극적 의무)

① 재결에 의해 취소되거나 무효 또는 부존재로 확인되는 처분이 당사자의 신청을 거부하는 것을 내용으로 하는 경우에는 그 처분을 한 행정청은 그 재결의 취지에 따라 다시 이전의 신청에 대한 처분을 해야 한다.

② 당사자의 신청을 거부하거나 부작위로 방치한 처분의 이행을 명하는 재결이 있으면 행정청은 지체 없이 이전의 신청에 대하여 재결의 취지에 따라 처분을 하여야 한다.

③ 신청에 따른 처분이 절차적 위법 또는 부당사유로 재결로써 취소된 경우에는 행정청이 절차적 위법사유를 시정한 후 종전과 같은 처분을 하는 것은 재결의 기속력에 반하지 않는다.

④ 재처분의무에 위반하는 경우 청구인은 「행정소송법」 제34조에 따라 법원에 간접강제를 신청할 수 있다.

24) 앞의 책, p.623.

(9) 결과제거 의무

① 취소재결(인용재결) 또는 무효재결이 있게 되면 행정청은 당해 처분과 관련한 법률관계 또는 사실관계는 위법한 것이 되므로 처분청은 이를 원상으로 회복시킬 의무를 진다.

② 취소소송의 경우 처분의 취소 또는 무효확인 등의 인용재결이 있게 되면, 행정청은 위법 또는 부당으로 판정된 처분으로 인해 야기된 상태를 제거해야 할 의무인 결과제거의무가 발생한다. 이 의무는 「행정소송법」 제30조 제1항의 해석상 인정되는 행정청의 의무이다.

③ 당사자의 신청을 받아들이지 않은 거부처분이 재결에서 취소된 경우에는 행정청은 종전 거부처분 또는 재결 후에 발생한 새로운 사유를 내세워 다시 거부처분을 할 수 있다(판례).

7. 시정명령 및 간접강제

1) 시정명령 및 직접처분(제50조)

① 위원회는 피청구인이 당사자의 신청을 거부하거나 부작위로 방치한 처분의 이행을 명하는 재결이 있음에도 불구하고, 처분을 하지 아니하는 경우에는 당사자가 신청하면 기간을 정하여 서면으로 시정을 명하고 그 기간에 이행하지 아니하면 직접 처분을 할 수 있다. 다만, 그 처분의 성질이나 그 밖의 불가피한 사유로 위원회가 직접처분을 할 수 없는 경우에는 그러하지 아니하다.

② 조문상 의무이행재결의 경우에만 직접처분권이 인정된다. 권력분립의 원칙과 행정소송법상 법원의 직접처분권은 인정되지 않는다.

③ 직접처분을 하기 위해서는 아무런 처분을 하지 않는 경우이어야 하므로 당해 행정청이 처분을 했다면 위원회가 직접처분을 할 수는 없다.

2) 간접강제(제50조의2)

(1) 의의

① 위원회는 피청구인이 재결에도 불구하고 처분을 하지 아니하면 청구인의 신청에 의하여 결정으로 상당한 기간을 정하고 피청구인이 그 기간 내에 이행하지 아니하는 경우에는 그 지연기간에 따라 일정한 배상을 하도록 명하거나 즉시 배상할 것을 명할 수 있다.

② 위원회는 사정의 변경이 있는 경우에는 당사자의 신청에 의하여 재결에도 불구하고 처분을 하지 않는 피청구인에게 일정한 배상을 하도록 명하거나 즉시 배상할 것을 명하는 결정의 내용을 변경할 수 있다.

③ 위원회는 제1항 또는 제2항에 따른 결정을 하기 전에 신청 상대방의 의견을 들어야 하며, 청구인은 위원회의 간접강제에 따른 결정에 불복하는 경우 그 결정에 대하여 행정소송을 제기할 수 있다.

④ 간접강제 결정에 기초한 강제집행에 관하여 이 법에 특별한 규정이 없는 사항에 대하여는

민사집행법의 규정을 준용한다. 즉, 강제집행은 확정된 종국판결이나 가집행의 선고가 있는 종국판결에 기초한다.

(2) 간접강제가 인정되는 재결(제49조 제2항, 제3항 및 제4항)

① 재결에 의하여 취소되거나 무효 또는 부존재로 확인되는 처분의 이행를 명하는 재결
② 당사자의 신청을 거부하거나 부작위로 방치한 처분의 이행을 명하는 재결
③ 신청에 따른 처분이 절차의 위법 또는 부당을 이유로 재결로써 취소된 경우

3) 조정(제43조의2)

(1) 신속하고 공정한 해결 목적

위원회는 당사자의 권리 및 권한의 범위에서 당사자의 동의를 받아 심판청구의 신속하고 공정한 해결을 위하여 조정을 할 수 있다. 다만, 그 조정이 공공복리에 적합하지 아니하거나 해당 처분의 성질에 반하는 경우에는 그러하지 아니하다.

(2) 조정의 이유와 취지 설명

위원회는 조정을 함에 있어서 심판청구된 사건의 법적·사실적 상태와 당사자 및 이해관계자의 이익 등 모든 사정을 참작하고 조정의 이유와 취지를 설명하여야 한다.

(3) 조정의 성립

조정은 당사자가 합의한 사항을 조정서에 기재한 후 당사자가 서명 또는 날인하고 위원회가 이를 확인함으로써 성립한다.

제 4 절 행정소송법

1. 행정소송의 의의와 한계

1) 의의

(1) 법원의 사법작용으로서의 재판

행정소송은 위법한 행정행위에 대한 법원이 행하는 정식쟁송절차로서의 재판인 점에서 행정작용이 아닌 사법작용이다. 따라서 부당(재량행위)한 행정행위는 행정소송의 대상이 되지 않는다.

(2) 정식절차에 의한 재판

행정소송은 다음과 같은 점에서 정식절차에 의한 재판의 특징을 가지고 있다. 즉, ① 대심구조(원고와 피고)를 취하는 점, ② 심리절차가 원칙적으로 공개된다는 점, ③ 당사자 등에게 구술변론의 권리가 보장되는 점, ④ 법정절차에 의한 증거조사가 행해지는 점, ⑤ 재판행위에 특별한 효력이 인정되는 점 등에 의해 행정소송은 정식절차의 특징을 가진다.[25)]

2) 한계

(1) 사법의 본질에 의한 한계

① 의의

행정소송도 사법작용인 이상 법률상의 쟁송이 있는 경우에만 가능하고, 단순한 사실관계의 존부 등의 문제는 행정소송의 대상이 아니다.

② 행정소송의 대상

ⓐ 법령의 효력 및 해석

법령의 효력 및 해석의 문제는 소송의 대상이 아니다. 단, 처분적 법규는 가능하다.

ⓑ 사실행위

권력적 사실행위는 소송의 대상이 되고 비권력적 사실행위는 소송의 대상이 아니다.

ⓒ 객관적 소송

민중소송, 기관소송 등 객관적 소송은 개별법상 명문규정이 있는 경우에만 가능하다.

ⓓ 반사적 이익

반사적 이익의 침해는 소송의 대상이 아니다.

③ 법령의 적용

ⓐ 통치행위

고도의 정치성을 띠는 문제는 사법심사가 제한된다. 통치행위를 인정하는 것이 우리의 학설·판례의 경향이다. 판례는 대통령의 비상계엄선포행위는 통치행위이므로 원칙적으로 심리의 대상이 되지 아니한다고 보았다.

ⓑ 재량행위

재량행위의 잘못은 원칙적으로 부당을 의미할 뿐 위법이 아니므로 행정소송의 대상이 될 수 없다. 재량의 당·부당 문제는 법원의 심사대상이 아니지만, 이 경우도 곧바로 각하할 것이 아니라 재량권의 일탈·남용으로 인한 위법성이 인정되면 행정소송의 대상이 된다.

ⓒ 특별권력관계

종래 특별권력관계 내부 질서유지를 위한 지배 내지 관리행위는 행정소송의 대상이 되지 않는다고 함이 통설이다. 그러나 행정처분성이 인정되면 사법심사의 대상이 된다.

(2) 권력분립에 따른 한계

행정소송법상 규정한 항고소송 외의 무명항고소송(의무이행소송, 예방적 부작위소송, 직위의무확인소송)을 인정할 것인지가 학설상 대립 중이나 판례는 모두 부정하고 있다.[26]

---

25) 앞의 책, pp.629-630.

26) 홍정선, 앞의 책, pp.501-502.

2. 용어의 정의와 행정소송의 종류

1) 용어의 정의(제2조)[27]

(1) 처분등

처분등이란 행정청이 행하는 구체적 사실에 관한 법 집행으로서의 공권력의 행사 또는 그 거부와 그 밖에 이에 준하는 행정작용(처분이라 함) 및 행정심판에 대한 재결을 말한다.

(2) 부작위

부작위란 행정청이 당사자의 신청에 대하여 상당한 기간 내에 일정한 처분을 하여야 할 법률상의 의무가 있음에도 불구하고 이를 하지 아니하는 것을 말한다.

(3) 행정청

행정청에는 법령에 의하여 행정권한의 위임 또는 위탁을 받은 행정기관, 공공단체 및 그 기관 또는 사인이 포함된다.

2) 행정소송의 종류

(1) 주관적 소송

주관적 소송이란 개인의 권리구제와 행정의 적법성 보장을 주된 내용으로 하는 행정소송을 말하고, 개인이 소송을 제기할 소의 이익이 있으면 소송을 제기할 수 있다. 주관적 소송은 다시 항고소송과 당사자소송으로 구분된다.

① 항고소송(행정소송법 제3조 제1항)

항고소송이란 행정청의 위법한 처분등이나 부작위에 대하여 취소나 변경을 구하는 소송을 말한다. 항고소송은 ㉠ 취소소송, ㉡ 무효등 확인소송, ㉢ 부작위위법확인소송 등으로 구분된다.

② 당사자소송(행정소송법 제3조 제2항)

행정청의 처분등을 원인으로 하는 법률관계에 관한 소송 그 밖에 공법상의 법률관계에 관한 소송으로서 그 법률관계의 한쪽 당사자를 피고로 하는 소송을 말한다.

(2) 객관적 소송

객관적 소송은 행정작용의 적법성 보장만을 목적으로 하고, 특별히 법률이 정하는 경우에 그 법률에 정한 자만이 소를 제기할 수 있다. 객관적 소송에는 ① 민중소송과 ② 기관소송이 있다.

① 민중소송이란 국가 또는 공공단체의 기관이 법률에 위반되는 행위를 한 때에 직접 자기의 법률상 이익과 관계없이 그 시정을 구하기 위하여 제기하는 소송을 말한다.

② 기관소송이란 국가 또는 공공단체의 기관 상호 간에 있어서의 권한의 존부 또는 그 행사에 관한 다툼이 있을 때에 이에 대하여 제기하는 소송을 말한다. 다만, 헌법재판소의 관장사항으로

27) 행정소송법, 법률 제14839호, 2017.7.26. 시행 2017.7.26.

되는 소송은 제외한다.

3. 취소소송

1) 의의

① 취소소송이란 행정청의 위법한 처분 등을 취소 또는 변경을 구하는 소송으로서, 항고소송의 중심을 이룬다(행정소송법 제4조 제1호). ② 취소소송은 위법한 처분이나 재결을 다투어 위법한 처분이나 재결이 없었던 것과 같은 상태를 만드는 것을 목적으로 한다. ③ 행정행위의 무효선언을 구하는 의미의 취소소송도 판례상 취소소송의 하나로 인정되고 있다.

2) 대상

① 취소소송의 대상은 행정청의 위법한 처분을 대상으로 한다.

② 재량행위라 할지라도 재량권의 일탈이나 남용의 경우에는 위법이므로 사법심사의 대상이 된다.

③ 행정지도는 비권력적 사실행위로서 처분성이 부정되어 소송의 대상이 아니다.

3) 제소기간

① 행정심판을 거치지 않은 경우

ⓐ 취소소송은 처분등이 있음을 안 날부터 90일 이내에 제기하여야 한다(제20조 제1항). 또는 처분등이 있은 날부터 1년 이내에 소송을 제기하여야 한다.

ⓑ 처분등이 있음을 안 날이란 통지·공고 기타의 방법에 의하여 당해 처분이 있었다는 사실을 현실적으로 안 날을 의미하며, 구체적으로 그 행정처분의 위법여부를 판단한 날을 가리키는 것은 아니다. 다만, 정당한 사유가 있을 때에는 1년을 경과하여도 제기할 수 있다.

② 행정심판을 거친 경우(제20조 제1항 단서)

재결서의 정본을 송달받은 날부터 90일 이내, 그리고 재결이 있은 날로부터 1년 이내에 소를 제기해야 한다.

③ 불변기간

90일의 제소기간은 불변기간으로 한다(제20조 제3항). 따라서 법원은 이 기간을 널리거나 단축할 수 없다. 다만, 원격지에 있는 자를 위하여 부가기간을 정할 수 있고, 당사자가 그 책임을 질 수 없는 사유로 인하여 불변기간을 준수할 수 없었던 경우에는 그 사유가 종료된 후 2주일 내에 해태된 소송행위를 추완할 수 있다.

4) 협의의 법률상 이익

취소소송은 처분등의 취소를 구할 법률상 이익이 있는 자가 제기할 수 있다. 처분등의 효과가 기간의 경과, 처분등의 집행 그 밖의 사유로 인하여 소멸한 뒤에도 그 처분등의 취소로 인하여 회복되는 법률상 이익이 있는 자의 경우에는 소를 제기할 수 있다.

5) 행정심판의 전치(행정심판과 행정소송의 관계)[28]

(1) 임의적 행정심판전치주의(원칙)

취소소송은 법령의 규정에 의해 당해 처분에 대한 행정심판을 제기할 수 있는 경우에도 이를 거치지 아니하고 제기할 수 있다. 즉 행정소송은 행정심판을 거치지 않고 제기할 수 있는 것이 원칙이다.

(2) 필요적 행정심판전치(예외)

① 다른 법률에 당해 처분에 대해 행정심판의 재결을 거치지 아니하면 취소소송을 제기할 수 없다는 규정이 있는 때에는 반드시 행정심판의 재결을 거쳐야만 제소할 수 있다(제18조 제1항 단서). 예컨대, 국가(지방)공무원법, 교육공무원법, 관세법, 국세기본법, 도로교통법 등은 필요적 행정심판주의를 규정하고 있다.

② 그러나 다른 법률에 필요적 행정심판전치주의를 규정하고 있는 경우에도 다음의 어느 하나에 해당하는 사유가 있는 때에는 행정심판의 재결을 거치지 아니하고 취소소송을 제기할 수 있다(제18조 제2항). 즉 행정심판은 제기하되 그에 대한 재결을 받지 아니하고 행정소송을 제기할 수 있는 경우, 이 경우 사유는 원고가 소명하여야 한다.

1. 행정심판청구가 있은 날로부터 60일이 지나도 재결이 없는 때
2. 처분의 집행 또는 절차의 속행으로 생길 중대한 손해를 예방하여야 할 긴급한 필요가 있는 때
3. 법령의 규정에 의한 행정심판기관이 의결 또는 재결을 하지 못할 사유가 있는 때
4. 그 밖의 정당한 사유가 있는 때

③ 다른 법률에 필요적 행정심판전치를 규정하고 있는 경우에도 다음 어느 하나의 사유에 해당하는 경우에는 행정심판을 제기함이 없이 취소소송을 제기할 수 있다(제18조 제3항). 즉 행정심판을 제기함이 없이 바로 소송을 제기할 수 있는 경우

1. 동종사건에 관하여 이미 행정심판의 기각재결이 있는 때
2. 서로 내용상 관련되는 처분 또는 같은 목적을 위하여 단계적으로 진행되는 처분 중 어느 하나가 이미 행정심판의 재결을 거친 때
3. 행정청이 사실심의 변론종결 후 소송의 대상인 처분을 변경하여 당해 변경된 처분에 관하여 소를 제기하는 때
4. 처분을 행한 행정청이 행정심판을 거칠 필요가 없다고 잘못 알린 때

28) 앞의 책, pp.518-520.

6) 처분변경으로 인한 소의 변경(제22조)

① 법원은 행정청이 소송의 대상인 처분을 소가 제기된 후 변경한 때에는 원고의 신청에 의하여 결정으로써 청구의 취지 또는 원인의 변경을 허가할 수 있다. ② 위 신청은 처분의 변경이 있음을 안 날로부터 60일 이내에 하여야 한다.

7) 소송제기의 효과(제23조)

(1) 의의

취소소송이 제기되면 절차법적 및 실체법적 효과가 발생한다. 절차법적 효과로서 청구에 대한 소송의 계속상태가 발생하는 데 중복제소가 금지되고, 소송참가의 기회가 생기게 된다.[29]

(2) 주관적 효과

행정소송이 제기되면 법원은 이를 심리하고 판결해야 한다. 한편, 당사자는 법원에 계속한 사건에 대하여 다시 소를 제기하지 못한다.

(3) 객관적 효과(집행부정지의 원칙)

취소소송의 제기는 처분등의 효력이나 그 집행 또는 절차의 속행에 영향을 미치지 않는다. 이를 집행부정지의 원칙이라고 한다. 「행정소송법」은 집행부정지를 원칙으로 하고, 예외적으로 법원은 직권 또는 신청에 의하여 집행정지결정을 할 수 있게 하였다.[30]

(4) 집행정지(예외)

① 취소소송이 제기된 경우에 처분등이나 그 집행 또는 절차의 속행으로 인하여 생길 회복하기 어려운 손해를 예방하기 위하여 긴급한 필요가 있다고 인정할 때에는 법원은 당사자의 신청 또는 직권에 의해 처분등의 효력이나 그 집행 또는 절차의 속행의 전부 또는 일부의 정지를 결정할 수 있다. 다만, 처분의 효력정지는 처분등의 집행 또는 절차의 속행을 정지함으로써 목적을 달성할 수 있는 경우에는 허용되지 아니한다.

② 집행정지는 공공복리에 중대한 영향을 미칠 우려가 있을 때에는 허용되지 아니한다. 공공복리에 중대한 영향이란 해당 처분의 집행과 관련된 구체적이고 개별적인 공익에 중대한 손해를 입힐 개연성을 말한다.

③ 판례에 따르면, 거부처분은 집행정지의 대상이 되지 못한다.

(5) 집행정지의 신청

집행정지의 결정을 신청함에 있어서는 그 이유에 대한 소명이 있어야 한다.

(6) 즉시항고

집행정지의 결정 또는 기각의 결정에 대하여는 즉시항고할 수 있다. 이 경우 집행정지의 결정

29) 김남진 · 김연태, 경찰행정법 I, p.695.
30) 박윤흔, 행정법강의(상), p.961.

에 대한 즉시항고에는 결정을 정지하는 효력이 없다.

4. 무효등 확인소송 및 부작위위법확인소송

1) 무효등 확인소송

(1) 의의

무효등 확인소송이란 행정청의 처분등의 효력유무 또는 존재여부를 확인하는 소송을 말한다(행정소송법 제2조 제4항). 행정처분의 무효확인소송이 이에 관한 전형적인 형태라고 할 수 있다.

(2) 적용규정(제소기간, 전치주의, 간접강제 등)

취소소송과 비교할 때 무효등 확인소송의 경우에는 제소기간, 행정심판전치주의, 사정판결, 간접강제 등의 규정이 적용되지 않는다. 다만, 집행정지는 허용된다.[31] 그러나 무효사유에 해당하는 처분에 대해 취소소송을 제기하는 경우에는 제소기간 준수 등 취소소송의 제소요건을 갖추어야 한다.

(3) 판결의 효력

기본적으로 취소소송과 동일하다. 판결은 제3자에 대한 효력이 있으며, 집행정지의 결정, 그 집행정지결정의 취소결정 역시 제3자효를 가진다. 제3자의 보호를 위해 제3자의 소송참가, 제3자에 의한 재심청구가 역시 인정된다.

2) 부작위위법확인 소송

(1) 의의

① 부작위위법확인소송이란 행정청의 부작위가 위법하다는 것을 확인하는 소송을 말한다. 여기에서 부작위란 행정청이 당사자의 신청에 대하여 상당한 기간 내에 일정한 처분을 하여야 할 의무가 있음에도 불구하고 이를 하지 아니하는 것을 말한다.[32]

② 부작위위법확인소송은 공권력 행사로서의 행정청의 처분의 부작위를 그 대상으로 하므로 최소소송이나 무효등 확인소송과 마찬가지로 항고소송에 해당한다.

(2) 본안판단의 전제요건(소송요건)

① 의의

본안판단의 전제요건(소송요건)으로는 부작위가 존재하고, 관할법원에 원고가 피고를 상대로 경우에 따라서는 일정한 기간 내에 소장을 제출하여야 한다. 또한 당사자 사이의 소송대상에 대하여 기판력 있는 판결이 없어야 하고 또한 중복제소도 아니어야 한다.[33]

---

31) 앞의 책, p.539.

32) 김남진 · 김연태, 행정법 I, p.739.

33) 홍정선, 앞의 책, pp.544-545.

② 제소기간

행정심판을 거쳐 부작위위법확인소송을 제기하게 되면 이 경우에는 처분등이 존재하므로 행정심판의 재결서의 정본을 송달받은 날로부터 90일 이내에 제기하여야 한다. 이 기간은 불변기간이다.[34] 한편, 임의적 행정심판전치의 원칙에 따라 행정심판을 거치지 아니하고 부작위위법확인소송을 제기하는 경우에는 제소기간에 제한이 없다는 것이 일반적 견해이고 판례의 입장이다.[35]

③ 소제기의 효과

주관적 효과는 취소소송의 경우와 동일하다. 그러나 객관적 효과, 즉 집행정지의 문제는 생기지 않는다. 부작위에 대한 집행정지는 성질상 존재할 수 없기 때문이다.

5. 당사자소송 및 객관적 소송(법정주의)

1) 당사자소송

(1) 의의

① 당사자소송이란 행정청의 처분등을 원인으로 하는 공법상의 법률관계(권리와 의무)에 관하여 의문이나 다툼이 있는 경우의 소송, 그 밖에 공법상의 법률관계(공권과 공의무)에 관한 소송으로서 국가, 공공단체, 사인 등 법률관계의 당사자가 원고 또는 피고의 입장에서 그 법률관계에 관하여 다투는 소송을 말한다.[36]

② 「행정소송법」 제3조 제2호는 당사자소송을 행정청의 처분등을 원인으로 하는 법률관계에 관한 소송, 그 밖에 공법상의 법률관계에 관한 소송으로서 그 법률관계의 한쪽 당사자를 피고로 하는 소송으로 규정하고 있다(행정소송법 제3조 제2호).

(2) 대상

① 행정청의 처분등을 원인으로 하는 법률관계란 행정청의 처분 등에 의하여 발생・변경・소멸된 공법상의 법률관계를 말한다.

② 그 밖의 공법상의 법률관계란 처분등을 원인으로 하지 않는 공법이 규율하는 법률관계를 말한다.

(3) 항고소송과의 구별

① 항고소송은 공행정주체가 우월한 지위에서 가지는 위법한 행정처분이나 부작위와 관련된 분쟁의 해결을 위한 절차인데 반해, 당사자소송은 대등한 당사자 간에 다투어지는 공법상의 법률관계를 대상으로 한다는 점에서 양자는 구별된다.

② 당사자소송은 항고소송과는 달리 행정청을 피고로 하는 것이 아니고, 국가・공공단체 그

---

34) 김남진・김연태, 행정법Ⅰ, p.743.
35) 홍정선, 앞의 책, p.546.
36) 김남진・김연태, 행정법Ⅰ, p.749.

밖의 권리주체가 당사자소송의 피고가 된다(행정소송법 제39조).

(4) 민사소송과의 구별

당사자소송과 민사소송은 모두 대등한 당사자 간에 이루어진다는 점에서 유사하나, 당사자소송은 공법상의 대등한 당사자 간의 법률관계를 소송의 대상으로 하는 점에서 사법상의 법률관계를 소송의 대상으로 하는 민사소송과는 구분된다.

(5) 제소기간

당사자소송의 제소기간은 법령에 정하여져 있는 경우에는 그에 의하며, 그 기간은 불변기간으로 한다. 따라서 취소소송의 제소기간의 규정은 당사자소송에는 적용되지 않는다.

(6) 취소소송과의 비교

취소소송의 경우와 비교할 때 ① 행정심판의 전치, ② 제소기간의 요건이 없다는 점이 다르다. 그러나 ① 개별법에서 행정절차를 규정하는 경우에는 그러한 절차를 거쳐야 하며, ② 당사자소송에 관하여 법령에 제소기간이 정하여져 있는 때에는 그에 따라야 한다.

2) 객관적 소송(법정주의)

(1) 의의

객관적 소송이란 행정의 적법성보장을 목적으로 하는 소송이다. 개인의 권리구제와 행정의 적법성보장이라는 두 가지 목적을 추구하는 주관적 소송, 즉 항고소송이나 당사자소송과 구별된다. 따라서 특별히 법이 정하는 경우에만 소의 제기가 가능하다.[37]

(2) 민중소송

① 의의(제3조)

민중소송이란 국가 또는 공공단체의 기관이 법률에 위반되는 행위를 한 때에 직접자기의 법률상 이익과 관계없이 그 시정을 구하기 위하여 제기하는 소송을 말한다.

② 성격

민중소송은 국가 또는 공공단체의 기관의 위법행위를 시정하는 것을 목적으로 하는 공익소송이며, 개인의 법적 이익의 구제를 목적으로 하는 소송이 아니다.

③ 민중소송 법정주의(제45조)

민중소송은 법률이 정한 경우에 법률에 정한 자에 한하여 제기할 수 있다. 예컨대, 선거에 관한 소송, 국민투표에 관한 소송, 주민소송 등이 민중소송에 해당한다.

---

37) 김남진 · 김연태, 행정법 I, p.756.

(3) 기관소송

① 의의(제3조)

기관소송이란 국가 또는 공공단체의 기관 상호간에 있어서의 권한의 존부 또는 그 행사에 관한 다툼이 있을 때에 이에 대하여 제기하는 소송을 말한다. 다만, 헌법재판소의 관장사항으로 되어 있는 권한쟁의심판은 행정소송법상 기관소송에서 제외된다.

② 기관소송 법정주의(제45조)

기관소송은 법률이 정한 경우에 법률에 정한 자에 한하여 제기할 수 있다. 예컨대, 주무부장관이나 시·도지사의 이행명령에 대한 지방자치단체의 장의 소송이 기관소송에 해당한다.

6. 소송요건

1) 소송의 대상

(1) 원처분주의

현행 「행정소송법」은 취소소송은 처분등을 대상으로 한다고 규정함으로써 원처분주의를 채택하고 있다(제19조). 다만, 재결취소소송의 경우에는 재결 자체에 고유한 위법이 있음을 이유로 하는 경우에 소송의 대상이 된다. 개별법률에서 예외적으로 재결주의(재처분주의)를 채택하고 있는 경우가 있다.

(2) 처분

① 법 규정(제2조 제1항 제1호)

행정소송법상 처분이란 행정청이 행하는 구체적 사실에 관한 법 집행으로서의 공권력의 행사 또는 그 거부와 그 밖에 이에 준하는 행정작용을 말한다.

② 학설과 판례

학설은 처분의 개념과 행정행위의 개념이 동일한 것으로 보는 일원설과 다르게 보는 이원설의 대립이 있으나 처분개념이 행정행위 개념보다 더 넓은 개념이라는 이원설이 다수설적 입장이다. 판례는 처분성의 인정에 법률의 근거는 필요하지 않은 것으로 본다.

2) 원고적격

(1) 의의

원고적격이란 구체적인 소송에서 원고로서 소송을 수행하여 본안판결을 받을 수 있는 자격을 말하는 것이다.

(2) 법 규정

「행정소송법」 제12조는 취소소송은 처분 등의 취소를 구할 법률상의 이익을 구할 법률상의 이익이 있는 자가 제기할 수 있다고 원고적격을 규정하고 있다. 처분등의 효과가 기간의 경과, 처분등의 집행 그 밖의 사유로 인하여 소멸된 뒤에도 그 처분등의 취소로 인하여 회복되는 법률상 이익이 있는 자의 경우에도 또한 같다. 이 조항은 원고적격의 개념을 민중소송 및 사실상 이익으로부터 분리하는 중요한 의미를 가진다.

3) 요건

① 원고적격이 있는 자가 되기 위하여는 ㉠ 법률상 이익이 있는 자이어야 하며, ㉡ 동시에 그 이익이 직접적・구체적으로 침해를 당하였거나 침해될 것이 우려되는 경우이어야 한다. ㉢ 현행 행정소송법상 법률상 이익의 개념과 관련하여 다수설과 판례는 법적 이익구제설을 취하고 있다.

② 판례는 처분의 근거법규 및 관계법규(취지 포함)에 의해 보호되는 직접적이고 구체적인 개인적 이익(사적 이익)을 법률상 이익으로 본다.

4) 협의의 소의 이익

(1) 의의

① 협의의 소의 이익이란 소송에 의해 분쟁을 해결할 현실적 필요성이 있어야 소송을 제기할 수 있다는 것으로 소송요건 중의 하나이다. 이는 권리보호의 필요성 또는 현실적 이익(현실적 필요성)으로도 표현된다.

② 취소소송에서는 취소를 구할 현실적 법률상 이익을 말하고, 무효등 확인소송에서는 무효를 구할 현실적 법률상 이익을 말한다.

③ 일반적으로 원고적격이 있는 자가 항고소송을 제기한 경우에는 원칙상 협의의 소의 이익(권리보호의 필요성)이 있는 것으로 본다.

(2) 인정범위

① 기본적인 법률상 이익과 부수적인 법률상 이익

협의의 소의 이익에서의 법률상 이익이란 취소소송을 통하여 구제되는 기본적인 법률상 이익뿐만 아니라 부수적인 법률상 이익도 포함한다고 보는 점에서 원고적격에서의 법률상 이익보다 넓은 개념이라는 것이 다수의 견해이다. 이때 부수적인 이익도 법률상 이익이어야 한다.

예컨대, 파면처분을 다투던 중 원고가 정년에 달한 경우에는 기본적 권리인 공무원 지위의 회복은 불가능하지만, 봉급청구 등 부수적 이익이 있으므로 파면처분을 취소할 소의 이익이 있다.

② 판례

판례는 「행정소송법」 제12조 소정의 법률상 이익을 원고적격의 그것과 협의의 소의 이익의 그것을 구별하지 않고 모두 해당처분의 근거 법률에 의하여 보호되는 직접적이고 구체적인 이익이라고 해석하고, 간접적이거나 사실적・경제적 이해관계를 가지는 데 불과한 경우는 여기에 해당되지 아니한다고 보고 있다.

5) 피고적격이 있는 행정청

(1) 항고소송의 피고

① 취소소송은 다른 법률에 특별한 규정이 없는 한 그 처분등을 행한 행정청을 피고로 한다. 다만, 처분등이 있은 후에 그 처분등에 관계되는 다른 행정청에 승계된 때에는 이를 승계한 행정청을 피고로 한다. 행정청이 없게 된 때에는 그 처분등에 관한 사무가 귀속되는 국가 또는 공공단체를 피고로 한다(행소법 제13조).

② 처분등을 행한 행정청이란 그의 이름으로 처분을 한 행정기관을 말하고, 정당한 권한을 가진 행정청인지 여부는 불문한다.

③ 행정청에는 국가 또는 지방자치단체의 행정청 및 공공단체 이외에 법령에 의하여 행정권한의 위임 또는 위탁을 받은 행정기관, 공공단체 및 그 기관 또는 사인이 포함된다. 공무수탁사인이 자신의 이름으로 처분을 한 경우에는 공무수탁사인이 피고가 된다.

④ 재결이 항고소송의 대상이 되는 경우에는 재결을 한 행정심판기관(행정심판위원회 등)이 피고가 된다.

(2) 당사자소송의 피고

당사자소송은 국가 · 공공단체 그 밖의 권리주체를 피고로 한다(제39조). 여기에서 그 밖의 권리주체란 공권력을 수여받은 행정주체의 사인, 즉 공무수탁사인을 의미한다.

(3) 개별법상 피고

① **헌법재판소법**(제17조)

헌법재판소장이 한 처분에 대한 행정소송의 피고는 헌법재판소 사무처장으로 한다.

② **노동위원회법**(제27조)

중앙노동위원회의 처분에 대한 소송은 중앙노동위원회 위원장을 피고로 하여 처분의 송달을 받은 날부터 15일 이내에 제기하여야 한다.

③ **국회사무처법**(제4조)

국회의장이 한 처분에 대한 행정소송의 피고는 국회사무총장으로 한다.

6) 제소기간

(1) 취소소송

① **행정심판을 거친 경우**

㉠ 취소소송은 재결의 정본을 송달받은 날부터 90일 아내에 제기하여야 한다(행소법 제20조 제1항 단서). 다만, 다른 법률에 당해 처분에 대한 행정심판의 재결을 거치지 아니하면 취소소송을 제기할 수 없다는 규정이 있는 경우와 그 밖에 행정심판청구를 할 수 있는 경우 또는 행정청이 행정심판청구를 할 수 있다고 잘못 알린 경우에 행정심판청구가 있은 때의 기간은 재결서의 정본

을 송달받은 날부터 기산한다. 이 경우 취소소송은 재결이 있은 날부터 1년을 경과하면 이를 제기하지 못한다. 다만, 정당한 사유가 있는 때에는 그러하지 아니하다. 이 기간은 불변기간이다(동법 제20조 제2항 및 제3항).

㉡ 여기서 행정심판을 거쳐 취소소송을 제기하는 경우란 행정심판을 거쳐야 하는 경우와 그 밖에 행정심판청구를 할 수 있는 경우 또는 행정청이 행정심판청구를 할 수 있다고 잘못 알린 경우에 행정심판청구를 한 경우를 말한다(제20조 제1항 단서).

② 행정심판을 거치지 않은 경우

행정심판을 거치지 않고 직접 취소소송을 제기하는 경우 취소소송은 처분등이 있음을 안 날부터 90일 이내에 제기하여야 하고(행소법 제20조 제1항), 처분등이 있은 날부터 1년을 경과하면 이를 제기하지 못한다. 다만, 정당한 사유가 있는 때에는 그러하지 아니하다(동법 제20조 제2항). 정당한 사유의 존재는 원고가 소명하여야 한다.

(2) 무효등 확인소송

제소기간에 제한이 없다(제38조 제1항).

(3) 부작위위법확인소송

판례는 행정심판을 거치지 않은 경우에는 제소기간의 제한을 받지 않는다고 보고, 행정심판을 거친 경우에는 재결서의 정본을 송달받은 날부터 90일 이내에 소를 제기하여야 한다고 본다.

(4) 당사자소송

당사자소송의 제기기간에는 원칙상 제한이 없고, 이 경우에는 공법상 권리가 시효 등에 따라 소멸되지 않는 한 당사자소송을 제기할 수 있다.

7) 관할법원

(1) 항고소송

행정법원이 설치된 지역에서는 행정법원, 행정법원이 설치되지 않은 지역에서는 해당 지방법원 본원이 제1심 관할법원이 된다.

(2) 당사자소송

취소소송의 경우와 같다. 다만, 국가 또는 공공단체가 피고인 경우에는 관계행정청의 소재지를 피고인 소재지로 본다(동법 제40조).

(3) 행정소송의 관할의 성격

행정소송의 관할은 행정법원의 전속 관할이므로 민사법원은 계쟁사건의 관할이 행정법원인 경우 해당 사건을 행정법원으로 이송하여야 한다. 계쟁사건의 관할이 행정법원이 아니라 지방법원인 경우에는 그러하지 아니하다.

7. 행정소송에서의 가구제

1) 가구제(임시구제)

가구제란 행정소송에서 승소판결의 실효성 확보를 위해 본안판결을 받기 전에 당사자의 권리를 임시적으로 보호해주는 제도를 말하며, 침익적 처분에 대한 집행정지제도(소극적 가구제)와 수익적 처분에 대한 가처분제도(적극적 가구제)가 있다.

2) 행정소송법상의 집행정지제도

(1) 의의

집행정지란 원고의 권리보전(권리회복 불능상태 발생방지)을 위해 행정처분의 일시정지를 명하는 제도를 말한다.

(2) 인정범위

집행정지는 취소소송 및 무효등 확인소송의 경우에만 가능하고 집행정지의 대상이 없는 부작위위법확인소송에서는 인정되지 않는다. 항고소송의 경우에 집행부정지 원칙이 적용되고 집행정지는 예외적으로 인정된다.

3) 가처분 인정여부

(1) 의의

금전 이외의 받을 권리 있는 특정물을 처분하지 못하도록 법원이 결정한 일시적 명령을 말한다. 소극적 가구제 수단인 집행정지는 단순히 현상유지적 기능을 수행하는 데에 그친다는 점에서 적극적 가구제 제도인 가처분이 논의된다.

(2) 행정소송법과 판례

① 「행정소송법」은 행정처분에 대하여는 가처분에 관한 명문의 규정을 두고 있지 않다.

② 판례는 민사집행법상의 가처분으로써 행정청의 어떠한 행정행위의 금지를 구하는 것은 허용할 수 없다는 소극설을 취하고 있다. 집행정지 신청은 인정하지만 가처분은 인정하지 않는다.

③ 공법상 당사자소송에서 집행정지는 인정되지 않지만, 공법상 당사자소송에서는 가압류가 인정된다.

8. 행정소송의 심리와 판결

1) 심리의 원칙

(1) 민사소송법상의 심리절차의 준용

① 불고불리의 원칙, ② 공개심리주의, ③ 쌍방심리주의, ④ 구술심리주의, ⑤ 변론주의 등이

행정소송의 심리에도 적용된다.

(2) 행정소송법상의 특수한 소송절차

① 직권심리주의

㉠ 직권심리주의란 법원이 당사자의 주장에 관계없이 직권으로써 사건의 사실탐지 및 증거조사를 하는 심리원칙을 말한다. 즉, 소송자료의 수집을 법원이 직권으로 할 수 있는 소송심리원칙을 말한다.

㉡ 「행정소송법」 제26조는 명문으로 직권심리주의를 다음과 같이 규정하고 있다. 법원은 필요하다고 인정할 때에는 직권으로 증거조사를 할 수 있고, 당사자가 주장하지 아니한 사실에 대하여도 판단할 수 있다.

② 당사자소송에의 준용

취소소송의 직권심리주의는 공법상 당사자소송에 준용된다(제44조 제1항).

③ 행정심판 기록제출 명령

「행정소송법」 제25조는 원고의 입증방법의 확보를 위하여 행정심판기록제출 명령제도를 규정하고 있다. 즉 법원은 당사자의 신청이 있는 때에는 결정으로써 재결을 행한 행정청에 대하여 행정심판에 관한 기록의 제출을 명할 수 있다. 제출명령을 받은 행정청은 지체 없이 당해 행정심판에 관한 기록을 법원에 제출하여야 한다.

2) 소송 병합과 소송참가

(1) 관련청구소송의 병합

① 「행정소송법」은 취소소송에는 사실상의 변론 종결시까지 관련청구소송을 병합하거나 피고 외의 자를 상대로 한 관련청구소송을 취소소송이 계속된 법원에 병합하여 제기할 수 있다(제10조 제2항). 이 규정은 무효등 확인소송 및 당사자소송에 준용된다(제38조 제1항, 제44조 제2항).

② 관련청구소송이란 주된 취소소송 등의 대상인 처분등과 관련되는 손해배상 · 부당이득반환 · 원상회복 등 청구소송 및 취소소송을 말한다(제10조 제1항).

(2) 소송참가

① 제3자의 소송참가(제16조 제1항)

법원은 소송의 결과에 따라 권리 또는 이익의 침해를 받을 제3자가 있는 경우에는 당사자 또는 제3자의 신청 또는 직권에 따른 결정으로써 그 제3자를 소송에 참가시킬 수 있다.

② 제3자의 재심청구

㉠ 처분 등을 취소하는 판결로 권리 또는 이익의 침해를 받은 제3자는 자기에게 책임 없는 사유로 소송에 참가하지 못함으로써 판결의 결과에 영향을 미칠 공격 또는 방어방법을 제출하지 못한 때에는 이를 이유로 확정된 종국판결에 대하여 재심의 청구를 할 수 있다(제31조 제1항).

㉡ 제3자의 재심청구는 확정판결이 있음을 안 날부터 30일 이내, 판결이 확정된 날부터 1년 이내에 제기하여야 한다(제31조 제3항).

(3) 행정청의 소송참가(제17조 제1항)

법원은 다른 행정청을 소송에 참가시킬 필요가 있다고 인정할 때에는 당사자 또는 해당 행정청의 신청 또는 직권에 의한 결정으로써 그 행정청을 소송에 참가시킬 수 있다.

3) 행정소송의 판결

(1) 취소소송 판결의 종류

① 각하판결

각하판결이란 취소소송의 소송요건, 즉 관할권, 당사자적격, 대상적격, 제소기간, 행정심판전치주의 등 소송요건을 갖추지 못한 부적법한 소에 대하여는 본안심리를 거절하는 판결을 말한다. 소송요건의 충족여부는 사실심 변론종결시를 기준으로 판단한다.

② 기각판결

㉠ 기각판결이란 본안심리의 결과 원고의 취소청구가 이유 없다고 하여 그 청구를 배척하는 판결을 말한다. 재량행위가 위법하다는 이유로 소송을 제기한 경우에는 그 일탈·남용여부를 심사하여 그에 해당하지 않는 경우에는 청구를 기각한다.

㉡ 해당처분이 위법하지 아니하고 적법하거나 단순한 부당에 거친 경우 또는 사정판결을 할 경우에도 기각판결을 한다.

③ 인용판결(취소판결)

ⓐ 의의

취소소송에서 법원이 본안심리의 결과 원고의 청구가 이유 있다고 인정하는 경우에는 해당 처분의 전부 또는 일부를 취소하는 판결을 말한다.

ⓑ 적극적 변경의 불허

판례는 취소소송에서는 적극적 변경은 불가능하고, 소극적 변경(일부취소)만 가능하다고 본다. 즉 처분을 적극적으로 변경하는 형성소송은 허용되지 않고, 소극적 변경(일부취소)은 허용된다.

ⓒ 일부취소의 인정기준

일부취소는 원 처분이 위법하고, 일부취소되는 부분이 가분성이 있어야 한다. 법원에 제출한 자료만으로 일부취소되는 부분을 명확히 확정할 수 있는 경우에는 일부취소가 가능하지만, 일부취소되는 부분이 가분성이 없거나 당사자가 제출한 자료만으로 일부취소 되는 부분을 명확히 확정할 수 없는 경우에는 일부취소를 할 수 없다.

(2) 사정판결(제28조 제1항)

① 의의

사정판결이란 취소소송에 있어서 원고의 청구가 이유 있다고 인정하는 경우에도 처분등을 취소하는 것이 현저히 공공복리에 적합하지 아니하다고 인정하는 때에는 법원은 원고의 청구를 기각할 수 있다. 이 경우 법원은 그 판결의 주문에서 그 처분 등이 위법함을 명시하여야 한다. 즉 위법한 처분을 유지하는 판결을 말한다.

② 요건

㉠ 처분등을 취소하는 것이 현저히 공공복리에 적합하지 않은 경우에만 인정되는 것이므로 사정판결은 공익과 사익이 충돌할 때 이익형량의 원칙에 입각하여 공익보호가 보다 중대하다고 판단되는 경우에 공익을 우선시하는 경우이어야 한다. 이 경우 법원은 원고의 구제방안을 강구하여야 한다.

㉡ 판례는 피고의 신청이 없어도 법원이 직권으로 사정판결을 할 수 있다고 본다.

㉢ 사정판결은 처분시부터 위법하였으나 사후의 변화된 사정을 고려하는 제도라는 점에서 사정판결이 필요한가의 판단의 기준시는 판결시점(변론종결시)이 된다.

③ 사정조사(제28조 제2항)

법원이 사정판결을 함에 있어서 미리 원고가 그로 인하여 입게 될 손해의 정도와 배상방법 그 밖의 사정을 조사해야 한다.

④ 구제방법의 청구(제28조 제3항)

원고는 피고인 행정청이 속하는 국가 또는 공공단체를 상대로 손해배상, 제해시설의 설치 그 밖에 적당한 구제방법의 청구를 당해 취소소송 등이 계속된 법원에 병합하여 제기할 수 있다.

⑤ 적용범위(제38조)

행정소송법상 사정판결은 취소소송에만 허용되고, 무효등 확인소송과 부작위위법확인소송에는 준용되지 않는다. 당연무효의 행정처분을 소송목적물로 하는 행정소송에서는 존치시킬 효력있는 처분이 없기 때문에 「행정소송법」 제28조의 사정판결은 할 수 없다.

4) 취소판결의 효력

(1) 의의

① 행정소송법 상의 취소판결이란 행정청의 취소소송에 대한 청구인용판결로서, 그 효력에 관하여 「행정소송법」은 형성력과 기속력을 규정하고 있고, 그 외에도 「민사소송법」상의 자박력, 형식적 확정력, 기판력 등이 인정된다. 이러한 취소판결은 개인의 권리구제 외에 법치행정의 실현을 그 목적으로 한다.

② 형성력과 기속력은 인용판결에 인정되는 효력이고, 기판력은 인용판결뿐만 아니라 기각판

결에도 인정되는 효력이다.

(2) 형성력(소송당사자에 대한 효력)

① 형성효

형성력이란 계쟁처분(係爭處分)의 취소판결이 확정되면 처분청의 별도의 행위를 기다릴 것 없이 당연히 처분 등의 효력이 소급하여 소멸하는 판결의 효력을 의미한다.

② 소급효

형성력은 기존의 법률관계를 발생, 변경, 소멸시키는 효력을 말하며, 성질상 소급효가 불가능한 경우 외에는 소급효가 원칙이다. 취소판결의 취소의 효과는 처분 시로 소급한다.

③ 제3자효(대세효)

취소판결의 취소의 효력, 즉 형성효 및 소급효는 소송에 관여하지 않은 제3자에 대하여도 용인되도록 하는 판결의 효력을 말한다. 이를 취소의 제3자효, 즉 대세효라 한다. 「행정소송법」 제29조 제1항은 처분등을 취소하는 확정판결은 제3자에 대하여도 효력이 생긴다고 규정하여 취소판결의 제3자에 대한 구속력을 명문화하였다.

(3) 기속력(행정기관에 대한 효력)

① 의의

기속력이란 당사자인 행정청과 그 밖의 관계행정청에 대하여 확정판결의 취지에 따라 행동해야하는 실체법상의 의무를 발생시키는 효력을 말한다.

② 근거규정(제30조 제1항)

처분등을 취소하는 확정판결은 그 사건에 관하여 당사자인 행정청과 그 밖의 관계행정청을 기속한다.

③ 적용범위

㉠ 취소판결의 기속력은 처분이 위법이라는 것을 인정하는 판결의 주문 및 판결이유 중에 나타난 개개의 구체적 위법사유에 관한 판단에도 미친다. 따라서 종전처분과 다른 사유를 들어서 새로이 처분을 하는 것은 기속력에 저촉되지 아니한다.

㉡ 기속력은 인용판결이 확정된 경우에 인정되고 기각판결에는 인정되지 아니한다. 따라서 취소소송의 기각판결이 있은 후에라도 처분청은 해당 처분을 직권으로 취소할 수 있다.[38]

㉢ 처분의 위법여부에 대한 판단 기준시점은 처분 시이므로 기속력은 처분 당시까지 존재하던 사유에 대해서만 미치고, 처분 이후에 생기는 사실상태나 법률상태의 변동에는 미치지 아니한다. 다만, 행정청이 정당한 사유 없이 재처분을 늦추고 그 사이 법령이 개정된 경우에는 기속력이 미친다.

---

38) 박윤흔, 행정법강의(상), pp.1008-1009.

④ **기속력의 내용**

ⓐ 반복금지효

반복금지효란 취소소송에서 인용판결이 확정되면 행정청은 동일한 사실관계에서 동일한 당사자에게 사실심변론 종결 이전의 사유를 내세워 다시 확정판결에 저촉되는 동일한 내용의 처분을 반복하지 말라는 것이다. 다시 동일한 처분을 하면 그 처분은 무효로 된다.[39] 즉 A사유에 대한 거부처분을 했고, 이것이 취소판결로 취소되었다면, 행정청은 또다시 A사유에 대해 거부처분을 할 수 없다. 그러나 전혀 다른 사유로 거부처분을 하는 것은 기속력에 반하는 것이 아니기 때문에 유효하다.

ⓑ 재처분의무(제30조 제2항)

재처분의무란 ㉠ 당사자의 신청에 대한 행정청의 거부처분이 판결에 의하여 취소된 경우(법 제30조 제2항), ㉡ 인용처분이 제3자의 취소소송에 의하여 절차상 하자로 취소된 경우(법 제30조 제3항), ㉢ 행정청에게 새로운 신청을 기다리지 않고 판결의 취지에 따라 기존의 신청에 대하여 다시 처분을 할 의무를 부과하는 판결의 효력을 말한다.

ⓒ 결과제거의무(원상회복의무): 적극적 의무

㉠ 취소판결이 확정되면 행정청은 결과적으로 위법하게 되는 처분에 의해 초래된 위법한 상태를 제거하여 원상을 회복할 의무를 진다고 보는 견해가 있다. 명문상 규정되어 있지 않지만 통설과 판례는 이를 긍정하고 있다. 공무원의 파면처분이 취소된 경우 행정청은 원고인 공무원을 복직시켜야 한다.

㉡ 취소판결의 기속력에 원상회복의무(위법상태제거의무)가 포함되는지에 관하여 명문의 규정은 없지만, 판례는 이를 긍정하고 있다. 이러한 원상회복의무에 대하여는 그것을 인정하여도 별다른 실익이 없다는 견해도 있다.

⑤ **기속력 위반의 효과**

판례는 기속력에 위반하여 행한 행정청의 처분은 위법한 처분이 되며, 그 하자가 중대하고도 명백하여 당연무효 사유에 해당한다(대판).

(4) 기판력(실질적 확정력)

① **의의**

기판력이란 일단 법원판결이 확정되면 소송 당사자는 더이상 동일한 소송사건에 대하여는 다시 소를 제기할 수 없고(불가쟁력), 다른 법원도 일사부재리의 원칙에 따라 확정판결과 내용적으로 모순·저촉되는 판단을 하지 못하는 구속력(불가변력)을 의미한다.

② **근거**

우리 「행정소송법」에는 독일 행정법원법에서와 같은 기판력에 대한 명문규정이 없다. 「행정소

39) 앞의 책, 같은 쪽.

송법」 제8조 제2항에 따라 민사소송법상 기판력 규정이 준용된다. 즉 행정소송에 관하여 이 법에 특별한 규정이 없는 사항에 대하여는 「법원조직법」과 「민사소송법」 및 「민사집행법」의 규정을 준용한다.

③ 인정범위

기판력은 확정된 종국판결에 인정되고, 인용판결과 기각판결, 각하판결에도 인정된다. 판례는 기속력과 기판력을 혼용해서 사용하기도 한다.

④ 기판력의 적용범위

ⓐ 주관적 범위

취소소송의 기판력은 당해 소송의 당사자 및 당사자와 동일시 할 수 있는 승계인 및 소송에 참가한 제3자에게 미치고, 소송에 참여하지 않은 제3자에게는 미치지 않는다. 한편, 판례는 취소판결의 기판력은 피고인 처분행정청이 속하는 관계행정청, 즉 국가나 공공단체에도 미친다고 본다.

ⓑ 객관적 범위

ⅰ) 일반적으로 기판력은 판결의 주문 중에 표시된 소송물에 관한 판단에 대해서만 발생하는 것이 원칙이다(민사소송법 제216조 제1항). 판결의 전제가 되는 사실인정, 선결적 법률관계의 존부, 항변 등의 전제사항(前提事項)에는 미치지 않음이 원칙이다. 따라서 소송물에 관한 판단은 판결주문에 표시되기 때문에 판결주문에 대해서만 기판력이 생기고 판결이유에 대해서는 생기지 않게 된다.

ⅱ) 판례에 의하면, 취소소송의 기판력은 인용판결의 경우 당해 처분이 위법하다는 점에 미치고, 기각판결은 당해 판결이 적법하다는 점에 미친다.

ⅲ) 무효확인소송의 기판력은 인용판결의 경우에는 해당 처분이 위법하다는 점과 해당 처분이 무효라는 점에 대하여 미치고, 기각판결의 경우에는 처분이 무효가 아니라는 점에 미친다.

ⅳ) 각하판결의 기판력은 그 판결에서 확정한 소송요건의 흠결에 관하여 미친다.

ⓒ 시간적 범위

ⅰ) 당사자는 변론종결시까지 모든 주장과 증거를 제출하고, 종국판결은 사실상 변론종결시까지 나타난 자료를 기초로 행해지므로 기판력은 사실상 변론종결시를 기준으로 발생한다.

ⅱ) 처분청은 사실상 변론종결시 까지 주장할 수 있었던 사유와 증거를 내세워 확정판결과 저촉되는 처분을 할 수 없고 하여도 무효이다.

(5) 거부처분 취소판결의 간접강제

① 의의

간접강제란 금전을 무기로 심리적 압박을 가하여 스스로 의무를 이행하도록 유도하는 제재력의 행사를 말한다.

② **행정소송법 제34조**

「행정소송법」 제34조는 거부처분 취소판결의 재처분의무에도 불구하고 처분청이 계속하여 재처분의 이행을 하지 아니하는 때에는 제1심수소법원은 당사자의 신청에 의하여 결정으로써 상당한 기간을 정하고 행정청이 그 기간 내에 이행하지 아니하는 때에는 그 지연기간에 따라 일정한 배상을 할 것을 명하거나 즉시 손해배상을 할 것을 명할 수 있다.

③ **적용요건**

간접강제는 ㉠ 처분행정청이 재처분을 거부 부작위하는 경우, ㉡ 재처분이 기속력에 반하여 당연무효인 경우에 가능하다. 판례 역시 재처분을 하였더라도 기속력에 반하여 당연무효인 경우에는 아무런 재처분을 하지 아니한 때와 마찬가지라고 본다.

④ **법적 성격**

간접강제제도는 ㉠ 재처분의무의 이행을 담보하기 위한 심리적 강제수단일 뿐이며, ㉡ 지연손해에 대한 배상이 목적이 아니다. 판례 역시 재처분 지연에 따른 손해는 행정소송법 제34조 배상의 의미가 아니고 재처분의 이행에 관한 심리적 강제수단에 불과한 것으로 본다.

제 3 편

경찰행정 관리론

제 3 편

제11장 경찰행정 관리

제 1 절 현대행정학의 주요 이론

1. 공공선택론

1) 의의

뮬러(Dennis C. Mueller)는 공공선택론을 "비시장적 의사결정 영역에 경제학이론을 적용하거나 정치학에 경제학 이론을 응용하는 연구"라고 정의하고 있다.[1] 공공선택론은 국가와 행정기관이 공공재의 공급과 관련된 정책결정시에 시민 개개인의 선호와 선택을 중시하는 접근방법이다.

2) 등장배경

(1) 뷰캐넌과 털럭의 주장

공공선택론적 접근방법은 1986년에 노벨경제학상을 수상한 뷰캐넌 (J. Bucanan)을 비롯한 경제학자들과 수학자들에 의해 도입되었다. 특히 뷰캐넌(J. Buchanan)과 털럭(G. Tullock)은 공공재 배분결정이 정치적 표결에 의해 결정된다는 주장을 전개하면서 공공선택론이 관심을 받기 시작했다.

(2) 오스트롬의 미국 행정학의 지적 위기

행정학 분야에 공공선택론을 도입 발전시킨 대표적인 학자는 오스트롬 부부(V. Ostrom & E. Ostrom)이다. 그들은 1971년에 미국 행정학회지에 "공공선택론: 행정학 연구를 위한 또 다른 하나의 접근방법"이라는 논문을 기고하였다. 특히 빈센트 오스트롬은 1973년에 공공선택론의 관점에서 『미국 행정학의 지적 위기』라는 저서를 출간함으로써 공공선택론이 사회와 학계의 주목을 받게 되었다.[2]

3) 주요특성

(1) 경제학적 분석도구를 비시장적 의사결정에 적용

공공선택론은 경제학적인 분석도구를 정책결정구조, 투표규칙, 투표자 행태, 관료행태, 정당정

1) Dennis C., Mueller, Public choice, Cambridge University Press, 1979, pp.1-2.
2) 이종수 · 윤영진 외 공저, 새 행정학, 대영문화사, 2006, pp.164-167.

치, 이익집단 등의 연구에 적용하고 있다. 이처럼 정치현상이나 행정현상을 경제학의 이론을 통해 설명하거나 연구하는 것을 공공선택이론이라고 한다.

(2) 방법론적 개체주의와 연역적 접근

공공선택론은 개인을 분석의 기초단위로 삼고, 인간을 합리적 경제인이며 개인의 효용극대화를 추구하는 존재로 가정하는 연역적 연구방법론이다. 방법론적 개체주의는 개인의 합이 전체라는 입장을 취한다.

(3) 공공재의 생산자와 소비자

공공선택론에 의하면, 정부는 공공 서비스의 생산자이고, 국민은 서비스의 소비자이며, 국민 개개인은 자신의 선호에 따라서 공공서비스를 선택한다. 따라서 정부는 공공서비스의 생산・공급 시에 소비자인 시민들의 선호와 선택을 존중하는 것이 핵심가치이다.[3] 시민의 편익을 극대화할 수 있는 서비스의 공급과 생산은 공공부문의 시장경제화를 통해 가능하다.

(4) 전통적 정부관료제의 실패(정부실패)에 대한 비판

공공서비스를 독점적으로 공급하는 전통적인 정부관료제는 시민의 요구에 민감하게 반응할 수 없는 제도적 장치이며, 동시에 조직화된 압력단체들의 영향 아래 공공서비스를 독점적으로 공급하고, 소비자인 시민의 선택을 억압하며, 시민의 요구에 적극적이지 못하다는 제도적 장치임을 비판한다. 이러한 이유가 공공서비스의 생산과 공급에서 성과를 높이지 못하게 되는 소위 정부실패의 원인이라는 것이다.

(5) 분권적이고 다양한 규모의 비관료제적 조직

공공선택론자들은 공공서비스를 제공할 때에 시민 개개인의 선호와 선택을 존중하고 경쟁을 통해 서비스를 생산하고 공급하게 함으로써 행정의 대응성을 높일 수 있다고 주장한다. 전통적인 정부관료제는 공공서비스의 공급과 생산을 위한 바람직한 제도적 장치가 되지 못하며 정부의 각 수준에 맞는 분권적이고 다양한 규모의 비관료제적 장치가 마련되어야 한다고 강조한다.

(6) 교환으로서의 정치

정부는 공공서비스의 생산자이고 국민 개개인은 자신의 선호에 따라서 공공서비스를 선택하여 소비한다. 따라서 시민으로서의 각 개인은 자신이 받아들이는 공공서비스와 이에 수반되는 비용부담을 합의에 의해 자발적으로 교환한다.

4) 주요모형

(1) 오스트롬의 민주행정 패러다임

① 오스트롬은 윌슨(W. Wilson)류의 전통적인 견해들과는 달리 정치경제학적인 시각에서 관료

---

3) 오석홍, 행정학개론, 서울: 박영사, p.141.

행정과 대비되는 민주적 행정이론을 소개하고 있다. 관료들도 다른 인간과 마찬가지로 부패할 수 있으며, 따라서 권력이 분산되지 않거나 혹은 권력 상호간에 제약과 통제가 이루어지지 않는다면, 이기적인 목적을 위해 권력을 남용하려는 사람들에 의해 정치권력은 독점될 가능성이 높아진다.

② 공공재와 공공서비스의 공급은 다양한 의사결정자의 결정에 달려 있으며, 이들을 효율적으로 공급하기 위해서는 이에 적합한 조직적 장치가 필요하다. 따라서 어떤 관할권 내에서 다양한 의사결정 주체 사이의 권한분산이나 다수의 중첩적인 관할권의 개발이 필수조건이다.

(2) 니스카넨(W.A. Niscanen)의 예산극대화 모형

① 니스카넨은 관료들이 권력의 극대화를 위해 소속 부서의 예산규모를 극대화한다는 전제 아래 관료들의 예산극대화 행태를 예산 산출함수 및 정치적 수요곡선과 총비용 함수, 그리고 목적함수를 도입한 수리모형을 사용하여 설명했다.

②니스카넨은 정치가와 관료의 목적함수가 서로 다르다고 가정한다. 정치가는 사회후생의 극대화를 달성하기 위해 총편익과 총비용의 차이인 순편익이 최대가 되는 수준에서 공공서비스를 공급하여야 한다고 본다.

③ 하지만 관료들은 공공재의 비용보다는 편익에 더 많은 관심을 두어 실제 비용이 예산에 의해 충당되어야 한다는 점에 대해서만 신경을 쓴다. 따라서 관료들이 추구하는 관료적 최적 수준은 총편익곡선과 총비용곡선이 교차하는 점에서 이루어지고 정치적 최적 수준의 2배가 된다.[4)]

(3) 애로우(K.J. Arrow)의 불가능성 정리

① 사회적 선호체계가 가져야 할 바람직한 특성은 ㉠ 집단적 합리성, ㉡ 파레토최적, ㉢ 무관한 선택가능성으로부터 독립, ㉣ 비독재성, ㉤ 보편성 등의 다섯 가지이다.

② 그런데 사회적인 선호체계가 가져야 할 특성들을 모두 충족시키는 사회후생함수는 존재하지 않는다. 즉 어떤 개인이든 배제하지 않고(보편성) 비교당하지 않으며 모든 사회적 대안에 대해(완비성) 항상 일관된 답을 줄 수 있는(이행성) 민주적이고(비독재성) 효율적인(파레토최적) 사회의 의사결정체제는 존재하지 않는다. 이것이 애로우의 불가능성 정리이다.

③ 불가능성정리에서 바람직한 집합적 의사결정 방법의 기본조건으로 어느 누구도 집합적인 선택의 과정에 대해서 결정적인 영향력을 행사해서는 안 된다고 주장한다.

(4) 던리비(Dunleavy)의 관청형성모형

① 의의

던리비는 니스카넨의 모형에서 관료들이 사적 이익을 극대화한다는 가정은 받아들이지만, 예산극대화를 추구한다는 결론을 비판하고, 합리적 고위관료들은 오히려 관청형성동기를 가지게 된다는 것을 설명하는 모형을 제시했다.

4) 이종수 · 윤영진 외 공저, 위의 책, p.533.

② 특징

㉠ 관료 개인의 효용의 증감은 소속기관의 유형에 따라 상이하며, 관료들의 예산에 대한 효용은 대개 소속기관이 통제하는 전체 예산액 중 단지 일부분에만 관련되기 때문에 관료들이 일률적으로 예산극대화 동기를 갖는다는 니스카넨의 모형을 비판한다.

㉡ 합리적 고위관료들은 책임과 통제가 수반되는 일상적 기능은 준정부조직이나 외부계약(관청형성)으로 떼어내고 가능한 한 권력중심에 있는 부서에서 참모적 기능수행을 선호한다.

㉢ 정부조직이 다양한 형태의 관청(책임운영기관)으로 은폐되어 행정책임이나 통제가 약화될 수 있음을 지적한 모형이다.

(5) 티부가설

① 개요

티부(C.M. Tiebout)는 사무엘슨이 중앙정부에 의한 공공재의 효율적 공급의 어려움을 주장한 것에 대한 반박의 목적으로 주장한 가설로서 특정 조건 하에서 지방자치단체의 경우 공공재의 효율적 공급이 가능하다고 주장했다.

② 전제

1. 지방자치단체의 거주자이며 공공재의 소비자인 시민은 아무런 거래비용 없이 거주지를 이동할 수 있다. 2. 시민들은 각 지방정부의 재정상태에 대한 완전한 정보를 가진다. 3. 다수의 지방정부가 존재하며 시민들의 선택의 여지가 많다. 4. 시민들의 생계는 고용에 의한 임금이 아닌 배당금에 의존한다. 즉 고용기회가 거주지 결정에 영향을 주지 않는다. 5. 각 지방자치단체 사이에 외부효과는 존재하지 않는다. 즉 지방정부가 제공하는 서비스의 영향범위는 권역내로 한정된다. 6. 각 지방정부마다 고정생산 요소의 존재로 인한 최적 생산규모가 있다. 7. 각 지방정부는 최적생산 규모를 추구한다.

③ 결론

위 전제가 만족되면 각 지방자치단체의 최적규모에 따른 효율적 공공재의 생산이 이루어진다. 시민들이 본인들의 만족을 최대화할 수 있는 지방으로 자유롭게 이동할 수 있기 때문이다. 이를 발로 뛰는 투표(voting with one's feet)라고 한다.

2. 신공공관리론

1) 등장배경과 의의

1980년대 이후 영미 국가들을 중심으로 등장한 '신공공관리론'은 '시장주의'와 '신관리주의'를 결합하여 전통적인 관료제 패러다임의 한계를 극복하고 작은 정부를 구현하기 위해 개발된 정부운영 및 개혁에 관한 이론이다.

(1) 정부실패와 성과주의

1970년대 미국 정부의 실패는 1980년대 후반과 1990년대에 민간부문의 경영기법의 도입과 행정성과를 강조하는 신공공관리론이 등장하는 결과를 초래했다. 신공공관리론은 행정에 있어 내부적으로는 신관리주의를 통해 성과주의의 행정을 실현하고, 외부적으로는 시장주의를 통해 정부역할의 감소와 공공서비스 공급에서의 경쟁구조, 고객지향의 행정을 추구하는 정부운영 및 개혁에 관한 이론이다.

(2) 전통적인 관료제 패러다임의 한계 극복

① 경직성, 독점의 폐단, 높은 거래비용과 낭비, 공급자 중심적 관리 등 전통적인 관료제 패러다임의 한계를 극복하고, 작은 정부의 구현과 정부의 성과를 강조하는 행정개혁에 관한 이론이다.[5)]

② 특히 1990년대에 클린턴 행정부에서 개혁전략의 일환으로 추진된 정부재창조운동은 신공공관리론을 행정개혁에 적용한 것으로서 오스본(David Osborne)과 게블러(Ted Gaebler)의 저서 「정부재창조론」의 이론적 기초가 되었다.[6)]

(3) 개념적 차이

① 넓은 의미의 신공공관리론

신공공관리론은 행정관료제에 국한되지 않고 국민과의 관계까지 포함하는 국정관리와 유사한 개념으로 사용된다.

② 좁은 의미의 신공공관리론

미국 클린턴 정부 및 영국정부에서 시도되는 일련의 행정개혁 프로그램을 지칭한다.

(4) 이론적 배경

신공공관리론은 시장주의와 신관리주의를 결합하여 개발된 이론이지만, 신공공관리론의 패러다임과 전략은 공공선택론, 주인-대리인이론, 거래비용조직경제학이론 등 신제도주의 경제이론의 원리와 처방에 의존하였다.[7)]

2) 오스본과 게블러의 정부재창조 10대 원리[8)]

오스본과 게블러의 정부재창조론에서 제시된 '기업가적 정부 운영의 10대 원리'는 신공공관리론의 특징과 신공공관리론적 정부개혁의 방향을 잘 나타내준다. 이들이 제시한 10대 원리는 다음과 같다.

① 촉진적 정부(노젓기 보다 방향잡아주기), ② 지역사회가 주도하는 정부(서비스 제공보다 권한 부여), ③ 경쟁적 정부(서비스 제공에 경쟁원리 도입), ④ 사명지향적 정부(법규 중심에서 목표와 임무 중

---

5) Owen E. Hughes, Public Management and Administration: An Introduction, 3rd ed. (Palgrave Macmillan, 2003), p.6.

6) David Osborne & Ted Gaebler, Reinventing Government: How the Entrepreneurial Spirit is Transforming the Public Sector, M.A.: Addison-Wesley Publishing Company, Incs. 1992, pp.175-185.

7) 이종수 · 윤영진 외 공저, 앞의 책, p.173.

8) 이종수 · 윤영진 외 공저, 새행정학3.0, 대영문화사, 2022, pp.120-121.

심 조직 운영), ⑤ 성과지향적 정부(투입이 아닌 성과와 연계한 예산 배분), ⑥ 고객지향적 정부(관료제가 아닌 고객 요구의 충족), ⑦ 기업가적 정부(지출보다 수익 창출), ⑧ 미래에 대비하는 정부(사후적 대책 수립보다는 사전에 문제 예방), ⑨ 분권적 정부(위계조직에서 벗어나 참여적 의사결정 촉진), ⑩ 시장지향적 정부(관료주의 보다는 시장 메커니즘 통한 성과 향상)

3) 특징

① 신공공관리론은 정부기능을 기획기능과 집행기능으로 분리하여 기획기능은 행정이 담당하고, 집행기능은 민간부문이 담당하도록 하자는 것으로서, 불가피한 경우 민간의 경쟁기법을 최대한 도입한 책임집행기관화하자는 것이다.

② 신공공관리론에서 주장하는 정부재창조 주장은 사기업 경영의 패러다임을 행정에 도입해야 한다는 점이다. 즉 red tape(형식주의)를 없애고 고객을 최우선으로 하며, 공무원을 결과지향적으로 하고, 행정은 기본으로 돌아가자는 주장이다.

③ 따라서 기업가적 정부를 지향하는데 기업가적 정부는 ㉠ 노젓기보다는 방향잡기, ㉡ 책임과 권한의 위임, ㉢ 규제를 유인으로 대체, ㉣ 시장원리의 추구, ㉤ 비행정적인 방법에 의한 문제해결 등으로 고객만족을 증가시키자는 것이다.

④ 신관리주의는 인사나 예산 등에서 내부통제를 대폭 완화하여 일선행정관리자에게 관리상의 재량권을 부여함으로써 신축성과 유연성이 높은 행정을 강조한다.

⑤ 하이예크(Hayek)는 "노예의 길"에서 수요중시 거시경제정책을 강조하는 케인즈와는 달리 정부가 시장에 개입할 경우 시장경제와 의회는 무력화된다고 주장하면서 정부보다는 시장의 역할을 강조하고 작은 정부를 제창하였다. 이러한 주장은 신자유주의나 대처리즘, 신공공관리론의 경제정책의 토대로 작용했던 공급경제학의 기초가 되었다.

⑥ 오스본(Osborne)과 게블러(Gaebler)는 정부개혁운동에 신공공관리론을 적용한 정부재창조론에서 행정의 탈정치화를 주장한 정행이원론으로 시장주의에 입각하여 성과와 효율을 중시하였다.

⑦ 정부는 법규나 규정에 의한 관리보다는 목표와 임무를 중심으로 조직을 운영하고, 결과를 중시하는 사명지향적 정부가 되어야 한다.

⑧ 정부는 업무성과를 제고하기 위해서는 투입이 아니라 산출이나 결과를 기준으로 자원을 배분하는 성과지향적 정부가 되어야 한다.

⑨ 정부는 서비스 제공 대상자를 고객으로 인식하고, 이들에게 선택권을 부여하여 정부의 필요가 아니라 고객의 필요에 따라 서비스를 제공하는 고객지향적 정부가 되어야 한다.

4) 한계

① 신공공관리론은 시장과 민간부문을 지나치게 이상화하는 반면 정부와 관료제를 지나치게 폄하하고 정부감축은 공무원의 사기를 떨어뜨려 생산성 제고에 지장을 준다.

② 신공공관리론은 정부의 정체성을 무시하고 정부와 기업을 동일시 한다. 따라서 기업경영원리와 기법을 그대로 정부에 이식하려는 시도는 공공부문의 특수성을 고려하지 못하는 문제를 유발시킨다.

③ 민영화로 인하여 행정의 공공성 · 책임성 문제가 제기될 수 있으며, 시장중심의 효율성을 강조해 참여 · 형평성 · 적실성 등 사회적 문제에 대한 정부의 공적 역할에 지나치게 부정적이라는 비판을 받는다.[9)]

④ 국민을 권리의 주체인 정치적 시민으로서가 아니라 소비의 주체인 경제인으로 인식, 이러한 고객 만능적 사고는 시민으로서의 의무를 경시하게 된다.

⑤ 성과평가에 대한 지나친 집착으로 공무원의 창조적 사고를 억제할 수 있으며, 정부활동의 성과에 대한 평가가 어려운 경우 행정책임성의 문제를 야기할 수 있다.

⑥ 행정은 시간이 걸리더라도 이해당사자의 동의를 구하는 절차적 민주성이 중요하며, 개인의 현명한 판단보다 전체 국민의 지지가 중요한 영역임을 무시한다.

⑦ 가격과 경쟁에 의한 행정서비스 공급으로 공공서비스의 형평성저해 가능성이 발생한다.

⑧ 새로운 관리기법이 적용될 경우 기존의 행정관리방식에 익숙한 조직구성원에 의해 저항이 발생될 수 있으므로 이에 대한 적절한 대비가 필요하다.

⑨ 분권화와 권한이양에 따른 문제점으로 정책기능과 집행기능 간 기능분담의 적절성 확보가 어렵다.

3. 신제도론적 접근방법

1) 신제도론의 출현 배경

제도에 대한 연구는 행태주의가 대두되기 전부터 정치학과 행정학 분야의 전통적인 접근방법들 중의 하나였다. 신제도주의라는 용어는 행태주의에 대한 반발로서, '제도'가 사람의 행태 못지않게 중요하다는 인식에 따라 붙여진 이름이다. 신제도주의는 제도를 공식적인 체제나 구조, 조직에 한정하지 않고, 비공식적인 제도나 규범도 포함한다는 넓은 범위로 규정한다는 점에서 전통적인 법률 · 제도적 접근과 구별된다.

2) 제도의 개념

(1) 질서를 부여하기 위한 일단의 규칙

1980년대부터 새롭게 제기되고 있는 제도론적 접근방법은 전통적인 제도적 접근방법과는 개념적으로 본질적인 차이가 있다.

전통적 접근방법은 제도란 주로 기관을 의미하고, 주요 기관의 권한이나 기능을 파악해 서술하

9) 앞의 책, pp.121-122.

는데 초점을 두고 있는데 반해, 신제도론적 접근방법은 제도란 개인들 상호 간의 구체적인 관계에 질서를 부여하기 위해 사용하는 일단의 규칙을 의미한다. 따라서 정부활동의 결과, 즉 성과에 영향을 미치는 제도적 장치를 규명하는데 초점을 두고 있다.

(2) 행동에 대한 제약

제도란 개인의 행태를 제약하기 위해서 고안된 일단의 규칙, 순응절차 그리고 도덕적·윤리적 행태 규범에 해당한다.[10] 따라서 제도로서의 규칙은 개인과 집단의 행동에 대해 인위적으로 설정된 제약이라고 할 수 있다.

3) 신제도론적 접근방법의 내용

① 신제도론은 정치·행정·경제 등 사회현상을 연구하는데 제도라는 사회구조화된 측면을 가장 중시하는 접근방법이다.

② 제도적 맥락 속에 개인행동의 규칙성을 긍정한다. 제도는 개인행동을 제약하고 이에 따라 제도적 맥락 속에 나타나는 개인행동은 규칙성을 띠게 된다는 것으로 신제도론은 원자화된 개인이 아닌 제도라는 맥락 속에서의 나타나는 개인행위에 초점을 두는 이론이다.

③ 제도를 문화의 산물이며 경로의존성을 지닌 현상이라고 보기 때문에 문화론적 접근방법이라고도 할 수 있다.

④ 기존의 행태주의가 시대별 정책적 차이나 다양성을 설명하지 못하는 한계를 가지고 있다는 점에 주목하고, 행태주의에서 규명하고자 했던 개인의 선호체계와 행위결과간의 직선적인 인과관계에 의문을 제기한다.

⑤ 구제도론은 공식적·정태적·보편적 제도의 성격을 지닌 반면에 신제도론은 비공식적·동태적·문화적 제도의 성격을 지니고 있다. 따라서 신제도론은 공식적인 제도뿐만 아니라 비공식적 제도나 규범이나 관행에 관심을 가지며, 외생변수로 다루어졌던 정책 혹은 행정환경을 내생변수로 분석대상에 포함시킨다.

⑥ 신제도론은 공식적 법체계뿐만 아니라 개인행위를 제약하는 제반의 요소들로 제도의 범위를 확장하여 공식적인 정치체계는 물론 일련의 행위 규범이나 관행, 규칙들도 제도에 포함시킨다.

⑦ 신제도론은 제도란 사람들이 만들어내는 종속변수지만, 역으로 제도는 사람들을 제약하는 독립변수로 작용한다고 본다. 따라서 제도는 독립변수일 수도 있고, 종속변수일 수도 있다.

⑧ 신제도론은 조직과 종단적·횡단적으로 연계된 제도들 사이의 영향관계를 전체적으로 파악하려 하기 때문에 집합주의적 접근방법이다.

⑨ 제도가 개인을 제약하지만, 개인 간 상호작용의 결과로 제도가 변화할 수 있고, 제도와 환경과의 교호작용을 중시한다.

10) 이종수·윤영진 외, 새행정학, p.170.

4) 신제도론의 분파

(1) 역사적 신제도론

① 제도란 장기간에 걸친 역사적 과정에서 형성된 인간행동의 정형화된 유형 내지 정치체제 또는 경제체제에 내포된 공식적인 법규범뿐만 아니라 비공식적 절차, 규칙, 관례, 관습 등으로 규정한다. 따라서 행위자간의 상호작용을 제약하는 제도의 영향력과 제도적 맥락을 강조한다.

② 동일한 정책이라도 역사적 특수성에 따라 그 형태나 결과가 달리 나타날 수 있다. 역사적으로 형성된 제도는 지속성과 경로의존성을 갖고 현재의 정책선택을 제약하게 된다. 경로의존성이란 제도의 형성은 개별국가의 역사적 경로의 영향을 받아 지속성을 띤다는 것을 의미한다.

③ 제도의 지속성을 강조하면서도 제도변화는 쿠데타나 혁명 같은 위기상황에 대처하는 역사적 변환점에서 급격하고 간헐적으로 일어난다고 본다. 즉 특정제도가 외부적인 충격, 급격한 변화에 의해 중단될 수 있다는 가능성을 인정한다.

④ 역사적으로 형성된 제도는 집합적 의사결정과정에서 개인이나 집단 사이에 권력관계의 불균등성(특권과 손실)이 발생하며, 제도적 요인에 의해 의사결정과정에 대한 접근이 불균형적으로 이루어진다.

⑤ 정치영역의 상대적 자율성을 강조한다. 즉 정부를 수동적, 중립적 중재자로 보는 다원주의와는 달리 국가는 하나의 행위자이자 그 자체가 제도로서 단순한 사회적 선호의 반영물 그 이상이다. 정치체제가 개인의 선호를 형성하고 제약한다.

⑥ 제도는 개인 간 역사적 갈등과 전략의 산물인 동시에 제도가 행위를 제약하는 변증법적 관계를 중시한다. 제도는 독립변수이면서 종속변수이다. 제도가 개인의 전략을 바꾸고 개인의 선호와 판단에 영향을 미친다.

⑦ 역사적 관점과 거시구조적 관점을 결합한 접근법으로서 인류의 보편적 제도는 없으며 국가(정치체제)가 제도형성의 주체이다.

⑧ 분석수준면에서 전체는 부분의 합 그 이상이라는 방법론적 전체주의(holism)와 귀납적 접근(사례연구)입장을 취하며, 주로 중범위 수준에서 분석을 수행한다.[11)]

(2) 사회학적 신제도론

① 제도의 범위를 가장 넓게 정의하여 제도를 공식적 규칙이나 절차, 규범뿐 아니라 전통과 관습, 그리고 문화를 포함헤서 사람의 표준화된 행동을 낳는 것이라고 이해한다.

② 조직과 환경의 관계를 중시하는 조직이론을 토대로 방법론적 분석수준은 전체주의에 의한 거시이론적 성격을 나타내며, 귀납적 접근에 의한 연구를 전개한다.

③ 제도는 경제적 효율보다 문화적 관행이 확산되는 과정에서 발생한 결과로 설명한다. 따라서 제도를 사회적 정당성을 획득한 상징 · 도덕적 기초 · 문화로 인식한다. 조직구성원이 제도를 넘

---

11) 김태룡, 행정이론, 대영문화사, 2017, pp.370-371.

어선 효용극대화의 합리성에 따라 행동하기 보다는 주어진 제도 안에서 적합한 방식을 찾아 행동할 가능성이 높음을 강조한다.

④ 제도의 변화는 제도적 동형화(동질화) 과정(isomorphism)의 결과물로 본다. 이는 효율성 추구가 아닌 사회적으로 적절하고 정당한 조직이나 제도를 닮아가는 과정을 의미한다.12)

⑤ 사회문화와 같은 거시적인 변수에 의해 개인의 이익이 제약되고, 사회적 정당성을 인정받은 제도를 개인이 창조하거나 변형할 수 없다. 따라서 사회적 정당성을 얻기 위한 제도적 동형화가 나타난다.

4) 합리적 선택이론

① 개인은 자신의 고정된 선호와 외생적 선호에 따라 행동하는 합리적 행위자로서 이러한 선호를 극대화하기 위해 전략적이고 계산적인 행동을 취한다. 제도는 이러한 합리적 · 전략적 상호작용의 결과로 형성된 균형으로 인식한다.

② 합리적 선택론은 전체는 개체의 합과 같다는 방법론적 개체주의(individualism)와 연역적 일반이론을 추구한다.

③ 제도의 형성과 변화과정에서 개인의 합리적 · 전략적 선택을 중시한다.

④ 개인은 합리적이며 자기이익을 추구하는 존재이다. 따라서 개인의 선호는 선험적으로 제도와 무관하게 주어져 고정된 것으로 가정한다. 즉 행위자의 선호는 개인들간의 상호작용이 아닌 개인의 전략적 판단에 의해서 주어지는 외생적(고정) 선호라고 가정한다.

⑤ 합리적 선택론은 개인의 전략적 선택의 결과로서의 제도의 형성과 변화를 중시한다. 제도의 변화는 비용 편익의 변화와 전략적 선택의 결과이다. 이 경우 개인의 편익이 거래비용보다 커야 제도가 변화할 수 있다고 주장한다.13)

4. 뉴거버넌스 이론

1) 의의

1990년대 후반에 접어들면서 출현한 뉴거버넌스 이론은 정부의 공공서비스 제공 및 문제해결과 관련된 행정개혁 모형이다. 이 이론은 공공서비스 전달 또는 공공문제해결이 전통적 정부관료제에 의해 독단적으로 이루어져서는 안 되고 정부와 민간부문 및 비영리부문 간의 협력적 연계망(networking)에 의해 이루어져야 한다는 점을 강조한다.

2) 신공공관리와 뉴거버넌스의 비교

뉴거버넌스는 다양한 의미로 사용되면서 이를 신공공관리와 동일시하는 경우도 있다. 이는 신

12) 앞의 책, pp.370-371.
13) 앞의 책, pp.367-369.

공공관리와 뉴거버넌스 이론이 정부개혁 전략으로 거의 동일한 시점에 개발되었다는 점과 함께 정부의 역할에 대한 인식과 제시되는 정부개혁 전략이 유사하다는 점 등에서 연유하는 것이라 할 수 있다.

(1) 공통점

① 신공공관리와 뉴거버넌스는 서비스 전달이라는 노젓기보다는 정책방향 잡기를 위한 도구와 기법의 개발을 중시한다. 신공공관리는 정부를 방향잡기의 중심부라고 규정하고, 뉴거버넌스는 정부는 권위·집권·주도와 같은 불평등한 관계가 아니라 평등한 관계에서 함께 하기를 추구한다.

② 투입보다는 산출에 대한 통제를 강조한다.

③ 공공서비스 제공과 관련하여 공공부문과 민간부문의 구분 필요성에 반대하고,

④ 상호경쟁과 조정원리를 옹호한다.

(2) 차이점

① 신공공관리는 서비스 공급 성과에 초점을 두고 있는데 반해 뉴거버넌스는 서비스 제공 과정에 초점을 맞추고 있으며,

② 신공공관리는 조직 내 관계를 다루고 있는 데 비해 뉴거버넌스는 조직 간 관계를 다루고 있다.

③ 신 공공관리는 시장 메카니즘과 소비자들의 개별적 선택에 의해 서비스 생산과 공급이 조정되는 데 비해, 뉴거버넌스에서는 정부와 비정부 부문간의 신뢰, 협조, 상호의존 등에 의해 서비스 생산과 공급이 이루어진다.

④ 신공공관리는 공공 서비스 영역의 민영화와 민간위탁을 지향하고, 관료는 공공기업가의 역할을 수행하지만, 뉴거버넌스에서는 정부와 민간부문의 서비스에 대한 공동공급을 지향하고 관료는 조정자로서의 역할을 수행한다.

⑤ 신공공관리는 정부부문간 경쟁에 역점을 둔다면, 뉴거버넌스는 정부와 민간부문간 협력에 중점을 두고 있다.[14)]

⑥ 신공공관리는 국민을 공리주의에 입각한 고객, 따라서 고객은 수동적, 소극적 존재로 보고, 뉴거버넌스는 국민을 시민주의에 바탕을 두고 덕성을 지닌 시민, 따라서 시민을 정부의제와 정책을 결정하는 능동적, 적극적, 주체적 존재로 본다.

⑦ 신공공관리는 행정의 경영화에 의한 정행이원론의 성격이 강하고, 뉴거버넌스는 담론이론 등을 바탕으로 한 행정의 정치성을 중요시 함으로써 정행일원론의 성격이 강하다.

⑧ 신공공관리는 성과에 대한 책임성을 강조하고, 뉴거버넌스는 공유된 책임성을 강조한다. 따라서 뉴거버넌스는 책임질 사람이 명백하지 않다.

---

14) 이종수·윤영진 등, 앞의 책, p.178.

5. 포스트모더니즘 행정이론

1) 의의

① 포스트모더니즘은 본래 모더니즘에 기초하고 있는 사회적 전통이나 구조, 사상으로부터의 해체와 해방을 의미한다. 포스트모더니즘은 인간의 이성과 과학의 무한한 힘을 믿었던 데카르트(R. Descartes)이후의 근대적 세계관이 무너지는 과정에서 나타난 현상으로 전체성 해체, 독자적 개체의 인정, 주체와 객체의 구별 해소 등 한 마디로 해체와 해방을 의미한다.[15]

② 이러한 포스트모더니즘의 영향으로 1995년 이후 행정학에서 모더니즘을 상징하는 관료제를 비판하고, 그 대안을 제시하는 포스트모더니즘 행정이론이 등장했다. 당시까지 행정학의 주류를 이루고 있던 이론들은 합리주의, 즉 과학주의 및 기술주의를 강조하는 모더니즘에 기초하고 있었다.

2) 파머의 반관료제론과 폭스와 밀러의 담론이론

(1) 파머의 반관료제론

1995년 파머(David J. Farmer)의 반관료제론[16]과 폭스(Charles J. Fox)와 밀러(Hugh T. Miller)의 담론이론[17] 등으로 대표되는 포스트모더니즘 행정이론은 합리주의에 대한 회의, 즉 과학주의와 기술주의, 기업주의 등의 한계와 부작용을 비판한다. 이러한 관료제를 중심으로 한 근대 행정이론의 비판적 해석에 기초하여 파머는 포스트모더니즘 행정이론을 상상, 탈영역화, 타자성 등을 중심으로 제시하였다.

① 상상

상상은 단순히 마음속으로 형상화하는 것이 아니라 보는 관점에 따른 가능성을 의미하고, 상상이 인간사고의 촉매제 역할을 할 수 있다고 주장한다.

② 해체

행정은 규칙에 얽매이지 않고 전통적인 지배적 패러다임에 대한 해체를 거쳐 우리가 어디에서 있는지 깨닫는 상황의 맥락을 파악하는 것이 중요하다.

③ 탈영역화

탈영역화는 지식과 학문의 경계가 없어지는 것을 의미한다. 포스트모더니즘에서의 모든 지식은 그 성격과 조직에서 그 고유영역이 해체된다. 탈영역화가 시사하는 것은 지금까지 행정학의 고유영역이라고 생각되던 지식의 성격이 변화하고 행정조직도 비계층적이고 탈관료제화된 모습

---

15) 김광웅, "방법론 강의: 기초·원리·응용", 서울: 박영사, 1995, p.142.

16) David J. Farmer, "The language of public administration: Bureaucracy, Mordenity, and Postmordensm, Tuscaloosa," Alabama: The Univ. of Alabama Press, 1995, pp.20-25.

17) Charles J. Fox & Hugh T. Miller, "Postmodern public administration: Toward Discourse," London: Sage Publications, 1995, pp.15-30.

을 나타내게 될 것이라는 주장이다.

(2) 폭스와 밀러의 담론이론

① 폭스와 밀러(Fox & Miller)는 현상학과 구성주의를 통해 관료제의 한계와 문제점을 비판하며, 대안으로 담론이론을 제시했다.

② 행정기구, 즉 행정조직을 민주주의적 담론의 장으로 규정하고, 그리고 한 걸음 더 나아가 타자로서의 시민들에게 권력을 부여하고 동등한 위치에서 시민들로 하여금 실질적으로 행정에 참여하게 하려는 행정의 새로운 길을 제시했다. 따라서 정책결정을 위한 토론과정을 민주화하는 담론이 무엇보다 중요하다.

③ 담론은 현상유지를 비판하고 거버넌스의 과정에서 개인의 연계를 형성하고 결집시키며, 역동적인 대화를 도모하는 특수한 수단으로 승화될 수 있다.

④ 공공의 영역은 에너지의 장으로 변화하고 그 안에서 정책결정은 합리적 분석이 아닌 국민이 나누고 있는 의미가 무엇인지를 포착하는 과정을 통해 이루어진다.

⑤ 따라서 공직자는 위계구조의 명령계통을 잇는 대체가능한 연결고리에 불과한 것이 아니라 담론을 통한 공공의 의지를 실현하는데 있어 역동적인 참여자로서 활약하게 된다.

3) 특징

(1) 구성주의

포스트모더니즘은 현상학적 입장에서 우리가 발견할 수 있는 객관적 사실이 있다고 보는 객관주의를 배척하고, 사회적 현실은 우리들의 마음속에서 구성된다고 보는 구성주의(constructivism)를 지지한다.

(2) 상대주의 · 다원주의적 세계관

포스트모더니즘의 세계관은 절대유일의 가치나 보편주의와 객관주의를 추구하는 것은 헛된 꿈이며, 진실과 도덕적 판단 등은 권위적 · 과학적으로 결정될 수 없다. 따라서 행정학이론에서 보편적인 진리와 객관적인 실체가 있다고 주장하는 논리적 실증주의와 행태주의를 헛된 꿈이라고 비판하고, 지식의 상대주의를 강조한다.

(3) 전통과 구조적 제약에서 해방

포스트모더니즘은 개인들이 조직과 사회적 전통과 구조에서 비롯되는 제약으로부터 해방되어야 한다는 해방주의적(emancipatory)성향을 지닌다. 사람들은 서로 상이성을 인정한 가운데 자유롭게 접근할 수 있어야 한다.

개인들은 모든 의미에서 자유로울 수 있는 존재이다. 개인들은 인위적 · 계층제적 구조와 권위로부터 자유로워야 하고 서로 다를 수 있으며, 각자가 특유의 개성을 가질 자유를 누려야 한다.

(4) 타자성

타인을 인식의 객체가 아닌 도덕적 타자로 인정하여 타인에 대한 개방성, 반권위적 태도, 서비스 지향적 태도, 시민참여를 촉진해야 한다.

(5) 모더니즘에 대한 대응

포스트모더니즘은 과거에 통합, 통일성, 집중화, 경직성, 전체주의 등이 유행하던 모더니즘 시대에 대응하여 분산, 다양성, 분권화, 유연성, 무작위성 등이 중요시 된다.

(6) 사회적 맥락의 중요성

실증주의는 사회적 맥락에 대한 고려 없이 보편적 이론을 발견하려 한다. 포스트모더니즘은 이러한 실증주의적 사고와 접근방법을 배격한다. 바로 상대주의 및 다원주의적 세계관을 기본관점으로 하여 특정한 사회적 맥락에 따라 현실에 대한 해석은 달라질 수 있고, 심지어 같은 맥락 속에서도 현실에 대한 해석은 다양할 수 있음을 강조한다.

6. 딜레마 이론

1) 개념

달레마 상황이란 관련 참여자, 선택기회, 문제 등의 모호성 여부와는 상관없이 대안들의 표면화된 가치를 비교할 수 없기 때문에 선택이 어려운 상황에 처해 있는 상태를 의미한다.. 다시 말하면, 딜레마란 의사결정을 해야 할 정책결정자가 선택을 하지 못하고 있는 곤란한 상황, 이럴 수도 저럴 수도 없는 상황, 거의 동등한 가치를 갖고 있거나 하나의 가치를 포기하는 비용이 너무 큰 두 개의 대안 중 하나를 선택해야만 하는 상활을 의미한다.

2) 딜레마의 논리적 구성요소

딜레마이론은 딜레마의 논리적 구성 요건으로서 분절성, 상충성, 균등성, 선태 불가피성을 제시하고, 이를 모두 충족해야 딜레마가 초래된다고 한다. 분절성은 대안 간 절충이 불가능하다는 것을 의미하며, 상충성은 대안의 상충으로 인해 하나의 대안만 선택해야 한다는 것을 의미한다. 그리고 균등성은 대안이 가져올 결과가치가 균등해야 한다는 것이며, 선택의 불가피성은 최소한 하나의 대안을 반드시 선택해야 한다는 것을 의미한다.

3) 딜레마 상황의 타개 방법

① 정책문제가 딜레마로 가기 전에 상충성의 문제를 해결하는 것이며, 나아가서 딜레마가 되었다고 하더라도 다양한 대응행동을 통하여 그로부터 벗어나 해결 가능한 문제로 재구성하여 해결책을 찾아가는 것이다.

② 딜레마 상황을 타개하는 방법으로 관료적 거버넌스에 의한 해결보다는 협력적 거버넌스에

의한 해결이 무시된 딜레마를 예방함으로써 공공성을 증진시킬 것이다. 특히 공직자에게 많은 자율성을 부여하고, 그에 따른 책임을 지도록 하는 자율적 통제 방식이 공공성을 증진시키는 데 더 효과적이다.

③ 딜레마 이론의 관점에서 공공성 증진을 위해 공직자 자신이 갖추어야 할 특성은 i) 헌법적 가치와 정당한 절차를 준수하는 공익 마인드, ii) 혁명적 변화보다 전진적 변화를 추구하는 성향, iii) 자기성찰을 통하여 의식을 확장하고 긍정적 사고와 상충적 맥락을 인식할 수 있는 능력이다.

④ 적극적 공직자가 자율적으로 과업을 수행할 수 있도록 권한을 부여하고 실질적으로 그것을 행사할 수 있도록 하는 제도의 뒷받침이 필요하다. 이를 위해서 i) 대통령 권한의 축소, ii) 공론과정과 같은 진정한 국민의 목소리를 반영할 수 있는 다양한 제도의 보완, iii) 전책실명제를 비롯한 결과와 과정에 대한 평가 시스템의 설계, iv) 자율적 공직자가 적극적으로 행동할 수 있고 잘못된 것이 교정되는 보상제도, v) 교육훈련 시스템을 보완하여 맥락 중심의 정책사례연구와 자기 돌아보기 성찰을 교육·훈련에서 강조해야 한다.18)

7. 넛지이론(Nudge Theory)

1) 개념 및 대두 배경

① 넛지이론은 실제의 인간 행동에 관한 행동경제학의 통찰을 정부의 정책 설계 및 집행에 적용·응용하기 위한 이론이다. 인간은 제한된 합리성으로 인해 불확실한 상황에서 이루어지는 판단과 선택을 효율적으로 수행하기 위해 '휴리스틱(heuristic)'이라는 의사결정 방법을 활용한다. 이 과정에서 발생하는 인지적 오류와 행동편향으로 인한 비합리적 의사결정을 행동경제학에서는 행동적 시장실패라고 정의한다.

② 넛지이론은 행동적 시장실패를 해결하기 위한 정부역할의 필요성에 관한 규범적 근거와 이에 적합한 정책수단을 제시하고 있다.

③ 넛지는 원래 '주의를 끌기 위해 팔꿈치로 슬쩍 찌르다'는 사전적 의미를 갖는 용어인데, 이를 부드러운 개입을 통해 타인의 행동을 바꾸는 개념의 넛지로 전환시킨 것이다. 따라서 넛지란 사람들을 현재보다 자유롭고 건강하고 행복한 삶을 영위하게 하는 방향으로 갈 수 있도록 의사결정을 돕는 기능을 가진 개념으로, 강제적인 명령이나 지시와는 명백하게 다르다는 입장이다.19)

④ 정부는 선택설계자로서의 역할을 수행해야 하며, 이를 위해 전통적인 정책수단인 법률과 규제, 경제적 유인 수단(조세, 보조금) 등과 구별되는 새로운 정책수단인 넛지(선택설계)를 활용해야 한다는 점을 강조한다.

18) 김태은·이영철 외, 딜레마 이론과 정책, 대영문화사, 2021, pp.23-24.
19) 김태룡, 위의 책, pp.136-137.

2) 넛지의 성격

① 행동적 시장실패를 해결하기 위한 새로운 정책 수단인 넛지는 어떤 선택을 금지하거나 경제적 유인을 크게 변화시키지 않으면서 예측 가능한 방향으로 사람들의 행동을 변화시키는 선택설계의 제반요소를 의미한다.

② 선택설계는 선택의 대안이 정책 대상자에게 제시되는 방법과 이를 통해 판단, 선택, 행동에 영향을 주는 방안을 설계하는 것을 의미한다.

③ 선택설계는 개인의 인지 오류를 이용한 개인의 합리적 선택을 제약하는 환경적 요인(물리적 환경과 사회적 환경)의 개선을 통해 개인의 의지적 판단을 거쳐 행동 변화를 유도하는 선택설계로 구분할 수 있다.

④ 결국 넛지는 명령이나 지시, 그리고 강한 경제적 유인이나 제재를 가하지 않으면서 사람들이 바람직한 행동을 하도록 유도하는 수단이다.[20]

3) 넛지의 특성

① 넛지이론의 핵심적인 주장은 정부가 사람들의 선택의 자유를 존중하면서 보다 나은 의사결정을 하도록 도와줄 수 있다는 것이다. 넛지는 개인이 올바른 선택을 하도록 개입한다는 측면에서 개입주의를 표방하고 있으나, 개인에게 선택의 옵션을 제공하고, 특정선택을 강요하지 않는다는 점에서 자유주의적이다. 특히 넛지는 정부가 사람들이 추구하는 목적을 달성하기 위한 수단을 선택하는 과정에서 발생하는 인지적 오류와 행동 편향을 바로 잡고자하는 측면에서 '수단개입주의'이지만, 물질적 비용을 부과하지 않고 그들의 후생을 개선하고자 하는 '부드러운 개입주의'를 지향한다.

② 새로운 정책 수단인 넛지는 기본적으로 간접적이고 유도적인 방식의 정부 개입방식으로서 촉매적 정책 수단의 성격을 띠고 있다. 새로운 정책 수단으로서 넛지 도구는 ⅰ) 디폴트 옵션(선택적 가입 방식), ⅱ) 선택적 탈퇴방식의 조정, ⅲ) 정보와 선택대안의 단순화, ⅳ) 현저성과 주목효과 제고, ⅴ) 사회적 규범의 활용, ⅵ) 정보공개 및 시각정보를 활용한 경고, ⅶ) 자발적인 공적 약속, ⅷ) 기억의 환기, ⅸ) 과거 선택의 특성과 결과 제공 등이다.

③ 넛지는 엄격하게 검증된 증거에 기반하여 정책을 선택하거나 결정하는 것을 강조한다. 넛지의 이론적 토대가 되고 있는 행동경제학의 연구방법 자체가 각종 실험을 통한 귀납적 분석에 기초하고 있다.

④ 행동적 시장실패를 해결하기 위해 정부 개입을 통한 개인의 행동 변화를 추진하는 것과 관련하여 넛지는 급진적 점증주의 관점에 기초하고 있다.

20) 이종수 · 윤영진 외, 새행정학3.0, pp.136-142.

제 2 절 전통적 접근방법

1. 과학적 관리론

1) 과학적 관리법의 핵심

① 테일러(F. Taylor)의 과학적 관리법의 핵심은 최소의 비용과 노력으로 최대의 산출을 확보하는 능률성을 가장 중요한 가치기준으로 설정한 고전적 관리이론이다.

② 테일러는 과학적 관라법의 창시자로서 최대관심사는 능률과 이윤이었으며 이를 위한 훈련과 작업분석을 강조하였다.

③ 테일러는 작업을 세분화하는 동작연구를 통해서 노동자들의 불필요한 동작을 제거하고, 최소의 비용과 노력으로 최대의 산출을 확보할 수 있는 최선의 작업방법을 찾을 수 있다고 보았다. 따라서 투입 대비 산출로 표현되는 계량적 능률성을 중시하였다.

④ 조직내의 인간은 경제적 유인에 의해 동기가 유발되는 타산적 존재라고 보았다.

⑤ 과학적 분석을 통해 업무수행에 적용할 유일 최선의 방법을 발견할 수 있다고 보았다.

⑥ 명확한 목표와 반복적 훈련을 강조하였다. 따라서 관리자는 노동자를 과학적으로 선발하고 과학적 교육을 통해 능력을 발전시켜야 한다.

⑦ 테일러는 표준과업량을 바탕으로 차별성과급제를 시행함으로써 일일과업량에 도달한 노동자에게는 고율의 임금을 주고, 도달하지 못한 노동자에게는 저율의 임금을 지급하는 새로운 보수체계를 도입하였다.[21]

2) 비판

테일러의 과학적 관리법은 인간을 기계와 같이 노동생산성을 높이는 관점에서 바라보았기 때문에 인간의 심리적, 생리적, 사회적 측면을 고려하지 않았다는 비판을 받는다.

2. 인간관계론

1) 호손실험에 의한 인간관계론

① 인간관계론은 메이요(Elton Mayo)의 호손공장의 실험에 의해 촉발되어 조직 내 인간의 사회적 관계의 중요성을 발견한 이론이다.

② 조직구성원의 생산성은 생리적·경제적 유인으로만 자극받는 것이 아니라 사회심리적 요인에 의해서도 크게 영향을 받는다.

③ 인간관계론은 한 조직 내에 있는 사람들의 태도·가치관·감정 등 인간의 사회심리적 측면에다 초점을 맞추어 조직 내의 사람들이 어떻게 서로 교호작용을 하며, 또 조직에 영향을 미치는

21) 이창원·최창현, 새조직론, 대영문화사, 2005, pp.60-63.

가 하는 것을 이론화한 것이다.

④ 이러한 비경제적 보상을 위해서는 대인관계 · 비공식적 자생집단 등을 통한 사회심리적 욕구의 충족이 중요하다.

⑤ 이를 위해서는 조직 내에서의 의사전달 참여가 존중되는 것이 중요하다. 인간중심의 유연한 관리를 강조하며, 민주적 리더십, 비공식적 의사전달 등을 중시한다.

2) 조직의 생산성과 인간관계의 중요성

① 조직의 생산성을 높이기 위하여 조직 구성원들을 기계적이고 경제적인 존재로만 볼 것이 아니라 인간의 정서와 감정적 요인, 그리고 비합리적인 요인도 능률성을 향상시키는 중요한 요인이다.

② 인간은 사회적 유인에 따라 움직이는 존재로 파악하고 조직 내에서 사회적 능률을 향상시킬 수 있는 관리방법을 연구한 관리이론이다.

③ 노동자의 생산력을 결정하는 요인은 물리적 · 경제적 · 육체적 조건보다는 인간관계의 사회심리적 요인이 더 중요하다.

④ 메이요는 호손 실험을 통해 조직에는 공식조직 외에 자발적으로 이루어지는 비공식 집단이 있다는 것과 조직에 있어 인간은 경제적 · 타산적 동기에 의해서만이 아니라 감정의 논리에 의해서도 움직인다는 사실을 입증하였다.[22]

3. 행태론적 접근방법

1) 의의

행정인의 관찰가능한 외면적 행태에 연구의 초점을 두고, 행정의 주요 관심사는 행정인의 행위나 활동이어야 한다고 보는 이론으로서, 인간행위의 규칙성과 법칙성을 발견하여 인간의 행동을 설명하고 예측하고자 하는 이론이다. 행태주의 운동은 사이먼(H.A. Simon)이 행정행태론을 발표한 후에 행정학이론의 발전에 크게 영향을 미쳤다.

2) 특징

(1) 사회현상에 대한 객관적 · 실증적 분석

행정행태론은 사회현상도 자연과학과 마찬가지로 엄밀한 과학적 연구가 가능하다고 본다. 따라서 사회현상 연구에 있어 관찰가능한 개인의 표출된 행태를 대상으로 객관적 · 실증적 분석에 초점을 둔다.

22) 앞의 책, pp.70-74.

(2) 태도 · 의견 · 개성을 행태에 포함

행태주의는 명백한 자극과 반응으로 볼 수 있는 행위 또는 행동만을 연구대상으로 하는 심리학적 행동주의와는 달리 특정 질문에 따른 반응을 통해 파악해 볼 수 있는 태도, 의견, 개성 등도 행태에 포함시키고 있다.

(3) 가치와 사실의 분리

인간행태의 규칙성, 상관성 및 인과성을 경험적으로 입증하고 설명할 수 있다고 보며, 논리실증주의에 입각하여 연구에서 검증불가능한 가치와 검증가능한 사실을 명백히 구분하고 사실에 대한 과학적 연구를 강조함으로써 가치중립성을 지향한다.

(4) 방법론적 개체주의에 의한 경험적 검증 강조

개념의 조작적 정의를 통해 객관적인 측정방법을 사용하며 자료를 계량적인 기법으로 분석한다. 그리고 집단의 고유한 특성을 인정하지 않는 방법론적 개체주의 입장을 취한다. 가설검증을 위해 현상들을 경험적으로 관찰하여야 하고 관찰할 수 없는 현상은 연구대상에서 제외한다.

(5) 연역법에 의한 가설설정과 검증

행태론은 현상과 현상 사이에 존재하는 인과관계 법칙을 규명하는 것이 연구의 목적이다. 따라서 법칙발견을 위해 인과관계에 대한 가설을 설정하고 이를 검증하여야 하며, 설정되는 가설은 이미 확립된 기존의 이론으로부터 연역적으로 도출되어야 한다.

(6) 고전적 원리접근법 비판

사이먼은 행정의 격언이라는 논문을 통해 귤릭과 어윅(Gulick & Urwick)의 POSDCoRB 등의 고전적 원리주의를 경험적 검증을 거치지 않은 속담이나 격언에 불과하다고 비판하였다.

(7) 정치 · 행정 신이원론

정치와 행정을 연속체로 인정하고 행정에서도 정책결정작용이 있다고 인정하면서도 행정이론의 순수한 과학화 추구를 위하여 가치판단적인 것(정책결정)과 사실판단적인 것을 구분하여 행정의 연구대상을 사실판단적인 것에 국한시켜야 한다고 주장한다.

(8) 행정현상은 의사결정 과정

사이먼은 행정현상을 의사결정 과정으로 파악하고 행정인의 행위도 따지고 보면 모두 의사결정과 연결되어 있다고 주장한다. 행정이란 목표를 설정하고 집행하는 의사결정 과정의 연속으로서 의사결정과정에서 일어나는 갈등과 권위를 중시하며 이를 사회심리학적으로 접근한다.[23)]

23) 이종수 · 윤영진 외, 위의 책, pp.159-160.

3) 한계

(1) 연구대상과 범위의 제약

행태론은 거시적인 가치를 무시하고 사소한 문제에 집착하여 급박한 사회적 문제는 소홀히 하며, 객관적인 진실의 획득보다는 기법을 지나치게 강조한다.

(2) 가치판단 배제의 비현실성과 경험적 보수주의 경향

사회과학분야에서 가치판단의 논리적인 배격은 비현실적이며, 가치중립적인 입장은 행정의 사회처방적 성격, 즉 적실성과 실천성을 상실하게 하여 경험적 보수주의에 빠지게 된다.

(3) 폐쇄체제적 관점 및 행정의 특수성 과소평가

행태론은 환경적 요인을 고려하지 못한 폐쇄체제적 관점을 취하였고, 정치행정이원론의 입장을 취해 행정의 공공성이나 적실성, 실천성, 권력성・정치성과 같은 행정의 특수성을 과소평가하였다.

4. 생태론적 접근방법

1) 의의

생태란 살아 있는 유기체와 환경과의 상호관계를 일컫는 것으로 행정관리에서 생태론적 접근방법은 행정을 하나의 유기체로 전제하고 행정과 환경과의 상호관계를 연구하는 이론이다. 생태론은 다양한 국가별 비교의 어려움으로 행정의 보편적 이론보다 중범위이론의 구축에 자극을 주어 행정학의 과학화와 후진국의 행정현상을 설명하는데 기여하였다.

2) 특징

(1) 행정의 종속변수적 측면

행정과 환경은 상호작용을 통하여 서로 영향을 주고받는 관계에 있는데, 생태론은 행정이 환경으로부터 영향을 받는 행정의 종속변수적인 측면을 강조한다.

(2) 개방체제적 접근

생태론 이전의 행정학 이론은 폐쇄체제적인 관점을 취했으나 생태론은 행정에 대한 환경의 영향을 연구하였다는 점에서 개방체제 이론이라고 할 수 있다. 그러나 생태론은 행정이 환경으로부터 받는 영향을 연구대상으로 하였으므로 행정과 환경의 상호작용이 연구대상이라고 볼 수는 없다.

(3) 가우스(J.M. Gaus)의 생태론

행정에 환경이 미치는 영향을 연구하는 데 선구적 역할을 한 가우스는 행정에 관한 반성에서 행정에 영향을 미치는 환경적 요인으로서 ① 주민, ② 장소, ③ 물리적 기술, ④ 사회적 기술,

⑤ 욕구와 이념, ⑥ 재난, ⑦ 개성(개인) 등 일곱 가지를 제시하였다.

(4) 리그스(F.W. Riggs)의 생태론

가우스의 뒤를 이어 생태적 연구를 발전시키고 비교행정 연구를 시도하여 행정의 생태론을 발표한 사람은 리그스이다. 리그스는 행정에 영향을 미치는 생태적 요인으로 ① 정치적 요인, ② 사회적 요인, ③ 경제적 요인, ④ 이념, ⑤ 커뮤니케이션 등이 있다고 주장하였다.

(5) 중범위이론 구축에 영향

생태론적 접근방법을 적용한 국가별 비교연구에서 그 연구범위가 너무 광범하여 비교연구가 어려워 연구범위를 좁혀서 연구하는 중범위이론의 정립에 기여함으로써 행정학의 과학화와 후진국 행정현상을 설명할 수 있게 하였다.

3) 한계

(1) 환경결정론

모든 행정현상을 환경의 종속변수로만 이해함으로써 행정과 환경의 상호작용에 의한 발전의 역동성을 설명하기 어렵다.

(2) 행정 엘리트의 역할 경시

생태론은 환경변동자로서의 행정 엘리트의 역할을 경시한다. 따라서 개발도상국의 경우 행정 엘리트의 국가발전 노력에 힘입어 환경이 변화되었다는 사실을 설명해 주지 못한다.[24]

제 3 절 비판적 행정이론

1. 신행정학

1) 의의

신행정학 또는 신행정론은 1960년대 말 일단의 미국의 젊은 행정학자들이 기존의 행정학, 특히 행정행태론이 강조하는 실증주의와 과학주의에서 벗어나 가치주의의 입장에서 ① 행정의 규범성, ② 가치의 발견과 실천, ③ 개인과 조직의 윤리성, ④ 고객중심의 행정, ⑤ 사회형평의 실현 등 현실의 문제를 해결하려는 행정이론이다. 신행정론은 행정에 대한 적실성과 실천성을 갖는 새로운 학문의 필요성을 강조한다.

24) 백완기, 행정학, 박영사, 1997, pp.36-39.

2) 등장배경

(1) 미국의 심각한 정치 · 사회적 불안상황

1960년대 말부터 1970년 대 초에 이르는 기간 미국은 심각한 정치 · 사회적 불안상황에 있었다. 베트남전쟁의 실패, 인종분규와 인권운동의 확산, 풍요속의 빈곤 등으로 불안의 소용돌이에 휩싸이게 되자 기존의 행태주의적 행정학은 해결책을 제시하지 못했다. 따라서 행정행태론의 역할과 능력에 대한 회의와 비판에서부터 출발하여 행정현실에서 일어나는 절박한 문제들을 해결하기 위해서는 새로운 행정이론의 필요성이 제기되었다.

(2) 소장 행정학자들의 미노부룩 회의

1968년 9월 미국 뉴욕의 시라큐스대학에서 왈도(D. Waldo)를 중심으로 프레데릭슨(H.G. Frederickson), 마리니(F. Marini), 하몬(M. Harmon) 등의 소장 행정학자들이 미노부룩회의를 개최하여 종래의 행정학과 성격을 달리하는 신행정론을 전개할 것을 주장하였다.[25]

3) 신행정론의 주요내용

(1) 사회적 적실성

행정이론은 사회문제의 해결에 중점을 두는 사회적 적실성을 가져야 한다. 이러한 관점에서 행정이론은 다음과 같은 특징을 갖추어야 한다.

1. 행정이론은 순수이론적이기 보다는 응용이론적이어야 한다.
2. 서술적이기 보다는 처방적이어야 한다.
3. 기관지향적이기 보다는 수익자 지향적이어야 한다.
4. 가치중립적이기 보다 가치 지향적이어야 한다.

(2) 행태론의 지양과 가치주의 강조

신행정론은 가치중립적 · 현상유지적 · 보수적인 행태론과 실증주의를 비판하면서 현실 사회문제의 해결을 위한 가치규범, 정책철학, 도덕지향의 학문이 되어야 함을 강조하였으며, 행태주의의 한계를 지적하면서 가치문제와 처방적 연구를 강조하였다.

(3) 사회적 형평성 강조

종래 행정의 가치중립적 입장이 사회적 불평등을 심화하였음을 비판하면서 최고의 행정이념으로 사회적 형평성을 강조하였다. 신행정학은 행정이 정치적, 경제적, 사회적으로 불리한 입장에 있는 계층을 위해 서비스를 제공해 사회적 형평을 실현해야 한다고 주장하면서 행정인의 적극적인 역할을 강조했다. 또한 기계적 능률보다 효과성, 민주성, 생산성을 강조했다.

(4) 관료제적 조직형태에 대한 새로운 조직형태의 모색

행정조직은 내부지향이 아닌 고객지향의 조직이어야 하며, 기관중심이 아닌 문제사업 정책중

25) 앞의 책, pp.28-30.

심의 조직이어야 한다. 또한 관리유지지향이 아닌 변동지향의 조직이어야 함을 강조하였는데, 이는 곧 비관료제 · 비계층적인 협력체계를 구축하는 조직의 모색, 연합모형의 모색의 필요성을 강조했다.

(5) 참여의 강조 · 고객인 시민의 요구 중시

신행정학은 조직구성원 및 시민의 광범위한 참여를 강조하며, 이러한 참여를 통하여 광범위한 합의에 의한 의사결정을 강조하면서 고객인 국민의 요구를 중시하는 행정을 강조하였다.

(6) 대응성 강조

행정은 고객의 요구에 신속하고 적절한 대응성을 갖추어야 한다.

(7) 격동에 대한 대처와 행정의 독립변수적 역할 강조

행정은 격변하는 환경에 적극 대처할 수 있어야 하고 이러한 대처에 행정인의 독립변수적이며 적극적인 역할을 강조하였다.

4) 현상학적 접근방법 제시

신행정학은 정통행정학의 능률지상주의를 탈피하여 사회적 형평, 민주적 가치, 인본주의에 입각한 능동적 행정으로서 고객중심 행정을 강조하였다. 따라서 탈관료조직 설계대안을 제시하고, 논리실증주의와 행태론을 비판하면서 인간의 주관적 인식과 신념 등 주체성을 강조하는 현상학적 접근방법을 제시했다.

5) 한계

(1) 과학성 결여

신행정학은 경험적 검증이 부족한 반대 가설 수준의 이론이며, 주관적인 내면세계를 어떻게 연구할 것인지, 현상학에 대한 구체적인 방법론 제시가 미흡하다.

(2) 관료제 대체조직 불가능성

관료제를 대체할만한 조직원리를 아직 발견하지 못하였고, 반관료제 · 비계층제적 조직의 모색은 현실적으로 거의 불가능하다.

2. 신공공서비스론

1) 개념

① 신공공서비스론은 정부로 하여금 기업가를 닮으라며 지나치게 능률성 이념을 강조한 신공공관리론에 대한 반작용으로 등장한 패러다임이다. 따라서 신공공서비스론은 행정서비스의 위상과 가치를 제고하기 위해 관료와 시민의 공동적 참여와 민주적 방식에 의해 정부가 운영되어야

한다는 점을 강조한다.[26]

② 신공공서비스론은 시민적 담론과 공익을 기반에 두고 거기에 충실하게 통합된 행정을 행정개혁의 목표로 하여 이를 처방하는 규범적 모형으로서, 신공공관리에 대한 반론이자 일종의 민주적 거버넌스로 이해할 수 있다.

③ 신공공서비스론은 공익을 추구하려는 시민의 적극적 역할과 의욕을 존중하며, 시민에게 힘을 실어주고 시민에게 봉사하는 정부의 역할을 강조한다.

④ 신공공서비스론은 거버넌스에 관한 시민중심적·사회공동체 중심적·서비스 중심적 접근방법이다.

2) 제안배경

(1) 전통적 행정에 대한 비판

신공공서비스론의 제안배경은 전통적 행정에 대한 비판에서 출발한다. 정치적 중립, 집권적·폐쇄적 관료제, 하향적 통제 등을 강조하는 전통적 행정은 시민에 대한 민주적 봉사와 시민의 적극적 참여를 지원하는 데 적합한 행정모형이 아니라는 점을 비판하였다.

(2) 신공공관리론에 대한 비판

① 시장주의와 기업가적 운영방식의 도입 등을 강조하는 신공공관리론은 사회의 진정한 소유주가 누구인지를 잊고 있으며, 시민에게 힘을 실어주고 봉사해야 한다는 책무를 망각하고 있다는 점을 비판하면서 신공공서비스론을 제안하였다.[27]

② 신공공관리론의 영향으로 시민은 배제된 채 관료에게만 집중되었던 권력을 정부의 소유주인 시민에게 되돌려 주어야 한다는 것이다. 관료로 하여금 자신에게 집중되었던 권한을 소유주인 시민에게 위임하고, 소유주인 시민을 위해 봉사하게 하며, 시민중심의 공직제도를 구축하여야 한다는 것이다.

3) 이론적 기초

① 규범적 모델의 성격을 지닌 신공공서비스론은 다양한 이론적 배경을 지닌다. 구체적으로 신공공서비스론은 민주주의의 이론에 입각한 공동체이론, 민주적 시민이론, 지역공동체와 시민사회모형, 조직인본주의, 담론이론 및 포스트모더니즘행정이론 등에 기초하고 있다.

② 신공공서비스론의 이론적 기초는 민주적 시민의 적극적 역할을 강조하고, 공무원들이 시민들의 역할을 제대로 인식하고 시민과 권한을 나눠 갖고 협력해야 한다고 주장한다. 그리고 통제는 줄이면서 시민의 요청에 높은 대응성을 보여야 한다는 처방을 제시하였다.[28]

---

26) 김태룡, 행정이론, 대영문화사, 2017, pp.266-267.

27) 우양호, 공공서비스 관리이론의 한국적 적실성에 관한 비교연구: 신공공관리론과 신공공서비스론을 중심으로, 지방정부연구 제12권 제2호, 한국지방정부학회, 2008, pp.249-273.

28) 이종수·윤영진 외, 새행정학3.0, 대영문화사, 2022, pp.130-131.

③ 또한 조직인본주의적 인간관에 입각한 인간중심적 조직관리를 강조하고, 행정조직의 권한과 통제 문제보다 시민과 공공조직의 종사자들의 욕구에 관심을 기울여야 한다고 주장하였다.

4) 덴하르트(J. Denhardt & R. Denhardt)의 7가지 기본원칙

(1) 시민에 대한 봉사

공무원들은 공동사회에 대한 책무를 다하려는 시민에게 봉사해야 한다고 하면서 시민에 대한 봉사를 강조하였다. 즉 고객이 아닌 시민에 대해 봉사해야 한다.

(2) 공익의 중시

공익이란 공공선택론자들이 주장하는 것처럼 개인의 이익을 단순히 합산해 놓은 것이 아니라 공유된 가치의 담론의 결과물로 인식해야 하며, 공동의 이익과 공동의 책임을 창출하는 것을 목표로 해야 한다. 공익은 저절로 생기는 것이 아니기 때문에 집합적이고 공유된 공익개념을 구축하려는 노력이 필요하다.

(3) 시민의식의 중시

① 기업가적 관리자보다는 사회공동체에 의미있는 기여를 하려는 공무원과 시민에 의해 공익은 증진될 수 있다. 기업주의 정신보다는 시민정신의 가치를 받아들여야 한다.

② 공익은 공공자금을 자신의 것인 것처럼 행동하는 기업가적 관료보다는 사회에 의미있는 기여를 하는 시민과 관료에 의해 좀 더 잘 증진될 수 있다.

(4) 전략적 사고와 민주적 행동

공공정책은 행정과 시민의 협력적 관점 속에서 형성되어야 책임있고 효율적으로 집행되고 실현될 수 있다. 이 과정에서 정부에 요구되는 역할은 시민교육과 관련된 프로그램에 시민을 참여시키거나 지도자를 폭넓게 양성하여 시민의 자긍심과 책임감을 고양시키는 일이다. 따라서 행정은 전략적으로 사고하고 민주적으로 행동해야 한다.

(5) 책임의 다원성

신공공서비스론은 시민전체로서의 공익에 대한 책임성과 대응성을 강조한다. 그러나 시민참여의 담론을 통해 공익에 대한 합의를 거친다 해도 공공서비스의 문제점이나 정책실패에 대한 책임성이 모호해질 수 있다. 따라서 정부는 복잡하고 다원적인 행정책임을 받아들여야 한다. 관료들은 시장에만 주의를 기울여서는 안 되며, 헌법과 법률, 지역사회의 가치, 정치적 규범, 행정관료의 전문직업적 기준, 시민적 이익에도 관심을 기울여야 한다.

(6) 조종이 아닌 봉사

신공공서비스론은 정부의 방향잡기가 아닌 주인(시민)에 대한 봉사역할에 중점을 둔다. 따라서 정부는 시민들이 공동의 이해관계를 표명·충족하도록 조력하는 역할을 수행하고 이에 대한 봉사에 주력하여야 한다. 정부와 공무원은 사회를 조종하는 것이 아니라 봉사해야 한다.

(7) 인간존중

인간을 존중하고 인간을 통한 관리를 강조한다. 단순히 생산성이 아니라 사람의 가치를 받아들여야 한다. 신공공서비스론은 시민을 고객이 아닌 정부의 주인 또는 소유자로 본다. 따라서 공공조직이나 공공조직이 참여하는 네트워크는 인간존중에 바탕을 둔 공유적 리더십과 협동의 과정을 통해 운영될 때 성공가능성이 높아진다.[29]

3. 롤스의 정의론

1) 의의

사회는 행위체계를 선택함에 있어서 옳음이라는 가치에 따라서 움직여야 하고, 옳음에 따라서 행동할 법칙을 마련하는 것이 가장 중요하다.[30] 따라서 의무론적 윤리설은 옳음의 가치에 따른 행동법칙이 무엇이냐에 대한 답을 제시하여야 한다. 롤스는 이러한 법칙으로 공정(공평)으로서의 정의의 원칙을 제시한다.

2) 특징

① 정의를 공평으로 인식하였다.

② 순수한 절차적 정의가 보장되는 원초적 상태에서 합의된 일련의 원칙이 곧 사회 정의의 원칙이 된다고 주장하였다.

③ 구성원들이 개별적 유 · 불리를 모르는 무지의 베일에 가려진 원초적 상태에서 합의하는 규칙을 곧 사회정의의 원칙으로 전제하는 사회계약론적 입장이다.

④ 롤스에 따르면 어느 누구도 자신의 재능을 당연한 것으로 여겨서는 안 되며, 노력을 기울이는 능력조차도 자연적인 운이 가져다준 결과이므로 당연히 가져야 하는 것으로 생각해서는 안 된다고 본다.

3) 원초적 입장

롤스에 의하면, 정의의 원칙을 선택하는데 참여하는 사람들이 갖추어야 할 자격요건으로 원초적 입장을 제시한다.[31]

(1) 무지의 장막(veil of ignorance)

① 원초적 입장의 본질적 특성은 누구도 자신의 사회적 지위나 계층 상의 위치를 모르며, 자기가 어떠한 소질이나 능력, 지능, 체력 등을 천부적으로 타고 났는지를 모른다. 그들은 어느 특정계

29) 이종수 · 윤영진 외, 새행정학3.0, 대영문화사, 2022, pp.131-132.
30) 존 롤즈, 황경식 역, 사회정의론, 서광사, 1985, pp.46-52.
31) 위의 책, pp.155-161.

층이나 지역의 편도 아닌 도덕적 탁월성 속에서 공정으로서의 정의관에 따라 행동한다. 그래서 정의의 원칙들은 무지(無知)의 장막(veil of ignorance)속에서 선택된다.

② 무지의 베일 속의 참여자들은 자신의 입장과 이익에 대해 모르기 때문에 최소극대화 전략을 사용할 것이라고 가정한다. 즉 자신이 어떤 사람인지 모르기 때문에 가장 불리한 사람들의 이익을 최대한 보장하는 원칙을 선택할 것이라고 주장한다.

(2) 상호 무관심적 합리성

① 원초적 입장에 참여하는 당사자들은 일반적 의미에서 합리적이며, 나아가서 이타적인 존재가 아니라는 사실이다.

② 롤스는 일반적인 합리성에 특수한 가정을 추가한다. 즉 인간이란 다른 사람에 대해서 시기심도 없고, 또한 동정심도 없다고 가정한다. 그는 이것을 상호 무관심적 합리성이라 한다.[32]

③ 무지의 베일과 상호 무관심적 합리성은 서로 상쇄효과를 갖게 된다. 즉 당사자들은 서로에게 무관심하고 자신의 이익을 추구하는 합리적인 자들이기는 하나 자신의 신원이 무지의 베일에 의해 확인되지 않음으로써 공정성이 확보될 뿐만 아니라 결국 원초적 입장에 있는 자들은 타인의 이익까지도 고려하는 결과에 이르게 된다.

4) 정의의 두 원칙

(1) 내용

정의의 두 원칙은 첫째, 평등한 자유의 극대화에 합의하는 것이며, 둘째, 최소 수혜자에게 최대한의 이익을 제공하는 원칙 아래 모든 사람들의 처지를 개선해 준다는 조건부 차등을 허용하는데 합의할 것이라는 점이다.[33]

(2) 제1원칙: 평등한 자유의 원칙

① 정의의 제1원칙은 평등한 자유의 원칙으로서 모든 사람은 다른 사람의 유사한 자유와 상충되지 않는 한도 내에서 평등한 기본적 자유에 대한 동등한 권리를 갖는다. 즉 개개인은 기본적 자유를 최대한 누릴 평등한 권리를 가지며, 타인 또한 동일한 자유를 누린다는 것이다. 여기에서 말하는 기본적 자유는 투표권 및 피선거권을 포함한 정치적 자유, 언론과 집회의 자유, 양심과 사상의 자유, 신체의 자유와 재산소유의 자유, 체포 및 구금을 당하지 않을 자유 등으로 민주주의의 기본권을 말한다.

② 평등한 자유의 원칙은 다수가 누릴 보다 큰 이득을 확보하기 위해 소수에게 희생을 강요해도 좋다는 식의 공리주의의 논리를 거부하고 기본권의 평등한 보장을 강조하였다.

(3) 제2원칙: 불평등의 분배원칙

정의의 제2원칙은 기회균등과 차등의 원칙으로서 사회적 · 경제적으로 인정될 수 있는 정당한 불평등은 다음과 같은 조건을 만족시켜야 한다.

---

32) 위의 책, pp.145-148.
33) 위의 책, pp.81-86.

그 하나는 1. 기회균등의 원칙으로서 불평등의 모체가 되는 직위와 직무에 대해 접근의 기회는 모든 사람들에게 균등하게 개방되어야 한다는 기회의 공평을 중시한다.
2. 다른 하나는 차등의 정당화 원칙으로서 불평등한 분배가 최소 수혜자집단에게 최대한의 이익, 더 많은 이익이 제공되어야 한다는 결과의 공평을 중시한다.34) 즉 불평등한 분배가 정당화되려면 최소 수혜자 집단에게 더 많은 혜택이 돌아가도록 해야 한다고 주장한다.

(4) 자유우선성의 원칙

① 롤스는 평등한 자유의 원칙을 밝힌 제1원칙이 차등의 원칙을 밝힌 제2원칙에 우선하며, 이러한 우선성의 원칙이 위배(자유와 권리가 제한되는 조건으로 사회적 · 경제적 이익과 교환되는 것 같은)되면 정의로운 사회가 아니라고 본다.

② 롤스는 이를 자유우선성의 원칙이라고 하면서 자유가 제한되는 경우는 오직 좀 더 큰 자유를 위해서만 허용된다는 것이다.

(5) 차등원칙에 대한 기회균등원칙의 우선성

롤스의 순차적 우선순위는 제2원칙 사이에도 적용된다. 즉 제2원칙의 기화균등 원칙은 차등의 원칙(정당한 불평등)에 우선한다. 나아가서 이러한 제2원칙은 효율성이나 공리의 원칙보다 우선적으로 적용되어야 한다.

제 4 절 경찰조직 관리

1. 관료제

1) 베버(Max Weber)의 이념형

19세기 말 독일의 저명한 사회학자 막스 베버가 제창한 관료제는 실증적 검증을 거친 이론이 아니라 합리성을 지향하는 하나의 조직이 갖추어야 할 조직 구조와 조직을 지배하는 원리를 제시하는 이념형(ideal type)이다.

2) 특징

(1) 권위의 계층제

합리성을 추구하는 복잡한 대규모의 조직은 권한과 책임, 의무의 정도에 따라 상하계층으로 구분하는 권위의 계층제가 되어야 한다. 권위의 계층제에 의해 구성된 상하 계층간에는 엄격한 상명하복관계가 성립한다.35) 대규모 조직의 계층제 구조는 조직의 능률성을 보장하기 위한 가장 합리적인 구조라는 것이다.

---

34) 위의 책.
35) 이종수 · 윤영진 외 공저, 앞의 책, p.335.

(2) 분업의 원리

대규모 조직의 업무량의 증가와 복잡성은 능률성을 조직의 이념으로 추구하는 관료제의 경우에 인간의 능력에는 한계가 있다는 측면에서 부서 간에 업무를 나누어 수행하는 수평적 분화를 불가피하게 한다. 분업의 원리는 전문성의 원리라고도 한다.

(3) 법규에 의한 지배

대규모의 조직은 개인의 주관이나 기분·감정에 의해서가 아니라 공식화된 규칙에 의해 관리·통제되어야 한다. 공식화된 규칙, 즉 법규는 다양하게 분화된 부서와 많은 개인들을 조직목표를 달성할 수 있는 협동시스템으로 만들 수 있는 가장 효과적인 메커니즘이라는 것이다.[36)]

(4) 몰인간주의

몰인간주의(impersonalism), 즉 비개인성은 대규모의 관료제 조직의 직무수행이 규칙과 문서, 실적과 능력과 같은 객관적인 요소에 의해 규제되어야 하며 인간적인 요인이나 정실에 의해 영향을 받아서는 안 된다는 것을 의미한다. 비정의성, 공사관계의 구별, 공평무사주의 등으로 표현되기도 하는 몰인간주의는 관료제 조직의 성립과 존립을 위해 가장 중요한 대 전제라고 볼 수 있다.

(5) 능력주의

능력주의는 관료제 조직 구성원의 충원과 승진이 정치적·가족적 또는 귀속적 요소를 고려하지 않고 능력과 객관적인 기준에 의해 이루어져야 한다는 것을 의미한다. 충원은 공개경쟁시험이나 자격증 심사에 의해서 하고 승진은 경력이나 실적, 또는 승진시험 성적과 같은 객관적인 평가를 통해서 결정되어야 한다는 점을 강조한다.

(6) 문서주의

관료제 조직의 업무는 문서로 처리되는 것이 원칙이다. 문서주의는 관료제 조직의 가장 중요하고도 핵심적인 특징이라고 볼 수 있다.

(7) 보수 지불

합리성을 추구하는 관료제 조직은 목표의 극대화를 위해 구성원들의 근로의 대가로 적정 보수를 지불해야 한다. 베버는 화폐경제와 가격메커니즘을 기본으로 하는 자본주의 사회에서 관료제 조직이 구성원들의 노동의 대가로 보수를 지불하지 않으면 그 구성원들은 최선의 노력을 기울이지 않을 것이라고 보았다.

(8) 전문가인 관료에 의한 직무수행

관료제 조직의 모든 직무는 분업에 의해서 숙달된 전문지식과 기술을 지닌 관료가 담당한다.

36) 오석홍, 앞의 책, p.327.

3) 관료제의 역기능

(1) 인격적 관계의 상실

관료제는 그 특성상 법규와 문서 그리고 계층제적 권위에 의한 명령과 지시에 의한 행정을 본질로 한다. 마치 구성원들은 인간성을 상실한 기계의 부속처럼 움직인다. 따라서 상사는 부하에 대해 냉엄하고 권위주의적이며, 부하는 면종복배에 길들여진다.

(2) 훈련된(전문가적) 무능력과 무사안일주의

관료제의 전문성에 의한 분업구조는 구성원들이 매일 동일한 성격의 업무를 반복해서 처리한다는 것을 의미한다. 따라서 관료제의 분업구조아래서의 구성원들은 자신이 담당하는 업무에서 조금이라도 벗어난 일이면 문제해결능력을 상실하는 훈련된 무능력을 초래한다.[37]

(3) 변화에 대한 저항과 보수주의

계층제적 권위에 의한 명령과 지시, 법과 규칙의 강조, 분업 등을 강조하는 관료제는 구성원들로 하여금 조직 내부의 표준운영절차에만 적응하면 된다는 인식을 팽배시킨다. 관료제의 구성원들은 환경의 작은 변화에도 적응하지 못하는 문제를 야기하면서도 환경의 변화에 대응하기 위한 기존의 표준운영절차나 제도의 변화에는 강력하게 저항하는 행태를 보인다.

(4) 동조과잉과 목표 · 수단의 대치현상

관료제의 규칙주의는 구성원들이 목표를 전제하고 일을 하는 것이 아니라 법규와 규칙준수만을 고집하게 만든다. 목표가 먼저이고 수단이 다음임에도 불구하고 그들에게는 수단인 규칙 · 절차에 지나치게 영합하고 동조하는 동조과잉현상이 발생한다. 결국 목표가 소홀히 되고 수단인 규칙이 중시되는 목표 · 수단 대치(전환)현상이 발생한다.

(5) 번문욕례: 관료적 형식주의

관료제의 문서주의는 공무원들이 모든 업무를 문서에 의해서 처리하게 하는 것을 형식주의라고 한다. 형식주의를 의미하는 번문욕례(red tape)는 영국에서 공식적인 법규문서 철을 빨간 띠로 묶는 것에서 생겨난 용어로서, 행정이 문서위주로 이루어지고 규칙과 절차를 강조함으로써 고객에게 불편을 초래하고 비능률적인 행정을 반복하는 현상을 비판하는 의미이다.

(6) 할거주의

할거주의(sectionalism)는 관료제 조직의 부서이기주의를 말한다. 자기 부서의 주장이나 이익만을 고집하고 다른 부서의 주장이나 사정을 배려하지 않아 부서사이에 충돌과 갈등이 존재하는 현상을 할거주의라 한다.

---

37) 오석홍, 앞의 책, p.331; Robert K. Merton, Bureucratic Structure and Personality, in Merton et al.(ed.), Reader in Bureaucracy(The Free Press, 1952), p.364.

(7) 무사안일주의와 상급자의 권위에 의존

관료들은 상급자의 지시 · 명령에 따라 행동하면 승진과 자리보전 등 신분의 안전을 확보할 수 있다는 사실에 체질화되어 상급자의 권위에 의존하는 무사안일적인 행동을 고수한다.

(8) 무능력자의 승진: 피터의 원리

로렌스 피터(Laurence)와 레이먼드 헐(Ramond Hull)이 함께 쓴 『피터의 원리(*The Peter Principle*)』란 승진은 승진 후보자의 승진 후 직책에 관련된 능력보다 현재 직무수행 능력에 근거하여 이루어짐으로써 승진자는 언젠가는 현재 직무를 더 이상 수행할 수 없는 직책까지 직위가 올라가게 되고 그는 자신이 그 업무를 처리할 만한 능력이 되지 않는다는 것을 알면서도 이를 인정하지 않으며 그 직책을 끝까지 고수하려고 함으로써 결국 조직체는 무능한 사람들로 구성되게 된다고 한다.

(9) 권위주의적 행태조장

관료제는 계급은 높지만 능력이 그에 못 미치는 권한과 능력의 괴리, 상위직으로 갈수록 모호해지는 업적평가기준, 조직의 공식적 규범을 엄격하게 준수해야 한다는 압박감 등으로 관료들이 불안해지므로 권위주의적인 행태를 고수하게 한다.

(10) 관료제국주의(Parkinson의 법칙)

관료제는 자기보존 및 세력확장을 도모하려하기 때문에 그 업무량과는 상관없이 기구와 인력을 증대시키는 경향을 보인다는 것이다. 이를 관료제의 제국주의라고도 한다.

(11) 권력구조의 이원화

상관의 계층제적 권한과 부하의 전문적 권력이 이원화됨에 따라 조직내에서 갈등이 발생하게 되어 조직 구성원들의 불만이 증대된다.

2. 조직구성의 원리

1) 분업화 · 전문화의 원리

(1) 의의

분업의 원리는 조직의 업무를 종류와 성질별로 나누어 부서별 · 개인별로 한 가지의 주된 업무를 분담시킴으로써 조직관리 상의 능률을 향상시키려는 것을 말한다. 전문화와 분업화의 정도가 높아질수록 조정과 통합의 필요성이 높아지므로 양자는 정비례 관계에 있다.

(2) 수평적 분업과 수직적 분업

수평적 분업은 경찰서의 과별 분화처럼 기능적 분업을 말한다. 수직적 분업은 관료제적 계층제처럼 상 · 하 계층사이의 종적 업무분담 형태를 의미한다. 분업은 이 두 가지를 모두 포함하는 의미이다.

(3) 순기능과 역기능

분업의 순기능은 다수가 일을 할 때 각자의 임무를 나누어서 분명하게 부과하고 협력을 하도록 하는 것은 인간능력의 한계를 극복하고 업무의 효율성을 향상시킬 수 있으며, 전문화를 촉진할 수 있다. 또한 분업은 전문화라는 장점이 있지만, 전체적인 통찰력을 약화시키는 단점이 있다.

분업의 역기능으로 ① 업무에 대한 흥미상실과 창조적 능력 박탈, ② 구성원의 부품화로 인한 인간성 상실과 소외감 초래, ③ 할거주의로 인한 조정의 곤란, ④ 매일 동일한 업무의 반복적 수행은 그 범위에서 벗어나는 문제 해결을 불가능하게 하는 전문가적 무능력 현상 초래, ⑤ 분업은 다른 사람과 관련된 업무관계의 예측가능성을 저해하는 등의 역기능이 있다

2) 계층제(Hierarchy)의 원리

(1) 의의

계층제의 원리는 권한·의무와 책임 그리고 직무의 난이도에 따라 직무를 상·하로 등급화 시키고 상위로 갈수록 권한과 책임이 무거운 임무를 수행하도록 편성하는 것을 말한다. 계층제는 상·하간의 의사전달의 신속성을 보장한다는 측면에서 능률적인 조직구조이다.

(2) 순기능

① 공식적 의사전달의 통로

계층제는 지휘·감독자의 명령과 지시를 거의 여과 없이 수행하도록 하는데 적합하다. 따라서 계층제는 상·하간 명령·지시의 능률적 전달과 정보전달의 신속성을 확보하는데 가장 적합한 구조이다.

② 지휘·감독을 통한 조직의 질서와 통일성 유지

계층제의 정점에 있는 관리자를 중심으로 조직의 질서유지 및 지휘계통을 확립하고, 대규모 경찰조직의 업무수행에 질서와 통일성을 확보하고 안정성·일체감 확보에 기여한다.

③ 조직 내의 분쟁·갈등의 해결 및 조정

권위의 계층제는 하위계층 사이의 갈등해결 및 조정과 내부통제의 확보수단이 된다.

④ 신중한 업무처리

계층제는 권한과 책임을 계층에 따라 배분하여 의사결정의 검토가 이루어지게 함으로써 신중한 업무처리가 가능해진다.

⑤ 승진을 통한 사기앙양

계층제는 승진을 통한 신분상승이 가능해져 사기가 앙양된다.

⑥ 권한과 책임의 위임경로 및 권한배분 기준

계층제는 계층에 따라 권한과 책임의 위임이 용이하고, 계층은 권한배분의 기준이 된다.

⑦ **권한과 책임의 명확화와 책임소재의 규명**

계층제는 계층에 따른 권한과 책임이 명확하게 구분되고 업무수행의 결과에 대한 책임의 규명이 용이하다.

(3) 계층제의 역기능

① **조직의 경직성**

계층제의 상·하간의 수직적 명령·복종관계는 근무의욕을 저해하고, 융통성 있는 인간관계를 저해한다. 또한 환경변화에 대한 신축성을 저하시키고 새로운 지식과 기술의 신속한 도입을 어렵게 하는 조직의 경직성을 초래한다.

② **의사소통의 능률성 저해**

계층수준의 심화는 의사소통의 단계가 늘어나 의사소통의 능률성을 저해하거나 정보의 왜곡을 초래하기 쉽다.

③ **업무처리과정의 지연과 관리비용의 증가**

계층제의 계층의 심화는 업무처리과정이 지연되어 관리비용이 증가하게 되고 계층간 갈등의 원인이 될 수 있다.

④ **부서 간 갈등초래**

계층제는 수직적·종적 서열주의를 중시하여 부서간 수평적 협력·조정곤란과 할거주의를 초래한다.

⑤ **조직의 보수성**

계층제는 지나친 수직적 서열주의를 강조함에 따라 외부환경의 변동에 즉각적인 적응을 하지 못하고 보수성을 띠기 쉽다.

⑥ **비인간성**

계층제는 최고결정자의 비민주적·독단적 결정으로 구성원의 인격이 무시되거나 참여의 제한, 상·하간 권력 불균형으로 인한 근무의욕 및 사기저하를 초래하기 쉽다.

⑦ **최고책임자에 대한 의존성과 창의성 저해**

계층제는 최고책임자의 지시·명령에 복종하는 것이 미덕이므로 최고책임자에 대한 의존성이 심화되어 창의성 있는 업무수행이 곤란해진다.

⑧ **행정능률과 종적 조정 저해**

수직적인 계층이 많을수록 시급한 문제해결이 요구되는 상황에서 모든 계층의 검토를 거쳐야 하는 계층제는 신속한 문제해결이 어려워진다. 이러한 경우에 계층제는 능률성이 저하되고 계층 상·하간의 조정이 곤란해진다.

3) 통솔범위의 원리

(1) 의의

① 통솔범위의 원리는 한 사람의 상관이 몇 사람의 부하를 직접 통솔할 수 있는가의 원리, 즉 1인의 상관이 직접 효과적으로 통솔할 수 있는 부하의 수에 관한 원리를 말한다.

② 통솔범위는 계층의 수, 업무의 성격, 시간적 · 공간적 요인, 부하의 능력, 감독자의 리더십 등에 따라 달라지게 되는데, 이러한 통솔범위를 재검토함으로써 직급조정과 인력재배치 작업으로 연결된다. 따라서 통솔범위는 조직의 구조조정 문제와 관련성이 깊다.

(2) 통솔범위의 결정요인

통솔범위는 조직의 여건에 따라 달라진다.

① 시간적 요인

기존조직(역사가 오래된 조직)일수록 통솔범위가 확대되고, 신설조직은 통솔범위가 축소된다.

② 공간적 요인

지리적으로 분산된 부서보다는 근접한(집중된) 조직, 감독관이 부하와 동일 장소에 존재하는 경우 통솔범위가 확대된다. 청사의 규모와 통솔범위는 직접적인 관련이 없다. 따라서 지리적으로 분산된 조직, 감독관이 부하와 분산(분리)된 장소에 존재하는 경우의 통솔범위는 축소된다.

③ 조직의 크기

조직의 규모가 작을수록 통솔범위는 확대되고 조직의 규모가 클수록 통솔범위는 축소된다.

④ 계층의 수

계층의 수가 적을수록 통솔범위는 확대되고, 계층이 많을수록 통솔범위는 축소된다.

⑤ 조직 및 직무의 성질

단순하고 반복적, 동질적, 정형적인 직무일수록 통솔범위가 확대되고, 복잡하고 전문적, 이질적, 비정형적인 직무에는 통솔범위가 축소된다.

⑥ 인적 요인

㉠ 감독자나 피감독자가 유능할 경우, ㉡ 감독자가 부하로부터 받는 신임도가 높은 경우, ㉢ 부하의 사기가 높은 경우, ㉣ 참모(막료)조직이 발달한 경우에는 통솔범위가 확대된다.

그 반대로 ㉠ 감독자나 피감독자가 무능할 경우, ㉡ 감독자가 부하로부터 받는 신임도가 낮은 경우, ㉢ 부하의 사기가 낮은 경우, ㉣ 막료(참모)조직의 미발달 경우 통솔범위는 축소된다.

⑦ 기술적 요인

교통 · 정보통신 기술이 발달할수록 통솔범위는 확대되고 그 반대의 경우는 축소된다.

⑧ 작업조건

조직이 위기상황일수록 통솔범위는 확대되고, 정상적인 상황일수록 통솔범위는 축소된다.

⑨ 교통 · 통신과 정보기술의 발달과 통솔범위

오늘날에 와서는 기계적 · 획일적으로 어느 경우에나 적용될 수 있는 통솔범위의 원리는 없다. 교통 · 통신과 정보관리기술의 발달 등으로 통솔의 범위가 넓어지고, 계층의 깊이가 얕은 조직으로 변화되어 가는 추세에 있다.

또한 통솔범위는 위로부터의 명령과 아래로부터의 정보전달의 유효성에 크게 의존하고 있기 때문에, 조직 계층의 상층부로 갈수록 통솔범위는 좁아지고 하층부로 갈수록 관리자의 통솔범위는 넓어진다.

4) 명령통일의 원리

(1) 개념

명령통일의 원리는 조직구성원 간에 명령이나 보고를 주고받는 과정에서 명령은 한 사람의 상관으로부터 받아야 하고, 보고도 한 사람의 상관에게만 하여야 한다는 원리를 말한다.

(2) 기능

① 업무의 효율성 확보

명령통일의 원리는 계층제의 원리에 포함되는 것으로서 부하가 둘 이상의 상관으로부터 동일한 문제에 대해 서로 다른 지시나 명령을 받을 경우에 발생할 수 있는 업무수행의 혼선으로 인한 비능률을 방지하고, 업무의 효율성을 확보하는 기능을 한다.

② 책임한계의 명확화

명령통일의 원리는 1인의 상관만이 조직의 부하에게 명령을 할 수 있고, 보고도 부하로부터 1인의 상관만이 받을 수 있기 때문에. 부하의 판단이나 행동상의 잘못에 대한 행정책임의 소재를 명백히 함으로써 부하에 대한 통제를 가능케 한다.

(3) 한계

① 업무의 공백과 혼란 초래 가능성

명령통일 원리는 관리자가 사고나 다른 이유로 인해 지휘의 공백이 생기면 적정한 지시를 할 수 없어 그 관리자의 공백으로 인해 모든 업무가 마비될 수 있다.

② 보완제도 필요

관리자의 사고나 기타 관리자가 적정한 지휘 · 명령을 할 수 없는 때에는 관리기능을 대행하는 체제를 갖출 필요가 있다. 이러한 경우 권한의 대리나 위임제도 같은 법적인 보완제도를 활용하면 별 문제는 없을 것으로 보인다. 또한 관리자의 유고시에 조직의 직무대행이나 대리제도를 공식적으로 활용할 수 있다.

5) 조정과 통합의 원리

(1) 의의

① 조정 · 통합의 원리는 경찰목표를 효율적으로 달성하기 위하여 조직의 각 단위와 구성원의 집단적 노력과 행동을 질서있게 배열하고 통일시키는 작용을 말한다. 이는 조직의 제1의 원리이며 가장 최종적인 성격의 원리이다.

② 조직의 조정 · 통합은 전문화, 즉 분업의 정도와 비례관계에 있다. 조직의 전문화는 그만큼 갈등의 정도를 심화시키므로 전문화와 조정은 비례관계에 있다고 보는 것이다.

(2) 조정 · 통합의 저해요인

조직에서 조정과 통합을 저해하는 요인으로는 ① 계층의 증대와 기능의 다원화, ② 지나친 전문화와 기술화로 분업의 심화, ③ 할거주의에 의한 부서위기주의의 심화, ④ 횡적 의사소통의 미흡 · 왜곡, ⑤ 조직의 대규모화, ⑥ 불명확한 권한과 책임, ⑦ 조정기구의 결여 등이 해당된다.

(3) 조정과 통합의 수단

① 권위의 계층제에 의한 조정 · 통합

관료제 조직에서 조정 · 통합은 주로 계층제적 권위, 즉 상급기관이나 지휘관에 의해 이루어진다.

② 조정을 위한 사전예방 대책

조직은 조정을 위해 행정목표의 명확화, 업무소관 및 권한과 책임의 명확화 · 표준화로 구성원 간의 갈등을 사전에 예방하는 대책을 갖추어야 한다.

③ 조정기구의 설치

계층제적 권위나 직무규정에 의해서도 조정이 불가능할 경우에는 조정기구로서 조정위원회, 또는 회의에 의해 조정하는 제도적 장치를 마련해 두어야 한다.

④ 의사전달의 촉진 및 정보의 공유

또한 조직구성원간의 의사전달의 촉진 및 정보의 공유가 원활히 이루어질 수 있도록 구조화하는 것도 조직갈등을 예방하는 하나의 방법이다.

⑤ 단기적 해결방안

부서 간, 구성원 간 대화를 통해 갈등을 완화시키거나 양자 간의 타협을 도출하거나 관리자가 갈등을 초래할 수 있는 결정을 보류 또는 회피하는 방식을 사용한다.

⑥ 장기적 대응방안

장기적으로 조직의 구조, 보상체계, 인사 등의 제도개선과 조직원 행태개선을 추진해야 한다.

⑦ 갈등의 원인을 진단하고 문제를 해결하는 방법

이러한 방법은 계층제적 권위에 의존할 수밖에 없다.

㉠ 갈등의 원인이 세분화된 업무처리에 있는 경우: 업무처리과정을 통합한다든지 연결하는 장치나 대화채널을 확보하여 전문화보다 조정에 더 힘쓴다.

㉡ 부서간의 갈등이 일어나고 있는 경우: 더 높은 상위목표를 서로 이해하고 양보하도록 한다.

㉢ 한정된 인력이나 예산을 가지고 갈등이 생기는 경우: 가능하면 예산과 인력을 확보하고 관리자가 업무추진의 우선순위를 정해준다.

제 5 절 경찰조직과 인사관리

1. 인사관리 원리

1) 엽관주의(Spoils system)

(1) 개념

엽관주의는 공직임용에 있어서 개인의 특정정당이나 정권에 대한 충성심과 기여도 등에 기준을 두는 인사제도이다. 집권한 정당의 추종자들을 정당에 대한 공헌도와 충성심의 정도에 따라 공직에 채용해야 한다는 원리이다.[38)]

(2) 발달과정

미국의 경우 엽관주의는 제퍼슨-잭슨주의와 깊은 관련이 있다. 이 주의는 자유주의 이념에 따라 '최소의 행정이 최선의 정부'라고 하는 자유민주정치 발전과정에서 도입되었다.

(3) 엽관주의와 정실주의

정실주의(nepotism)는 엽관주의가 개인의 특정정당이나 정권에 충성하는 정도가 공직임용의 기준이 되는 것과는 달리 지연, 혈연, 학연, 충성 등 인사권자와의 친소관계가 공직임용의 기준이 된다는 점에서 차이가 있다.

(4) 특징

① 1829년 미국의 제7대 잭슨 대통령이 취임하면서 "공직은 전리품이다"라는 말이 공직임용의 보편화된 원칙으로 자리 잡게 되었다. 선거에 이긴 정당이 공직을 독점하는 것이 정당의 책임정치를 보장할 수 있고, 민주주의 원리에도 합당하다는 것이 엽관주의의 기본원리가 되었다.[39)]

② 건국 후 미국정부는 공직에 대해 아마추어리즘, 즉 공직자는 건전한 상식을 가진 사람이면

38) 오석홍, 인사행정론, 박영사, 1994, p.24.

39) Felix A. Nigro & LLoyd G. Nigro, The New Public Personnel Administration, 6th edition, N.Y.: Harper & Row, 1984, p.2.

누구나 될 수 있다는 점을 핵심으로 하여 발달했다.40)

(5) 장점

① 엽관주의는 정당의 책임정치와 민주통제 강화, ② 정당의 대중화와 정당정치의 발달에 공헌, ③ 관직의 특권화를 배제하여 공직침체 방지, ④ 국민의 요구에 대한 대응성 제고, ⑤ 정치적 변혁이나 중요한 정책변동에 대응하는 데 유리.

(6) 단점

① 무능하고 전문지식이 부족한 사람이 공직에 들어옴으로써 행정의 비능률 초래, ② 정권이 교체될 때마다 공무원이 대폭 물갈이되어 행정의 안정성과 계속성 저해, ③ 정당의 추종자들을 모두 배려하다보면 불필요한 관직의 증설로 예산낭비를 초래하고 국민의 부담이 가중될 우려, ④ 부적격자의 임명에 따른 부패·낭비의 조장과 행정질서의 문란 초래, ⑤ 능력있는 사람들의 공직 취임 기회를 배제하여 기회균등의 원칙에 위배, ⑥ 신분보장 미흡으로 인한 공무원의 사기저하, ⑦ 정당에 대한 충성도를 기초로 한 공직임용은 공직을 정당의 사병화 하는 현상을 초래.

2) 실적주의(Merit system)

(1) 개념

실적주의는 개인의 능력·자격·성적에 공직의 기준을 두는 제도로서 인사행정이 실적기준에 바탕을 두고 있는 인사관리 원리이다.41)

(2) 발달과정

① 실적주의는 영국에서 먼저 확립된 제도이다. 영국의 실적주의는 1853년에 발표된 노스코트와 트레벨리언 보고서(Northcote and Trevelyan Report)와 1855년의 추밀원령 및 1870년의 추밀원령에 의해 제도적인 기초를 마련하여 공무원의 공개경쟁채용시험 실시와 독립적인 중앙인사위원회를 설치하는 등 실적주의를 확립했다.42)

② 미국의 실적주의는 1881년 한 엽관주의 지지자인 기토(Charles Julius Guiteau)에 의해 미국의 제20대 가필드(James G. Garfield) 대통령이 암살된 사건을 계기로 1883년 팬들턴 의원이 제출한 독립적인 인사위원회의 설치와 공개경쟁 채용시험 및 공무원의 정치활동 금지 등을 핵심으로 하는 미국 최초의 공무원법인 「펜들턴 법」(Pendleton Act)이 제정됨으로써 확립되었다. 그 뒤 1939년에 제정된 공직에 대한 정당의 지배와 공무원의 정치활동을 금지하는 「해치법」(Hatch Act)도 실적주의의 발달에 기여했다.43)

---

40) O. Glenn Stahl, Public Personnel Administration, 7th ed., New york: Harper & Row, Publishers, 1976. p.43.

41) Stahl. op. cit., pp.41-42.

42) 이종수·윤영진 외 공저, 앞의 책, p.431; 박연호, 인사행정론, 서울: 법문사, 1990, pp.151-153.

43) Stahl, op. cit., pp.298-299.

(3) 특징

① 공직은 모든 국민에게 개방되어 실적과 능력에 따라 채용됨으로써 어떠한 차별도 받지 않는 기회균등이 보장된다. ② 공개경쟁시험에 의한 직무수행능력, 자격 및 성적을 기준으로 채용한다. ③ 우리나라는 실적주의를 원칙으로 엽관주의를 가미하여 운용하고 있다.

(4) 장점

① 인사행정의 객관성 · 공정성과 행정의 전문성과 능률성 향상, ② 공개채용 시험 등 실적에 따른 채용은 공직임용의 기회균등으로 사회적 평등 실현, ③ 공무원의 정치적 중립을 보장하여 행정의 공정성 확보, ④ 신분보장을 통한 행정의 안정성 · 계속성 확보와 직업공무원제 확립에 기여하고 공무원의 사기앙양, ⑤ 과학적 · 합리적 인사관리 가능.

(5) 단점

① 공무원의 권익을 유지하고 보호하는 데에만 관심을 지나치게 집중함으로써 인사행정의 소극화, 형식화(경직성 · 비융통성)를 초래한다. ② 실적주의는 법규나 절차 및 기준을 중요시함으로써 형식주의나 경직화를 초래한다. ③ 신분보장으로 인해 관료들의 대응성과 책임성의 저해, 관료특권화나 보수화, 민주통제의 곤란이라는 문제를 초래할 수 있다. ④ 인사권을 중앙인사기관에 지나치게 집중하는 문제가 있다. ⑤ 실적에 의한 인사관리는 비인간화, 즉 인간적 요인의 과소평가의 문제가 있다.

2. 인사관리 제도

1) 직업공무원제

(1) 개념

직업공무원제란 공직을 공무원들의 전 생애에 걸친 직업이 될 수 있도록 조직 · 운영되는 인사제도를 말한다.[44] 즉, 공직을 보람 있는 직업으로 알고 젊은 인재들이 공직에 들어가 평생 직업으로 근무할 수 있도록 마련된 인사제도를 직업공무원제라고 한다. 실적주의는 직업공무원제로 발전되어 가는 기반이 되지만, 실적주의 자체가 직업공무원제도를 의미하는 것은 아니다.

(2) 확립요건

① 공직에 대한 높은 사회적 평가, ② 교육훈련을 통한 장기적인 능력 발전, ③ 승진제도의 활성화, ④ 보수와 퇴직연금의 적정화, ⑤ 장기적인 공무원 수급계획 수립, ⑥ 폐쇄형에 의한 신분보장의 철저, ⑦ 젊은 인재의 채용을 위한 연령 · 학력의 제한, ⑧ 장기적이고 일관성 있는 인력수급계획 수립, ⑨ 중간계층에서 일어나는 신규채용이 재직자의 승진기회를 크게 제약하지 않도록 해야 한다.

44) 박동서, 앞의 책, pp.373-374; 전수일 외 공저, 앞의 책, p.58.

(3) 장점

① 공무원 집단의 일체감과 봉사정신의 강화, ② 엄격한 근무규율의 수용, ③ 정치적 중립성 확보가 용이, ④ 신분보장으로 공무원의 사기앙양, ⑤ 실적주의 행정 실현, ⑥ 행정의 안정성, 계속성, 독립성, 중립성 확보, ⑦ 젊고 유능한 인재 확보.

(4) 단점

① 폐쇄적 임용으로 관료주의화 및 특권집단화, ② 연령제한으로 공직임용 기회의 제약, ③ 현상유지적 · 보수적 경향으로 변화에 대한 저항 발생, 공직의 침체, ④ 행정통제 및 행정책임 확보의 어려움, ⑤ 승진적체와 승진경쟁 가열, ⑥ 환경에 대한 대응성 저하 등이 단점으로 거론된다.

2) 공직의 분류

(1) 계급제

① 개념

계급제는 공직을 공무원 개개인의 자격과 능력을 기준으로 계급으로 구분하여 수직적으로 분류하는 제도이다.45)

② 분류기준

계급제는 인간을 중심으로 공직을 분류하는 제도이다. 계급제는 보통 계급의 수가 적고, 계급 간의 차별이 심한 것이 특징이다.

③ 임용방식

폐쇄형 충원 방식을 채택하고 있으며, 장기적 사업계획에 유리하고 기관간 협조 · 조정이 용이하다.

④ 장점

㉠ 분류구조와 보수체계가 단순하고 융통성이 있으므로 인력활용(인사배치, 인사이동)의 신축성 · 융통성이 크다. ㉡ 전직 · 전보가 용이하고 승진의 폭이 넓으므로 인사관리의 탄력성이 확대된다. ㉢ 공무원이 조직전체에 대한 폭넓은 시각과 이해력을 갖게 되어 일반 행정가의 양성에 유리하고 기관 간의 횡적 협조가 용이하다. ㉣ 충원방식이 폐쇄형으로 운영되므로 공무원의 신분보장과 직업공무원제의 확립이 용이하다.

⑤ 단점

계급제의 단점은 ㉠ 전문행정가의 양성 곤란, ㉡ 관료의 특권계급화 · 특권집단화와 공직의 경직화, ㉢ 동일계급에 동일보수를 통한 생활급으로 인해 직무급체계 확립 곤란, 보수체계의 비합

45) 유훈, 앞의 책, pp.534-535; 전수일 외 공저, 앞의 책, p.56.

리성, ㉣ 계급의 수가 적고 계급간의 차별이 심하다. ㉤ 강력한 신분보장으로 공무원에 대한 민주통제의 어려움 등이 거론된다.

⑥ **채택국가**

㉠ 직무가 단순한 농업사회에서 발달, ㉡ 군주국가적 전통과 관료제 전통이 강한 영국, 독일, 프랑스, 한국, 중국, 일본 등이 채택하고 있다.

(2) 직위분류제

① **개념**

직위분류제는 직무의 특성에 중점을 두고 공직을 직무의 종류와 책임도 및 곤란도에 따라 수직・수평적으로 직위와 등급 및 직급으로 분류하는 제도이다.[46]

② **분류기준**

직위분류제는 사람 중심이 아니라 직무중심의 공직분류 제도이다.

③ **채택국가**

㉠ 직무가 다양하게 분화된 산업사회에서 발달, ㉡ 1909년 미국 시카고 시에서 처음 실시, ㉢ 이 제도는 관료제의 전통이 별로 없는 미국에서 발달한 제도로서 그 영향을 받은 캐나다, 필리핀 등에서 채택, ㉣ 우리나라는 계급제를 원칙으로 직위분류제적 요소를 가미하고 있다. 양자는 상호배타적 관계가 아니라 상호보완적 관계에 있다.[47]

④ **임용원칙**

개방형으로서 외부영입이 가능하다.

⑤ **장점**

㉠ 행정의 전문화 및 능률화를 촉진하고 행정에 대한 민주적 통제가 용이하다.[48] ㉡ 시험, 채용, 전직 등의 인사배치의 기준을 제공하며 인사행정의 합리화를 기할 수 있다. ㉢ 전직이 제한되고 동일한 직무를 장기간 담당하게 되어 전문행정가 양성에 유리하다. ㉣ 동일직무에 대한 동일보수의 원칙을 확립함으로써 직무급의 수립이 용이하고, 보수제도의 합리적 기준을 제시할 수 있다. ㉤ 횡적으로 직책의 한계와 종적으로의 지휘 감독관계가 분명하여 권한과 책임의 한계를 명확히 한다. ㉥ 행정에 대한 민주적 통제를 용이하게 하여 행정의 민주화에 기여한다. ㉦ 직위분류제는 인건비의 산출근거를 제시함으로써 예산절차의 능률화를 기할 수 있고, 국민에게 공무원의 서비스와 인건비 간의 논리적 관계를 밝혀줌으로써 행정의 민주적 통제에 기여한다.

⑥ **단점**

㉠ 유능한 일반행정가의 확보가 어렵고, ㉡ 인사배치의 비신축성・경직성과 신분보장이 미흡

46) 유훈, 행정학원론, 법문사, 1996, pp.536-540; 전수일 외 공저, 공무원관리론, 대영문화사. 2000, p.57.
47) 전수일 외 공저, 앞의 책, p.58.
48) Stahl, op. cit., pp.78-79.

하다. ㉢ 전문화에 따른 수평적 · 횡적 협조 · 조정이 곤란하다. ㉣ 동태적 환경에의 적응이 곤란하다.

제 6 절 경찰의 사기관리

1. 동기부여 내용이론

동기부여의 내용이론은 동기를 유발하는 요인의 내용을 설명하는 이론이다. 즉 인간의 마음속에 존재하는 무엇이 개인의 행동을 유발하고 유지 혹은 활성화시키는가, 혹은 환경 속의 무엇이 사람을 움직이고 일하게 하는가에 관한 이론이다.

1) 매슬로의 욕구계층제

매슬로(Abraham Maslow)는 인간의 행동이 인간에게 공통된 다섯 가지 욕구에 의해 동기부여된다는 욕구계층제를 제시했다. 욕구 5단계설이라고도 하는 욕구계층제는 다음과 같다.[49]

① 인간의 행동동기는 다섯 가지 욕구의 계층에 따라 순차적으로 작용한다. 욕구충족 행동은 하위욕구로부터 상위욕구의 순서대로 이동하는데, 하위욕구를 어느 정도 충족하면 상위욕구로 이동한다.

② 욕구계층제는 생리적 욕구, 안전욕구, 사회적 욕구, 자존의 욕구, 자아실현의 욕구로 구성되며, 한번 충족된 욕구는 그 욕구가 다시 나타날 때까지는 동기부여요인이 되지 못한다.

③ 욕구계층제는 최하위에 있는 생리적 욕구의 강도가 가장 강하며 상위욕구로 갈수록 그 강도는 약해진다.

④ 하위 세 가지 욕구는 인간의 생존과 관련된 욕구이기 때문에 기본적 욕구, 또는 결핍의 욕구라 하고, 상위 두 가지 욕구는 성장의 욕구, 또는 고급욕구라고 한다.

⑤ 인간은 다섯 가지 욕구를 부분적으로만 충족시킬 수 있기 때문에 인간은 항상 부족한 욕구의 충족을 추구하는 존재이다.

⑥ 보통의 정상적인 사람의 궁극적인 목표는 자아실현의 욕구이다.

⑦ 상위욕구로 올라갈수록 조직은 개인을 통제 · 관리하기가 어려워지고 조직과 개인은 갈등의 소지가 커진다.

⑧ 매슬로의 욕구 5가지 중 조직목표와 가장 조화하기 어려운 개인의 욕구는 자아실현의 욕구이다.

---

49) A.H. Maslow, Motivation and Personality, 2nd ed., (New York: Harper & Row, 1970), pp.35-58.

2) 욕구 5단계의 구조

(1) 생리적 욕구

㉠ 생리적 욕구는 인간의 생명유지와 삶에 관계있는 의식주에 관련된 욕구와 생물학적인 본능에 관련된 욕구로서 물욕, 음식, 의복, 주거, 수면, 성욕 등 가장 기본적인 욕구이다. 이 욕구는 항상 부족한 결핍의 욕구로서 다른 욕구에 비해 강도가 가장 높은 욕구이다.

㉡ 조직의 경우에 구성원들을 위한 적정한 보수제도, 휴가제도, 후생복지제도 등이 생리적 욕구를 충족시키기 위한 제도이다.

(2) 안전욕구

㉠ 안전욕구는 육체적 · 심리적 안전에 대한 욕구를 말한다. 생리적 욕구가 어느 정도 충족되면 인간은 자신의 안전을 추구하는 행동을 하게 된다.

㉡ 경찰조직 내부적으로는 신분보장 · 연금제도 · 의료보험제도 · 경찰장구나 무기사용 제도 등은 경찰공무원들의 안전욕구를 충족시켜줄 수 있는 제도이다.

(3) 사회적 욕구

㉠ 인간은 혼자 살 수 있는 완전한 존재가 아니다. 그러므로 인간은 친구가 필요하고 소속감을 느낄 수 있는 집단이나 조직이 필요하다. 인간이 다른 사람들과 좋은 관계를 유지하려 하고, 조직이나 어떤 집단에 소속되려고 하는 욕구를 사회적 욕구라고 한다.

㉡ 경찰조직의 차원에서 본다면, 사회적 욕구 충족을 위한 제도는 인간관계의 개선, 다양한 동아리 활동, 고충처리 상담제도 등이 해당한다.

(4) 자존의 욕구

㉠ 자존의 욕구란 사람이 타인들로부터 존경을 받고 또한 자신의 자존심을 지키려고 하는 욕구를 말한다. 자존심은 인간의 최고 가치이다.

㉡ 경찰조직의 경우에 참여의 확대, 권한의 위임, 제안 · 포상제도 등은 자존의 욕구와 관련된 제도이다.

(5) 자아실현의 욕구

㉠ 자아실현의 욕구란 인간은 자신의 잠재력을 최대한도로 발휘하여 무엇인가 성취하려고 하는 욕구를 말한다.

㉡ 경찰조직 구성원들의 입장에서 자아실현 욕구 충족은 i) 자율성 보장을 위한 공무원 단체의 활용, ii) 도전 및 보람 있는 직무제공, iii) 능력개발기회제공, iv) 공정하고 합리적인 승진제도 등에 의해 촉진될 수 있다.

3) 맥클리랜드의 성취동기이론

(1) 의의

맥클리랜드(David C. McClelland)는 모든 사람이 공통적으로 비슷한 욕구계층을 소유하고 있다는 매슬로의 주장을 비판하고, 욕구는 학습되는 것이므로 개인마다 그 욕구의 계층에 차이가 있다고 주장한다.[50)]

욕구와 동기는 모두 사회활동을 통해 학습되고 개발되는데, 그러한 욕구는 성취욕구, 권력욕구, 친교욕구 세 가지로 대별되며 욕구사이의 계층은 사람마다 다르다. 성취욕구가 강한 사람이 가장 강한 수준의 동기를 갖고 직무를 수행한다.

(2) 욕구의 종류

① **성취욕구**(achievement needs, nAch)

ⅰ) 성취욕구란 훌륭한 결과를 얻기 위해 높은 기준을 설정하고 이를 달성하려는 욕구를 의미한다. 맥클리랜드는 성취욕구를 집중적으로 연구함으로써 성공적인 기업가가 되게 하는 요인은 어떤 물질적인 요인이 아니라 성취욕구라는 점을 입증하려고 했다.

ⅱ) 성취욕구가 강한 사람은 도전적인 목표를 설정하지만 도박은 싫어한다. 50%의 성공가능성이 있으면 도전하고, 성공이 100%이면 도전을 포기하고, 운에 의한 성공도 싫어한다. 성공과 실패에 대한 책임을 받아들이고 운이나 외부적 환경에 돌리지 않는다. 조직 내에서 성공확률은 높지만 일반적으로 최고관리자는 되지 못한다.

② **권력욕구**(power needs, nPow)

ⅰ) 권력욕구란 다른 사람들의 행동을 지배하고 싶은 욕구를 의미한다. 권력욕구가 강한 사람은 다른 사람에게 영향력을 행사하거나 통제하려는 생각으로 시간을 보내며, 권위와 지위를 얻기 위해 자신의 영향력을 행사할 대상을 찾는데 많은 시간을 보낸다.

ⅱ) 권력욕구가 강한 사람은 성취나 업적보다는 제도화된 권력이나 명성을 얻는데 더 많은 관심을 집중한다. 권력욕구가 강한 사람은 정치가, 관리자, 성직자, 법조인 등이 된다.

③ **친교욕구**(affiliation needs, nAff)

ⅰ) 친교욕구란 우호적이고 친밀한 대인관계를 갖고 싶은 욕구로서 이 욕구가 강한 사람은 타인과 친근하고 따뜻한 관계 유지에 많은 시간을 할애하고 만족을 느끼게 된다.

ⅱ) 친교욕구가 강한 사람은 우정을 소중히 하고, 경쟁적인 상황보다는 협동적 상황을 선호한다. 이들은 대체로 상담가, 판매직, 서비스업 등에 적합하다.

---

50) David C. McClelland, Characteristics of Entrepreneurs, in McClelland, The Achieving Society, (New York: Free Press, 1961), pp.259-300.

4) 맥그리거(Douglas Mcgregor)의 X · Y이론

(1) X이론의 인간관과 관리전략

① 인간관

i) 인간은 본질적으로 게으르고 일을 싫어한다. ii) 인간은 야망이 없고 책임지기를 싫어하며, 외재적인 지도를 받으려 한다. iii) 인간은 안전을 원하고 변화에 저항적이다. iv) 인간은 자기중심적이고 이기주의적이며 자신이 앞서서 무엇을 하기 보다는 누가 해주기를 기대한다. v) 대부분의 인간은 영리하지 못하며 속기 쉽고 엉터리 사기극에 쉽게 넘어간다. vi) 인간에 대한 동기유발은 주로 생리적 욕구나 안전욕구를 자극함으로써 가능하다.

② 관리전략

X이론적 인간관에 대응하는 관리전략은 당근과 채찍전략이 효과적이다. 즉, i) 경제적 유인체계의 관리, ii) 권위주의적 관리, iii) 엄격한 감독과 통제, iv) 계층제적 조직구조와 명령체계 확립, v) 금전적 보상과 상벌체계 등이 효과적인 관리전략으로 주장된다.

(2) Y이론의 특징과 관리전략

① 인간관

i) 대부분의 사람들이 본질적으로 일을 싫어하는 것은 아니다. 그들에게 일이란 작업조건만 제대로 갖추어지면 놀이를 하거나 쉬는 것과 같이 극히 자연스러운 것이다. ii) 일은 그 자체에서 성취감과 즐거움을 찾을 수 있는 하나의 도전이다. iii) 인간은 자신에게 참여의 기회가 제공되면 외부규제나 감독에 의해 좌우되기보다는 자기 행동의 방향을 스스로 결정하고 자율적으로 자기규제를 할 수 있는 존재이다. iv) 인간은 자존의 욕구 · 자아실현 욕구와 같은 고급욕구에 의해 동기유발된다.

② 관리전략

Y이론적 인간관에 따른 관리전략은 i) 민주적 관리, ii) 분권화와 권한위임, iii) 의사결정에 참여의 확대, iv) 자율성과 창의성 존중, v) 자기평가제도 등이 효과적이다.

5) 허즈버그의 동기 · 위생이론

(1) 개념

허즈버그(F. Herzberg)는 실증적 연구를 통하여 인간의 행동을 지배하는 요인을 만족요인과 불만족 요인으로 구분했다. 여기에서 중요한 개념은 두 가지 요인, 즉 만족요인(동기요인)과 불만족요인(위생요인)은 서로 반대 개념이 아니라 독립적인 개념이라는 점이다.[51] 즉 만족의 반대는 불만족이 아니고 만족이 없는 상태이며, 불만족의 반대는 만족이 아니라 불만족이 없는 상태라는 것이다.

51) 이종수 · 윤영진 외, 새행정학, 대영문화사, 2006, pp.385-386.

(2) 동기요인과 만족

① 동기요인은 직무내용과 관련된 주로 근로자의 내재적 욕구를 충족시키는 요인을 말한다. ② 인간에게 만족을 주고 더 나은 직무수행을 위한 동기부여하는데 효과적이기 때문에 동기요인을 만족요인이라고도 한다. ③ 인간은 동기요인이 충족되지 않으면 조직에 대해 불만족스럽게 생각하는 것이 아니라 만족이 없는 상태, 즉 동기부여되지 못하는 상태가 된다. ④ 동기요인은 인간 내부의 욕구충족과 관련된 내재적 요인(intrinsic factors)으로 주어진 일에 대한 성취, 주변의 인정, 본인과 잘 맞는 일 그 자체, 증가된 책임 및 개인적 성장과 발전가능성, 승진가능성 등이 해당한다.

(3) 위생요인과 불만족

① 위생요인이란 주로 환경과 관련되거나 직무상황과 관련된 욕구를 충족시키는 요인을 말한다. ② 직무수행과 관련된 위생요인은 직무의 불만족을 미리 예방할 수 있는 환경조건이라는 뜻에서 불만족요인이라고도 한다. ③ 인간은 위생요인이 충족될 경우 만족감을 느끼는 것이 아니라 불만족이 없는 상태가 된다. 그러므로 위생요인은 동기부여 요인이 아니다. ④ 위생요인은 직무수행과 관련된 외생적 요인(extrinsic factors)으로 조직의 엄격한 정책, 관리방식과 감독방법, 보수, 대인관계, 근무환경, 작업조건 등이 해당한다.

2. 동기부여 과정이론

1) 개념

동기부여 과정이론이란 인간의 행동이 어떻게 유발되고 어떤 단계를 거쳐 진행되는가의 과정을 연구하는 이론이다. 즉 인간행동이 어떻게 동기유발이 되는가를 연구하는 이론이 바로 동기부여 과정이론이다.

2) 브룸(V. Vroom)의 기대이론[52)]

(1) 개념

① 개인의 동기는 자기 자신의 노력이 가장 중요하고 가치 있는 결과를 가져오리라는 기대와 그러한 결과가 보상을 가져다줄 것이라는 수단성에 대한 기대감의 복합적 함수에 의해 결정된다.

② 조직 내에서 개인의 동기부여 요인은 i) 하는 일이 가져다 줄 가치, ii) 그 일을 함으로써 기대하는 가치(성과, 즉 보상)가 달성될 가능성, iii) 자신이 행동을 통해 기대하는 성과를 달성할 수 있을 것이라는 자신의 능력에 대한 평가가 복합적으로 작용한다는 것이 브룸의 기대이론의 핵심이다.

52) 이창원 · 최창현, 새조직론, 대영문화사, 2005, pp.206-210.

(2) 동기유발의 기본적인 요소

① **유의성**(valence, 보상의 매력성)

행위의 결과로 얻게 되는 보상에 부여하는 가치, 즉 조직의 보상이 개인의 목표나 필요를 만족시키는 정도와 그러한 잠재적 보상이 개인에게 지닌 매력

② **수단성**(instrumentality, 결과와 보상의 연계)

행위의 1차적 결과가 2차적 결과로서의 보상을 초래할 가능성, 즉 특정한 수준의 성과를 내는 것이 바라는 결과(보상)로 이어질 것이라고 개인이 믿는 정도

③ **성과기대**(expectancy, 노력과 성과의 연계)

개인의 행동을 통해 1차적 결과물(성과)을 가져올 수 있으리라는 기대감, 어느 정도의 노력을 쏟았을 때 그 노력이 성과(목표달성이나 보상)로 이어질 것이라는 확률에 대한 인식

3) 로울러와 포터의 기대이론(업적-만족이론)[53)]

(1) 의의

① 직무만족에 영향을 주는 요인을 다룬 이론이다. 성과가 직무만족에 영향을 미친다는 사실을 강조한다.

② 직무만족이 직무성취 또는 업적을 가져오는 것이 아니라 직무성취의 수준이 직무만족의 원인으로 된다고 주장한다.

(2) 이론의 내용

① 직무성취(성과)와 그것에 결부된 보상에 부여하는 가치, 그리고 어떤 노력이 보상을 가져다 줄 것이라는 기대가 직무수행 노력을 좌우한다.

② 노력에 의한 직무성취는 개인에게 만족을 줄 수 있는데, 직무성취의 만족도는 직무성취와 결부된 내재적 및 외재적 보상에 의하여 강화된다.

③ 이때에 보상은 공평(공정)한 것이라고 인지되는 것이어야 한다. 즉 내재적 및 외재적 보상이 있더라도 그 보상들이 불공평(불공정)하다고 인지되면 개인에게 만족을 줄 수 없다.

④ 직무성취에 대한 보상, 보상에 대한 공평성(공정성)지각, 직무성취에 대한 만족, 그리고 직무성취 노력의 강화라는 동기유발 과정이 전체적으로 반복된다.

(3) 내재적 보상과 외재적 보상

① **내재적 보상**

높은 업적에 대하여 개인이 스스로 느끼는 성취감, 자아실현적 욕구나 성장욕구와 같은 고급욕구의 충족이 내재적 보상에 해당된다. 내재적 보상은 외부의 교란적 영향을 덜 받기 때문에 높은 업적에 연결될 가능성은 외재적 보상에 비하여 훨씬 크다.

53) 앞의 책, pp.210-211.

② 외재적 보상

㉠ 외재적 보상은 조직의 통제하에 있는 것으로서 보수, 승진, 지위, 안전과 같은 것이 해당된다. 이러한 보상은 주로 하급욕구의 충족에 관련된 것이라고 볼 수도 있다.

㉡ 외재적 보상은 직무성취 외에 다른 많은 요인을 고려하는 것이 보통이기 때문에 직무성취와 외재적 보상 연결은 불완전해질 가능성이 크다.

㉢ 외재적 보상은 공평성(공정성)에 대한 문제가 많기 때문에 직무만족과는 적극적으로 연결되기는 어렵다.

4) 애덤스(Adams)의 공정성이론[54)]

(1) 의의

① 애덤스는 업무수행에 투입한 노력과 그로 인해 달성한 산출을 다른 사람과 비교한 결과가 동기부여에 매우중요하다고 주장했다.

② 즉 자신이 투입한 노력이나 업무 시간에 대해 받는 보상과 다른 사람의 보상이 균형을 이룬다면 이 조직에서의 보상 시스템은 공정하다고 인정된다.

③ 자신에 대한 보상과 타인의 보상에 대한 비교결과가 공정하다면 동기부여되고, 결과가 불공정하다면 이를 불편하게 여기고, 그 불편함을 줄여 나가기 위한 노력을 기울이게 된다.

(2) 세 가지 가정

① 공정한 보상에 대한 신념 형성

사람들은 직무수행에 대한 자신의 기여에 부합하는 공정하고 형평성 있는 보상이 무엇인가에 대한 신념을 형성하게 된다.

② 직무수행에 대한 투입·산출을 타인과 비교 경향

사람들은 저신의 직무수행에 대한 투입·산출을 타인의 그것과 비교하는 경향이 있다.

③ 공정성 얻기 위한 동기유발

이러한 비교 후 자기 자신에 대한 처우가 불공정하다고 느끼면 공정성을 얻기 위해 동기유발된다.

(3) 애덤스의 동기부여방식

애덤스의 동기부여 논리는 사람이 불편함을 느낄 때 이를 해소하기 위한 노력을 한다는 페스팅거(Leon Festinger)의 인지부조화 이론에 기초한 이론이다. 이때 불공정은 자신의 비교대상보다 적은 보상을 받을 때뿐 아니라 많은 보상을 받을 때도 느끼게 된다. 불공정을 느꼈을 때 이를 줄이기 위한 개인의 행동방식은 다음과 같다.

---

54) 이종수·윤영진 외, 위의 책, p.390.

① **노력의 투입이나 산출의 변경**

노력에 비해 보상이 공정치 않다고 느끼는 사람은 노력을 줄이거나 같은 노력으로 더 많은 산출을 올리는 방법을 찾게 된다.

② **지각왜곡**

다른 사람이 노력 대비 보상이 더 크다고 느끼면, 그 사람이 더 중요한 일을 하고 있을 것이라고 합리화 하는 행동을 취할 수 있다.

③ **준거대상 변경**

불공정성을 느낄 때 자신보다 상대적으로 노력에 비해 보상이 부족해 보이는 대상과 비교하는 준거인물의 변경을 택한다.

④ **상황변경**

그 조직에서 불공정을 피할 방법이 막연한 경우에는 그 조직이나 부서를 떠나는 장 이탈을 선택할 수도 있다.

제 7 절 치안정책 결정모형

1. 합리모형

1) 전제

(1) 의사결정자의 경제적 합리성

합리모형은 정책결정 과정에서 인간의 주관적이고 감정적인 요소를 배제하고 정치적 현실의 역동성을 고려하지 않고, 정책결정자의 완전한 경제적 합리성을 전제로 정책을 결정한다. 정책결정자는 정책문제를 해결하기 위해 모든 대안을 탐색・평가한 후 정책목표의 극대화를 위한 최적의 대안을 선택할 경우에 경제적 합리성이 있다고 규정된다. 이 경우에 경제적 합리성은 최소의 비용으로 최대의 효과를 달성하는 능률성과 같은 개념이다.

(2) 합리적인 최적 대안 선택

합리모형은 인간을 합리적 사고방식을 따르는 경제인으로 전제하면서 최적화의 기준에 따라 문제나 목표를 완전히 파악하고 대안을 포괄적으로 탐색하여 가장 합리적인 최적대안을 선택할 수 있다고 본다.

(3) 고정된 단일의 목표와 목표달성의 극대화

합리모형은 목표나 가치가 고정되어 있다는 가정아래 목표달성의 극대화를 위해 최선의 대안 선택을 추구하는 결정모형이다. 따라서 문제상황이 명확해야 하며, 목표와 정책가치를 명확히 해야 한다. 또한 각 대안간 우선순위가 명확해야 하며 각각의 정책대안들이 초래할 결과를 비용편익 분석이나 비용효과분석을 통해 분석하여 최선의 대안을 선택할 수 있다고 가정한다.[55)]

(4) 의사결정자들의 능력과 물적 · 인적 자원에 대한 가정

합리적 의사결정자들은 모든 정책대안의 결과를 정확하게 예측할 수 있는 능력이 있으며, 또한 정책문제 해결에 필요한 물적 · 인적자원이 충분하다는 것을 전제로 한다. 따라서 의사결정자는 전지전능한 존재라는 것이다.

(5) 가치의 우선순위와 목표설정 능력 전제

합리모형은 의사결정자들이 사회적으로 추구하는 가치와 그것들의 우선순위를 나타내 줄 수 있는 일련의 목표들을 설정할 능력이 있다고 가정한다.

(6) 모든 대안 비교 검토후 최적의 대안선택

합리모형은 미래에 발생할 현상을 예측하고 모든 대안을 비교 검토한 후, 가장 최적의 대안을 선택한다.

(7) 체계적 · 포괄적 대안탐색과 분석

합리모형은 부분적 최적화가 아닌 전체적 최적화를 위해 모든 대안들에 대한 포괄적이고 총체적인 분석을 통해 의사결정을 한다.

2) 정책결정 과정

정책결정은 ① 문제에 대한 완벽한 인지와 정의, ② 단일의 목표 설정, ③ 정책자료의 수집과 분석, ④ 목표 극대화를 위한 모든 대안의 탐색, ⑤ 모든 대안의 비교분석과 단일의 대안 선택에 의해 이루어진다.

3) 한계

① 합리모형은 인간의 능력과 지식 · 정보의 한계를 무시하고 너무 이상적이고 규범적이어서 현실적인 적용가능성이 적다는 문제가 있다.

② 또한 합리모형의 전제와 가정은 너무나 복잡하여 실질적인 정책결정을 위한 기준으로 사용되기에는 비현실적이다.

③ 정책목표는 언제나 불변의 것이 아니라 미래의 환경적 변수로 인하여 그 변경이 불가피해질 수 있다. 목표가 변경되면 정책대안도 변화가 불가피하다.

④ 합리모형은 의사결정자가 가치와 목표의 우선순위를 정할 수 있고 하나의 최적의 대안을 선택할 수 있다는 가정한다. 따라서 정치환경적인 외부요인을 고려하지 못하고 정책결정자의 의사결정만을 미시적으로 강조하는 것은 합리모형의 한계이다.

---

55) 박성복 · 이종열, 정책학강의, 대영문화사, 2000, pp.265-267.

⑤ 과거에 잘못된 기존정책이나 사업의 매몰비용으로 인해 새로운 정책의 현실적합성이 떨어지는 한계가 있다.

2. 만족모형

1) 전제

① 인간은 지식과 정보의 부족, 그리고 시간과 비용의 부족 등으로 인한 불완전한 존재이다. 그러므로 인간은 객관적으로 합리적일 수는 없고 단지 주관적으로 합리적일 수밖에 없다.

② 사이먼(Herbert A. Simon)은 인간의 합리성이란 내재적 · 환경적 제약으로 인해 부분적으로 합리적일 수밖에 없다는 제한된 합리성(bounded rationality)을 제시했다.[56]

③ 특히 정책문제의 대상이 될 수 있는 불확실하고 복잡한 문제해결을 위한 모든 대안의 탐색, 각 대안의 결과에 대한 계산, 대안의 비교에 의한 최적 대안의 선택은 현실적으로 불가능하고 주관적으로 만족스런 대안을 선택하게 된다.

④ 만족모형은 정책결정자가 최선의 합리성을 추구하기 보다는 시간적 · 공간적 · 재정적 측면에서 여러 요인을 고려하여 만족할만한 수준에서 결정하게 된다.

2) 정책결정 과정

① 의사결정자는 정책결정시에 최선의 합리성을 추구하기 보다는 시간적 · 공간적 · 재정적 측면에서 여러 요인을 고려하여 만족할만한 수준에서 결정한다.[57]

② 의사결정자들은 모든 대안의 탐색이 아닌 무작위적이고 순차적으로 몇 개의 대안만을 탐색하여 만족할만한 결과를 도출하면 의사결정을 중단한다. 주관적으로 만족할만한 대안을 선택하게 된다.

③ 만약 탐색한 모든 대안이 만족할 만한 수준을 넘지 못하면 기대수준을 높이거나 낮춤으로써 만족할 만한 대안을 최종적으로 선택하게 된다.

3. 점증모형

1) 전제

① 점증모형은 인간의 지적 능력의 한계와 지식과 정보의 한계, 그리고 시간과 비용의 제약으로 합리적인 결정에 도달할 수 없다는 만족화 모형의 전제와 유사하다. 점증모형은 합리주의모형의 현실적 한계를 비판하면서 등장한 모형으로서, 다원적 정치체제의 정책결정에 대한 설명력이 뛰어나다.

---

56) H.A. Simon, A behavioral Model of Rational Choice, Quarterly Journal of Economics, vol.639. 1955, pp.99-113; Rational Choice and the Structure of the Environment, Psychological Review, vol.63, 1956. pp.129-138.

57) March & Simon, op. cit., pp140-141.

② 문제해결을 통해 추구되는 가치와 실질적으로 채택될 정책은 분리되어 모색하기 어렵다. 따라서 가치와 사실은 동시에 모색되어야 한다.

③ 기존의 정책을 토대로 수정·보완하여 약간 개선된 상태의 정책대안을 채택한다. 좋은 정책이란 다양한 의사결정자들이 그 정책에 대해 직접적으로 동의하는 것이다.

④ 대안들에 대한 분석은 제한적으로 이루어진다. 즉 대안들의 탐색, 대안들의 결과 예측, 추구하는 가치 등에 대한 분석은 무시하거나 제한된 범위에서 이루어진다.

⑤ 예산결정은 과거의 지출수준을 토대로 점진적으로 결정될 가능성이 크다는 것이 윌다브스키(Wildavsky)의 주장이다. 예산은 대체로 전년도 예산을 기초로 증감하는 식으로 이루어진다.

⑥ 점증모형은 당사자들 간의 타협에 의한 정치적 합리성을 중시하는 모형이므로 정책결정은 다양한 정치적 이해를 가진 당사자들의 타협과 조정의 산물이라는 현실을 반영한 결과이다.

⑦ 점증모형에 의한 정책결정은 점증적인 정책대안 선택이 가능한 가분적(divisible policies, 可分的)인 정책이다. 비가분적인 정책에 대해서는 점증모형을 적용하기 어렵다.

2) 정책결정 과정

(1) 기존의 정책에 대한 개선이나 수정

점증주의 정책결정은 과거의 정책을 기준으로 약간의 개선이나 수정·보완으로 이루어진다고 본다.[58] 즉, 정책결정은 ① 기존의 정책$\pm\alpha$식의 결정, ② 목표와 수단의 상호조정, ③ 상황변화를 고려한 계속적 결정, ④ 참여집단의 합의 중시 등의 특징을 갖고 있다.

(2) 정치적 해결

또한 점증모형은 정책문제란 인간의 내적·외적 한계로 인한 불확실성과 참여자들의 이해관계의 복잡성으로 인해 그럭저럭 헤쳐 나가는(muddling through), 또는 진흙탕 속의 싸움으로 표현되듯 정치적으로 해결되기도 한다.[59]

3) 한계

① 점증모델은 보수적 결정이므로 새로운 환경을 반영하는 혁신 또는 개혁적 정책결정이 어렵다. 또한 기존 정책이 그대로 유지되므로 한번 잘못된 결정이 이루어지면 계속적으로 잘못된 결정이 반복될 가능성이 높다.

② 비가분적 정책, 즉 분할이 불가능한 정책의 결정에는 적용이 어렵다. 또한 점증모형은 정치적 합리성(정치적 실현 가능성)을 고려하므로 외부요인의 영향을 받기 쉽다.

③ 정치적 반대를 고려하므로 기존정책·사업의 축소·종결이 곤란하여 눈덩이 굴리기식 결정이 이루어지므로 감축관리가 곤란하다.

---

58) Charles E. Lindblom, The Science of Muddling Through. Publig Administration Review, vol.19, 1059, pp.79-88.

59) John Forester, Bounded Rationality and the Politics of Muddling Through, Public Administration Review, 1984, pp. 23-31.

④ 안정된 선진국에 적합하며, 경제・사회발전이 시급한 개도국 상황에는 부적합하다.

4. 혼합주사(탐사)모형

1) 이론의 내용

① 에치오니(Amitai Etzioni)는 합리모형이 이상주의적이고 비현실적이며, 점증모형은 너무 보수적이고 혁신성을 결여한다는 점을 비판하고, 전자를 정, 후자를 반으로 하는 변증법적 합의 접근방법이 바로 혼합주사모형(Mixed scanning model)이라고 주장한다.60)

② 혼합주사모형은 근본적 결정과 세부적 결정으로 나누어 근본적 결정의 경우 합리모형을, 세부적 결정의 경우 점증모형의 의사결정방식을 따른다.

③ 혼합주사모형에서 정책결정과정의 경우에 포괄적 합리성을 바탕으로 큰 범위에서의 근본적인 결정은 모든 대안에 대하여 몇 가지 한정적인 대안에 대해 개략적인 검토를 하고, 세부적 결정은 몇 가지 한정적인 대안에 대해 모든 결과를 세밀하게 분석한다.

④ 거시적이고 장기적인 안목에서 대안의 방향성을 탐색하는 한편 그 방향성 안에서 심층적이고 대안적인 변화를 시도하는 것이 바람직하다.

⑤ 혼합주사모형의 경우 나무보다는 숲(모든 대안)을 개괄적(한정된 결과)으로 파악하는 유형의 결정은 합리적 결정이며, 반대로 점증적 결정은 숲보다는 나무(한정된 대안)를 자세하게(모든 결과) 파악하는 결정을 한다.

2) 한계

① 혼합주사모형은 새로운 의사결정모형이 아니라 두 개의 대립되는 모형, 즉 합리모형과 점증모형을 절충・혼합한 것에 불과하다는 비판을 받는다.

② 혼합주사모형은 합리모형과 점증모형을 결합한 모형이지만, 기술적 타당성을 높이는 구체적인 방안을 제시하지 못하였으며, 합리모형과 점증모형의 결함을 극복해 주지도 못하였다는 비판을 받는다.

③ 의사결정 과정이 다소 불분명하고, 합리모형과 점증모형을 절충한 모형이라고 하지만, 의사결정자의 근본방향에 대한 통제의식을 제외하면 점증모형과 크게 다를 것이 없다.

④ 이론의 독창성이 미흡하고 근본적 결정과 세부적 결정을 구분하기가 어렵다는 비판에 직면한다.

60) Amitai Etzioni, Mixed Scanning: A Third Approach to Decision-Making, Public Administration Review, vol.27(6), 1967, pp.385-392.

5. 최적모형

1) 이론의 내용

(1) 합리모형의 비현실성과 점증모형의 보수성 극복

① 드로(Yehezkel Dror)에 의해 주장된 최적모형(optimal model)은 객관적 합리성을 추구하는 합리모형의 비현실성과 점증모형의 보수성을 극복하기 위하여 이상주의와 현실주의의 통합을 시도한 이론이다. 이 모형은 기존의 정책을 바탕을 이루어지는 점증주의 성향을 비판하면서 새로운 결정을 내릴 때마다 정책방향도 다시 검토하는 환류기능을 중요시 한다.[61]

② 최적모형은 기존의 계량적 분석뿐만 아니라 직관적 판단에 의한 결정도 중요하다고 본다.

(2) 합리성과 초합리성

① 최적모형에 의한 정책결정 과정에는 계량적 분석을 통한 경제적 합리성과 직관적 판단에 의한 초합리성이 동시에 고려된다. 이 과정에서 초합리적 요소가 합리적 요소를 대체하는 것이 아니라 합리성 추구의 한계로 비롯되는 문제를 보완하는 기능을 한다.

② 초합리성이 강조되는 이유는 제한된 자원, 불확실한 조건들, 지식과 정보의 부족 등 합리성을 제약하는 요인들이 정책결정 과정에 작용하고, 정책결정자가 비정형적인 새로운 대안을 모색하기 위해 창의력이 요구되는 단계에서는 직관, 통찰력, 경험, 판단, 무언의 동의, 추측, 창의성, 브레인스토밍 등의 초합리성이 요구된다.

(3) 체제론적 관점과 환류

① 최적모형은 정책결정 과정을 체제론적 관점에서 파악하고 정책결정체제의 산출이 투입보다 크도록 정책성과를 최적화하기 위해 경제적 합리성뿐만 아니라 직관, 창의성, 판단력, 예견력, 연감, 추측, 암시 등의 초합리성까지 고려한다.

② 최적 모형은 상위정책결정 단계, 정책결정 단계, 정책집행과 후 정책결정 단계 등 모든 정책결정과정에서 한류작용이 동시다발적으로 이루어진다. 이처럼 최적화가 가능하려면 미시적으로 정책결정만 볼 것이 아니라 정책결정 체제가 전체적으로 잘 설계되어야 한다는 점에서 투입·산출·환류를 본질로 하는 정책결정체제를 모형 속에 포함시킨다.

(4) 메타(상위)정책결정 단계와 중요성

① 최적모형의 정책결정은 상위 정책결정단계, 정책결정단계, 후정책결정단계로 이루어진다. 여기에서 최적모형은 상위정책 결정단계를 중요하게 취급한다. 최적모형의 세 단계는 분리되어 있는 각 과정을 단순히 종합하는 것이 아니라 최적의 정책결정을 할 수 있는 정책결정체제를 상위정책 결정과정을 거쳐 구성한 다음 정책결정과 후정책결정단계를 거쳐 완성되기 때문이다.

② 상위정책결정 단계는 정책문제 뿐만 아니라 정책문제를 다루는 정치체제를 분석·평가해

---

61) Yehezkel Dror, Public Policy Making Reexamined, Sanfrancisco: Chandler Publishing Co., 1968, pp.154-196.

최적의 대안 모색 가능성을 높이고, 정책결정체제를 총체적으로 관리하는 기능을 한다.

③ 상위정책결정단계는 정책결정 체제가 다루게 될 문제, 가치, 이용가능한 자원들을 구체화해 각각의 정책결정단위에 분배한다.

④ 상위정책결정은 정책결정을 최적화시킬 수 있는 정책결정체제를 설계하고 평가하며 재설계한다.

⑤ 상위정책 결정단계는 정책을 결정할 때 필요한 정책결정전략의 결정, 자원의 조사・처리 및 개발 등이 이루어진다.

(5) 정책결정 단계별 기능

① 상위(메타)정책결정단계

ⅰ) 가치의 처리, ⅱ) 현실의 처리, ⅲ) 문제의 처리, ⅳ) 자원의 조사・처리・개발, ⅴ) 정책결정시스템의 설계・평가・재설계, ⅵ) 문제・가치・자원의 할당, ⅶ) 정책결정전략의 수립 등 7단계로 이루어진다.

② 정책결정단계

ⅰ) 자원의 구체적 배분, ⅱ) 우선순위 고려한 운영목표의 설정, ⅲ) 의미있는 정책대안의 개발, ⅳ) 정책대안에 대한 비용과 편익을 비교해 실질적으로 좋은 대인인지에 대한 평가 등이 이루어진다.

③ 후정책결정단계

ⅰ) 정책집행을 위한 동기부여, ⅱ) 정책집행, ⅲ) 정책집행이 끝난 후 정책에 대한 평가 등이 이루어진다. 따라서 정책집행 단계에서도 정책결정 과정이 계속된다는 것을 의미한다.

2) 한계

① 드로의 최적모형은 단지 기존의 모형들이 설명하고 있는 정책결정의 단계를 좀 더 구체적으로 반복한 것에 지나지 않는다는 비판을 받는다.

② 드로가 언급한 가치, 목적, 의사결정의 기준, 정책대안의 기대되는 효과에 대한 예비적 추정을 구체적으로 어떻게 조작할 것인지 분명치 않다.

③ 최적모형에 의한 정책결정은 무엇이 최적인지 분명하지 않다.

6. 쓰레기통 모형

1) 의의

코헨・마치・올슨(M.D. Cohen, J.G. March, J.P. Olsen)은 문제가 무엇인지, 해결책이 무엇인지, 문제해결의 결과가 무엇인지에 대해 전혀 알 수 없는 고도로 불확실하고 복잡한 조직상황 속에서의 정책결정 행동을 설명하는 이론으로 쓰레기통 모형(garbage can model)을 제시했다.[62]

(1) 쓰레기통 모형의 전제조건

① 문제성 있는 선호

쓰레기통 모형의 참여자들은 자신이 어떤 목적을 가지고 정책에 참여하는지를 모르고 참여하는 경우가 많다. 또한 자신이 무엇을 선호하는지를 잘 모르고 참여하게 된다.

② 불명확한 기술(인과기술)

불명확한 기술이란 목표와 수단 사이의 인과관계가 명확하지 않다는 것을 의미하고, 조직은 시행착오를 거치면서 목표와 수단간 인과관계를 파악한다.

③ 일시적 참여자

개인은 정책결정과정에 계속적으로 참여하는 것이 아니라 일시적인 참여에 그친다. 개인은 시간적 제약으로 또는 의도적으로 일시적 참여자로 행동하고, 또한 문제의 성격에 따라서 적극적으로 참여하는가 하면, 소극적으로 참여하는 행동을 보이기도 한다.

④ 조직화된 무정부 상태

쓰레기통 모형은 조직화된 무정부 상태를 전제로 한 정책결정 모형이다. 조직화된 무정부 상태(organized anarchy)란 계층제적 권위구조가 없고, 관료제적 결정규칙이 작동하지 않는 불확실성과 혼란이 심한 정책상황을 의미한다.

(2) 정책결정 요소의 독자적 흐름과 우연적 만남

쓰레기통 모형은 ① 정책문제, ② 문제의 선호, ③ 해결책, ④ 참여자 등 네 가지 요소가 독자적으로 흘러 다니다 어떤 계기로 교차하여 만나게 될 때 정책결정이 이루어진다고 주장한다. 즉 정책요소들은 서로 아무관계 없이 독자적으로 흘러 다니다가 우연히 쓰레기들이 쓰레기통 안으로 들어와 만나듯이 어떤 사건(계기)이 발생하면 우연히 한곳에서 만나게 될 때 의사결정이 이루어진다고 본다.

(3) 문제와 해결책의 무관성

쓰레기통 모형은 본질적으로 문제와 해결책이 별도로 존재하기 때문에, 문제만 있고 해결책이 제시되지 못하거나 문제해결책이 아닌 다른 해결책이 채택되기도 한다. 또한 해결책이 있어도 채택되지 못하는 경우도 있으며, 문제해결을 위한 대안이 채택된다 해도 실제로 문제를 해결하지 못하는 경우도 흔히 발생한다. 또한 문제해결 성공은 극소수이거나 문제를 조금씩 줄여가기 때문에 점진적·누적적으로 문제해결에 기여하게 된다.

(4) 의사결정의 네 가지 요소

쓰레기통 모형에서 의사결정에 필요한 구성요소로는 의사결정의 기회, 해결을 요하는 문제, 문

---

62) Michael D. Cohen, James G. March, & Johan P. Olsen, A garbage can model of organizational choice, Administrative Science Quarterly, 17, pp.1-25.

제의 해결책, 의사결정의 참여자 등 네 가지 요소가 있는 데 이 요소들이 서로 다른 시간에 통안에 들어와서 우연히 한 곳에서 동시에 만날 때 비로소 결정이 이루어진다.

① 의사결정의 기회

의사결정의 기회라는 것은 개인의 경우에는 결정을 하는 순간, 집단의 경우에는 정책결정을 하기 위하여 회의나 위원회 모임 같은 의사결정을 위한 선택의 기회를 의미한다.

② 해결을 요하는 문제

문제란 의사결정을 요하는 사람들의 관심사이다. 문제는 자원의 배분, 형평성, 정당성 등과 관련되어 나타나며, 때로는 의사결정자들 간에 갈등으로부터 생기기도 한다. 문제는 문제가 발생한 시기, 문제해결에 필요한 에너지의 양, 문제가 선택의 기회에 접근할 수 있는 정도 등에 따라 해결 가능성이 결정된다.

③ 문제의 해결책

㉠ 해결책은 문제에 대한 해결 방법으로 인지되었거나 인지되지 못한 모든 것을 포함한다. 현실적으로는 해결책이 먼저 발견되고 해결책으로 인해 문제가 나중에 찾아지는 경우가 많다.

㉡ 쓰레기통 모형이 상정하는 응집력이 약한 조직과 조직화된 무정부상태에서는 문제를 크게 부각시키는 사건 또는 정치적 사건 등 점화계기가 발생할 때 4가지 요소가 합쳐져서 문제의 정의와 해결책을 모색하게 되는 경우가 대부분이다.

㉢ 쓰레기통 모형은 대형참사를 계기로 그 동안 해결하지 못했던 정책문제에 관한 대책을 마련하게 되는 상황을 설명하는 정책결정 모형이다.

④ 의사결정의 참여자

쓰레기통 모형의 참여자들은 대체로 일시적·수시적 참여를 한다. 참여자들은 의사결정의 전 과정에 계속하여 참여하는 것이 아니고, 자신의 시간 사정, 관심도, 문제의 성격 등에 따라 참여하기도 하고 참여하지 않기도 한다.

(5) 조직화된 혼란상태와 비계층적 조직

쓰레기통 모형은 조직의 구성단위나 구성원 사이의 응집성이 아주 약한 혼란상태(조직화된 혼란상태)에서 이루어지는 의사결정의 특징을 강조한 모형이다. 그러므로 쓰레기통모형은 위계적인 계층제 조직구조의 의사결정과정에 적용이 어렵다.

2) 쓰레기통 모형에 의한 의사결정 유형

(1) 인적·물적 자원의 여유가 있는 경우

이러한 경우에는 정상적인 의사결정과정을 거쳐 문제를 해결한다.

(2) 여유가 없는 경우

① **날치기 작전**(choice by oversight)

날치기 작전이란 끼워넣기라고도 하며, 다른 문제들이 결부되기 전에 중심적인 문제를 재빨리 결정해 버리는 작전을 말한다. 다른 문제가 해결하려는 문제에 결부되면 해결이 어렵기 때문에 즉시 결정해 버린다.

② **진 빼기 작전**(choice by flight)

진 빼기 작전이란 미뤄두기라고도 하며 여러 가지 관련되어 있는 문제들이 스스로 다른 선택기회를 찾아 떠날 때까지 기다렸다가 중심적인 문제의 해결을 위한 결정을 하는 작전이다. 즉 걸림돌이 되는 문제가 사라질 때까지 결정을 미루는 진빼기 결정전략이다.

3) 한계

① 쓰레기통 모형은 합리성이 아닌 운이나 우연에 의해 결정되는 경우가 많다. 또한 이기적이고 정치적인 영향에 의해 의사결정이 이루어지는 경향이 있다.

② 이기심과 결부되어 시급한 문제보다 참여자 자신에게 중요한 것만이 먼저 채택되는 경향을 띠고 있다.

③ 쓰레기통 모형이 경험적인 사실에 기초한 것이 아니라는 점에서 적용에 한계가 있다. 또 정형적인 의사결정만을 다루고 있기 때문에 표준화된 일상적인 의사결정을 설명하는 데는 한계가 있다.

7. 사이버네틱스 모형

1) 의의

① 사이버네틱스(cybernetics)라는 말은 원래 그리스어로서 조타수라는 뜻이다. 이는 흔히 인공두뇌학이라고도 불리는데 의사소통과 통제를 통한 자기제어 장치를 통칭한다.

② 이 이론은 1940년대에 자율추적장치, 자율통제장치 및 자율조정장치를 갖춘 기계의 등장과 더불어 발전하게 된다. 와이너(N. Weiner)에 의해 최초로 소개되었으며, 오늘날 조직관리론이나 정책이론에서 널리 원용되고 있다.

③ 사이버네틱스 모형은 설정된 목표를 달성하기 위해 정보분석과 환류과정을 통해 자신의 행동을 스스로 조절해 나간다고 가정하는 모형이다.

④ 사이버네틱스 모형은 합리모형과 가장 극단적으로 대립되는 모형으로 분석적 합리성이 완전히 존재하지 않는 습관적 의사결정을 설명한다. 즉 자동온도조절장치와 같이 일정한 중요변수(특정온도)의 유지를 위한 피드백 메커니즘에 의해 끊임없는 적응에 초점을 둔다.

⑤ 사이버네틱스 모형은 결과 예측 후 합리적 선택을 하는 인과적 학습이 아니라 도구적 학습

(시행착오에 의해 성공한 행동선택)에 의존한다. 즉 시행착오적인 도구적 학습을 거쳐 터득된 표준운영절차(SOP)에 따라 점진적 · 자동적으로 적응해 나가는 의사결정을 한다.

⑥ 사이버네틱스모형에 의한 의사결정에 따르면, 의사결정은 확립된 표준운영절차에 의하여 이루어지므로 결국 의사결정의 질은 사전에 설정된 표준운영절차가 얼마나 정교한지에 의해 결정된다고 할 수 있다.

2) 사이버네틱스의 패러다임[63)]

스타인브루너(J.D. Steinbruner)는 사이버네틱스의 기본적인 특성을 다음과 같이 제시하고 있다.

(1) 적응적 · 무목적적 의사결정

사이버네틱스의 의사결정은 고도의 목표달성을 위한 활동이 아니라 사전에 설정된 어떤 수준(목표)에서의 일탈여부를 환류작용에 의해 계속 조절해 나가는 과정이다. 이는 인체가 정상체온을 유지하기 위해 환류기능에 의해 체온을 계속 조절하는 것과 같은 자동조절과정에 의해 이루어진다는 것을 의미한다. 여기서 무목적적이라는 말은 자동온도조절시스템과 같이 조직의 표준운영절차에 의해 조직의 어떤 상태를 계속 조절해 나가는 것을 의미한다.

(2) 불확실성 하의 결정

환류채널을 통해 들어오는 여러 정보에 따라 시행착오적인 적응을 한다. 어떤 대안이 어떤 결과를 가져올 것인가는 고려하지 않고 단지 의사결정자가 당면한 상태가 사전에 설정된 범위 또는 수준에서 이탈했는가 하는 점만을 고려하여 그에 대응한 조치를 프로그램된 목록대로 취한다. 이 때 대안의 선택의 기준이 되는 것은 표준운영절차이다.

(3) 프로그램 목록에 따른 결정

정책체제의 활동결과가 사전에 설정된 범위 내에 있는 한 그 체제는 프로그램화된 활동을 계속 수행한다. 즉 표준운영절차에 따라 계속 의사결정을 한다. 그러나 그러한 범위에서 이탈했을 때, 이에 대응할 만한 기존의 방식이 없으면, 새로운 대안을 모색한다.

(4) 도구적 학습

도구적 학습이란 시행착오에 의한 학습을 말한다. 도구적 학습의 경우에 실험상자 속의 고양이나 쥐는 우연히 먹이가 나오는 레버(일종의 보상)를 누른 경우 그 뒤에는 먹이라는 보상이 따르는 레버를 계속 누르고, 전기충격(일종의 벌)이 나오는 레버는 더 이상 누르지 않는다. 이러한 도구적 학습처럼 의사결정자가 채택한 대안(도구)이 좋은 결과를 가져오는 경우에는 그 대안을 그대로 계속 시행하며, 결과가 좋지 않은 경우에는 새로운 대안을 탐색한다.

---

63) J.D. Steinbruner, The cybernetic theory of decision, Prinston University Press, 1974, pp.47-138.

3) 특징

① 사이버네틱스 모형은 개방체제적인 관점에 입각하여 정보의 투입과 산출, 그리고 환류과정을 중시한다.

② 합리모형과는 많은 대조를 이루며, 사이먼(Simon)의 만족모형, 사이어트와 마치(Cyert & March)의 회사모형, 그리고 앨리슨(Allison)의 모형Ⅱ인 조직모형과 유사하다.

③ 의사소통과 자율통제를 중시하고, 분석적 합리성보다는 시행착오에 의한 적실성 있는 대안을 탐색한다.

8. 앨리슨 모형

1) 의의

① 앨리슨(Allison)은 1960년대 쿠바 미사일 사건과 관련된 미국의 외교정책 과정을 자세히 분석한 뒤 정부의 정책결정 과정을 설명·예측하기 위한 분석의 틀로서 ㉠ 합리적 행위자 모형(모델Ⅰ), ㉡ 조직과정모형(모델Ⅱ), ㉢ 관료정치모형(모델Ⅲ) 등 세 가지 모형을 제시했다.

② 합리모형은 조직 전반에 걸쳐 적용이 가능하고, 조직과정모형은 조직의 하위계층에 적용 가능성이 높은데 반해 관료정치모형은 조직의 상위계층에 적용 가능성이 높다.

③ 원래 국제정치적 사건과 위기적 사건에 대응하는 정책결정을 설명하기 위한 모형으로 개발되었으나 일반정책에도 적용이 가능하다. 또한 세 가지 모형은 상호 배타적인 관계이지만, 실제 하나의 조직에 모두 적용될 수 있다고 본다.[64)]

2) 앨리슨의 세 가지 모형

(1) 합리모형(모델Ⅰ)

정부에 의해서 합리적으로 선택된 행위가 분석대상이다. 정부는 이러한 행위를 통하여 전략적인 목표를 극대화시키려고 한다.[65)]

① 행위자

단일체인 정부가 합리적인 의사결정자라고 본다. 조직은 유기체와 같이 두뇌에 의해 완벽하게 통제되고 조정된다. 따라서 정부의 결정행위는 개인의 합리적이고 잘 조정된 선택행위와 본질적으로 유사하다. 정책결정의 모든 권한은 조직의 중심부인 두뇌에 있다. 행위자는 완벽한 정보를 가지고 주어진 목표의 극대화를 추구하는 합리적 존재로 가정한다.

② 권력의 소재

조직의 두뇌와 같은 최고지도자가 정책결정의 권력을 보유하고 지시와 명령에 따라서 정책이

64) G.T. Allison, Essence of Decision: Explaining the Cuban Missile Crisis(Boston: Little, Brown), 1971, pp.3-5.
65) 류지성, 정책학, 대영문화사, 2007, pp.265-366.

채택된다.

③ **목표**

행위자의 목표는 조직 전체의 전략적 목표로서 행위자들의 목표공유도는 매우 강하다.

④ **정태적인 선택**

정부의 결정행위는 다양한 외적 변수가 개입하는 동태적인 과정이 아니라, 여러 대안들중에서 이미 정해진 기준에 가장 적합한 대안을 선택하는 정태적 과정이다.

⑤ **정책의 일관성**

최고지도자가 조직의 두뇌로서 명령하고 지시하는데 따라서 정책결정이 이루어지기 때문에 정책의 일관성이 매우 강하다.

⑥ **대안의 선택**

각 대안으로부터 초래될 비용과 효과분석을 통해 목표가치를 극대화하는 대안을 선택한다. 조직구성원들의 목표 자체가 집단의 목표와 완전히 일치한다.

(2) 조직과정모형(모델 II)

조직과정의 산물로서의 정책을 분석대상으로 한다. 정부를 구성하는 하위조직들이 활동하여 만들어진 결과가 고위지도자에 의해 약간 수정되어 정책으로 된다.[66]

① **행위자**

느슨하게 결합된 하위조직(정부의 부처나 부서들)의 집합체가 행위자이다. 이 조직들에 의해 작성된 정책대안의 실질적 내용은 최고지도자에 의해 거의 수정되지 않고 정책으로 채택된다. 따라서 실질적인 결정자는 하위조직들이다.

② **문제의 분할과 권력의 분산**

복잡한 정책문제는 각 하위조직 단위들이 다루기 편리한 수준까지 문제를 분할하여 담당하게 되며, 그에 비례하여 권력도 분산된다. 따라서 정책결정의 권력도 반독립적인 하위조직들이 보유한다.

③ **국지적 우선순위와 문제인지**

분할된 각 문제에 상응하는 하위조직들은 자기 문제에 우선적으로 책임을 지기 때문에 조직내의 국지성(편협성)을 증대시킨다.

④ **목표**

정책결정에 참여하는 행위자들의 목표는 조직 전체의 목표와 하위조직들의 목표를 모두 고려한다. 그러나 참여자들 간의 목표는 서로 개별적이어서 목표공유도는 약하다. 따라서 정책결정의

66) 앞의 책, p.366.

일관성도 약해서 문제의 상황에 따라서 자주 바뀐다.

⑤ **표준운영절차의 중요성**

조직이 신뢰성 있는 행동을 수행하기 위해서는 특정한 행동을 할 때 이미 예행 연습된 S.O.P를 필요로 한다. 문제가 복잡하고 행동이 다양하며 관리자가 많을수록 조직행동의 결정인자로서 프로그램(S.O.P)과 레퍼토리의 중요성은 커진다.

(3) 정치모형(모델Ⅲ)

정책은 합리모형처럼 선택과 결과의 관계로 설정하거나, 조직과정모형에서처럼 조직의 구조화된 표준운영절차의 산물로 이해하지 않고, 정부의 다양한 행위자들이 벌이는 협상게임의 산물로 이해한다.

정책은 정부 구성원들의 정치적 게임의 산물이라는 것이다. 정책이 문제해결을 위한 최선책이라기보다는 정부관료들 사이의 타협, 경쟁, 연합형성, 지배 등 정치적 게임의 산물이라는 것이다.67)

① **행위자**

행위자는 특정한 정책과 관련된 직위를 갖고 있는 자들로서 개인뿐 아니라 집단과 조직도 참여자가 될 수 있다. 이러한 행위자는 문제의 성격에 따라 다양한데 대통령, 장관, 보좌관, 고위 공무원, 의회 및 정당지도자, 이익집단의 대표자 등이 포함된다.

② **행위자의 행태**

전문적 직업관료, 정치적 피임명자, 선거직 공무원 사이의 행태에는 주요한 차이점이 있다. 관료들은 조직의 관행에 대한 동조방식을 많이 택하고, 나머지는 정책 자체에 관심을 보이며 정치적 피임명자는 문제에 대한 시계가 단기에 머문다.

③ **목표**

각 행위자들은 국가 목표 및 그들이 속한 조직의 목표뿐만 아니라 서로 다른 개인적 목표를 강하게 가지고 있다. 따라서 목표에 대한 공유도는 매우 약하다.

④ **정책결정 방식**

정치적 게임의 규칙에 따라 개인적인 행위자들은 상호 간에 타협, 협상, 지배 등을 통해 정책결정에 참여한다.

⑤ **정책결정의 일관성 결여**

정책의 결정을 위한 행동은 장기간을 통해서 상당한 정도로 일관성이 결여되어 있다. 문제상황에 따라서 정책이 바뀌기 때문에 정책은 거의 일치하지 않는다.

---

67) 앞의 책, pp.366-367.

⑥ 권력의 소재

정책결정의 권력은 독립된 자유재량을 가진 개인적 행위자들이 보유한다. 따라서 각 행위자들은 모두 자유재량을 가지고 있으므로 좀 더 권력이 강한 행위자가 자기에게 유리하게 정책에 영향을 미친다.

제 8 절 경찰홍보

1. 경찰홍보의 유형

1) 협의의 홍보(Public Relations: 공공관계)

협의의 경찰홍보는 경찰의 활동이나 업무에 관련된 사항을 유인물이나 팜플렛 및 각종 언론매체, 인터넷, 경찰 홈페이지를 통하여 경찰조직의 정책이나 실적을 일방적으로 알려 경찰목적 달성에 유리한 환경을 조성하는 활동을 말한다.

2) 광의의 개념

(1) 지역공동체 관계(CR)

① PCR(Public Community Relation)은 경찰관이 지역사회 내의 각종 기관·단체 및 주민들과 유기적인 연락·협조체계를 구축·유지하여 지역사회 각 계 각 층의 요구에 부응하는 경찰활동이다.

② 경찰활동의 긍정적인 측면을 지역사회에 널리 알리는 종합적인 경찰홍보 체제이다.

③ CR의 가장 효과적인 홍보수단은 지역경찰관의 주민과의 직접적인 대화를 통하여 경찰홍보를 하는 것이다.

④ 지역사회 내의 각종 기관 및 주민들과 협조체제를 구축하여 지역사회 각 계 각층의 문제·요구·책임을 발견하고 지역사회의 문제해결과 적극적인 지역사회 프로그램을 위해 경찰과 지역사회가 공동으로 노력하는 활동이다.

(2) 경찰과 언론관계(PPR)

① PPR(Public Press Relation)은 신문·잡지·TV나 라디오 등 각종 언론매체의 보도기능에 대응하는 활동이다.

② 대개 담당기자들의 사건·사고에 대한 질의에 답하는 형식의 대응적이고 소극적인 홍보활동을 말한다.

(3) 대중매체관계(PMR)

① PMR(Public Media Relation)은 경찰이 각종 대중매체 제작자와 긴밀한 협조관계를 구축·유

지하여 대중매체의 필요를 충족시켜 주면서 경찰의 긍정적인 측면을 널리 알리는 적극적인 활동이다.

② 전직 언론인이나 전공학문 출신 등 언론 전문가를 채용하여 활용하는 홍보기법이다.

③ MR은 보도기자보다는 대중매체의 제작자들과 긴밀한 협조체계를 유지함으로써 대중매체의 필요를 충족시켜주는 동시에 경찰홍보를 하는 홍보전략이다.

(4) 경찰과 대중매체와의 관계

① 로버트 마크(R. Mark): 경찰과 대중매체의 관계를 단란하고 행복스럽지는 않더라도 필요를 충족시켜주면서 오래 지속되는 결혼생활에 비유하였다.

② 크랜든(G. Crandon): 경찰과 대중매체는 서로를 필요로 하기 때문에 둘 사이에는 공생관계가 발달한다고 주장했다.

③ 에릭슨(R. Ericson): 경찰과 대중매체는 서로 얽혀서 범죄와 정의, 사회질서의 현실을 해석하고 규정짓는 사회기구의 역할을 수행한다.

(5) 기업 이미지식 경찰홍보

기업 이미지식 경찰홍보는 1980년대 후반부터 기업이나 공공기관에 많은 영향을 미친 공공선택이론(public choice theory)에 그 기초를 두고 있다. 공공선택이론은 공공기관들이 소비자의 선호에 따라서 제품이나 서비스를 생산해야 한다는 내용을 본질로 한다.

① 기업 이미지식 경찰홍보 역시 영미국가를 중심으로 주민을 소비자로 보는 관점에서 발달한 개념이다.

② 따라서 기업 이미지식 경찰홍보는 주민들에게 친근한 상징물(캐릭터)을 이용하는 등 조직 이미지를 고양시키는 계획적인 홍보활동을 통하여 주민의 지지도를 제고시켜 예산확보, 형사사법 환경하의 협력확보 등의 목적을 달성하기 위한 종합적이고 계획적인 홍보활동이다.

2. 언론중재 및 피해구제 등에 관한 법률

1) 구제방안

(1) 정정보도 청구권

① 개념

정정보도청구권은 사실적 주장에 관한 언론보도등이 진실하지 아니함으로 인하여 피해를 입은 자가 그 보도내용에 관한 정정보도를 언론사등에 청구하는 것을 말한다. 그 법적 근거는 「언론중재 및 피해구제 등에 관한 법률」, 「공직선거법」 등이다.

② **청구의 요건**(언론중재 및 피해구제등에 관한 법률 제14조 제3항)[68]

㉠ 언론보도 피해자는 당해 보도가 있음을 안 날부터 3월 이내에 또는 언론보도가 있은 후 6월 이내에 정정 보도를 언론사에 청구할 수 있다.

㉡ 이 때 피해자의 정정보도 청구는 언론사의 대표자에게 서면으로 신청하여야 하며, 정정보도의 청구에는 언론사의 고의·과실이나 위법성을 요하지 아니한다.

㉢ 국가·지방자치단체, 기관 또는 단체의 장은 해당 업무에 대하여 그 기관 또는 단체를 대표하여 정정보도를 청구할 수 있다.

③ **사실적 주장의 판단과 증명책임**

㉠ 사실적 주장이란 의견표명에 대치되는 개념으로서 사실적 주장과 의견표명이 혼재할 경우 양자를 구별할 때에는 해당 언론보도의 객관적인 내용과 아울러 해당 언론보도가 게재한 문맥의 보다 넓은 의미나 배경이 되는 사회적 흐름 및 시청자에게 주는 전체적인 인상도 함께 고려해야 한다.

㉡ 정정보도를 청구하기 위하여는 피해자가 사실적 주장에 관한 언론보도가 진실하지 아니하다는 점을 적극적으로 증명할 것이 필요하고, 그 언론보도가 사실이라는 증명이 없다는 것만으로는 정정보도를 청구할 수는 없다 할 것이다.

④ **정정보도 청구권 행사**(언론중재법 제15조)

㉠ 정정보도 청구는 언론사 등의 대표자에게 서면으로 하여야 하며, 청구서에는 피해자의 성명·주소·전화번호 등의 연락처를 기재하고 정정의 대상인 언론보도 등의 내용 및 정정을 구하는 이유와 청구하는 정정보도문을 명시하여야 한다.

㉡ 정정보도 청구를 받은 언론사 등의 대표자는 3일 이내에 그 수용 여부에 대한 통지를 청구인에게 발송하여야 한다.

㉢ 언론사 등이 정정보도 청구를 수용하는 때에는 지체 없이 피해자 또는 그 대리인과 정정보도의 내용·크기 등에 관하여 협의한 후 그 청구를 받은 날부터 7일 이내에 정정보도문을 방송 또는 게재하여야 한다. 다만, 신문 및 잡지 등 정기간행물의 경우 이미 편집 및 제작이 완료되어 부득이할 때에는 다음 발행 호에 이를 게재하여야 한다.

⑤ **정정보도청구권 거부사유**

㉠ 피해자가 정정보도청구권을 행사할 정당한 이익이 없는 때, ㉡ 청구된 정정보도의 내용이 명백히 사실에 반하는 때, ㉢ 청구된 정정보도의 내용이 명백히 위법한 내용인 때, ㉣ 상업적인 광고만을 목적으로 하는 때, ㉤ 청구된 정정보도의 내용이 국가·지방자치단체 또는 공공단체의 공개회의와 법원의 공개재판절차의 사실보도에 관한 것인 때(언론중재법 제15조 제4항).

68) 언론중재 및 피해구제 등에 관한 법률, 법률 제19592호, 2023.8.8.

(2) 반론보도 청구권(언론중재법 제16조)

① 반론보도 청구권이란 사실적 주장에 관한 언론보도 등으로 인하여 피해를 입은 자가 그 보도내용에 관한 반론보도를 언론사 등에 청구하는 것을 말한다. ② 반론보도청구에는 언론사의 고의 · 과실이나 위법성을 요하지 아니하며, 보도내용의 진실 여부를 불문한다. ③ 반론보도 청구요건은 따로 규정된 것을 제외하고는 정정보도청구에 관한 이 법의 규정을 준용한다.

(3) 추후보도 청구권(언론중재법 제17조)

추후보도청구권이란 언론 등에 의하여 범죄혐의가 있거나 형사상의 조치를 받았다고 보도 또는 공표된 자로 하여금 자신에 대한 형사절차가 무죄판결 또는 이와 동등한 형태로 종결된 때에는 그 사실을 안 날부터 3개월 이내에 언론사등에 이 사실에 관한 추후보도의 게재를 청구할 수 있다.

3. 조정 및 중재

1) 의의(언론중재법 제18조 제1항)

「언론중재법」에 따른 정정보도 청구, 반론보도 청구, 추후보도 청구와 관련하여 분쟁이 있는 경우 피해자 또는 언론사 등은 중재위원회에 조정을 신청할 수 있다.

2) 조정신청(언론중재법 제18조)

정정보도청구등과 손해배상의 조정신청은 서면 또는 구술이나 그 밖에 대통령령으로 정하는 바에 따라 전자문서 등으로 하여야 하며, 피해자가 먼저 언론사등에 정정보도청구등을 한 경우에는 피해자와 언론사등 사이에 협의가 불성립된 날부터 14일 이내에 하여야 한다.

3) 조정(언론중재법 제19조)

① 조정은 관할 중재부에서 한다. 관할구역을 같이 하는 중재부가 여럿일 경우에는 중재위원회 위원장이 중재부를 지정한다.

② 조정은 신청 접수일부터 14일 이내에 하여야 하며, 중재부의 장은 조정신청을 접수하였을 때에는 지체 없이 조정기일을 정하여 당사자에게 출석을 요구하여야 한다.

③ 제2항의 출석요구를 받은 신청인이 2회에 걸쳐 출석하지 아니한 경우에는 조정신청을 취하한 것으로 보며, 피신청 언론사등이 2회에 걸쳐 출석하지 아니한 경우에는 조정신청 취지에 따라 정정보도등을 이행하기로 합의한 것으로 본다.

④ 조정기일에 중재위원은 조정 대상인 분쟁에 관한 사실관계와 법률관계를 당사자들에게 설명 · 조언하거나 절충안을 제시하는 등 합의를 권유할 수 있다.

⑤ 조정은 비공개를 원칙으로 하되, 참고인의 진술청취가 필요한 경우 등 필요하다고 인정되는

경우에는 중재위원회규칙으로 정하는 바에 따라 참석이나 방청을 허가할 수 있다.

4) 직권조정 결정(언론중재법 제22조)

① 당사자 사이에 합의가 이루어지지 아니한 경우 또는 신청인의 주장이 이유 있다고 판단되는 경우 중재부는 당사자들의 이익이나 그 밖의 모든 사정을 고려하여 신청취지에 반하지 아니하는 한도에서 직권조정결정을 할 수 있다. 이 경우 그 결정은 조정신청 접수일부터 21일 이내에 하여야 한다.

② 직권조정에 불복하는 자는 결정 정본을 송달받은 날부터 7일 이내에 불복사유를 명시하여 서면으로 중재부에 이의신청을 할 수 있다. 이 경우 그 결정은 효력을 상실한다.

5) 조정에 의한 합의의 효력(언론중재법 제23조)

조정결과 당사자 간에 합의가 있거나 합의가 이루어진 것으로 보는 경우 및 직권조정결정에 이의신청이 없는 때에는 재판상 화해와 동일한 효력이 있다.

6) 중재(언론중재법 제24조 및 제25조)

① 당사자 쌍방은 정정보도청구등 또는 손해배상의 분쟁에 관하여 중재부의 종국적 결정에 따르기로 합의하고 언론중재위에 중재를 신청할 수 있다. ② 중재신청은 조정절차 계속 중에도 할 수 있으며, 이 경우 조정절차에 제출된 서면 또는 주장·입증은 중재절차에서 제출한 것으로 본다. ③ 중재절차에 관하여는 성질에 반하지 않는 한 조정절차에 관한 이 법의 규정에 따른다. ④ 중재위의 중재결정은 확정판결과 동일한 효력이 있다. 중재결정에 대한 불복과 중재결정의 취소에 관하여는 「중재법」 제36조를 준용한다.

4. 언론중재위원회

1) 의의

언론보도 등으로 인한 분쟁의 조정·중재 및 침해사항을 심의하기 위하여 언론중재위원회를 둔다.

2) 구성(언론중재법 제7조)

중재위원회는 40명 이상 90명 이내의 중재위원으로 구성하며 중재위원은 다음 각 호의 사람 중에서 문화체육부장관이 위촉한다. 이 경우 1부터 3까지의 위원은 각각 중재위원 정수의 5분의 1 이상이 되어야 한다.

1. 법관의 자격이 있는 사람 중에서 법원행정처장이 추천한 사람, 2. 변호사의 자격이 있는 사람 중에서 대한변호사협회의 장이 추천한 사람, 3. 언론사의 취재·보도업무에 10년 이상 종사한 사람, 4. 그밖에 언

론에 관하여 학식과 경험이 풍부한 사람

3) 위원장 및 부위원장

① 위원장 1명과 2명 이내의 부위원장 및 2명 이내의 감사를 두며, 각각 중재위원 중에서 호선한다. ② 위원장 · 부위원장 · 감사 및 중재위원의 임기는 각각 3년으로 하며, 한차례만 연임할 수 있다. ③ 위원장은 중재위원회를 대표하고, 중재위원회의 업무를 총괄한다. ④ 부위원장은 위원장을 보좌하며, 위원장이 부득이한 사유로 직무를 수행할 수 없을 때에는 중재위원회규칙으로 정하는 바에 따라 그 직무를 대행한다.

4) 회의

재적위원 과반수의 출석과 출석위원 과반수의 찬성으로 의결한다.

5. 경찰수사사건등의 공보에 관한 규칙

1) 수사사건등의 공개금지 원칙(규칙 제4조)[69]

사건관계인의 명예, 신용, 사생활의 비밀 등 인권을 보호하고, 수사내용의 보안을 유지하기 위하여 수사사건등에 관하여 관련 법령과 규칙에 따라 공개가 허용되는 경우를 제외하고는 피의사실, 수사사항 등을 공개하여서는 안 된다.

2) 예외적인 공개(규칙 제5조)

다음 각 호의 어느 하나에 해당하는 경우에는 수사사건등의 피의사실등을 공개할 수 있다.

1. 범죄유형과 수법을 국민들에게 알려 유사한 범죄의 재발을 방지할 필요가 있는 경우
2. 신속한 범인의 검거 등 인적 · 물적 증거의 확보를 위하여 국민들에게 정보를 제공받는 등 「범죄수사규칙」 제101조부터 제103조에 따라 협조를 구할 필요가 있는 경우(이하 공개수배라고 한다).
3. 공공의 안전에 대한 급박한 위험이나 범죄로 인한 피해의 급속한 확산을 방지하기 위하여 대응조치 등을 국민들에게 즉시 알려야 할 필요가 있는 경우
4. 오보 또는 추측성 보도로 인하여 사건관계인의 인권이 침해되거나 수사에 관한 사무에 종사하는 경찰공무원의 업무에 지장을 초래할 것이 명백하여 신속 정확하게 사실관계를 바로 잡을 필요가 있는 경우

3) 피의자의 얼굴 등 신상정보공개

「특정중대범죄 피의자 등 신상정보공개에 관한 법률」이 2023년 10월 6일 국회 본회의를 통과했으며, 2024년 1월 25일 시행될 예정이다.

① 이 법률은 신상공개대상범죄를 확대하고 공개대상자를 피고인까지 확대하며, 일명 '머그샷(Mug Shot: 범인 식별을 위해 경찰이 촬영한 얼굴사진)' 촬영 근거규정 신설 등을 골자로 하고 있다.

---

69) 경찰수사사건등의 공보에 관한 규칙, 경찰청훈령 제998호, 2021.1.1.

② 2023년 10월 6일 기존의 신상공개 대상이었던 특정강력범죄, 성폭력범죄 등에 더해 아동·청소년 대상 성범죄, 내란·외환, 범죄단체조직, 폭발물, 현주건조물방화, 마약범죄 등으로 확대됐다.

③ 따라서 기존의 피의자의 얼굴 등 공개에 관한 법률 조항인 「특정강력범죄의 처벌에 관한 특례법」 제8조의2 및 「성폭력범죄의 처벌 등에 관한 특례법」 제25조는 2024년 10월 24일 삭제되었다.

제 9 절 공공기관의 정보공개

1. 총칙

1) 목적(공공기관의 정보공개에 관한 법률 제1조)

이 법은 공공기관이 보유·관리하는 정보에 대한 국민의 공개청구 및 공공기관의 공개의무에 관하여 필요한 사항을 정함으로써 국민의 알권리를 보장하고 국정에 대한 국민의 참여와 국정운영의 투명성을 확보함을 목적으로 한다.[70]

2) 용어정의(정보공개법 제2조)

(1) 정보

정보라 함은 공공기관이 직무상 작성 또는 취득하여 관리하고 있는 문서(전자문서 포함) 및 전자매체를 비롯한 모든 형태의 매체 등에 기록된 사항을 말한다.

(2) 정보공개

공개라 함은 이 법 규정에 의해 정보를 열람하게 하거나 그 사본·복제물을 제공하는 것 또는 정보통신망을 통하여 정보를 제공하는 것 등을 말한다.

(3) 공공기관

가. 국가기관: 1) 국회, 법원, 헌법재판소, 중앙선거관리위원회, 2) 중앙행정기관(대통령 소속 기관과 국무총리 소속 기관 포함) 및 그 소속 기관, 3) 「행정기관 소속 위원회 설치 운영에 관한 법률」에 따른 위원회

나. 지방자치단체

다. 「공공기관의 운영에 관한 법률」 제2조에 따른 공공기관

라. 「지방공기업법」에 따른 지방공사 및 지방공단

마. 그 밖에 대통령령으로 정하는 기관

70) 공공기관의 정보공개에 관한 법률, 법률 제19408호, 2023.5.16. 시행 2023.11.17.

3) 정보공개의 원칙(제3조)

정보공개의 원칙은 공공기관이 보유·관리하고 있는 정보는 국민의 알권리 보장 등을 위하여 「정보공개법」이 정하는 바에 따라 적극적으로 공개하여야 한다.

4) 적용범위(제4조)

① 정보의 공개에 관하여는 다른 법률에 특별한 규정이 있는 경우를 제외하고는 이 법에서 정하는 바에 따른다. ② 지방자치단체는 그 소관 사무에 관하여 법령의 범위에서 정보공개에 관한 조례를 정할 수 있다. ③ 국가안전보장에 관련되는 정보 및 보안 업무를 관장하는 기관에서 국가안전보장과 관련된 정보의 분석을 목적으로 수집하거나 작성한 정보에 대해서는 이 법을 적용하지 아니한다. 다만, 정보목록의 작성·비치 및 공개에 대해서는 그러하지 아니한다.

2. 정보공개 청구권자와 공공기관의 의무

1) 정보공개 청구권자(제5조)

일정한 외국인을 포함한 모든 국민은 정보의 공개를 청구할 권리가 있으며, 외국인의 정보공개 청구에 관하여는 대통령령으로 정한다.

2) 공공기관의 의무(제6조)

① 공공기관은 정보의 공개를 청구하는 국민의 권리가 존중될 수 있도록 이 법을 운영하고 소관 관계법령을 정비하여 정보를 투명하고 적극적으로 공개하는 조직문화 형성에 노력하여야 한다. ② 공공기관은 정보의 적절한 보존 및 신속한 검색과 국민에게 유용한 정보의 분석 및 공개 등이 이루어지도록 정보관리체계를 정비하고 정보공개업무를 주관하는 부서 및 담당하는 인력을 적정하게 두어야 하며 정보통신망을 활용한 정보공개시스템 등을 구축하도록 노력하여야 한다. ③ 행정안전부장관은 공공기관의 정보공개에 관한 업무를 종합적·체계적·효율적으로 지원하기 위해 통합정보공개시스탬을 구축·운영하여야 한다.

3) 정보의 사전적 공개 등(제7조)

① 공공기관은 다음 각 호의 어느 하나에 해당하는 정보에 대해서는 공개의 구체적 범위, 주기, 시기 및 방법 등을 미리 정하여 정보통신망 등을 통하여 알리고, 이에 따라 정기적으로 공개하여야 한다. 다만, 비공개대상정보에 대해서는 그러하지 아니하다.

1. 국민생활에 매우 큰 영향을 미치는 정책에 관한 정보, 2. 국가의 시책으로 시행하는 공사 등 대규모 예산이 투입되는 사업에 관한 정보, 3. 예산집행의 내용과 사업평가 결과 등 행정감시를 위하여 필요한 정보, 4. 그 밖에 공공기관의 장이 정하는 정보

② 공공기관은 제1항에 규정된 사항 외에도 국민이 알아야 할 필요가 있는 정보를 국민에게

공개하도록 적극적으로 노력하여야 한다.

4) 정보목록의 작성 · 비치(제8조)

① 공공기관은 그 기관이 보유 · 관리하는 정보에 대하여 국민이 쉽게 알 수 있도록 정보목록을 작성하여 갖추어 두고, 그 목록을 정보통신망을 활용한 정보공개시스템 등을 통하여 공개하여야 한다. 다만, 정보목록 중 제9조 제1항에 따라 공개하지 아니할 수 있는 정보가 포함되어 있는 경우에는 해당 부분을 갖추어 두지 아니하거나 공개하지 아니할 수 있다.

② 공공기관은 제1항에 규정된 사항 외에도 국민이 알아야 할 필요가 있는 정보를 국민에게 공개할 수 있도록 적극적으로 노력하여야 한다.

5) 공개대상 정보의 원문공개(제8조의2)

공공기관 중 중앙행정기관 및 대통령령으로 정하는 기관은 전자적 형태로 보유 · 관리하는 정보 중 공개대상으로 분류된 정보를 국민의 정보공개 청구가 없더라도 정보통신망을 활용한 정보공개시스템 등을 통하여 공개하여야 한다.

3. 정보공개의 절차

1) 비공개대상정보(제9조)

① 공공기관이 보유 · 관리하는 정보는 공개대상이 된다. 다만, 제9조 제1항 각 호의 사유에 해당하는 정보는 공개하지 아니할 수 있다. ② 공공기관은 비공개대상 정보가 기간의 경과 등으로 인하여 비공개의 필요성이 없어진 경우에는 그 정보를 공개대상으로 하여야 한다. ③ 공공기관은 비공개대상에 해당하는 정보에서 해당 공공기관의 업무성격을 고려하여 비공개 세부기준을 수립하고 이를 정보공개시스템 등을 통하여 공개하여야 한다. ④ 공공기관은 수립된 비공개 세부기준이 비공개 요건에 부합하는지 3년마다 점검하고 필요한 경우 비공개 세부기준을 개선하여 그 점검 및 개선 결과를 행정안전부장관에게 제출하여야 한다.

2) 정보공개의 청구 방법(제10조)

① 정보의 공개를 청구하는 자는 해당 정보를 보유하거나 관리하고 있는 공공기관에게 다음 각 호의 사항을 적은 정보공개청구서를 제출하거나 말로써 정보의 공개를 청구할 수 있다.

1. 청구인의 성명 · 생년월일 · 주소 및 연락처(전화번호 · 전자우편주소 등) 다만, 청구인이 법인 또는 단체인 경우에는 그 명칭, 대표자의 성명, 사업자 등록번호 또는 이에 준하는 번호, 주된 사무소의 소재지 및 연락처를 말한다. 2. 청구인의 주민등록번호(본인임을 확인하고 공개여부를 결정할 필요가 있는 정보를 청구하는 경우로 한정한다). 3. 공개를 청구하는 정보의 내용 및 공개방법

② 청구인이 말로써 정보의 공개를 청구할 때에는 담당 공무원 또는 담당 임직원의 앞에서 진

술하여야 하고, 담당공무원등은 정보공개청구조서를 작성하여 이에 청구인과 함께 기명날인하거나 서명하여야 한다.

3) 정보공개여부의 결정(제11조)

① 공공기관은 청구를 받은 날부터 10일 이내에 공개여부를 결정을 해야 한다.

② 공공기관은 부득이한 사유로 10일 이내에 공개 여부를 결정할 수 없을 때에는 그 기간이 끝나는 날의 다음 날부터 기산하여 10일의 범위에서 공개 여부 결정기간을 연장할 수 있다. 이 경우 공공기관은 연장된 사실과 연장사유를 청구인에게 지체 없이 문서로 통지하여야 한다.

③ 공공기관은 공개 청구된 공개대상정보의 전부 또는 일부가 제3자와 관련이 있다고 인정되는 때에는 그 사실을 제3자에게 지체 없이 통지해야 하며, 필요한 경우에는 그의 의견을 들을 수 있다.

④ 공공기관은 다른 공공기관이 보유·관리하는 정보의 공개청구를 받았을 때에는 지체 없이 이를 소관 기관으로 이송하여야 하며, 이송한 후에는 지체 없이 소관 기관 및 이송 사유 등을 분명히 밝혀 청구인에게 문서로 통지하여야 한다.

⑤ 공공기관은 정보공개 청구가 다음 각 호의 어느 하나에 해당하는 경우로서 민원처리에 관한 법률에 따른 민원으로 처리할 수 있는 경우에는 민원으로 처리할 수 있다.

1. 공개 청구된 정보가 공공기관이 보유·관리하지 아니하는 정보인 경우
2. 공개 청구의 내용이 진정·질의 등으로 이 법에 따른 정보공개 청구로 보기 어려운 경우

4) 반복청구 등의 처리(제11조의2)

① 공공기관은 정보공개청구가 다음 각 호의 어느 하나에 해당하는 경우에는 정보공개 청구대상정보의 성격, 종전 청구와의 내용적 유사성·관련성, 종전 청구와 동일한 답변을 할 수밖에 없는 사정 등을 종합적으로 고려하여 해당청구를 종결 처리할 수 있다. 이 경우 종결 처리 사실을 청구인에게 알려야 한다.

1. 정보공개를 청구하여 정보공개 여부에 대한 결정의 통지를 받은 자가 정당한 사유 없이 해당 정보의 공개를 다시 청구하는 경우,
2. 정보공개 청구가 민원으로 처리되었으나 다시 같은 청구를 하는 경우

② 공공기관은 정보공개 청구가 다음 각 호의 어느 하나에 해당하는 경우에는 다음 각 호의 구분에 따라 안내하고, 해당 청구를 종결 처리할 수 있다.

1. 정보 등 공개를 목적으로 작성되어 이미 정보통신망 등을 통하여 공개된 정보를 청구하는 경우: 해당 정보의 소재를 안내한다.
2. 다른 법령이나 사회통념상 청구인의 여건 등에 비추어 수령할 수 없는 방법으로 정보공개 청구를 하는 경우: 수령이 가능한 방법으로 청구하도록 안내한다.

5) 정보공개심의회(제12조)

① 국가기관등은 정보공개 여부 등을 심의하기 위하여 정보공개심의회를 설치·운영한다. 이 경우 국가기관등의 규모와 업무성격, 지리적 여건, 청구인의 편의 등을 고려하여 소속 상급기관에서 협의를 거쳐 심의회를 통합하여 설치·운영할 수 있다.

② 심의회는 위원장 1명을 포함하여 5명 이상 7명 이하의 위원으로 구성한다.

③ 심의회의 위원은 소속 공무원, 임직원 또는 외부전문가로 지명하거나 위촉하되, 그 중 3분의 2는 해당 국가기관등의 업무 또는 정보공개업무에 관한 지식을 가진 외부 전문가로 위촉하여야 한다. 다만, 비밀정보 또는 진행 중인 재판이나 범죄수사 관련 정보업무를 주로 하는 국가기관은 그 국가기관의 장이 외부 전문가의 위촉 비율을 따로 정하되 최소한 3분의 1 이상은 외부 전문가로 위촉하여야 한다.

④ 심의회의 위원장은 위원 중에서 국가기관등의 장이 지명하거나 위촉한다. 심의회 위원의 임기는 2년으로 하되, 한 차례만 연임할 수 있다. 다만, 공무원인 위원의 임기는 그 직위에 재직하는 기간으로 한다(시행령 제11조 제3항).[71]

⑤ 위원장·부위원장 및 위원 중 공무원이 아닌 사람은 형법이나 그 밖의 법률에 따른 벌칙을 적용할 때에는 공무원으로 본다.

6) 정보공개 여부 결정의 통지(제13조)

① 공공기관은 정보의 공개를 결정한 경우에는 공개의 일시 및 장소 등을 분명히 밝혀 청구인에게 통지하여야 한다.

② 공공기관은 청구인이 사본 또는 복제물의 교부를 원하는 경우에는 이를 교부하여야 한다.

③ 공공기관은 공개대상 정보의 양이 너무 많아 정상적인 업무수행에 현저한 지장을 초래하는 경우에는 해당 정보를 일정 기간별로 나누어 제공하거나 사본 복제물의 교부 또는 열람과 병행하여 제공할 수 있다.

④ 공공기관은 정보를 공개하는 경우에 그 정보의 원본이 더럽혀지거나 파손될 우려가 있거나 그 밖에 상당한 이유가 있다고 인정할 때에는 그 정보의 사본·복제물을 공개할 수 있다.

⑤ 공공기관은 정보의 비공개 결정을 한 경우에는 그 사실을 청구인에게 지체 없이 문서로 통지하여야 한다. 이 경우 어느 규정에 해당하는 비공개 대상정보인지를 포함한 비공개 이유와 불복의 방법 및 절차를 구체적으로 밝혀야 한다.

7) 부분공개(제14조)

공개청구한 정보가 비공개대상에 해당하는 부분과 공개 가능한 부분이 혼합되어 있는 경우로서 공개청구의 취지에 어긋나지 아니하는 범위에서 두 부분을 분리할 수 있는 경우에는 비공개대

71) 공공기관의 정보공개에 관한 법률 시행령, 대통령령 제33866호, 2023.11.16. 시행 2023.11.17.

상에 해당하는 부분을 제외하고 공개하여야 한다.

8) 정보의 전자적 공개(제15조)

① 공공기관은 전자적 형태로 보유・관리하는 정보에 대하여 청구인이 전자적 형태로 공개하여 줄 것을 요청한 경우에는 그 정보의 성질상 현저히 곤란한 경우를 제외하고는 청구인의 요청에 따라야 한다.

② 공공기관은 전자적 형태로 보유・관리하지 아니하는 정보에 대하여 청구인이 전자적 형태로 공개하여 줄 것을 요청한 경우에는 정상적인 업무수행에 현저한 지장을 초래하거나 그 정보의 성질이 훼손될 우려가 없으면 그 정보를 전자적 형태로 변환하여 공개할 수 있다.

9) 즉시 처리가 가능한 정보의 공개(제16조)

다음 어느 하나에 해당하는 정보로서 즉시 또는 말로 처리가 가능한 정보에 대해서는 정보공개 절차를 거치지 아니하고 공개하여야 한다.

1. 법령 등에 따라 공개를 목적으로 작성된 정보, 2. 일반 국민에게 알리기 위하여 작성된 각종 홍보자료, 3. 공개하기로 결정된 정보로서 공개에 오랜 시간이 걸리지 아니하는 정보, 4. 그 밖에 공공기관의 장이 정하는 정보

10) 비용부담(제17조)

① 정보의 공개 및 우송등에 드는 비용은 실비의 범위 안에서 청구인의 부담으로 한다.

② 공개를 청구하는 정보의 사용 목적이 공공복리의 유지・증진을 위하여 필요하다고 인정되는 경우에는 공개비용을 감면할 수 있다.

4. 불복 구제절차

1) 이의신청(제18조)

① 청구인이 정보공개와 관련한 공공기관의 비공개 또는 부분공개의 결정에 대하여 불복이 있거나 정보공개 청구 후 20일이 경과하도록 정보공개 결정이 없는 때에는 공공기관으로부터 정보공개 여부의 결정통지를 받은 날 또는 정보공개 청구 후 20일이 경과한 날부터 30일 이내에 해당 공공기관에 문서로 이의신청을 할 수 있다.

② 국가기관 등은 이의신청이 있는 경우에는 심의회를 개최해야 한다. 다만, 다음 각 호의 어느 하나에 해당하는 경우에는 심의회를 개최하지 아니할 수 있으며, 개최하지 아니한 사유를 청구인에게 문서로 통지하여야 한다.

1. 심의회의 심의를 이미 거친 사항
2. 단순・반복적인 청구

3. 법령에 따라 비밀로 규정된 정보에 대한 청구

③ 공공기관은 이의신청을 받은 날부터 7일 이내에 그 이의신청에 대하여 결정하고, 그 결과를 청구인에게 지체 없이 문서로 통지하여야 한다. 다만, 부득이한 사유로 정해진 기간이내에 결정할 수 없는 때에는 그 기간의 만료일 다음 날부터 기산하여 7일 이내의 범위에서 연장할 수 있으며, 연장사유를 청구인에게 통지하여야 한다.

④ 공공기관은 이의신청을 각하 또는 기각하는 결정을 한 때에는 청구인에게 행정심판이나 행정소송을 제기할 수 있다는 사실을 이의신청에 따른 결과 통지와 함께 알려야 한다.

2) 행정심판(제19조)

① 청구인이 정보공개와 공공기관의 결정에 대하여 불복이 있거나 정보공개 청구 후 20일이 지나도록 정보공개 결정이 없는 때에는 「행정심판법」에서 정하는 바에 따라 행정심판을 청구할 수 있다. 이 경우 국가기관 및 지방자치단체 외의 공공기관의 결정에 대한 감독행정기관은 관계 중앙행정기관의 장 또는 지방자치단체의 장으로 한다.

② 청구인은 이의신청 절차를 거치지 아니하고 「행정심판법」에 의하여 행정심판을 청구할 수 있다.

3) 행정소송(제20조)

① 청구인이 정보공개와 관련한 공공기관의 결정에 대하여 불복이 있거나 정보공개 청구 후 20일이 경과하도록 정보공개 결정이 없는 때에는 「행정소송법」에서 정하는 바에 따라 행정소송을 제기할 수 있다.

② 재판장은 필요하다고 인정하면 당사자를 참여시키지 아니하고 제출된 공개청구 정보를 비공개로 열람 · 심사할 수 있다.

4) 제3자의 비공개 요청(제21조)

① 공개청구된 사실을 통지받은 제3자는 그 통지받은 날부터 3일 이내에 해당 공공기관에 대하여 자신과 관련된 정보를 공개하지 아니할 것을 요청할 수 있다.

② 비공개요청에도 불구하고 공공기관이 공개결정을 하는 때에는 공개결정 이유와 공개 실시일을 분명히 밝혀 지체 없이 문서로 통지하여야 하며, 제3자는 당해 공공기관에 문서로 이의신청을 하거나 행정심판 또는 행정소송을 제기할 수 있다. 이 경우 이의신청은 통지를 받은 날부터 7일 이내에 하여야 한다.

③ 공공기관은 공개결정일과 공개실시일의 사이에 최소한 30일의 간격을 두어야 한다.

5. 정보공개위원회

1) 정보공개위원회의 구성(제23조)

① 위원회는 성별을 고려하여 위원장과 부위원장 각 1명을 포함한 11명의 위원으로 구성한다.

② 위원장을 포함한 7명은 공무원이 아닌 사람으로 위촉하여야 한다.

1. 대통령령으로 정하는 관계 중앙행정기관의 차관급공무원이나 고위공무원단에 속하는 일반직공무원
2. 정보공개에 관하여 학식과 경험이 풍부한 사람으로서 국무총리가 위촉하는 사람
3. 시민단체(「비영리민간단체 지원법」 제2조에 따른 비영리민간단체를 말한다)에서 추천한 사람으로서 국무총리가 위촉하는 사람

③ 위원장·부위원장 및 위원(대통령령으로 정하는 공무원 제외)의 임기는 2년으로 하며 연임할 수 있다.

④ 위원장 부위원장 및 위원 중 공무원이 아닌 사람은 「형법」이나 그 밖의 법률에 따른 벌칙을 적용할 때에는 공무원으로 본다.

2) 국회에 보고(제26조)

행정안전부장관은 전년도의 정보공개 운영에 관한 보고서를 매년 정기국회 개최 전까지 국회에 제출하여야 한다.

3) 신분보장(제28조)

누구든지 이 법에 따른 정당한 정보공개를 이유로 징계조치 등 어떠한 신분상 불이익이나 근무조건상의 처벌을 받지 아니한다.

4) 기간의 계산(제29조)

① 이 법에 따른 기간의 계산은 「민법」에 따른다.

② 다음 각 호의 기간은 일 단위로 계산하고 첫날을 산입하되, 공휴일과 토요일은 산입하지 아니한다.

1. 정보공개 여부 결정기간, 2. 정보공개 청구 후 경과한 기간, 3. 이의신청 결정기간

제10절 경찰통제

1. 의의와 필요성

1) 의의

경찰통제는 경찰조직이나 개별 경찰공무원들이 경찰목표를 달성하기 위한 의무와 책임을 준수하는 정도를 평가하고, 그 의무를 위반하는 행위를 적발하여 시정조치 또는 법적인 제재를 가함으로써 경찰활동의 합목적성과 합법성을 확보하기 위한 내·외부적인 통제활동을 말한다.

2) 필요성

경찰통제의 필요성은 ① 민주적인 조직운영과 경찰작용, ② 법치주의 실현, ③ 조직의 부패방지, ④ 정치적 중립성 확보, ⑤ 국민의 인권보호 등을 위하여 인정된다.

2. 경찰통제의 유형

1) 개념

경찰조직에 대한 통제는 내부통제와 외부통제로 나누어진다. 행정이 전문성과 복잡성을 띠게 된 현대 행정국가 시대에는 외부통제보다 내부통제가 점차 강조되고 있다.

2) 민주적 통제와 사법적 통제

(1) 민주적 통제

민주적 통제는 영미법계 국가에서 발달한 제도이다. 그 대표적 유형은 다음과 같다. ① 국가경찰위원회제도, ② 자치경찰제도, ③ 국민감사청구제도 등이 해당된다.

(2) 사법적 통제

사법적 통제제도는 대륙법계 국가에서 발달한 제도이다. 우리나라는 공무원이 고의 또는 과실로 법령을 위반하여 국민에게 손해를 입혔을 경우에 국가가 배상을 하는 ① 국가배상제도, 또한 ② 위법한 행정행위에 대한 행정소송제도를 두고 있다.

3) 사전통제와 사후통제

오늘날 경찰통제는 경찰권 발동시점을 기준으로 사후통제보다는 사전통제가 강조되고 있다.

(1) 사전통제

사전통제는 행정행위를 하기 전에 행정기관을 통제하는 것을 말한다. 따라서 사전통제는 ① 「행정절차법」상의 입법예고제와 행정예고제, 사전통지 및 의견제출권, 공청회와 청문절차, 이유부기 ② 국회의 입법권 및 예산심의권, ③ 시민의 정보공개청구권 등이 해당된다.

(2) 사후통제

사후통제는 행정기관의 활동 후에 그 결과에 대하여 통제하는 것을 말한다. 따라서 ①「국가배상법」에 의한 국가배상청구소송,「행정소송법」에 의한 행정소송 등 사법심사, ② 입법부의 국정감사·조사권·예산결산심의권, 경찰청장 탄핵소추권, ③ 행정부 내부의 징계책임·감독권·감사권, ④「행정심판법」에 의한 행정심판 등의 사후통제 제도가 있다.

4) 내부통제와 외부통제

(1) 내부통제

① 계층제적 권위에 의한 훈령권 및 직무명령권, ② 자체감찰·감사제도, ③ 경찰헌장과 경찰청윤리강령 등 윤리규범, ④ 이의신청에 대한 재결권

(2) 외부통제

① **입법통제**(국회)

입법부는 ㉠ 경찰의 법률안 심의·의결 등에 의한 입법권, ㉡ 국정감사와 조사권, ㉢ 예·결산심의 등의 예산권, ㉣ 국회의 경찰청장 임명 청문회 실시권, ㉤ 경찰청장 탄핵발의권 등으로 경찰조직을 통제한다.

② **사법통제**(법원)

㉠「행정소송법」에 의한 행정소송, ㉡「국가배상법」에 의한 국가배상소송을 통한 손해배상, ㉢ 위헌·위법명령·규칙심사권, ㉣ 경찰공무원의 위법행위에 대한 형사절차상의 형사제재 또는 민사절차상의 손해배상 등도 사법통제에 해당한다.

③ **행정통제**(행정무에 의한 통제)

㉠ 감사원에 의한 통제

㉡ 대통령에 의한 통제: 대통령의 경찰통제는 대통령의 경찰고위공직자의 임면권, 경찰정책결정권, 고위공직자의 공·사생활 감시 등이 대표적이다.

㉢ 국무총리조정실에 의한 통제: 국무총리조정실은 경찰조직에 대한 업무평가, 경찰공무원에 대한 직무감찰, 행정의 지휘·감독 및 정책의 조정을 실시함으로써 경찰을 통제한다.

㉣ 행정안전부 장관에 의한 통제: 행정안전부장관은 경찰고위간부에 대한 임명제청권, 경찰조직권, 치안정책에 대한 통제권 등을 행사한다.

㉤ 소청심사위원회(인사혁신처 소속)에 의한 통제

㉥ 국가경찰위원회(행정안전부 소속)에 의한 통제: 국가경찰위원회제도는 경찰의 주요 정책 등에 관하여 심의 의결하는 권한을 가지고 있으므로 민주적 통제에 해당하고 행정안전부 소속으로 외부적 통제에도 해당한다.

㉦ 국가인권위원회 및 국민권익위원회

ⓞ 중앙행정심판위원회에 의한 통제: 행정심판 재결

ⓩ 시민고충처리위원회에 의한 통제

ⓒ 국가정보원의 정보업무조정

(3) 시민에 의한 통제(민중통제)

시민에 의한 경찰통제는 민중통제라고도 하며, 국민여론, 이익집단(각종 단체), 언론기관, 정당, NGO 등에 의해 이루어진다.

① 주민참여에 의한 경찰통제

주민참여에 의한 경찰통제는 직접적인 참여와 간접적인 참여로 나누어진다. 직접적인 경찰참여는 경찰행정발전위원회, 시민단체·경찰협력위원회, 방범리콜제도 등이 있으며, 간접적인 참여 방안은 경찰위원회, 치안행정협의회, 반상회, 공청회, 민원봉사실 등이 해당된다.

② NGO에 의한 통제

시민단체에 의한 경찰통제는 경찰조직의 정책결정과 집행 과정, 정책결과의 평가에 적극 참여하며, 일반 경찰활동에 대한 감시는 물론 경찰공무원 개개인의 일탈행위 까지 감시하는 제5의 권력으로 지칭되기도 한다.[72)]

③ 언론기관에 의한 경찰통제

언론기관은 오늘날 제4의 권력이라고 할 정도로 경찰조직의 정책이나 제도, 경찰활동 등에 대하여 적극적으로 감시하고 고발하는 통제력을 행사한다.

3. 경찰통제관련 법령

1) 부패방지 및 국민권익위원회의 설치와 운영에 관한 법률

고충민원의 처리와 이에 관련된 불합리한 행정제도를 개선하고, 부패의 발생을 예방하며 부패행위를 효율적으로 규제하도록 하기 위하여 국무총리 소속으로 국민권익위원회를 둔다.

2) 경찰 감찰규칙(경찰청훈령)

경찰감찰규칙은 경찰청 및 그 소속기관에 소속하는 경찰공무원, 별정·일반직 공무원(무기계약 및 기간제 근로자 포함), 의무경찰 등의 공직기강 확립과 경찰행정의 적정성 확보를 위한 감찰에 필요한 사항을 규정함을 목적으로 한다. 따라서 경찰감찰규칙은 경찰조직 내부통제의 가장 강력한 제도이므로 경찰청 법령검색에서 검색하여 그 내용을 구체적으로 공부할 필요가 있다.

72) 위의 책, pp.246-247.

3) 경찰청 감사규칙(경찰청 훈령)

경찰감사는 경찰청장이 실시하는 자체감사의 기준과 시행방법에 관하여 필요한 사항을 규정하고 있다. 종합감사, 특정감사, 재무감사, 성과감사, 복무감사, 일상감사에 의해 경찰조직 내부감사를 규정하고 있으므로 그 세부규정을 알아둘 필요가 있다.

4) 국가인권위원회법

이 법은 국가인권위원회를 설립하여 개인의 불가침적 기본적 인권을 보호하고 인간의 존엄과 가치를 실현하기 위하여 국가의 다양한 구금 보호시설이나 경찰서 유치장 및 사법경찰관리가 직무수행을 위하여 사람을 조사하고 유치하거나 수용하는 데에 사용하는 시설을 대상으로 통제권을 행사한다.

5) 경찰청 공무원 행동강령(경찰청훈령)

이 규칙은 「부패방지 및 국민권익위원회의 설치와 운영에 관한 법률」 제8조 및 「공무원 행동강령」에 따라 경찰청(소속기관, 시·도경찰청, 경찰서를 포함한다)소속 공무원(이하 공무원이라 한다)이 준수하여야 할 행동기준을 규정하고 있다. 이 규칙을 위반할 경우 징계 등 벌칙이 가해지므로 경찰공무원에 대한 강력한 내부통제수단이다.

6) 공직자의 이해충돌방지법

이 법은 공직자의 직무수행과 관련한 사적 이익추구를 금지함으로써 공직자의 직무수행 중 발생할 수 있는 이해충돌을 방지하여 공정한 직무수행을 보장하고 공공기관에 대한 국민의 신뢰를 확보하는 것을 목적으로 한다. 따라서 경찰공무원의 직무수행에 대한 강력한 외부통제수단이다. 이 법을 위반할 경우 징계처분, 형사처벌, 고액의 과태료의 벌칙이 가해진다.

7) 경찰 인권보호 규칙(경찰청훈령)

경찰활동 전반에 걸친 민주적 통제를 구현하여 경찰력 오·남용을 예방하고 경찰행정의 인권지향성을 높여 인권을 존중하는 경찰활동을 정립하기 위한 경찰청장 및 시·도경찰청장의 자문기구로서 각각 경찰청 인권위원회, 시·도경찰청 인권위원회를 설치하여 운영함으로써 경찰공무원에 대한 내부통제수단이다.

제12장 경찰예산·장비·물품 및 보안관리

제 1 절 경찰예산

1. 예산의 분류

1) 예산성립 시기에 의한 분류

(1) 본예산

① 본예산은 정기국회에서 다음 회계연도 예산에 대해 의결·확정한 예산을 말한다, 본예산은 새로운 회계연도를 위해 최초로 성립된 예산으로서 당초예산이라고도 부른다.

② 정부는 회계연도마다 예산안을 편성하여 회계연도 개시 90일 전까지 국회에 제출하고, 국회는 이를 회계연도 개시 30일 전까지 본회의에서 의결하여야 한다.[1)]

(2) 수정예산

① 수정예산은 정부가 예산을 편성하여 국회에 제출한 이후 성립·확정되기 전에 국제정세나 국내외의 사회경제적 여건의 변동으로 예산안의 일부 내용을 변경할 필요성이 있을 때 편성하여 다시 국회에 제출하는 예산을 말한다.

② 「국가재정법」 제35조는 "정부는 예산안을 국회에 제출한 후 부득이한 사유로 인하여 그 내용의 일부를 수정하고자 할 때에는 국무회의의 심의를 거쳐 대통령의 승인을 얻어 수정예산안을 국회에 제출할 수 있다"고 규정하고 있다.[2)]

(3) 추가경정예산

① 예산이 국회를 통과하여 확정된 후에 생긴 사유로 인하여 이미 성립된 예산에 변경을 가할 필요가 있을 때 정부가 편성하여 국회에 제출하는 예산을 말한다.

② 수정예산은 예산안이 국회통과 전에 수정하는 예산이라는 점에서 국회통과 후에 발생한 사유로 예산을 수정하는 추가경정예산과 구별된다.

---

1) 이종익, 재무행정론, 박영사, 1981, pp.131-132.
2) 국가재정법, 법률 제19269호, 2023.3.21. 시행 2023.3.21.

(4) 준예산

① 개념

준예산이란 새로운 회계연도 개시 전까지 본예산이 성립되지 못하는 경우에 당해 연도 예산이 국회에서 의결될 때까지 특정 경비에 한해서 전년도에 준해 지출하는 예산을 말한다.

② 기능

예산집행의 신축성을 부여하고, 예산 불성립으로 인한 행정의 중단을 방지하는 기능을 한다.

③ 지출용도

「헌법」 제54조 제3항에 의하면, 준예산은 i) 헌법이나 법률에 의하여 설치된 기관 또는 시설의 유지·운영비, ii) 법률상 지출의무의 이행, iii) 이미 예산으로 승인된 사업의 계속비 등에는 사용할 수 있다.[3]

2) 일반회계와 특별회계

(1) 일반회계

① 일반회계는 일반적 국가활동에 관한 총세입·총세출을 망라하여 포괄적으로 편성한 예산으로서 조세수입 등을 주요 세입으로 한다.

② 예산단일주의의 기본정신에 따라 정부의 기본적이고 주된 재정활동은 일반회계에 편성되어 관리되어야 한다. 경찰예산의 대부분은 일반회계에 속한다.

③ 치안·사법·국토방위 등 국가의 안녕과 질서를 유지하기 위한 기본적인 기능은 물론 사회개발과 경제개발사업은 대부분 일반회계를 통하여 이루어진다.

④ 일반회계예산은 국가고유의 기능수행을 위해 필요한 예산이므로 그 세입은 원칙적으로 조세수입을 재원으로 하고, 세출은 국가사업을 위한 기본적인 경비지출로 구성된다.[4]

(2) 특별회계

① 특별회계는 국가의 특정한 목적을 달성하기 위한 세입과 세출을 별도로 편성하는 예산제도이다. 원칙적으로 이를 설치한 소관부서가 관리하며, 국회나 기획예산처의 직접적인 통제를 받지 않는다.

② 특별회계는 일반회계보다 신축성과 자율성이 높고, 예산단일주의 원칙에 대한 예외가 된다. 최근 조세 이외의 정부수입과 사업적 성격을 지니는 행정분야의 증대에 따라 이들 분야의 경영합리화를 위해 특별회계의 종류와 수가 점차 늘어나고 있는 추세이다.

③ 경찰이 운영하는 특별회계는 경찰병원의 세입·세출이 해당한다.

④ 설치요건은 i) 국가에서 특정한 사업을 운영하고자 할 때, ii) 특정한 자금을 보유하여

---

3) 위의 책, p.134.
4) 위의 책, p.128.

운용하고자 할 때, iii) 특정한 세입으로 특정한 세출에 충당함으로써 일반회계와 구분하여 회계처리할 필요가 있을 때

2. 예산제도의 종류

1) 품목별 예산제도

(1) 개념

품목별 예산은 지출의 대상, 성질을 기준으로 지출품목마다 그 비용이 얼마인가에 따라 예산을 배정하는 제도이다.[5] 지출대상(품목)이란 예산과목의 '목'에 해당하는 것으로서 인건비·물건비 등의 투입요소를 지칭한다.

(2) 특징

① 지출의 대상(품목)을 기준으로 하여 세출예산의 금액을 분류한다. 품목별 예산제도는 투입측면에만 초점을 두고 편성되므로 정부가 투입을 통해 달성하고자 하는 사업을 파악할 수 없다.

② 예산을 지출품목에 따라 분류함으로써 회계책임을 명확하게 하고, 지출의 합법성을 중시하는 회계감사에 의해 재정통제가 용이함으로써 통제지향적인 예산제도이다.[6]

③ 예산담당 공무원들에게 필요한 핵심적 기술은 회계기술이다.

④ 우리나라 경찰의 예산제도는 품목별 예산제도이다.

(3) 장점

① 회계책임을 명확히 하고 경비사용의 적정화에 유리하다. ② 인사행정의 정원과 보수에 관한 유용한 정보·자료를 제공한다. ③ 공무원의 자의적인 지출행위를 방지하는데 기여한다. ④ 지출대상에 따라 자세히 예산이 배정되어 있으므로 예산심의가 용이하고, 지출의 합법성에 치중하는 회계감사가 용이하다. ⑤ 세부적 지출대상별로 예산지출액을 결정해주므로 재정적 한계를 지키기 쉽고, 집행부의 재량을 축소하여 남용이나 부패방지에 효과적이다.

(4) 단점

① 품목별 예산은 투입지향적 예산이며 사업의 성과나 예산운영 방식에는 관심이 없으므로 예산집행의 신축성을 저해한다는 비판을 받는다.

② 재정통제에 역점을 둔 전년도 답습방식의 1년 주의 현실지향적 예산이므로 장기적 계획과 예산의 연계가 곤란하다.

③ 지출목적이 불분명하여 기능의 중복을 피하기 곤란하고 계획과 지출이 불일치한다.

④ 품목별 비용을 따지는 미시적 관리에 치중하여 정부 전체활동의 통합조정에 필요한 수단을 제공하지 못한다.

5) 오석홍, 행정학, p.770.
6) 이종수·윤영진 외, 새행정학3.0, 대영문화사, 2022, p.487.

⑤ 전년도 예산을 기준으로 하므로 대안을 체계적으로 분석하지 않아 자원배분이 비효율적이다.

2) 성과주의 예산제도

(1) 개념

성과주의 예산제도(PBS)는 예산을 사업별·활동별로 분류해 편성하되, 업무단위의 원가와 양을 계산해 편성하는 제도이다. 정부가 무슨 일을 하느냐에 중점을 두는 제도로서, 정부가 무엇을 구입하느냐에 중점을 두는 투입지향적 품목 예산과는 구별된다. 즉 정부의 기능·활동 및 사업에 따라 예산을 편성·관리하는 제도이다. 따라서 성과주의 예산서에는 사업의 목적과 목표에 대한 기술서가 포함되고, 아울러 성취될 업무량에 대한 측정, 업무가 완료될 경우 효율성, 그리고 사업의 효과성 등이 포함된다.[7)]

(2) 특징

① 성과주의 예산제도는 사업을 중심으로 편성함으로써 예산액의 절약과 능률보다 사업 또는 정책의 성과에 더 관심을 기울이는 예산제도이다.

② 성과주의 예산편성의 기본단위는 업무단위이다. 이를 업무측정 단위라고도 하는데 업무단위는 하나의 사업을 수행하는 과정에서의 활동과 최종산물로 이루어진다.

③ 사업계획을 세부사업별로 분류하고 각 세부사업을 단위원가×업무량=예산액으로 표시하여 편성한다. 단위원가란 업무단위 1단위를 산출 또는 수행하는데 소요되는 경비를 말하고, 업무량은 업무단위로 측정한 단위수를 말한다.

④ 따라서 성과주의 예산제도의 가장 중심이 되는 작업은 업무단위를 개발하고 단위원가를 계산하는 데에 있다. 경찰순찰활동의 경우 업무단위는 순찰활동 1회이다. 순찰활동 1회의 단위원가가 계산되면 총 순찰회수를 곱하여 예산액이 산출된다.

⑤ 정부의 물품구입보다는 정부가 수행하는 업무에 중점을 두는 관리지향적 예산제도이다.

(3) 장점

① 사업 또는 활동별로 예산이 편성되기 때문에 국민이 경찰(정부)의 활동과 목적을 이해하는데 용이하고 경찰 홍보에 기여한다.

② 예산편성 시 업무단위의 선정과 단위원가의 과학적 계산에 의해 합리적이고 효율적인 자원배분을 달성할 수 있다.

③ 행정부의 재량이 확대되어 예산집행의 신축성을 기할 수 있다.

④ 사업별로 예산 산출 근거가 제시되기 때문에 의회에서 심의하기가 용이하다. 또한 업무의 계량화가 쉬운 작은 규모의 조직에 적용하기 용이하다.

---

7) 이종수·윤영진 외, 새행정학, pp.554-555.

⑤ 해당부서 업무능률을 측정하여 다음 연도예산에 반영할 수 있다.

(4) 단점

① 업무측정단위 선정이 어려워 정부사업은 계량적으로 표시하기 곤란하고 최종산물의 측정단위 선정이 곤란하다.

② 단위원가 계산의 곤란성, 즉 단위 원가를 합리적으로 계산하려면 고도의 전문적 회계지식과 기술이 필요하다.

③ 성과지표로서 업무단위가 실질적으로는 중간 산출물인 경우가 대부분이다. 따라서 예산 성과의 질적인 측면을 파악하는 데에는 한계가 있다. 예컨대, 경찰의 순찰활동은 순찰시간이 업무단위인데 순찰시간을 많이 확보한다고 해서 치안유지가 직접 보장된다고 볼 수 없다. 순찰활동은 치안유지를 위한 중간 산출물이기 때문이다.

④ 공무원의 봉급 등 인건비와 같은 경직성 경비에 적용하기 어렵다.

⑤ 입법부의 행정부에 대한 재정통제가 곤란하고, 회계책임의 불분명 및 철저한 공금관리가 곤란하다.

3) 계획예산(PPBS)

(1) 개념

계획예산은 장기적인 기획과 단기적인 예산편성을 구체적인 실행계획을 통하여 유기적으로 연결시킴으로써 자원배분에 관한 의사결정을 합리적으로 일관성 있게 집행하려는 예산제도이다.[8)]

(2) 장점

① 계획예산제도는 사업계획의 목적·대안·효용·소요자원 등이 일관성 있게 연결되기 때문에 최고위층이 자신의 개혁의지에 따라 의사를 결정하고 집행하기에 매우 편리하다.

② 대안의 체계적·과학적 분석을 통한 자원배분의 합리성 제고, 절약과 능률의 실현가능성에 있다.

③ 대안의 분석·검토를 통하여 의견교환이 활발해지고 문제점이 이해됨으로써 조직의 통합적 운영이 가능해 진다.

④ 체제분석 등의 계량적 기법을 활용하여 의사결정상의 과학적 객관성을 확보할 수 있다.

⑤ 계획예산제도는 사업계획이 연차별로 일관성 있게 연결되어 있고, 또 그것을 추진하는 데 뒷받침이 되는 소요자원을 합리적으로 배분할 수 있기 때문에 중장기 사업계획의 추진을 가능하게 한다.

(3) 단점

① 예산편성의 집권화로 의회의 통제기능이 약화되고, 권한의 중앙집권화현상이 생겨날 수 있

8) 백완기, 위의 책, p.532.

다. 이와 같은 집권화현상은 각 부처로부터 반발을 사게 되고 의회가 거부감을 갖게 된다.

② 계량화가 불가능할 경우 적용가치가 저하된다. 정부의 계획과 그 성과에는 계량화할 수 없는 것이 많다.

③ 기법자체가 비용편익분석 같은 고도의 수학적 기법에 의존함으로써 관료조직의 반발이 우려된다.

④ 사업구조와 예산 과목구조는 반드시 일치하지 않는다. 따라서 환산작업이 필요하게 되는데, 컴퓨터를 활용해도 환산작업이 해결되지 않는 경우가 있을 수 있다. 또한 여러 사업에 공통적으로 적용되는 간접비 및 공통비의 배분이 곤란하다.

4) 영기준예산(ZBB)

(1) 개념

영기준 예산은 전년도 예산과는 관계없이 모든 사업을 처음 시작한다는 전제 아래 각각의 효율성, 효과성 및 중요성 등을 체계적으로 분석하고, 사업의 존속 · 축소 · 확대 여부를 원점에서 새로 분석 · 검토하여 매년 사업의 우선순위별로 실행예산을 결정하는 제도이다.[9]

(2) 특징

① 예산편성이 전년도 예산을 기준으로 점증적으로 예산액을 책정하는 폐단을 시정하려는 목적에서 도입된 제도이다. ② 작은 정부시대에 각광받고 있는 예산제도이다. ③ 자원을 완전히 새롭게 효과적으로 배정할 수 있다. ④ 각 대안의 비용 · 효과를 합리적으로 배정할 수 있다.

(3) 장점

① 삭감에 대한 과학적 근거를 마련하여 자원의 합리적 배분이 이루어지고, 예산의 팽창을 억제한다. ② 상향적 · 민주적 의사결정으로 예산결정 과정에 하위계층부터 상위계층까지 적극적인 참여가 이루어진다. ③ 우선순위의 평가 · 결정에 따라 보다 급한 순위사업에 재원배정이 가능하므로 탄력적인 재정운영이 가능하다. ④ 우선순위에 따라서 예산이 편성되므로 예산의 낭비를 막고 효율적인 관리수단을 제공한다.

(4) 단점

① 사업의 우선순위 결정 등에 시간 · 노력의 과중, 고도의 전문성을 요구한다. ② 대체로 기존사업을 관리하는데 주력하기 때문에 신규사업 제안이 곤란하고 장기적인 목표가 경시되는 경향이 있다. ③ 관료들의 자기방어와 기득권자의 저항으로 인해 사업축소 및 폐지가 곤란하다. ④ 우선순위의 결정은 가치판단을 필요로 하는 것이 많기 때문에 객관적으로 이루어지기 어렵다. ⑤ 사업의 빈번한 변경은 오히려 더 많은 비용을 초래할 수 있다.[10]

---

9) 앞의 책, pp.536-537.

10) 앞의 책, pp.541-542.

5) 일몰예산

① 일몰법은 특정 행정기관이나 사업이 일정기간이 지나면 의무적・자동적으로 폐지되게 하는 법률로서 한시법이라고도 하며, 입법부에서 제정한다.

② 영기준예산과 함께 감축지향적인 예산제도로서 중요한 의미를 가진다.

③ 일몰법(Sunset Laws)은 영기준 예산제도와 같은 원리를 받아들이지만, 입법기관이 따로 조치를 취하지 않는 한, 정부의 사업 또는 조직은 미리 정한 기간이 지나면 폐지되도록 규정한다는 점에서 차이가 있다. 따로 조치를 취한다는 것은 기간경과 후에도 사업 또는 조직을 존속시키기로 결정한다는 뜻이다.

④ 일몰법은 입법기관이 사업 또는 조직을 재심사할 의욕과 능력을 가지고 있는 경우에 유용한 도구로 쓰일 수 있지만, 입법기관의 심사능력이 취약한 곳에서는 일몰법의 취지를 살릴 수 없다는 결점이 있다.[11]

3. 경찰예산의 과정

1) 예산안의 편성

(1) 중기사업계획서의 제출(국가재정법 제28조)

각 중앙관서의 장(경찰청장)은 매년 1월 31일까지 당해 회계연도부터 5회계연도 이상의 기간 동안 신규사업 및 기획재정부장관이 정하는 주요 계속사업에 대한 중기사업계획서를 기획재정부장관에게 제출하여야 한다.

(2) 예산안 편성지침 통보(법 제29조 제1항)

기획재정부장관은 국무회의 심의를 거쳐 대통령의 승인을 얻은 다음 연도의 예산안편성지침을 매년 3월 31일까지 각 중앙관서의 장(경찰청장)에게 통보하여야 한다.

(3) 예산요구서의 제출(법 제31조 제1항)

각 중앙관서의 장은 예산안 편성지침에 따라 그 소관에 속하는 다음 연도의 세입세출예산・계속비・명시이월비 및 국고채무부담행위 요구서를 작성하여 매년 5월31일까지 기획재정부장관에게 제출하여야 한다.

(4) 예산안의 편성 및 국회제출(법 제32조 및 제33조)

① 기획재정부장관은 예산요구서에 따른 예산안을 편성하여 국무회의 심의를 거친 후 대통령의 승인을 얻어야 한다.

② 정부는 대통령의 승인을 얻은 예산안을 회계연도 개시 120일 전까지 국회에 제출하여야 한다.

11) 오석홍, 행정학, pp.781-786.

(5) 예산심의와 본회의 의결

① 국회에 제출된 정부예산안은 회계연도 개시 30일 전까지 국회 본회의의 심의・의결을 거침으로서 확정된다.

② 예산안이 국회에 제출되면 예산안 심의를 위한 국회가 개최되고 예산안 종합심사를 위해 예산결산특별위원회가 활동을 한다.

③ 국회의 예산심의는 대통령의 국회 본회의의 시정연설과 기획재정부장관의 제안 설명을 거쳐 각 상임위원회의 소관예산에 대한 예비심사가 이루어진다.

④ 각 상임위원회에서 예비심사가 끝나면 예산안은 예산결산특별위원회의 종합심사에 붙여진다. 상임위원회의 예비심사가 종료되지 않더라도 국회의장은 해당 상임위원회의 예산안을 예산결산특별위원회에 회부할 수 있으며, 의장은 소관 상임위원회에 예비심사 기간을 정할 수 있는데 상임위원회가 이유 없이 그 기간 내에 심사를 마치지 아니한 때에는 바로 예산결산특별위원회에 회부할 수 있다. 예산결산특별위원회는 2000년 법률개정을 통해 상설・운영되는 일종의 상임위원회로서 세부예산내역에 대한 부별심의를 하고 계수조정위원회를 구성하여 계수조정을 한다.[12] 따라서 예결위의 종합심사 과정은 제일 먼저 종합정책질의를 거쳐 부처별심의, 그리고 계수조정위원회의 계수조정으로 이루어진다. 예산결산특별위원회의 실질적인 예산안 심사는 예산안등조정소위원회에서 이루어지며, 통상적으로 예산안등조정소위원회는 감액심사를 먼저 진행한 후 증액심사를 진행한다.[13] 마지막으로 예결위 전체회의에서 소위원회의 조정안 승인으로 이루어진다.

⑤ 예산결산특별위원회의 종합심사를 거친 예산안은 국회 본회의에 상정하여 찬반토론을 거친 후 회계연도 개시 30일 전, 즉 12월 2일까지 의결을 통해 예산안을 확정한다. 기한까지 의결이 안 될 경우 준예산을 편성한다. 본회의에서 확정된 예산은 정부로 이송되고 국무회의의 동의를 거쳐 대통령이 공포한다.[14] 예산은 법률과 달리 대통령에 의한 공포를 효력발생 요건으로 하지 않으며, 대통령의 거부권도 인정되지 않기 때문에 국회 본회의의 의결로 예산이 확정된다.

2) 예산의 집행

(1) 개념

① 예산의 집행은 국회에서 의결・확정된 예산에 따라 재원을 조달하고 지출하는 재정활동을 말한다.

② 예산집행은 예산의 배정, 재배정, 지출원인행위와 국고채무부담행위, 지출행위 순으로 진행된다. 또한 예산 성립 후의 사정변경에 따라 생긴 세출의 증감실행까지도 포함하는 것을 의미한다.

---

12) 이종수・윤영진 외 공저, 새행정학, p.539.

13) 이종수・윤영진 외, 새행정학3.0, pp.475-476.

14) 오석홍, 행정학, pp.797-798.

(2) 예산의 배정

① 개념

기획재정부장관이 각 중앙관서의 장에게 일정기간 동안 집행할 수 있는 금액과 책임소재를 명확히 하는 절차로서 자금할당을 하는 것을 말한다.

② 배정절차

예산이 국회에서 통과된 다음의 예산집행은 ㉠ 예산배정 요구, ㉡ 예산배정 계획 수립, ㉢ 예산배정과 재배정, ㉣ 지출원인행위, ㉤ 지출행위, ㉥ 현금지급 등의 순서에 의해 진행된다.

i) 따라서 각 중앙관서의 장(경찰청장)은 예산이 확정된 후 사업운영계획 및 이에 따른 세입·세출예산, 계속비와 국고채무부담행위를 포함한 예신배정요구서를 기획재정부장관에게 제출하여야 한다(국가재정법 제42조).

ii) 기획재정부장관은 예산배정요구서에 따라 분기별 예산배정계획을 작성하여 국무회의의 심의를 거쳐 대통령의 승인을 얻어야 한다.

iii) 기획재정부장관은 각 중앙관서의 장(경찰청장)에게 예산을 배정한 때에는 감사원에 통지하여야 한다(국가재정법 제43조 제2항).

iv) 기획재정부장관은 필요한 때에는 대통령령이 정하는 바에 따라 회계연도 개시 전에 예산을 배정할 수 있다(긴급배정: 국가재정법 제43조 제3항).

v) 기획재정부장관은 예산의 효율적인 집행관리를 위하여 필요한 때에는 분기별 예산배정계획에도 불구하고 개별사업계획을 검토하여 그 결과에 따라 예산을 배정할 수 있다(법 제43조 제4항).

vi) 예산집행지침의 통보: 기획재정부장관은 예산집행의 효율성을 높이기 위하여 매년 예산집행에 관한 지침을 작성하여 각 중앙관서의 장(경찰청장)에게 통보하여야 한다(국가재정법 제44조).

vii) 예산의 목적 외 사용금지: 각 중앙관서의 장은 세출예산이 정한 목적 외에 경비를 사용할 수 없다(국가재정법 제45조).

③ 효력

예산의 배정은 기획재정부장관의 권한으로써, 예산의 집행은 예산의 배정으로 시작한다.

(3) 지출

① 구성

i) 지출원인행위: 재무관이 세출예산·계속비·국고채무부담행위 및 기금운용계획에 따라 지출의 원인이 되는 계약 등을 행하는 것을 말한다.

ii) 지출행위(지출관): 계약체결을 한 후 자금배정을 받은 범위 내에서 국고를 지출하는 행위를 말한다.

② 지출의 범위

i) 지출원인 행위(대부분 계약 형태)는 배정된 예산의 범위 내에서만 가능하다.

ⅱ) 국회를 통과하여 예산이 확정되었더라도 해당 예산이 배정되지 않은 상태에서는 지출원인 행위를 할 수 없다.

③ 지출의 원칙

ⅰ) 계좌이체에 의한 지급, ⅱ) 당해 회계연도 개시 후에 지출, ⅲ) 당해 연도의 예산에서 지출, ⅳ) 확정채무가 존재하고 그 이행기가 도래한 때 지출

(4) 예산집행의 신축성 유지방안

① 개념

예산의 성립 후에 일어나는 사정변동에 적응하고 예산을 효율적으로 관리·집행하기 위하여 세출예산을 지출목적 이외로 사용하거나 정하여진 금액을 초과하여 사용하거나 또는 다음 회계연도로 넘겨서 사용할 수 있게 신축성을 부여하는 제도를 의미한다.

② 예산의 이용(移用)(국가재정법 제47조 제1항)

예산집행상의 필요에 의하여 미리 국회의 의결을 얻은 때에는 기획재정부장관의 승인을 얻어 이용하거나 기획재정부장관이 위임한 범위 안에서 자체적으로 이용할 수 있다. 예산의 이용은 각 기관 간 또는 입법과목인 장·관·항간의 상호이용을 의미한다.

③ 예산의 전용(국가재정법 제46조)

㉠ 예산의 전용은 행정과목인 세항 또는 목간의 상호융통을 의미하며, 기획재정부장관의 승인을 요한다.

㉡ 각 중앙관서의 장은 회계연도마다 기획재정부장관이 위임하는 범위 안에서 각 세항 또는 목간의 금액을 자체적으로 전용할 수 있다.

④ 예산의 이체

예산의 이체는 정부조직 등에 관한 법령의 제정·개정 또는 폐지로 인하여 중앙관서의 직무와 권한에 변동이 있을 때에 예산의 목적은 변경함이 없이 예산의 집행에 관한 책임소관을 변동시키는 것을 의미한다.

⑤ 이월

ⓐ 명시이월

예산의 이월은 예산을 다음 회계연도에 넘겨 그 회계연도의 예산으로 사용하는 것을 말하고, 명시이월과 사고이월로 나누어진다. 이월액은 다른 용도로 사용할 수 없다.

명시이월은 세출예산 중 경비의 성질상 연도 내에 그 지출을 끝내지 못할 경우에 미리 국회의 승인을 얻어 예산을 다음 연도에 넘겨서 사용하는 것을 의미한다.

ⓑ 사고이월

한편, 사고이월은 연도 내에 지출원인행위를 하고 불가피한 사유로 인하여 연도 내에 지출하지

못한 경비와 지출원인 행위를 하지 아니한 그 부대경비의 금액을 다음 연도에 넘겨서 사용하는 것을 말하고, 사고이월금액은 재 이월할 수 없다.

4. 지출의 특례제도

1) 관서운영경비(국고금 관리법 제24조)[15]

(1) 개념

관서운영경비란 관서를 운영하는데 드는 경비로서 그 성질상 지출의 원칙적 절차규정에 따라 지출할 경우 업무수행에 지장을 가져올 우려가 있는 경비(이하 관서운영경비)는 필요한 자금을 출납공무원(또는 관서의 장)으로 하여금 지출관으로부터 교부받아 지급하게 할 수 있게 함으로써 그 책임과 계산 하에 사용하게 하는 경비를 말한다. 관서운영경비는 관서운영경비출납공무원이 아니면 지급할 수 없다.

(2) 지급관서

경찰조직의 경우에 경찰청, 시·도경찰청, 경찰서, 지구대, 파출소 등 각급 경찰관서에 지급된다.

(3) 관서운영경비의 사용범위(국고금 관리법 시행령 제31조)

① 관서운영경비의 범위는 운영비(복리후생비·학교운영비·일반용역비 및 관리용역비는 제외)·특수활동비·안보비·정보보안비 및 업무추진비 중 기획재정부령으로 정하는 금액(건당 500만원)이하의 경비가 해당되고, 다만, 특수활동비 중 ⅰ) 수사활동에 소요되는 경비, ⅱ) 안보비중 정보활동에 소요되는 경비, ⅲ) 정보보안비 중 정보활동에 소요되는 경비는 건당 한도액의 적용을 받지 않는다(국고금 관리법 시행규칙 제52조 제1항).[16]

② 외국에 있는 채권자가 외국에서 지급받으려는 경우에 지급하는 경비(재외공관 및 외국에 설치된 국가기관에 지급하는 경비를 포함한다)

③ 여비

④ 그 밖에 이 법에 규정한 절차에 따라 지출할 경우 업무수행에 지장을 가져올 우려가 있는 경비로서 기획재정부령이 정하는 경비

(4) 관리(국고금 관리법 시행령 제32조 제5항)

관서운영경비출납공무원은 관서운영경비를 금융회사등에 개설된 예금으로 예치하여 관리하여야 한다.

15) 국고금 관리법, 법률 제17339호, 2020.6.9.
16) 국고금 관리법 시행규칙, 기획재정부령 제956호, 2023.1.17.

(5) 지급

① 관서운영경비는 관서운영경비 출납공무원이 아니면 지급할 수 없다.

② 관서운영경비 출납공무원은 지출관으로 부터 교부받은 예산과목별 사용 한도액의 범위에서 지급원인행위를 할 수 있다. 지급원인행위에 따라 지급결의를 하려는 경우에도 또한 같다.

③ 중앙관서의 장 또는 그 위임을 받은 공무원은 관서운영경비의 경우에만 회계연도가 시작되기 전에 필요한 자금을 관서운영경비 출납공무원으로 하여금 지출관으로부터 교부받아 지급하게 할 수 있다.

④ 회계연도 시작 전의 관서운영경비의 범위(국고금 관리법 시행령 제38조 제1항)

1. 운영비(복리후생비, 학교운영비, 일반용역비 및 관리용역비는 제외)
2. 업무추진비, 특수활동비, 안보비 및 정보보안비
3. 외국에서 지급하는 경비
4. 국내여비

(6) 지급방법(국고금 관리법 제24조 제5항)

관서운영경비 출납공무원이 관서운영경비를 지급하고자 하는 때에는 정부구매카드를 사용하여야 한다. 다만, 경비의 성질상 정부구매카드를 사용할 수 없는 경우에는 계좌이체나 현금지급 등의 방법으로 지급할 수 있다.

(7) 관서운영경비 사용 잔액의 반납(시행령 제37조)

① 관서운영경비 출납공무원은 매 회계연도의 관서운영경비 사용잔액을 다음 회계연도 1월 20일까지 해당 지출관에게 반납하여야 한다.

② 관서운영경비 출납공무원이 선사용자금 출납명령관으로부터 자금을 교부받은 경우에는 매 회계연도의 관서운영경비 사용잔액을 다음 회계연도 1월 20일까지 선사용자금 출납명령관에게 반납하여야 한다.

(8) 관서운영경비의 이월(시행령 제37조 제4항)

관서운영경비 출납공무원은 다음 각 호의 경우에는 관서운영경비의 사용잔액을 다음 연도로 이월하여 사용할 수 있다.

i) 지급원인 행위를 하고 지급하지 아니한 금액

ii) 직전 회계연도에 사용한 정부구매카드 사용금액 중 그 대금을 지급하지 아니한 금액

iii) 재외공관의 시설비 중 지급원인 행위를 하고 지급되지 아니한 경비

(9) 서류의 보존

관서운영경비에 관련된 증빙서류, 현금출납부 등은 회계연도 종료 후 5년간 보존해야 한다.

5. 예산의 결산

1) 의의

① 결산은 한 회계연도 내의 수입과 지출을 확정적 계수로 표시하는 행위로서 예산이 예정적 계수라면 결산은 예산집행 결과에 따른 확정적 계수이다. 결산은 예산의 범위 내에서 재정활동을 했는지를 확인하고, 그 결과를 재정운영에 반영하는 것으로 재정과정의 마지막 단계에 해당한다.

② 정부예산은 국회의 사전심의는 물론, 결산에 의한 사후감독을 받아야 비로소 완전해지므로 결산은 예산집행의 적정성과 합법성, 예산과 결산의 일치여부 등을 심의하여 예산집행에 대한 사후감독을 실현하려는 데 그 중요성이 있다.[17]

2) 결산의 원칙(국가재정법 제56조)

정부는 결산이 「국가회계법」에 따라 재정에 관한 유용하고 적정한 정보를 제공할 수 있도록 객관적인 자료와 증거에 따라 공정하게 이루어지게 하여야 한다.

3) 성인지 결산서의 작성(국가재정법 제57조)

① 정부는 여성과 남성이 동등하게 예산의 수혜를 받고 예산이 성차별을 개선하는 방향으로 집행되었는지를 평가하는 보고서(성인지 결산서)를 작성하여야 한다.

② 성인지 결산서에는 ㉠ 성인지 결산 또는 성인지 기금결산의 개요, ㉡ 성인지 예산 또는 성인지 기금의 집행실적 , ㉢ 성평등 효과분석 및 평가 등을 포함하여야 한다(국가회계법 시행령 제5조 제2항).[18]

4) 중앙관서 결산보고서의 작성 및 제출

① 각 중앙관서의 장은 「국가회계법」에서 정하는 바에 따라 회계연도마다 작성한 결산보고서를 다음 연도 2월 말까지 기획재정부장관에게 제출하여야 한다(국가재정법 제58조).

② 국회의 사무총장, 법원행정처장, 헌법재판소의 사무차장 및 중앙선거관리위원회의 사무총장은 회계연도마다 예비금 사용명세서를 작성하여 다음 연도 2월 말까지 기획재정부장관에게 제출하여야 한다.

5) 국가결산보고서의 작성 및 국회제출

기획재정부장관은 「국가회계법」에서 정하는 바에 따라 회계연도마다 작성하여 대통령의 승인을 받은 국가결산보고서를 다음 연도 4월 10일까지 감사원에 제출하여야 한다(국가재정법 제59조).

---

17) 이종수 · 윤영진 외, 새행정학3.0, pp.478-479.

18) 국가회계법 시행령, 대통령령 제32282호, 2021.12.31. 시행 2022.1.1.

6) 결산검사

감사원은 제출된 국가결산보고서를 검사하고 그 보고서를 다음 연도 5월 20일까지 기획재정부장관에게 송부하여야 한다(국가재정법 제60조).

7) 국가결산보고서의 국회제출

정부는 감사원의 검사를 거친 국가결산보고서를 다음 연도 5월 31일까지 국회에 제출하여야 한다(국가재정법 제61조).

8) 결산의 사후조치

① 결산은 사후적인 것이므로 집행된 내용을 무효로 할 수는 없으나, 부당한 지출이 발견되는 경우 책임을 요구할 수 있고, 확인된 내용은 다음 연도의 예산안을 편성할 때 반영된다. 재정과정의 환류가 이루어지는 것이다.

② 감사원은 국가결산보고서에 대한 회계검사를 통해 결산의 합법성과 정확성을 점검하여 변상책임의 판정, 징계・문책요구, 시정・개선요구, 고발 등의 조치를 취할 수 있다.

③ 국회는 결산심사 결과 위법 또는 부당한 사항이 있는 때에는 본회의 의결 후 정부 또는 해당 기관에 변상 또는 징계조치 등 그 시정을 요구할 수 있다.

④ 정부 또는 해당 기관은 시정요구를 받은 사항을 지체 없이 처리하여 그 결과를 국회에 보고해야 한다. 또한 결산 결과 문제가 있는 특정 사안에 대하여 감사원에 감사를 요구할 수 있으며, 감사원은 감사 요구를 받은 날부터 3개월 이내에 감사 결과를 국회에 보고해야 한다.

제 2 절 경찰장비 및 물품관리

1. 경찰장비

1) 경찰장비(경찰장비관리 규칙 제2조)[19]

경찰장비란 무기, 경찰장구, 최루제 및 그 발사장치, 과학수사기구, 해안감시기구, 정보통신기기, 차량・선박・항공기 등 경찰의 직무수행을 위해 필요한 장치와 기구를 말한다.

2) 장비의 구분(규칙 제68조)

이 규칙에서 정하는 장비는 성질에 따라 다음 각 호와 같이 구분한다.

1. 경찰장구류, 2. 안전보호장비, 3. 기동장비, 4. 무기류, 5. 최루제 및 그 발사장치, 6. 작전장비, 7. 검색・관찰장비, 8. 감정・감식장비, 9. 정보통신장비, 10. 기타장비

19) 경찰장비관리규칙, 경찰청훈령 제1102호, 2023.10.4.

2. 무기 및 탄약관리

1) 정의(장비관리규칙 제112조)

1. 무기란 인명 또는 신체에 위해를 가할 수 있도록 제작된 권총·소총·도검 등을 말한다.
2. 집중무기고란 경찰인력 및 경찰기관별 무기책정기준에 따라 배정된 개인화기와 공용화기를 집중보관·관리하기 위하여 각 경찰기관에 설치된 시설을 말한다.
3. 탄약고란 경찰탄약을 집중 보관하기 위하여 타 용도의 사무실, 무기고 등과 분리 설치된 보관시설을 말한다.
4. 간이무기고란 경찰기관의 각 기능별 운용부서에서 효율적 사용을 위하여 집중무기고로부터 무기탄약의 일부를 대여 받아 별도로 보관·관리하는 시설을 말한다.

2) 무기의 구분(규칙 제113조)

1. 개인화기: 권총·소총(자동소총 및 기관단총을 포함) 등 개인이 운용하는 장비
2. 공용화기: 유탄발사기·중기관총·박격포·저격총·산탄총·로프발사총·다목적 발사기(고폭탄을 사용 경우)·물발사분쇄기·석궁 등 부대단위로 운용되는 장비

3) 무기·탄약의 보관(규칙 제116조)

① 무기·탄약은 종류별 제조연도별로 구분 관리하며, 그 품명과 수량이 표시된 현황판과 격납배치도, 무기출입 및 점검확인부를 비치하여야 한다.

② 간이무기고에 권총과 소총을 보관할 경우에는 견고한 분리 보관장치를 하고 소총은 별도 잠금장치를 설치하여야 한다.

③ 무기고에는 가스발사총(분사기)을 보관할 수 있고, 최루탄은 보관함에 넣어 탄약고에 함께 보관할 수 있으나, 무기·탄약고에 인화물질 및 기타 장비를 보관하여서는 아니 된다.

④ 간이무기고에 탄약을 함께 보관할 경우에는 반드시 튼튼한 상자에 넣어 잠금장치를 하고 분리보관 하여야 한다.

4) 무기 탄약고 열쇠의 보관(제117조)

① 무기고와 탄약고의 열쇠는 관리책임자가 보관한다.

② 집중무기·탄약고와 간이무기고는 다음 각 호의 관리자가 보관·관리한다. 다만, 휴가, 비번 등으로 관리책임자 공백시는 별도 관리책임자를 지정하여야 한다.

1. 집중무기·탄약고의 경우
   가. 일과시간의 경우 무기관리부서의 장(정보화장비과장, 운영지원과장, 총무과장, 경찰서 경무과장 등)
   나. 일과시간 후 또는 토요일·공휴일의 경우 당직업무(청사방호)책임자(상황관리관 등 당직근무자)
2. 간이무기고의 경우
   가. 상황실 간이무기고는 112종합상황실(팀)장

나. 지구대 등 간이무기고는 지역경찰관리자

다. 그 밖의 간이무기고는 일과시간의 경우 설치부서 책임자, 일과시간 후 또는 토요일 · 공휴일의 경우 당직업무(청사방호)책임자

5) 무기 · 탄약의 회수 및 보관(경찰장비관리규칙 제120조, 120조의2, 120조의3)

(1) 즉시 무기 · 탄약을 회수해야 하는 자

1. 직무상의 비위 등으로 인하여 중징계 의결 요구된 자, 2. 사의를 표명한 자, 다만, 대상자가 이의신청을 하거나 소속 부서장이 무기 소지 적격여부에 대해 심의를 요청하는 경우에는 무기 소지 적격 심의위원회의 심의를 거쳐 대여한 무기 · 탄약의 회수 여부를 결정한다.

(2) 무기소지 적격 심의위원회의 심의와 무기 · 탄약회수

경찰기관의 장은 무기를 휴대한 자 중에서 다음 각 호에 해당하는 자가 있을 때에는 무기 소지 적격심의회의 심의를 거쳐 대여한 무기 · 탄약을 회수할 수 있다. 다만, 심의위원회를 개최할 시간적 여유가 없거나 사고방지 등을 위해 신속한 회수가 필요하다고 인정되는 경우에는 대여한 무기 · 탄약을 즉시 회수할 수 있으며, 회수한 날부터 7일 이내에 심의위원회를 개최하여 회수의 타당성을 심의하고 계속 회수 여부를 결정하여야 한다.

1. 직무상의 비위 등으로 인하여 감찰조사의 대상이 되거나 경징계 의결 요구 또는 경징계 처분 중인 자
2. 형사사건의 수사대상이 된 자
3. 경찰공무원 직무적성검사 결과 고위험군에 해당하는 자
4. 정신건강상 문제가 우려되어 치료가 필요한 자
5. 정서적 불안 상태로 인하여 무기소지가 적합하지 않은 자로서 소속 부서장의 요청이 있는 자
6. 그 밖에 경찰기관의 장이 무기소지 적격여부에 대해 심의를 요청하는 자

(3) 무기 · 탄약을 보관하도록 하여야 하는 자

경찰기관의 장은 무기를 휴대한 자 중에서 다음 각 호에 해당하는 경우에는 대여한 무기 · 탄약을 무기고에 보관하도록 하여야 한다.

1. 술자리 또는 연회장소에 출입할 경우
2. 상사의 사무실을 출입하는 경우
3. 기타 정황을 판단하여 필요하다고 인정되는 경우

6) 무기 소지 적격 심의위원회(규칙 제120조의2)

① 무기탄약 회수대상자에 해당하는지 여부 및 회수의 해제 여부를 심의하기 위하여 각급 경찰기관의 장 소속하에 심의위원회를 둔다.

② 위원장 1명을 포함하여 총 5명 이상 7명 이내의 위원으로 구성하되 민간위원 1명 이상이 위원으로 참여하여야 한다.

③ 위원은 다음 각 호의 사람이 된다.

1. 내부위원: 심의대상자 소속 경찰기관의 장이 당해경찰기관에 소속된 자 중 지명한 자
2. 민간위원: 정신건강 분야에 관한 전문성을 갖춘 사람으로서 심의 대상자 소속 경찰기관의 장이 위촉한 사람

④ 심의위원회의 위원장은 심의 대상자 소속 경찰기관의 장이 지명한다.

⑤ 심의위원회의 심의는 비공개로 하며, 심의위원회의 회의는 재적위원 과반수의 출석으로 개의하며, 출석위원 과반수의 찬성으로 의결한다.

⑥ 심의 대상자는 심의위원회의 회의에 출석하여 의견을 진술하거나 필요한 자료를 제출할 수 있다(규칙 제120조의3).

7) 무기 탄약의 손질 및 수리(규칙 제121조 제1항)

① 경찰기관의 장은 자체계획을 수립하여 매월 1회 이상 보관하고 있는 무기·탄약을 손질하여야 한다. 다만, 대여 무기·탄약의 경우에는 대여 받은 자가 매주 1회 이상 손질하여야 한다.

② 장마 등으로 습기에 노출되거나 사격훈련을 마친 뒤에는 즉시 손질하고 기름칠을 하여야 한다.

8) 무기·탄약의 분실·도난 및 오발사고 등(규칙 제122조)

① 경찰기관의 장은 관리중인 무기·탄약의 분실·도난·피탈 및 훼손 등의 변동사항이 있을 때 또는 소속경찰관의 오발사고가 발생하거나 이로 인하여 타인의 생명·신체 및 재산을 손상하게 한 때에는 소속 시·도경찰청장을 경유하여 경찰청장에게 지체 없이 보고하여야 한다.

② 분실·도난 또는 피탈 당한 무기·탄약에 대해서는 즉시 이를 수배하고, 무기·탄약 수배대장에 기록하여야 한다.

③ 수배한 무기·탄약을 회수한 때에는 수배를 해제하여야 하며, 소속 시·도경찰청장을 경유하여 경찰청장에게 보고하여야 한다.

9) 무기 탄약 취급상의 안전수칙(규칙 제123조)

(1) 권총

가. 총구는 공중 또는 지면(안전지역)을 향한다.
나. 실탄 장전시 반드시 안전장치(방아쇠울에 설치 사용)를 장착한다.
다. 1탄은 공포탄, 2탄 이하는 실탄을 장전한다. 다만, 대간첩작전, 살인강도 등 중요범인이나 무기·흉기 등을 사용하는 범인의 체포 및 위해의 방호를 위하여 불가피한 경우에 1탄부터 실탄을 장전할 수 있다.
라. 조준시는 대퇴부 이하를 향한다.

(2) 소총, 기관총, 유탄발사기

가. 실탄은 분리 휴대한다.
나. 실탄 장전시 조정간을 안전위치로 한다.

다. 사용 후 보관시 약실과 총강을 점검한다.
라. 노리쇠 뭉치나 구성품은 다른 총기의 부품과 교환하지 않도록 한다.
마. 공포 탄약은 총구에서 6m 이내의 사람을 향해 사격해서는 아니 된다.

(3) 전자충격기(규칙 제79조)

① 전자충격기는 물품관리관의 책임하에 집중관리함을 원칙으로 하나 운용부서에 대여하여 그 부서장의 책임 하에 관리·운용하게 할 수 있다.

② 경찰관이 직무수행을 위하여 전자충격기를 사용할 경우에는 다음 각 호의 안전수칙을 준수해야 한다.

1. 사용 전 배터리 충전여부를 확인한다.
2. 전극침이 발사되는 전자충격기의 경우 안면을 향해 발사해서는 아니 된다.
3. 14세 미만의 자 또는 임산부에 대하여 사용하여서는 아니 된다.

3. 차량관리

1) 정의(규칙 제87조)

1. 기동장비란 차량, 항공기, 선박, 자전거를 말한다.
2. 차량이란 자동차와 원동기를 장치한 이륜차를 말한다.

2) 차량의 구분(규칙 제88조)

① 차량의 차종은 승용·승합·화물·특수용으로 구분하고, 차형은 차종별로 대형·중형·소형·경형·다목적형으로 구분한다.

② 차량은 용도별로 다음 각 호와 같이 전용·지휘용·업무용·순찰용·특수용 차량으로 구분한다.

1. 전용: 경찰청장 및 경찰위원회 상임위원용 차량
2. 지휘용: 치안현장 점검·지휘 등 상시 지휘체제 유지를 위해 경찰기관장이 운용하는 차량
3. 업무용: 각 경찰부서의 인력 및 물자 수송 등 통상적인 경찰 업무와 경찰위원회 업무에 공통으로 사용할 수 있는 일반적인 사항
4. 순찰용: 112순찰, 교통순찰차, 고속도로 및 형사순찰차량 등 기동순찰 목적으로 제작 운용 중인 차량
5. 특수용: 경비·작전·피의자호송·과학수사·특수진압차·사다리차, 폭발물검색차·살수차·가스차·조명차, 페이로다 등 특수한 업무에 적합하도록 별도 제작된 차량

3) 차량소요계획의 제출(제90조 제1항)

① 부속기관 및 시·도경찰청의 장은 다음 연도에 소속기관의 차량정수를 증감시킬 필요가 있을 때에는 매년 3월 말까지 다음 연도 차량정수 소요계획을 경찰청장에게 제출하여야 한다.

② 제1항에도 불구하고 예기치 못한 치안수요의 발생 등 특별한 사유로 조기에 증·감 필요가

있을 경우에는 차량 제작기간 등을 감안, 사전에 경찰청장에게 요구할 수 있다.

4) 차량의 교체(제93조 제1항)

부속기관 및 시·도경찰청은 소속기관 차량 중 다음 연도 교체대상 차량을 매년 11월 말까지 경찰청장에게 보고하여야 한다.

5) 교체대상차량의 불용처리(제94조 제1항)

① 차량교체를 위한 불용 대상차량은 부속기관 및 시·도경찰청에 배정되는 수량의 범위 내에서 내용연수 경과 여부 등 차량사용 기간을 최우선적으로 고려하여 선정한다.

② 단순한 내용연수 경과를 이유로 일괄교체 또는 불용처분하는 것을 지양하고 성능이 양호하여 운행가능한 차량은 교체순위에 불구하고 연장 사용할 수 있다.

③ 불용처분된 차량은 부속기관 및 시·도경찰청별로 실정에 맞게 공개매각을 원칙으로 하되, 공개매각이 불가능한 때에는 폐기처분을 할 수 있다. 다만, 매각을 할 때에는 경찰표시 도색을 제거하는 등 필요한 조치를 하여야 한다.

6) 차량의 집중관리(제95조 제1항)

각 경찰기관의 업무차량은 운전요원의 부족 등 불가피한 사유가 없는 한 집중관리를 원칙으로 한다. 다만, 지휘용 차량은 업무의 특성을 고려하여 지정 활용할 수 있다. 특수용 차량 등도 필요하다고 인정되는 경우에는 집중관리할 수 있다.

7) 차량의 관리(제96조)

① 차량열쇠는 다음 각 호의 관리자가 지정된 열쇠함에 집중보관 및 관리하고, 예비열쇠의 확보 등을 위한 무단 복제와 운전원의 임의소지 및 보관을 금한다. 다만, 휴가, 비번 등으로 관리책임자 공백시에는 별도 관리책임자를 지정하여야 한다.

1. 일과시간의 경우 차량 관리부서의 장(정보화장비과장, 운영지원과장, 총무과장, 경찰서 경무과장 등)
2. 일과시간 후 또는 토요일·공휴일의 경우 당직 업무(청사방호)책임자(상황관리관 등 당직근무자, 지구대·파출소는 지역경찰관리자)

② 차량은 지정된 운전자 이외의 사람이 무단으로 운행하여서는 아니 되며, 운전자는 교통법규를 준수하여 사고를 방지하여야 한다.

8) 차량의 관리책임(제98조 제3항)

차량 운행 시 책임자는 1차 운전자, 2차 선임탑승자(사용자), 3차 경찰기관의 장으로 한다.

9) 운전원 교육 및 출동태세 확립(제102조 제2항)

전·의경 신임운전요원은 4주 이상 운전교육을 실시한 후에 운행하도록 하여야 한다.

10) 특별관리(제97조)

다음과 같은 특수장비를 사용할 때에는 다음 각 호의 안전수칙을 준수하여야 한다.

(1) 특수진압차

① 최루탄 발사대의 각도가 15도 이상인지 확인 후 사용하여야 한다.

② 가스액류는 화기에 주의한다.

(2) 가스차

① 최루탄 발사대의 발사각도가 15도 이상에서 발사되는지 확인 후 사용한다.

② 가스액류는 인화성 물질이므로 화기에 주의하여야 한다.

③ 최루액과 연막액은 3대 1로 혼합하여 사용하는 것을 원칙으로 한다.

④ 가스차는 항상 진압부대의 보호 속에서 운용되어야 하며 후진 시에는 유도요원의 유도에 따라 운용한다.

(3) 살수차

① 살수차를 사용하기 전에 경고방송과 경고살수를 통하여 자진해산을 유도하여야 한다.

② 살수차 사용 시 시위대의 거리와 수압 등은 제반 현장상황을 고려하여 집회시위관리에 필요한 최소한도로 하여야 한다.

4. 물품관리

1) 물품(법 제2조)[20]

물품이란 국가가 소유하는 동산과 국가가 사용하기 위하여 보관하는 동산(「국유재산법」에 따라 관리하고 있는 국유재산에서 개별적으로 분리된 동산을 포함)을 말한다. 「경찰장비관리규칙」에서 말하는 물품이란 「물품관리법」에서 말하는 물품 중 경찰청과 그 소속기관에서 관리하는 물품을 말한다. 다만, 다음 각 호의 동산은 제외한다.

1. 현금
2. 법령에 따라 한국은행에 기탁하여야 할 유가증권
3. 「국유재산법」 제5조 제1항 제1호부터 제3호까지와 같은 조 제2항에 따른 국유재산, ① 부동산과 그 종물, ② 선박, 부표, 부잔교, 부선거, 항공기와 그들의 종물, ③ 우편사업, 우체국예금사업, 양곡관리사업 및 조달사업, ④ 정부시설에서 사용하는 기계와 기구, ⑤ 해당기업이나 시설폐지와 함께 용도폐지된 기계와 기구

---

20) 물품관리법, 법률 제17339호, 2020.6.9. 시행 2020.6.9.

2) 물품의 관리기관

(1) 총괄기관: 기획재정부장관(물품관리법 제7조 제1항)

기획재정부장관은 물품관리의 제도와 정책에 관한 사항을 관장하며, 물품관리에 관한 정책의 결정을 위하여 필요하면 조달청장이나 각 중앙관서의 장으로 하여금 물품관리에 관한 보고를 하게 하거나 필요한 조치를 할 수 있다.

(2) 조달청장(법 제7조)

① 조달청장은 각 중앙관서의 장이 수행하는 물품관리에 관한 업무를 총괄 · 조정한다.

② 조달청장은 각 중앙관서의 장이 수행하는 물품관리 상황에 관한 자료의 요구 및 감사를 실시할 수 있다. 물품관리 상황에 대한 감사는 실지감사 또는 서면감사의 방법으로 실시한다.

③ 조달청장은 감사결과 부당하거나 위법한 사실이 있으면 재발방지를 위해 필요하다고 인정하는 경우에는 시정요구 등과 함께 책임 있는 관계 공무원에 대한 주의 또는 징계처분을 요구할 수 있다.

④ 조달청장의 요구를 받은 중앙관서의 장은 지체 없이 시정, 주의 또는 징계처분 등 필요한 조치를 하고 그 결과를 조달청장에게 알려야 한다.

(3) 물품관리관(법 제9조)

① 각 중앙관서의 장은 대통령령으로 정하는 바에 따라 그 소관 물품관리에 관한 사무를 소속 공무원에게 위임할 수 있고, 필요하면 다른 중앙관서의 소속공무원에게 위임할 수 있다.

② 각 중앙관서의 장으로부터 물품관리에 관한 사무를 위임받은 공무원을 물품관리관이라 한다.

③ 물품관리관이란 경찰청장으로부터 물품관리에 관한 사무를 위임받아 그 범위 내에서 물품관리사무를 집행하는 자로 "관직지정규칙"에 지정된 경철관을 말한다.

(4) 물품출납공무원(법 제10조)

① 물품관리관은 대통령령으로 정하는 바에 따라 그가 소속된 관서의 공무원에게 그 관리하는 물품의 출납과 보관에 관한 사무(출납명령에 관한 사무는 재외)를 위임하여야 한다.

② 물품출납공무원은 물품관리관으로부터 물품의 출납과 보관에 관한 사무를 위임받은 공무원을 물품출납공무원이라 한다.

③ 물품출납공무원은 물품관리관의 출납명령에 따라 물품을 출납하고, 보관 중인 물품의 현황 · 불용품 · 수선 · 손망실품 등에 대하여 물품관리관에게 보고하여야 한다.

(5) 물품운용관(법 제11조)

① 물품관리관은 대통령령으로 정하는 바에 따라 그가 소속된 관서의 공무원에게 국가의 사무 또는 사업의 용도에 따라서 물품을 사용하게 하거나 사용 중인 물품의 관리에 관한 사무를 위임

하여야 한다.

② 물품관리관으로부터 물품의 사용에 관한 사무를 위임받은 공무원을 물품운용관이라 한다.

(6) 분임물품관리관(법 제12조 제1항)

① 각 중앙관서의 장은 물품관리관의 사무의 일부를 분장하는 공무원을 대통령령으로 정하는 바에 따라 각각 둘 수 있다.

② 분임물품관리관이란 경찰청장으로부터 물품관리관의 사무의 일부를 분장받은 경찰관을 말한다.

(7) 분임물품출납공무원(법 제12조 제1항)

① 물품관리관은 물품출납공무원의 사무의 일부를 분장하는 공무원을 대통령령으로 정하는 바에 따라 둘 수 있다.

② 분임물품출납공무원이란 물품관리관으로부터 물품출납공무원의 사무의 일부를 분장받은 경찰관을 말한다.

3) 물품수급관리계획(물품관리법 시행령 제15조)

① 조달청장은 매년 9월 30일까지 다음 년도의 물품수급관리계획 작성지침을 작성하여 각 중앙관서의 장에게 통보하여야 한다.

② 각 중앙관서의 장은 매년 2월 말일까지 해당 연도의 물품수급관리계획을 수립하여 조달청장에게 제출하여야 한다.

③ 조달청장은 각 중앙관서의 장이 제출한 물품수급관리계획을 검토하여 보완이 필요한 경우에는 보완을 요청할 수 있고, 보완 요청을 받은 중앙관서의 장은 해당 연도 3월 15일까지 물품수급관리계획을 보완하여야 한다.

④ 조달청장은 매년 3월 31일까지 정부종합물품수급관리계획을 수립하여 기획재정부장관에게 제출하고 그 사본을 감사원에 송부하여야 한다.

⑤ 각 중앙관서의 장은 예산의 변경이나 전용으로 인하여 물품수급관리계획을 변경하거나 그 밖에 불가피한 사유로 물품수급관리계획을 변경하였을 때에는 그 변경사유를 명백히 하여 지체 없이 조달청장에게 통보하여야 한다.

⑥ 각 중앙관서의 장은 물품수급관리계획을 수립하거나 변경하였을 때에는 이를 조달청장이 지정·고시하는 정보처리장치에 게재함으로써 물품수급관리계획의 제출이나 계획변경에 따른 통보를 갈음할 수 있다.

4) 물품의 불용처분(경찰장비관리규칙 제25조)

① 불용품이란 물품 중 사용할 필요가 없거나 사용할 수 없는 물품을 말한다.

② 물품관리관이 불용결정을 할 수 있는 물품은 다음 각 호와 같다.

1. 사용할 필요가 없게 된 물품으로서 앞으로도 사용할 전망이 없는 물품
2. 정수관리 물품으로 정수를 초과하였거나, 일반물품 중 적정 수요를 초과하여 필요이상 재고로 보유하고 있는 물품
3. 원장비가 사용 불가능하거나 불용된 경우로서, 이를 새로이 취득할 필요성이나 가능성이 없는 경우의 그 관련 부분품
4. 규격 또는 모형이 달라져 정비가 곤란하거나 정비하여도 본래의 목적에 사용할 수 없는 물품
5. 훼손 또는 마모되어 본래의 목적에 사용할 수 없게 되었거나, 수리하여 사용하는 것이 비경제적인 물품

제 3 절 경찰보안관리

1. 보안업무의 원칙

1) 알 사람만 알아야 하는 원칙

① 보안의 대상이 되는 사실을 전파할 때, 전파가 꼭 필요한가의 여부를 법적·내용적으로 신중히 검토한 후에 꼭 필요로 하고 반드시 전달받아야하는 사람에게만 전달하여야 한다.

② 가장 기본적이며 중요한 원칙으로서 한정의 원칙 또는 필요성의 원칙이라고도 한다.

2) 부분화의 원칙

부분화의 원칙은 알 사람만 알게 하고, 한 번에 다량의 비밀이나 정보가 유출되지 않도록 하는 원칙이다.

3) 보안과 업무효율의 조화원칙

보안과 업무효율은 반비례 관계에 있으므로 양자의 적절한 조화를 유지하는 방법을 강구해야 한다.

2. 보안의 대상 및 방법

1) 인원보안

인원보안은 중요인물로서 보호가 요구되는 자 및 모든 공무원, 공기업의 임직원, 국가 보안목표시설 등 중요시설 및 장비관리자 등이 대상이며, 지위의 고하를 불문하며 해외여행자와 내방중인 외국인도 대상에 포함된다. 인원보안 업무는 각급 경찰기관의 인사업무 부서에서 담당하며, 그 수단으로는 신원조사, 보안교육, 보안 조치 등이 있다.

2) 문서보안

(1) 의의

보안의 대상이 되는 문서는 일반문서와 비밀문서 모두를 포함한다. 따라서 1·2·3급 등의 비밀표시가 되지 않은 문서라도 국가기밀에 해당하는 문서는 보안의 대상이 된다.

(2) 문서 비밀분류의 원칙(제12조)

① 과도 또는 과소분류 금지의 원칙

비밀은 적절히 보호할 수 있는 최저등급으로 분류하여야 하며, 과도 또는 과소하게 분류하여서는 안 된다. 다만, 암호자재는 반드시 Ⅱ급 이상으로 분류하여야 한다.

② 독립분류의 원칙

비밀은 그 자체의 내용과 가치의 정도에 따라 분류하여야 하며 다른 비밀과 관련하여 분류하여서는 안 된다.

③ 외국비밀 존중의 원칙

외국정부 또는 국제기구로부터 접수한 비밀은 그 발행기관이 필요로 하는 정도로 보호할 수 있도록 분류하여야 한다.

3. 비밀취급: 보안업무규정(대통령령)

1) 용어 정의(보안업무규정 제2조)[21]

(1) 비밀

비밀이란 「국가정보원법」 제4조 제1항 제2호에 따른 국가기밀로서 보안업무규정에 따라 비밀로 분류된 것을 말한다.

(2) 각급기관

각급기관이란 「대한민국헌법」, 「정부조직법」 또는 그 밖의 법령에 따라 설치된 국가기관(군기관 및 교육기관 포함)과 지방자치단체 및 「공공기록물관리에 관한 법률 시행령」 제3조에 따른 공공기관을 말한다.

(3) 중앙행정기관등

중앙행정기관등이란 「정부조직법」 제2조 제2항에 따른 부·처·청(이에 준하는 위원회를 포함)과 대통령 소속·보좌·경호기관, 국무총리 보좌기관 및 고위공직자 범죄수사처를 말한다.

(4) 암호자재

암호자재란 비밀의 보호 및 정보통신 보안을 위하여 암호기술이 적용된 장치나 수단으로서 Ⅰ

---

21) 보안업무규정, 대통령령 제31354호, 2020.12.31. 시행 2021.1.1.

급, Ⅱ급, Ⅲ급비밀, 소통용 암호자재로 구분되는 장치나 수단을 말한다.

2) 보안책임(보안업무규정 제3조)

다음 각 호의 어느 하나에 해당하는 사항을 관리하는 사람 및 관계기관(각급기관과 제33조 제3항에 따른 관리기관을 말한다)의 장은 해당 관리 대상에 대하여 보안책임을 진다.

1. 국가 기밀에 속하는 문서 · 자재 · 시설 · 지역
2. 국가안전보장에 한정된 국가 기밀을 취급하는 인원

3) 보안심사위원회(보안업무규정 제3조의3)

① 중앙행정기관등에 비밀의 공개 등 해당 기관의 보안업무 수행에 관한 중요 사항을 심의하기 위하여 보안심사위원회를 둔다.

② 보안심사위원회의 구성 · 운영 등에 필요한 세부사항은 국가정보원장이 정한다.

4) 비밀의 구분(보안업무규정 제4조)

비밀은 그 중요성과 가치의 정도에 따라 구분한다. 비밀의 구분은 비밀을 작성하거나 생산하는 자가 그 비밀내용의 중요성과 가치에 따라 분류하므로 비밀생산자의 가치판단이 중요하다.

(1) 1급 비밀

1급 비밀은 누설될 경우 대한민국과 외교관계가 단절되고 전쟁을 일으키며, 국가의 방위계획 · 정보활동 및 국가방위에 반드시 필요한 과학과 기술의 개발을 위태롭게 하는 등의 우려가 있는 비밀을 말한다.

(2) 2급 비밀

누설될 경우 국가안전보장에 막대한 지장을 끼칠 우려가 있는 비밀을 말한다. Ⅱ급 이상의 비밀은 통신보안을 위하여 통신문의 내용을 문자, 숫자, 기호 등의 암호로 만들어지며, 이를 암호자재라 한다.

(3) 3급 비밀

누설될 경우 국가안전보장에 해를 끼칠 우려가 있는 비밀을 말한다.

(4) 대외비

「보안업무규정」 제4조에 따른 비밀 외에 「공공기관의 정보공개에 관한 법률」 제9조 제1항 제3호부터 제8호까지의 비공개 대상 정보 중 직무 수행상 특별히 보호가 필요한 사항은 이를 대외비로 한다. 특별히 보호를 요하는 사항으로 보호기간을 명시하고 비밀에 준하여 취급하고 관리한다.

(5) 비밀의 보호와 관리 원칙(보안업무규정 제5조)

각급 기관의 장은 비밀의 작성 · 분류 · 취급 · 유통 및 이관 등의 모든 과정에서 비밀이 누설되

거나 유출되지 아니하도록 보안대책을 수립하여 시행하여야 한다. 이 경우 비밀의 제목 등 해당 비밀의 내용을 유추할 수 있는 정보가 포함된 자료는 공개하지 않는다.

4. 비밀 · 암호자재 취급의 인가 및 인가해제

1) 비밀 · 암호자재의 취급(보안업무규정 제8조)

비밀은 해당 등급의 비밀취급 인가를 받은 사람만 취급할 수 있으며, 암호자재는 해당 등급의 비밀 소통용 암호자재취급 인가를 받은 사람만 취급할 수 있다.

2) 비밀 · 암호자재 취급 인가권자(보안업무규정 제9조)

① Ⅰ급비밀 취급 인가권자와 Ⅰ급 및 Ⅱ급비밀 소통용 암호자재 취급인가권자

대통령, 국무총리, 감사원장, 국가인권위원회 위원장, 공수처장, 각 부처의 장, 국가안보실장, 국가정보원장, 검찰총장 등 고의공직자와 국방부장관 및 군고위간부 등 장관급 공직자

② Ⅱ급 및 Ⅲ급비밀 취급인가권자와 Ⅲ급비밀 소통용 암호자재 취급인가권자

1. Ⅰ급비밀 취급인가권자, 2. 중앙행정기관등인 청의 장(경찰청장), 3. 지방자치단체의 장, 4. 특별시 · 광역시 · 도 및 특별자치시 · 특별자치도의 교육감, 5. 제1호부터 제4호까지의 사람이 지정한 기관의 장

3) 비밀 · 암호자재 취급의 인가 및 인가해제(보안업무규정 제10조)

① 비밀취급 인가권자는 비밀을 취급하거나 비밀에 접근할 사람에게 해당 등급의 비밀취급을 인가하고, 필요한 경우에는 인가등급을 변경한다.

② 비밀취급인가는 인가대상자의 직책에 따라 필요한 최소한의 인원으로 제한하여야 한다.

③ 비밀취급 인가를 받은 사람이 다음 각 호의 어느 하나에 해당하는 경우에는 그 인가를 해제해야 한다.

1. 고의 또는 중대한 과실로 보안사고를 저질렀거나 이 영을 위반하여 보안업무에 지장을 주는 경우
2. 비밀취급이 불필요하게 되었을 경우

④ 암호자재 취급 인가권자는 비밀취급 인가를 받은 사람 중에서 암호자재 취급이 필요한 사람에게 해당 등급의 비밀소통용 암호자재 취급을 인가하고, 필요한 경우에는 인가 등급을 변경한다. 이 경우 암호자재취급 인가등급은 비밀취급 인가등급보다 높을 수 없다.

⑤ 암호자재취급 인가를 받은 사람이 다음 각 호의 어느 하나에 해당하는 경우에는 그 인가를 해제해야 한다.

1. 비밀취급인가가 해제되었을 경우
2. 암호자재와 관련하여 보안사고를 저질렀거나 이 영을 위반하여 보안업무에 지장을 주는 경우
3. 암호자재의 취급이 불필요하게 되었을 경우

⑥ 비밀취급 및 암호자재 취급의 인가와 인가 등급의 변경 및 인가 해제는 문서로 하여야 하며, 직원의 인사기록사항에 그 사실을 포함하여야 한다.

5. 비밀의 분류

1) 비밀의 분류(보안업무규정 제11조)

① 비밀취급인가를 받은 사람은 인가받은 비밀 및 그 이하 등급비밀의 분류권을 가진다.

② 같은 등급 이상의 비밀취급 인가를 받은 사람 중 직속 상급직위에 있는 사람은 그 하급직위에 있는 사람이 분류한 비밀등급을 조정할 수 있다.

③ 비밀을 생산하거나 관리하는 사람은 비밀의 작성을 완료하거나 비밀을 접수하는 즉시 그 비밀을 분류하거나 재분류할 책임이 있다.

2) 분류지침(보안업무규정 제13조)

각급 기관의 장은 비밀분류를 통일성 있고 적절하게 하기 위하여 세부 분류지침을 작성하여 시행하여야 한다. 이 경우 세부 분류지침은 공개하지 않는다.

3) 비밀관리 기록부(보안업무규정 제22조)

① 각급 기관의 장은 비밀의 작성·분류·접수·발송 및 취급 등에 필요한 모든 관리사항을 기록하기 위하여 비밀관리기록부를 작성하여 갖추어 두어야 한다. 다만, Ⅰ급비밀 관리기록부는 따로 작성하여 갖추어 두어야 하며, 암호자재는 암호자재 관리기록부로 관리한다.

② 비밀 관리기록부와 암호자재 관리기록부에는 모든 비밀과 암호자재에 대한 보안책임 및 보안관리 사항이 정확히 기록·보존되어야 한다.

③ 비밀관리기록부는 갱신함이 없이 계속 사용함을 원칙으로 한다.

④ 사용의 종료, 그 밖의 일제정리의 필요성 등에 의하여 비밀관리기록부를 갱신하고자 할 때에는 그 비밀관리기록부상에 현존하는 비밀만을 옮겨 적되 관리번호를 갱신하여야 하며, 신(新) 관리번호를 1번부터 재부여하고 구(舊) 관리번호는 신 비밀관리기록부 우측 참조란에 기재하여야 한다.

⑤ 비밀문서를 재분류하거나 다른 곳으로 이송할 경우에는 비밀관리기록부와 비밀등급란부터 사본번호란까지에 2개의 적색 선을 그어 삭제한다(보안업무규정 시행세부규칙 제52조).[22]

6. 비밀의 복제·복사와 열람, 공개, 반출

1) 비밀의 복제·복사 제한(보안업무규정 제23조)

① 비밀의 일부 또는 전부나 암호자재에 대해서는 모사·타자·인쇄·조각·녹음·촬영·인화·확대 등 그 원형을 재현하는 행위를 할 수 없다. 다만, 다음 각 호의 구분에 따른 비밀의 경우에는 그러하지 아니하다.

---

22) 보안업무규정 시행세부규칙, 경찰청훈령 제1053호, 2022.2.25.

1. 1급비밀의 경우에 그 생산자의 허가를 받은 경우
2. 2 · 3급비밀은 그 생산자가 특정한 제한을 아니한 것으로서 해당 등급의 비밀취급인가를 받은 사람이 업무상 공용으로 사용하는 경우,
3. 전자적 방법으로 관리되는 비밀: 해당 비밀을 보관하기 위한 용도인 경우

그러나 암호 및 음어자재는 어떠한 경우에도 복제 또는 복사할 수 없다.

② 각급 기관의 장은 보안업무의 효율적인 수행을 위하여 필요하다고 인정되는 경우에는 해당 비밀의 보존기간 내에서 제1항 단서에 따라 그 사본을 제작하여 보관할 수 있다.

③ 비밀의 사본을 보관할 때에는 그 예고문이나 비밀등급을 변경해서는 아니 된다. 다만, 「공공기록물 관리에 관한 법률 시행령」 제68조 제6항에 따라 비밀을 재분류하는 경우에는 그러하지 아니하다.

④ 복제 또는 복사된 비밀은 그 원본과 동일한 비밀등급과 예고문을 사본마다 표시하고 사본번호를 매겨야 한다.

⑤ 비밀을 복제하거나 복사한 경우 예고문의 재분류 구분이 파기로 되어 있으면 사본은 원본의 파기시기보다 그 시기를 앞당길 수 있다.

2) 비밀의 열람(보안업무규정 제24조)

① 비밀은 해당 등급의 비밀취급인가를 받은 사람 중 그 비밀과 업무상 직접 관계가 있는 사람만 열람할 수 있다.

② 비밀취급 인가를 받지 아니한 사람에게 비밀을 열람하거나 취급하게 할 때에는 국가정보원장이 정하는 바에 따라 소속 기관의 장(비밀이 군사와 관련된 사항인 경우에는 국방부장관)이 미리 열람자의 인적 사항과 열람하려는 비밀의 내용 등을 확인하고 열람 시 비밀보호에 필요한 자체 보안대책을 마련하는 등의 보안조치를 하여야 한다. 다만, Ⅰ급비밀의 보안조치에 관하여는 국가정보원장과 미리 협의하여야 한다.

3) 비밀의 공개(보안업무규정 제25조)

① 중앙행정기관등의 장은 다음 각 호의 어느 하나에 해당하는 사유가 있을 때에는 그가 생산한 비밀을 보안심사위원회의 심의를 거쳐 공개할 수 있다. 다만, Ⅰ급비밀의 공개에 관하여는 국가정보원장과 미리 협의하여야 한다.

1. 국가안전보장을 위하여 국민에게 긴급히 알려야 할 필요가 있다고 판단될 때
2. 공개함으로써 국가안전보장 또는 국가이익에 현저한 도움이 된다고 판단될 때

② 공무원 또는 공무원이었던 사람은 법률에서 정하는 경우를 제외하고는 소속 기관의 장이나 소속되었던 기관의 장의 승인 없이 비밀을 공개해서는 아니 된다.

4) 비밀의 반출(보안업무규정 제27조)

비밀은 보관하고 있는 시설 밖으로 반출해서는 아니 된다. 다만, 공무상 반출이 필요할 때에는 소속 기관의 장의 승인을 받아야 한다.

5) 비밀소유 현황 통보(보안업무규정 제31조)

각급 기관의 장은 연 2회 비밀 소유 현황을 조사하여 국가정보원장에게 통보하여야 한다. 조사 및 통보된 비밀 소유 현황은 공개하지 않는다.

6) 비밀의 대출 및 열람(보안업무규정 시행규칙 제45조)[23]

① 비밀보관 책임자는 보관비밀을 대출하는 때에는 별지 제15호 서식의 비밀대출부에 관련사항을 기록·유지한다.

② 개별비밀에 대한 열람자 범위를 파악하기 위하여 각각의 비밀문서 끝 부분에 별지 제16호 서식의 비밀열람기록전을 첨부한다. 이 경우 문서 형태 외의 비밀에 대한 열람기록은 따로 비밀열람기록전(철)을 비치하고 기록·유지한다.

③ 비밀열람 기록전은 그 비밀의 생산기관이 첨부하며, 비밀을 파기하는 때에는 비밀에서 분리하여 따로 철하여 보관하여야 한다.

④ 비밀열람자는 비밀을 열람하기에 앞서 비밀열람기록전에 정해진 사항을 기재하고 서명 또는 날인한 후 비밀을 열람하여야 한다.

7) 비밀취급 인가의 제한·특례

(1) 비밀취급 인가의 제한(보안업무규정 시행규칙 제12조)

① 비밀취급 인가권자는 임무 및 직책상 해당 등급의 비밀을 항상 취급하는 사람에 한정하여 비밀취급을 인가하여야 한다.

② 비밀취급 인가권자는 소속 직원의 인사기록 카드에 기록된 비밀 취급의 인가 및 인가해제 사유와 임용 시의 신원조사회보서에 따라 새로 신원조사를 하지 아니하고 그 비밀취급을 인가할 수 있다. 다만, 1급비밀 취급을 인가할 때에는 새로 신원조사를 하여야 한다.

③ 신원조사 결과 국가안전보장에 유해한 정보가 있음이 확인된 사람은 비밀취급 인가를 받을 수 없다.

④ 비밀취급 인가가 해제된 사람은 비밀을 취급하는 직책으로부터 해임되어야 한다.

(2) 비밀취급 인가의 특례(보안업무규정 시행규칙 제13조)

① 비밀취급 인가권자는 업무상 조정·감독을 받는 기업체나 단체에 소속된 사람에 대하여 소관 비밀을 계속적으로 취급하게 하여야 할 필요가 있을 때에는 미리 국가정보원장과 협의를 거쳐

23) 보안업무규정 시행규칙, 대통령령 제450호, 2022.11.28.

해당하는 사람에게 Ⅱ급비밀 이하의 비밀취급인가를 할 수 있다.

② 비밀취급 인가권자는 제1항에 따라 비밀취급 인가하는 경우 그 비밀을 최대한 보호할 수 있는 보완대책을 마련하여야 한다.

③ 제1항에 따라 비밀취급 인가를 받은 사람은 「보안업무규정」 및 이 훈령이 정하는 바에 따라 비밀을 취급해야 한다.

(3) 특별인가(보안업무규정 시행세부규칙 제15조)

① 모든 경찰공무원(전투경찰을 포함)은 임명과 동시에 Ⅲ급 비밀취급권을 가진다.

② 경찰공무원 중 다음 각 호의 부서에 근무하는 자(전투경찰순경을 포함)는 그 보직발령과 동시에 2급 비밀취급권을 인가받은 것으로 한다.

1. 경비・경호・작전・항공・정보통신 담당부서(기동대, 전경대의 경우는 행정부서에 한한다)
2. 정보・안보・외사부서
3. 감찰・감사 담당부서
4. 치안상황실, 발간실, 문서수발실
5. 경찰청 각 과의 서무담당자 및 비밀을 관리하는 보안업무 담당자
6. 부속기관, 시・도경찰청, 경찰서 각 과의 서무담당자 및 비밀을 관리하는 보안업무 담당자

③ 제1항 및 제2항에 따라 비밀취급인가를 받은 자에 대하여는 비밀취급인가증은 별도로 발급하지 않는다. 다만, 업무상 필요한 경우에는 발급할 수 있다.

④ 각 경찰기관의 장은 제2항 각 호의 부서에 근무하는 경찰공무원 중 신원 특이자에 대하여는 위원회 또는 자체 심의기구에서 2급 비밀취급의 인가여부를 심의하고, 비밀취급이 불가능하다고 의결된 자에 대하여는 즉시 인사 조치한다(시행세부규칙 제15조).

8) 비밀의 접수・발송(보안업무규정 시행규칙 제31조)

비밀은 암호화되지 아니한 상태로 정보통신수단을 이용하여 접수하거나 발송해서는 아니 된다(보안업무규정 제17조 제2항).

① 비밀의 접수・발송은 다음 각 호에 따른다. 다만, 1급비밀은 제1호 또는 제2호에 따라서만 접수 발송할 수 있다(시행규칙 제31조 제1항).

1. 암호화하여 정보통신망으로 접수・발송할 것, 2. 취급자가 직접 접촉하여 접수・발송할 것, 3. 외교행낭 등 각급기관의 문서수발 계통을 통하여 접수・발송할 것, 4. 우편으로 전달시 등기우편으로 접수・발송할 것

② 비밀을 발송할 때에는 별지 제11호서식의 이중 봉투로 포장하여야 한다.

③ 다른 기관으로부터 접수한 비밀은 생산기관의 장의 승인 없이 다시 다른 기관으로 발송할 수 없다. 다만, 비밀을 이첩・시달하는 경우는 그러하지 아니하다.

④ 비밀의 접수・발송 업무에 종사하는 사람은 Ⅱ급 이상의 비밀취급인가를 받은 사람이어야 한다.

9) 접수증(보안업무규정 시행규칙 제32조)

모든 비밀을 접수하거나 발송할 때에는 그 사실을 확인하기 위하여 접수증을 사용한다.

① 접수기관은 비밀을 접수한 즉시 접수증의 접수기록 부분 중 작성되지 않은 내용을 작성하여 생산기관에 반송해야 한다.

② 접수증의 접수기록 부분을 반송받은 비밀 생산기관은 그 접수증의 접수기록 부분과 발송기록 부분을 함께 보관한다.

7. 비밀 및 암호자재 관련 자료의 보관(보안업무규정 시행규칙 제70조)

1) 비밀 및 암호자재 관련 자료

① 다음 각 호의 자료는 비밀과 함께 철하여 보관 활용하고, 비밀의 보호기간이 만료되면 비밀에서 분리한 후 각각 편철하여 5년간 보관해야 한다.

1. 비밀접수증, 2. 비밀열람 기록전, 3. 배부처

② 다음 각 호의 자료는 새로운 관리부철로 옮겨서 관리할 경우 기존 관리부철을 5년간 보관해야 한다.

1. 비밀관리기록부, 2. 비밀접수 및 발송대장, 3. 비밀대출부, 4. 암호자재 관리기록부

③ 서약서는 서약서를 작성한 비밀취급인가자의 인사기록카드와 함께 철하여 인가해제 시까지 보관하되 인사기록 카드와 함께 철할 수 없는 경우에는 별도로 편철하여 보관해야 한다.

④ 암호자재 증명서는 해당 암호자재를 반납하거나 파기한 후 5년간 보관해야 한다.

⑤ 암호자재 점검기록부는 최근 5년간의 점검기록을 보관해야 한다.

⑥ 제1항부터 5항까지의 규정에 따른 보관기간이 지나면 해당 자료는 「공공기록물 관리에 관한 법률」에 따른 기록물관리기관으로 이관해야 한다.

2) 비밀의 보관 및 보안

(1) 보관기준(보안업무규정 시행규칙 제33조)

① 비밀은 일반문서나 자제와 혼합하여 보관하여서는 아니 된다.

② 1급비밀은 반드시 금고에 보관해야 하며, 다른 비밀과 혼합보관해서는 아니 된다.

③ Ⅱ급 및 Ⅲ급 비밀은 금고 또는 이중 철제캐비닛 등 잠금장치가 있는 안전한 용기에 보관해야 하며, 보관책임자가 2급비밀 취급인가를 받은 때에는 Ⅱ급비밀과 Ⅲ급비밀을 같은 용기에 혼합하여 보관할 수 있다.

④ 보관용기에 넣을 수 없는 비밀은 제한구역 또는 통제구역에 보관하는 등 그 내용이 노출되지 않도록 특별한 보호대책을 마련해야 한다.

(2) 보관 용기(보안업무규정 시행규칙 제34조)

① 비밀의 보관용기의 외부에는 비밀의 보관을 알리거나 나타내는 어떠한 표시도 해서는 아니 된다.

② 보관용기의 잠금장치의 종류 및 사용방법은 보관책임자 외의 사람이 알지 못하도록 특별한 통제를 하여야 하며, 다른 사람이 알았을 때에는 즉시 이를 변경하여야 한다.

(3) 관리번호(보안업무규정 시행규칙 제40조)

① 모든 비밀에는 생산 및 접수되는 순서에 따라 관리번호를 부여하여야 한다.

② 각급기관에서 생산하는 비밀의 관리번호는 최종 결재권자가 결재하여 그 내용이 확정된 후에 부여한다.

3) 비밀의 보관 및 대출(보안업무규정 시행세부규칙 제48조)24)

① 비밀은 실과 단위로 보관함을 원칙으로 하되, 지구대, 파출소, 전투경찰대는 단위 기관별로 보관하며 사무실이 분실단위로 분산되어 있을 경우에는 분실단위로 보관할 수 있다. 다만, 비밀을 분실단위로 분산 보관할 경우에는 비밀관리기록부를 별도 작성 비치하여야 한다.

② 비밀의 실무처리를 위한 대출은 근무시간내로 제한하며, 일과의 종료와 동시에 회수하여 비밀용기에 보관하여야 한다. 다만, 대출 받은 부서에 비밀함 등 보관시설이 갖추어진 경우에는 대여한 부서에서 동의한 기간까지 대출받은 부서에서 계속 보관할 수 있다.

4) 지구대, 파출소, 출장소의 비밀보관 제한(보안업무규정 시행세부규칙 제49조)

지구대, 파출소, 출장소에는 다음의 기본 비밀문건 외에는 보관할 수 없다.

1. 정보망카드, 2, 요인보호카드, 3. 주요업무 계획, 4. 비밀예규철, 5. 음어자재, 6. 그 밖의 작전수색 및 경호 경비업무와 관련된 교양자료, 지시문건등을 해당 파출소 및 출장소에 시달하였다가 동시 회수 또는 파기 조치토록 한다. 7. 자체방호계획, 8. 비밀안전지출 및 긴급파기계획

5) 전자적 수단에 의한 비밀의 관리(보안업무규정 시행규칙 제37조)

① 각급기관의 장은 비밀을 전자적 수단으로 생산하는 경우 해당 비밀등급 및 예고문을 입력하여 열람 또는 인쇄 시 비밀등급이 자동적으로 표시되도록 하여야 한다.

② 각급기관의 장은 비밀을 전자적 수단으로 생산・보관・열람・인쇄・송수신 또는 이관하는 경우 그 기록이 유지되도록 하여야 하며, 송수신 또는 이관하는 경우에는 전자적으로 생성된 접수증을 사용하여야 한다.

③ 각급기관의 장은 전자적 수단으로 비밀을 생산한 경우 컴퓨터에 입력된 비밀내용을 삭제하여야 한다. 다만, 업무수행을 위하여 필요한 경우에는 비밀저장을 보조기억매체를 지정・사용하

---

24) 보안업무규정 시행세부규칙, 경찰청훈령 제1053호, 2022.2.25.

거나 암호자재로 암호화한 후 보관하여야 한다.

8. 시설보안

1) 국가보안시설 및 국가보호장비 지정(보안업무규정 제32조)

① 국가정보원장은 파괴 또는 기능이 침해되거나 비밀이 누설될 경우 전략적 · 군사적으로 막대한 손해가 발생하거나 국가안전보장에 연쇄적 혼란을 일으킬 우려가 있는 시설 및 항공기 · 선박 등 중요 장비를 각각 국가보안시설 및 국가보호장비로 지정할 수 있다.

② 국가정보원장은 관계 중앙행정기관등 및 지방자치단체의 장과 협의하여 국가보안시설 및 국가보호장비를 지정하는 데 필요한 기준을 마련해야 한다.

③ 전력시설 및 항공기 등 국가정보원장이 정하는 국가안전보장에 중요한 시설 또는 장비의 보안관리상태를 감독하는 기관의 장은 해당 시설 또는 장비가 지정기준에 부합한다고 판단할 경우 국가정보원장에게 해당 시설 또는 장비를 국가보안시설 또는 국가보호장비로 지정해 줄 것을 요청해야 한다.

④ 국가정보원장은 국가보안시설 또는 국가보호장비로 지정요청을 받은 경우 지정기준에 부합하는지를 심사하여 해당 시설 또는 장비의 국가보안시설 또는 국가보호장비 지정여부를 결정하고, 그 결과를 요청기관의 장에게 통보해야 한다.

⑤ 국가정보원장은 지정된 국가보안시설 또는 국가보호장비의 보안관리상태를 감독하는 기관의 장과 협의하여 지정기준을 수정 · 보완할 수 있다.

2) 보호지역(규정 제34조)

① 각급기관의 장과 관리기관 등의 장은 국가안전보장에 관련되는 인원 · 문서 · 자재 · 시설의 보호를 위하여 필요한 장소에 일정한 범위의 보호지역을 설정할 수 있다.

② 설정된 보호지역은 그 중요도에 따라 제한지역, 제한구역 및 통제구역으로 나눈다.

③ 보호지역에 접근하거나 출입하려는 사람은 각급기관의 장 또는 관리기관 등의 장의 승인을 받아야 한다.

④ 보호지역을 관리하는 사람은 승인을 받지 않은 사람의 보호지역 접근이나 출입을 제한하거나 금지할 수 있다.

3) 보호지역의 구분(보안업무 규정 시행규칙 제54조, 시행세부규칙 제60조)

보호지역은 제한지역, 제한구역, 통제구역으로서 그 설치기준은 시설의 중요도 및 취약성이다.

(1) 제한지역

제한구역이란 비밀 또는 정부재산의 보호를 위하여 울타리 또는 방호 · 경비인력에 의하여 승인을 받지 않은 사람의 접근이나 출입에 대한 감시가 필요한 지역을 말한다.

(2) 제한구역

제한구역이란 비밀, 주요시설 및 Ⅱ급비밀 소통용 암호자재에 대한 비인가자의 접근을 방지하기 위하여 출입에 안내를 받아 출입하여야 하는 구역을 말한다.

그 구역은 다음과 같다. ① 전자교환기실(통합장비실), ② 정보통신실(정보통신관제센터), ③ 발간실, ④ 송신 및 중계소, 정보통신 관제센터, ⑤ 경찰청 및 시・도경찰청 항공대, ⑥ 작전・경호・정보・보안업무 담당부서 전역, ⑦ 과학수사센터 등이다.

(3) 통제구역

통제구역이란 비인가자의 출입이 금지된 보안상 극히 중요한 구역으로서 다음과 같은 구역이 해당한다.

① 암호취급소, ② 정보보안기록실, ③ 무기창・무기고 및 탄약고, ④ 종합상황실・치안상황실, ⑤ 암호장비관리실, ⑥ 정보상황실, ⑦ 비밀발간실, ⑧ 종합조회처리실 등이 해당한다.

참고문헌

■ 국내문헌

강근복, 정책분석론, 서울: 대영문화사, 1996.

강성철 등, 새인사행정론, 서울: 대영문화사, 1999.

김규정, 비교행정론, 법문사, 1980.

김남진, 행정법Ⅰ, 법문사, 2005.

______, 행정법Ⅱ, 법문사, 2005.

______, 개인적 공권과 반사이익의 구별, 시사법률신문, 2003.1.14.

김남현 등, 경찰행정법, 경찰공제회, 2000.

김대웅, 도시종합교통계획, 서울: 형설출판사, 1994.

김동희, 행정법Ⅰ, 박영사, 1997.

______, 행정법Ⅱ, 박영사, 2005.

김성수, 개별행정법, 법문사, 2005.

______, 비교경찰론, 경찰공제회, 2000.

김운태, 조선왕조행정사, 박영사, 1983.

김태룡, 행정이론, 대영문화사, 2017.

김태은 이영철 외, 딜레마 이론과 정책, 대영문화사, 2021.

김형중, 한국중세경찰사, 수서원, 1998.

류지태, 행정법신론. 서울: 신영사, 2002.

민경환, 성격심리학, 법문사, 2005.

민수홍 외 공역, 범죄학 이론, (주)나남출판, 2005.

박기남, 초기 영국지방경찰의 성립과정에 대한 연구, 치안연구소, 치안정책연구 제12호, 1999.7.

박동서, 한국행정론, 법문사, 1993.

박병식, 일본경찰조직의 변천과 현황, 치안정책연구 제9호, 1998.3.

박성복 · 이종렬, 정책학강의, 대영문화사, 2000.

박연호, 조직행동론, 박영사, 2000.

______, 인사행정론, 서울: 법문사, 1990.

박윤흔, 행정법강의(상), 박영사, 2005.

______, 행정법강의(하), 박영사, 2005.

백완기, 행정학, 박영사, 1988.
서기영, 한국경찰행정사, 법문사, 1976.
______, 일본경찰사 소고, 동국대 법정논총, 1981.10.
서정범, 경찰권발동에 관한 연구, 박사학위논문(고대대학원), 1992.
송갑수, 방범용 CCTV의 효율적 운용방안에 관한 연구, 한양대학교 행정대학원 석사학위 논문, 20004.8.
심정근, 정부예산론, 법문사, 1983.
안문석, 정보체계론, 법문사, 1989
오석홍, 인사행정론, 박영사, 1993.
______, 조직이론, 박영사, 1980.
이기백, 한국사시민강좌, 일조각, 1988.
______, 한국사신론, 일조각, 1986.
이백철 외, 민간방범역량강화를 위한 사경비제도 발전방안, 경찰대학 치안연구소, 치안논총 제11집, 1995.
이보령, 형사정책, 제일법규, 1996.
이용규, 행정정보체계론, 서울: 박영사, 1996.
이용성, 언론피해 구제방안에 대한 연구, 인문사회과학연구지, 한서대학교 인문사회과학연구원, 2003.
이운주, 경찰학개론, 경찰공제회, 2000.
______, 경찰법상의 개괄수권조항에 관한 연구, 박사학위논문(서울대 대학원), 2005.
이재상, 형법각론, 박영사, 2005.
이종범 역, 인공과학, 삼영사, 1987.
______, 국민과 정부관료제, 고려대학교출판부, 1986.
이종수 · 윤영진 외, 새행정학, 서울: 대영문화사, 2006.
______, 새행정학3.0, 대영문화사, 2022.
이종익, 재무행정론, 박영사, 1981.
이창원, 최창현, 저, 새조직론, 대영문화사, 2005.
이춘길 역, 계몽주의 철학, 지양사, 1985.
이황우 · 조병인 · 최응렬, 경찰학개론, 형사정책연구원, 2001.
임창호 · 정세종 · 라광현, 최신경찰학, 도서출판 자운, 2022.
전수일 외 공저, 공무원관리론, 서울: 대영문화사. 2000.
조병인 · 전영실, 서울시민의 기초질서 준수에 관한 연구, 형사정책연구원, 1996.
조철옥, 경찰윤리학, 대영문화사, 2005.
______, 범죄수사학 총론, 21세기사, 2009.
______, 새범죄심리학, 21세기사, 2010.
______, 현대사회와 범죄, 21세기사, 2012.
최선우, 경찰과 커뮤니티, 서울: 대왕사, 2003.
최송화, 공권과 반사적 이익, 고시계, 1991.8.
최진태, 테러리즘의 이론과 실제, 대영문화사, 2006.
______, 테러리스트 & 테러리즘, 대영문화사, 1997.
최희승, 경찰조직체계의 법적 고찰, 경희대학교 대학원 석사학위 논문, 1999.

표창원, 영국경찰의 위상과 조직체계의 성립과정에 대한 연구, 치안연구소, 치안정책연구 제12호, 1999.7.

한귀현, 일본경찰법, 2003.

홍정선, 행정법원론, 박영사, 2004.

경찰대학, 경찰윤리론, 1998.

______, 경찰윤리, 2000.

■ 외국문헌

Aldfer, Claton P., An Emperical Test of a New Theory of Human Needs, Organizational Behavior and Human Performance, vol.4, 1969.

Braybrooke David & Charles E. Lindblom, A strategy of decision, The Free Press, A Division of Macmillan Publishing Co., Inc, New York, 1970.

Brown, Michael K., Working in the Streets: Police Discretion and the Dilemmas of Reforms, New York: Russel Sage Foundation, 1988.

Carter David L., The Police and Community, N.J: Prentice-Hall, 1999.

Cohen Michael, James G. March, & Johan P. Olsen, A garbage can model of organizational choice, Administrative Science Quarterly, 17, pp.1-25.

Cramer James, The World's Police, London Cassel & Co. 1964.

Crandon Garth, The Media View of the police, Policing. vol.6, no.3. Autumn 1990, p.575.

Critchley T.A., A History of police in England Wales, (Montclair New Jersey) 1972.

Davis Gordon B. & Margrethe H. Olson, Management information system. Conceptual Foundations, and Development, New York: McGraw-Hill, 1985.

Delattre Edwin J., Character and Cops: Ethics in Policing, 3rd., The AEI Press, 1996.

Dror Yehezkel, Public Policy Making Reexamined, Sanfrancisco: Chandler Publishing Co., 1968.

Eck John E. and William Spelman, "A Poblem-Oriented Approach to Public Service Delivery", in J. Kenny, ed., Police and Policing: Contemporary Issues (N.Y: Praeger, 1989).

Etzioni Amitai, Mixed Scanning: A Third Approach to Decision-Making, Public Administration Review, vol.27(6), 1967.

Farmer David J., "The language of public administration: Bureaucracy, Mordenity, and Postmordensm, Tuscaloosa, Alabama: The Univ. of Alabama Press, 1995.

Fiedler Frwd E., How do you make Leaders more effective? New answer to an old Puzzle, (1972) in F. Luthans, (ed.), Contemporary Readings in Organizational Behavior, (New York: McGraw-Hill, 1977) pp.293-309.

Forester John, Bounded Rationality and the Politics of Muddling Through, Public Administration Review, 1984.

Forsdick Raymond B., American Police Systems, Ptterson Smith, 1969.

Fox Charles J. & Hugh T. Miller, "Postmodern public administration: Toward Discourse", London: Sage Publications, 1995.

Friedman Robert R., Community Policing: Comparative Perspectives and Prospects (New York: St. Martin's Press, 1992).

Fyfe James J., Police Administration, 5th edition, McGraw-Hill, 1997.

German A.C. Frank D. Day, & Robert R. Gallet, Introduction to Law Environment, Illinois: Charles C. Thomas Publisher, 1966.

Goldstein H., Problem oriented policing, New York: McGraw-Hill, 1990.

Gulick Luther & Lyndal Urwick, Papers on the Science of Administration, Institute of Public Administration, (eds.), 1937.

Hale Charles D., Police Patrol: Operation & Management (Englewood Cliffs, N.J.: Prentice Hall Career & Technology, 1994).

Heidenheimer Arnold J. et al., Political Corruption: Readings in Comparative Analysis, Holt, Rinehart & Winston, Inc., 1970.

Heidenheimer A.J. et al., Political Corruption, New Brunswick: Transaction, 1990.

Herzberg Frederick, The Motivation: Hygiene Concept and Problems of Manpower, (1964) in Shafritz and A.C. Hyde, (ed.), Classics of Public Administration, (Oak Park: Moore, 1978) pp.217-222.

Hewitt William H., British Police Administration, Charles C. Thomas Publisher, 1965.

Hunter Ronald Dr., Three Models of Policing, Police Studies, Vol.13, No.13, pp.118-124.

Kent Sherman, "Strategic Intelligence for America word policy", New York: Princeton University Press, 1966.

Khun Thomas, The Structure of Scientific Revolutions, Chicago: University of Chicago, 1962, pp.1-42. -Second Thought on Paradigms, in Frederick Suppe(ed.), The Structure of Scientific Theories, (2nd ed.) (Urbana: University of Illinois, 1977)

Kleinig John and Yurong Zahang, Professional Law Enforcement Codes, Greenwood Press, 1993.

Klinig John, The Ethics of Policing, Cambridge Univ. Press, 1996, pp.165-166.

Kooken Don I., Ethics in Police Science, Charles C. Thomas Publisher, 1957.

Lab S.P., Crime Prevention Approaches: Practice and Evaluation, Anderson Pub, 1992.

Lea John and Jock Young, What is to Be Done about Law and Order, Harmondsworth, England: Penguin, 1984.

Lindblom Charles E., The Science of Muddling Through. Publig Administration Review, vol.19, 1059.

March James G., Bounded Rationality, Ambiguity, and the Engineering of Choice, Bell Journal of Economics, vol.9, 1978, p.590.

Martinson Robert, "Whart Works?-Questions and Answers about Prison Reform", Public Interest 35 (1974): pp.22-54.

Maslow A.H., Motivation and Personality, 2nd ed., (New York: Harper & Row, 1970)

McClelland David, Characteristics of Entrepreneurs, in McClelland, The Achieving Society, (New York: Free Press, 1961)

McGregor D., The Human Side of Enterprise, (1960) in Milstein and J.A. Belasco, (ed.), Educational Administration and the BehaviorSciences: A System Perspectives, (Boston: Allyn and Bacon, 1972)

Nigro Felix A. & LLoyd G. Nigro, The New Public Personnel Administration, 6th edition, N.Y.: Harper & Row, 1984.

Reiss A.J., Consequences of Complience and Deterrence Models of Law Enforcement for the Exercise of Police Discretion, Law and Contemporary Problems 47, (Autumn) pp.89-90.

Reuss-Ianni Elizabeth, Two Culture of Policing: Street Cops and management Cops, Transaction Books, 1984.

Rosenbaum D.P., A.J. Lurigio & P.J. Lavrakas, Crime Stoppers: A National Evaluation of Program Operatios and Effects, NIJ, 1987.

Skolnick Jerome E. and David H. Bayley, Community Policing: Issues and Practices around the world, (Washington, D.C.: U.S. Department of Justice, 1988)

Smith Bruth, Police Systems in the United States, 1960-Police Systems in the United States, revised and enlarged, Harper & Brothers Publishers, 1949.

Sparrow M.K., Implementing Community Policing, National Institute of Justice, U.S. Department of Justice, 1988.

Stead Phillip John, The Police of France (Macmillan Publishing co. New York: 1983)

Sullivan John L., Introduction to Police Science, 3rd ed. (New York: Mcgraw Hill Book Co., 1977)

Swanson Charles R., Leonard Territo, and Robert W. Taylor, Police Administration, New Jersey, Prentice-Hall, Inc., Upper Sddle River, 2001.

Trojanowicz R. and B. Bucqueroux, Community Policing: Contemporary Perspective (Cincinnati, O.H.: Anderson, 1990)

Wade John, A Treatise on the police and Crimes of the metropolis, 1829, p.64. Philip John Stead, The rolice of Britain, (Macmillan, 1983)

Walker Samuel and Charles M. Katz, The Police in America, N.Y.: McGraw-Hill, 2002.

Wesselius Cassie L., James DeSarno, Special Agent, The anatomy of a hostege situation, Behavioral Science & The Law. vol.1, no.2, 1983, p.34.

Willson J.Q. and G.I. Kelling, Broken Windows, Atlantic Monthly (No.211, 1982)

Wilson O.W. and R.C. McLaren, Police administration, 4th ed. New York: McGraw-Hill, 1977.

찾아보기

ㅂ

ㅅ

ㅈ

ㅎ

저자 소개

조철옥(曺鐵玉)

■ 학력
- 1972 부산수산대학교 어업학과 졸업
- 1985 고려대학교 대학원 행정학과 석사과정 졸업(석사)
- 1990 고려대학교 대학원 행정학과 박사과정 졸업(박사)

■ 경력
- 1985~1991 경찰대학 경찰학과 교관
- 합천 · 부산남부 · 거제 · 서울은평 · 김포경찰서장
- 경찰청 외사수사과장 · 경찰종합학교 교무과장
- 제주특별자치도 자치경찰채용시험 출제위원(수사1, 경찰학개론)
- 탐라대학교 경찰행정학과 교수, 기획처장 및 총장대행 역임

■ 저·역서
- 조직행동론(공역, 대영문화사, 1990), 정책형성과정론(공역, 대영문화사, 1991)
- 경찰윤리학(대영문화사, 2005), 경찰학개론(대영문화사, 2007), 범죄수사학총론(21세기사, 2009)
- 범죄수사학각론(21세기사, 2010), 새 범죄심리학(21세기사, 2011)
- 현대사회와 범죄(21세기사, 2012), 경찰행정법(21세기사, 2014)

■ 논문
- 상벌체계와 원인귀인에 관한 연구(석사)
- 정부의 규제정책과 해운조직의 생존에 관한 연구(박사)
- 포스트모더니즘 범죄이론에 의한 동성애 합법화 연구(공안행정학회, 2007)
- 제주자치경찰 시스템의 실태와 발전모델에 관한 연구(경호경비학회, 2007)
- 범죄자 DNA데이터베이스 구축에 관한 고찰(경찰학연구, 2010)
- 아동성폭력범죄자의 화학적 거세에 관한 고찰(치안정책연구, 2010)
- 미국과 한국의 증오범죄에 관한 비교 고찰(경찰학연구, 2011)
- 강력범죄자의 정신이상 항변에 관한 연구(치안정책연구, 2011)
- 시스템 다이내믹스 모형에 의한 검 · 경 수사권 조정과정 분석(경찰학연구, 2011)

박외병

■ 학력
- 경찰대학교 행정학과 졸업
- 동국대학교 대학원 경찰행정학과 석사과정 졸업(경찰학 석사)
- 동국대학교 대학원 경찰행정학과 박사과정 졸업(경찰학 박사)

■ 경력
- 제주 해안경비단장, 인천공항경찰대장
- 서울 동작경찰서 · 경기 구리경찰서 · 경기 안양동안경찰서 서장
- 경찰청 외사기획 · 외사정보과장, 국립과학수사연구원 행정지원과장
- 경무관 명예퇴임, 한국안전학회 회장, 한국경찰학화 부회장
- 부산경찰청 및 경남경찰청 순경채용시험 면접위원
- 경찰간부후보생 채용시험 출제위원, 경비지도사 출제위원
- 경찰청 외사자문협의회 회원, 부산시청 자문위원, 부산경찰청 면허구제심의위원회 위원
- 현, 동서대학교 경찰학과 교수

■ 저서 및 논문
- 노인의 범죄두려움에 관한 연구(2020)
- 자치경찰제도의 현황과 지향점에 대한 소고: 부산지역을 중심으로(공저, 2021)
- 자치경찰 성과평가 가이드라인 구축에 관한 연구: 부산광역시
- 자치경찰을 중심으로(2022)

주성빈

■ 학력
- 동의대학교 경찰행정학과 졸업
- 동의대학교 대학원 경찰행정학과 석사과정 졸업(경찰학 석사)
- 동국대학교 대학원 경찰행정학과 박사과정 졸업(경찰학 박사)

■ 경력
- 한국범죄심리학회 이사, 한국치안행정학회 이사
- 동의대학교 국가안전정책대학원 부원장
- 현, 동의대학교 경찰행정학과 교수

■ 논문
- 개인보호장비 선정의 문제점과 개선방안(국가안전정책학회, 2022)
- 민주적 공무원 직장협의회 설립 및 운영방안(한국경찰학회, 2022)
- 코로나19 이후 부산항만경찰의 대테러리즘 역할에 관한 연구(한국민간경비학회, 2022)
- 수형자의 능률적 사회복귀 정책에 관한 연구(한국정책개발학회, 2022)
- 모범수 형기 자기단축제도의 도입을 위한 전문가 조사: 적용기준을 중심으로(미래융합통섭학회, 2022)

윤병훈

■ 학력

- 계명대학교 경찰행정학과 졸업
- 동국대학교 대학원 경찰행정학과 석사과정 졸업(경찰학 석사)
- 동국대학교 대학원 경찰행정학과 박사과정 졸업(경찰학 박사)

■ 경력

- 의정부지방검찰청 검찰시민위원회 위원, 남양주 지청 검찰시민위원회 위원
- 양주시청 청렴시민감사관, 마포구 공공디자인 진흥위원회 위원
- 인천광역시 공공디자인위원회 위원, 법무부 법교육센터 법교육 전문강사
- 현, 경동대학교 경찰학과 교수

제4판

경찰학총론

펴낸날 제1판 제1쇄 2007년 1월 20일
제2판 제1쇄 2008년 8월 20일
제3판 제1쇄 2012년 8월 13일
제4판 제1쇄 2024년 2월 28일

지은이 조철옥 · 박외병 · 주성빈 · 윤병훈

펴낸이 임춘환

펴낸곳 도서출판 **대영문화사**

주소 (본사) 사무실: 경기도 고양시 일산서구 주화로 70 우신프라자 307호 (우) 10387)
(본사) 물류센터: 경기도 고양시 일산서구 덕산로 107번길 68-50 (우) 10205)

등록 1975년 12월 26일 제3-16호

전화 (031) 913-3062, (031) 914-3884~5

팩스 (031) 913-3839

홈페이지 http://www.dymbook.co.kr

ISBN 978-89-7644-939-9

값 35,000원